DESENHO
PARA ARQUITETOS

FRANCIS D. K. CHING é arquiteto e Professor Emérito da University of Washington, em Seattle. Ele é o autor de inúmeros best-sellers sobre arquitetura e projeto, incluindo *Representação Gráfica em Arquitetura* (5ª Edição), *Técnicas de Construção Ilustradas* (4ª Edição), *Sistemas Estruturais Ilustrados – Padrões, Sistemas e Projeto* e *Arquitetura de Interiores Ilustrada* (2ª Edição), todos publicados pela Bookman Editora.

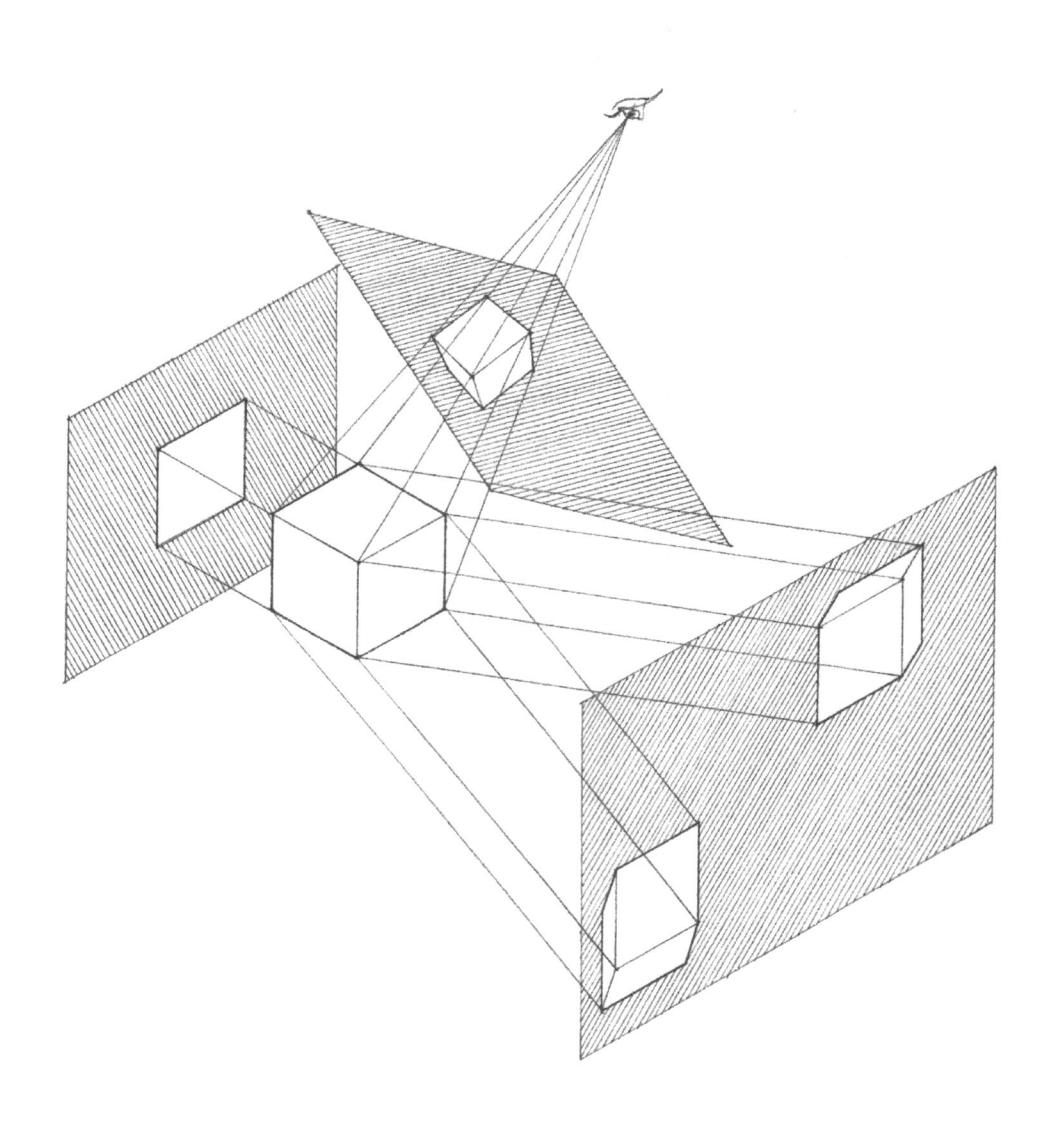

FRANCIS D. K. CHING
com STEVEN P. JUROSZEK

DESENHO
PARA ARQUITETOS

SEGUNDA EDIÇÃO

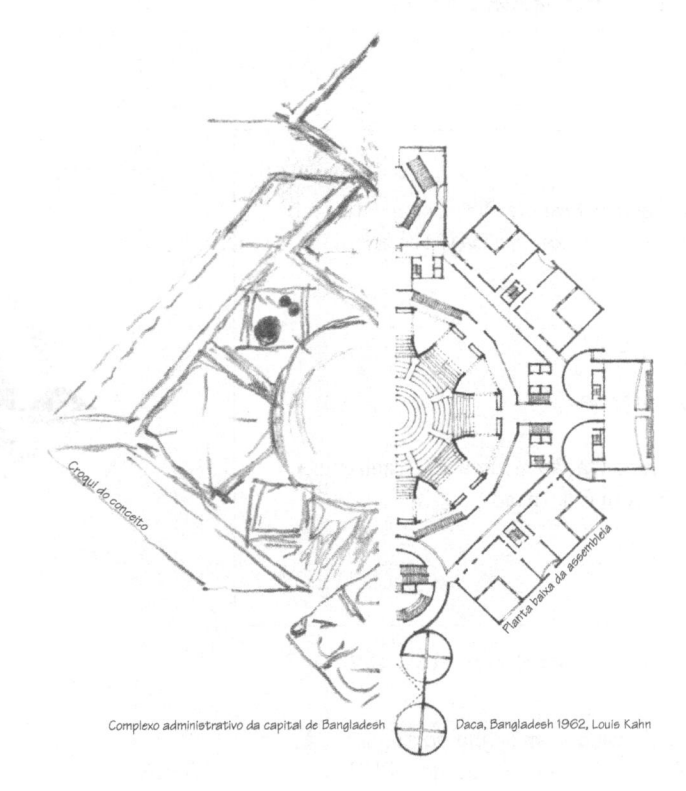

Croqui do conceito — Complexo administrativo da capital de Bangladesh

Planta baixa da assembleia — Daca, Bangladesh 1962, Louis Kahn

Tradução técnica:

Alexandre Salvaterra

Arquiteto e Urbanista pela Universidade Federal do Rio Grande do Sul

CREA nº 97.874

Reimpressão 2022

bookman

2012

Obra originalmente publicada sob o título
Design Drawing, 2nd Edtion
ISBN 9780470533697 / 0470533692

copyright © 2010 by John Wiley & Sons, Inc.
All Rights Reserved. This translation published under license with the original publisher John Wiley & Sons, Inc.

Capa: *VS Digital (arte sobre capa original)*

Preparação de original: *Maria Eduarda Fett Tabajara*

Coordenadora editorial: *Denise Weber Nowaczyk*

Editora responsável por esta obra: *Verônica de Abreu Amaral*

Projeto e editoração: *Techbooks*

C539d Ching, Francis D. K.
       Desenho para arquitetos / Francis D. K. Ching, Steven P.
  Juroszek; tradução técnica: Alexandre Salvaterra. – 2. ed. –
  Porto Alegre : Bookman, 2012.
       x, 414 p. : il. ; 28 cm

       ISBN 978-85-407-0190-8

       1. Arquitetura – Representação gráfica. 2. Arquitetura –
  Desenho. I. Juroszek, Steven P. II. Título.

                                                CDU 72.012

Catalogação na publicação: Natascha Helena Franz Hoppen – CRB 10/2150

Reservados todos os direitos de publicação, em língua portuguesa, à
BOOKMAN COMPANHIA EDITORA LTDA., uma empresa do GRUPO A EDUCAÇÃO S.A.
Rua Ernesto Alves, 150 - Bairro Floresta
90220-190 – Porto Alegre – RS
Fone: (51) 3027-7000

É proibida a duplicação ou reprodução deste volume, no todo ou em parte, sob quaisquer formas ou por quaisquer meios (eletrônico, mecânico, gravação, fotocópia, distribuição na Web e outros), sem permissão expressa da Editora.

Unidade São Paulo
Av. Embaixador Macedo Soares, 10.735 – Pavilhão 5 – Cond. Espace Center
Vila Anastácio – 05095-035 – São Paulo – SP
Fone: (11) 3665-1100   Fax: (11) 3667-1333

SAC 0800 703-3444 – www.grupoa.com.br

IMPRESSO NO BRASIL
PRINTED IN BRAZIL
Impresso sob demanda na Meta Brasil a pedido do Grupo A Educação.

Agradecimentos

Este manual surgiu como material introdutório para uma sequência de cursos de representação gráfica oferecidos pelo Departamento de Arquitetura da Washington University. Seu desenvolvimento subsequente é o resultado de muitas discussões, sugestões e contribuições de um grupo de professores qualificados e dedicados: Catherine Barrett, Cynthia Esselman, Kevin Kane, Anita Lehmann, Alan Maskin, Ben Sharpe, Judith Swain, Carol Thomas, Mark Wolfe e Gail Wong. Agradecemos em especial a Nan-Ching Tai, que ofereceu seus valiosíssimos conhecimentos técnicos e ajudou a preparar os exemplos de iluminação digital e as animações dos sistemas de desenho incluídos no CD que acompanha esta obra.

Este texto também é um testemunho dos esforços, das conquistas e das críticas de muitos estudantes que testaram regularmente e com entusiasmo a validade pedagógica deste material.

Por fim, gostaria de agradecer àqueles instrutores que estiveram presentes nas conferências da Design Communication Association para compartilhar de maneira apaixonada e altruísta suas ideias sobre ensino e desenho. Suas contribuições alimentaram o desenvolvimento e ampliaram as dimensões desta obra.

A primeira edição deste livro foi em parte preparada com o apoio de uma bolsa conferida pela Graham Foundation for Advanced Studies in the Fine Arts.

Prefácio

Este é um abrangente manual de desenho para estudantes de arquitetura, arquitetura de interiores e disciplinas de projeto relacionadas. Os guias de desenho costumam variar de textos iniciais sobre como desenhar determinados temas, como paisagens ou a figura humana, a tratados mais avançados sobre o desenho como forma de arte. Alguns focam um meio específico, como o lápis ou a caneta; outros se dedicam especialmente a uma técnica particular, como o desenho em perspectiva. Além disso, a discussão normalmente se limita a ensinar a desenhar a partir da observação. Este livro baseia-se na premissa de que o desenho é essencial ao processo de projeto. Portanto, foca o desenho como um meio para visualizar e comunicar ideias de projeto.

A obra começa com uma introdução ao processo de desenho, que envolve ver, imaginar e representar. O conteúdo restante está dividido em três partes. A Parte 1, Desenho de Observação, introduz os elementos gráficos que constituem o vocabulário do desenho — linha, formato, tom, forma e espaço. Em grande parte, trata-se de desenho à mão livre, uma vez que fica mais fácil aprender a ver, entender e representar esses elementos pelo exame direto.

A Parte 2, Sistemas de Desenho de Arquitetura, descreve os sistemas formais para representar objetos e espaços tridimensionais, que constituem a linguagem do desenho de projeto. Seja qual for o meio ou a técnica de desenho utilizada, cada sistema representa uma maneira totalmente diferente de ver e descrever o mundo visível que vivenciamos diretamente — ou um mundo futuro que imaginamos por meio do projeto.

A Parte 3, Desenho com Base na Imaginação, aborda questões que surgem conforme pensamos de maneira especulativa para estimular o processo de projeto, desenvolver nossas ideias de projeto por meio do desenho e planejar como representar nossas propostas de projeto sob a melhor perspectiva possível. Nessa arena, as ferramentas digitais de desenho e modelagem tiveram grandes avanços, tanto no meio acadêmico quanto no profissional.

Cada seção é acompanhada por uma série de breves exercícios, para desenvolver habilidades, e sugestões para projetos mais longos que testam a compreensão e a aplicação de conceitos. Como qualquer disciplina, o desenho requer perseverança e exercícios regulares para que possamos desenvolver o domínio e a fluência. As informações deste manual não podem ser recebidas passivamente: elas devem ser aprendidas por meio de participação ativa no processo de desenho.

A ênfase continua no desenho feito à mão, que é o modo mais direto e intuitivo de expressar nossos pensamentos visuais e percepções. Por meio da natureza tátil de desenhar em resposta direta aos nossos pensamentos visuais e percepções, desenvolvemos uma compreensão de conceitos espaciais e a capacidade crítica de pensar e visualizar em três dimensões.

Entretanto, não podemos ignorar os avanços na tecnologia da computação, que alteraram significativamente o processo de desenho e o projeto de arquitetura. Software de desenho atuais variam de programas de desenho em duas dimensões a programas geradores de maquetes eletrônicas e superfícies tridimensionais que ajudam no projeto e na representação de edificações, desde casas pequenas a estruturas grandes e complexas. É importante, portanto, reconhecer as oportunidades e os desafios únicos que as ferramentas digitais oferecem para a produção de gráficos arquiteturais. Dessa forma, esta segunda edição amplia o material da primeira com discussões e exemplos de técnicas gráficas digitais quando apropriado para a tarefa em questão.

Seja em um desenho feito à mão ou com o auxílio de um computador, os padrões e julgamentos que determinam a comunicação eficaz das ideias de projeto na arquitetura permanecem os mesmos, assim como as regras de ortografia, gramática e pontuação continuam se aplicando à linguagem escrita, seja registrada à mão, da maneira tradicional, datilografada em uma máquina mecânica ou eletrônica ou digitada por meio de um teclado em um processador de texto.

Sumário

Introdução 1

Desenho de Observação 13

1. Linhas e Formatos 15
2. Tons e Texturas 39
3. Forma e Estrutura 65
4. Espaço e Profundidade 81

Sistemas de Desenho de Arquitetura 117

5. Sistemas Pictóricos 119
6. Desenhos de Vistas Múltiplas 135
7. Vistas de Linhas Paralelas 191
8. Perspectivas Cônicas 223

Desenho com Base na Imaginação 285

9. Desenho de Estudo 287
10. Diagramas 313
11. Composição do Desenho 341
12. Desenhos de Apresentação 375

Índice 401

Informações importantes 413

Introdução

Desenhar é o processo ou a técnica de representação de alguma coisa – um objeto, uma cena ou uma ideia – por meio de linhas, em uma superfície. Deste conceito, infere-se que definir contornos é diferente de pintar ou de colorir superfícies. Embora o desenho geralmente apresente uma natureza linear, ele pode incluir outros elementos pictóricos, como pontos e pinceladas, que também podem ser interpretados como linhas. Qualquer que seja a forma que um desenho assuma, ele é o principal meio pelo qual organizamos e expressamos pensamentos e percepções visuais. Portanto, devemos considerar o desenho não só como uma expressão artística, mas também como uma ferramenta prática para formular e trabalhar problemas de projeto.

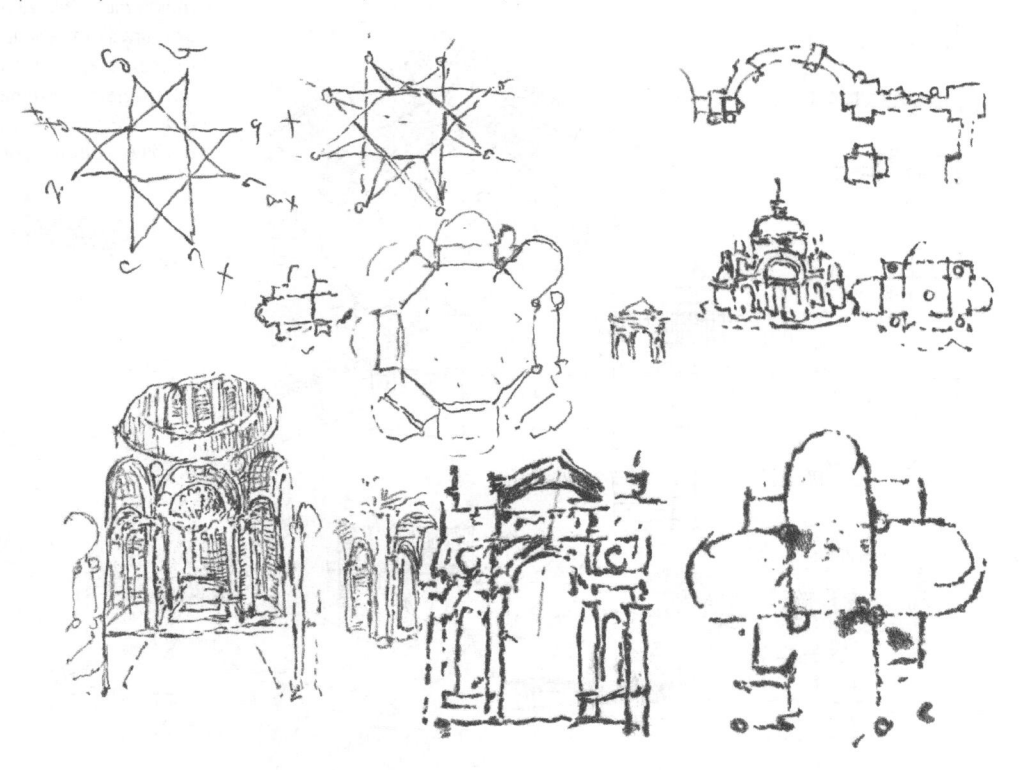

REPRESENTAÇÃO GRÁFICA

O termo representação gráfica traz à mente os desenhos de apresentação utilizados para persuadir o observador com relação aos méritos da proposta do projeto. Também são familiares os desenhos executivos ou de detalhamento, que oferecem instruções gráficas para produção ou execução de um projeto. Todavia, os projetistas também utilizam processos e produtos de desenho de outras maneiras. Ao longo de um projeto, a função do desenho se expande para registrar o que existe, trabalhar novas ideias e especular e planejar o futuro. Durante o projeto, o desenho é utilizado para guiar o desenvolvimento de uma ideia, desde seu conceito até a proposta concretizada.

Para aprender a desenhar e a usar o desenho de maneira eficaz, ou seja, como instrumento de projeto, é necessário adquirir algumas habilidades fundamentais, como riscar linhas e reforçar tonalidades. Ao longo do tempo, e com um pouco de prática, qualquer um pode aprender estas técnicas. Contudo, a habilidade técnica será de pouco valor se não for acompanhada da compreensão dos princípios de percepção nos quais estas técnicas se baseiam. Ainda que os meios eletrônicos desenvolvam e ampliem os métodos tradicionais de desenho, nos permitindo transferir ideias ao monitor do computador e desenvolvê-las em modelos tridimensionais (maquetes eletrônicas), o desenho continua sendo um processo cognitivo que envolve o olhar acurado e a reflexão visual.

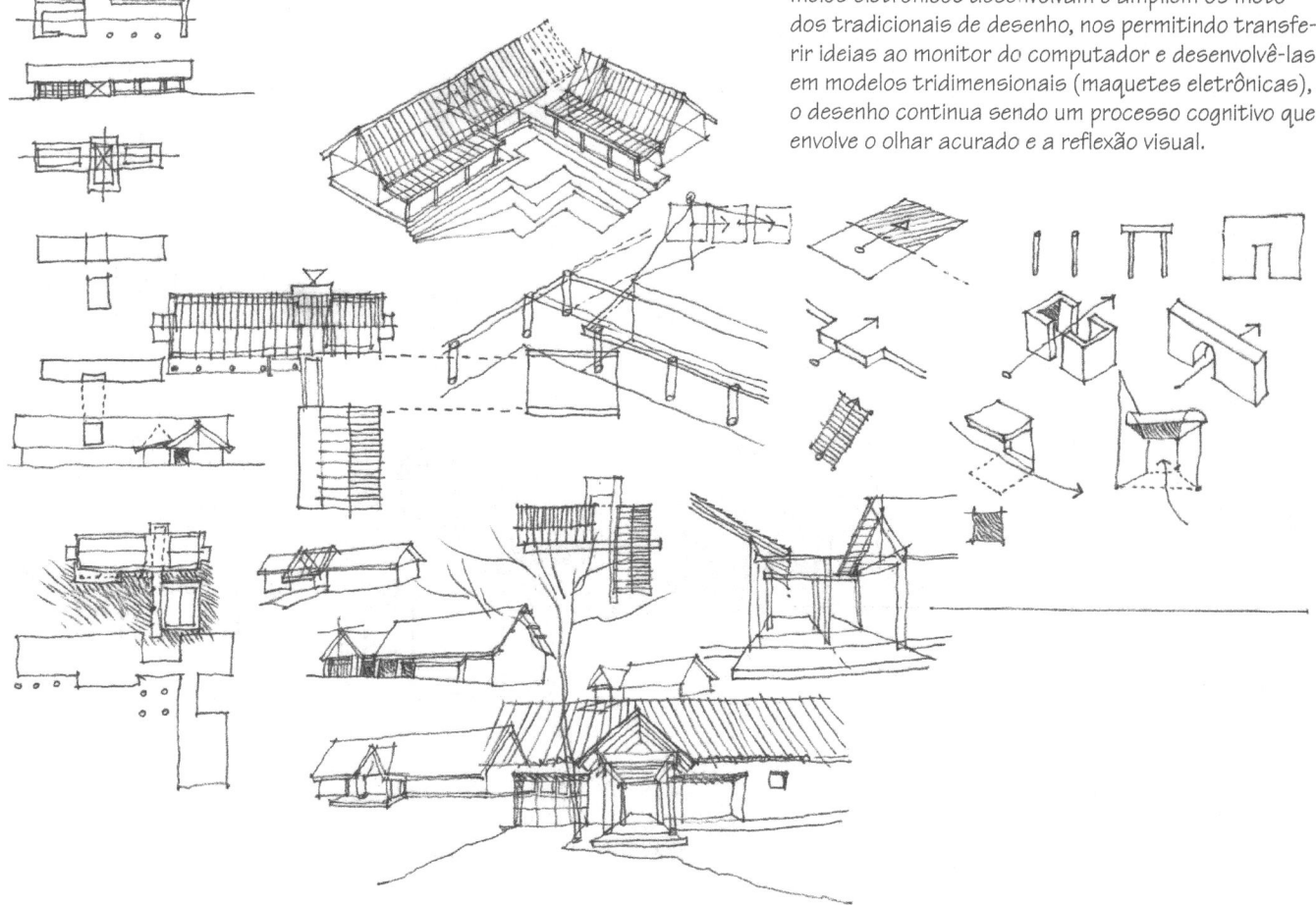

O PROCESSO DE DESENHO 3

Na essência de qualquer desenho existe um processo interativo de ver, imaginar e representar imagens. A visualização cria as imagens da realidade externa que percebemos de olhos abertos, o que possibilita nossa descoberta do mundo. Com os olhos fechados, a mente apresenta imagens da realidade interior – memórias visuais de eventos passados ou projeções de um futuro imaginado. Também existem as imagens que criamos no papel – os desenhos que usamos para expressar e comunicar nossos pensamentos e nossas percepções.

Ver
A visão é o principal canal sensorial através do qual temos contato com o mundo. É o nosso sentido mais desenvolvido, de maior alcance; o sentido em que nos apoiamos, prioritariamente, nas atividades cotidianas. Ver fortalece nossa habilidade de desenhar, ao passo que desenhar revigora a visão.

Imaginar
Os dados visuais recebidos pelos olhos são processados, manipulados e filtrados pela mente em sua busca ativa por estrutura e significado. A mente cria as imagens que vemos, e estas são as imagens que tentamos representar ao desenhar. Portanto, desenhar é mais do que uma habilidade manual; envolve a construção de imagens visuais que estimulam a imaginação, enquanto imaginar realimenta nosso desejo de desenhar.

Representar
Ao desenhar, marcamos a superfície para representar graficamente o que vemos à nossa frente ou imaginamos mentalmente. Desenhar é um meio natural de expressão que cria um mundo de imagens separado, mas paralelo, que se comunica com nossos olhos.

A atividade de desenhar não pode ser dissociada daquilo que vemos ou pensamos sobre o tema representado. Não podemos desenhar um objeto ou uma cena a menos que os vejamos como modelos ou que nos sejam suficientemente familiares para que possam ser recriados pela memória ou pela imaginação. Consequentemente, a proficiência no desenho deve estar acompanhada do conhecimento e da compreensão do que desejamos representar graficamente.

PERCEPÇÃO VISUAL

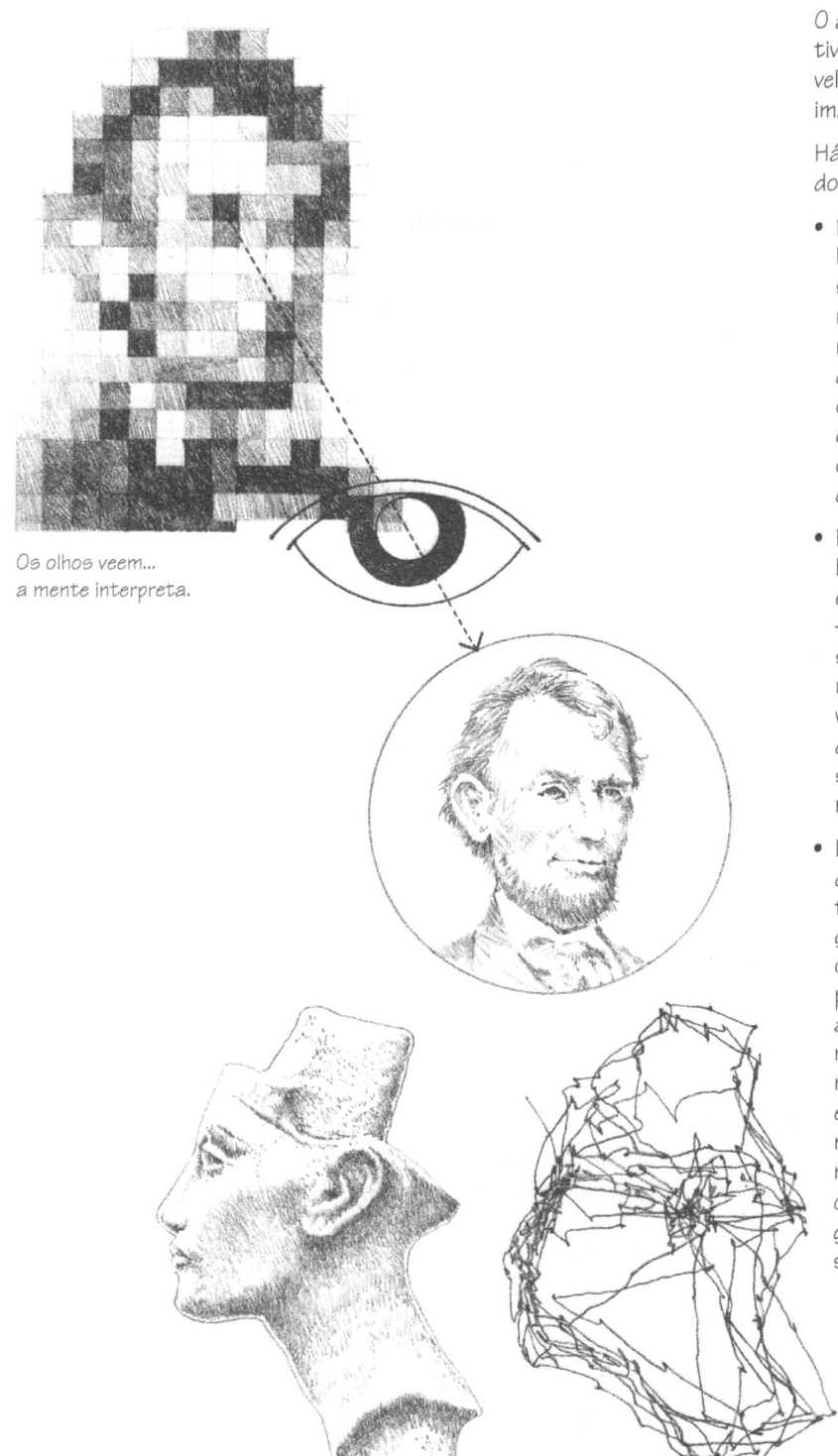

*Os olhos veem...
a mente interpreta.*

Busto da Rainha Nefertiti
Padrão de movimento dos olhos de uma pessoa ao observar uma figura, extraído de uma pesquisa de Alfred L. Yarbus, do Instituto de Problemas da Transmissão da Informação de Moscou.

O ato de desenhar é um processo dinâmico e criativo. Ele é capaz de exteriorizar a percepção estável e tridimensional do movimento, modificando as imagens que compõem nosso mundo visual.

Há três fases no processamento veloz e sofisticado que resulta nas imagens que vemos:

- Recepção: os olhos recebem impulsos de energia luminosa – de sua fonte ou de uma reflexão por superfícies iluminadas. A ótica dos olhos forma uma imagem de cabeça para baixo a partir dos raios de luz que chegam à retina, uma coleção de células nervosas que são uma extensão do cérebro. Estas células fotossensíveis convertem energia eletromagnética em sinais eletroquímicos, possibilitando uma avaliação ponto a ponto da intensidade da luz recebida.

- Extração: a mente extrai características visuais básicas do estímulo recebido. Este estímulo – essencialmente um padrão de claros e escuros – é processado, então, por outras células nervosas na retina, descendo pelo nervo ótico. Após uma parada intermediária, ele chega ao córtex visual do cérebro, que possui células extratoras das características específicas do impulso visual: a localização e a orientação dos limites, o movimento, o tamanho e a cor.

- Inferência: com base nas características extraídas, fazemos inferências sobre o mundo. Somente uma pequena área da retina é capaz de distinguir detalhes sutis. Nossos olhos devem, então, continuar examinando o objeto e seu entorno, para vê-lo na sua totalidade. Quando olhamos algo, o que vemos é, na verdade, construído pela rápida sucessão de imagens interconectadas na retina. Somos capazes de perceber uma imagem estável mesmo enquanto nossos olhos a percorrem. Nosso sistema visual, portanto, executa mais que uma simples gravação passiva e mecânica das características visuais do estímulo gráfico; ele transforma ativamente impressões sensoriais da luz em formas com significado.

PERCEPÇÃO VISUAL

A percepção visual é um vigoroso processo de busca de padrões. A mente usa os impulsos extraídos das imagens formadas na retina para fazer suposições intelectuais sobre o que encontramos. Nossa mente busca ativamente as características que se encaixam em nossa imagem do mundo: ela procura limitar o significado e a compreensão dos modelos recebidos. Somos capazes de formar imagens a partir de uma confusão absoluta de dados visuais, preenchendo as imagens (quando necessário) com informações que de fato não estão presentes. Por exemplo, podemos não entender o padrão incompleto de claros e escuros da figura ao lado, mas, uma vez reconhecido seu significado, a confusão não será mais vista.

A percepção visual é, portanto, uma criação mental. Os olhos são cegos para aquilo que a mente não vê. Uma figura, em nossa mente, não é baseada apenas nos impulsos extraídos da imagem que se forma na retina, mas também é formada a partir dos interesses, do conhecimento e das experiências que cada um de nós agrega ao ato de ver. O ambiente cultural também modifica nossa percepção e nos ensina a interpretar os fenômenos visuais que experenciamos.

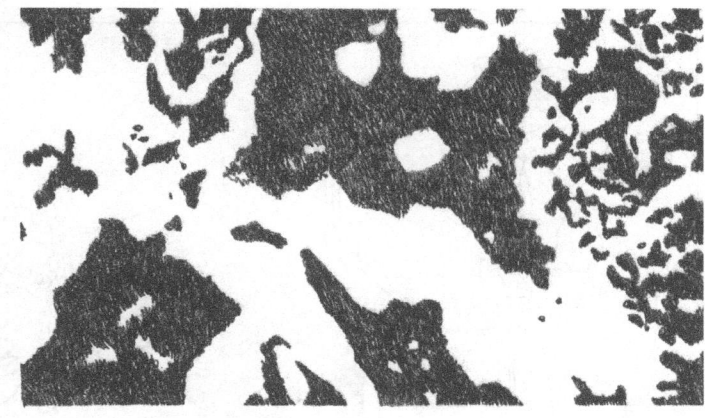

Nesta ilusão, desenhada pelo psicólogo E. G. Boring em 1930, pode-se ver tanto o perfil de uma jovem quanto a cabeça de uma mulher mais velha.

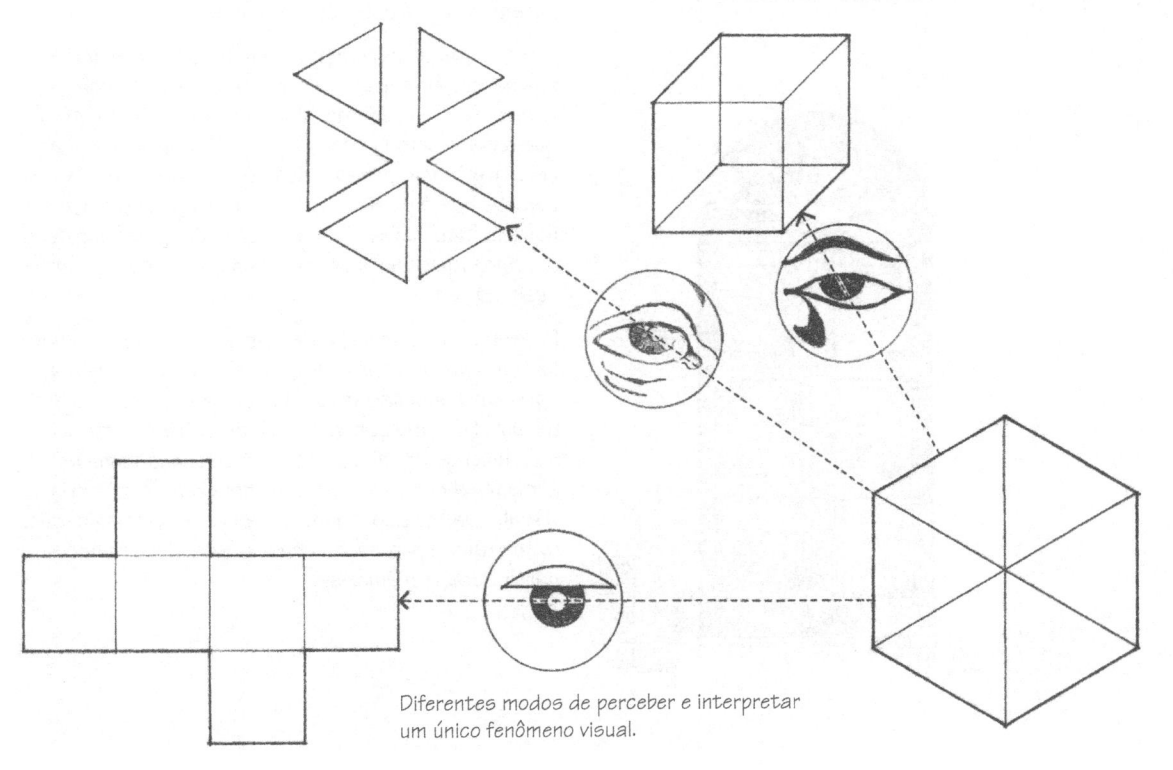

Diferentes modos de perceber e interpretar um único fenômeno visual.

Ver ajuda a desenhar

O desenho de objetos que vemos diante de nós, incluindo a cópia cuidadosa da obra de um mestre, é um método de treinamento tradicional e muito importante para artistas e projetistas. O desenho de observação in loco é um método clássico de desenvolver a coordenação entre olho, mente e mão. Experimentar e examinar o mundo visível de maneira direta, por meio do desenho, nos torna mais conscientes da dinâmica da visão. Este entendimento, por sua vez, nos ajuda a desenhar.

Desenhar revigora a visão

Normalmente não vemos tudo aquilo que somos capazes de enxergar. Noções preconcebidas daquilo que esperamos ou acreditamos estar lá fora direcionam nossa visão. Com a familiarização, tendemos a passar por cima das coisas com as quais nos deparamos e usamos diariamente, sem realmente enxergá-las. Esses preconceitos de percepção tornam nossa vida mais simples e segura. Não temos de prestar tanta atenção em todos os estímulo visuais, como se os estivéssemos vendo pela primeira vez a cada dia. Em vez disso, podemos selecionar apenas aqueles estímulos que fornecem informações pertinentes às nossas necessidades momentâneas. Essa forma seletiva de visão nos conduz para o uso coletivo de imagens estereotipadas e de clichês visuais.

A rotulação de estereótipos visuais, como elementos necessários para evitar o caos da percepção, também nos impede de olhar com estranhamento o que reconhecemos como familiar. O ambiente visual em geral é mais denso e rico do que normalmente percebemos à primeira vista. Para fazer uso total de nossas faculdades visuais — ver mais que símbolos —, devemos aprender a ver as coisas como se fôssemos desenhá-las.

Desenhar nos encoraja a estar atentos, a experimentar uma ampla variedade de fenômenos visuais e a apreciar a singularidade das coisas mais banais. Ao desenvolver uma consciência mais crítica e intensa do ambiente visual, a prática do desenho também alimenta a compreensão e melhora nossa memória visual. Quando desenhamos com base na imaginação, relembramos percepções passadas e desenhamos a partir destas memórias.

Nossa percepção não está limitada ao que vemos aqui e agora. As imagens geralmente surgem espontaneamente, como resposta à percepção sensorial – algo visto, tocado ou percebido pelo olfato. Mesmo sem qualquer tipo de estímulo sensorial, temos faculdades mentais que nos permitem relembrar ou recriar imagens. Facilmente, quase sem esforço, é possível imaginar uma coisa assim que ela nos é sugerida. Ao ler estas palavras, você facilmente consegue visualizar:

- Lugares, como seu quarto de infância, a rua onde você mora ou uma cena descrita em um romance
- Coisas, como um triângulo ou um quadrado, um balão que flutua no ar ou o relógio de seu avô
- Pessoas, como um amigo íntimo, um parente ou um apresentador de notícias da televisão
- Ações, como abrir uma porta, andar de bicicleta ou arremessar uma bola
- Operações, como um cubo girando no espaço, uma bola descendo por uma superfície inclinada ou um pássaro levantando voo

Ao responder a esses estímulos verbais, estamos retratando-os mentalmente: estamos pensando por meio de imagens.

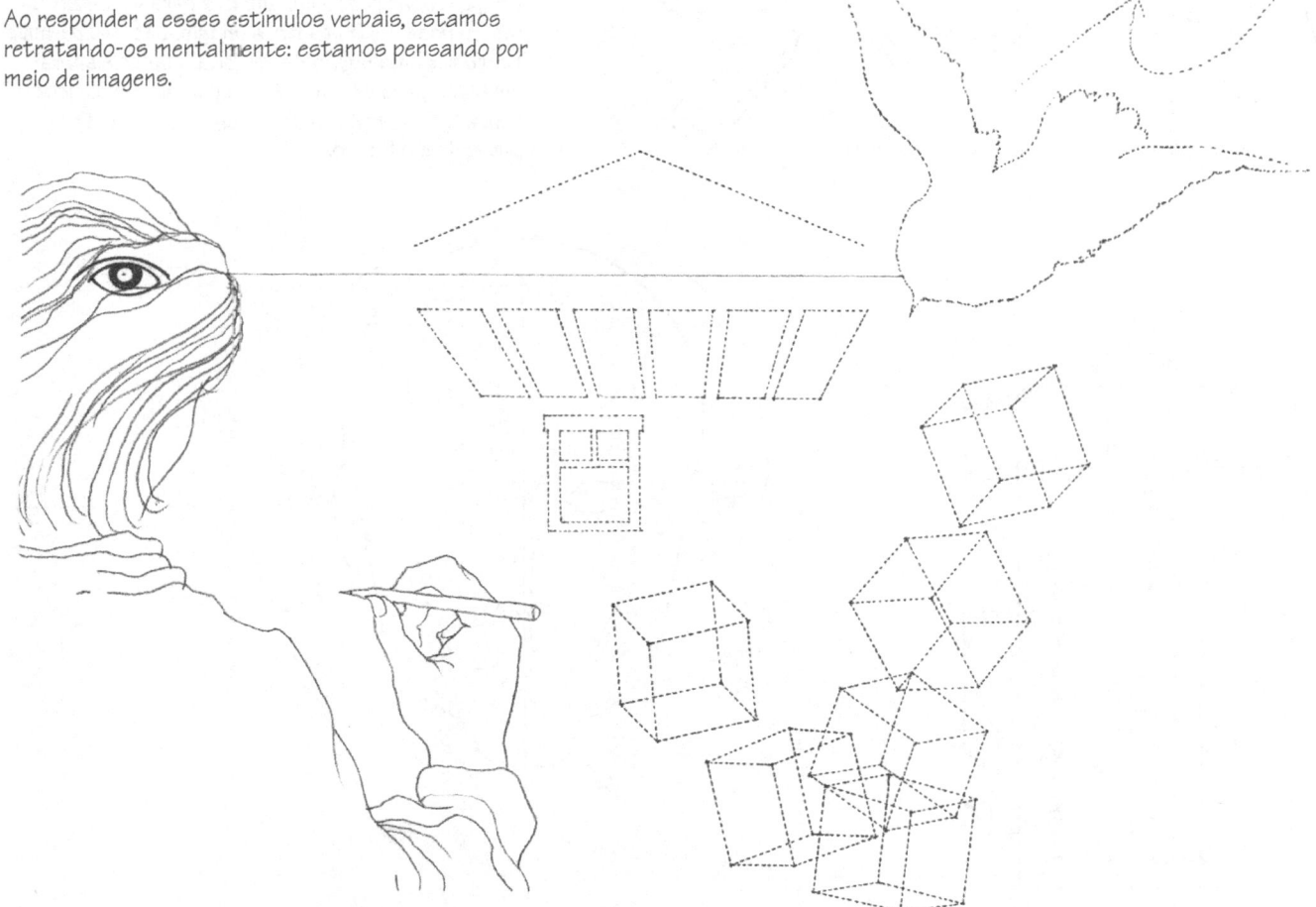

8 PENSAR POR MEIO DE IMAGENS

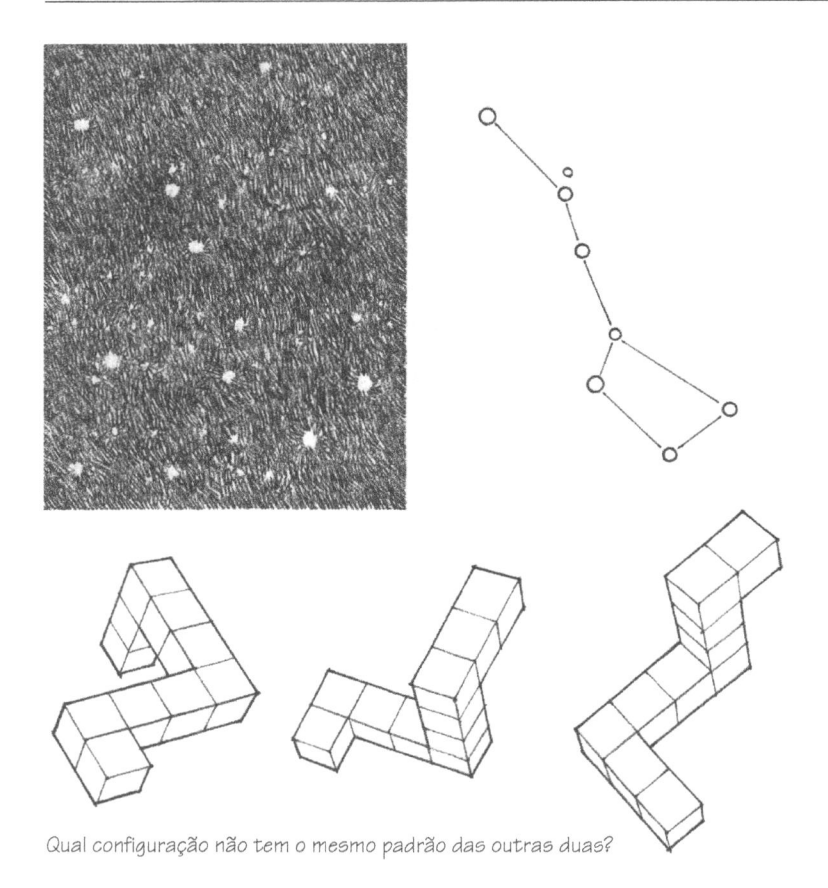

O pensamento por meio de imagens – ou a construção de imagens visuais – permeia todas as atividades humanas, é parte essencial do cotidiano. Pensamos em termos visuais quando dirigimos pela rua em busca de um endereço, arrumamos a mesa para um jantar especial ou contemplamos um movimento no jogo de xadrez. Nosso pensamento toma forma visual sempre que buscamos constelações no céu à noite, construímos um armário com base em um conjunto de desenhos ou projetamos uma edificação. Em cada uma dessas atividades, procuramos rapidamente relacionar as imagens que estamos formando naquele momento com aquelas que guardamos mentalmente.

As imagens da nossa mente não se limitam ao que vemos no presente. A mente é capaz de formar, explorar e recombinar imagens além dos limites naturais de tempo e espaço. Pensando em retrospectiva, conseguimos visualizar memórias de coisas, lugares e eventos de outrora. Com a previsão, também somos capazes de olhar para a frente no tempo – usar nossa imaginação para visualizar um futuro possível. Portanto, a imaginação nos permite tanto ter uma noção da história quanto elaborar um plano para o futuro. A imaginação estabelece conexões – pontes visuais – entre o presente, o passado e o futuro.

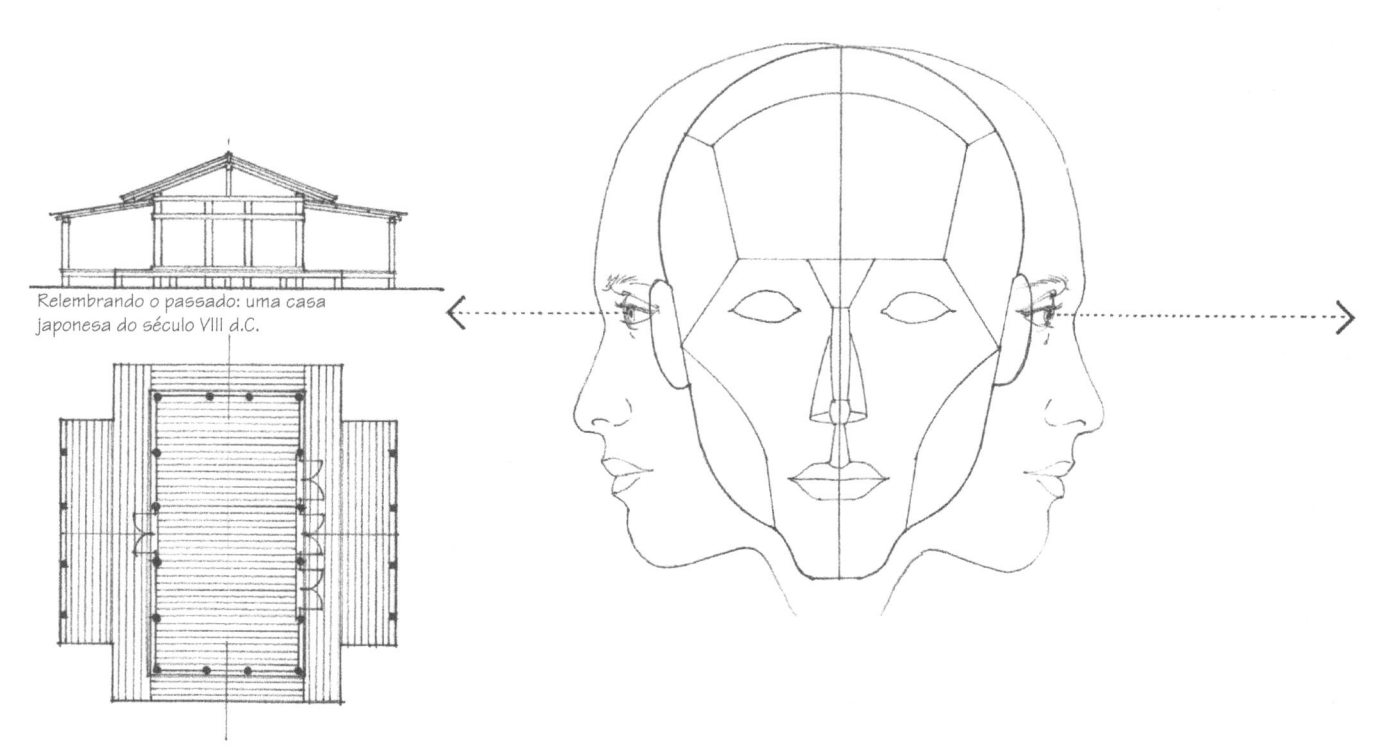

Qual configuração não tem o mesmo padrão das outras duas?

Relembrando o passado: uma casa japonesa do século VIII d.C.

A imaginação inspira o ato de desenhar

As imagens que surgem na mente normalmente são nebulosas, resumidas e muito enganosas. Mesmo quando nítidas e claras, podem vir à mente e então desaparecer de repente. A menos que as capturemos em um desenho, elas podem facilmente cair no esquecimento e ser substituídas por outras no fluxo da consciência. Assim, desenhar é uma extensão natural e necessária do pensamento visual. À medida que a imagem mental guia o movimento de nossos olhos e da mão no papel, o desenho que emerge simultaneamente se funde com a imagem em nossa mente. Outros pensamentos vêm à mente e são integrados ao processo de imaginar e desenhar.

Desenhar estimula a imaginação

Desenhar é um meio de expressão que influencia o pensamento, assim como o pensamento dirige o desenho. Esquematizar uma ideia no papel nos permite explorá-la e torná-la clara da mesma maneira como formamos e ordenamos um pensamento, colocando-o em palavras. Tomar pensamentos concretos e visíveis nos permite atuar sobre eles. Podemos analisá-los, vê-los sob nova ótica, combiná-los de diferentes maneiras e transformá-los em novas ideias. Usada desta maneira, a representação gráfica estimula a imaginação a progredir.

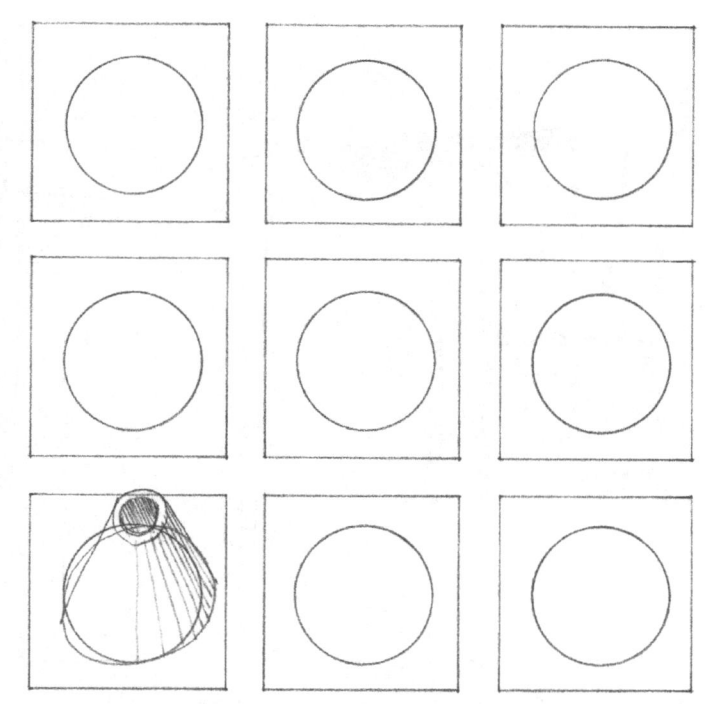

Esse tipo de desenho é essencial nas fases iniciais e de desenvolvimento de um projeto. Um artista que contempla várias composições para uma pintura, um coreógrafo que orquestra uma sequência de dança para o palco e um arquiteto que organiza as complexidades espaciais de uma edificação – todos eles usam desenhos nessa etapa exploratória, para imaginar possibilidades e especular sobre o futuro.

Imagine como você poderia transformar estes círculos em outros objetos simplesmente acrescentando algumas linhas.

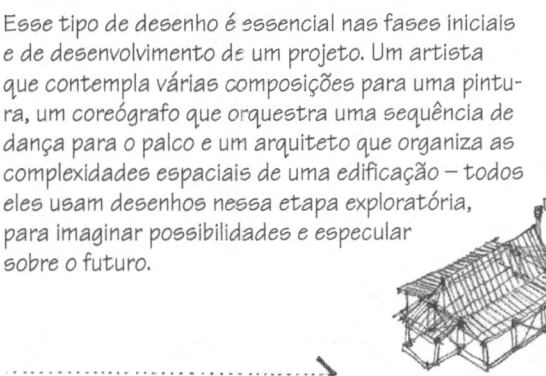

Imaginando o futuro: um refúgio de fim de semana

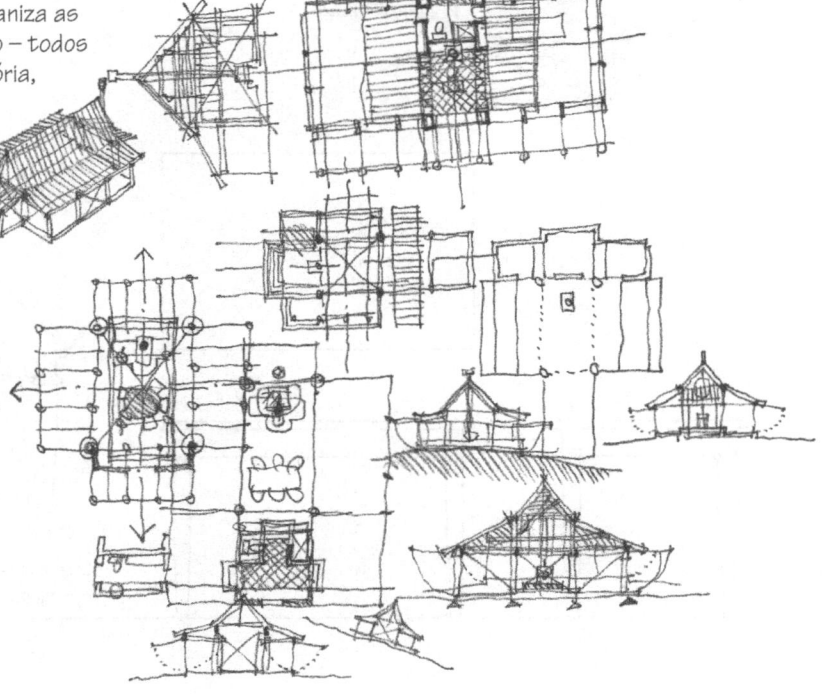

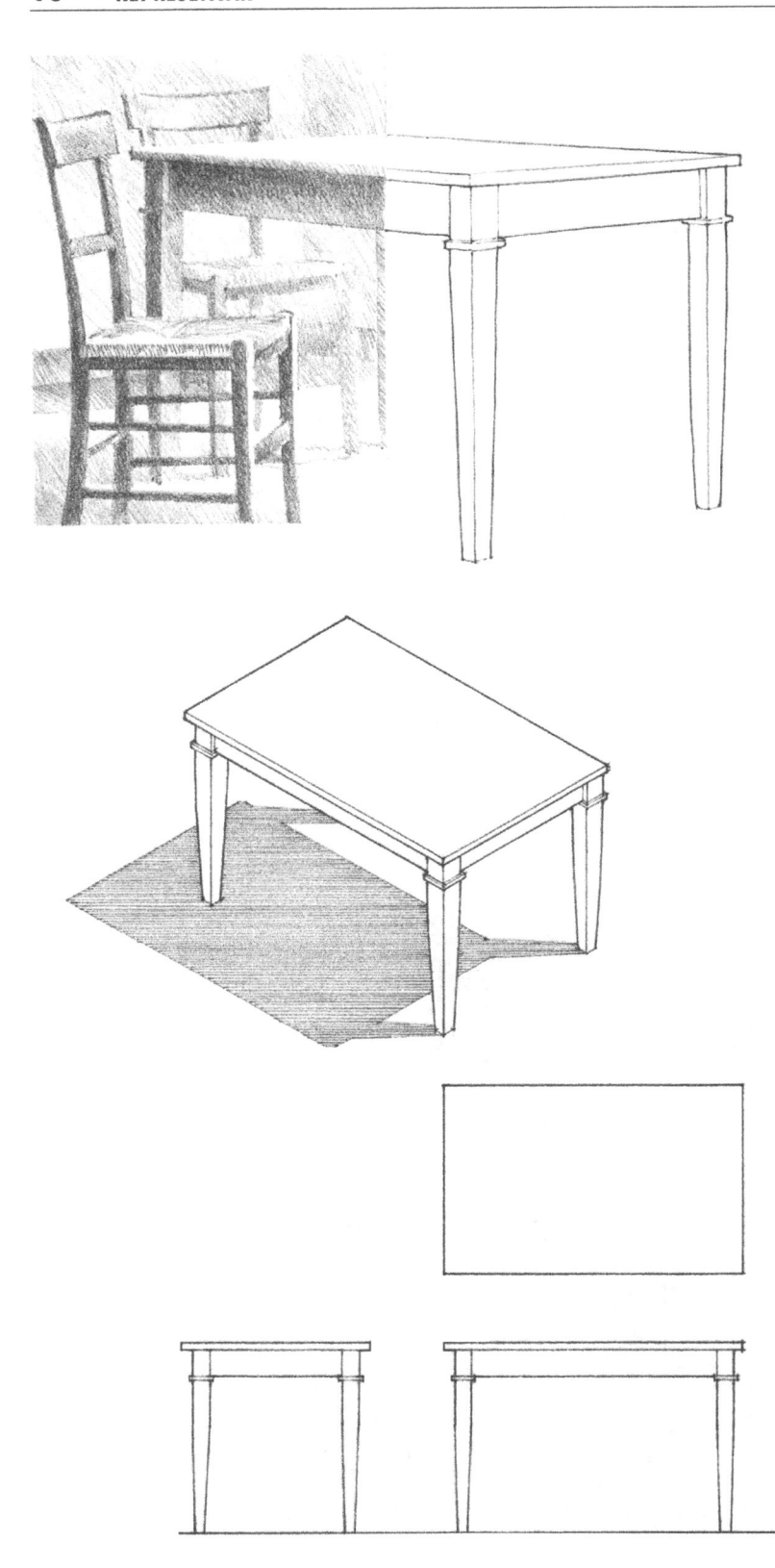

Um desenho jamais consegue reproduzir a realidade; ele apenas pode tornar visíveis nossas percepções da realidade exterior e as visões internas da mente. No processo de desenho, criamos uma realidade à parte, paralela às nossas experiências.

Nossa percepção é holística, pois incorpora todas as informações que temos do fenômeno que experimentamos. Um único desenho, no entanto, só consegue expressar uma porção limitada de nossa experiência. No desenho de observação in loco, direcionamos a atenção para aspectos particulares da visão e optamos, consciente ou inconscientemente, por ignorar outros. A escolha do meio ou da técnica que usaremos também afeta o que somos capazes de transmitir em um desenho.

Também podemos desenhar o que sabemos sobre um tema, algo que poderá ser expresso diferentemente de como nossos olhos o veem. No desenho de imaginação, por exemplo, não estamos limitados às percepções visuais de uma realidade ótica; pelo contrário, podemos desenhar a imagem conceitual do que a mente vê. Tanto imagens conceituais como perceptivas são formas legítimas de representação. Elas representam modos complementares de ver e desenhar. A escolha de uma em relação à outra depende do objetivo do desenho e daquilo que desejamos comunicar sobre o tema.

Diferentes modos de representar a mesma realidade objetiva.

Comunicação visual

Todos os desenhos comunicam, na medida em que estimulam a consciência daqueles que os observam. Os desenhos devem chamar a atenção de nossos olhos, antes de comunicar ou instruir. Uma vez que o observador foi seduzido, eles devem ajudar sua imaginação e convidá-lo a responder.

Os desenhos são, por natureza, ricos em informação. Seria difícil descrever adequadamente por meio de palavras o que o desenho pode revelar em um vislumbre. Assim como vemos de diferentes formas, cada um de nós pode observar o mesmo desenho e o interpretar à sua maneira. Mesmo o desenho mais realista está sujeito à interpretação. Portanto, qualquer desenho que utilizemos para comunicar imagens visuais deve representar os objetos de forma que seja compreensível aos demais observadores. Quanto mais abstrato for o desenho, mais deverá se apoiar em convenções e textos, a fim de comunicar ou transmitir informações.

Uma forma comum de comunicação visual é o diagrama, um desenho simplificado que pode ilustrar um processo ou uma ação, esclarecer um conjunto de relações ou descrever um padrão de transformação ou crescimento. Outro exemplo é um conjunto de desenhos de apresentação que oferece aos outros uma proposta de projeto, para que a revisem e avaliem. Outras formas de comunicação gráfica de caráter utilitário são padrões de projeto, desenhos de construção e ilustrações técnicas. Estas instruções visuais orientam a execução de um projeto ou a transformação de uma ideia em realidade.

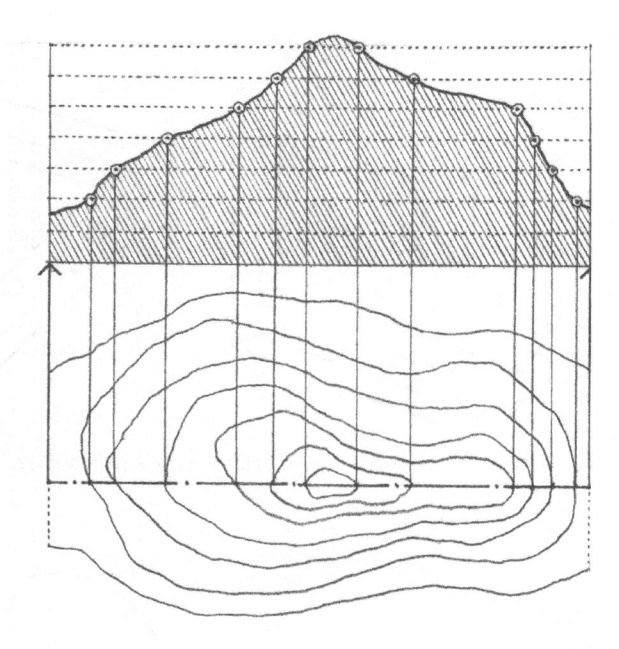

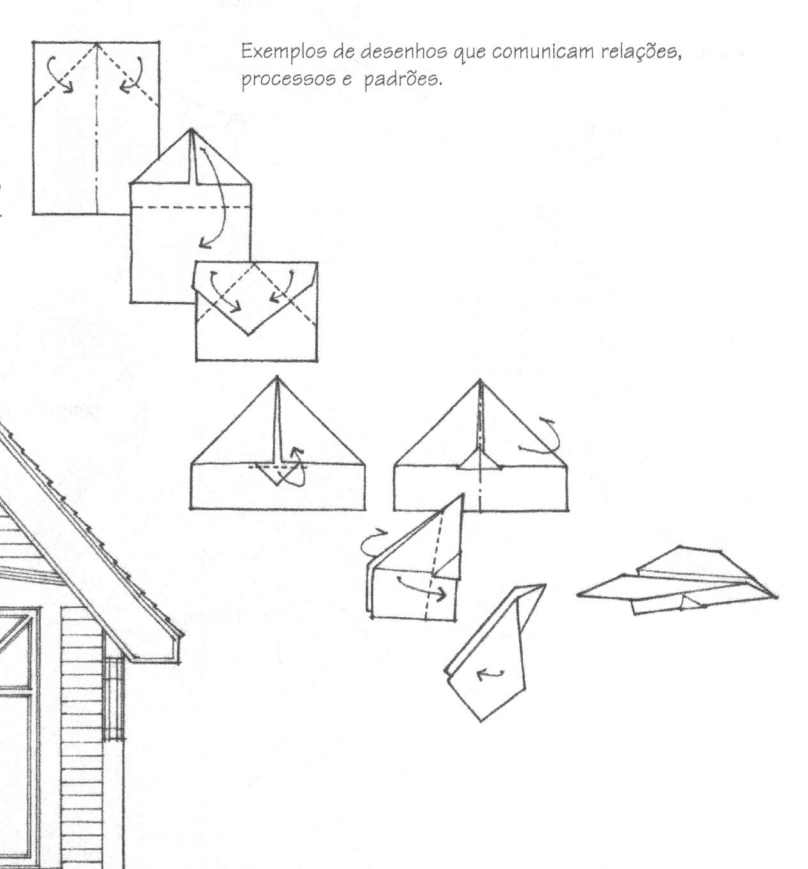

Exemplos de desenhos que comunicam relações, processos e padrões.

12 REPRESENTAR

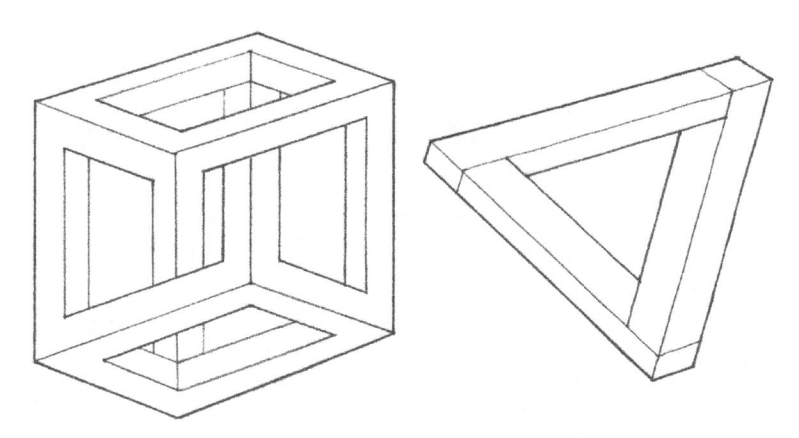

O que parece ser possível no papel talvez não seja na realidade.

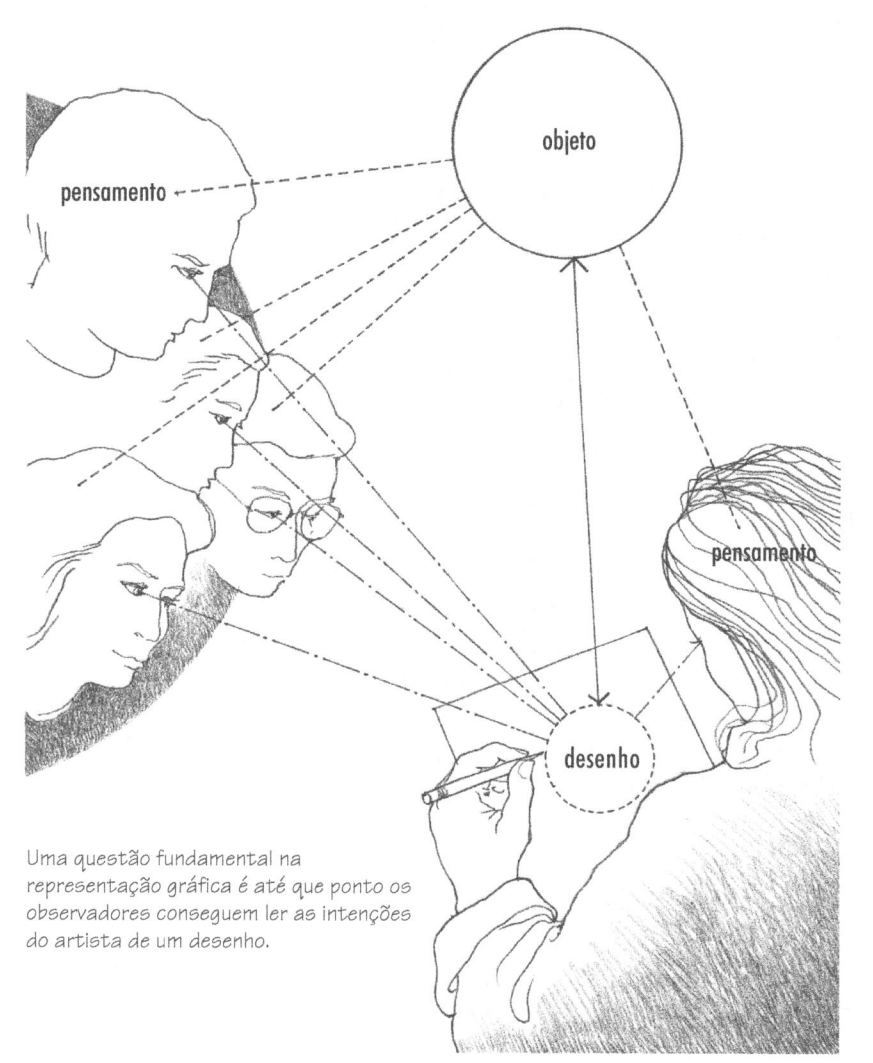

Uma questão fundamental na representação gráfica é até que ponto os observadores conseguem ler as intenções do artista de um desenho.

Lendo desenhos

Apesar de sermos capazes de ler desenhos que não foram feitos por nós ou que não teríamos como fazer, o contrário não é verdadeiro. Não temos como construir um desenho a menos que sejamos capazes de decifrar os símbolos gráficos que criamos e entender o modo pelo qual os outros talvez o vejam e interpretem. Uma parte essencial do aprendizado de como desenhar é aprender a ler os desenhos que encontramos, assim como aqueles que nós mesmos produzimos.

Ser capazes de ler um desenho significa que entendemos as relações entre o tema e o modo como ele foi representado graficamente. Por exemplo, qualquer desenho, seja ele gerado em computador ou feito manualmente, pode ter sido construído de maneira inadequada e representar erroneamente a ideia tridimensional que busca representar. Devemos ter a capacidade de reconhecer quando um desenho expressa algo que não é possível na realidade, ainda que a imagem gráfica dê a impressão contrária.

Para melhor criticar e para aprimorar nossos próprios desenhos, devemos cultivar o hábito de lê-los como os outros provavelmente o fariam. É fácil convencer nossos olhos de que o desenho que fizemos realmente representa o que acreditamos que ele deveria ilustrar. Também é muito fácil ver erros nos desenhos de outros, porque os observamos de uma maneira mais isenta. Olhar um desenho de cabeça para baixo, à distância ou no reflexo de um espelho nos leva a percebê-lo de outro modo. Mudanças repentinas de pontos de vista nos permitem ver problemas que nossa mente já estava predisposta a ignorar. Mesmo pequenos erros, que parecem ser triviais, podem ser relevantes caso confundam a mensagem ou o significado do desenho.

Desenho de Observação

"Aprender a desenhar é realmente uma questão de aprender a ver – a ver corretamente – e isso significa muito mais do que simplesmente olhar com os olhos. O tipo de 'visão' à qual me refiro é uma observação que utilize o máximo dos cinco sentidos que possa chegar aos olhos de uma só vez."

Kimon Nicolaïdes
The Natural Way to Draw

Apesar da natureza subjetiva da percepção, a visão ainda é o sentido mais importante para a coleta de informações sobre o nosso mundo. No processo de observação, somos capazes de tocar o espaço e traçar os contornos dos objetos, investigar superfícies, sentir texturas e explorar o espaço. A natureza tátil e sinestésica do desenho, em resposta direta aos fenômenos sensoriais, aprimora nossa percepção do presente, expande nossa memória visual do passado e estimula a imaginação a projetar o futuro.

1
Linhas e Formatos

Um ponto não tem dimensão ou escala. Quando se torna visível, estabelece uma posição no espaço. Conforme o ponto se move pela superfície, ele traça o caminho de uma linha, o elemento essencial do desenho. Baseamo-nos principalmente na linha para retratar as arestas e os contornos de objetos que percebemos no espaço visual. Ao estabelecer estes limites, a linha naturalmente começa a definir um formato – o elemento pictórico que estabelece a figura em nosso campo visual e organiza a composição de um desenho.

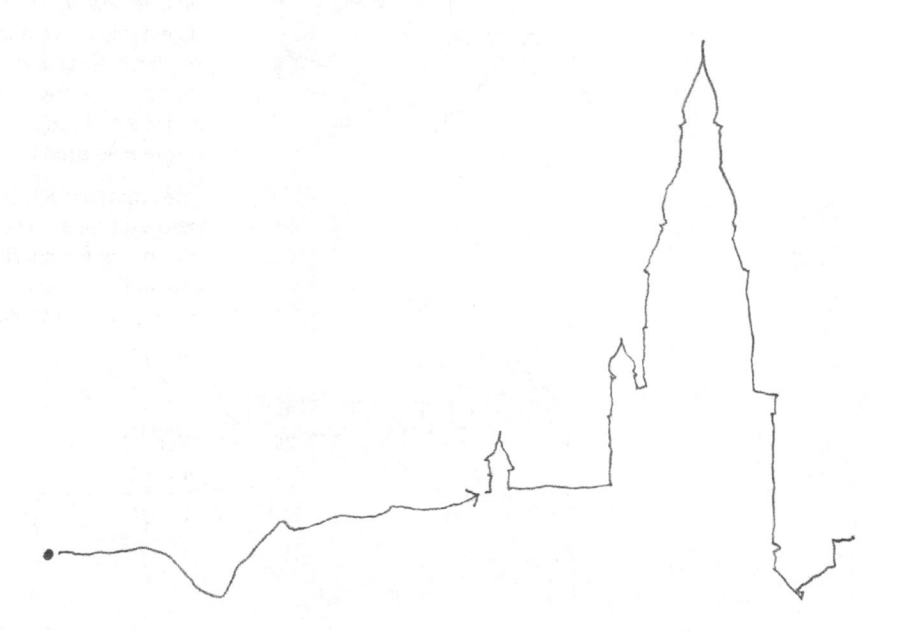

16 LINHA

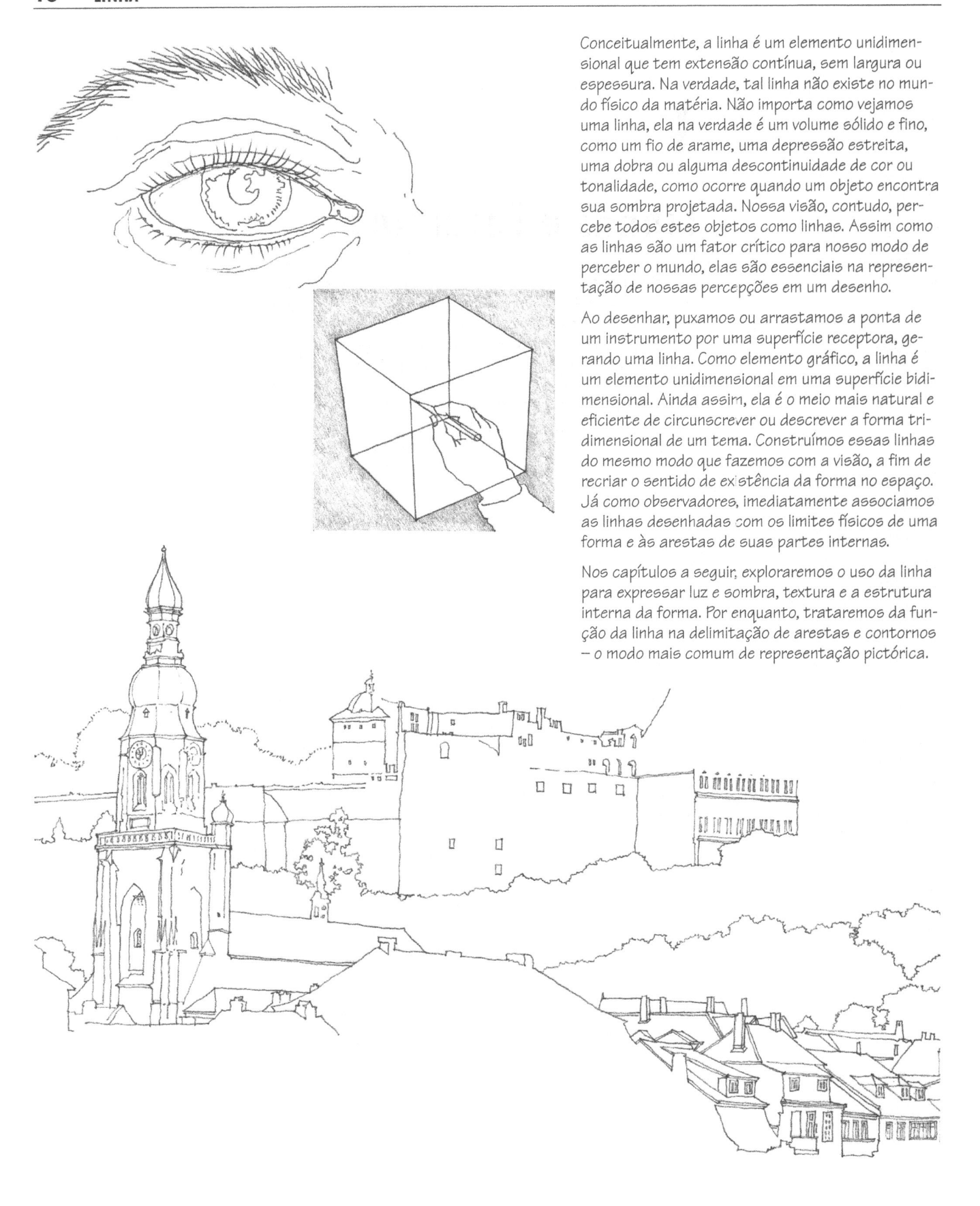

Conceitualmente, a linha é um elemento unidimensional que tem extensão contínua, sem largura ou espessura. Na verdade, tal linha não existe no mundo físico da matéria. Não importa como vejamos uma linha, ela na verdade é um volume sólido e fino, como um fio de arame, uma depressão estreita, uma dobra ou alguma descontinuidade de cor ou tonalidade, como ocorre quando um objeto encontra sua sombra projetada. Nossa visão, contudo, percebe todos estes objetos como linhas. Assim como as linhas são um fator crítico para nosso modo de perceber o mundo, elas são essenciais na representação de nossas percepções em um desenho.

Ao desenhar, puxamos ou arrastamos a ponta de um instrumento por uma superfície receptora, gerando uma linha. Como elemento gráfico, a linha é um elemento unidimensional em uma superfície bidimensional. Ainda assim, ela é o meio mais natural e eficiente de circunscrever ou descrever a forma tridimensional de um tema. Construímos essas linhas do mesmo modo que fazemos com a visão, a fim de recriar o sentido de existência da forma no espaço. Já como observadores, imediatamente associamos as linhas desenhadas com os limites físicos de uma forma e às arestas de suas partes internas.

Nos capítulos a seguir, exploraremos o uso da linha para expressar luz e sombra, textura e a estrutura interna da forma. Por enquanto, trataremos da função da linha na delimitação de arestas e contornos – o modo mais comum de representação pictórica.

CONTORNO 17

Os contornos dominam nossa percepção do mundo visual. A mente deduz a existência dos contornos a partir dos padrões de luz e sombra que os olhos recebem. Nosso sistema visual busca e cria uma linha cognitiva ao longo dos pontos em que dois campos contrastantes de luz e cor se encontram. Algumas destas arestas são claras, outras se perdem no plano de fundo conforme mudam de cor ou tonalidade. Ainda assim, perante a necessidade de identificar objetos, a mente é capaz de construir uma linha contínua ao longo de cada aresta. No processo de observação, a mente acentua estas arestas e as vê como contornos.

Os contornos mais visíveis são aqueles que separam uma coisa da outra. Estes contornos criam as imagens que vemos no espaço visual. Eles circunscrevem um objeto e definem os limites externos entre a figura e seu fundo. Ao limitar e definir as bordas dos objetos, os contornos também descrevem sua forma.

Mas os contornos fazem mais do que descrever o perímetro de uma silhueta bidimensional.

- Alguns contornos se inserem nas dobras internas ou nas quebras de um plano.
- Outros são formados pela sobreposição ou projeção de partes.
- Já outros contornos descrevem o formato dos espaços e as sombras dentro da forma.

Ao ver e desenhar, somos capazes de seguir estes contornos conforme eles descrevem a natureza tridimensional dos formatos no espaço.

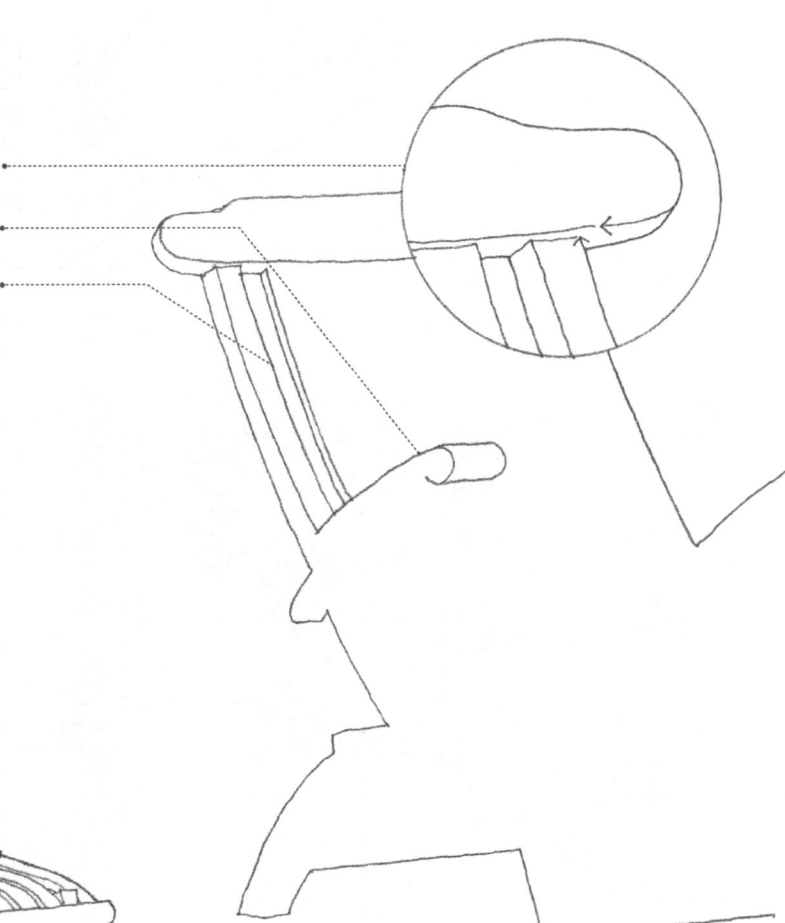

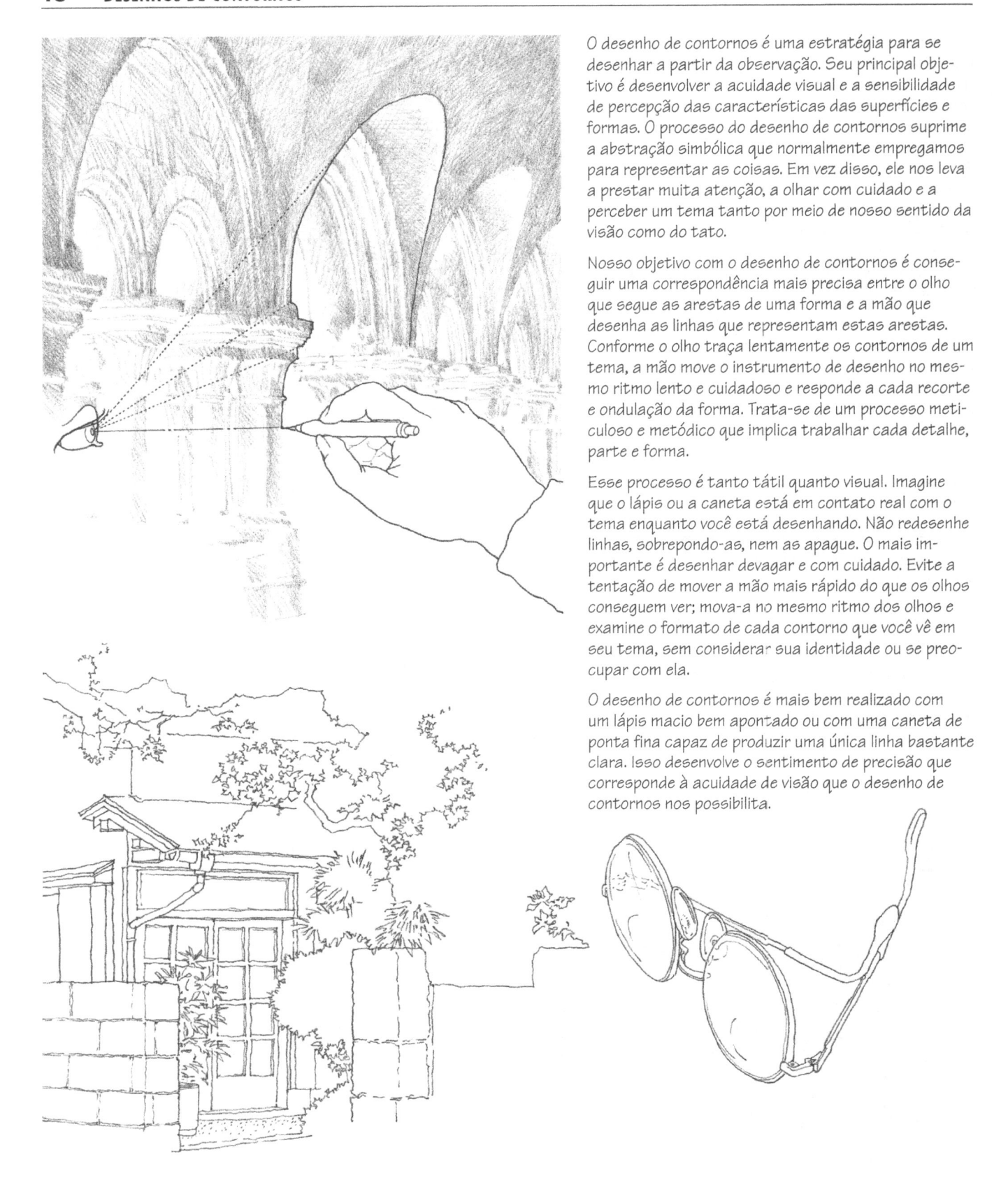

DESENHOS DE CONTORNOS

O desenho de contornos é uma estratégia para se desenhar a partir da observação. Seu principal objetivo é desenvolver a acuidade visual e a sensibilidade de percepção das características das superfícies e formas. O processo do desenho de contornos suprime a abstração simbólica que normalmente empregamos para representar as coisas. Em vez disso, ele nos leva a prestar muita atenção, a olhar com cuidado e a perceber um tema tanto por meio de nosso sentido da visão como do tato.

Nosso objetivo com o desenho de contornos é conseguir uma correspondência mais precisa entre o olho que segue as arestas de uma forma e a mão que desenha as linhas que representam estas arestas. Conforme o olho traça lentamente os contornos de um tema, a mão move o instrumento de desenho no mesmo ritmo lento e cuidadoso e responde a cada recorte e ondulação da forma. Trata-se de um processo meticuloso e metódico que implica trabalhar cada detalhe, parte e forma.

Esse processo é tanto tátil quanto visual. Imagine que o lápis ou a caneta está em contato real com o tema enquanto você está desenhando. Não redesenhe linhas, sobrepondo-as, nem as apague. O mais importante é desenhar devagar e com cuidado. Evite a tentação de mover a mão mais rápido do que os olhos conseguem ver; mova-a no mesmo ritmo dos olhos e examine o formato de cada contorno que você vê em seu tema, sem considerar sua identidade ou se preocupar com ela.

O desenho de contornos é mais bem realizado com um lápis macio bem apontado ou com uma caneta de ponta fina capaz de produzir uma única linha bastante clara. Isso desenvolve o sentimento de precisão que corresponde à acuidade de visão que o desenho de contornos nos possibilita.

DESENHOS DE CONTORNOS ÀS CEGAS

O desenho de contornos às cegas implica desenhar os contornos sem tirar os olhos do tema, ou seja, sem observar a superfície sobre a qual se está desenhando ou a imagem que está surgindo. Gire seu corpo para fora do ângulo de visão do papel e concentre toda sua atenção no tema. Seus olhos devem se fixar no tema enquanto sua mão tenta registrar no papel o que você vê.

Concentre o olhar em um ponto claramente definido ao longo do contorno do tema. Coloque a ponta da caneta ou do lápis no papel e imagine que está tocando o objeto real naquele ponto. Lenta e meticulosamente, siga os contornos com os olhos, observando as mínimas mudanças de direção ou curvas no contorno. À medida que seus olhos se movem, também mova a caneta ou o lápis no papel, com o mesmo ritmo propositalmente lento, gravando cada variação do contorno que você vê.

Continue a desenhar cada aresta em um ritmo lento e constante. É provável que você tenha que parar periodicamente para observar o objeto, mas evite fazer estas pausas de maneira consciente. Esforce-se para gravar cada contorno no momento exato em que vir cada ponto de sua extensão. Permita que o olho, a mente e a mão respondam simultaneamente a cada um dos eventos críticos percebidos.

Esse modo de desenhar frequentemente acarreta proporções distorcidas e exageradas. O desenho final não tem a intenção de ser um fac-símile do tema, mas de documentar e expressar sua cuidadosa percepção de linhas, formatos e volumes.

DESENHOS DE CONTORNOS MODIFICADOS

Nos desenhos de contornos modificados, começamos como no desenho de contornos às cegas. Contudo, a fim de conferir relações de tamanho, comprimento e ângulo, nos permitimos, em certos intervalos, olhar rapidamente do desenho que está surgindo.

Comece como no desenho de contornos às cegas, selecionando qualquer ponto de contorno do tema. Coloque a ponta da caneta ou do lápis no papel e imagine que está em contato com o mesmo ponto do objeto sendo representado. Confira as relações do contorno utilizando uma linha imaginária vertical ou horizontal. Enquanto seus olhos seguem o contorno no espaço, desenhe cuidadosamente a linha de contorno com a mesma velocidade propositalmente lenta.

Trabalhe contorno por contorno, ao longo, através e em torno das bordas e das superfícies das formas. Responda a cada modulação de superfície com movimentos de mão equivalentes. Em certos pontos – quebras de planos ou interrupções no contorno –, uma linha de contorno pode desaparecer em uma curva ou ser interrompida por outro contorno. Nestas junções, olhe para o desenho e realinhe a caneta ou o lápis à aresta previamente definida, para manter um razoável grau de precisão e proporção. Com apenas uma olhada para realinhar, continue a desenhar, mantendo os olhos sobre seu tema.

Quanto mais focamos o que observamos, mais cientes ficaremos dos detalhes de uma forma – a espessura de seu material, o modo como a forma gira ou se curva em um canto e a maneira com que encontra outros materiais. Ao confrontar uma enorme variedade de detalhes, devemos julgar o significado relativo de cada detalhe e desenhar apenas aqueles contornos que são absolutamente essenciais à compreensão e à representação da forma. Busque a economia de linhas.

Não se preocupe com as proporções do conjunto. Com experiência e prática, em determinado momento desenvolvemos a habilidade de registrar cada contorno de nosso tema, de guardar uma imagem dessa linha em nossa mente, de visualizá-la na superfície de desenho e de, então, registrá-la.

Embora o verdadeiro desenho de contornos empregue apenas um peso de linha, ao variar a espessura da linha se consegue uma maior expressividade. Engrossar uma linha pode produzir ênfase, criar uma ideia de profundidade ou sugerir uma sombra. As características da linha utilizada para definir um contorno podem comunicar a natureza da forma – sua materialidade, a textura de sua superfície e seu peso visual.

DESENHOS DE CONTORNOS MODIFICADOS

Exercício 1.1
Selecione um tema que tenha contornos interessantes, como sua própria mão, um par de tênis ou uma folha de árvore que caiu no chão. Volte toda sua atenção para os contornos do tema e desenhe uma série de contornos às cegas. O desenho de contornos às cegas desenvolve a acuidade visual, a sensibilidade aos contornos e a coordenação entre mão, olhos e mente.

Exercício 1.2
Junte-se a um amigo. Faça o desenho de contornos do olho esquerdo de seu amigo usando sua mão direita. Depois, faça o desenho de contornos do olho direito dele usando sua mão esquerda. Compare o desenho feito com a mão que você costuma usar ao executado com a outra mão. Desenhar com a mão que você menos usa o forçará a desenhar mais lentamente e a ser mais sensível aos contornos que você observa. Este exercício também pode ser feito diante de um espelho, olhando-se e desenhando os próprios olhos.

Exercício 1.3
Componha uma natureza-morta usando objetos com diferentes formas – flores e uma ferramenta manual, diversas frutas e garrafas, folhas e uma bolsa. Execute uma série de desenhos de contornos modificados da composição. Tente não denominar ou identificar as coisas que está desenhando, o que poderia levá-lo a desenhar símbolos. Em vez disso, preste bastante atenção, sinta e registre as diferentes naturezas das bordas e dos contornos da maneira como as vê.

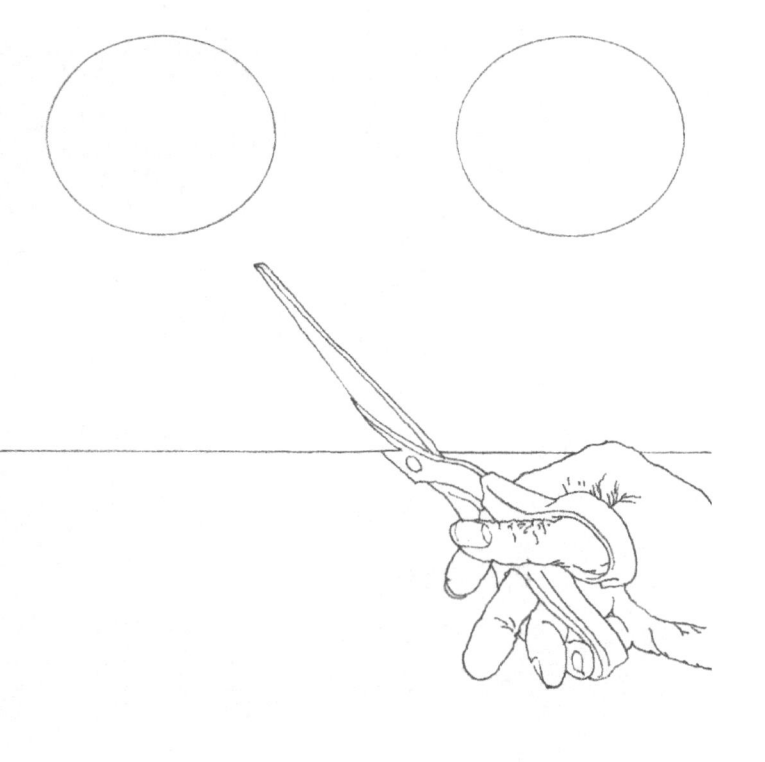

DESENHOS DE CONTORNOS EM CORTE

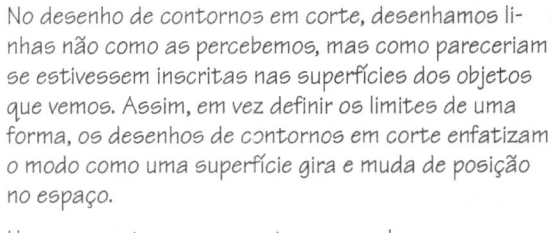

No desenho de contornos em corte, desenhamos linhas não como as percebemos, mas como pareceriam se estivessem inscritas nas superfícies dos objetos que vemos. Assim, em vez definir os limites de uma forma, os desenhos de contornos em corte enfatizam o modo como uma superfície gira e muda de posição no espaço.

Usamos contornos em corte para explorar e representar a natureza volumétrica de um objeto, especialmente quando sua forma não é composta de planos ou tem caráter orgânico. Contornos em corte fluem ao longo de cristas e depressões da superfície. Quando uma superfície é denteada, as linhas dos contornos em corte se interrompem; sempre que uma superfície sobe, as linhas de contornos em corte também sobem.

Para visualizar melhor o giro espacial e a mudança de posição que ocorre ao longo das superfícies de um objeto, imagine que está cortando a forma com uma série de planos paralelos e igualmente espaçados. Depois desenhe a série de perfis que resultaram dos cortes. Desta série de linhas de contorno em corte pouco espaçadas, emergirá a forma do objeto.

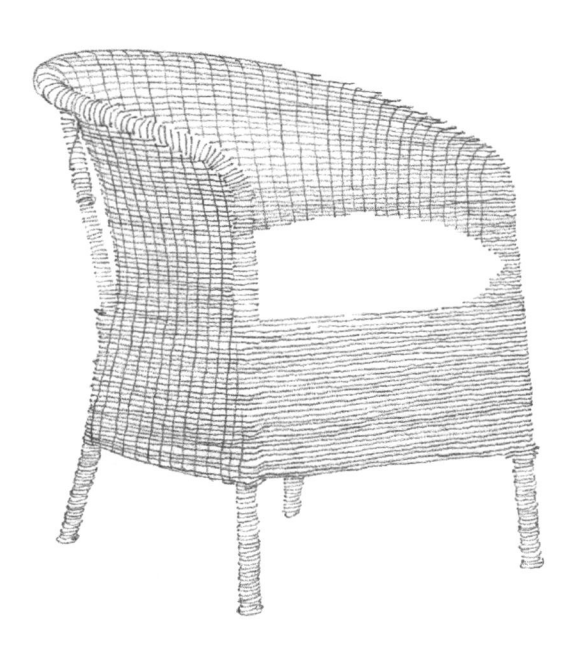

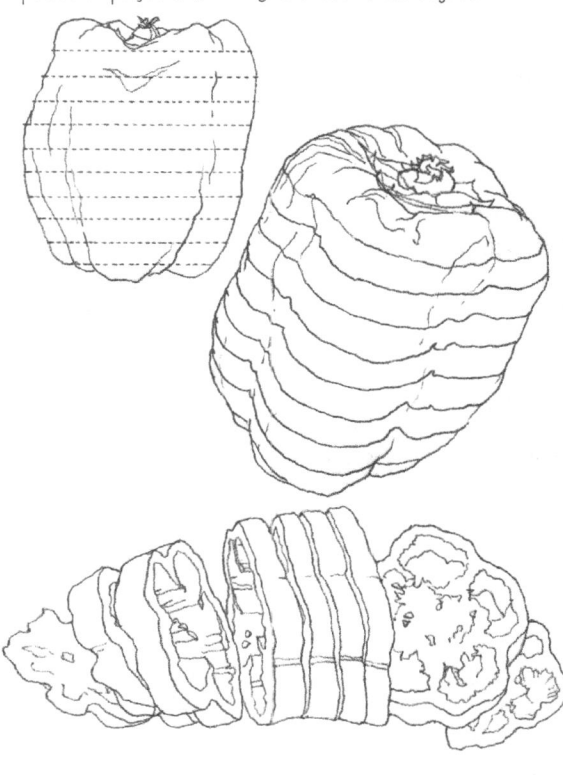

FORMATO 23

As linhas que percebemos em um campo visual correspondem a mudanças perceptíveis de cor ou tonalidade. Nos desenhos de contornos, usamos linhas visíveis para representar estas linhas de contraste que aparecem nas bordas de objetos e espaços. As linhas de contorno definem onde uma área ou um volume começa e outro aparentemente termina. Nossa percepção e a representação das linhas limítrofes que separam um objeto de outro nos conduzem ao reconhecimento e à descrição do formato.

O formato é o perfil característico ou a configuração de superfície de uma figura ou forma. Como conceito visual de desenho e projeto, o formato se refere especificamente à área bidimensional definida pelos limites próprios e removida de um campo maior. Tudo o que vemos — cada área de nosso campo de visão definida por uma linha de contorno ou delimitada por uma aresta com cores ou tonalidades contrastantes — afeta as características de um formato. E é por meio do formato que organizamos e identificamos o que vemos.

Um formato nunca pode existir isoladamente. Ele somente pode ser percebido quando relacionado a outros formatos ou ao espaço no qual se encontra. Qualquer linha que define um formato em um lado de seu contorno simultaneamente gera espaços no lado oposto de sua trajetória. Portanto, à medida que desenhamos uma linha, devemos estar conscientes não apenas do ponto onde ela começa e termina, mas também de como se move e dos formatos gerados e modelados ao longo de seu percurso.

PERCEBENDO FORMATOS

No limiar da percepção, começamos a ver partes do campo visual como objetos sólidos, bem definidos, destacando-se contra um fundo menos evidente. Psicólogos gestaltianos usam o termo figura e fundo para descrever esta propriedade da percepção. Figura e fundo é um conceito essencial para o ordenamento de nosso mundo visual, já que, sem a diferenciação entre a figura e o fundo, sempre veríamos como se estivéssemos em um nevoeiro. Uma figura emerge do fundo quando apresenta certas características.

A linha de contorno que delimita a figura parece pertencer mais a ela do que ao fundo circundante.

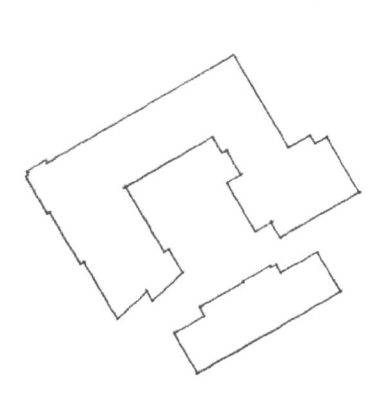

A figura parece ser um objeto distinto, enquanto seu fundo, não.

A figura parece avançar em relação a um fundo contínuo e recuado.

A figura tem cor ou tonalidade mais pesada ou substancial do que seu fundo.

A figura parece estar mais próxima e o fundo mais distante.

A figura parece dominar seu campo e ser mais fácil de lembrar como imagem visual.

FIGURA E FUNDO   25

Na realidade, o ambiente visual é uma distribuição contínua de relações de figura e fundo. Nenhuma parte do campo visual é verdadeiramente inerte. Um objeto se transforma em figura quando prestamos atenção a ele. Quando fixamos nosso olhar em um livro sobre uma mesa cheia de outros objetos, ele se transforma em figura, enquanto o resto da mesa se dissolve no fundo. Quando voltamos nossa atenção para outro livro, uma pilha de papéis ou uma luminária, cada um se transforma em uma figura vista contra o fundo, que é a mesa. Ampliando nosso campo de visão, a mesa pode ser percebida como figura contra seu próprio fundo, a parede, que pode se tornar uma figura vista em relação às demais superfícies que definem a sala.

FORMATOS NEGATIVOS E POSITIVOS

Uma figura que podemos ver de modo relativamente claro contra um fundo é considerada como tendo um formato positivo. Por comparação, dizemos que seu fundo um tanto amorfo tem formato negativo. Os formatos positivos das figuras tendem a avançar e a ser relativamente mais completos e substanciais, enquanto seus fundos parecem retroceder e ser relativamente incompletos e indefinidos.

Estamos condicionados a ver os formatos das coisas mais do que o formato dos espaços entre elas. Embora percebamos normalmente os espaços vazios como desprovidos de substância, eles compartilham as mesmas arestas que os objetos que separam ou envolvem. Os formatos positivos das figuras e os espaços de fundo amorfos compartilham os mesmos limites e se combinam para constituir um todo inseparável – uma unidade de opostos.

Também no desenho os formatos negativos compartilham as linhas de contorno que definem as arestas dos formatos positivos. A formatação e a composição de um desenho consistem em formatos positivos e negativos que se encaixam, como as peças de um quebra-cabeças. Tanto na visão como em um desenho, devemos elevar os formatos dos espaços negativos ao mesmo nível de importância dos formatos positivos das figuras e os ver como parceiros em condição de igualdade nesta relação. Como os formatos negativos nem sempre têm as qualidades facilmente reconhecíveis dos formatos positivos, eles apenas podem ser percebidos se fizermos algum esforço.

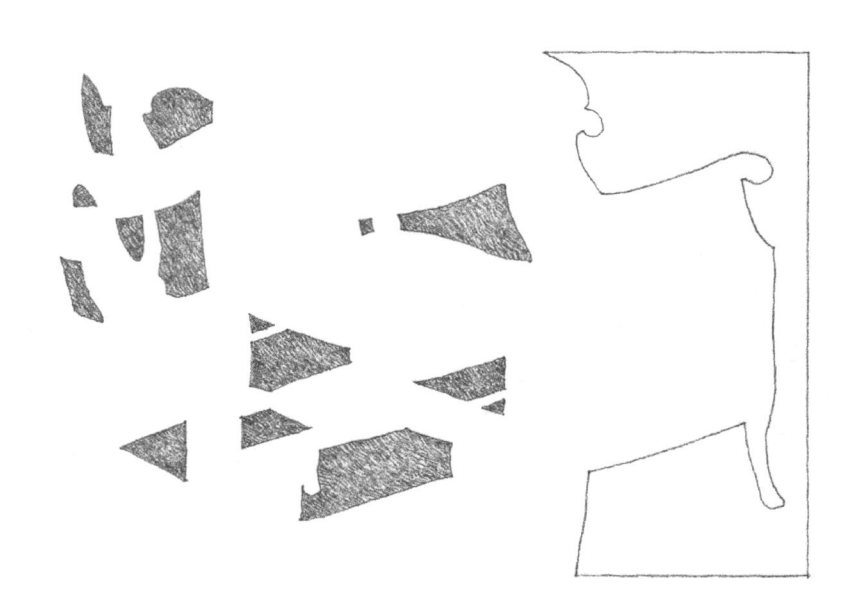

FORMATOS NEGATIVOS E POSITIVOS   **27**

Exercício 1.4
Copie estas letras, linha por linha, usando as linhas de referência fornecidas. Desenhar algo de cabeça para baixo nos leva a estar menos preocupados com sua identidade e mais focados nos formatos dos contornos e nos espaços percebidos.

Exercício 1.5
Posicione vários clipes de papel em uma folha, sobrepondo-os para criar uma série de espaços interessantes. Usando um lápis bem apontado e com mina macia ou uma caneta preta de ponta fina, enfoque a imagem e desenhe os formatos da superfície do papel visualizados dentro dos clipes e entre eles. Faça um desenho similar dos formatos negativos, substituindo as composições por outras com pequenos objetos recortados, denteados ou com perfis complexos, como folhas de árvore, chaves ou pedaços de arame.

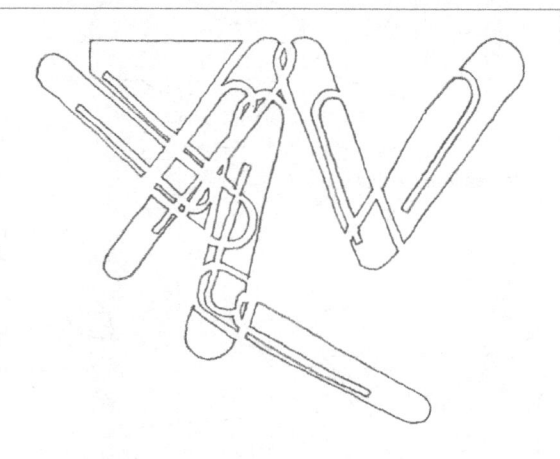

Exercício 1.6
Reúna várias cadeiras que contenham vazios em suas formas, sobrepondo-as de modo a criar espaços interessantes. Usando um lápis bem apontado e com mina macia, ou uma caneta preta de ponta fina, concentre-se na imagem e desenhe os espaços negativos gerados pela superposição das cadeiras.

28 DESENHANDO FORMATOS

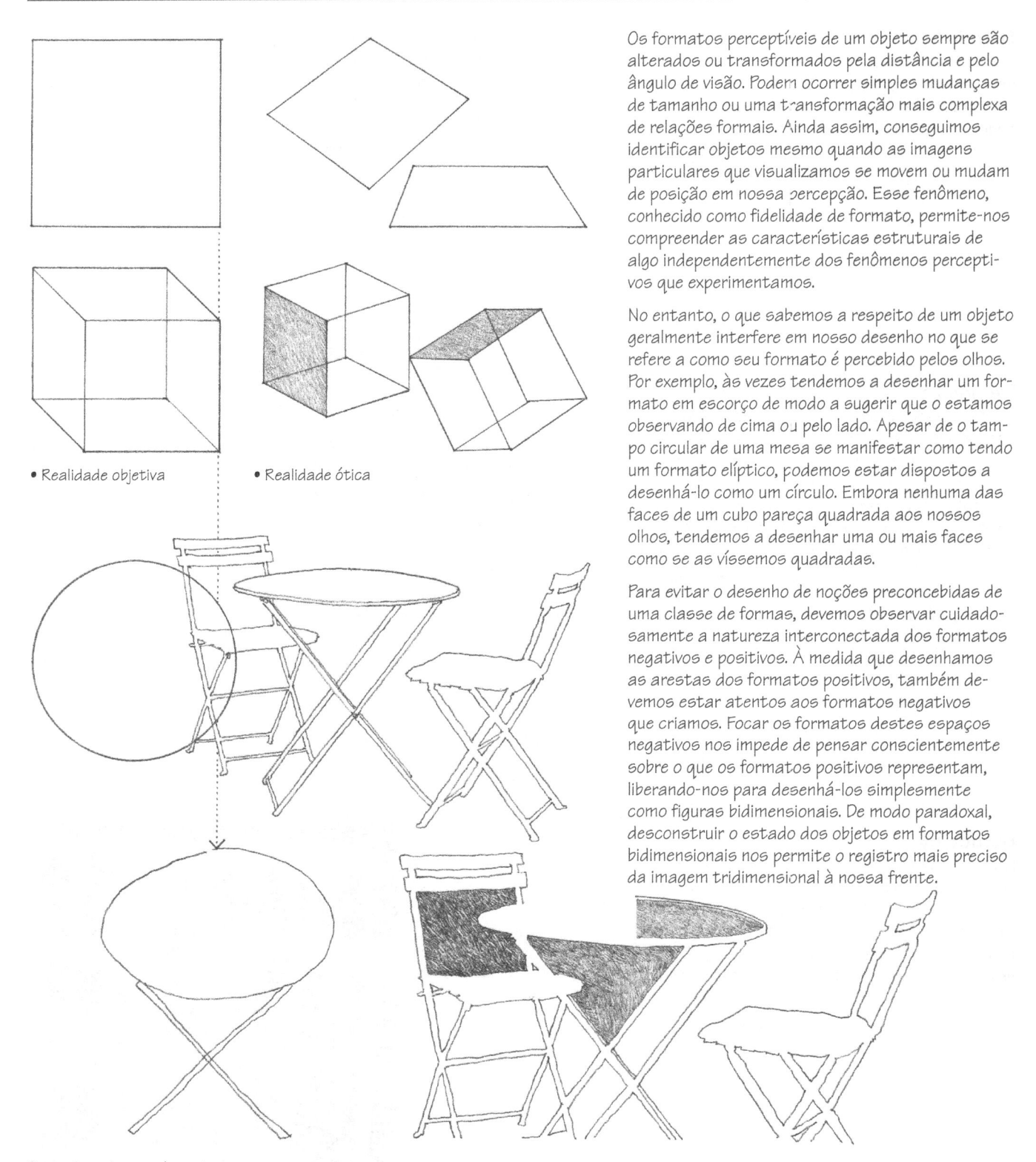

Os formatos perceptíveis de um objeto sempre são alterados ou transformados pela distância e pelo ângulo de visão. Podem ocorrer simples mudanças de tamanho ou uma transformação mais complexa de relações formais. Ainda assim, conseguimos identificar objetos mesmo quando as imagens particulares que visualizamos se movem ou mudam de posição em nossa percepção. Esse fenômeno, conhecido como fidelidade de formato, permite-nos compreender as características estruturais de algo independentemente dos fenômenos perceptivos que experimentamos.

No entanto, o que sabemos a respeito de um objeto geralmente interfere em nosso desenho no que se refere a como seu formato é percebido pelos olhos. Por exemplo, às vezes tendemos a desenhar um formato em escorço de modo a sugerir que o estamos observando de cima ou pelo lado. Apesar de o tampo circular de uma mesa se manifestar como tendo um formato elíptico, podemos estar dispostos a desenhá-lo como um círculo. Embora nenhuma das faces de um cubo pareça quadrada aos nossos olhos, tendemos a desenhar uma ou mais faces como se as víssemos quadradas.

Para evitar o desenho de noções preconcebidas de uma classe de formas, devemos observar cuidadosamente a natureza interconectada dos formatos negativos e positivos. À medida que desenhamos as arestas dos formatos positivos, também devemos estar atentos aos formatos negativos que criamos. Focar os formatos destes espaços negativos nos impede de pensar conscientemente sobre o que os formatos positivos representam, liberando-nos para desenhá-los simplesmente como figuras bidimensionais. De modo paradoxal, desconstruir o estado dos objetos em formatos bidimensionais nos permite o registro mais preciso da imagem tridimensional à nossa frente.

• Realidade objetiva   • Realidade ótica

O que desenhamos é geralmente um meio-termo entre o que sabemos de um objeto e a imagem ótica que vemos.

VISUALIZAÇÃO

A visualização é um meio de avaliação visual com o auxílio de algum dispositivo. Um exemplo histórico bem conhecido é o dispositivo de Albrecht Dürer, que consiste em uma grelha transparente através da qual ele visualizava seu tema. A grelha permitia a Dürer transferir pontos ou segmentos de reta específicos do tema para o plano desenho.

Um dispositivo similar, porém mais portátil, é um visor que pode ser construído cortando-se cuidadosamente um retângulo de 8 × 10 cm no meio de uma folha de papelão de 21 × 29,7 cm (formato A4) cinza escuro ou preta. Divide-se a abertura ao meio, vertical e horizontalmente, com dois fios escuros fixados com fita adesiva. O visor criado nos ajuda a compor uma vista e a estimar a posição e a direção dos contornos. O mais importante é que, olhando através desta abertura retangular com apenas um olho, a imagem ótica efetivamente se achata, o que nos torna mais cientes da unidade entre os formatos positivos da matéria e os formatos negativos dos espaços.

Também podemos utilizar o comprimento de um lápis ou de uma caneta como um dispositivo de observação. Segurando o lápis ou a caneta com o braço estendido, em um plano paralelo a nossos olhos e perpendicular à nossa linha de visão, podemos calcular as distâncias relativas e o ângulo das linhas.

Podemos usar tanto um visor quanto o comprimento de um lápis ou de uma caneta para medir e comparar as relações entre pontos, comprimentos, ângulos e alinhamentos do que vemos e desenhamos. (Veja a página anterior.)

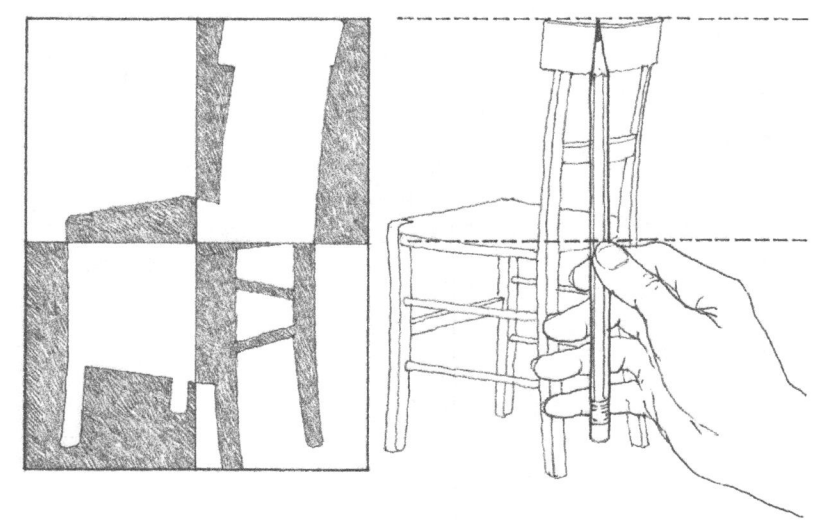

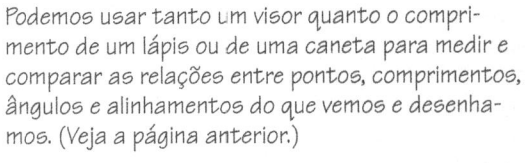

Encontrar o ponto médio da imagem é uma simples questão de usar o cursor do visor. Dividir a imagem ao meio nos ajuda a posicionar a imagem na folha de papel e a perceber com mais exatidão seu formato. Para encontrar o ponto médio de um formato ou de um conjunto de formatos, usamos o corpo do lápis ou da caneta para, primeiramente, estimar onde está o centro. Depois, nos certificamos se uma metade equivale à outra.

Para fazer uma medição linear, alinhamos a ponta do lápis com uma das extremidades da linha que vemos e usamos nosso polegar para marcar a outra. A seguir, deslocamos o lápis para outra linha e, usando a medição anterior como unidade de comprimento, estimamos o comprimento relativo da segunda linha. Normalmente utilizamos um segmento de reta curto para estabelecer a unidade de medida, de modo que os outros segmentos de reta mais longos sejam múltiplos desta unidade.

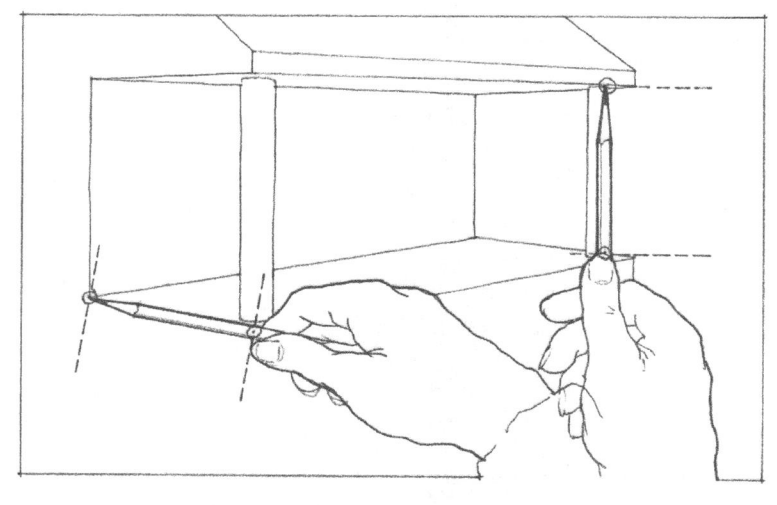

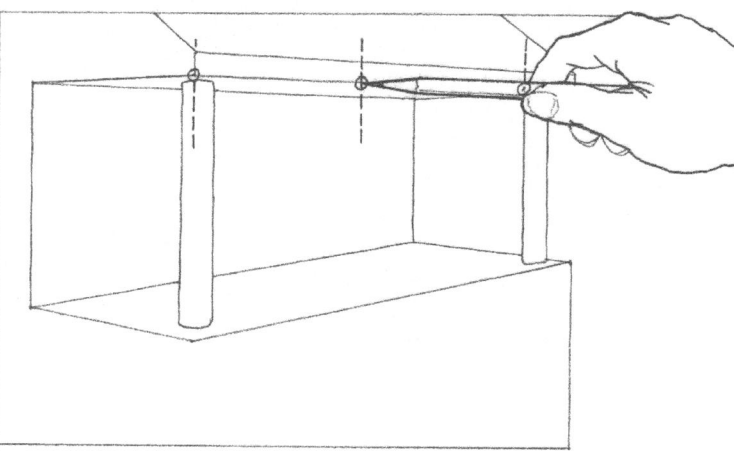

TÉCNICAS DE VISUALIZAÇÃO 31

Para estimar as inclinações ou os ângulos das retas aparentes, usamos linhas horizontais e verticais. Estas linhas de referência podem ser o cursor ou as bordas do visor, ou o corpo do lápis ou da caneta mantido horizontal ou verticalmente com o braço esticado. Alinhamos uma extremidade da reta em ângulo com uma linha de referência vertical ou horizontal e calculamos o ângulo entre as duas. Depois, transferimos este ângulo para o desenho, usando como guias as bordas da superfície de desenho que correspondem às linhas de referência horizontais e verticais.

Também podemos empregar as mesmas linhas de referência para identificar quais pontos da imagem estão alinhados com os demais pontos, vertical ou horizontalmente. Conferir alinhamentos dessa maneira controla as proporções e relações entre os formatos positivos e negativos.

Com treino e experiência, podemos passar a utilizar técnicas de visualização sem dispositivos externos, como um visor ou lápis. Em vez disso, podemos desenvolver a habilidade de medir as dimensões de uma forma e estimar as relações apenas com os olhos. Para fazer isso, devemos ter a capacidade de guardar na mente uma barra de medição imaginária, baseada em um aspecto da forma. Assim, podemos projetar esta imagem sobre outras partes ou aspectos do que estamos desenhando. Ao fazer julgamentos visuais, é importante que todas as premissas sejam comparadas com o que realmente vemos. Ao desenhar de memória ou usando a imaginação, devemos ser capazes de avaliar o que desenhamos em relação ao que queríamos transmitir.

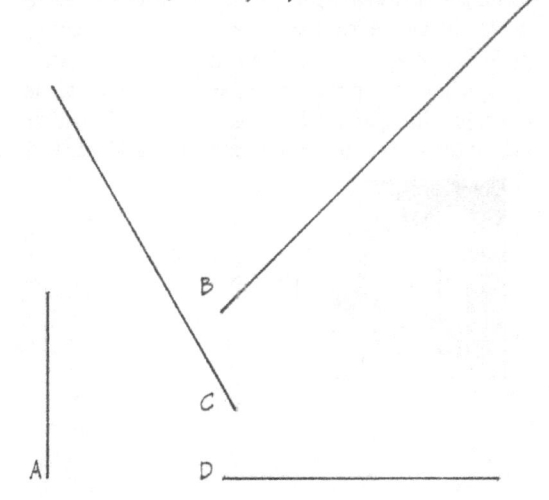

Se a reta **A** é uma unidade de comprimento, quantas unidades de comprimento tem a reta **B**? E a reta **C**? E a reta **D**?

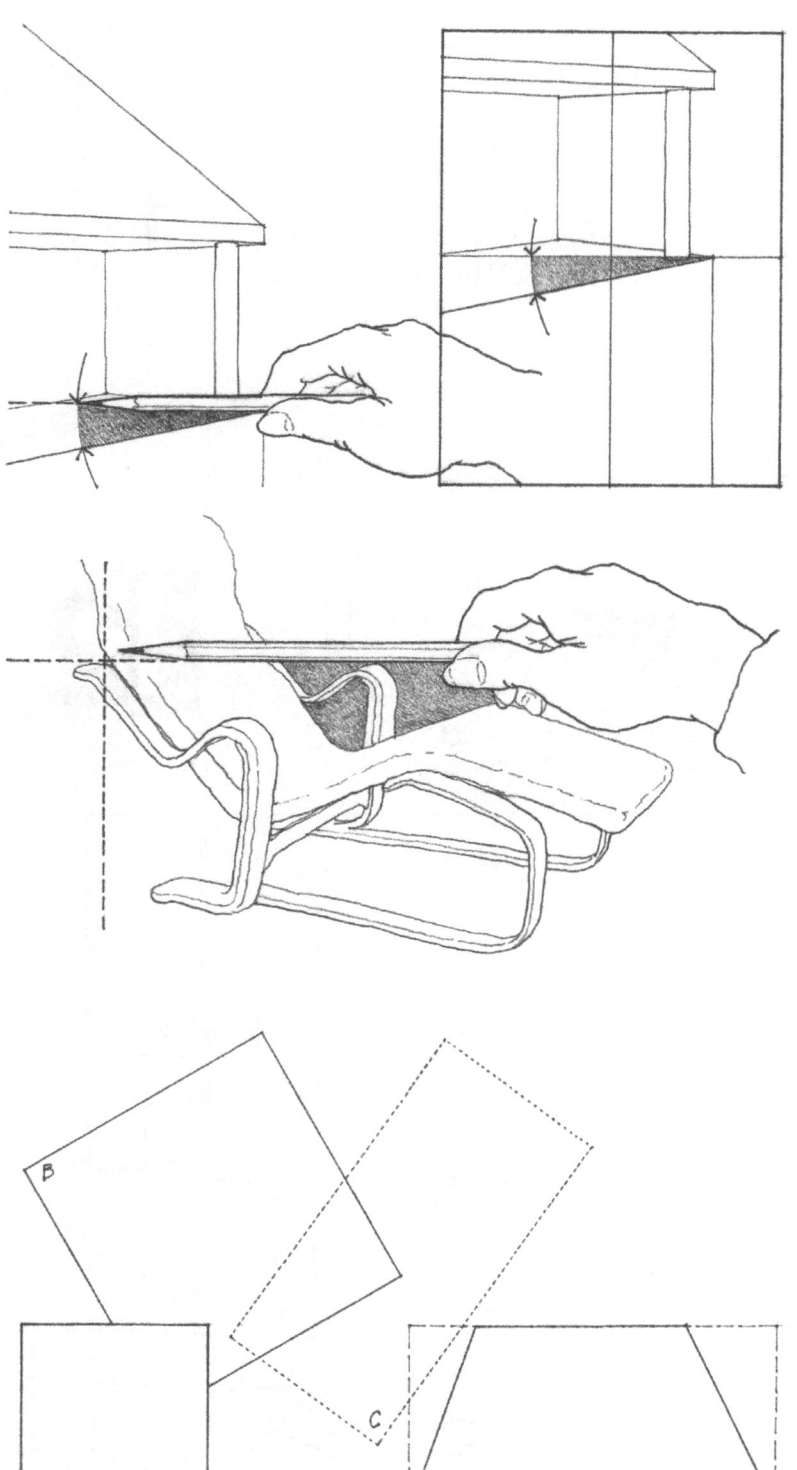

Se **A** é um quadrado, qual é a proporção relativa do retângulo **B**? Do retângulo **C**? E do retângulo que contém o trapézio **D**?

ORGANIZANDO FORMATOS

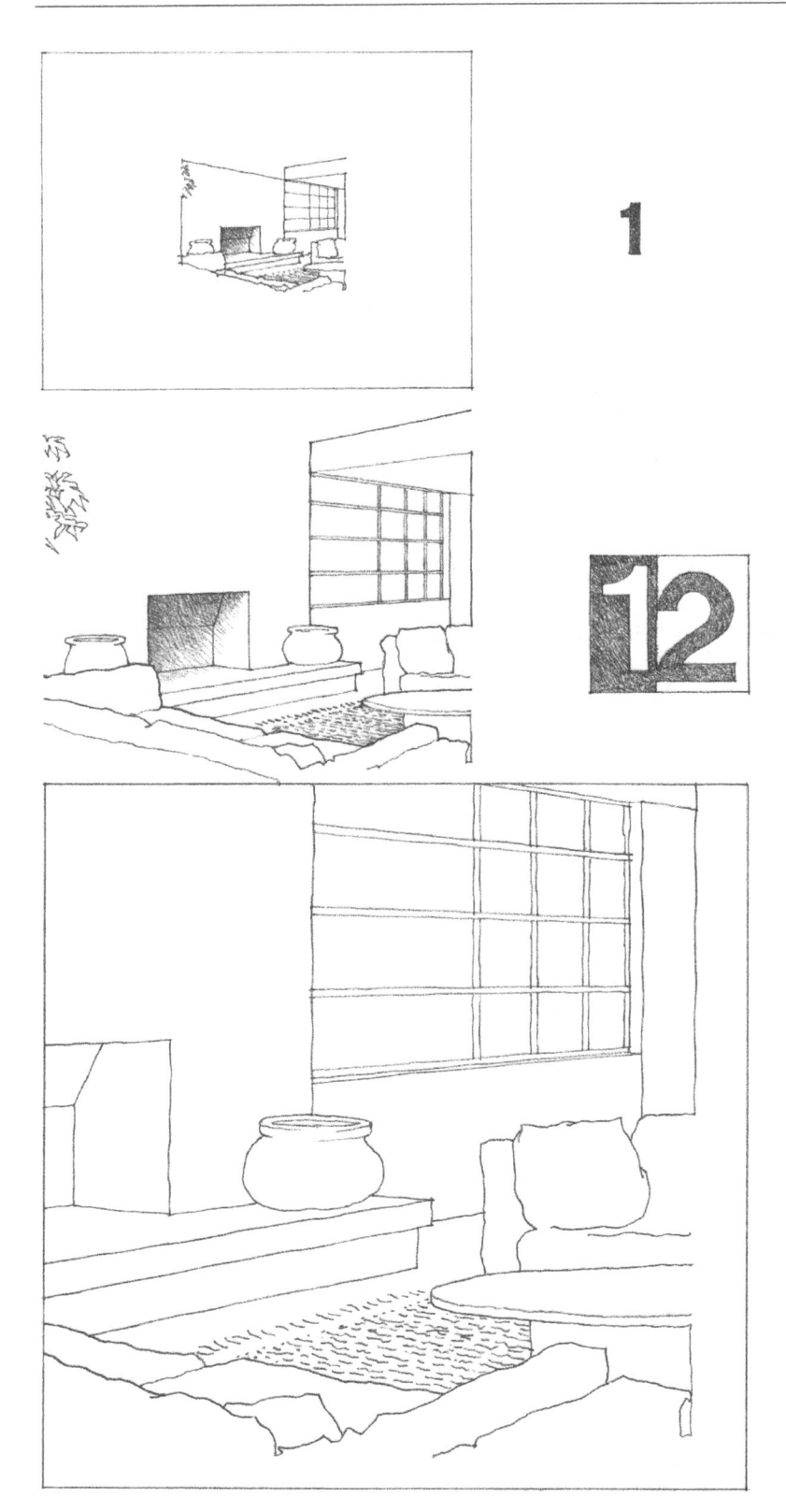

Organizar a composição de um desenho ou projeto é basicamente distribuir formatos. Quando começamos a desenhar em uma folha de papel, enfrentamos a necessidade de tomar decisões como que tamanho terá a imagem, onde ela estará e que orientação terá com referência à dimensão, ao formato e às bordas do papel. Também temos de determinar o que deve ser incluído e o que será omitido em relação ao que vemos ou imaginamos. Estas decisões afetam o modo como percebemos as relações de figura e fundo resultantes entre formatos positivos e negativos.

Quando uma figura flutua em um mar de espaços vazios, sua presença é enfatizada. Este tipo de relação entre figura e fundo é fácil de ser percebida. A figura se destaca claramente como formato positivo contra um fundo vazio, difuso ou amorfo.

Sempre que uma figura se sobrepõe ao plano de fundo ou ocupa sua maior parte, ela começa a organizar os espaços circundantes em formatos reconhecíveis. Desenvolvem-se relações de figura e fundo mais interativas e integradas. Surgem movimentos visuais entre formatos negativos e positivos, e a tensão visual resultante se torna interessante.

Quando tanto a figura quanto o fundo têm o aspecto de formatos positivos, ou quando representamos formatos transparentes sobrepostos, a relação entre a figura e o fundo se torna ambígua. Inicialmente, podemos ver certas formatos como figuras. Depois, com uma mudança de abordagem ou compreensão, é provável que vejamos o que eram formatos de fundo como figuras positivas. Essa relação ambígua entre formatos positivos e negativos pode ser desejável em certas situações, mas pode atrapalhar em outras, dependendo da proposta do desenho. Qualquer ambiguidade nas relações de figura e fundo deve ser intencional, não acidental.

Exercício 1.7

Organize uma natureza-morta e use seu visor para estudar composições alternativas. Varie a distância de visualização para criar uma figura destacada contra um fundo amorfo, gerando um padrão interativo entre formatos de figura e fundo e, finalmente, uma composição de relações ambíguas de figura e fundo.

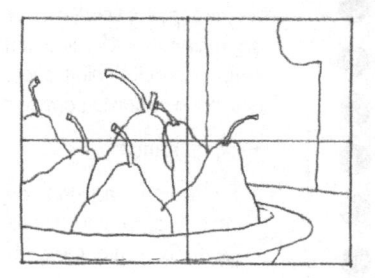

Exercício 1.8

Faça estudos similares de como enquadrar uma cena ao ar livre para criar uma vista, um padrão interativo entre formatos de figura e fundo e, por fim, uma composição de relações ambíguas de figura e fundo.

Em busca de um padrão

O que vemos e desenhamos geralmente consiste em uma composição complexa de linhas e formatos. Pode existir inclusive uma série de conjuntos inter-relacionados de padrões de figura e fundo. Como tornar compreensível um campo visual tão complexo? Não vemos formatos individualizados, mas um padrão de relações. De acordo com a teoria gestaltiana da percepção, tendemos a simplificar o que vemos, organizando estímulos complexos em padrões mais simples e mais holísticos. Este agrupamento pode ocorrer de acordo com certos princípios.

- Semelhança

  Tendemos a agrupar objetos que compartilhem certas características visuais, como semelhança de formato, tamanho, cor, detalhe, alinhamento ou orientação.

- Proximidade

  Tendemos a agrupar os elementos que estão relativamente próximos entre si, excluindo os que se encontram mais distantes.

- Continuidade

  Tendemos a agrupar elementos que seguem uma linha ou direção.

Essas tendências de percepção nos orientam na observação das relações entre elementos gráficos de uma mesma composição. Quando essas relações compõem um padrão relativamente regular de formatos, elas podem organizar composições complexas em conjuntos mais simples e mais abrangentes. Portanto, o princípio do agrupamento promove a coexistência entre unidade, variedade e riqueza visual de um desenho.

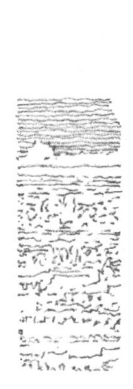

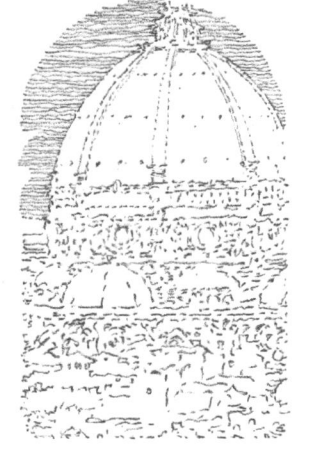

FECHAMENTO

Em busca da estabilidade

A ilusão do fechamento se refere à tendência de ver uma figura aberta ou descontínua como se fosse um formato fechado ou completo e estável. Em um pontilhado, por exemplo, linhas virtuais conectam os pontos de modo a resultar em um formato regular e estável. Estas linhas são semelhantes às que completam uma figura regular, mesmo quando parte dela está oculta. Figuras incompletas tendem a se completar conforme a simplicidade e a regularidade de suas formas.

Existem situações em que, mesmo que uma linha na realidade não exista, a mente se responsabiliza por criá-la no intuito de regularizar o formato e torná-lo visível. Estas linhas percebidas, mas inexistentes, são ilusórias e não têm qualquer base material. Elas são vistas em campos visuais completamente homogêneos. Podem ser percebidas como linhas retas ou curvas. Apesar de aparentemente definirem formatos opacos, as figuras também podem ser transparentes. De qualquer modo, tendemos a percebê-las como a estrutura mais simples e regular de linhas que pode completar o formato observado.

O princípio do fechamento induz o observador de um desenho a completar mentalmente linhas interrompidas e a preencher formatos descontínuos. Assim, podemos tirar partido desta propriedade da percepção para sugerir formatos sem, de fato, desenhá-los. Isto pode conduzir à economia no uso de linhas e à maior eficiência no desenho.

36 PROJEÇÃO

A busca do significado

Os princípios de agrupamento por semelhança, proximidade e continuidade operam sem considerar o significado da representação. Eles nos ajudam a organizar mesmo os padrões mais abstratos. Como a mente procura constantemente significados no que vemos, também tendemos a agrupar formatos de modo a compor imagens familiares.

A simples visualização de um formato aparentemente amorfo pode, em algumas situações, levar uma mente mais elaborada, interessada e inquisitiva a buscar lembranças de imagens mais específicas. Nesta busca de significado, a mente imagina e projeta imagens familiares em padrões aparentemente disformes, até que ela encontre um encaixe que faça sentido. Nossa mente se esforça para completar o padrão inacabado ou encontrar um padrão com significado contido em outro mais amplo, de acordo com o que já sabemos ou esperamos ver. Uma vez percebida e compreendida, a imagem se torna difícil de ignorar.

A maneira como a mente atribui significado ao que encontra normalmente é imprevisível. Portanto, devemos estar continuamente cientes do fato de que os outros podem ver coisas diferentes do que desejávamos ou previamos que vissem em nossos desenhos.

O que você vê neste padrão de formatos claros e escuros?

Desenhos não falam por si próprios. Que possíveis significados este desenho pode ter para o observador?

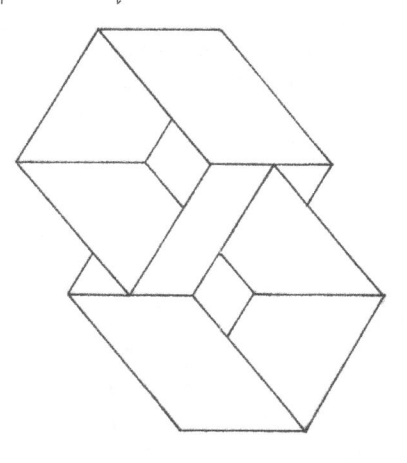

PROJEÇÃO 37

Exercício 1.9
Exercite sua tendência mental a projetar significados em imagens ambíguas e pouco familiares. Quantas coisas diferentes podem ser vistas nesta mancha de tinta?

Exercício 1.10
O tangrama é um quebra-cabeça chinês que consiste em um quadrado cortado em cinco triângulos, um quadrado e um paralelogramo que podem ser reorganizados em uma grande variedade de figuras. Faça uma cópia do tangrama ao lado e corte com uma tesoura nas linhas mais grossas. É possível ordenar as peças para compor os exemplos abaixo? Quantos outros padrões identificáveis você consegue formar?

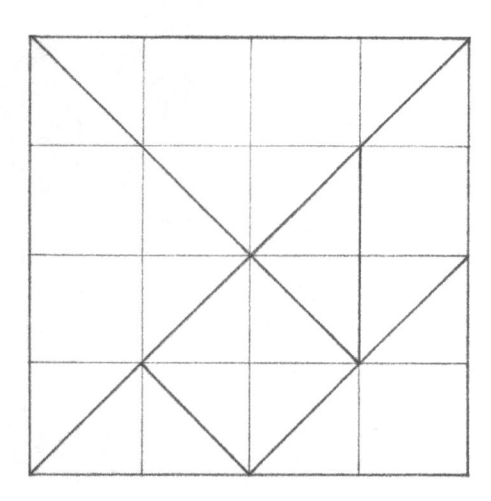

"...quando você olha para uma parede manchada, pode descobrir semelhanças com várias paisagens embelezadas por montanhas, rios, pedras, árvores... Ou talvez veja batalhas e figuras em ação, ou rostos e roupas estranhos e uma infinita variedade de objetos que poderiam ser reduzidos a formas completas e bem conhecidas. E elas aparecem nestas paredes de modo confuso, como sons de sinos em cujo badalar se pode encontrar qualquer nome ou palavra que você imaginar."

– Leonardo da Vinci

2
Tons e Texturas

Ainda que as linhas sejam essenciais para delinear contornos e formatos, certas características visuais de superfície e volume não podem ser totalmente descritas apenas por meio de linhas. Mesmo quando variamos o peso de uma linha para sugerir alguma mudança na direção de uma superfície ou a sobreposição de formatos, o efeito é sutil. Para acentuar formatos e modelar suas superfícies, contamos com a representação dos valores tonais. Por meio da interação de tons, podemos comunicar uma sensação mais intensa de luz, massa e espaço. E, por meio da combinação de linhas e tonalidades, criamos a aparência e a sensação tátil que denominamos textura.

VALORES TONAIS

A visão resulta do estímulo das células nervosas na retina do olho, assinalar do padrões de intensidade de luz e cor. Nosso sistema visual processa estes padrões de claro e escuro e extrai características específicas do nosso ambiente – arestas, contornos, tamanho, movimento e cor. Esse julgamento eleva nossa percepção de objetos dispersos no espaço.

Os padrões de claro e escuro que vemos emanam da interação entre a luz e as superfícies dos objetos ao nosso redor. A reflexão da energia radiante de superfícies iluminadas cria áreas iluminadas, enquanto, comparativamente, áreas mais escuras surgem onde falta luz, seja porque elas estão viradas contra a fonte geradora de luz ou porque um corpo opaco intercepta os raios de luz da fonte.

Assim como ver padrões de claros e escuros é essencial para nossa percepção dos objetos, a representação de valores tonais em um desenho é essencial para mostrar luz e sombra nos objetos, para ilustrar o efeito da luz em suas formas e esclarecer sua distribuição no espaço. Antes de proceder à criação e ao uso de tonalidades para modelar as formas e indicar a presença de luz, é necessário compreender as relações entre cor e tom.

COR E VALOR TONAL 41

A cor é um fenômeno da luz e da percepção visual que pode ser descrito em termos da percepção que um indivíduo tem de matiz, saturação, luminosidade de objetos e de matiz, intensidade e brilho de fontes de luz. Referimo-nos à relativa luminosidade ou ao brilho da cor como tom ou valor tonal. Das propriedades da cor, o tom é a mais difícil de ser vista e desenhada.

- Algumas colorações refletem mais luz que outras, razão pela qual as percebemos como mais claras ou pálidas que outras.
- Variedades de uma mesma cor variam em valor tonal. Por exemplo, o azul celeste e o azul marinho têm o mesmo matiz, mas o primeiro é por natureza mais claro que o último.
- O modo com que a luz ilumina a cor e a torna visível afeta seu valor tonal aparente. Um foco de luz em uma superfície colorida parece mais claro que o mesmo matiz com uma sombra própria ou sob uma sombra projetada.
- A proximidade de outros matizes ou valores tonais altera nossa percepção de uma cor ou valor tonal.

Cada cor tem seu valor tonal, mas geralmente é difícil de discerni-lo. Contudo, se apertamos os olhos para ver um objeto ou uma cena, nossa percepção dos matizes diminui e padrões tonais claros e escuros começam a emergir. Ver as cores dessa maneira e ser capaz de transformá-las em tonalidades equivalentes constitui tarefa essencial no desenho por meios tradicionais, como o lápis ou a caneta.

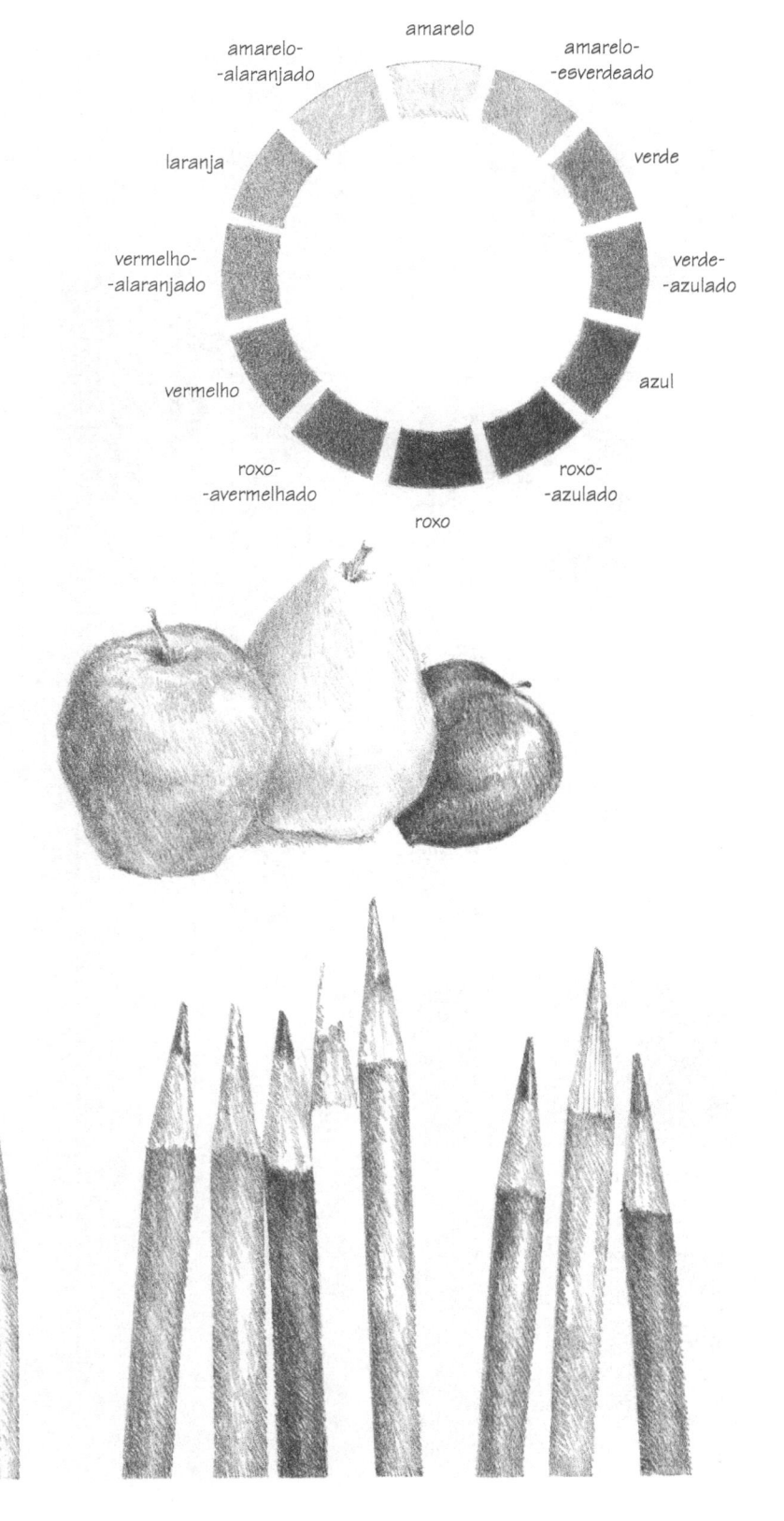

CRIANDO VALORES TONAIS

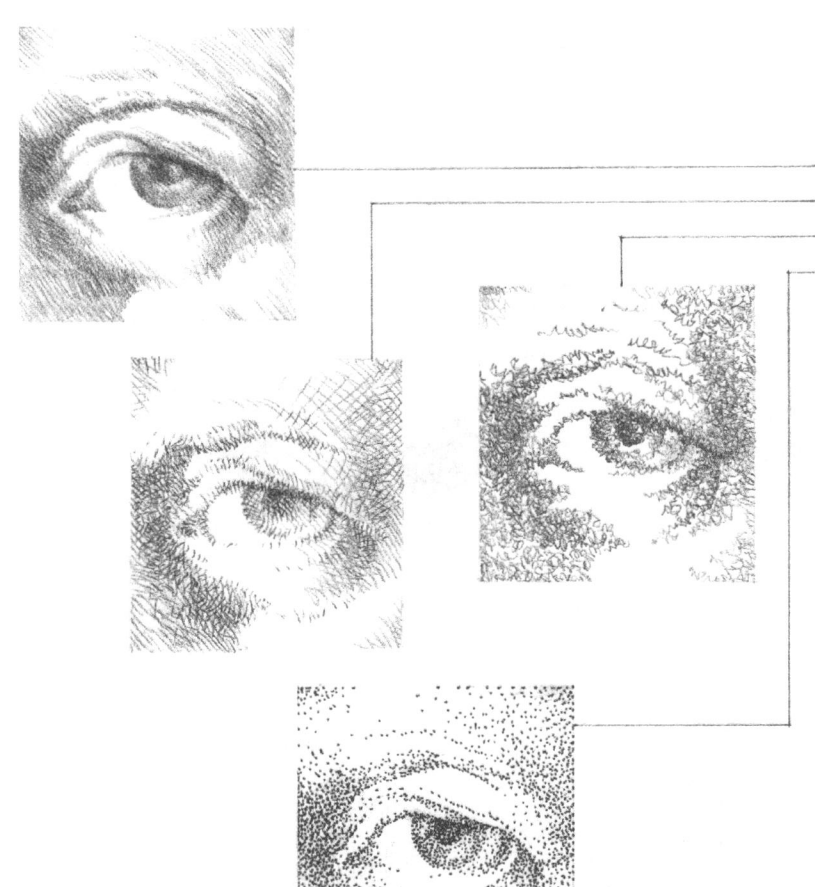

Utilizando-se meios tradicionais como lápis ou caneta nanquim para sombrear uma superfície clara, existem várias técnicas básicas para se criar tonalidades.

- Hachuras paralelas
- Hachuras cruzadas
- Hachuras com movimentos circulares
- Pontilhados

Todas essas técnicas de sombreamento requerem uma gradação crescente ou a sobreposição de riscos ou pontos. O efeito visual de cada técnica varia de acordo com a natureza do traço, com o meio e com a textura da superfície de desenho. Qualquer que seja a técnica de sombreamento usada, devemos estar muito atentos ao valor tonal que buscamos.

Como o valor tonal é expresso principalmente por meio da proporção relativa de áreas iluminadas e sombreadas na superfície de desenho, a característica mais importante destas técnicas é o espaçamento e a densidade dos riscos ou pontos. Características secundárias incluem a textura visual, o grão e a direção dos traços. Ao representar os valores tonais mais escuros, devemos ser cuidadosos para não eliminar o branco do papel. Cobrir inteiramente a superfície da folha pode provocar a perda da profundidade e da vitalidade do desenho.

Espaçamento

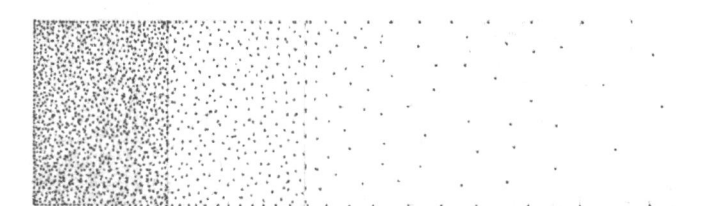

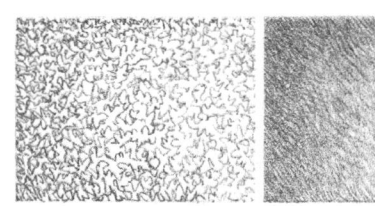

Textura

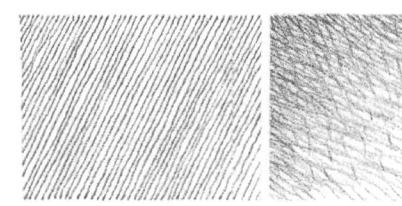

Densidade

Direção

Hachuras paralelas

Hachuras paralelas consistem em uma série de traços relativamente paralelos realizados em uma direção. Os riscos podem ser longos ou curtos, feitos com régua ou desenhados à mão livre, e executados com lápis ou caneta, em papel macio ou áspero. Quando pouco espaçados, os traços perdem sua individualidade e se mesclam para formar um valor tonal. Portanto, utilizar os principalmente o espaçamento e a densidade dos traços para controlar a luminosidade ou a opacidade do tom. Da mesma maneira que engrossar os traços acentua os tons mais escuros, usar uma espessura de linha muito grossa pode resultar em aspereza e peso da textura não intencionais.

Para produzir uma variedade de tons com um lápis, podemos variar o tipo de mina de grafite, assim como a pressão com a qual desenhamos. Tenha o cuidado de não usar um grafite muito duro ou aplicar muita pressão ao desenhar, para não correr o risco de que a ponta do lápis fique gravada na superfície do papel.

Ao contrário de um traço a lápis, o tom de um traço a nanquim se mantém constante. Podemos controlar somente o espaçamento e a densidade da hachura. Quando usamos uma caneta de ponta flexível, contudo, podemos alterar a pressão, para alterar sutilmente a espessura do traço.

A técnica mais flexível de hachurado à mão livre utiliza traços relativamente pequenos, rápidos e diagonais. Para definir um limite com exatidão, fixe o início de cada traço com uma pequena pressão. Suavize o final dos traços para descrever superfícies curvas, um gradiente de textura ou detalhes importantes de luz e sombra. Ao estender o valor tonal a uma área maior, evite a criação de faixas com tons distintos suavizando a definição das bordas e sobrepondo cada grupo de traços de maneira aleatória.

Aplicando camadas adicionais de traços diagonais com pequena variação sobre os ângulos anteriores, podemos aumentar a densidade e, portanto, o tom da área. Manter a direção diagonal dos traços desta maneira evita confusão com o desenho sobre o qual estamos riscando e unifica as várias áreas tonais da composição.

A direção da hachura também pode seguir os contornos de uma forma e enfatizar a orientação de suas superfícies. Entretanto, lembre-se de que a direção, sozinha, não produz impacto sobre o valor tonal. Com textura e contorno, os traços também podem comunicar características materiais, como os veios da madeira e do mármore ou a trama dos tecidos.

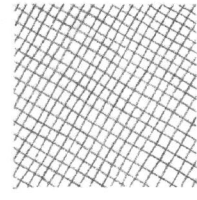

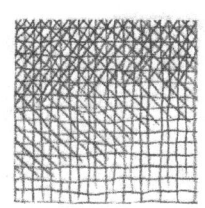

Hachuras cruzadas

As hachuras cruzadas utilizam duas ou mais séries de linhas paralelas para criar valores tonais. Assim como nas hachuras paralelas, os traços podem ser longos ou curtos, feitos à régua ou desenhados à mão livre, e executados com lápis ou caneta, em papel macio ou áspero.

A hachura cruzada mais simples consiste em dois conjuntos perpendiculares de linhas paralelas. Assim como a trama resultante deve ser apropriada para descrever certas texturas e materiais, o padrão pode também produzir uma sensação dura, mecânica e estéril, especialmente quando as linhas são retas e muito espaçadas.

Usar três ou mais conjuntos ou camadas de hachuras produz mais flexibilidade ao gerar uma maior variedade de tonalidades e texturas de superfícies. A natureza multidirecional da hachura também torna mais fácil descrever a orientação e a curvatura das superfícies.

Na prática, frequentemente combinamos hachuras paralelas e cruzadas na mesma técnica. Enquanto as hachuras paralelas criam variações mais claras de tons em um desenho, as hachuras cruzadas produzem gamas mais escuras.

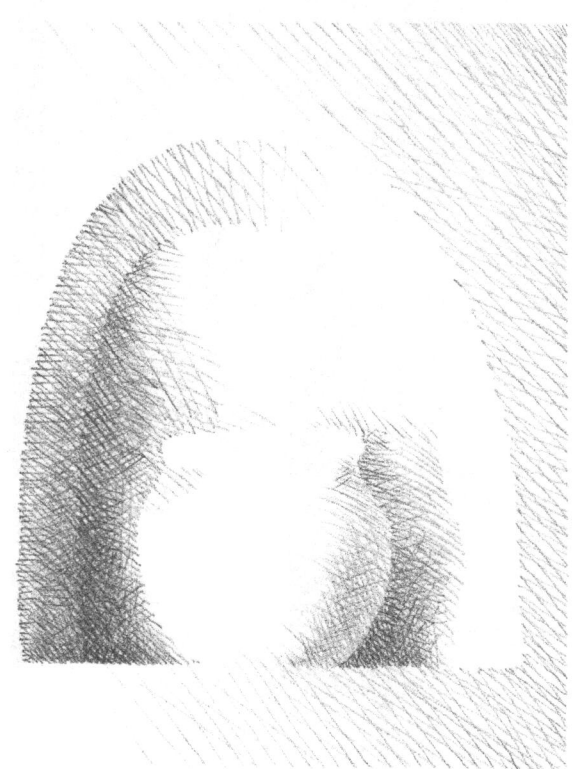

Hachuras com movimentos circulares

Hachuras com movimentos circulares constituem a técnica de sombreamento que gera o desenho de uma rede aleatória de traços multidirecionais. A natureza do desenho à mão livre destas hachuras nos dá grande flexibilidade para descrever tonalidades e texturas. Podemos variar o formato, a densidade e a direção dos traços para atingir gamas mais amplas de tonalidades, texturas e expressão visual.

Os traços podem ser interrompidos ou contínuos, relativamente retos ou curvilíneos, recortados ou suavemente ondulados. Ao entrelaçar os riscos, criamos estruturas de valor tonal mais coesas. Mantendo uma direção dominante, produzimos grãos que unem as distintas áreas e sombras do tom.

Do mesmo modo de quando adotamos hachuras paralelas, devemos prestar atenção à escala e à densidade dos traços, além das características da textura da superfície, do padrão e do material representado.

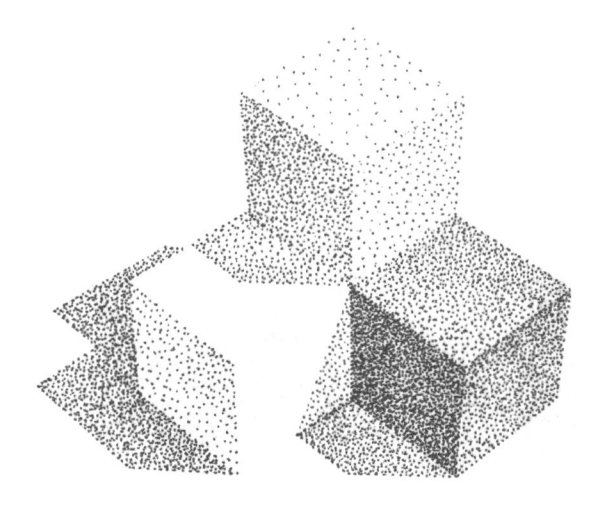

Pontilhismo

O pontilhismo é a técnica de sombreamento por meio de pontos muito pequenos. Os melhores resultados ocorrem quando usamos uma caneta nanquim de ponta fina em uma superfície de desenho macia.

Aplicar hachuras por meio do pontilhismo é um procedimento muito lento, que consome tempo e que requer muita paciência e cuidado no controle do tamanho e do espaçamento dos pontos. Concentre-se na densidade para controlar o valor tonal. Resista à tentação de acentuar o tom por meio do aumento do tamanho dos pontos. Se a escala dos pontos é muito grande em relação à área de preenchimento, o resultado será uma textura áspera.

Usamos o pontilhismo para estabelecer tonalidades em desenhos puramente tonais – aqueles em que a definição de bordas ou contornos depende exclusivamente do tom. Aplicamos os pontos sobre os formatos esmaecidos da área do desenho a ser coberta. Primeiro, cobrimos todas as áreas de sombra com o mesmo espaçamento de pontos, para criar o tom mais leve. Depois, estabelecemos o grau de tonalidade seguinte com pontos adicionais. Continuamos adicionando pontos de maneira metódica, até que os tons mais escuros sejam estabelecidos.

Como não há linhas objetivas para descrever o contorno e o formato de um desenho puramente tonal, devemos nos basear em uma série de pontos para construir a silhueta dos limites espaciais e definir o contorno das formas. Usamos uma grande densidade de pontos para definir bordas distintas e bem marcadas e uma menor densidade para definir contornos curvilíneos e mais suaves.

ESCALA DE VALORES TONAIS

O branco representa o tom mais claro, e o preto, o mais escuro. Entre eles, existe uma gama intermediária de cinzas. Uma forma familiar de representar esta variedade é a escala de tonalidades, ou a escala de cinzas, que tem 10 gradações uniformes entre o branco e o preto.

Ao começar a perceber relações de tons, devemos desenvolver a habilidade de criar tons correspondentes usando uma variedade de meios e técnicas. Para isso, produzir tanto uma série escalonada quanto uma escala gradual de tons é útil e gratificante. Explore todas as técnicas de sombreamento descritas nas páginas anteriores. Também experimente a possibilidade de criar uma escala de cinzas sobre uma superfície colorida ou tingida, usando um lápis preto para definir tonalidades mais escuras que o tom da superfície e um branco para estabelecer tons mais claros.

Após cada tentativa, avalie cuidadosamente, à distância, a ordem dos tons. Certifique-se de que não haja quebras de tom, mas que exista uma progressão equilibrada de tonalidades do branco ao preto. Com disciplina e prática, seremos capazes de desenvolver o controle necessário para reproduzir qualquer tom desejado e manter os contrastes de valor tonal necessários para um desenho.

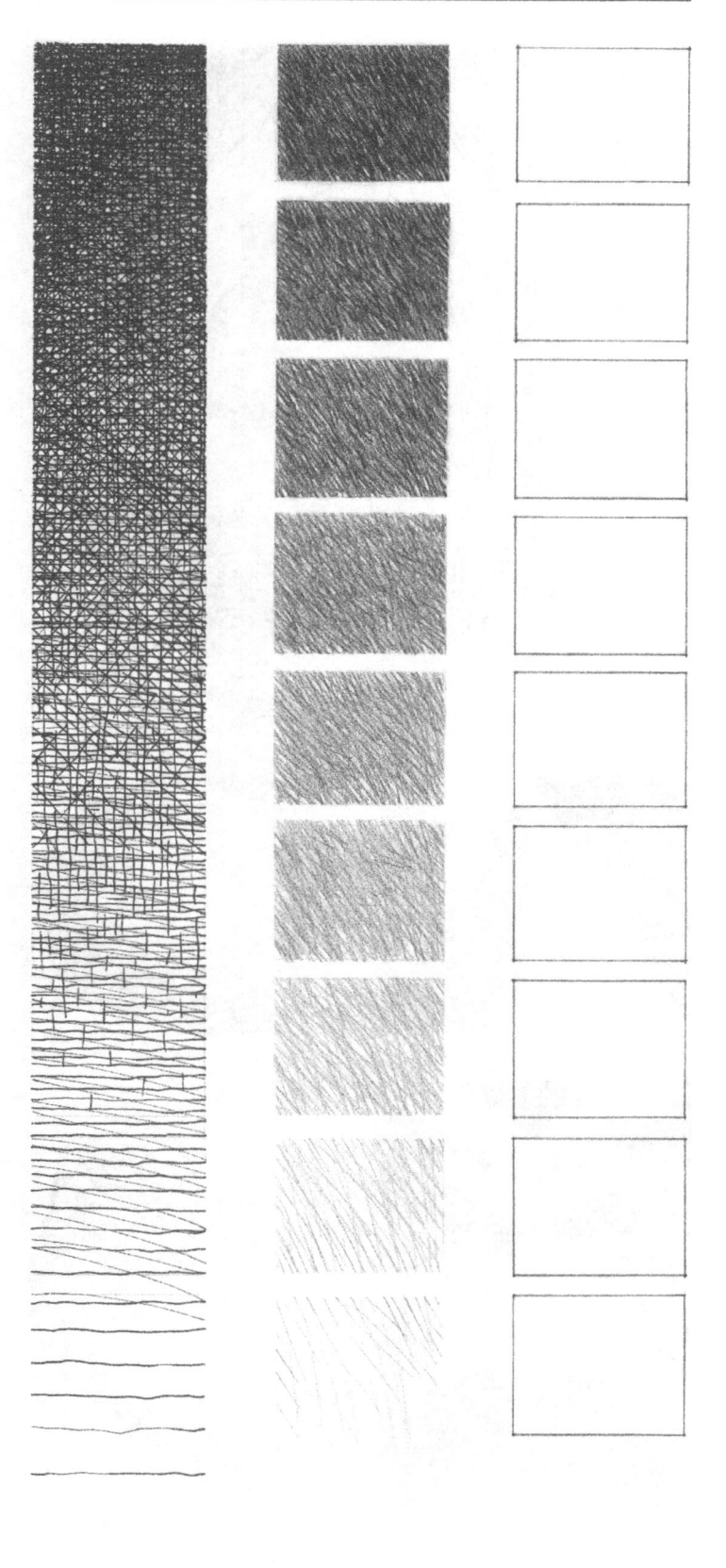

MODELANDO FORMAS

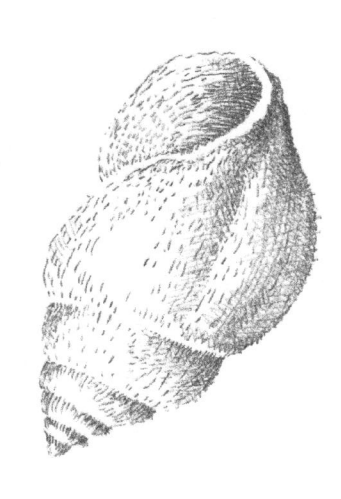

Modelar refere-se à técnica de criar a ilusão de volume, massa e profundidade em certa superfície bidimensional por meio do sombreamento. Sombrear com tonalidades leva um simples desenho de contornos ao mundo tridimensional das formas distribuídas no espaço.

A modelagem de valores tonais, do claro ao escuro, pode descrever a natureza de uma superfície – seja ela plana ou curva, lisa ou áspera. Áreas luminosas podem emergir do fundo escuro, como se fossem morros que se elevam sobre a terra, enquanto áreas escuras podem parecer recuar no fundo da superfície de desenho. Transições graduais de claro a escuro ocorrem nas superfícies de cilindros, cones e formas orgânicas, enquanto mudanças abruptas de tom ressaltam o encontro angular de planos em cubos, pirâmides e outras formas prismáticas.

Considerando que definir limites tonais nos ajuda a reconhecer os formatos, olhamos para as arestas a fim de descobrir a configuração das superfícies de um elemento tridimensional. Devemos ter cuidado ao definir a natureza da aresta ou do limite onde dois formatos de tonalidades contrastantes se encontram. A manipulação habilidosa de limites tonais é fundamental para a definição da natureza e da solidez de uma superfície ou objeto.

Arestas pronunciadas delineiam interrupções agudas na forma ou descrevem contornos separados do fundo por algum espaço intermediário. Definimos arestas duras com a mudança abrupta e incisiva de tons. Arestas suaves descrevem formatos de fundo imprecisos ou indistintos, superfícies levemente curvilíneas e formas arredondas, além de áreas com pouco contraste. Criamos arestas suaves com a mudança gradual de valor tonal ou com contrastes tonais difusos.

Arestas duras

Arestas suaves

Arestas duras e suaves

MODELANDO FORMAS 49

Exercício 2.1
Use um lápis macio para criar gamas de valores tonais que transformem o círculo, o triângulo e o polígono bidimensionais em uma esfera, um cone e um cubo tridimensionais. Experimente as técnicas de hachuras paralelas, cruzadas e em movimentos circulares para criar a gama de tons desejada.

Exercício 2.2
Repita o exercício acima, mas desta vez use uma caneta de ponta fina e experimente aplicar hachuras paralelas, hachuras cruzadas e pontilhados para criar a gama de tons desejada.

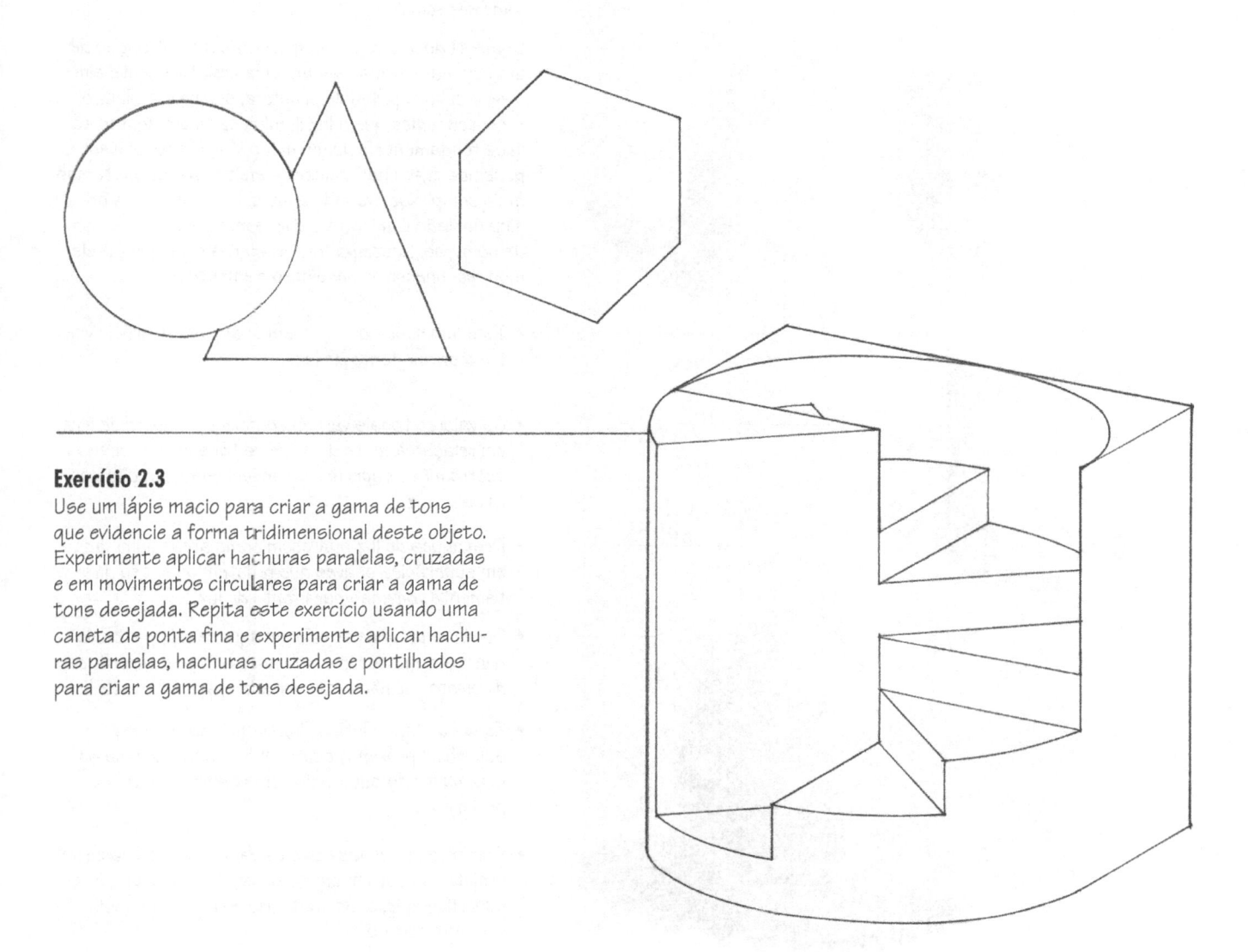

Exercício 2.3
Use um lápis macio para criar a gama de tons que evidencie a forma tridimensional deste objeto. Experimente aplicar hachuras paralelas, cruzadas e em movimentos circulares para criar a gama de tons desejada. Repita este exercício usando uma caneta de ponta fina e experimente aplicar hachuras paralelas, hachuras cruzadas e pontilhados para criar a gama de tons desejada.

EXPRESSANDO A LUMINOSIDADE

Enquanto os valores tonais são utilizados para representar profundidade em uma superfície de desenho plana, recorremos à luz para descrever melhor as características tridimensionais das formas e dos espaços em nosso entorno. A luz é a energia radiante que ilumina nosso mundo e nos permite ver formas tridimensionais no espaço. Na verdade, não vemos a luz, mas os efeitos da luz. O modo como a luz toca a superfície e é refletida por ela cria áreas de luz, de penumbra e de sombras, dando-nos pistas sensoriais sobre suas características tridimensionais. O valor tonal é o equivalente gráfico das sombras próprias e projetadas e apenas consegue indicar a luz descrevendo sua ausência. Ao representar os padrões de formatos claros e escuros, conferimos aos objetos massa e volume e criamos uma sensação de profundidade espacial.

Quase tudo que vemos compreende a combinação de uma ou mais formas geométricas relativamente simples: o cubo, a pirâmide, a esfera, o cone e o cilindro. Se entendemos que a luz ilumina cada um destes sólidos fundamentais de um modo lógico e consistente, podemos trabalhar melhor os efeitos da luz em temas mais complexos. Quando a luz atinge um objeto, origina um lado iluminado, outro sombreado e um elenco de sombras. Neste padrão de claros e escuros, podemos reconhecer os seguintes elementos:

- Tons luminosos ocorrem em qualquer superfície voltada para a fonte de luz.

- Os valores tonais variam conforme a superfície gira em relação à fonte de luz, e os tons intermediários ocorrem nas superfícies tangenciais à direção dos raios de luz.

- Destaques de luz aparecem como áreas iluminadas em superfícies suaves que refletem ou estão diretamente voltadas para fonte de luz.

- Sombras próprias se referem àqueles valores tonais relativamente escuros aplicados sobre as superfícies do objeto que não estão voltadas para a fonte de luz.

- Zonas de luz refletida (luz projetada por uma superfície próxima) clareiam os valores tonais de uma parte da superfície com sombra própria ou projetada.

- Sombras projetadas são os valores tonais escuros projetados por um objeto ou parte dele sobre uma superfície que, caso contrário, estaria iluminada pela fonte de luz.

EXPRESSANDO A LUMINOSIDADE   51

Ao modelar, tendemos a considerar, em primeiro lugar, o valor tonal de cada área de superfície. A tonalidade local descreve o quão claro ou escuro é o material da superfície; é uma propriedade constante da superfície e não tem qualquer relação com a luminosidade. O tipo de luz que ilumina uma superfície, contudo, modifica esta tonalidade. Por exemplo, cores claras naturais podem parecer mais escuras, quando sombreadas, do que outras cores com tonalidades normalmente mais profundas, mas iluminadas pela luz. Ao expressar tonalidades, devemos representar esta interação entre tonalidade local, luz e sombra própria.

É importante lembrar que percebemos as tonalidades de maneira relativa ao seu contexto. A lei do contraste simultâneo estabelece que o estímulo de uma cor ou valor tonal leva à sensação de sua cor complementar, que é projetada de modo instantâneo em uma cor ou em um valor tonal justaposto. Por exemplo, quando duas cores de tonalidade contrastante são justapostas, a cor mais clara vai aprofundar a cor mais escura, enquanto a cor escura clareará a outra. De forma similar, uma tonalidade sobreposta a outra mais escura parecerá ser mais clara do que o mesmo tom quando em contraste com uma tonalidade mais clara.

Tonalidades localizadas   +   Padrão de sombreamento claro

= Padrão de tonalidade

52 LUZ, SOMBRAS PRÓPRIAS E SOMBRAS PROJETADAS

Luz forte

Luz difusa

Para representar os efeitos da luz, devemos ser capazes de compreender a natureza da fonte de luz, sua relação espacial com os objetos que ilumina e a natureza tridimensional das próprias formas.

A claridade e o valor tonal das sombras próprias das superfícies e das sombras projetadas pelos objetos nos dão pistas sobre a qualidade da fonte de luz.

- Uma luz forte produz contrastes de claros e escuros mais extremos, com sombras mais bem definidas.
- Uma luz difusa cria menos contrastes de tonalidades entre as superfícies iluminadas e suas sombras projetadas.

As sombras projetadas revelam a posição relativa dos objetos no espaço.

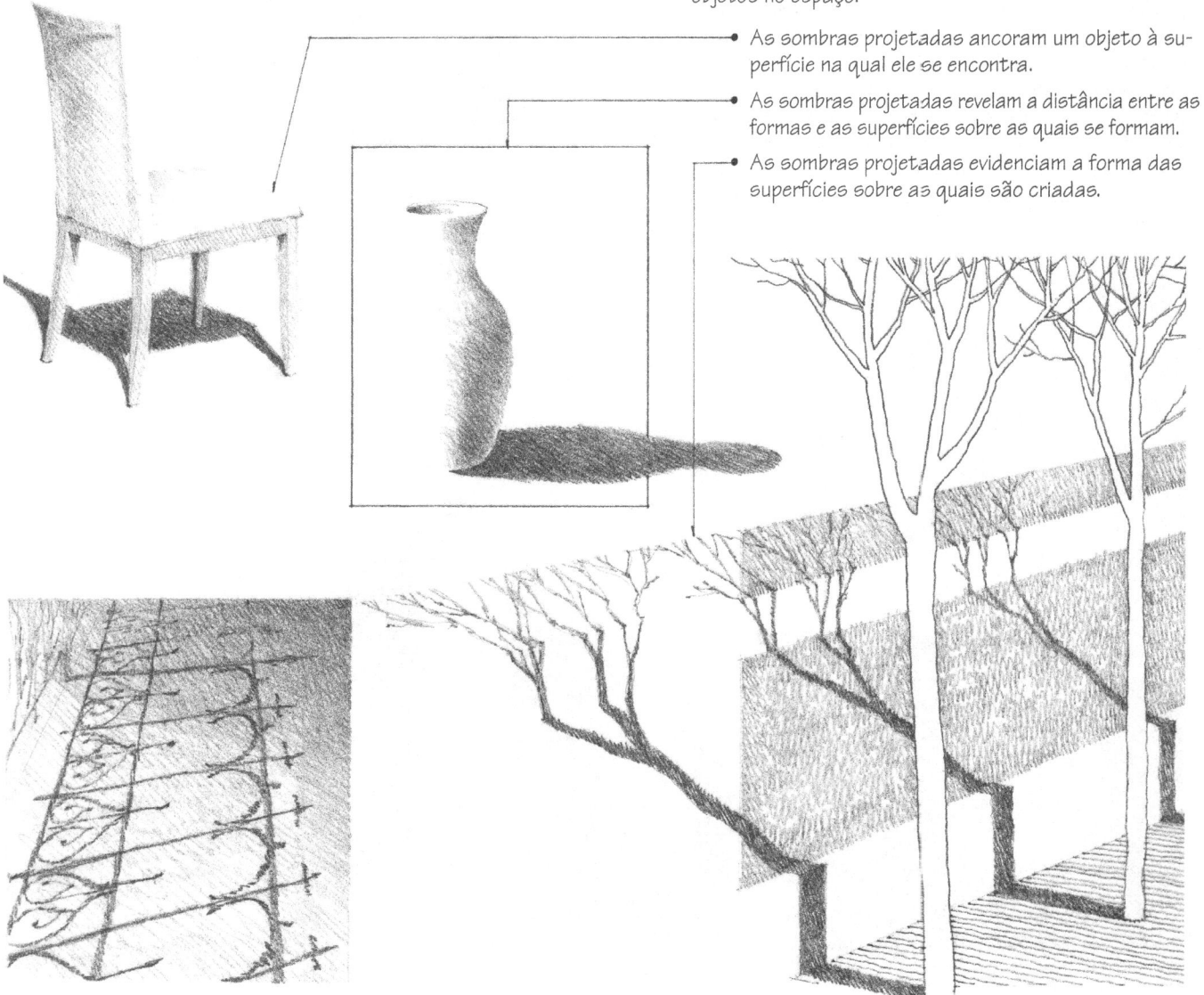

- As sombras projetadas ancoram um objeto à superfície na qual ele se encontra.
- As sombras projetadas revelam a distância entre as formas e as superfícies sobre as quais se formam.
- As sombras projetadas evidenciam a forma das superfícies sobre as quais são criadas.

Mesmo quando os elementos estão fora de nosso campo de visão, as sombras que eles projetam podem revelar sua forma.

LUZ, SOMBRAS PRÓPRIAS E SOMBRAS PROJETADAS 53

O formato e a orientação da sombra exprimem tanto a localização da fonte de luz quanto a direção de seus raios.

- Sombras projetadas se voltam na direção oposta à da fonte de luz.
- A iluminação frontal cria sombras projetadas mais profundas, atrás do objeto, que se distanciam da visão do observador.
- A iluminação de topo (ou zenital) cria sombras projetadas a pouca distância ou diretamente sob o objeto.
- A iluminação lateral deixa um lado do objeto em penumbra e projeta sombras na direção oposta à da fonte de luz.
- A iluminação inclinada e a três quartos, de cima e sobre o ombro do observador, gera uma forte sensação de volume e revela a textura da superfície do objeto.
- A iluminação posterior cria sombras projetadas profundas na direção do observador e ressalta a silhueta do objeto.

Iluminação frontal

Iluminação de topo (zenital)

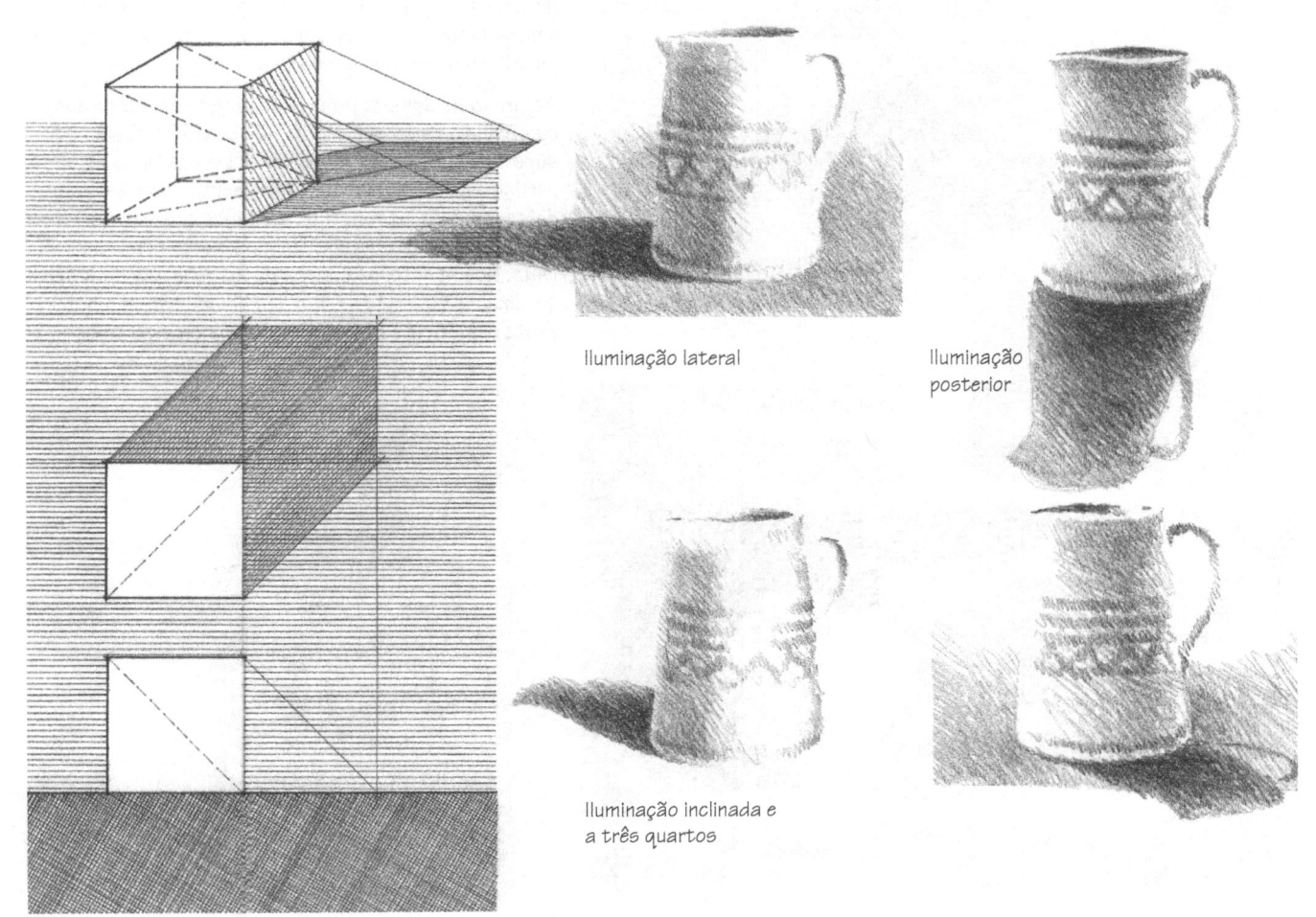

Iluminação lateral

Iluminação posterior

Iluminação inclinada e a três quartos

Para a construção formal de sombras próprias e projetadas em desenhos de arquitetura, veja a seção sobre Desenhos de Vistas Múltiplas.

APLICANDO SOMBRAS PRÓPRIAS E SOMBRAS PROJETADAS

Superfícies sombreadas e sombras projetadas geralmente não são nem opacas nem uniformes em termos de valor tonal. Devemos evitar empregar grandes áreas de tons escuros e pesados, que diluirão detalhes e prejudicarão nossa leitura da forma de uma superfície. Ao contrário, aplique sombras próprias e projetadas como se fossem aguadas pertencentes à forma e por meio das quais podemos ler a textura e a cor local da superfície.

Sombras próprias se transformam em sombras projetadas ao longo das arestas ou nas mudanças de planos. Para manter uma sensação de formas tridimensionais que ocupam o espaço, devemos distinguir entre as tonalidades das superfícies sombreadas e aquelas das sombras projetadas. Superfícies com sombra própria normalmente têm tons mais claros que as sombras projetadas, mas esta relação de tonalidade deve ser confirmada com uma observação cuidadosa.

Sombras projetadas geralmente são mais escuras nos pontos em que encontram a superfície com sombra própria, ficando mais claras nos limites externos. Os limites das projeções das sombras são bem marcados em luzes brilhantes, apesar de mais suaves em luzes difusas. Em qualquer um dos casos, devemos definir os limites externos das sombras com contrastes de tom, jamais com linhas desenhadas.

As áreas de sombra própria ou projetada quase nunca são uniformes em valor tonal. Luzes refletidas por superfícies próximas iluminam ambos os tipos de superfícies com sombra. Para representar os efeitos modificadores da luz refletida, variamos a tonalidade das superfícies sombreadas e daquelas com sombra projetada. No entanto, os efeitos da luz refletida devem ser sutilmente sugeridos, a fim de não ocultarem a natureza da superfície com sombra própria ou projetada.

Exercício 2.4
Componha uma natureza-morta em uma superfície horizontal próxima de uma janela ou sob uma luminária de mesa de modo que sombras nítidas sejam projetadas pelos objetos. Focalize e se concentre nos formatos e tonalidades das superfícies sombreadas e das sombras projetadas. Use um lápis macio e uma técnica de modelagem de sua escolha para expressar os valores tonais observados.

Exercício 2.5
Repita o exercício anterior usando uma caneta preta de ponta fina para representar as áreas sombreadas e as sombras projetadas.

Exercício 2.6
Componha mais uma natureza-morta perto de uma janela ou sob uma luminária de mesa. Agora, em vez de representar os tons mais escuros com um lápis com mina de grafite ou uma caneta nanquim, desenhe os tons mais claros em uma folha de papel preto, com um lápis branco.

MAPEANDO VALORES TONAIS

O mapeamento de padrões de claros e escuros é a maneira mais fácil de começar a modelagem. A modelagem, por sua vez, implica a decomposição total do objeto ou da cena em áreas iluminadas, com sombras próprias e sombras projetadas bem definidas. É necessário trabalhar de modo decidido. Quando uma sombra própria ou projetada parece indistinta, devemos, mesmo assim, impor-lhe limites. Ao fazer isso, criamos um mapa organizado de formatos inter-relacionados que serve como ponto de partida para refinamentos futuros.

O mapeamento exige uma redução das muitas tonalidades que vemos a um pequeno número. Começamos classificando a gama de tonalidades em dois grupos – claros e escuros – ou, quem sabe, três – claros, médios e escuros. Em cada grupo, o valor tonal pode variar para articular a natureza das superfícies, mas o mapeamento geral dos tons deve permanecer claro. Apertar os olhos, fechando-os pela metade, facilita esta tarefa. Outro método é visualizar a cena através de um vidro corado ou de um pedaço de acetato colorido, o que reduz o número de cores e simplifica as tonalidades que vemos.

PADRÃO DE VALORES TONAIS

O padrão de tonalidades estabelece a estrutura subjacente que sustenta o desenho modelado, dando-lhe unidade e força. Se o padrão de tonalidade é fragmentado, então a composição será incoerente, ainda que todos os elementos do desenho sejam tecnicamente perfeitos e tenham sido cuidadosamente representados. Pequenos croquis são um bom recurso para o estudo de padrões de tonalidades alternativos e o desenvolvimento de uma estratégia para a variedade, distribuição e proporção das tonalidades no desenho.

Uma vez que o padrão geral de tonalidades esteja definido, trabalhamos dos tons claros para os escuros. Sempre podemos aumentar um valor tonal, mas, depois que o tom ficou escuro, é difícil voltar para um tom mais claro. Eis alguns pontos adicionais a serem lembrados na modelagem de desenhos:

- Estabeleça áreas de tonalidades por camadas. Evite desenhar tons em sucessão, de uma parte à outra do desenho; isso pode fragmentar o desenho e confundir nossa leitura de uma forma. Estabeleça grandes grupos de valor tonal antes de escalonar os tons menores e mais específicos que os constituem. Estabeleça cada aumento de tonalidade por meio de uma camada adicional de tom. Continue a adicionar camadas de tons até que a tonalidade mais escura seja obtida.
- Estabeleça texturas. Manter uma direção consistente dos traços unifica as várias áreas de valor tonal e confere coesão ao desenho.
- Mantenha a distinção entre contrastes tonais intensos em arestas pronunciadas e contrastes difusos em arestas suaves.
- Preserve a luminosidade. É extremamente importante não perder as áreas iluminadas. Embora estas áreas possam ser recuperadas em um desenho a lápis, com o uso de uma borracha, não há esta possibilidade no desenho a tinta.

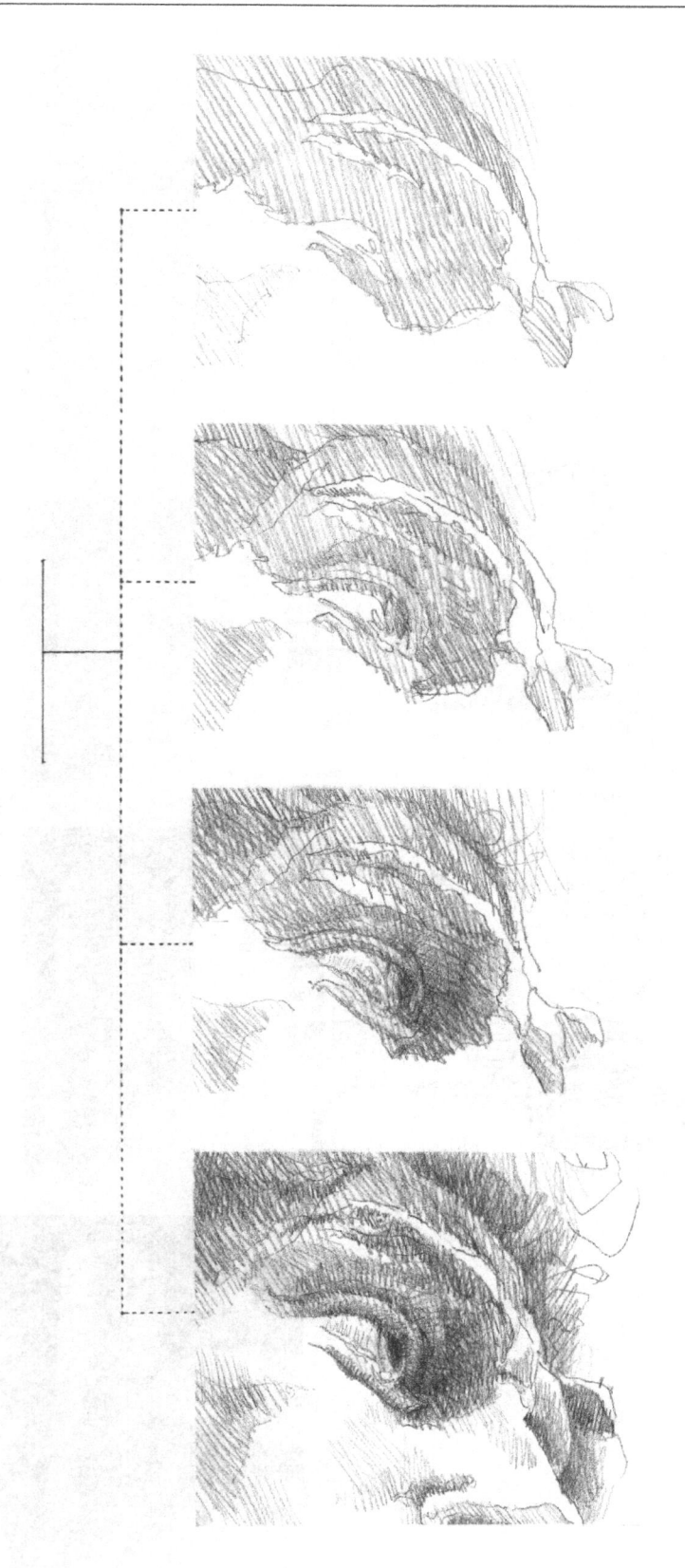

GAMA DE VALORES TONAIS

Variedade de tons reduzida

Ampla variedade de tons

Contrastes intensos

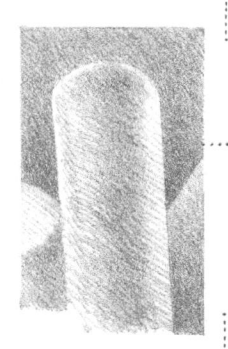

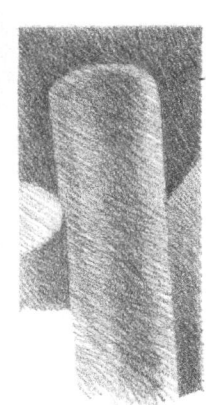

A gama de valores tonais que usamos em um desenho influencia o peso, a harmonia e a atmosfera da composição. Contrastes intensos de tonalidade definem claramente os tipos de tons e dirigem nossa atenção para eles. Uma ampla variedade de tonalidades com valores intermediários que proporcionam uma transição entre tons mais claros e mais escuros pode enriquecer o desenho e ser visualmente ativa. Contudo, ampliar demasiadamente a gama de tons pode fragmentar a unidade e a harmonia de uma composição. Tonalidades com variações relativamente pequenas tendem a produzir efeitos mais suaves, sutis e controlados.

A proporção relativa de tons claros e escuros define a tonalidade-chave, ou o valor tonal dominante, de um desenho.

- Uma variedade de tonalidades predominantemente claras, ou de valores altos, expressa delicadeza, elegância e luminosidade.

- Uma variedade média de tons ou valores tonais medianos confere sensação de harmonia e equilíbrio. Sem alguns contrastes positivos, entretanto, um desenho com valores médios pode ficar tedioso e sem vida.

- Ao mesmo tempo, o aspecto sóbrio de tonalidades moderadamente escuras ou de valores baixos pode ter efeito calmante e estabelecer uma sensação de força e estabilidade.

Quando um tom intermediário é dominante no desenho, pode ser conveniente desenhar em uma superfície cinza ou colorida, que, automaticamente, estabelece o valor tonal médio. O colorido da superfície serve como uma base para tons escuros feitos com lápis preto e para tons claros representados com um lápis branco.

Exercício 2.7

Organize uma natureza-morta em um parapeito de janela ou sob uma luminária de mesa a fim de que se possa conseguir um padrão claro de luz, sombras próprias e projetadas. Usando apenas o branco do papel e dois tons adicionais (um cinza claro e um mediano), desenvolva um estudo de mapeamento da composição.

Exercício 2.8

Encontre uma paisagem externa que contenha tanto elementos distantes quanto próximos. Usando um visor para estabelecer os limites de seu campo visual, desenvolva um padrão de tonalidades que exprima os formatos e os valores tonais que você observa na paisagem.

Exercício 2.9

Repita o exercício acima, mas, desta vez, desenvolva um pouco mais cada desenho, aplicando camadas de valores tonais adicionais intermediárias em cada área tonal.

Textura física

Textura visual

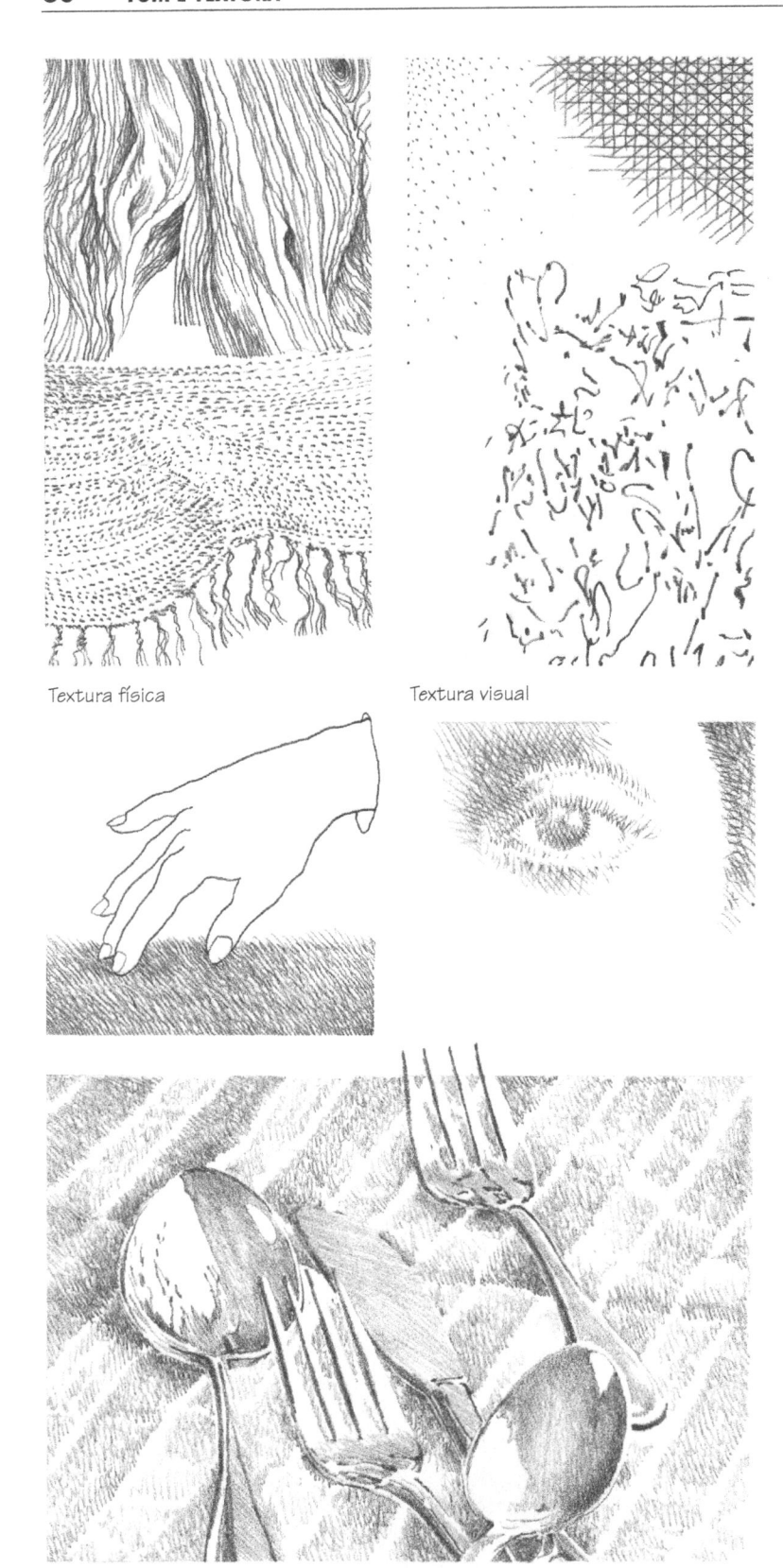

Sempre que usamos hachuras paralelas ou pontilhados para criar certa tonalidade, simultaneamente criamos textura. Analogamente, assim que começamos a representar a natureza dos materiais por meio de linhas, também criamos valores tonais. Devemos estar sempre atentos à relação entre tonalidade e textura, seja esta lisa ou áspera, pronunciada ou suave, polida ou fosca. Na maioria dos casos, a tonalidade é mais importante que a textura na representação de luz e sombras próprias e na maneira como ela modela as formas no espaço.

Geralmente utilizamos o termo textura para descrever a relativa suavidade ou rugosidade de uma superfície. Textura também pode se referir às qualidades características da superfície de materiais familiares, como a aparência da pedra talhada, do veio da madeira e da trama dos tecidos. Estas são texturas táteis que podem ser percebidas pelo toque.

Texturas visuais são a representação da estrutura de uma superfície que não se refere à sua cor ou forma. As texturas podem ser tanto sentidas como visualizadas em um desenho. Todas as texturas táteis obrigam o uso de texturas visuais. As texturas visuais, no entanto, podem ser ilusórias ou reais.

Nossos sentidos da visão e do tato estão interligados. Quando nossos olhos leem uma textura visual de superfície, normalmente respondemos às características táteis aparentes, sem, de fato, tocá-las. A textura visual resgata memórias de experiências passadas. Lembramos como sentimos certos materiais ao tocar suas superfícies com nossas mãos. Baseamos nossas reações físicas nas características de textura de materiais semelhantes que já encontramos no passado.

REPRESENTANDO TEXTURAS 61

A escala de traços ou pontos que usamos para criar um valor tonal, em relação ao tamanho da área a ser preenchida e à composição do desenho, transmite automaticamente a textura visual da superfície.

Texturas visuais também podem resultar da interação da superfície de desenho com o instrumento empregado. Superfícies rugosas retêm tinta ou grafite. Traços riscados com leveza depositam o material do instrumento apenas nas porções elevadas da superfície, enquanto o aumento da pressão do traço força o depósito do material do instrumento nas áreas de baixo relevo. Na verdade, a textura física da superfície confere ao desenho grão e textura visual.

Outra estratégia para sugerir a qualidade de textura a uma área de valor tonal é a fricção. A fricção consiste na técnica de obter efeitos de textura esfregando-se grafite ou carvão sobre um papel sobreposto a uma superfície de textura granular, pontilhada ou com outro tipo de rugosidade. Este método de produzir tonalidades texturizadas é especialmente útil para evitar o excesso de trabalho na obtenção de tons escuros; algo que pode fazer o desenho perder sua leveza e espontaneidade.

Fricção

Traços e pontos em pequena escala

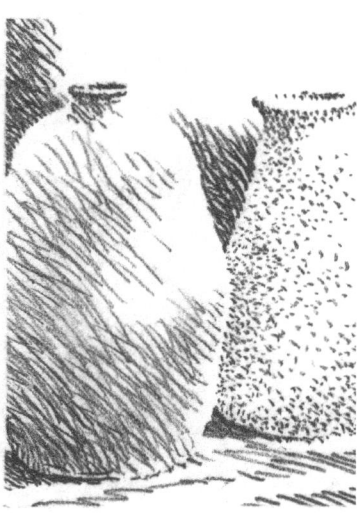

Traços e pontos em grande escala

Traços suaves

Traços irregulares

Superfície de desenho lisa

Superfície de desenho áspera

62 REPRESENTANDO TEXTURAS

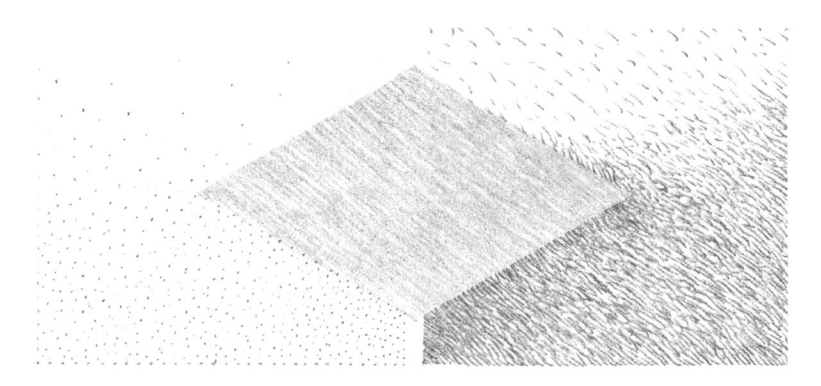

Contraste

Escala e distância

Luminosidade

Fatores modificadores

Contraste, escala, distância e luminosidade são fatores modificadores importantes em nossa percepção da textura e das superfícies por ela articuladas. Sempre que você representar texturas em um desenho, considere os fatores a seguir.

O contraste influencia a aparência de força ou sutileza da textura. Uma textura vista contra um fundo uniformemente liso será mais evidente do que aquela justaposta à outra textura similar. Quando vista contra um fundo mais áspero, a textura parecerá ser mais fina e reduzida em escala.

A escala relativa de um desenho determina se lemos ou não uma textura, como as folhas da grama, uma plantação de um cereal ou uma área com diferentes lavouras. A escala relativa da textura também afeta o formato aparente e a posição de um plano no espaço. Texturas com veios direcionais podem acentuar o comprimento ou a largura de um plano. Texturas de superfícies ásperas podem fazer um plano parecer mais próximo, reduzir sua escala e lhe aumentar o peso visual. Em geral, as texturas tendem a preencher visualmente o espaço que ocupam.

Todos os materiais têm algum grau de textura, mas quanto mais fina é a escala de uma textura, mais liso o material parecerá. Mesmo texturas ásperas, quando vistas à distância, podem parecer relativamente lisas. Somente quando vista de perto, a aspereza de uma textura se torna evidente.

A luminosidade influencia nossa percepção de textura e, por sua vez, é afetada pela textura que ilumina. Superfícies lisas e brilhantes refletem muita luz, ficam bem focalizadas e atraem nossa atenção. As superfícies que têm textura fosca absorvem e difundem a luz de maneira desigual; portanto, parecem ser menos brilhantes que uma superfície de mesma cor, porém mais lisa. Superfícies ásperas, quando iluminadas com luzes diretas, produzem diferentes padrões de sombras próprias claras e escuras e revelam seus tipos de textura. As luzes difusas tiram a ênfase da textura física e podem até mesmo obscurecer sua estrutura tridimensional.

Exercício 2.10
Selecione dois ou mais objetos que tenham nítida diferença de texturas. Entre as possibilidades, incluem-se uma sacola de papel e uma garrafa de vidro, um ovo e uma colher ou um garfo sobre um pedaço de tecido, ou diferentes frutas em um prato de cerâmica. Distribua os objetos no peitoril de uma janela ou sob uma luminária de mesa para que a luz realce as várias texturas. Descreva as texturas contrastantes, usando alguma das técnicas de modelagem.

Exercício 2.11
Repita o exercício acima, mas, desta vez, desloque os objetos até deixá-los muito próximos entre si, quase sobrepostos. Concentre-se nas bordas dos objetos e descreva as texturas dessa grande superfície resultante do encontro dos objetos.

Exercício 2.12
Repita os exercícios anteriores várias vezes, experimentando tanto o lápis quanto a caneta nanquim e trabalhando em superfícies de desenho lisas e também rugosas.

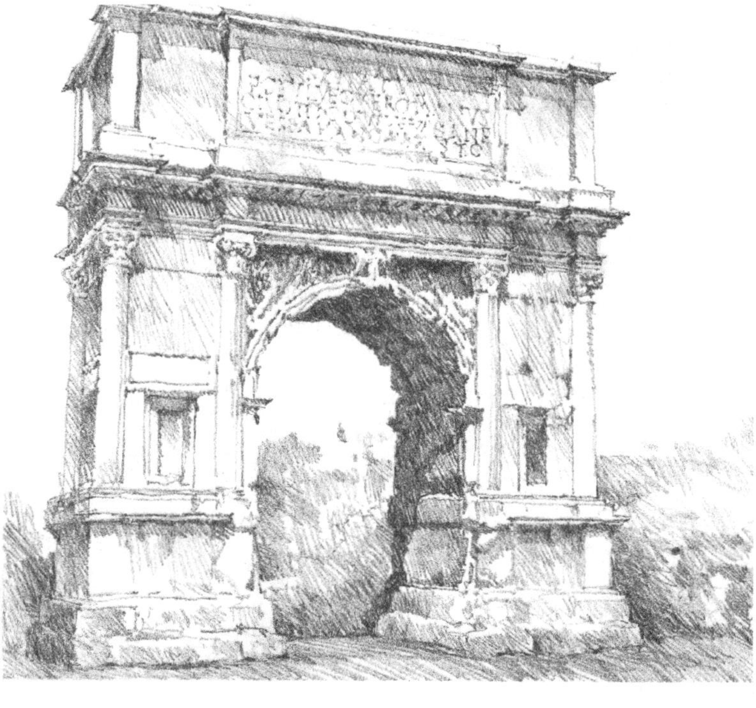

3
Forma e Estrutura

"Todas as formas pictóricas começam com o ponto que se põe em movimento... O ponto move-se... e surge a linha – a primeira dimensão. Se a linha se move para compor um plano, obtemos um elemento bidimensional. No movimento de planos a espaços, o choque de planos dá forma a um corpo (tridimensional)... Eis um resumo das energias cinéticas que transformam o ponto em uma linha, a linha em um plano e o plano em uma dimensão espacial."

– Paul Klee

The Thinking Eye

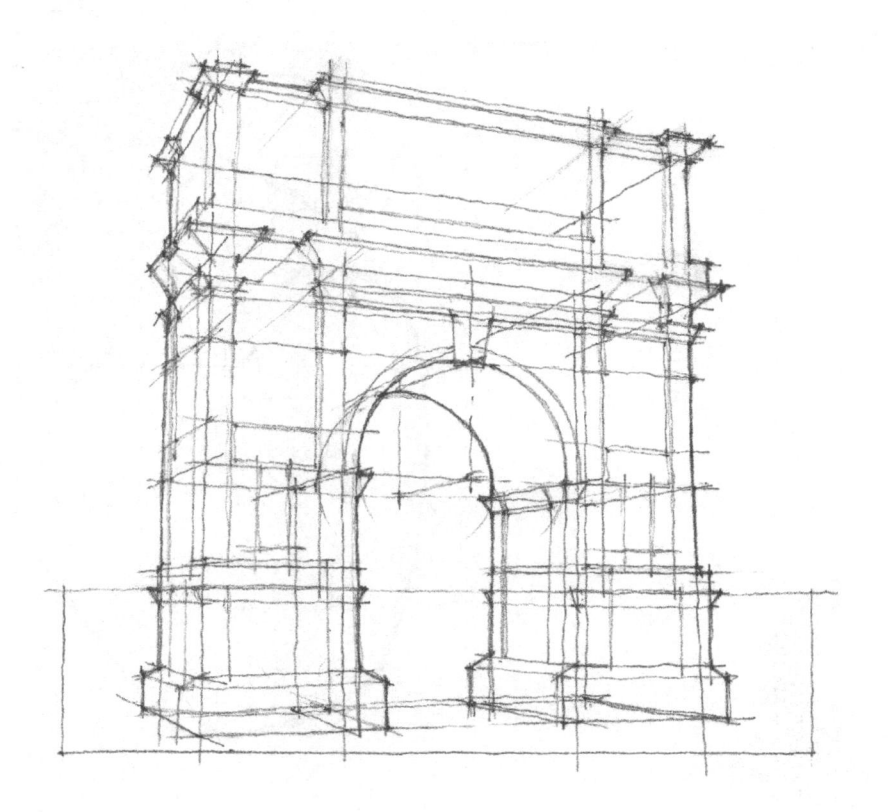

66 FORMA

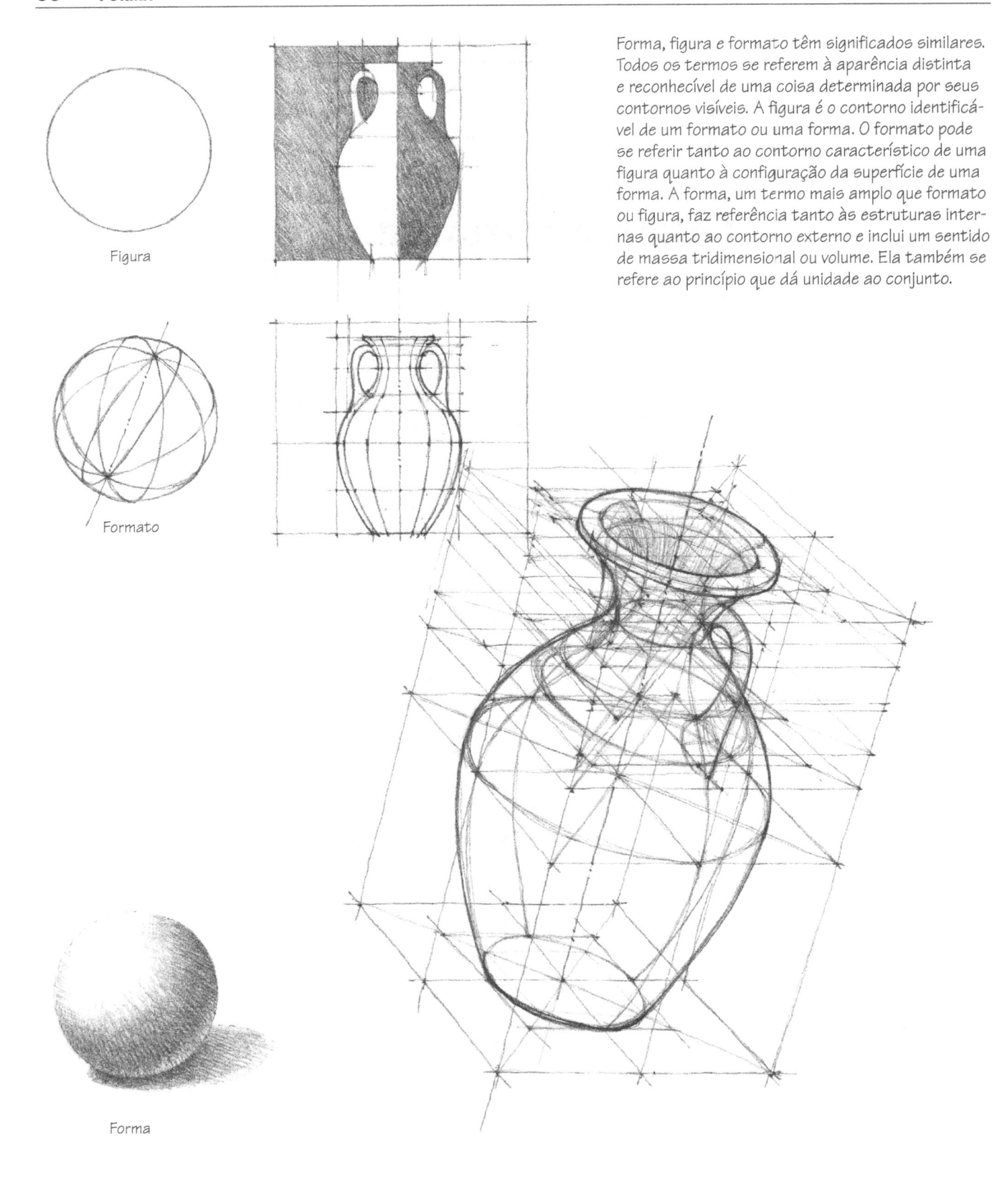

Figura

Formato

Forma

Forma, figura e formato têm significados similares. Todos os termos se referem à aparência distinta e reconhecível de uma coisa determinada por seus contornos visíveis. A figura é o contorno identificável de um formato ou uma forma. O formato pode se referir tanto ao contorno característico de uma figura quanto à configuração da superfície de uma forma. A forma, um termo mais amplo que formato ou figura, faz referência tanto às estruturas internas quanto ao contorno externo e inclui um sentido de massa tridimensional ou volume. Ela também se refere ao princípio que dá unidade ao conjunto.

VOLUME

O volume se relaciona à extensão tridimensional do objeto ou da região do espaço. Conceitualmente, um volume é delimitado por planos e tem três dimensões: largura, altura e profundidade. Ao desenhar, nos esforçamos para expressar a ilusão tridimensional de volumes sólidos e do espaço em uma superfície bidimensional.

Todos os objetos preenchem um volume no espaço. Mesmo os objetos lineares e delgados ocupam espaço. Podemos segurar um pequeno objeto e girá-lo em nossas mãos. Cada volta do objeto revela um formato diferente, uma vez que muda a relação entre o objeto e nossos olhos. Ao ver o objeto de diferentes ângulos e distâncias, nossa visão reúne os formatos na forma tridimensional.

Um desenho que apresenta uma vista de determinado ângulo e distância apenas consegue ilustrar um único momento da nossa percepção. Se for uma vista frontal, que apenas mostra a largura e a altura, a imagem ficará achatada. Mas, se girarmos a vista para expor três lados adjacentes do objeto, a terceira dimensão (a profundidade) será revelada e a forma ficará mais clara. Atentar para formatos planos nos ajuda a ver como eles se combinam para expressar a tridimensionalidade do volume.

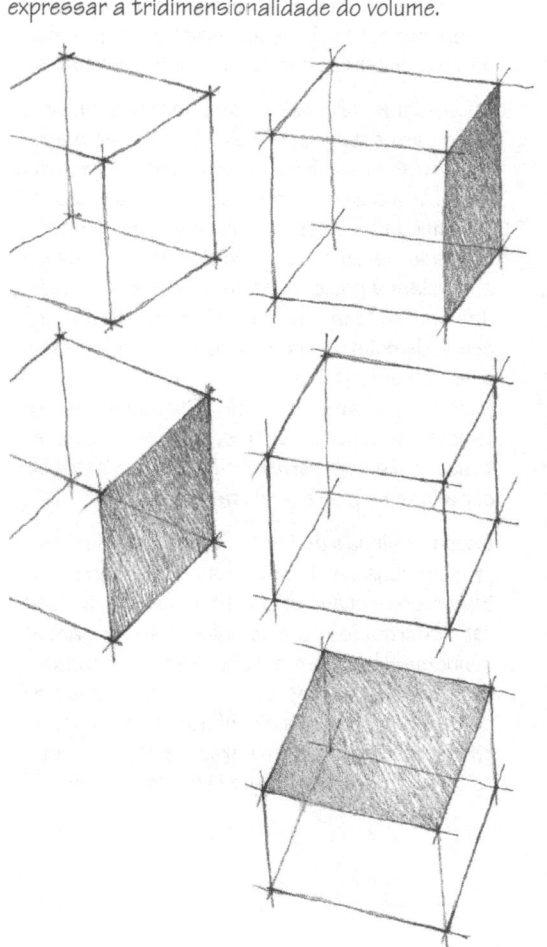

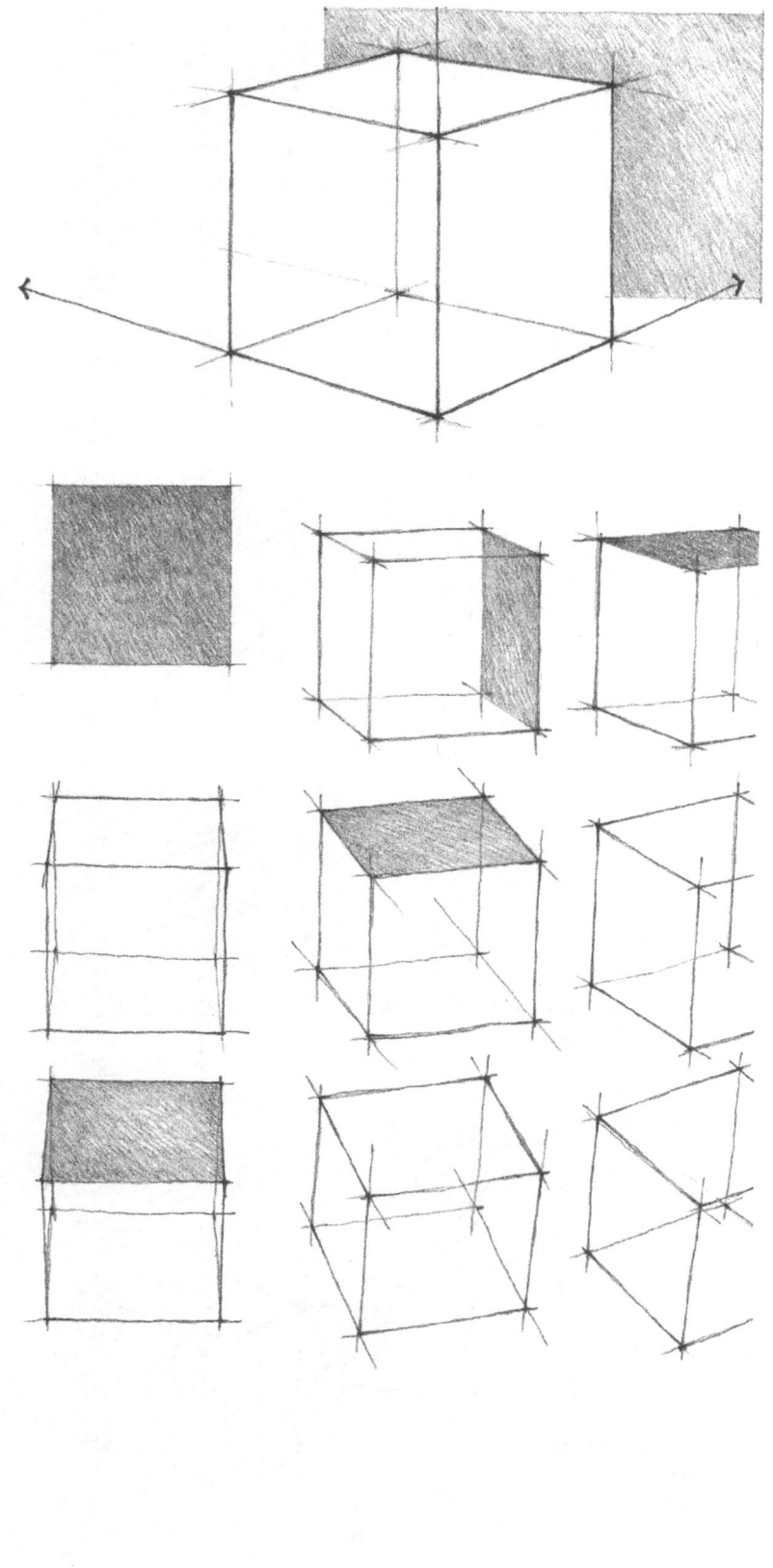

68 DESENHO ANALÍTICO

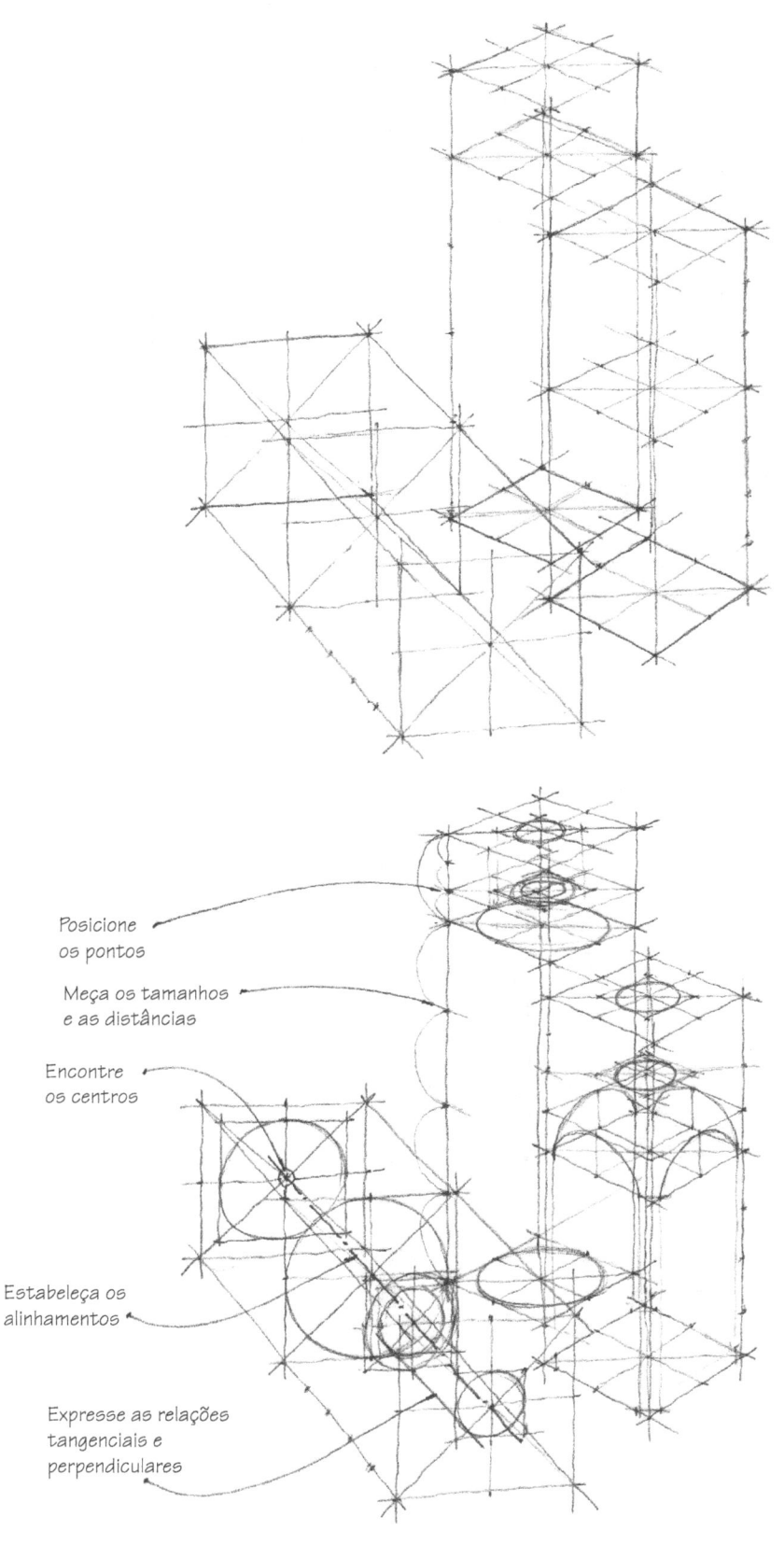

O desenho pode descrever a configuração externa das superfícies de um objeto ou explicar sua natureza estrutural interna e a maneira como suas partes se distribuem e se juntam no espaço. Em desenhos analíticos, buscamos fundir ambas as estratégias.

Diferentemente do desenho de contornos, no qual fazemos uma parte de cada vez, o desenho analítico é executado do todo para as partes subordinadas e, por fim, destas para os detalhes. Subordinar partes e detalhes à estrutura da forma geral evita uma abordagem fragmentada que poderia resultar em relações de proporção equivocadas e na falta de unidade.

Começamos um desenho analítico com linhas suaves traçadas à mão livre, usando um lápis macio e bem apontado. Desenhamos estas linhas por tentativa e erro e de maneira exploratória, de modo a esboçar e estabelecer a estrutura volumétrica transparente de uma forma. Imagine uma caixa transparente envolvendo um objeto cujos lados tocam sua parte frontal, posterior, seu topo, sua base e ambos os lados. Este recipiente imaginário descreve a extensão e as relações das três dimensões do objeto. Visualizar este volume que envolve o objeto nos ajuda a desenhar sua forma tridimensional.

Essas linhas têm natureza diagramática, servindo para estabelecer e explicar não só a aparência das superfícies externas, mas também a geometria subjacente e a estrutura do objeto. Denominamos os traços iniciais como linhas reguladoras, uma vez que ordenam relações e controlam a posição, o tamanho e a proporção das partes fundamentais da forma. Neste processo de esboçar a forma que envolve o objeto e seu volume, utilizamos linhas reguladoras para posicionar pontos, medir tamanhos e distâncias, encontrar centros, expressar relações tangenciais e de perpendicularidade e estabelecer alinhamentos e deslocamentos.

Desenhar linhas de tentativa ajuda o olho, em primeiro lugar, a encontrar as linhas corretas. Elas representam julgamentos visuais que serão confirmados ou ajustados. Não apagamos nenhuma das linhas anteriormente traçadas. Se necessário, repetimos uma linha, corrigindo os formatos básicos e conferindo as proporções relativas entre as partes, sempre no intuito de aperfeiçoar a última linha desenhada.

- Posicione os pontos
- Meça os tamanhos e as distâncias
- Encontre os centros
- Estabeleça os alinhamentos
- Expresse as relações tangenciais e perpendiculares

DESENHO ANALÍTICO 69

Em função de sua natureza construtiva, as linhas reguladoras não estão restritas aos limites físicos dos objetos. Elas podem atravessar formas e se estender pelo espaço, uma vez que conectam, organizam e dão medida às várias partes do objeto ou da composição. Ao ordenar relações formais e espaciais, elas estabelecem uma trama plana ou espacial, similar à estrutura sobre a qual um escultor modela a argila, a partir da qual podemos construir o desenho por etapas.

Desenhar tanto partes visíveis como invisíveis do objeto ajuda a estimar ângulos, controlar proporções e visualizar a aparência ótica dos formatos. A transparência resultante também expressa uma sensação convincente do volume ocupado pela forma. Esse processo evita que apareçam achatamentos, que podem surgir quando nos concentramos mais na superfície do que no volume.

Por meio de um processo contínuo de eliminação e reforço, construímos gradualmente a densidade e o peso do contorno final ou das linhas dos objetos, especialmente nos pontos críticos de interseção, conexão e transição. Manter estas linhas visíveis no desenho final intensifica a profundidade da imagem e revela o processo construtivo pelo qual ela foi gerada e desenvolvida.

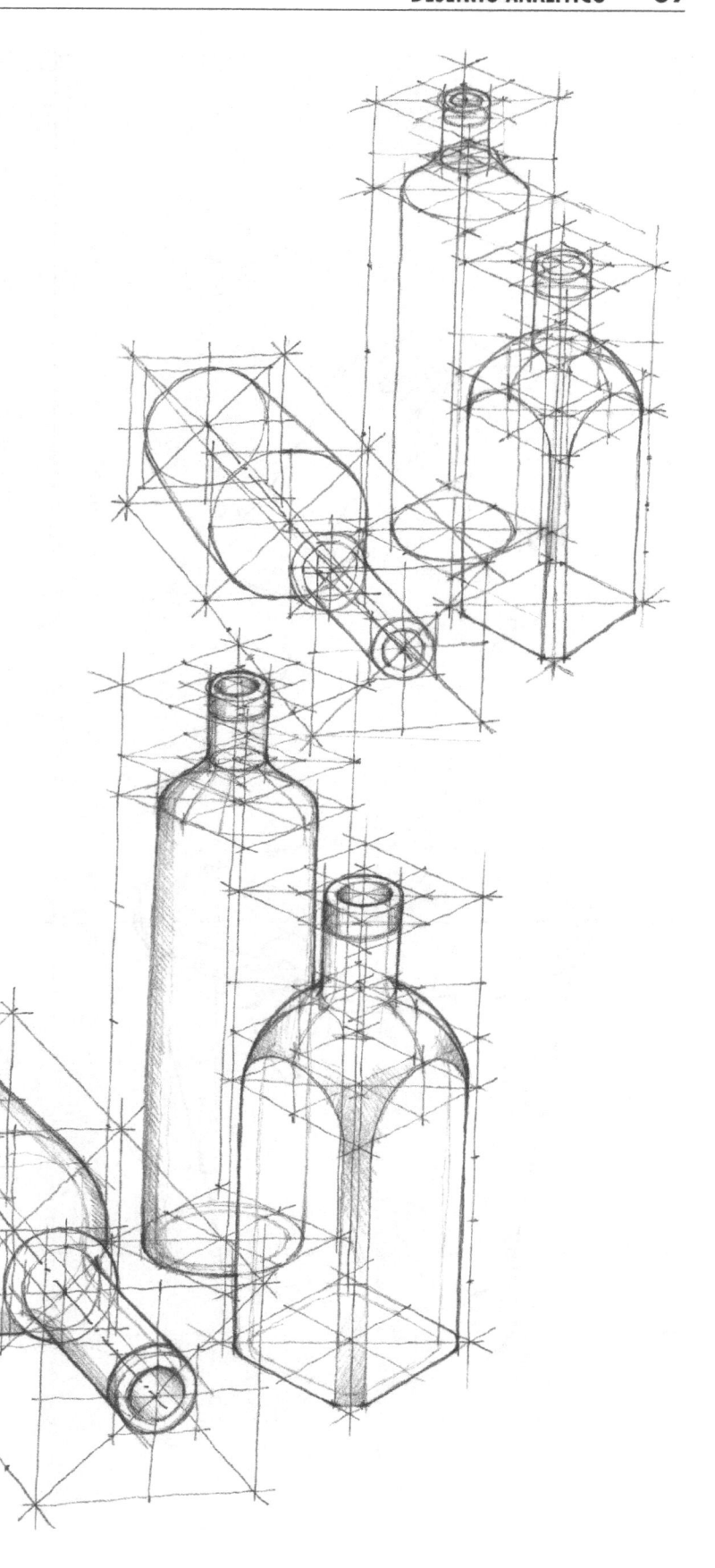

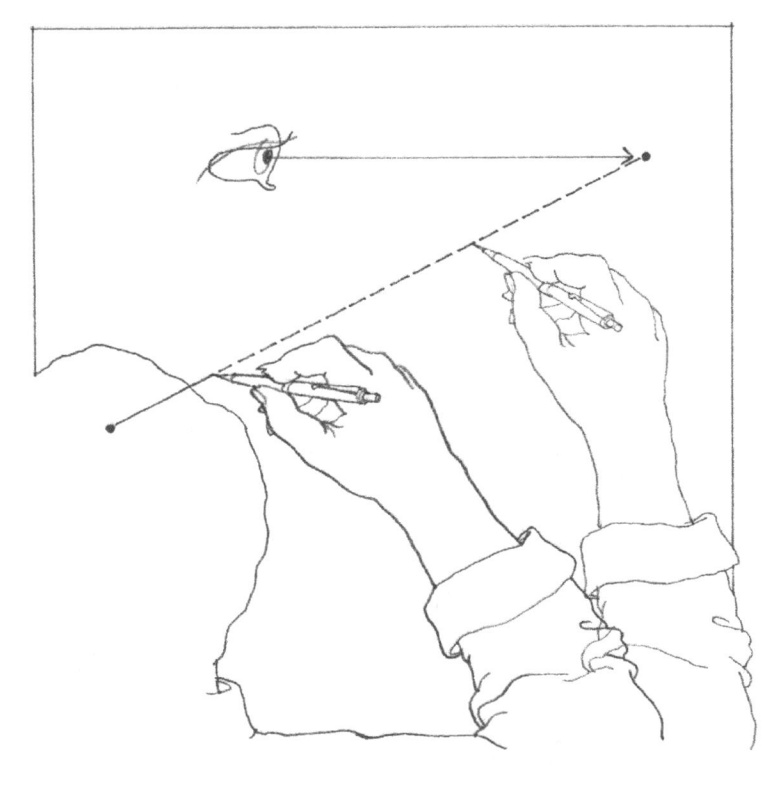

Para que as linhas de construção não fiquem visíveis demais, segure a caneta ou o lápis suavemente enquanto desenha. Pressionar estes instrumentos com muita força cria uma tensão que interrompe a fluidez natural da linha desenhada à mão livre. Em vez disso, tente sentir a superfície do desenho por meio da ponta do instrumento.

Antes de realmente desenhar uma linha, pratique o movimento sensorial que envolve olhos, mente e mão, marcando com pontos o início e o fim da linha desejada. Desenhe as linhas arrastando o lápis, nunca o empurrando. Para os destros, isso significa desenhar linhas da esquerda para direita e de cima para baixo; os canhotos devem desenhar linhas da direita para a esquerda e de cima para baixo. Mantenha o olhar disciplinado para onde a linha se direciona, não para onde ela estava. Evite definir as linhas por meio de traços curtos e inseguros. Em vez disso, desenhe linhas de modo lento, mas contínuo.

Para traços curtos ou aplicação de muita pressão sobre o papel, gire a mão em relação ao pulso ou deixe que os dedos façam os movimentos necessários. Para traços mais longos, o antebraço e a mão oscilarão livremente em relação ao cotovelo, fazendo com que o pulso e dedos se movimentem o mínimo possível; eles só entrarão em movimento quando você se aproximar do término da linha.

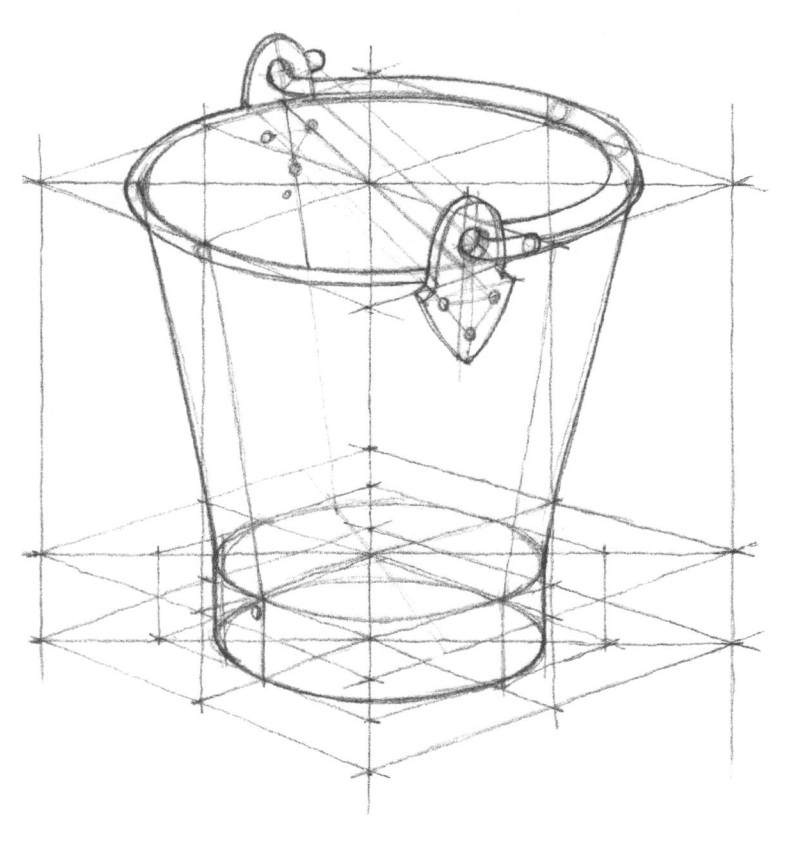

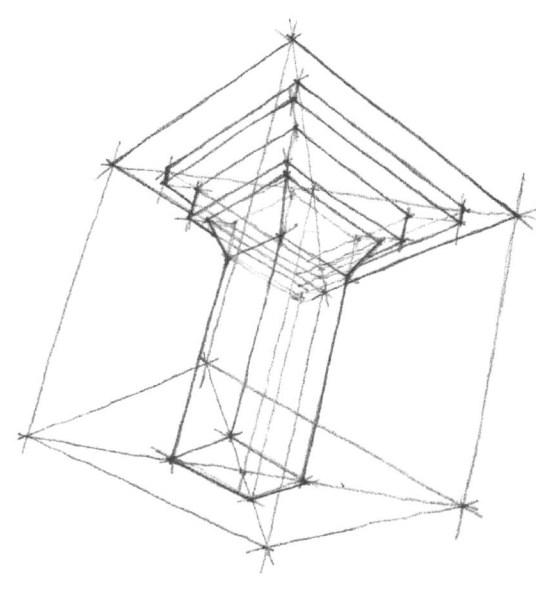

DESENHO ANALÍTICO 71

Exercício 3.1
Usando o processo de desenho analítico, desenhe cubos de vários pontos de vista.

Exercício 3.2
Colete três ou quatro caixas de papelão vazias, de diferentes tamanhos. Empilhe-as no piso, com algumas inseridas dentro das outras. Veja as caixas como formas geométricas compostas de planos retangulares lisos interceptados ao longo de linhas retas. Usando o processo analítico de desenho, descreva as formas geométricas das caixas.

Exercício 3.3
Colete duas garrafas de vidro, uma com corpo alto e cilíndrico e outra com seção transversal quadrada ou retangular. Coloque uma das garrafas em pé e a outra deitada, ao lado. Usando o processo analítico de desenho, descreva as formas geométricas das garrafas. Preste muita atenção nas importantes relações entre eixos e proporções.

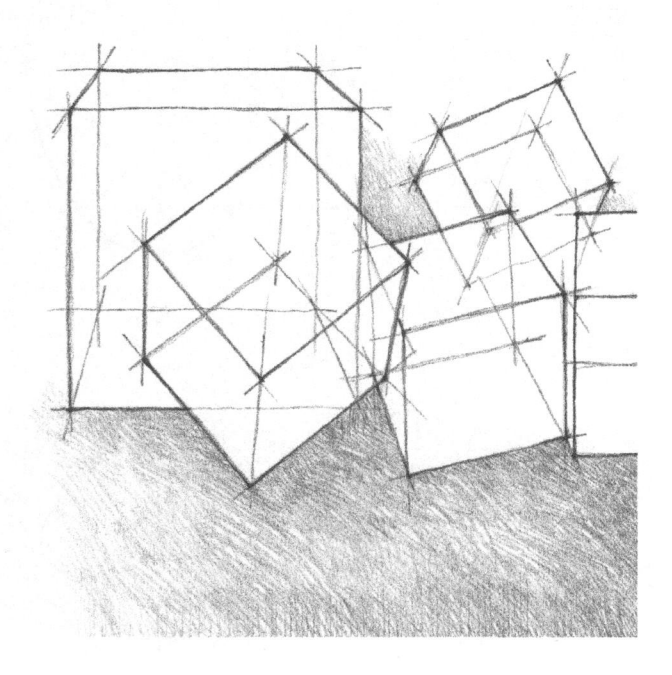

PROPORÇÕES

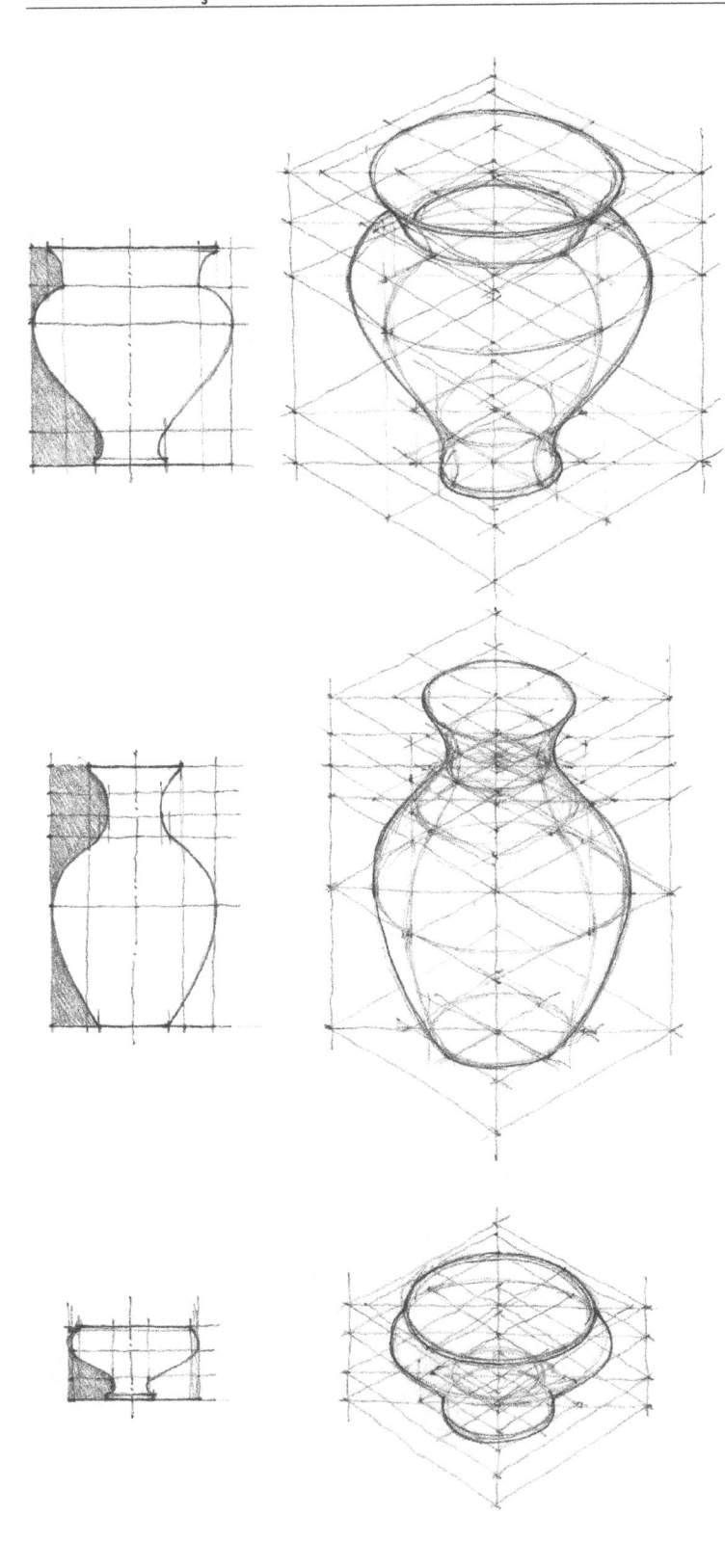

À medida que nos tornamos mais sensíveis às características particulares do que vemos e desenhamos, não podemos perder de vista a imagem global. Nenhum elemento do desenho está isolado na composição: todas as partes dependem umas das outras para o impacto visual, a função e o significado. Para garantir que os objetos permaneçam em seus lugares apropriados e em relação uns com os outros – como, por exemplo, visualizar tanto as árvores quanto a floresta e evitar transformar montanhas em morretes –, devemos prestar atenção à proporção.

A proporção é a relação comparativa, adequada e harmoniosa de uma parte com outra ou com o todo, relativa à grandeza, à quantidade ou à ordem. Relações proporcionais são uma questão de razões; e razão é a relação entre duas partes de um todo ou entre qualquer parte e o conjunto. Ao observar um objeto, devemos estar atentos às relações de proporção que regulam nossa percepção de tamanho e formato.

Embora geralmente seja definida em termos matemáticos, a proporção se refere a qualquer conjunto consistente de relações visuais entre as partes de uma composição. Ela pode ser uma ferramenta de desenho útil para promover unidade e harmonia. Todavia, nossa percepção das dimensões físicas dos objetos geralmente é imprecisa. O escorço, a distância de observação e até as tendências culturais podem distorcer nossa percepção.

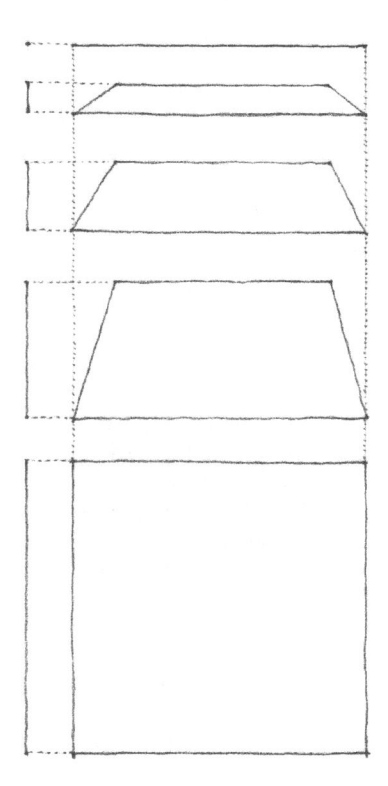

PROPORÇÕES 73

A proporção é, antes de tudo, uma questão de julgamento visual crítico. Neste sentido, é importante estabelecer diferenças significativas nas dimensões relativas das coisas. Em última análise, uma proporção parecerá correta para determinada situação quando sentirmos que os elementos e as características da cena ou do objeto representado não foram exagerados nem desprezados.

Aqui estão alguns importantes pontos a serem lembrados ao estimar e estabelecer proporções em um desenho:

- O tamanho aparente de um objeto é influenciado pelo tamanho relativo dos outros objetos do entorno.
- Ao lidar com a forma dos volumes, devemos nos preocupar com a proporção nas três dimensões.
- Verbalize as proporções enquanto desenha, para se lembrar das relações adequadas.
- Tenha o cuidado de não alterar o formato para fazê-lo corresponder ao formato ou à folha de papel na qual está desenhando.
- Ao desenhar formatos complexos, procure formatos que você entenda, como os quadrados.
- Mesmo mudanças sutis na proporção podem ter efeito poderoso na identidade visual e nas características estéticas da imagem. Os cartunistas usam esta distorção deliberadamente para tirar proveito ao criar caricaturas.
- Se as diagonais de dois retângulos são paralelas ou perpendiculares entre si, isso significa que os dois formatos têm proporções similares.

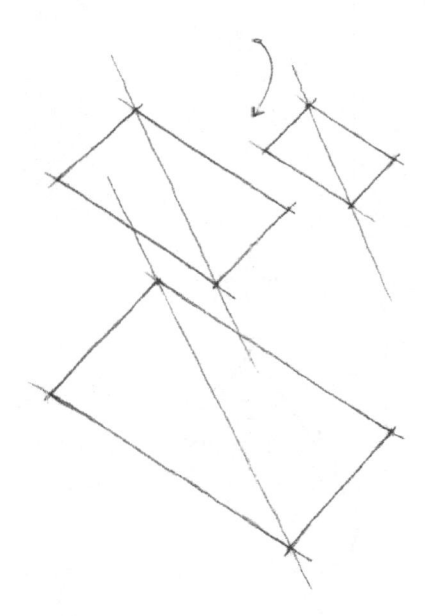

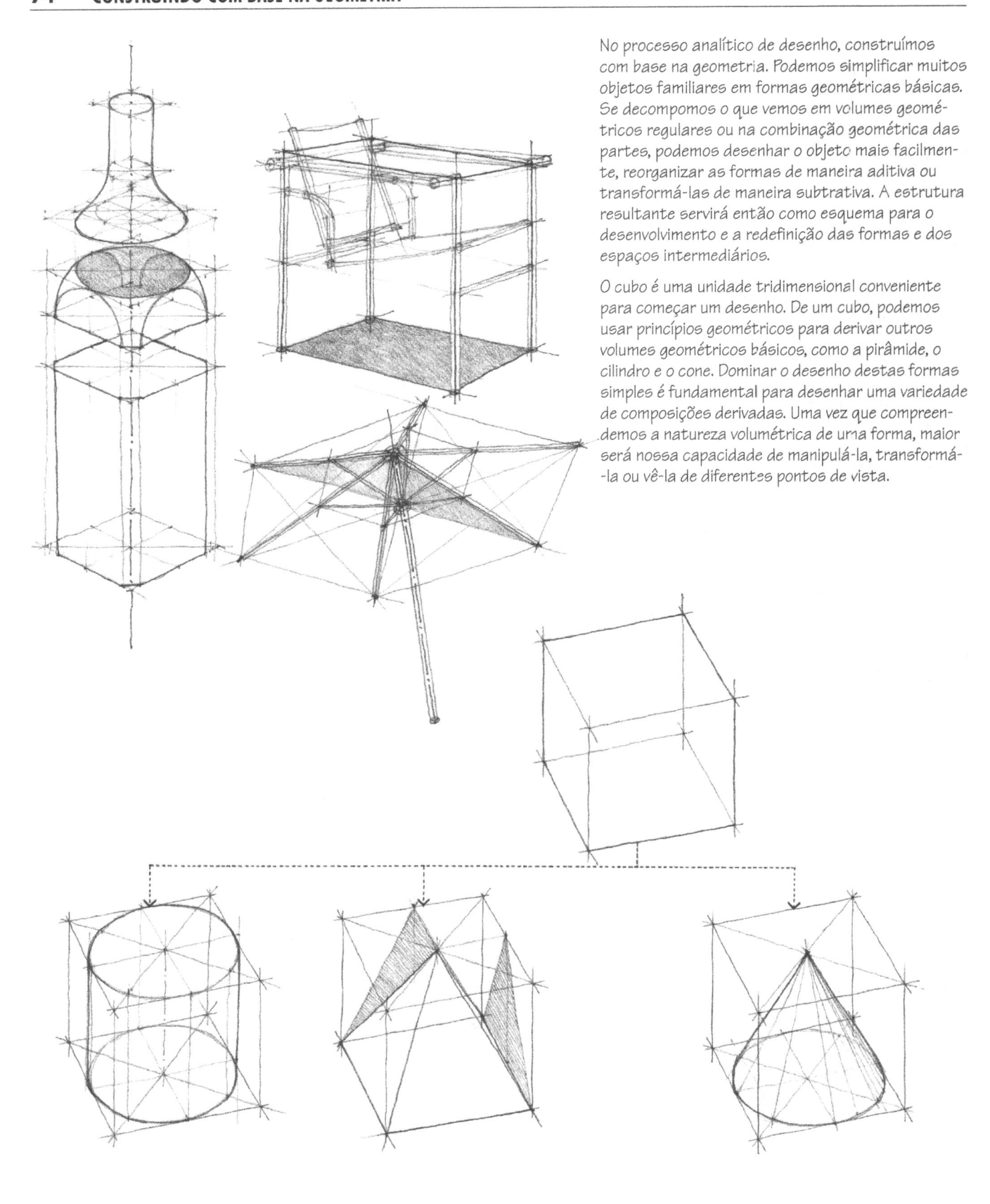

CONSTRUINDO COM BASE NA GEOMETRIA

No processo analítico de desenho, construímos com base na geometria. Podemos simplificar muitos objetos familiares em formas geométricas básicas. Se decompomos o que vemos em volumes geométricos regulares ou na combinação geométrica das partes, podemos desenhar o objeto mais facilmente, reorganizar as formas de maneira aditiva ou transformá-las de maneira subtrativa. A estrutura resultante servirá então como esquema para o desenvolvimento e a redefinição das formas e dos espaços intermediários.

O cubo é uma unidade tridimensional conveniente para começar um desenho. De um cubo, podemos usar princípios geométricos para derivar outros volumes geométricos básicos, como a pirâmide, o cilindro e o cone. Dominar o desenho destas formas simples é fundamental para desenhar uma variedade de composições derivadas. Uma vez que compreendemos a natureza volumétrica de uma forma, maior será nossa capacidade de manipulá-la, transformá-la ou vê-la de diferentes pontos de vista.

CONSTRUINDO COM BASE NA GEOMETRIA 75

Exercício 3.4
Usando o processo analítico de desenho, transforme cada um dos cubos desta página em uma pirâmide ou qualquer outro prisma.

Exercício 3.5
Usando o processo analítico de desenho, copie cada um dos cubos e transforme-os em cone, cilindro ou outra forma similar baseada no círculo.

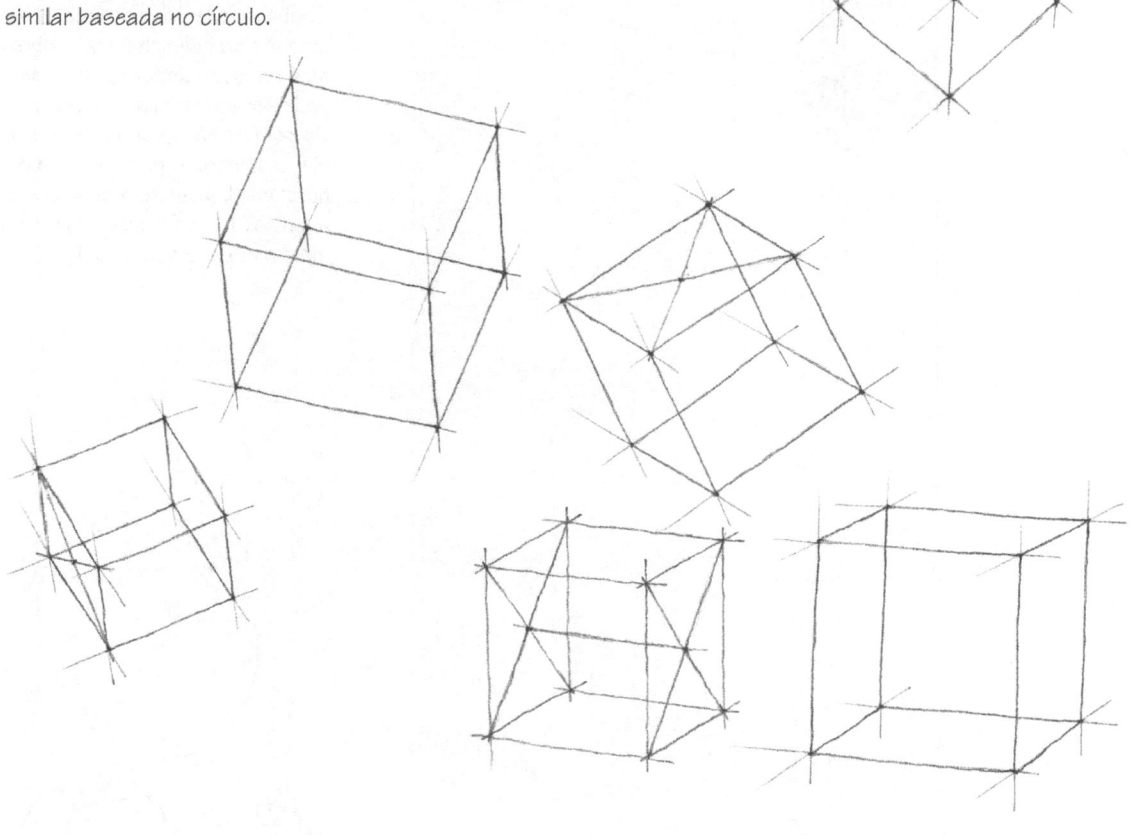

Exercício 3.6
Com base na geometria das formas que você desenvolveu nos dois exercícios anteriores, transforme cada volume em um objeto familiar.

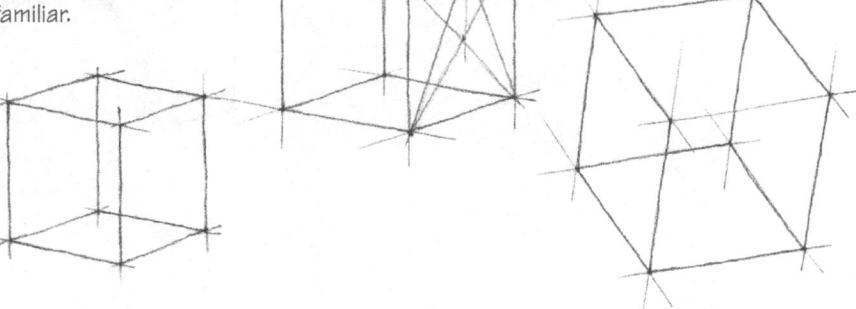

CONSTRUINDO COM BASE NA GEOMETRIA

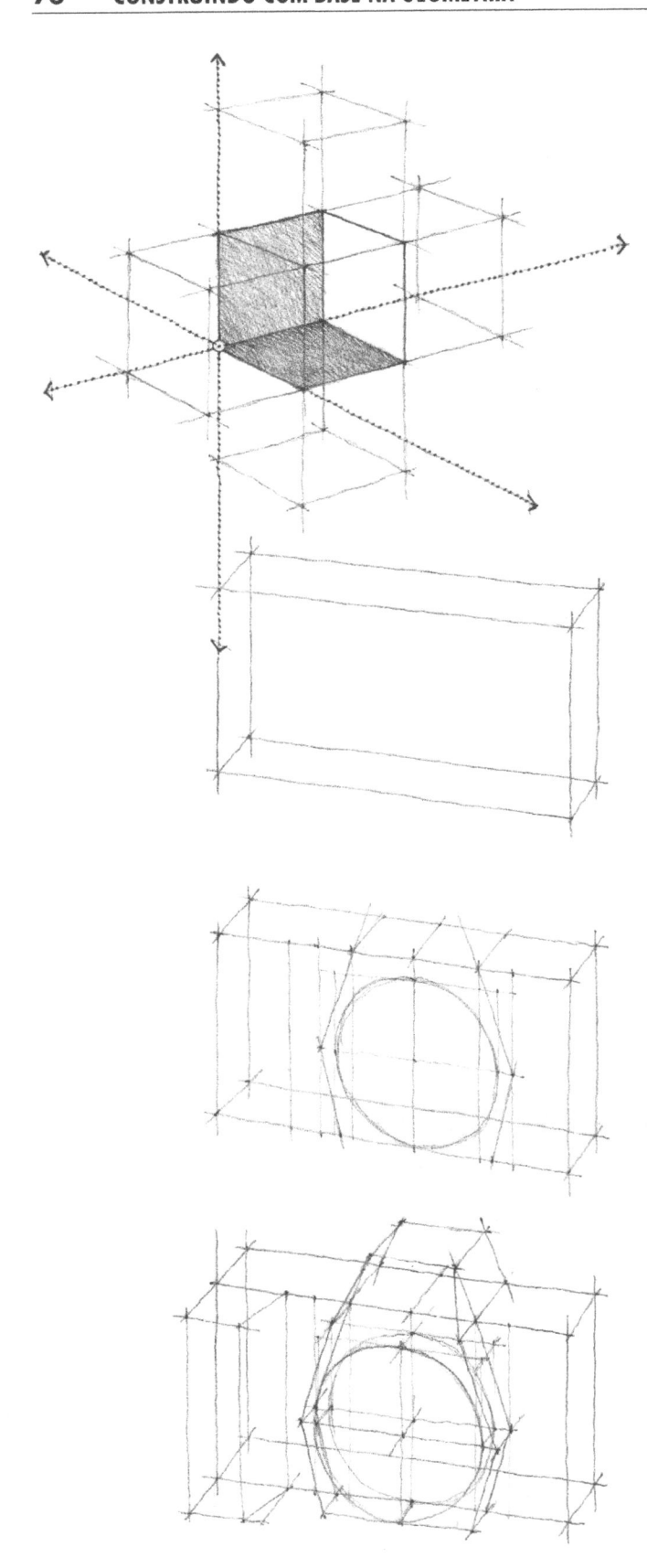

Formas aditivas

Podemos ampliar um cubo horizontalmente ou verticalmente, assim como na profundidade do desenho. Uma série de volumes cúbicos ou formas derivadas pode se conectar, estender ou crescer ao longo de eixos e tangentes, formando composições centralizadas, lineares, simétricas ou agrupadas.

Também podemos estender a base de um cubo em uma malha bidimensional, sobre a qual exploraremos relações de formato e tamanho. Uma malha pode ser composta de pontos, linhas ou formatos. Os pontos são indicações sutis de posição espacial. As linhas representam a direção vertical e a horizontal, além de regular o espaçamento dos elementos. Já os formatos definem áreas e enfatizam mais o espaço que a posição.

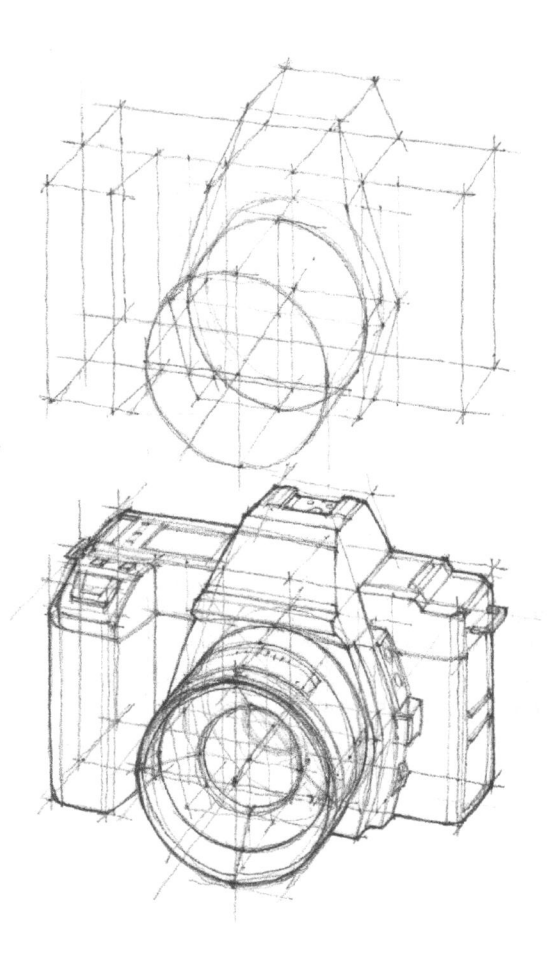

CONSTRUINDO COM BASE NA GEOMETRIA 77

Formas subtrativas

Trabalhando a partir de uma forma simples e regular, podemos seletivamente remover ou escavar porções de um volume para gerar uma nova forma. Neste processo subtrativo, utilizamos relações de cheios e vazios entre volume e espaço para nos guiar enquanto desenhamos a proporção e o desenvolvimento das partes. Este procedimento lembra o empregado pelo escultor, que projeta uma imagem mental em um bloco de pedra e sistematicamente remove material até que a imagem surja.

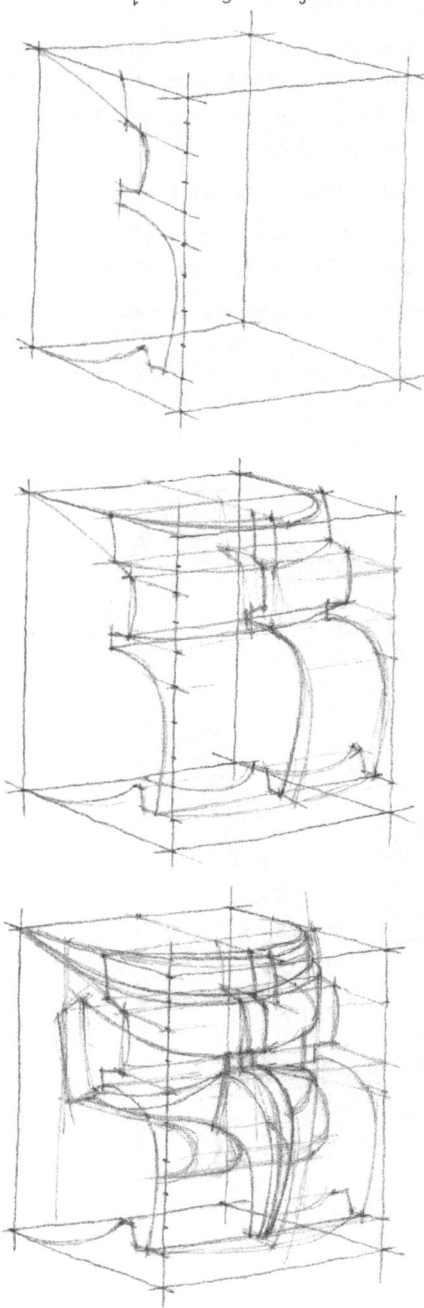

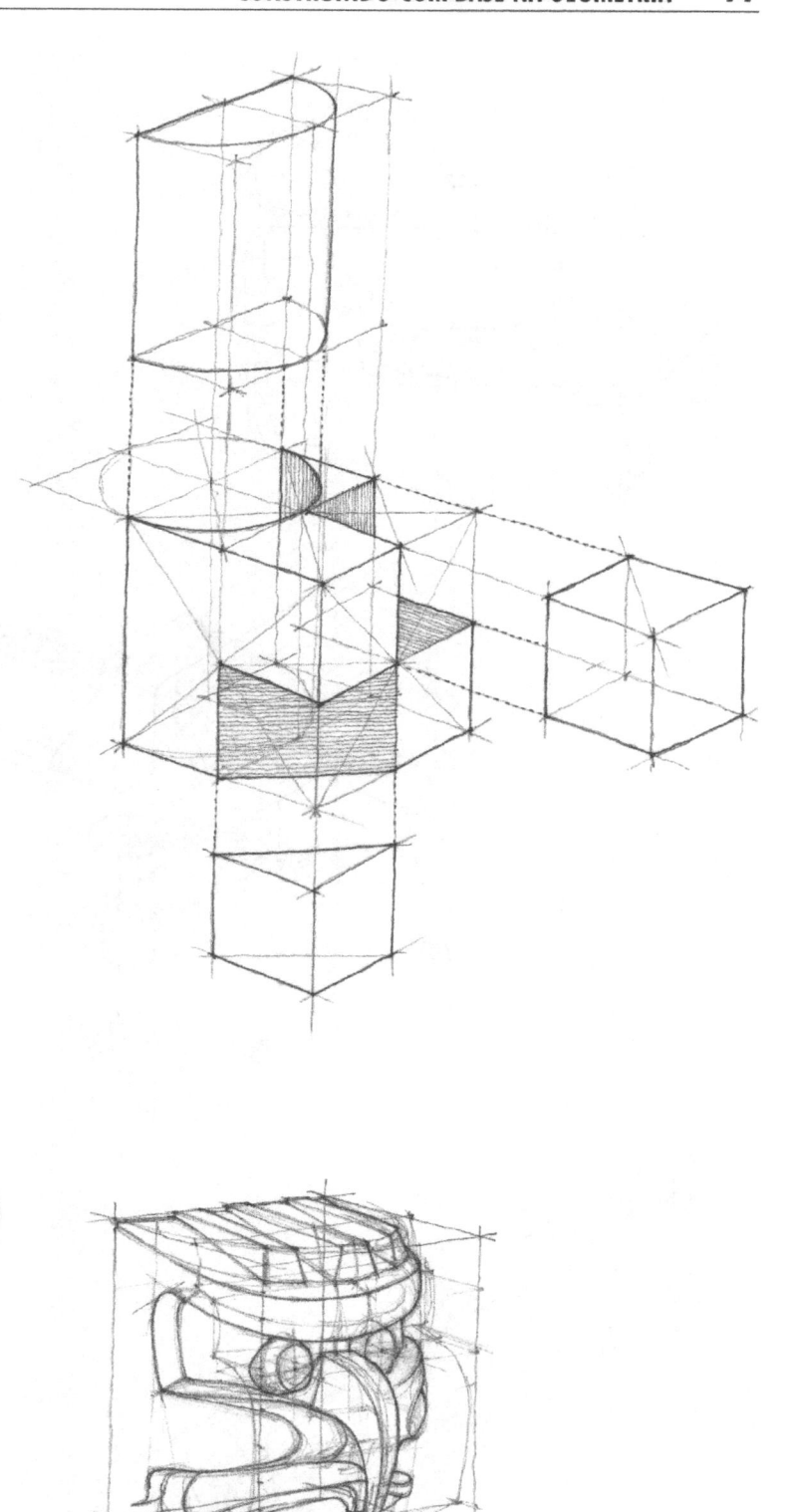

Formas complexas

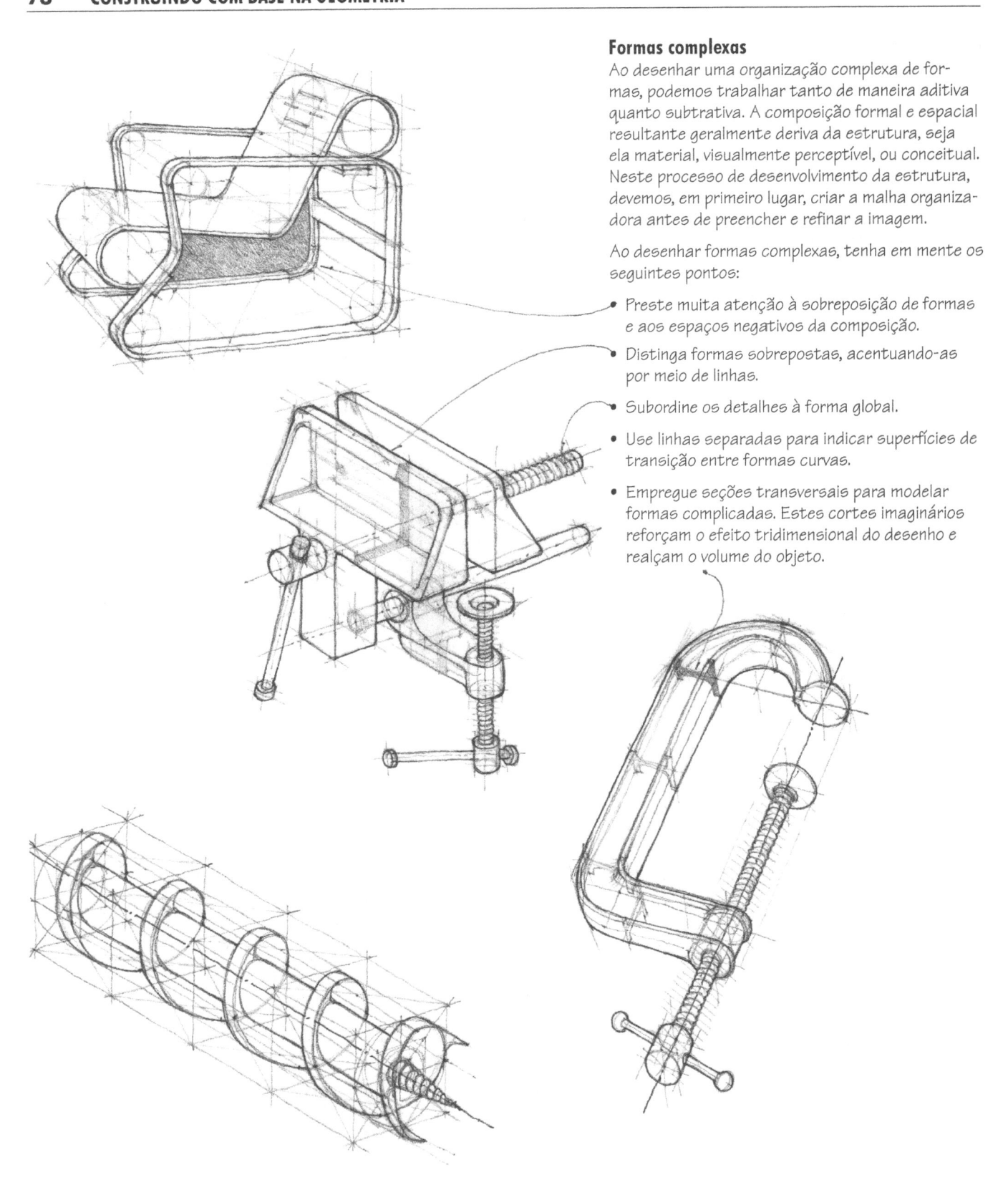

Ao desenhar uma organização complexa de formas, podemos trabalhar tanto de maneira aditiva quanto subtrativa. A composição formal e espacial resultante geralmente deriva da estrutura, seja ela material, visualmente perceptível, ou conceitual. Neste processo de desenvolvimento da estrutura, devemos, em primeiro lugar, criar a malha organizadora antes de preencher e refinar a imagem.

Ao desenhar formas complexas, tenha em mente os seguintes pontos:

- Preste muita atenção à sobreposição de formas e aos espaços negativos da composição.
- Distinga formas sobrepostas, acentuando-as por meio de linhas.
- Subordine os detalhes à forma global.
- Use linhas separadas para indicar superfícies de transição entre formas curvas.
- Empregue seções transversais para modelar formas complicadas. Estes cortes imaginários reforçam o efeito tridimensional do desenho e realçam o volume do objeto.

Exercício 3.7
Estenda cada um destes cubos horizontalmente, verticalmente ou na profundidade do desenho. Transforme um ou mais cubos em uma cadeira.

Exercício 3.8
Transforme um ou dois cubos, fatiando-os e recolocando os pedaços em novas posições no cubo original.

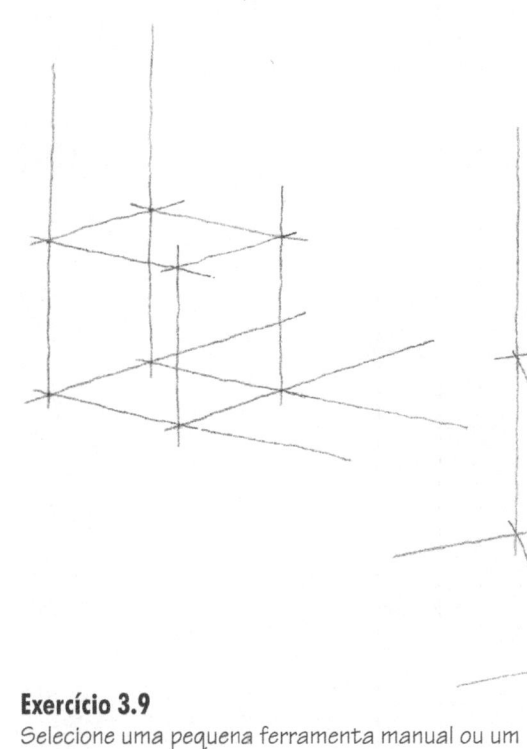

Exercício 3.9
Selecione uma pequena ferramenta manual ou um utensílio de cozinha que tenha forma geométrica bem definida. Estude cuidadosamente as relações geométricas e as proporções entre suas partes constituintes. Use o processo analítico para desenhá-lo de dois pontos de vista diferentes.

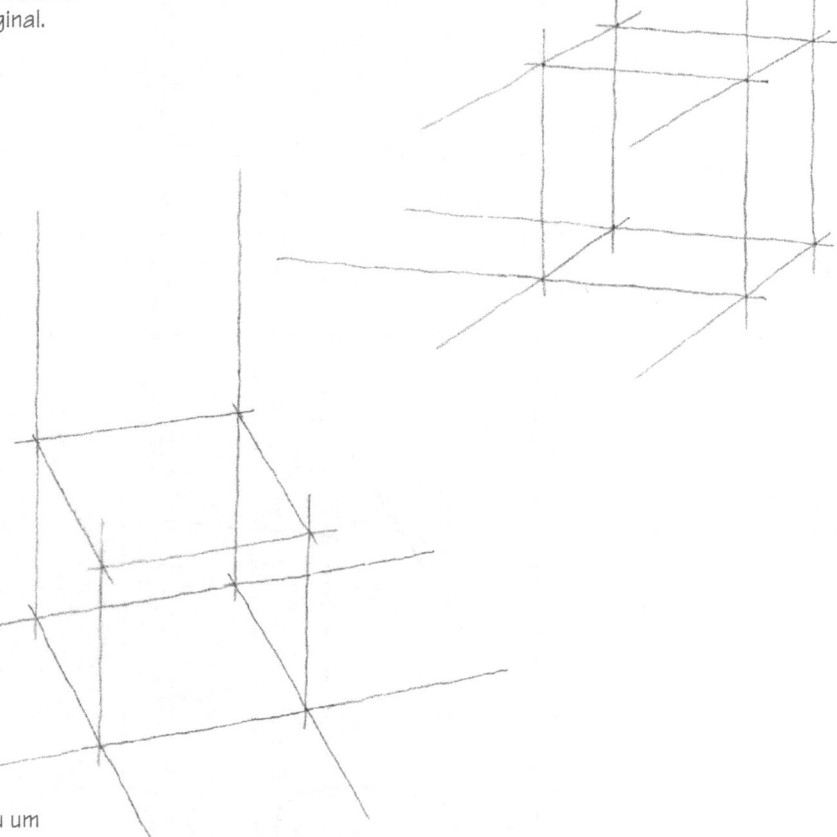

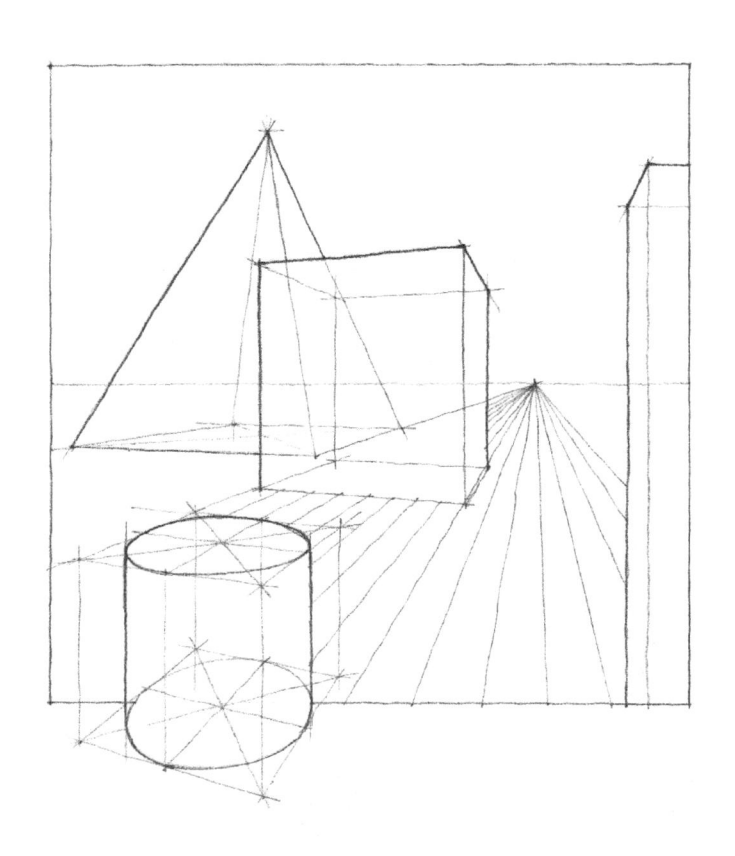

4
Espaço e Profundidade

Vivemos em um mundo tridimensional de objetos e espaço. Objetos sólidos ocupam espaço, dão forma e definem seus limites. O espaço, por sua vez, envolve e dá vida à nossa visão dos objetos. Um dos maiores desafios ao desenhar é a representação de objetos tridimensionais no espaço por meio de linhas, formatos e valores tonais, em uma superfície plana e bidimensional.

ESPAÇO

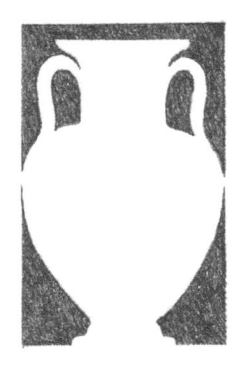

Os objetos não apenas ocupam um volume no espaço; eles também se organizam no espaço, uns em relação aos outros e ao entorno. Assim como as figuras e seus fundos compreendem uma unidade de opostos em uma superfície bidimensional, as massas sólidas e os volumes espaciais juntos constituem a realidade tridimensional do nosso ambiente. A relação simbiótica entre massas sólidas e volumes espaciais em um projeto de paisagismo ou arquitetura de interiores pode ser examinada e verificada em variadas escalas.

- Na escala de um objeto, a relação entre cheios e vazios existe entre a forma de uma massa sólida e o volume do espaço ocupado pelo objeto ou nele contido.

- Na escala de um cômodo, a relação entre cheios e vazios ocorre entre a forma do espaço delimitado por paredes, teto e piso e as formas dos objetos nele contidos.

- Na escala de uma edificação, percebemos a relação entre cheios e vazios nas configurações de paredes, tetos e pisos, e nos tipos de espaço que estes elementos definem.

- Na escala urbana, a relação entre cheios e vazios surge entre a forma da edificação e o contexto espacial no qual ela se insere. O entorno pode dar continuidade ao tecido urbano existente de um lugar, formar um pano de fundo para outros prédios, definir um espaço urbano ou permanecer isolado no espaço, como um objeto.

ESPAÇO PICTÓRICO   83

O espaço pictórico é uma ilusão de espaço ou profundidade representada em uma superfície bidimensional por vários meios gráficos. Este espaço pode ser plano, profundo ou ambíguo, mas, em todos os casos, não passa de uma ilusão. No entanto, certas combinações de linhas, formatos, valores tonais e texturas utilizadas em uma superfície de desenho podem provocar, em nosso sistema visual, a percepção de um espaço tridimensional. Se compreendermos o modo como inferimos formas e espaços tridimensionais daquilo que vemos, poderemos utilizar estas informações para fazer a imagem desenhada do objeto parecer plana ou volumétrica. Poderemos projetar a imagem para frente, na direção do observador, ou fazê-la retroceder muito na profundidade do desenho. Em uma superfície bidimensional, podemos determinar relações tridimensionais entre objetos.

No livro In the Perception of the Visual World, o psicólogo James J. Gibson identifica 13 variedades de perspectiva. Gibson emprega o termo perspectiva para descrever várias "mudanças sensoriais" – impressões visuais que acompanham nossa percepção de profundidade sobre superfícies contínuas. Destas 13, nove são especialmente eficientes em provocar a ilusão de espaço e profundidade em um desenho:

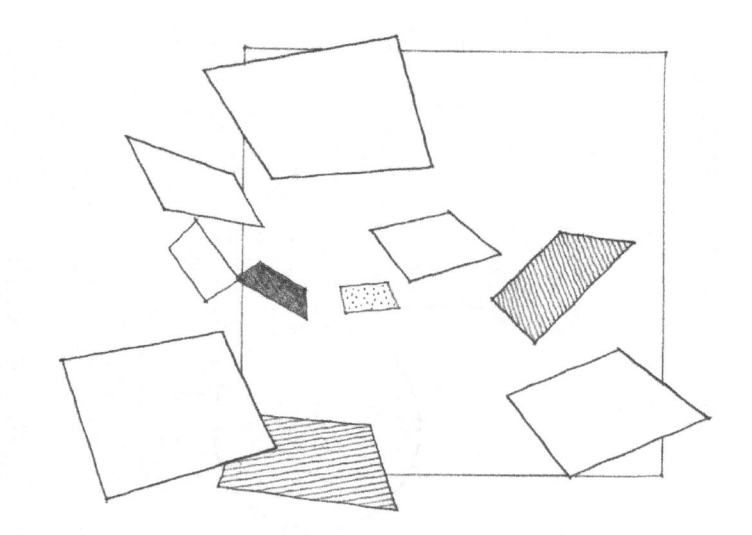

- Continuidade do contorno
- Perspectiva do tamanho
- Posição vertical no campo visual
- Perspectiva cônica
- Perspectiva aérea
- Perspectiva esfumada
- Perspectiva de texturas
- Mudança de textura ou do espaçamento entre linhas
- Transição entre luz e sombra projetada

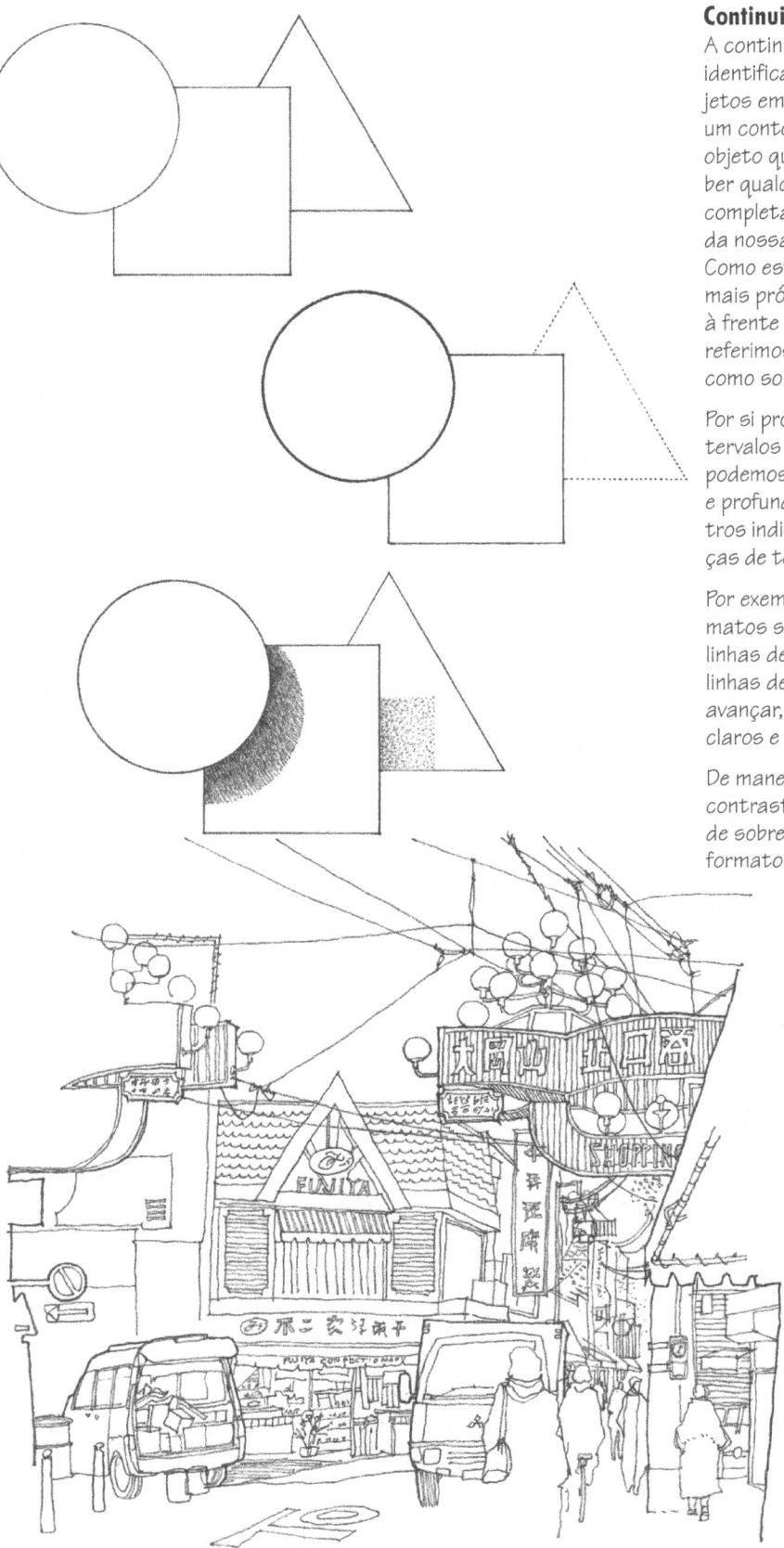

Continuidade do contorno

A continuidade do contorno de um objeto nos ajuda a identificar sua profundidade em relação a outros objetos em nosso campo visual. Um formato que contém um contorno contínuo prejudica a visão do perfil de um objeto que está por trás. Portanto, tendemos a perceber qualquer formato que tenha uma linha de contorno completa como se estivesse na frente e escondesse da nossa visão partes dos formatos que estão atrás. Como este fenômeno visual se baseia nos objetos mais próximos que sobrepõem ou estão projetados à frente dos objetos mais distantes, geralmente nos referimos a indicadores de profundidade simplesmente como sobreposição.

Por si próprias, as sobreposições tendem a criar intervalos de espaço com pouca profundidade. Todavia, podemos obter uma maior sensação de espaçamento e profundidade se combinarmos sobreposições com outros indicadores, como a perspectiva aérea, as mudanças de textura ou a elevação do ponto de observação.

Por exemplo, podemos realçar o efeito espacial de formatos sobrepostos por meio da variação do peso das linhas de um desenho feito apenas com linhas. Perfis e linhas de contorno mais escuros e espessos tendem a avançar, parecendo estar à frente de contornos mais claros e finos.

De maneira similar, qualquer mudança de textura ou contraste agudo de tonalidade ao longo de uma borda de sobreposição amplia a ideia de distância entre dois formatos sobrepostos.

INDICADORES DE PROFUNDIDADE 85

Perspectiva do tamanho

A perspectiva do tamanho se refere à aparente redução do tamanho de um objeto conforme ele se afasta de nós. Nossa percepção da diferença de tamanho se baseia no fenômeno conhecido como constância de tamanho ou do objeto, a qual nos leva a considerar categorias de objetos uniformes em tamanho, cor e textura. Quando sabemos ou imaginamos que dois objetos têm o mesmo tamanho, embora aparentemente tenham dimensões diferentes, o objeto maior parecerá estar mais perto do que o menor.

Ao ler as diferenças de tamanho para estimar a escala e a profundidade em um desenho, devemos basear nosso julgamento visual em objetos de tamanho conhecido, como figuras humanas, ou objetos de tamanho similar naquele campo visual, como uma série de janelas, mesas ou postes de luz.

Considere este exemplo. Ao observar duas pessoas, naturalmente pressupomos que elas têm a mesma altura e possuem proporções semelhantes. Se em uma fotografia ou em um desenho percebemos que uma é claramente maior que a outra, concluímos que a imagem menor representa a pessoa que está mais distante. Caso contrário, uma seria um anão e a outra, um gigante.

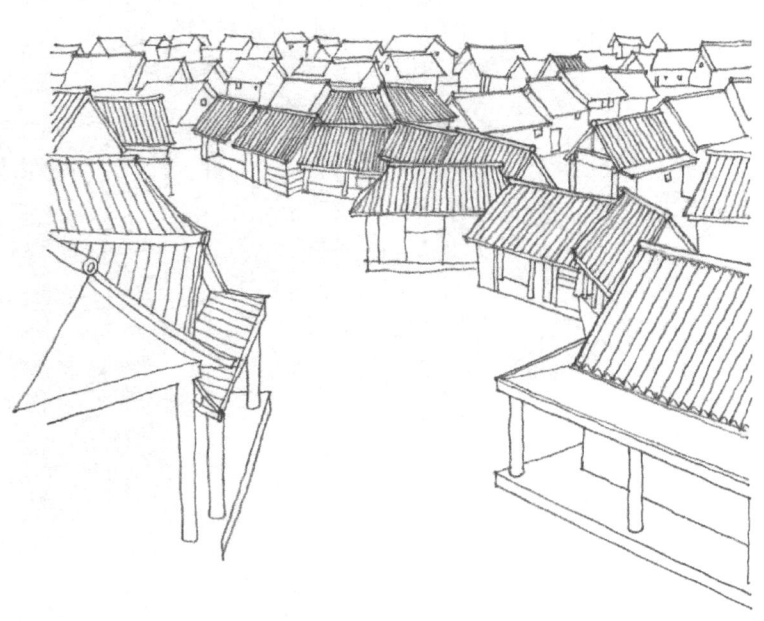

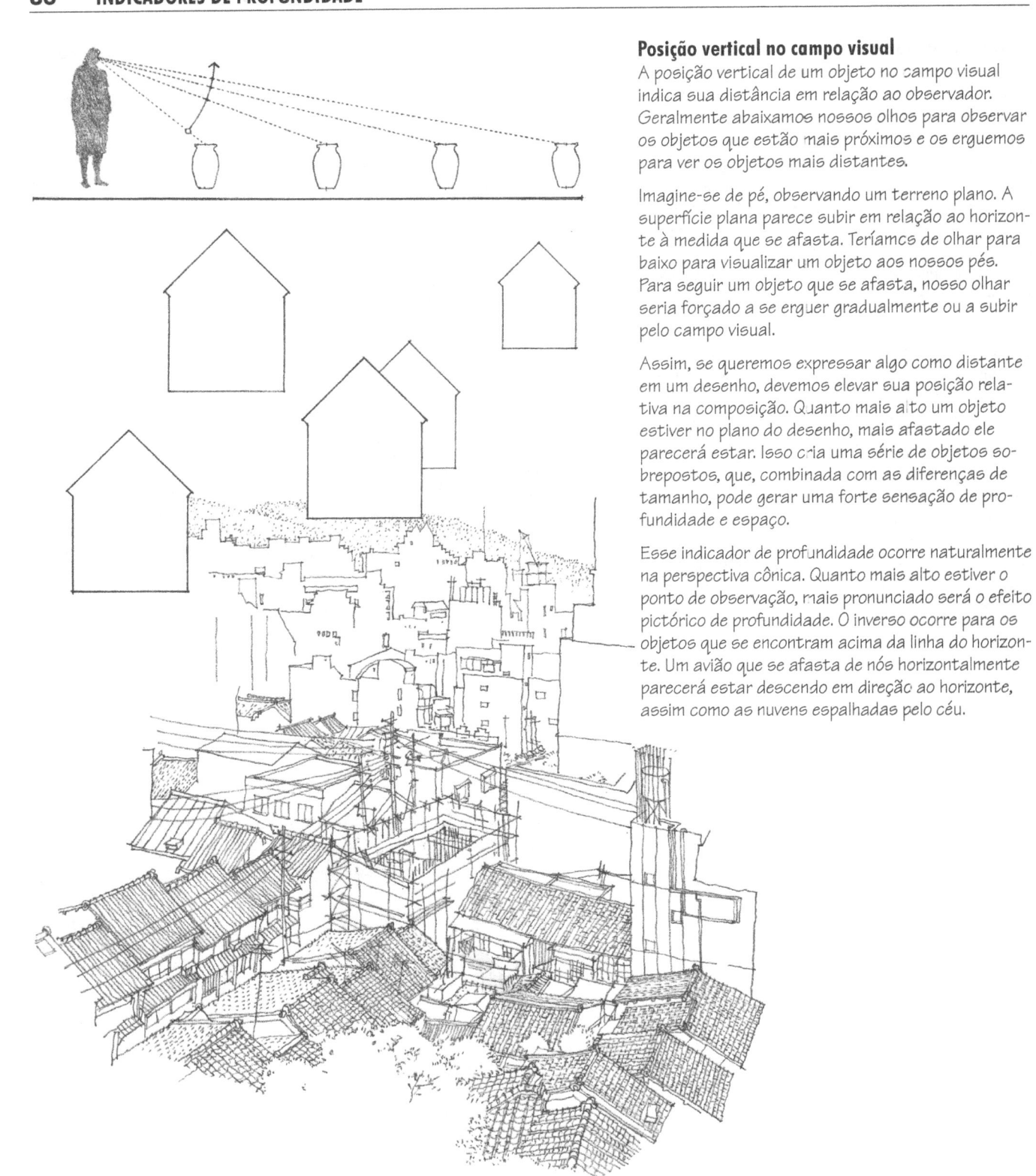

Posição vertical no campo visual

A posição vertical de um objeto no campo visual indica sua distância em relação ao observador. Geralmente abaixamos nossos olhos para observar os objetos que estão mais próximos e os erguemos para ver os objetos mais distantes.

Imagine-se de pé, observando um terreno plano. A superfície plana parece subir em relação ao horizonte à medida que se afasta. Teríamos de olhar para baixo para visualizar um objeto aos nossos pés. Para seguir um objeto que se afasta, nosso olhar seria forçado a se erguer gradualmente ou a subir pelo campo visual.

Assim, se queremos expressar algo como distante em um desenho, devemos elevar sua posição relativa na composição. Quanto mais alto um objeto estiver no plano do desenho, mais afastado ele parecerá estar. Isso cria uma série de objetos sobrepostos, que, combinada com as diferenças de tamanho, pode gerar uma forte sensação de profundidade e espaço.

Esse indicador de profundidade ocorre naturalmente na perspectiva cônica. Quanto mais alto estiver o ponto de observação, mais pronunciado será o efeito pictórico de profundidade. O inverso ocorre para os objetos que se encontram acima da linha do horizonte. Um avião que se afasta de nós horizontalmente parecerá estar descendo em direção ao horizonte, assim como as nuvens espalhadas pelo céu.

Exercício 4.1
Analise a fotografia abaixo buscando exemplos de sobreposição e indicando que objetos estão mais próximos e quais estão mais afastados. Coloque uma folha de papel manteiga sobre a fotografia e desenhe os exemplos que descobrir.

Exercício 4.2
Repita o exercício acima, mas desta vez busque exemplos de perspectiva do tamanho, indicando quais são os objetos que estão mais próximos e quais estão mais afastados.

Exercício 4.3
Repita o exercício 4.1, mas agora procure exemplos de posição vertical, indicando que objetos estão mais próximos e quais estão mais afastados.

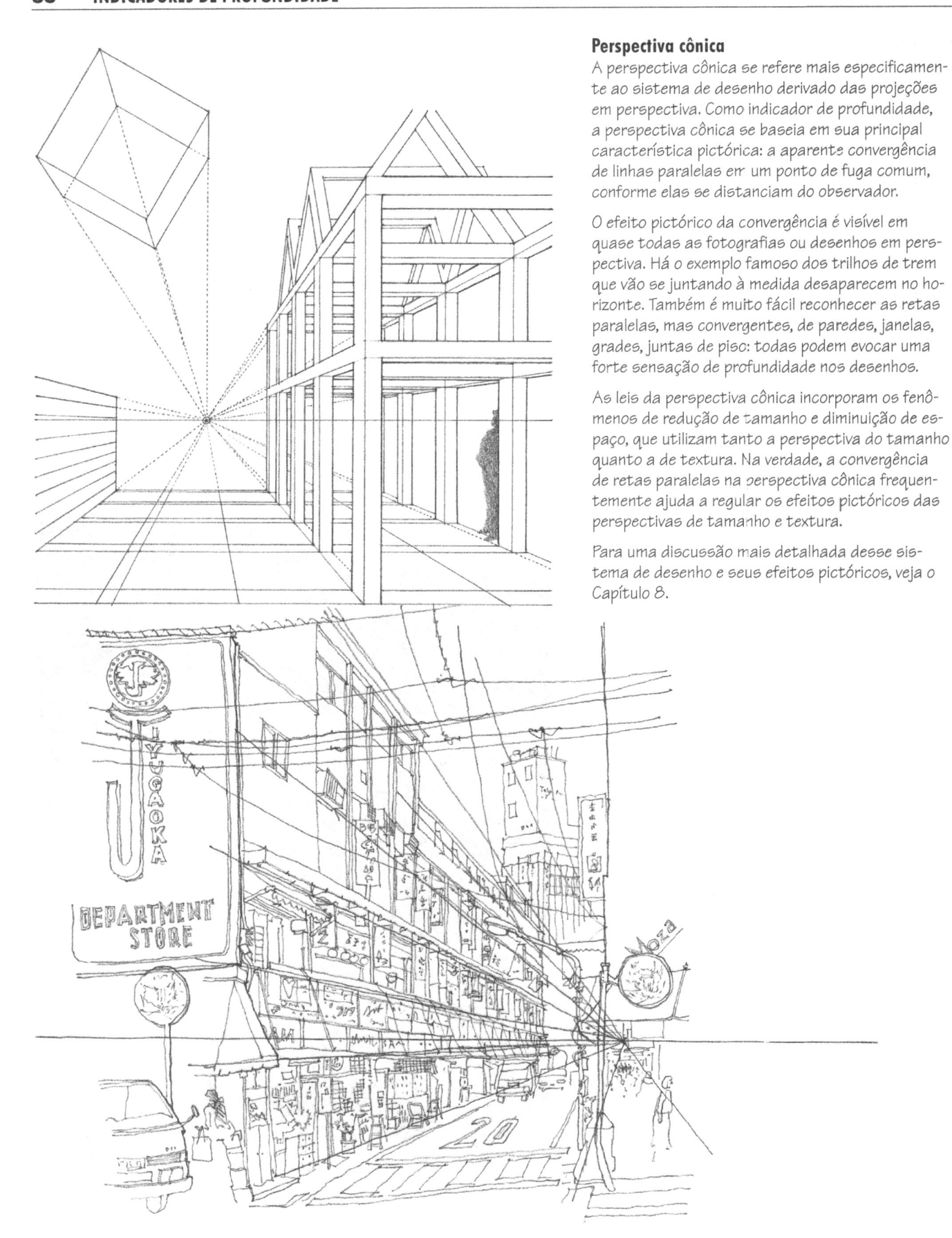

Perspectiva cônica

A perspectiva cônica se refere mais especificamente ao sistema de desenho derivado das projeções em perspectiva. Como indicador de profundidade, a perspectiva cônica se baseia em sua principal característica pictórica: a aparente convergência de linhas paralelas em um ponto de fuga comum, conforme elas se distanciam do observador.

O efeito pictórico da convergência é visível em quase todas as fotografias ou desenhos em perspectiva. Há o exemplo famoso dos trilhos de trem que vão se juntando à medida desaparecem no horizonte. Também é muito fácil reconhecer as retas paralelas, mas convergentes, de paredes, janelas, grades, juntas de piso: todas podem evocar uma forte sensação de profundidade nos desenhos.

As leis da perspectiva cônica incorporam os fenômenos de redução de tamanho e diminuição de espaço, que utilizam tanto a perspectiva do tamanho quanto a de textura. Na verdade, a convergência de retas paralelas na perspectiva cônica frequentemente ajuda a regular os efeitos pictóricos das perspectivas de tamanho e textura.

Para uma discussão mais detalhada desse sistema de desenho e seus efeitos pictóricos, veja o Capítulo 8.

INDICADORES DE PROFUNDIDADE 89

Exercício 4.4
Analise a fotografia abaixo para encontrar exemplos de convergência de linhas paralelas. Faça uma fotocópia da fotografia e superponha a ela uma folha bastante grande de papel manteiga. Desenhe as linhas paralelas no espaço e que aparentam convergir na perspectiva cônica. Estenda-as até que se encontrem em seus respectivos pontos de fuga. Note que existem dois conjuntos principais de linhas horizontais, um convergente para a esquerda e o outro para a direita. Conectar os pontos de fuga de cada conjunto deve resultar em uma linha horizontal no desenho, a qual representa a linha do horizonte do observador.

Quantos exemplos de indicadores de profundidade por sobreposição, perspectiva do tamanho e posição vertical você consegue encontrar nesta fotografia?

Exercício 4.5
Procure uma janela que enquadre uma cena que exiba retas paralelas no espaço. Quantos conjuntos de retas paralelas convergentes você observa?

Prenda uma folha de acetato ao vidro. Concentre-se em algum ponto da cena, mantendo sua cabeça imóvel e sustentando o nível de observação. Com um dos olhos fechado, use uma caneta para marcar no acetato o desenho dos conjuntos de retas paralelas que você observa. Estenda estas linhas para ver se cada conjunto se encontra em um ponto de fuga comum.

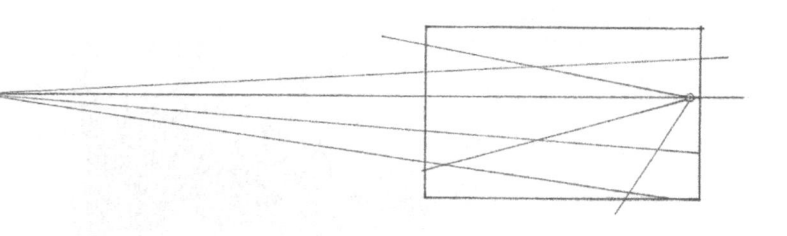

Perspectiva aérea

A perspectiva aérea refere-se à transformação progressiva de saturação, valores tonais e contrastes que ocorre com o aumento da distância em relação ao observador. Os objetos que parecem próximos no primeiro plano de nosso campo visual geralmente possuem cores saturadas e contrastes de tonalidade bem definidos. Conforme se afastam, suas cores se tornam mais claras e mais suaves, e seus tons, mais difusos. No plano de fundo, vemos sobretudo formatos com tons acinzentados e matizes suaves.

Essas mudanças aparentes de cor e definição resultam da dispersão das partículas de poeira ou poluição na atmosfera entre o observador e o objeto. Esta bruma obscurece as cores e dificulta a percepção das formas mais distantes. Como a perspectiva aérea representa o efeito combinado da distância e da atmosfera que separa o objeto do observador, ela também é denominada perspectiva atmosférica. O termo não deve ser confundido com perspectiva cônica, que é desenhada a partir de um ponto de observação aéreo.

A técnica gráfica para representar uma perspectiva aérea envolve a execução de variações escalonadas de cor e tom.

Para mover objetos para o fundo do desenho:

- suavize as cores
- diminua os valores tonais
- suavize os contrastes

Para trazer objetos para frente:

- sature as cores
- aumente os valores tonais
- acentue os contrastes

Perspectiva esfumada

A perspectiva esfumada se refere à forma ou ao contorno impreciso de objetos em qualquer plano que não seja aquele que os olhos focam. Este indicador de profundidade reflete o fato de que normalmente associamos a clareza de visão à proximidade, e a difusão dos contornos à distância.

Quando focamos um objeto em nosso campo visual, há uma distância máxima na qual vemos as imagens bem definidas. Nesta profundidade de campo, vemos claramente as arestas, os contornos e os detalhes dos objetos. Além deste alcance, o formato e a forma dos objetos parecem menos distintos e mais difusos. Esse fenômeno visual está intimamente relacionado – e é frequentemente incorporado – aos efeitos pictóricos da perspectiva aérea.

Um bom contraste entre arestas bem definidas e contornos de elementos em primeiro plano e os formatos menos claros situados no plano de fundo é fundamental para a leitura das perspectivas aéreas esfumadas. O equivalente gráfico da perspectiva esfumada é a diminuição ou difusão de arestas e contornos de objetos mais distantes. Podemos usar tanto uma linha de desenho mais leve como uma linha tracejada ou pontilhada para delinear as arestas de formatos e os contornos de formas que se encontram além do foco do desenho.

INDICADORES DE PROFUNDIDADE

Perspectiva de texturas

A perspectiva de texturas se refere ao aumento gradual na densidade da textura de uma superfície à medida que esta se afasta. O gradiente de textura que percebemos em uma superfície distante resulta da redução contínua de tamanho e do menor espaçamento entre os elementos que compõem a textura da superfície.

Considere este exemplo: quando vemos de perto uma parede de tijolo, conseguimos identificar cada tijolo, assim como a espessura das juntas de argamassa. Conforme a superfície da parede retrocede em perspectiva, cada tijolo diminui em tamanho e as juntas simplesmente se tornam retas. Se a parede continuar se afastando um pouco mais, a superfície de tijolo se torna mais densa, se transformando apenas em um valor tonal.

A técnica gráfica para representar o fenômeno visual da perspectiva de texturas envolve a diminuição gradual de tamanhos, proporções e espaçamentos dos elementos gráficos empregados para retratar a textura ou o padrão da superfície, sejam eles pontos, linhas, formatos ou tonalidades. Inicie pela identificação das unidades do primeiro plano, para então delinear o padrão de textura do segundo plano e, finalmente, aplicar a tonalidade do fundo. Esforce-se para fazer transições suaves e tome cuidado para que os tons resultantes não neguem os princípios da perspectiva aérea.

Exercício 4.6
Desenhe a cena da fotografia abaixo. Use os indicadores de perspectiva aérea para expressar uma sensação de profundidade conforme uma pessoa se move da passagem em primeiro plano para o portal situado no segundo plano e, por fim, para o espaço aberto ao fundo.

Exercício 4.7
Redesenhe a cena da fotografia, mas agora focalize o segundo plano e utilize uma perspectiva esfumada para obter uma sensação de profundidade na cena.

Exercício 4.8
Analise a fotografia para localizar exemplos de perspectiva de texturas. Você consegue encontrar exemplos de perspectiva do tamanho e sobreposições na fotografia? Desenhe a cena pela terceira vez, empregando estes indicadores de profundidade para transmitir a ilusão de espaço e profundidade em seu desenho.

Mudança de textura ou mudança do espaçamento entre linhas

Uma alteração perceptível na textura ou no espaçamento entre linhas expressa o intervalo de espaço entre o primeiro plano e o fundo. O grau de mudança depende da distância real entre a superfície ou objeto próximo de nós e outro mais distante.

Considere este exemplo: vemos cada folha da árvore que está perto de nós, mas percebemos a folhagem da árvore mais ao fundo como uma textura conjunta de folhas. As árvores à distância se tornam simplesmente massas com diferentes valores tonais. Uma mudança repentina de escala, textura e espaçamento das folhas marca intervalos significativos de profundidade.

Qualquer mudança na textura está relacionada à perspectiva de texturas. Se tomamos um plano recuado de um tecido e o dobramos, o que originalmente era um aumento gradual de densidade de textura agora parecerá uma mudança repentina de textura. O padrão do primeiro plano irá se sobrepor e justapor ao padrão menor, do fundo.

De modo similar, qualquer alteração no espaçamento das linhas está associada à perspectiva do tamanho. O intervalo entre as arestas de objetos de mesmo espaçamento diminui gradualmente conforme estes se afastam de nós. Qualquer mudança repentina neste intervalo evocará um salto em distância entre os elementos do primeiro plano e os do fundo.

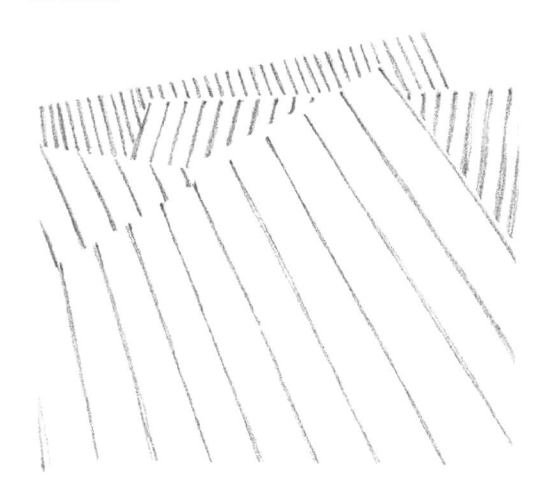

Transição entre luz e sombra projetada

Qualquer alteração abrupta de brilho estimula a percepção de uma silhueta ou de um perfil separado da superfície de fundo por algum espaço intermediário. Este indicador de profundidade implica a existência de formatos sobrepostos e o uso de tonalidades contrastantes no desenho.

Qualquer linha de contraste tonal é um poderoso indicador de profundidade que pode acentuar a sensação de sobreposição e o efeito pictórico da perspectiva aérea. Quanto maior é o intervalo espacial entre formatos sobrepostos, mais intenso será o contraste entre tonalidades claras e escuras. Enquanto uma mudança abrupta na tonalidade indica o perfil de um ângulo ou um limite espacial, a transição gradual de brilho conduz à percepção de curvas e formatos arredondados.

Na modelagem tridimensional de formas, nos apoiamos em uma variedade de tons discerníveis para representar e diferenciar superfícies iluminadas, superfícies sombreadas e sombras projetadas. As mudanças resultantes no brilho podem intensificar a ilusão de profundidade em desenhos de vistas múltiplas, vistas de linhas paralelas e perspectivas cônicas. Para mais informações sobre a representação de sombras próprias e projetadas nestes sistemas de desenho de arquitetura, recorra às seções respectivas dos Capítulos 6, 7 e 8.

INDICADORES DE PROFUNDIDADE

Exercício 4.9
Observe onde ocorrem mudanças de textura na fotografia abaixo. Desenhe a vista empregando este indicador de profundidade para expressar a sensação de profundidade à medida que os planos de parede se afastam do observador.

Exercício 4.10
Desenhe novamente a cena da fotografia desta vez ignorando as cores e as texturas das formas. Registre apenas os formatos e tons das superfícies sombreadas e sombras projetadas que você vê. Para articular os limites espaciais das formas sobrepostas, enfatize as linhas de contraste onde ocorrem mudanças de brilho e valor tonal.

CONSTRUINDO UM DESENHO

Todo desenho é desenvolvido aos poucos. Saber por onde começar, como proceder e quando parar é fundamental no processo de desenhar. Seja um desenho de observação, seja fruto da imaginação, devemos desenvolver uma estratégia para organizar a sequência na qual desenhamos.

Montar um desenho de maneira sistemática é um conceito importante. Devemos avançar em estágios progressivos e construí-lo passo a passo. Cada intervenção ou ciclo sucessivo ao longo do processo de desenho deve, antes de tudo, estabelecer as relações entre as partes principais, para depois resolver as relações intrínsecas a cada parte e, por fim, mais uma vez reajustar as relações entre as partes principais.

A estratégia sequencial de terminar exaustivamente cada parte do desenho antes de passar à seguinte pode facilmente resultar na distorção de relações entre as partes e o todo da composição. Manter relações consistentes entre áreas completas e incompletas da superfície total do desenho é importante para preservar uma imagem unificada, equilibrada e bem focada.

O processo abaixo oferece uma maneira de ver, bem como de desenhar. Ele envolve a elaboração de um desenho por meio das seguintes etapas:

- Estabelecimento da composição e estrutura
- Aplicação de camadas de tonalidades e texturas
- Adição de detalhes significativos

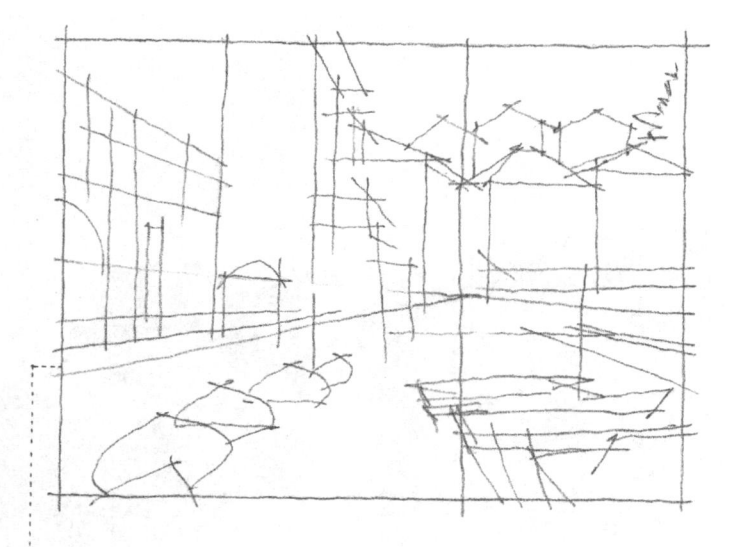

COMPONDO UMA VISTA

Normalmente selecionamos o que nos interessa de tudo o que vemos. Uma vez que nossa percepção é discriminatória, devemos também ser seletivos quanto ao que desenhamos. O modo como enquadramos e compomos uma vista e os elementos que enfatizamos com nossa técnica de desenho transmitirá aos espectadores aquilo que chamou nossa atenção e em quais aspectos visuais nos concentramos. Dessa maneira, nossos desenhos comunicarão de maneira natural nossa percepção com economia de meios.

Compor a vista de uma cena envolve que nos posicionemos em algum ponto particular do espaço e escolhamos como enquadrar o que vemos. Para transmitir a sensação de que o observador está dentro da cena, e não fora dela, observando-a, devemos estabelecer três regiões pictóricas: o primeiro plano, o segundo plano e o plano de fundo. Nenhum deve receber a mesma ênfase; um deles deve ser acentuado, para ressaltar o espaço pictórico do desenho.

Ao retratar aspectos específicos de um objeto ou de uma cena, pode ser necessário o uso de um ponto de observação mais próximo, para que o tamanho do desenho possa acomodar as representações de tom, textura e luz.

Exercício 4.11
Explore maneiras alternativas de compor a vista da fotografia abaixo. O formato e a orientação da moldura e as posições dos elementos dentro dela interagem para influenciar o espaço pictórico e a composição do desenho. Compare os efeitos espaciais de um formato vertical, do tipo "retrato", com aqueles de um formato horizontal, do tipo "paisagem". Como uma moldura quadrada alteraria estes efeitos?

Exercícios 4.12
Explore maneiras alternativas de fazer recortes na fotografia abaixo. Compare uma vista ampla ou distante com outra aproximada ou em plano próximo, que foca certos aspectos ou características da cena.

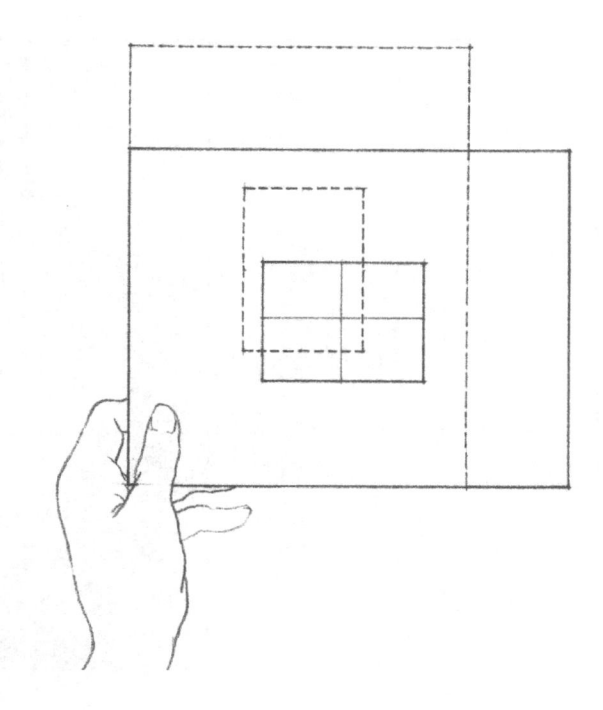

ESTABELECENDO UMA ESTRUTURA

Sem uma estrutura coesa para mantê-la unida, a composição de um desenho não se sustenta. Uma vez estabelecida a composição de uma vista, usamos o processo analítico de desenhar para constituir sua trama estrutural. Começamos com as linhas reguladoras que examinam e verificam a posição, o formato e a proporção dos elementos principais. Conforme definimos estas primeiras e poucas linhas, surge uma estrutura preliminar, que oferece suporte e orientação para observações e ideias subsequentes. Desenhamos outras percepções sobre esta trama, que, por sua vez, é ajustada conforme nossas percepções. Deixe que esta estrutura fique visível, já que ela evidencia as relações pictóricas e serve como um rascunho preparatório para o que virá depois.

Em objetos relativamente pequenos, o escorço também é pequeno. Os olhos percebem as linhas verticais como paralelas e perpendiculares ao plano-base, em contraste com a realidade ótica. Por isso, ao desenhar objetos em pequena escala, preservamos a verticalidade das arestas verticais.

Ao desenhar um ambiente – seja uma paisagem ou um cômodo – vemos a cena a partir de uma posição fixa no espaço. A estrutura, portanto, deve ser regulada pelos princípios da perspectiva cônica. Neste caso, estamos preocupados principalmente com os efeitos pictóricos da perspectiva cônica – o escorço e a convergência de retas paralelas. Nossa mente interpreta o que vemos e apresenta uma realidade objetiva baseada no que sabemos sobre o objeto. Ao desenhar vistas em perspectiva, tentamos ilustrar os aspectos visuais da realidade ótica. Esse dois aspectos frequentemente são antagônicos, e a interpretação da mente normalmente predomina.

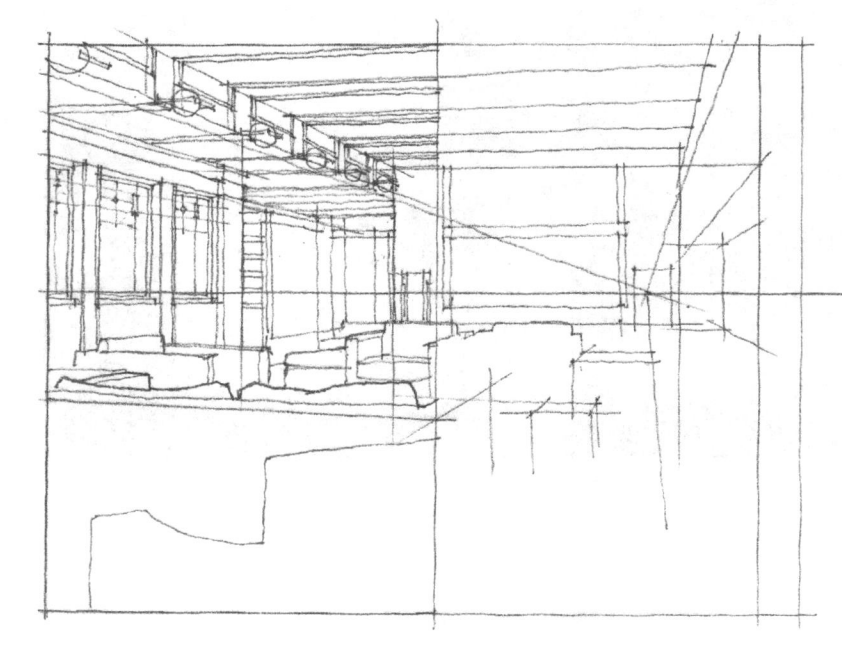

Comece desenhando o formato que você vê de um plano vertical à sua frente. Este plano pode ser a parede de um cômodo, a fachada de uma edificação ou uma suposta superfície definida por dois elementos verticais, como as quinas de duas edificações. Use qualquer uma das técnicas de visualização descritas no Capítulo 2 para ter certeza de que o formato do plano está proporcional.

Em seguida, estabeleça o nível do observador em relação a este plano. Concentre-se em um ponto específico e desenhe uma reta horizontal ou uma linha do horizonte passando por este ponto. Note que os elementos horizontais situados acima do nível do observador se inclinam para baixo, na direção do horizonte, enquanto os elementos horizontais abaixo sobem no desenho à medida que se afastam de você. Desenhe calungas (figuras humanas) no primeiro plano, no segundo e no plano de fundo, para estabelecer uma proporção vertical.

Use técnicas de visualização para estimar a inclinação das arestas horizontais que marcam pontos do plano vertical e recuam com a distância. Estenda visualmente estas retas, a fim de determinar seus pontos de fuga. Se estes pontos de fuga estiverem fora da folha de desenho, desenhe as arestas verticais, frontais e de fundo, de uma face retrocedente e julgue que proporção da principal aresta vertical do primeiro plano se encontra acima da linha do horizonte e qual está abaixo. Transfira as mesmas proporções à aresta vertical do fundo. Use os pontos estabelecidos para guiar o desenho das retas inclinadas em perspectiva. Estas retas retrocedentes ao longo da linha do horizonte servirão como guias visuais para todas as outras linhas que convergirem ao mesmo ponto.

Para ter certeza de que você está empregando o escorço correto nos planos que recuam, é necessário saber vê-los como formatos bidimensionais e julgar corretamente a proporção relativa entre suas larguras e profundidades.

Lembre-se de desenhar estas linhas reguladoras constantemente, para construir a trama espacial do desenho. Conforme for avançando, compare cada parte em termos de sua adequação aos demais elementos do desenho. Lembrar os seguintes indicadores de profundidade ajudará a regular os formatos que você vê em perspectiva:

- Sobreposição
- Perspectiva do tamanho
- Posição no campo visual

Para uma discussão mais detalhada desse sistema de desenho e do efeito pictórico da convergência e do escorço, veja o Capítulo 8.

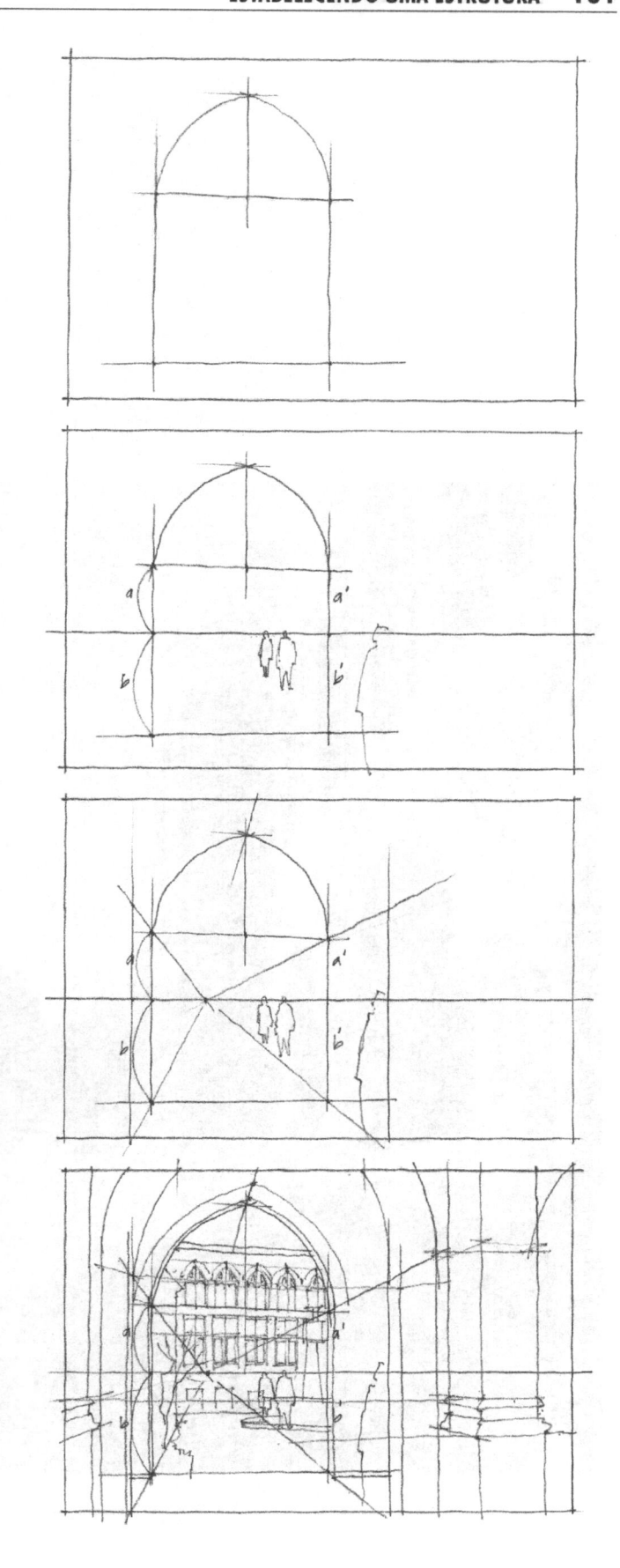

Exercício 4.13
Use o processo analítico de desenho para estabelecer a estrutura subjacente da cena da fotografia abaixo. Não adicione quaisquer valores tonais ou detalhes. Comece com uma série de croquis de cinco minutos antes de passar para o desenho definitivo.

Exercício 4.14
Encontre um ambiente externo ou interno que apesente uma estrutura geométrica clara e uma convergência de retas paralelas em perspectiva cônica. Use o processo analítico de desenho para estabelecer a estrutura subjacente da cena. Não adicione qualquer valor tonal ou detalhe. Comece com uma série de croquis de cinco minutos, antes de passar para o desenho definitivo.

ESCALA

A escala se refere ao tamanho aparente – se uma coisa parece ser grande ou pequena em relação a outra coisa. Portanto, para medir escalas, devemos saber o tamanho de algum elemento da cena que possa nos servir de referência.

Escala visual

A escala visual se refere à grandeza aparente de algo medido em relação a outros objetos de seu entorno. Assim, a escala de um objeto normalmente é um julgamento que fazemos com base no tamanho relativo ou conhecido de elementos próximos ou do entorno. Por exemplo, uma mesa pode parecer estar em escala ou fora de escala dentro de uma sala, dependendo do tamanho relativo e das proporções do espaço. Em um desenho, podemos enfatizar ou reduzir a importância do elemento manipulando sua escala relativa aos outros elementos.

Em função da escala daquilo que estamos desenhando, o que consideramos significativo ou irrelevante afeta as medidas que adotamos e o grau de precisão necessário. As proporções gerais de um objeto são importantes, assim como sua escala relativa aos outros elementos do entorno. Porém, o grau de precisão exigido realmente depende de percebermos ou não as diferenças. Estas diferenças são importantes? Podemos percebê-las?

Estamos falando de dimensões relativas, não de metros, centímetros ou milímetros exatos. Portanto, se algo tem 11 centímetros de espessura, esta dimensão exata provavelmente não é tão importante quanto o fato de vê-la delgada. Se realmente a percebemos como delgada depende do elemento ou objeto com o qual a comparamos. Em outras palavras, se um objeto é delgado, então outro deve ser espesso. Se algo é curto, devemos estar percebendo o objeto em relação a outro que é comprido.

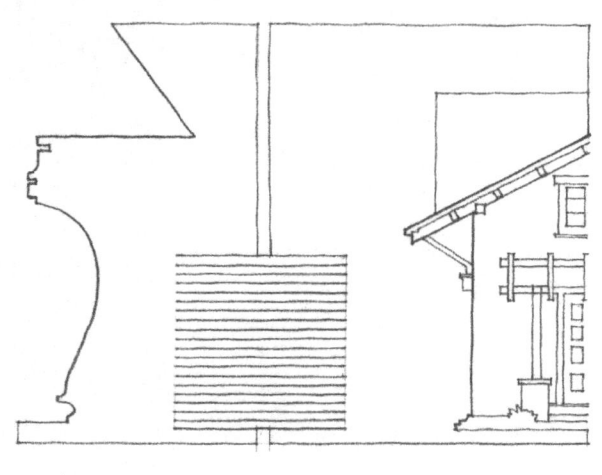

Qual é o tamanho desta parede?

Qual é o tamanho deste quadrado?

104 ESCALA HUMANA

A escala humana se refere ao modo como algo nos faz sentir grandes ou pequenos. Se as dimensões de certo espaço interno ou o tamanho dos elementos dentro dele fazem com que nos sintamos pequenos, podemos dizer que lhe falta escala humana. Se, por outro lado, o espaço não nos diminui, ou se seus elementos estão adequados às nossas exigências de alcance das mãos, de espaços livres e de circulação, podemos dizer que eles têm escala humana.

Em tudo que vemos e desenhamos, geralmente acrescentamos calungas (figuras humanas) para estabelecer se os objetos são grandes ou pequenos. Esta comparação se baseia na familiaridade com nossas dimensões corporais, e, como consequência, podemos sentir como grandes ou pequenas as coisas que estamos medindo. Outros elementos que conferem escala são aqueles frequentemente empregados e dimensionados de acordo com nossas medidas, como cadeiras e mesas.

Figuras humanas dão a sensação de tamanho e escala, enquanto a distribuição do mobiliário define o uso de cada área. Portanto, ao registrar uma cena ou desenvolver um projeto de arquitetura, é importante desenhar em uma escala que permita a inclusão das pessoas e do mobiliário que elas utilizam. Para mais informações sobre o desenho de calungas, veja o Capítulo 11.

Na perspectiva cônica, as cabeças das pessoas parecerão estar próximas do nível do observador se elas estiverem em pé ou caminhando no mesmo plano horizontal de um observador de pé.

ESCALA HUMANA 105

Exercício 4.15
Desenhe uma série de cubos. Altere a escala relativa dos cubos desenhando calungas de diferentes tamanhos e próximas entre si. Depois, transforme cada um dos cubos em algum elemento em escala com as figuras humanas, como, por exemplo, uma cadeira, sala ou edificação.

Exercício 4.16
Visite dois espaços públicos ocupados por várias pessoas: o primeiro relativamente pequeno em escala e o outro maior, de escala monumental. Desenhe as pessoas em cada espaço, prestando atenção para suas alturas e posições relativas no espaço. Use as figuras como referência para medição ao estabelecer a estrutura e a escala de cada espaço. Além do tamanho e das proporções, que outros atributos contribuem para a escala percebida de cada espaço?

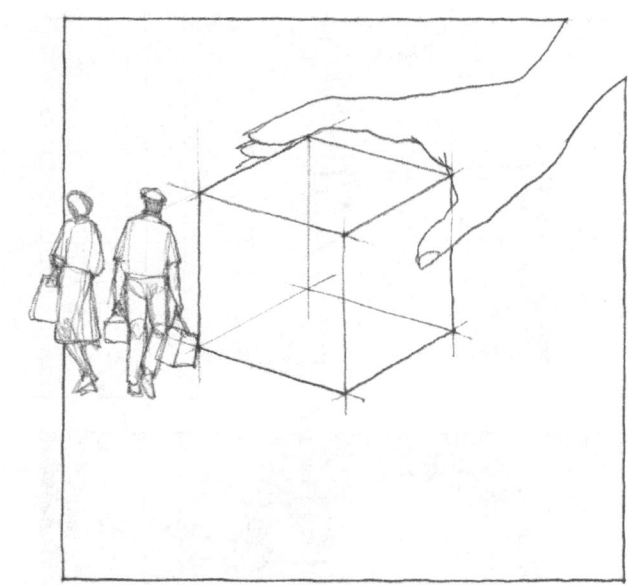

ESTRATIFICAÇÃO DE TONALIDADES

Ao compor e estabelecer a estrutura de um desenho, criamos uma estrutura de linhas. A esta malha, acrescentamos valores tonais para representar áreas claras e escuras da cena, definir planos no espaço, modelar suas formas, descrever cores e texturas das superfícies e conferir profundidade espacial.

Devemos trabalhar dos tons claros aos escuros, mapeando e escalonando os formatos dos valores tonais em relação às áreas previamente tonalizadas. Se uma área ficar muito clara, sempre podemos escurecê-la mais tarde. Contudo, uma vez que já tenha sido muito trabalhada e tenha se tornado carregada demais, será muito difícil de corrigi-la. O frescor e a vitalidade de um desenho são frágeis e fáceis de perder.

Ao definir as tonalidades, tenha em mente os indicadores de profundidade:

- Perspectiva aérea
- Perspectiva de texturas
- Perspectiva esfumada

Exercício 4.17

Siga o procedimento indicado nos exercícios 4.13 e 4.14 para estabelecer a estrutura subjacente da cena na fotografia abaixo. Sobre essa trama, agregue tons para definir planos no espaço, modelar formas e expressar profundidade espacial. Preste muita atenção aos formatos, ao padrão e à variedade de tonalidades; primeiro trabalhe as grandes áreas de tonalidades semelhantes e depois faça camadas mais escuras em seu interior. Reserve cinco minutos para estabelecer a estrutura e outros cinco para trabalhar os valores tonais.

Exercício 4.18

Encontre um espaço externo ou interno adequado. Componha uma cena com seu visor e repita o exercício acima. Faça uma série de croquis de estrutura e tonalidade por 10 minutos antes de passar para os desenhos mais demorados.

AGREGANDO DETALHES

O estágio final na montagem de um desenho é a adição daqueles detalhes que nos ajudam a identificar os vários elementos de um objeto ou de uma cena. Por meio destes detalhes, sentimos e comunicamos as características inerentes ao tema e à singularidade do lugar. As partes menores e os detalhes do desenho devem se adequar de modo a explicar o todo.

Os detalhes farão sentido se pertencerem a um padrão ordenado. Esta ordem confere estrutura a uma área particular que será trabalhada em detalhe e de modo mais elaborado. Além disso, um desenho deve apresentar contrastes, tendo áreas com pouco ou nenhum detalhe. Por meio destes contrastes, as áreas detalhadas naturalmente adquirem mais destaque.

Lembre-se de ser seletivo. Não precisamos nos preocupar com o tipo de representação da realidade fotográfica. Jamais podemos incluir todos os detalhes em um desenho. É necessário que façamos edições ao tentar comunicar características particulares das formas e dos espaços, e isto muitas vezes significa aceitar que o desenho não seja totalmente completo. O próprio fato de existirem áreas incompletas em uma imagem desenhada convida a mente do observador a se esforçar em preenchê-las. Até mesmo nossa percepção da realidade ótica geralmente é incompleta, sendo editada pelo conhecimento que trazemos ao ato de ver e pelas nossas necessidades e preocupações momentâneas.

Exercício 4.19
Siga o procedimento descrito nos exercícios 4.13 e 4.17 para estabelecer a estrutura subjacente e o padrão de tonalidades da cena na fotografia abaixo. Depois, adicione detalhes para ajudar a identificar e destacar os objetos do primeiro plano. Reforce as tonalidades, se for necessário enfatizar limites espaciais e expressar profundidade espacial. Reserve 10 minutos para estabelecer a estrutura e aplicar camadas de tonalidades, e outros cinco para adicionar detalhes importantes.

Exercício 4.20
Encontre qualquer espaço público exterior ou interior. Componha uma cena com o visor e monte um desenho estabelecendo a estrutura, aplicando camadas de tonalidades e adicionando detalhes. Pratique uma série de esquemas por 15 minutos antes de executar exercícios mais longos.

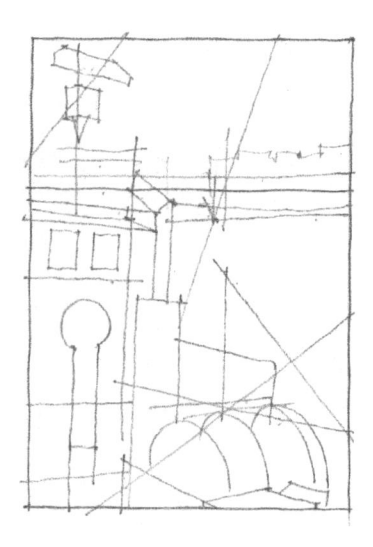

Embora seja necessário o uso de fotografias como base para algumas ilustrações e exercícios deste capítulo, deve ficar claro que desenhar com base em uma fotografia é uma experiência muito diferente de desenhar a partir da observação *in loco*, por meio da observação direta. A câmera achata as informações coletadas em um ambiente tridimensional para transferi-las a um filme ou a uma tela bidimensional. Com base no comprimento focal das lentes utilizadas e na quantidade de luz por ela admitida, a câmera traduz os dados óticos em um esquema bidimensional. Quando apresentado em um meio bidimensional — uma folha de papel, um monitor de computador ou uma tela de projeção — o escorço dos formatos, a direção das linhas e outras relações pictóricas são mais fáceis de discernir. Portanto, enquanto desenhar com base em uma fotografia pode ser uma maneira de aprendizado e ensino bastante útil, devemos entender que desenhar *in loco* talvez seja mais difícil.

DESENHO DE OBSERVAÇÃO *IN LOCO* **111**

Ao desenhar a partir de observação direta, nos baseamos em nosso sistema visual para interpretar as informações tridimensionais absorvidas pelos nossos olhos a fim de tentar retratar uma cena em uma superfície bidimensional. No entanto, nossos olhos não enxergam aquilo que nossas mentes não estão preparadas para ver. Com frequência, vemos aquilo que esperamos ver e, no processo, ignoramos elementos de importância igual ou maior na cena. Nossa tendência é perceber as coisas que nos interessam e ignorar as demais. Podemos, às vezes, perceber elementos individuais, mas não as relações entre eles.

O mais importante é que, ao desenhar perspectivas, tudo o que sabemos sobre algo — seu tamanho, seu formato e suas proporções objetivas — e o modo como ele talvez apareça na vida real — sua aparência ótica — costumam entrar em conflito e podem fazer com que nosso desenho seja um meio-termo entre as duas realidades. É possível que acabemos desenhando, em vez daquilo que vemos, a imagem retida em nossa mente, o que — ao tentar resolver o conflito entre as realidades objetiva e ótica — pode nos levar a distorcer os efeitos em perspectiva da convergência, do escorço e da redução de tamanho. Para realmente ver em perspectiva, talvez tenhamos que deixar de identificar e rotular, temporariamente, o tema de nosso desenho, a fim de perceber os fenômenos puramente visuais à nossa frente. Para saber mais sobre os efeitos pictóricos da perspectiva, consulte as páginas 228–231.

Apesar dessas dificuldades, a prática iterativa de fazer croquis *in loco* pode ser benéfica. Devido à sua natureza contemplativa — ou seja, ser feito com uma concentração silenciosa e de maneira espontânea em resposta às impressões adquiridas por meio da observação —, o processo de desenho envolve os olhos e a mente, dá atenção ao presente e cria fortes memórias visuais que podem ser retomadas posteriormente.

ABORDAGENS PESSOAIS

O estabelecimento da estrutura de composição de uma cena, o uso de várias tonalidades para definir aspectos da luz, textura e materialidade, e a adição de detalhes significativos — esse processo, descrito nas páginas 100–109, fornece uma base sólida para se aprender a construir um desenho em etapas. Na prática, porém, há mais de uma abordagem do processo de desenho a partir da observação.

Ao analisar e compreender uma cena, por onde se começa a desenhar? A essa pergunta, feita com frequência, a resposta é: depende de como a pessoa responde ao tema. Não existe apenas uma maneira correta de se começar um desenho. É possível começar com um eixo vertical, ou plano, dominante na cena ou com um corte perspectivado de um espaço, como ocorre quando se olha para uma rua. Podemos iniciar com uma única linha curva, como o percurso de um passeio, uma silhueta de cobertura articulada ou o formato do céu. Poderíamos optar por trabalhar de dentro para fora, começando com um formato único, ou dos limites externos para dentro. Contudo, a segunda etapa quase sempre consiste em estabelecer a linha do horizonte e a escala de uma pessoa na cena. O importante é, ao longo do processo, conforme passamos da estrutura para os tons e detalhes, conferir continuamente as relações pictóricas bidimensionais entre pontos, linhas e planos.

- Principal plano vertical
- Formato ou contorno significativo
- Relações pictóricas
- Relações de proporção
- Principal eixo vertical
- Linha do horizonte

O desenho de observação in loco é uma atividade exclusivamente humana e permanece na esfera do desenho feito à mão livre. Ainda não foram desenvolvidas ferramentas e técnicas digitais que ofereçam o mesmo grau de portabilidade, conveniência e, o que é mais importante, a sensação conferida por uma caneta ou lápis na página de uma agenda ou de caderno de croquis. Quando é feito à mão livre, o desenho assume, naturalmente, a personalidade e o ponto de vista de seu autor. Nossos croquis pessoais, assim como nossa caligrafia, são únicos e fáceis de identificar, pois não se revelam apenas no caráter dos traços utilizados para fazer as linhas, criar tonalidades e capturar uma cena; nossos esboços também revelam nossa maneira de ver, aquilo que nos chama atenção e os aspectos particulares que optamos por enfatizar.

Até mesmo duas pessoas paradas lado a lado, olhando na mesma direção geral e absorvendo os mesmos fenômenos visuais, talvez não vejam a mesma coisa. Aquilo que vemos depende de como respondemos aos dados visuais e os interpretamos. Nossas percepções são limitadas pelo que trazemos ao processo da visão; o mesmo acontece com nossos desenhos, que se baseiam em nossas percepções. Assim como ocorre em uma conversa, não sabemos exatamente aonde o processo de desenho irá nos levar. Embora possamos ter um objetivo em mente quando começamos a desenhar, o croqui propriamente dito ganha vida própria à medida que evolui no papel, e devemos permanecer abertos para as possibilidades sugeridas pela imagem que surge.

114 PENSANDO SOBRE O PAPEL

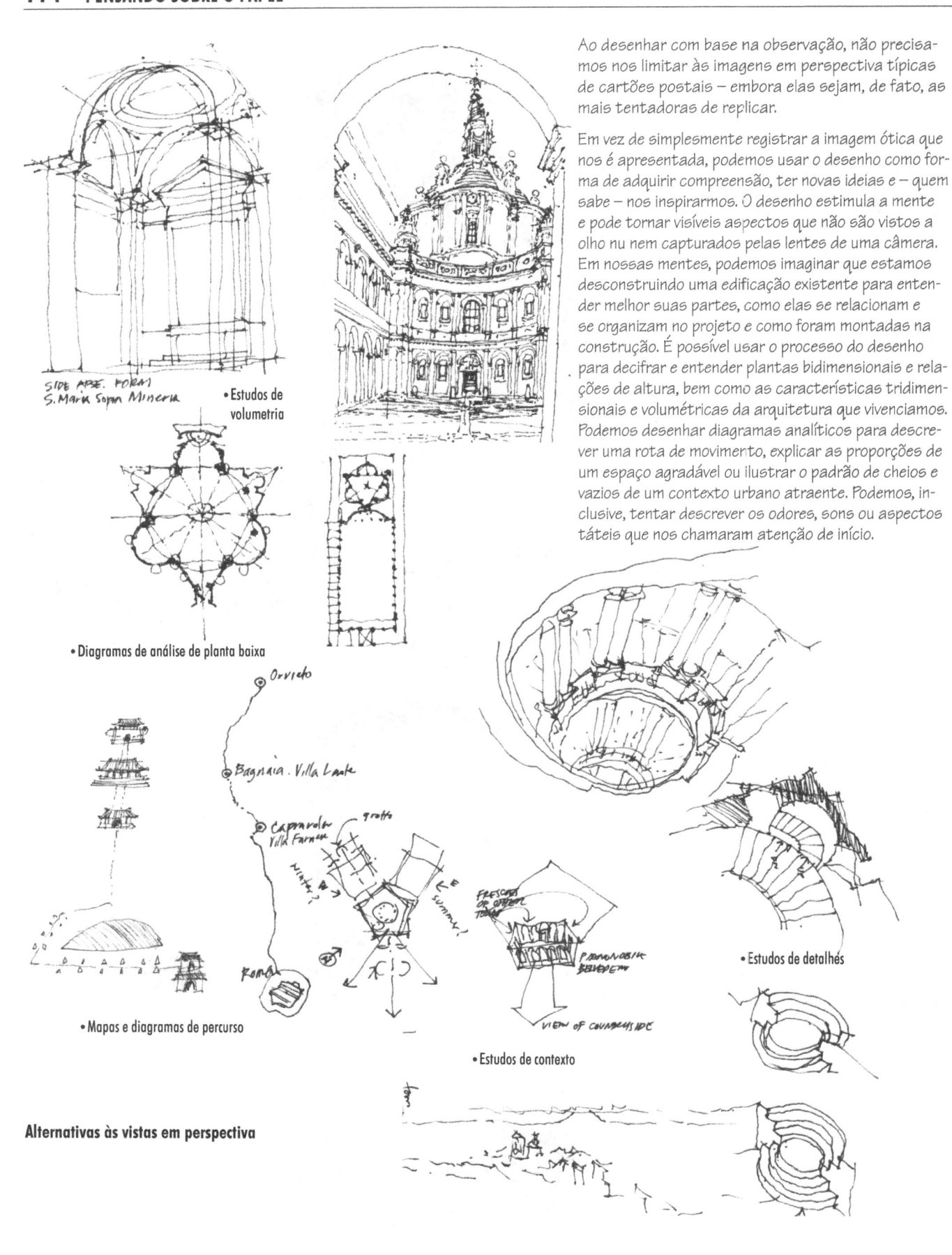

Ao desenhar com base na observação, não precisamos nos limitar às imagens em perspectiva típicas de cartões postais — embora elas sejam, de fato, as mais tentadoras de replicar.

Em vez de simplesmente registrar a imagem ótica que nos é apresentada, podemos usar o desenho como forma de adquirir compreensão, ter novas ideias e — quem sabe — nos inspirarmos. O desenho estimula a mente e pode tornar visíveis aspectos que não são vistos a olho nu nem capturados pelas lentes de uma câmera. Em nossas mentes, podemos imaginar que estamos desconstruindo uma edificação existente para entender melhor suas partes, como elas se relacionam e se organizam no projeto e como foram montadas na construção. É possível usar o processo do desenho para decifrar e entender plantas bidimensionais e relações de altura, bem como as características tridimensionais e volumétricas da arquitetura que vivenciamos. Podemos desenhar diagramas analíticos para descrever uma rota de movimento, explicar as proporções de um espaço agradável ou ilustrar o padrão de cheios e vazios de um contexto urbano atraente. Podemos, inclusive, tentar descrever os odores, sons ou aspectos táteis que nos chamaram atenção de início.

- Estudos de volumetria

- Diagramas de análise de planta baixa

- Mapas e diagramas de percurso

- Estudos de contexto

- Estudos de detalhes

Alternativas às vistas em perspectiva

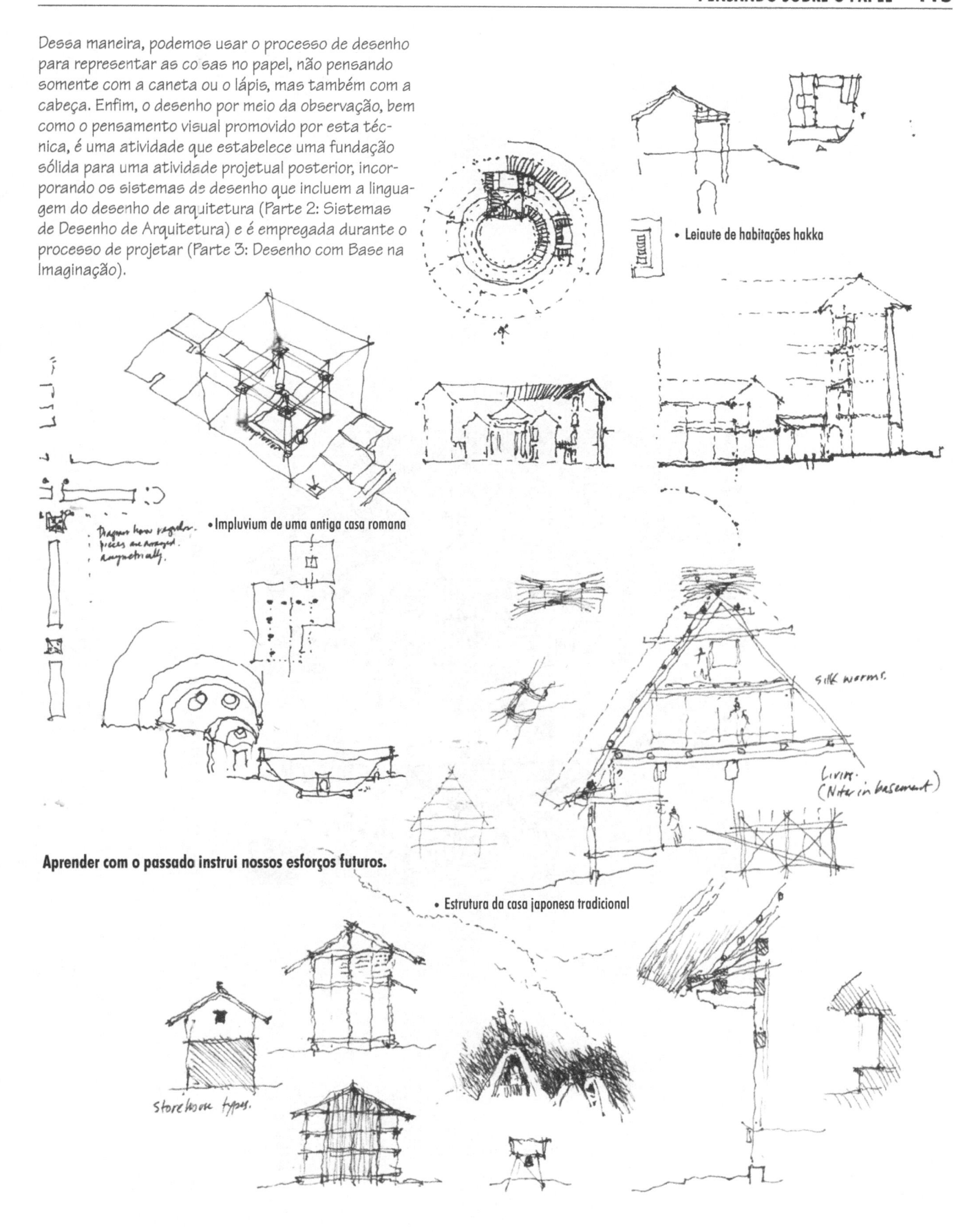

Dessa maneira, podemos usar o processo de desenho para representar as coisas no papel, não pensando somente com a caneta ou o lápis, mas também com a cabeça. Enfim, o desenho por meio da observação, bem como o pensamento visual promovido por esta técnica, é uma atividade que estabelece uma fundação sólida para uma atividade projetual posterior, incorporando os sistemas de desenho que incluem a linguagem do desenho de arquitetura (Parte 2: Sistemas de Desenho de Arquitetura) e é empregada durante o processo de projetar (Parte 3: Desenho com Base na Imaginação).

• Leiaute de habitações hakka

• Impluvium de uma antiga casa romana

Aprender com o passado instrui nossos esforços futuros.

• Estrutura da casa japonesa tradicional

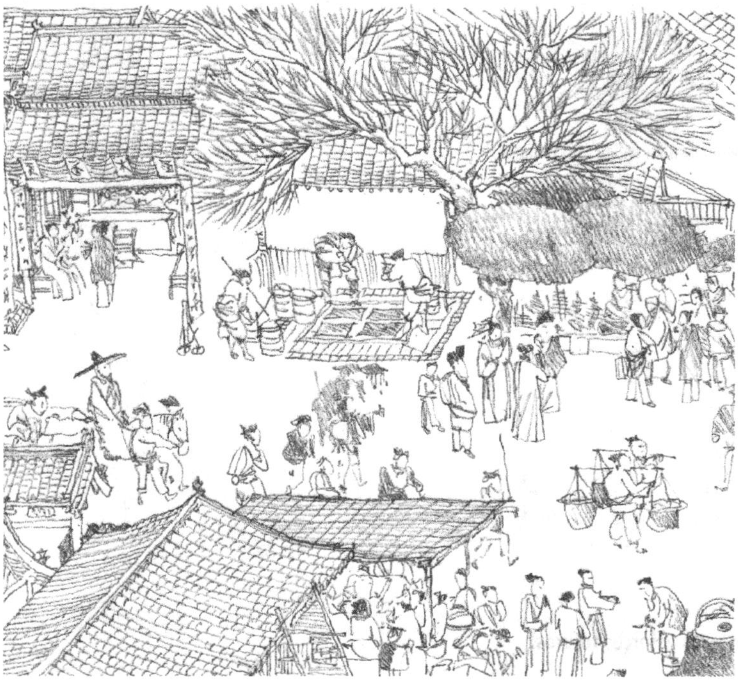

Sistemas de Desenho de Arquitetura

Um problema crucial do desenho de arquitetura é a representação de aspectos de uma realidade tridimensional em uma superfície que tem apenas duas dimensões. Ao longo da história da humanidade, vários métodos empíricos foram desenvolvidos para representar a profundidade do espaço e os objetos em seu interior. Manifestações do que hoje chamamos de projeção ortogonal ocorrem nas paredes dos templos egípcios e nas pinturas dos vasos gregos. Existem numerosos exemplos de projeção oblíqua nas artes indiana, chinesa e japonesa. Encontramos até mesmo exemplos de perspectiva cônica em murais romanos.

Hoje, estes sistemas visuais de representação constituem a linguagem formal dos desenhos de arquitetura, regrada por um consistente conjunto de teorias, princípios e convenções. Categorizamos esses modos de representação em tipos distintos de sistemas de desenhos. Chamamos estes de sistemas para distingui-los das técnicas de desenho, as quais se referem a como fazemos marcas em uma folha de papel ou desenhamos em um monitor de computador.

Quando projetamos, os sistemas de desenho nos oferecem distintos modos de pensar e representar aquilo que vemos à nossa frente ou visualizamos na mente. Todo sistema de desenho envolve a montagem de um conjunto de operações mentais que direcionam a exploração de questões relativas ao projeto. Ao selecionar um sistema de desenho em detrimento de outro para expressar informações visuais, fazemos escolhas conscientes e inconscientes sobre que aspectos de nossa percepção ou imaginação podem ou devem ser expressos. A escolha de um sistema de desenho é tanto uma questão de ocultar certos aspectos quanto de decidir o que revelar.

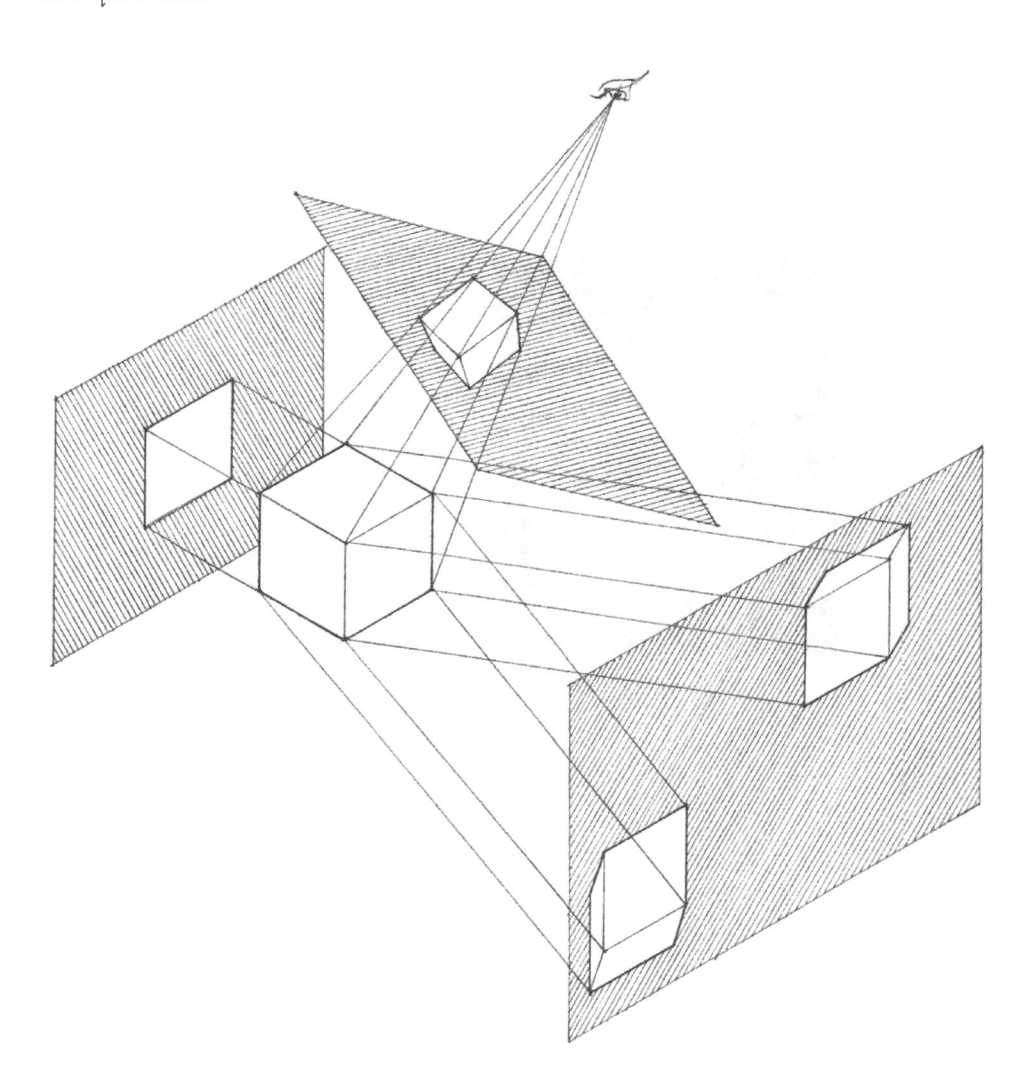

5
Sistemas Pictóricos

Classificamos os sistemas de desenho segundo o método de projeção, assim como de acordo com o efeito pictórico resultante. A projeção se refere ao processo ou à técnica de representação de um objeto tridimensional por meio da extensão de todos os seus pontos nas retas, chamadas de linhas de projeção, a um plano do desenho, um plano transparente e imaginário sobreposto à superfície do desenho. Também denominamos de plano do desenho o plano de projeção.

Existem três principais tipos de sistemas de projeção: projeções ortogonais, projeções oblíquas e projeções em perspectiva. As relações das linhas projetadas entre si, bem como o ângulo com que incidem no plano do desenho, diferenciam cada sistema de projeção dos demais. Devemos reconhecer a natureza particular de cada sistema de projeção e entender os princípios que orientam a construção de cada tipo de desenho dentro do sistema. Estes princípios definem uma linguagem comum, que nos permite ler e entender os desenhos feitos por outras pessoas.

Além de sua utilidade como meio de comunicação, as projeções, ao mesmo tempo, exigem e facilitam o aprendizado sobre como se pensar espacialmente, ou seja, em três dimensões. Ao trabalhar em um processo de construção de desenhos, navegamos em um campo tridimensional a fim de posicionar pontos, determinar o comprimento e a direção de linhas e descrever o formato e a extensão de planos. Desenhos em projeção englobam, portanto, os sistemas de coordenadas cartesianas e princípios da geometria descritiva.

Quando comparamos os principais tipos de sistemas de projeção, notamos que as imagens que eles apresentam de um objeto variam em aparência. É mais fácil discernir as semelhanças pictóricas e suas diferenças estudando como cada sistema de projeção representa a mesma forma cúbica utilizando conjuntos de retas e planos perpendiculares entre si.

Em função da aparência, há três principais categorias de sistemas pictóricos: desenhos de vistas múltiplas, vistas de linhas paralelas e perspectivas cônicas. Desenhos de vistas múltiplas representam um objeto tridimensional por meio de uma série de vistas bidimensionais distintas, mas relacionadas entre si. Já as vistas de linhas paralelas e as perspectivas cônicas representam duas ou mais faces da estrutura tridimensional em uma única imagem. A principal diferença pictórica entre esses dois sistemas é que as retas paralelas mantêm seu paralelismo nas vistas de linhas paralelas, enquanto nas perspectivas cônicas as retas convergem a um mesmo ponto (o ponto de fuga).

Desenhos de vistas múltiplas, vistas de linhas paralelas e perspectivas cônicas oferecem uma variedade de escolhas para o projetista. Devemos não apenas saber como construir cada tipo de desenho, mas também entender os efeitos pictóricos particulares que cada sistema de projeção produz. Nenhum sistema de desenho é superior aos demais; cada um tem características pictóricas inerentes que influenciam o modo como pensamos o que vamos ilustrar e como os outros lerão nosso desenho. Cada sistema define uma relação única entre o tema e o observador, além de descrever diferentes aspectos do objeto. Para cada aspecto revelado por um sistema particular de desenho, outros aspectos são ocultados. No final, a seleção do sistema de desenho deve ser apropriada à natureza do tema e às exigências de comunicação.

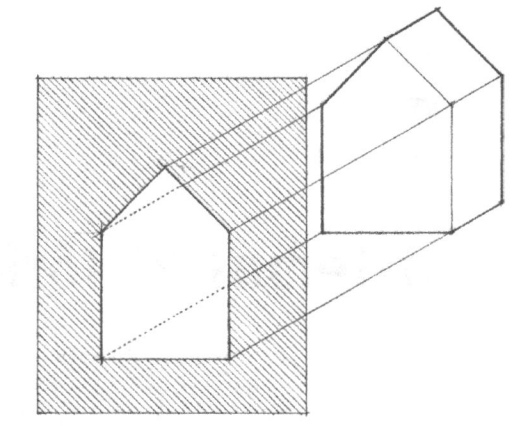

Sistemas de projeção

Projeção ortogonal

As linhas projetadas são paralelas entre si e perpendiculares ao plano do desenho; veja o Capítulo 6.

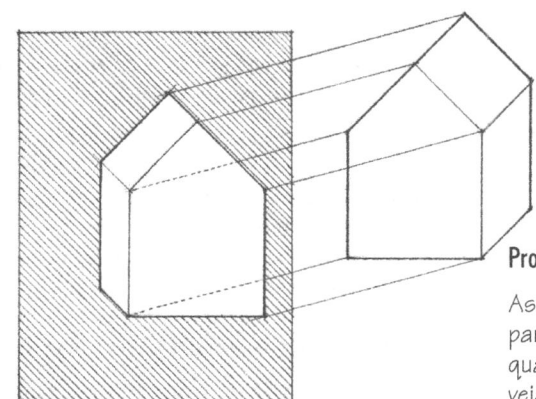

Projeção oblíqua

As linhas projetadas são paralelas entre si e oblíquas ao plano do desenho; veja o Capítulo 7.

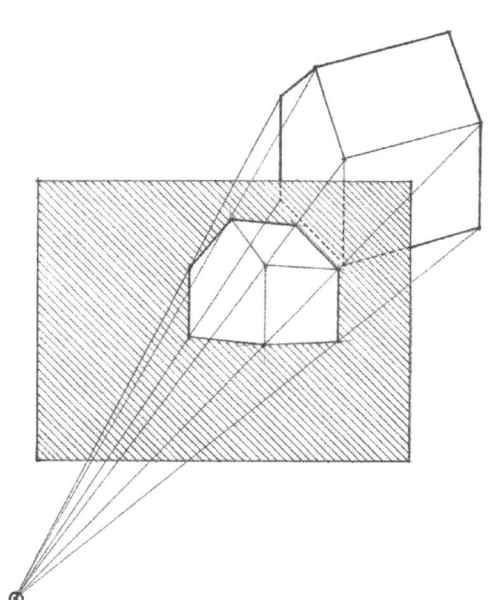

Perspectiva cônica

As linhas projetadas convergem a um ponto que representa os olhos do observador; veja o Capítulo 8.

SISTEMAS PICTÓRICOS 121

Sistemas de projeção

Projeções ortogonais

Plantas, cortes e elevações
A principal face de cada vista de um volume retangular é paralela ao plano do desenho.

Sistemas pictóricos

Desenhos de vistas múltiplas

Projeções axonométricas
Veja o Capítulo 7.

Isométricas
Os três eixos principais têm ângulos iguais em relação ao plano do desenho.

Dimétricas
Dois dos três eixos principais têm ângulos iguais em relação ao plano do desenho.

Trimétricas
Os três eixos principais têm ângulos diferentes em relação ao plano do desenho.

Vistas de linhas paralelas

Projeções oblíquas

Elevações oblíquas
A principal face vertical de um volume retangular é paralela ao plano do desenho.

Plantas oblíquas
A principal face horizontal de um volume retangular é paralela ao plano do desenho.

Perspectivas cônicas

Perspectivas com um ponto de fuga
Um eixo horizontal é perpendicular ao plano do desenho. O outro eixo horizontal e o eixo vertical são paralelos ao plano do desenho.

Perspectivas com pontos de fuga

Perspectivas com dois pontos de fuga
Ambos os eixos horizontais são oblíquos ao plano do desenho; o eixo vertical se mantém paralelo ao plano do desenho.

Perspectivas com três pontos de fuga
Os três eixos principais do volume retangular são oblíquos ao plano do desenho.

122 ESCALA DE DESENHO

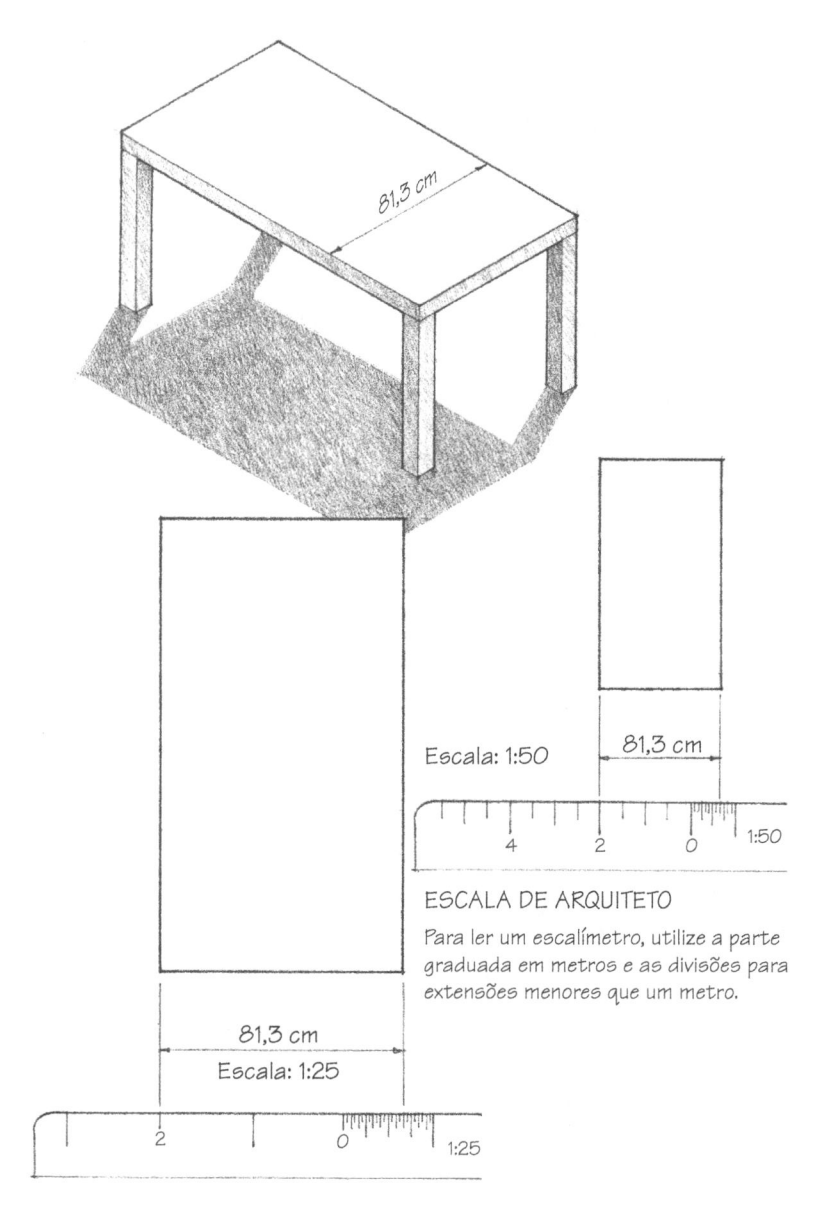

A escala numérica é o cálculo das dimensões físicas do objeto segundo um sistema normalizado de medida. Por exemplo, podemos dizer que uma mesa, de acordo com o Sistema Norte-Americano, mede 5 in (polegadas) de comprimento, 32 in de largura e 29 in de altura. Se estamos familiarizados com este sistema e com objetos de tamanho similar, podemos visualizar a dimensão desta mesa. Usando o Sistema Internacional de Medidas, entretanto, a mesma mesa mediria 12,7 cm de comprimento, 81,3 cm de largura e 73,7 cm de altura.

Os desenhos que usamos para representar esta mesa ou qualquer outro projeto devem caber nos limites da superfície de desenho. Já que a edificação ou o objeto representado normalmente são maiores que a superfície de desenho, devemos reduzir seus tamanhos para que possam caber no papel. Referimo-nos a esta redução proporcional do tamanho do desenho como a escala do desenho.

Para construir uma representação precisa de um projeto, usamos um sistema de medidas proporcionais. Quando afirmamos que um desenho está em escala, isto quer dizer que todas suas dimensões estão relacionadas ao tamanho real da edificação ou do objeto, com base em uma proporção escolhida. Por exemplo, quando desenhamos na escala de 1:50, cada centímetro do desenho representa 50 centímetros do tamanho real da edificação ou do objeto. Em um desenho em grande escala, a redução de tamanho é relativamente pequena, enquanto em um desenho em pequena escala, a redução de tamanho é considerável.

Escalímetros de arquitetura

O termo escalímetro – ou escala – também se refere ao instrumento que usamos para fazer medições com precisão. Os escalímetros de arquitetura têm um ou mais conjuntos de espaços graduados e numerados, e cada conjunto estabelece uma proporção diferente em relação ao metro. Escalímetros triangulares apresentam seis lados com escalas diferentes, geralmente 1:10, 1:20, 1:25, 1:50, 1:75 e 1:100. Além do escalímetro triangular, há o escalímetro de bolso, que geralmente tem várias réguas, cada uma com duas escalas em um dos lados ou em ambos os lados. As escalas devem ter graduações marcadas com precisão e gravações resistentes ao uso constante.

- Quanto maior for a escala de um desenho, mais informações ele pode e deve apresentar.

- Os escalímetros não devem ser utilizados como régua para o traçado de linhas.

ESCALA DE ARQUITETO

Para ler um escalímetro, utilize a parte graduada em metros e as divisões para extensões menores que um metro.

Escalímetros de engenharia

Um escalímetro de engenharia tem um ou mais conjuntos de espaços graduados e numerados, com cada conjunto divido em 10, 20, 30, 40, 50 ou 60 partes de polegada.

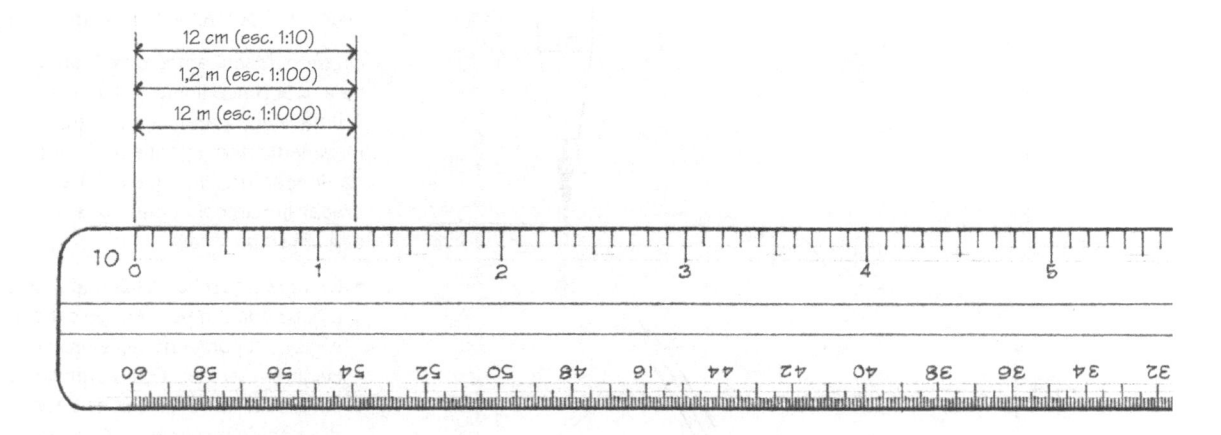

Escalímetros métricos

Escalímetros métricos consistem em um ou mais conjuntos de espaços graduados e numerados, com cada conjunto estabelecendo uma proporção de um milímetro em relação a um número de milímetros especificado.

- Os escalímetros métricos mais comuns incluem as seguintes escalas: 1:10, 1:20, 1:25, 1:50, 1:75 e 1:100.

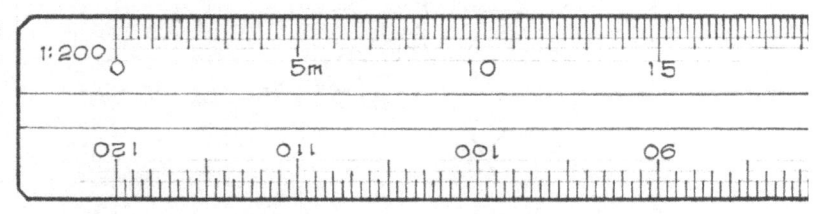

Escalas digitais

Em desenhos tradicionais, pensamos em unidades em escala real e usamos uma escala para reduzir o desenho a um tamanho apropriado. Em desenhos digitais, inserimos informações em unidades em escala real, mas devemos ter cuidado para distinguir entre o tamanho da imagem vista em um monitor, que pode ser reduzida ou ampliada independentemente de sua dimensão em escala real, e a escala produzida por uma impressora ou um plotador.

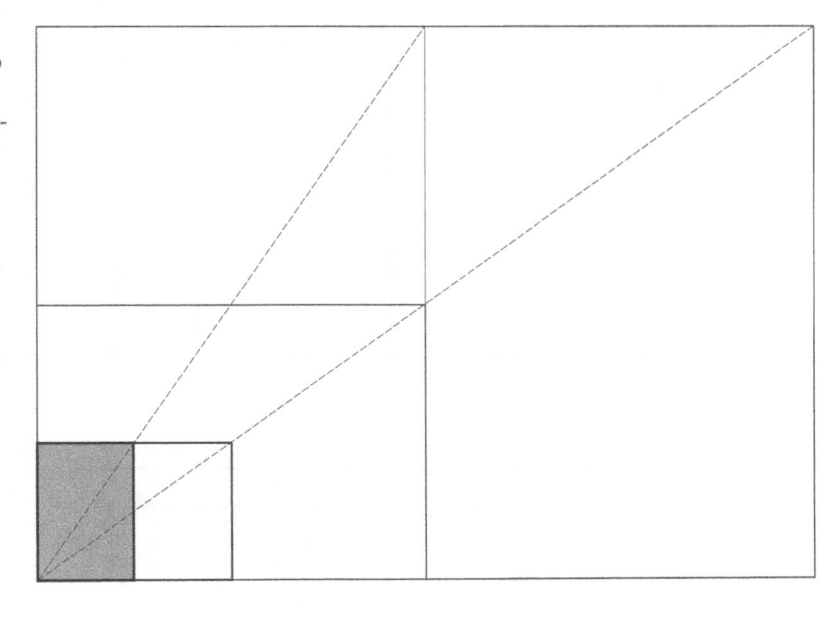

TRAÇADO DE LINHAS COM INSTRUMENTOS

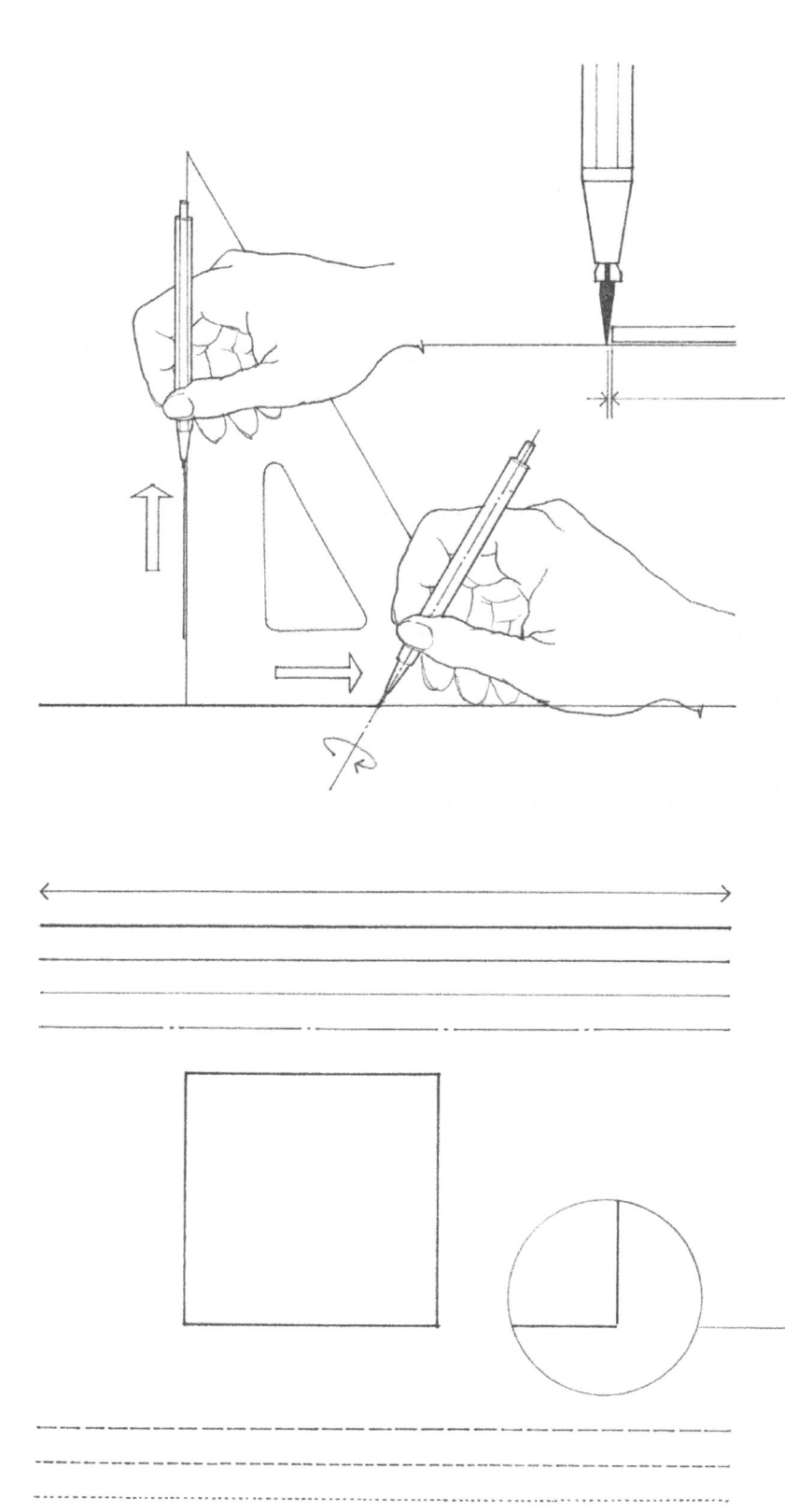

O traçado de linhas com instrumentos, em vez do traçado à mão livre, é necessário quando clareza, precisão e acuidade são essenciais para a comunicação de um projeto. Portanto, as linhas traçadas com instrumentos devem ser uniformes em espessura e densidade, ter extremidades bem definidas e encontrar outras linhas de maneira precisa.

Quando desenhamos com instrumentos tradicionais, traçamos linhas retas utilizando uma régua T, uma régua paralela ou esquadros como guias, movimentando a ponta da lapiseira ou da caneta na direção da linha que está sendo desenhada. Ao traçar linhas com uma régua, não se esqueça dos seguintes pontos:

- Sempre desenhe utilizando o lado reto da régua e deixando um pequeno espaço entre a borda da régua e a ponta da lapiseira ou da caneta.
- Segure a lapiseira ou a caneta na vertical, perpendicular à superfície de desenho, e incline-a na direção do movimento. Com a caneta, mantenha um ângulo aproximado de 80°; com a lapiseira, mantenha um ângulo entre 45° e 60°.
- Puxe sempre a caneta ou a lapiseira na direção da linha desenhada. Nunca os empurre, para não dificultar o controle da qualidade do traço ou estragar a ponta do instrumento e a superfície de desenho.
- Ao traçar com um lápis, é importante apontá-lo cuidadosamente, de modo que a ponta não seja nem muito pequena e grossa, nem muito redonda. Para mantê-lo bem apontado e preservar a uniformidade do traço, tente girar o lápis entre o indicador e o polegar à medida que desenha cada linha.
- Esforce-se para fazer linhas claras, firmes e homogêneas. Cada linha de representação deve começar e terminar de maneira precisa. Recue levemente o lápis e aplique uma leve pressão extra no início e no fim de cada traço, para que cada linha comece e termine com uma boa definição.
- Desenhe em ritmo estável e se esforce para traçar linhas uniformes em espessura e densidade. Uma linha traçada com instrumento deve ter o aspecto de que foi esticada firmemente entre dois pontos.
- Defina vértices cruzando levemente as linhas.
- Evite exagerar estes cruzamentos de linha; a sua extensão depende da escala do desenho.
- Os vértices parecem arredondados quando as linhas não se tocam.

TRAÇADO DE LINHAS

Análogos aos instrumentos de desenho manuais tradicionais, os recursos de um programa de desenho em computador baseado em vetores bidimensionais incorporam diversos gráficos primitivos – rotinas de software para o desenho de elementos como pontos, retas, curvas e formatos, todos baseados em fórmulas matemáticas. A partir destas rotinas podem ser criados outros elementos mais complexos.

- Um segmento de reta pode ser criado clicando-se em dois pontos extremos.
- O peso do traço pode ser selecionado por meio de um menu ou especificando-se sua espessura em termos absolutos (milímetros, frações de uma polegada ou número de pontos, sendo 1 ponto = 1/72 de polegada).
- O que se vê em um monitor de computador não representa necessariamente o que teremos com a impressão ou plotagem. A avaliação da qualidade e do peso de uma linha de um desenho digital deve ser postergada até que se veja o verdadeiro resultado obtido com a impressora ou o plotador.

Tipos de linha

Todas as linhas têm uma função no desenho. É essencial que, ao desenhar, entenda-se o que cada linha representa, seja o limite de um plano, uma mudança de material ou simplesmente uma linha de referência de construção. Os seguintes tipos de linhas, sejam desenhados à mão ou em um computador, geralmente são utilizados para tornar a representação gráfica de arquitetura mais fácil de ler e interpretar:

- As linhas de contorno delimitam a forma dos objetos, como a borda de um plano ou a interseção de dois planos. O peso relativo de uma linha de contorno varia de acordo com sua função na sugestão da profundidade.

- As linhas tracejadas ou pontilhadas indicam elementos ocultos ou removidos da nossa visão. Os tracejados devem ser compostos de segmentos de reta relativamente uniformes e pouco espaçados entre si, para uma melhor continuidade visual.

- Quando linhas tracejadas se encontram em uma quina, um traço deve ultrapassar o outro. Para conseguir isto ao se usar um programa de desenho digital, talvez seja necessário se ajustar o comprimento da linha tracejada e o espaço entre os traços.

- Um espaço deixado na quina diminuirá o ângulo, fazendo com que a quina pareça ser arredondada.

- Os eixos geométricos, que consistem em segmentos finos e relativamente longos separados por pontos ou traços curtos, representam o eixo de um objeto ou composição simétrica.

- As malhas, ou grelhas, são um sistema retangular ou radial de linhas de contorno finas ou eixos geométricos utilizados para localizar e regular os elementos de um plano.

- As linhas de divisa, que consistem em segmentos longos e separados por dois traços ou pontos, indicam juridicamente as divisas definidas e registradas de um terreno.

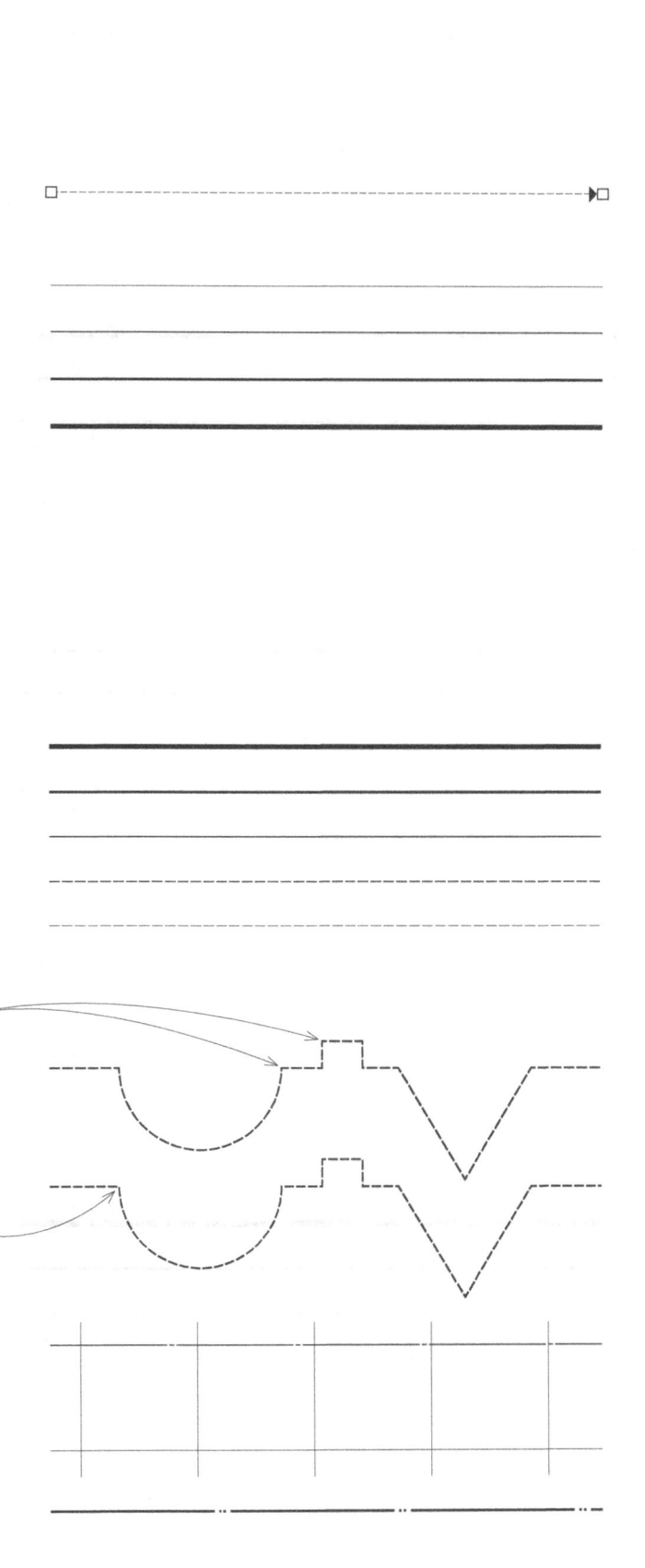

Teoricamente, todas as linhas deveriam ter densidade uniforme, para uma boa leitura e reprodução. Por isso, o peso da linha é, antes de tudo, uma questão de largura ou espessura. Enquanto as linhas a tinta são de cor preta uniforme e variam apenas em largura, as linhas feitas com um lápis ou uma lapiseira podem variar tanto em largura quanto em valor tonal, dependendo do grau de dureza da mina utilizada, da rugosidade e densidade da superfície, e da velocidade e da pressão com que se desenha. Esforce-se para fazer com que todas as linhas a lápis ou lapiseira tenham densidade constante e varie suas larguras quando desejar pesos de linha diferentes.

Linhas grossas

- Linhas grossas, de contorno, são utilizadas para delinear os perfis de planos e cortes (veja as páginas 148 e 174) e arestas espaciais (veja a página 127).
- Utilize minas H, F, HB ou B; o exagero de pressão no desenho de uma linha forte indica que uma mina dura demais está sendo utilizada.
- Utilize uma lapiseira de mina grossa ou trace uma série de linhas próximas umas das outras com uma lapiseira de mina fina de 0,3 ou 0,5 mm; evite usar lapiseiras de 0,7 ou 0,9 mm para traçar linhas grossas.

Linhas médias

- Linhas de contorno, com peso médio, indicam as arestas e interseções dos planos.
- Utilize minas H, F ou HB.

Linhas finas

- Linhas de contorno finas sugerem uma mudança de material, cor ou textura, sem mudança na forma de um objeto.
- Utilize minas 2H, H ou F.

Linhas muito finas

- Linhas muito finas e contínuas são usadas para esboçar desenhos, estabelecer malhas reguladoras e representar texturas de superfícies.
- Utilize minas 4H, 2H, H ou F.

- A variedade e o contraste visíveis dos pesos de linha devem ser proporcionais ao tamanho e à escala do desenho.

Pesos de linhas digitais

- Uma grande vantagem dos desenhos técnicos feitos à mão livre ou com instrumentos (em relação aos desenhos em CAD) é que os resultados são imediatamente visíveis. Quando usamos um *software* de desenho, podemos selecionar o peso da linha em um menu ou especificar a largura de traço em unidades absolutas (milímetros, frações de polegada ou número de pontos, sendo 1 ponto = 1/72 de polegada). Em ambos os casos, o que vemos no monitor pode não equivaler ao resultado impresso da impressora ou do plotador. Assim, sempre devemos fazer um teste de impressão para nos certificar de que a variação e os contrastes de pesos de linhas resultantes de um desenho estão adequados. Observe, entretanto, que se forem necessárias mudanças no peso de linha, geralmente é muito mais fácil fazê-las em um desenho digital do que em um desenho à mão.

LINHAS DE REPRESENTAÇÃO

Em todos os sistemas de desenho técnico, as linhas de representação definem o formato e a forma da entidade física ou construção que estamos representando. Desenhamos todas as linhas de um objeto visíveis aos olhos como linhas contínuas. Dependendo do nosso ponto de observação, entretanto, o contorno que a linha de um objeto representa às vezes parece ser uma aresta, a interseção de dois planos visíveis ou simplesmente uma mudança de material ou cor. Para representar e comunicar estas distinções, usamos uma hierarquia de peso de linhas.

Arestas ou limites
As linhas mais importantes de um objeto são aquelas que descrevem os limites onde a matéria sólida encontra o espaço. Estas linhas de aresta definem o formato e a silhueta dos objetos e distinguem um objeto de outro onde eles se sobrepõem no espaço. Geralmente usamos o peso de linha mais forte para delinear as arestas de tais elementos espaciais.

Interseções de planos
O segundo tipo de linha de representação mais importante é aquele que descreve os contornos aparentes no interior da silhueta externa de um volume. Estes contornos internos articulam a estrutura das superfícies do volume. Para distinguir estas linhas internas do perfil externo da forma, empregamos uma variedade de linhas com peso intermediário.

Linhas de superfície
O terceiro tipo de linhas de representação simplesmente indica mudanças discerníveis de cor, tonalidade e textura na superfície de um plano ou volume. Para indicar estas linhas de contraste tonal ou de textura, usamos uma variedade de linhas de menor peso. Quando a linha contínua mais fina possível não for suficientemente clara em tonalidade, poderá ser utilizada uma linha tracejada ou pontilhada para preservar a hierarquia de pesos de linha.

Linhas ocultas
Linhas ocultas indicam arestas ou limites que estariam ocultos e, portanto, invisíveis em uma vista particular do objeto. As linhas ocultas consistem em tracejados ou pontilhados com pouco espaçamento.

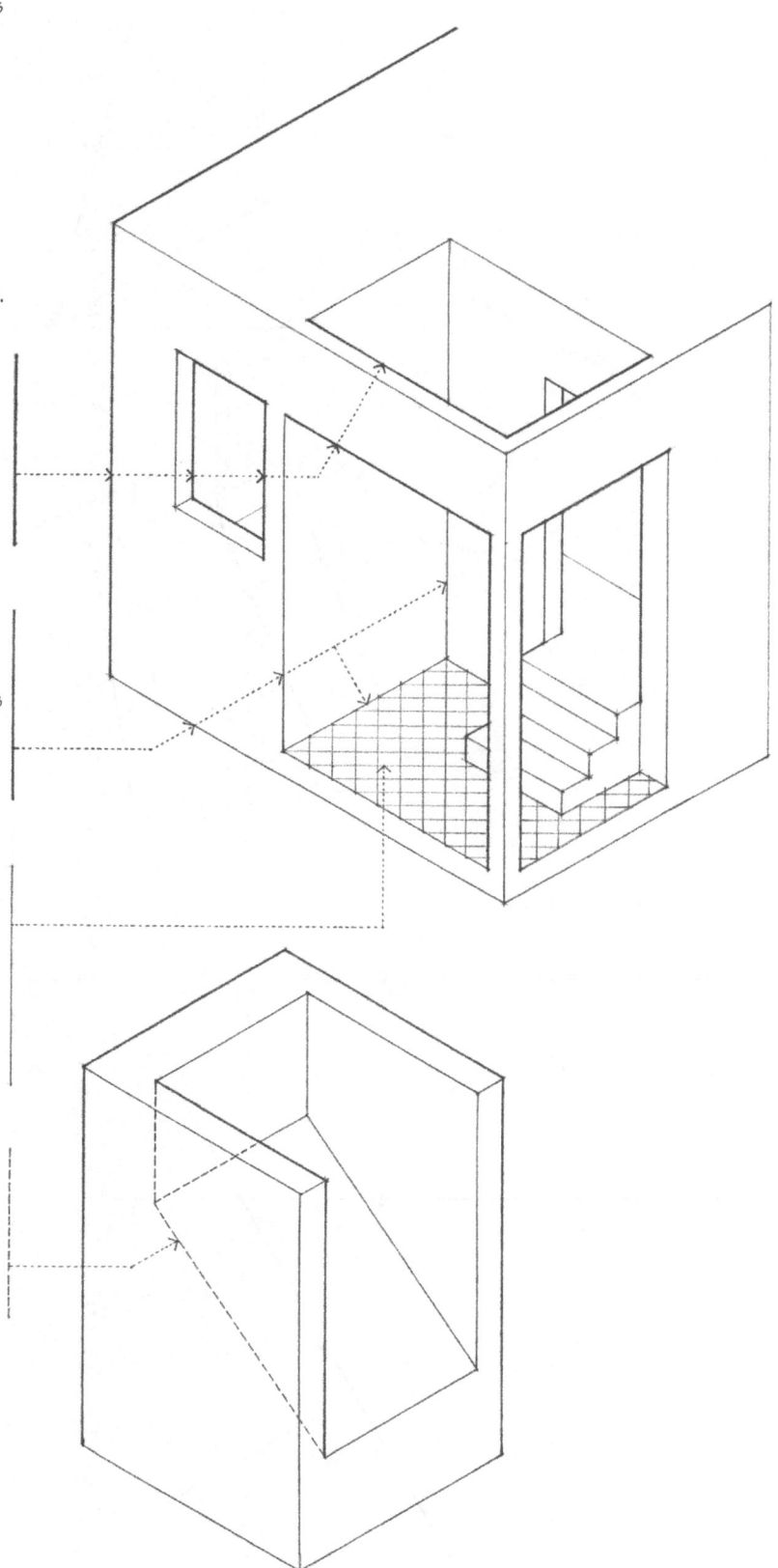

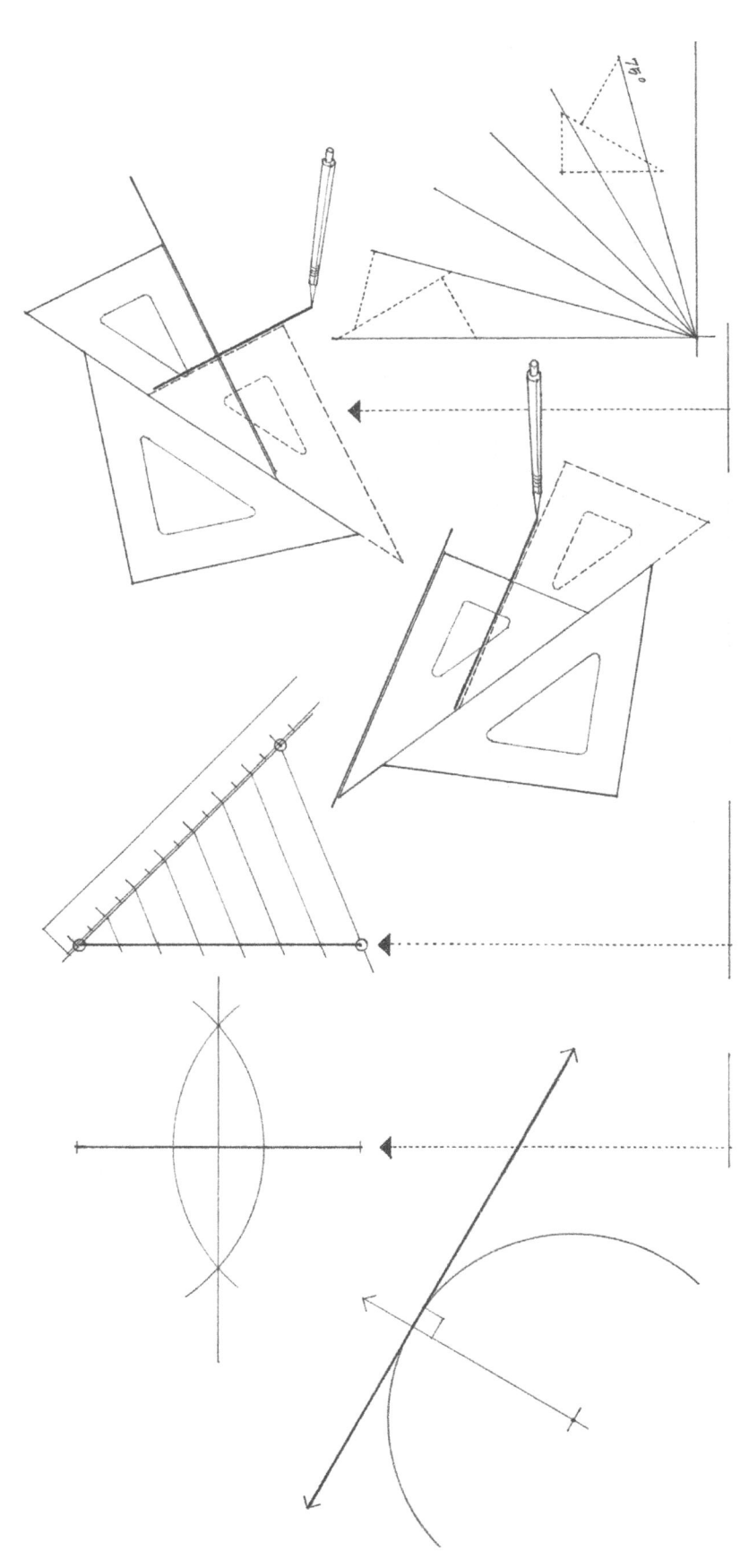

É útil entender como desenhar formatos geométricos conhecidos e como realizar certas operações com instrumentos de desenho técnico.

Retas em ângulo
Podemos utilizar os esquadros convencionais, de 45° e de 30°–60°, tanto isoladamente quanto combinados para desenhar ângulos entre 15° a 90°, a cada 15°.

Desenho de uma reta perpendicular
Podemos usar um par de esquadros para desenhar uma perpendicular a qualquer reta. Primeiro, posicionamos a hipotenusa de cada esquadro uma contra a outra e alinhamos um lado do esquadro de cima com a linha. Depois, seguramos o esquadro de baixo enquanto movemos o esquadro de cima até que o lado perpendicular se encontre na posição adequada.

Desenho de uma série de retas paralelas
Podemos usar um par de esquadros para traçar uma série de retas paralelas à outra já desenhada. Primeiro, posicionamos a hipotenusa de cada esquadro uma contra a outra e alinhamos o lado mais comprido do esquadro de cima com a linha. Depois, seguramos o esquadro de baixo enquanto deslizamos o esquadro de cima até as posições desejadas das retas paralelas.

Divisão de retas
Para dividir a reta AB em certo número de partes iguais, desenhe uma segunda linha em qualquer ângulo entre 10° e 90°, desde o ponto A. Use um escalímetro para demarcar o número desejado de divisões iguais ao longo da segunda reta. A partir da extremidade desta reta, desenhe a linha BC. Então, use um par de esquadros para desenhar uma série de retas paralelas a BC, transferindo as divisões em escala para a linha AB.

Desenho de uma perpendicular passando por um ponto médio
Para desenhar uma perpendicular que passe por um ponto médio de um segmento, construa arcos circulares com um compasso, tendo como centro cada uma das extremidades do segmento de reta. Em seguida, desenhe uma reta passando pelos dois pontos em que os arcos se interceptam. Esta reta não somente passará pelo ponto médio, mas também será perpendicular à primeira.

Desenho de uma tangente a um círculo ou arco de círculo
Para desenhar uma tangente a um círculo ou arco de círculo, primeiro desenhe o raio do centro do círculo, ou arco, até o ponto a ser tangenciado. Depois trace uma reta perpendicular ao raio, passando pelo ponto de tangência.

Uma vantagem clara dos programas de desenho digital é que eles nos permitem testar ideias de graficação e rapidamente desfazê-las, se não derem certo. Podemos fazer rascunhos e desenvolver nossos projetos no monitor e imprimir ou salvar o arquivo para edições futuras. Questões de escala e posicionamento podem ser deixadas para depois, já que esses aspectos podem ser ajustados, conforme for necessário, durante a criação da imagem gráfica final. Em desenhos à mão, o resultado do processo de desenho é visto na hora, mas os ajustes de escala e posicionamento são mais difíceis de se fazer.

Guias digitais

Programas de desenho geralmente têm comandos para limitar os movimentos de pontos e linhas a uma direção horizontal, vertical ou diagonal exata. Grelhas e linhas de referência, assim como comandos snap-to, ajudam no traçado preciso de linhas e figuras.

- Linhas paralelas podem ser traçadas deslocando-se uma cópia de uma linha preexistente a uma dimensão e direção especificadas.

- Linhas perpendiculares podem ser traçadas girando-se uma linha preexistente em 90°.

- Linhas inclinadas podem ser traçadas girando-se uma linha preexistente no número de graus desejado.

- Guias rápidos podem ser configurados para traçar linhas a 30°, 45°, 60° ou em qualquer ângulo especificado.

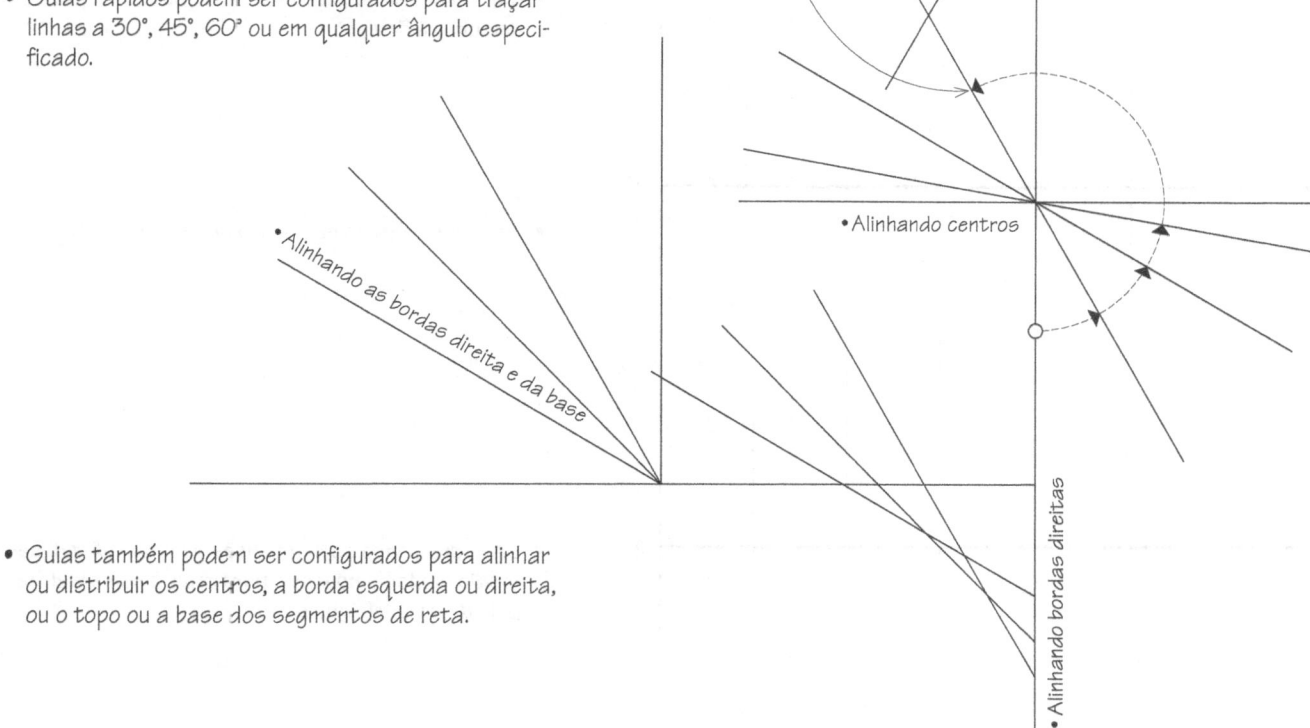

- Guias também podem ser configurados para alinhar ou distribuir os centros, a borda esquerda ou direita, ou o topo ou a base dos segmentos de reta.

• Alinhando as bordas direita e da base

• Alinhando centros

• Alinhando bordas direitas

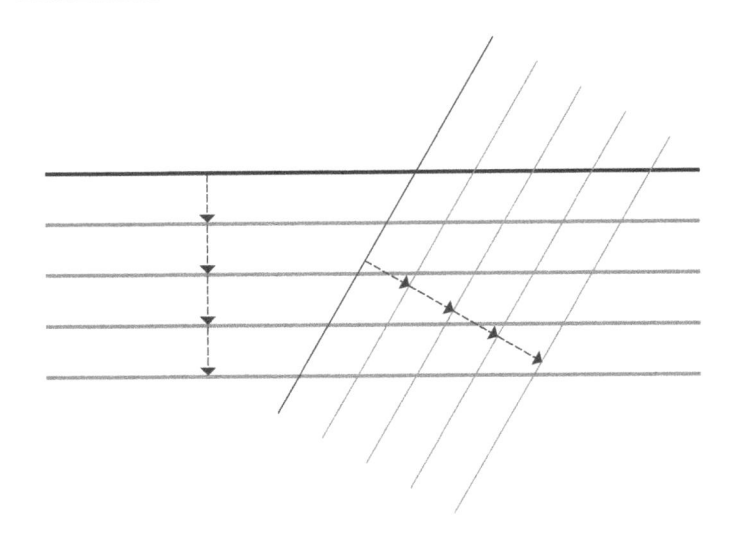

Multiplicação digital

Cópias de uma reta ou uma figura são fáceis de criar, deslocar e posicionar em programas de desenhos digitais.

- Podemos copiar e deslocar qualquer reta ou figura para uma distância específica em uma determinada direção, repetindo esse processo quantas vezes forem necessárias para obter o número desejado de cópias igualmente espaçadas.

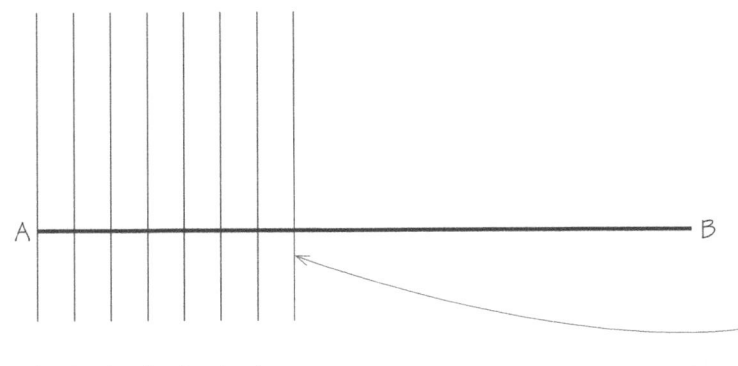

Subdivisão digital

Podemos subdividir qualquer segmento de reta de maneira similar ao processo que usamos no desenho à mão livre. Podemos também distribuir retas e figuras de modo homogêneo entre as duas extremidades do segmento de reta. Seja subdividindo em desenhos à mão ou programas de desenhos digitais, o processo de trabalhar do geral ao específico, do todo às partes menores, permanece o mesmo.

- Dado o segmento de reta AB, trace um segmento de reta em qualquer ângulo que passe pelo ponto A e copie o segmento de reta quantas vezes forem necessárias para obter o número desejado de subdivisões.

- Desloque o último segmento de reta ao ponto B.

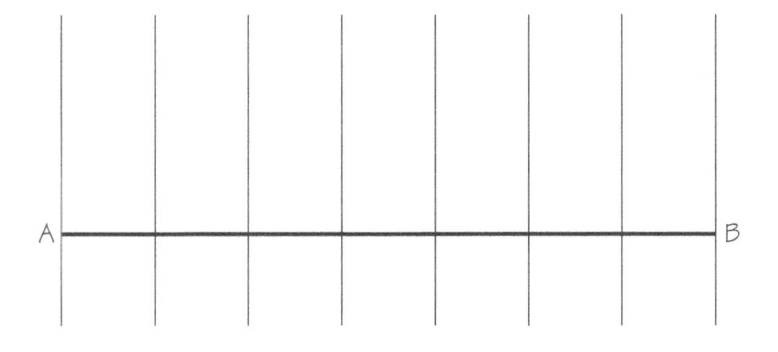

- Selecione todos os segmentos de reta e distribua-os de modo homogêneo, para criar o número desejado de divisões iguais.

Figuras digitais

Programas de desenho baseados em vetores bidimensionais incluem modelos ou gabaritos digitais de formatos geométricos, móveis, acessórios e outros elementos definidos pelo usuário. Seja físico ou digital, o propósito de um gabarito é o mesmo: economizar tempo no desenho de elementos repetitivos.

As figuras digitais têm dois atributos: traço e preenchimento.

- O traço é o percurso que define o limite de uma figura.
- O preenchimento é a área dentro do limite de uma figura, que pode ser deixada como um vazio ou receber uma cor, um padrão ou um tom.

Transformações digitais

Uma vez criada, uma figura digital pode ser transformada mudando-se sua escala, girando-a, rebatendo-a ou distorcendo-a. Qualquer figura baseada em vetores pode ser facilmente modificada, pois a descrição matemática de sua geometria geradora está incluída na rotina do software.

- Imagens geradas por vetor podem ser reduzidas ou ampliadas horizontalmente, verticalmente ou em ambas as direções, sem prejudicar a qualidade da imagem. Uma vez que estas imagens independem da resolução, elas podem ser geradas com altíssima qualidade em qualquer escala.

- Imagens geradas por vetor podem ser giradas em relação a determinado ponto em qualquer ângulo especificado.

- Imagens geradas com vetor podem ser refletidas ou rebatidas em relação a qualquer eixo especificado.

- Imagens geradas com vetor podem ser distorcidas ou inclinadas ao longo de um eixo horizontal ou vertical ou em um ângulo específico em relação a um eixo horizontal ou vertical.

Qualquer uma dessas transformações pode ser repetida várias vezes, até que se obtenha a imagem desejada.

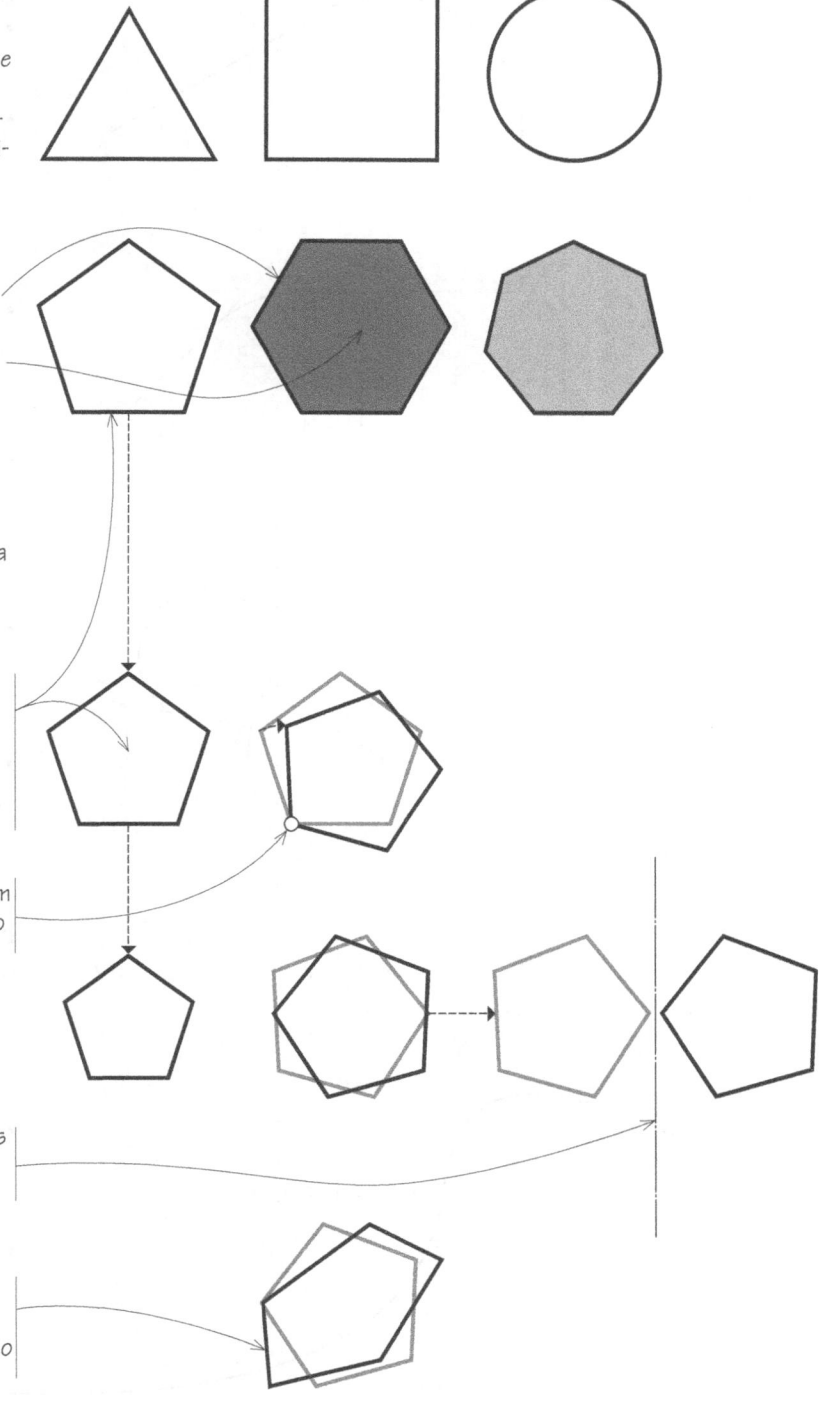

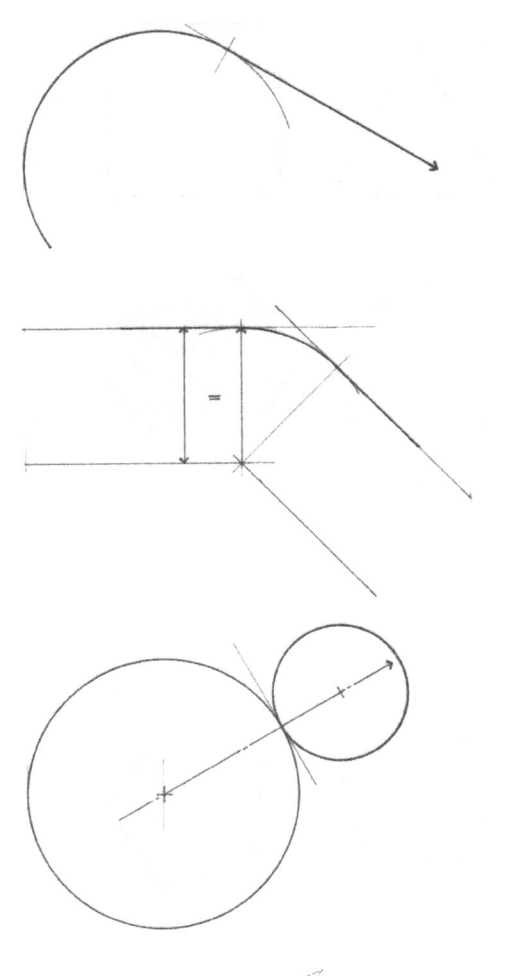

Linhas curvas

- Para evitar traçar uma tangente deslocada de um círculo ou segmento de linha curva, primeiro trace um elemento circular.
- Depois, trace a tangente a partir do círculo, ou arco.
- Tome cuidado ao igualar o peso da linha da caneta ou lapiseira nos círculos e arcos em relação ao resto do desenho.

- Para desenhar um arco de uma tangente de determinado raio a dois determinados segmentos de reta, primeiro trace linhas paralelas às linhas determinadas em uma distância igual ao raio do arco desejado.
- A interseção dessas linhas determina o centro do arco desejado.

- Para desenhar dois círculos que sejam tangentes entre si, primeiro trace uma linha que vá do centro de um deles até o ponto tangencial desejado de sua circunferência.
- O centro do segundo círculo deve estar no eixo dessa linha.

Curvas Bézier

Curvas Bézier referem-se a uma classe matemática derivada das curvas desenvolvidas pelo engenheiro francês Pierre Bézier para operações do CAD/CAM.

- Uma curva Bézier simples tem dois pontos de ancoragem, que definem as extremidades da curva, e dois pontos de controle, que estão fora da curva e controlam a curvatura do caminho.
- Várias curvas Bézier simples podem ser unidas para formar curvas mais complexas.
- O relacionamento colinear entre as duas alças em um ponto de ancoragem garante uma curvatura suave sempre que o caminho muda de curvatura.

Exercício 5.1

Usando uma lapiseira, um esquadro e uma régua T ou paralela, desenhe uma composição de três quadrados com lados de 2,5 cm, 6,25 cm e 12 cm. As linhas têm densidade e espessura regular? As linhas se encontram perfeitamente nos vértices? Repita este exercício duas vezes, primeiro usando uma caneta nanquim e depois um programa de desenho bidimensional.

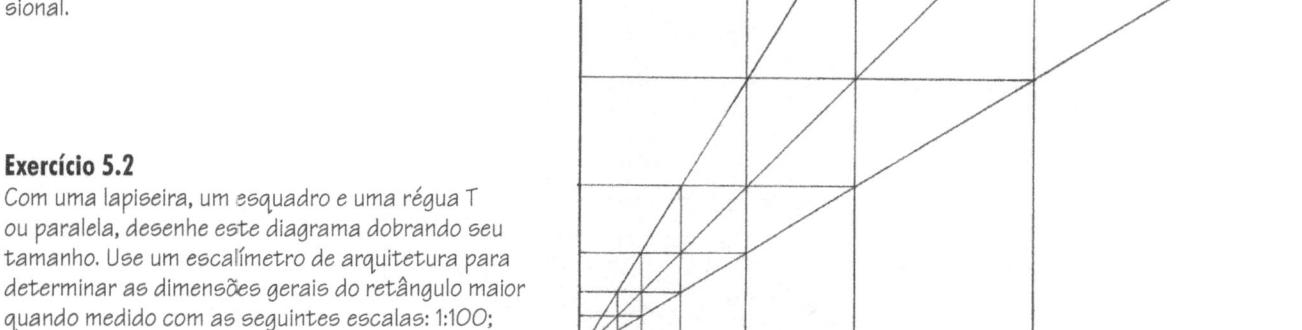

Exercício 5.2

Com uma lapiseira, um esquadro e uma régua T ou paralela, desenhe este diagrama dobrando seu tamanho. Use um escalímetro de arquitetura para determinar as dimensões gerais do retângulo maior quando medido com as seguintes escalas: 1:100; 1:50; 1:20; 1:10 e 1:5.

Exercício 5.3

Com um compasso, desenhe um círculo com 15 cm de diâmetro. Construa um pentágono, conforme mostrado no diagrama à direita. Dentro deste pentágono, desenhe uma série decrescente de pentagramas.

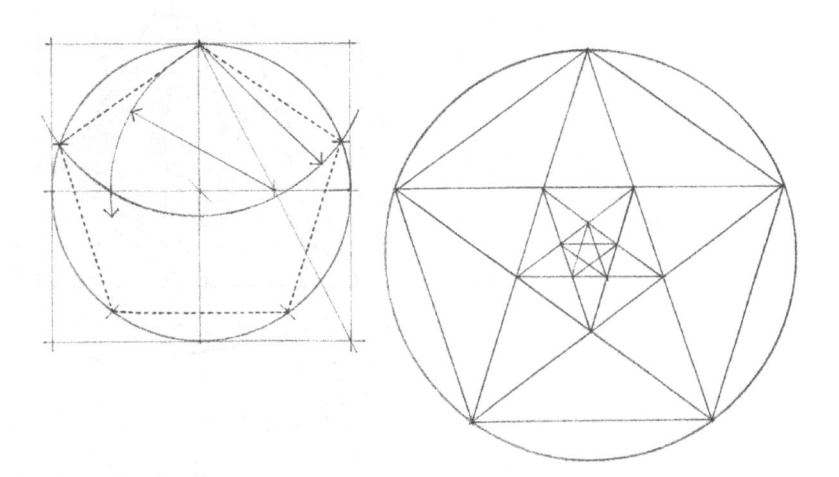

Exercício 5.4

Construa um retângulo no qual a proporção entre o lado maior e o menor seja a seção áurea. Primeiro, desenho o quadrado ABCD com lados de 5 cm. Encontre o centro do quadrado, desenhando duas diagonais. Passando por este centro, desenhe uma reta vertical em relação à base do quadrado, posicionando o ponto E no meio da reta DC. Tendo E como centro e EB como raio, desenhe um arco para baixo, até encontrar a extensão horizontal da reta DC, a base do quadrado. Depois, desenhe o retângulo AFDG. A proporção entre AD e DG é a seção ou proporção áurea, um retângulo no qual os lados maiores equivalem a 1,618 dos menores. Repita este exercício utilizando um programa de desenho bidimensional.

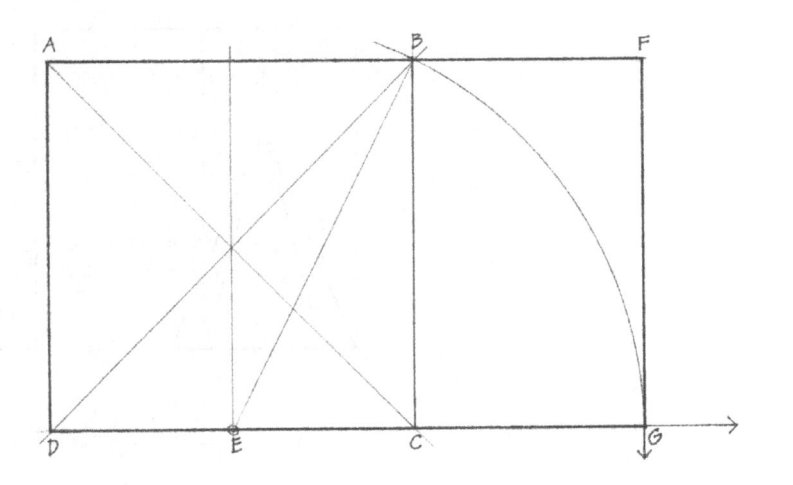

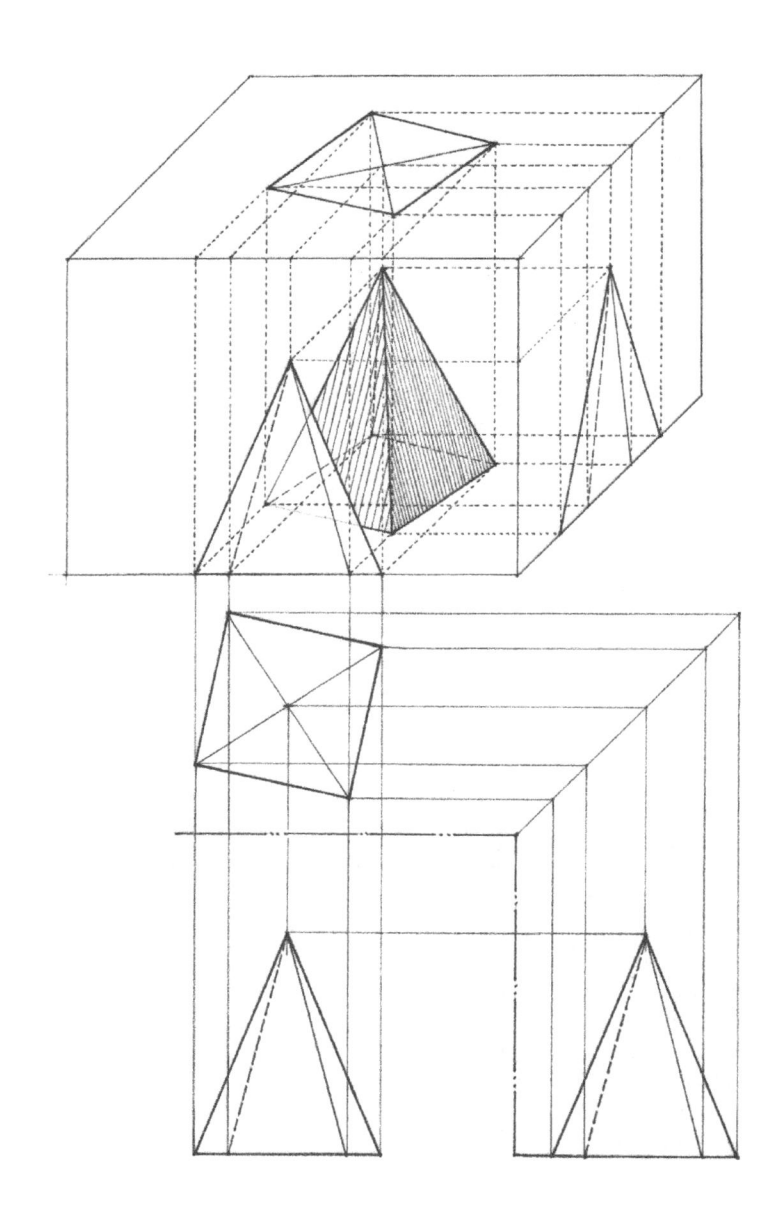

6
Desenhos de Vistas Múltiplas

Os desenhos de vistas múltiplas compreendem tipos de desenho conhecidos como plantas, elevações e cortes. Cada um deles é a projeção ortogonal de um aspecto particular de objetos ou construções. Estas vistas ortogonais são abstratas, uma vez que não correspondem à realidade ótica. Elas são um modo conceitual de representação, baseado mais no que sabemos a respeito de alguma coisa e menos no que é visto a partir de determinado ponto no espaço. Não há referência ao observador, mas, se houver, os olhos do espectador estarão a uma distância infinitamente grande.

Na projeção ortográfica ou ortogonal, as linhas de projeção encontram o plano do desenho em ângulos retos. Portanto, uma projeção ortogonal de qualquer característica ou elemento que seja paralela ao plano do desenho se mantém verdadeira em tamanho, formato e configuração. Isso traz a principal vantagem dos desenhos de vistas múltiplas: a possibilidade de posicionar os pontos de modo preciso, estimar o comprimento e a inclinação de retas e descrever o formato e a extensão de planos.

Durante o processo de desenhar, os desenhos de vistas múltiplas estabelecem planos bidimensionais, sobre os quais podemos estudar modelos formais e relações de escala de uma composição, bem como impor uma ordem intelectual ao projeto. A habilidade de regular tamanho, posição e configuração também torna os desenhos de vistas múltiplas úteis na comunicação das informações gráficas necessárias à descrição, à pré-fabricação e à execução de um projeto.

Por outro lado, um único desenho de vistas múltiplas consegue apenas revelar informações parciais sobre o objeto ou a edificação, apresentando uma ambiguidade de profundidade inerente, já que a terceira dimensão fica achatada no desenho. Portanto, a profundidade que lemos em plantas, cortes ou elevações isolados deve ser sugerida pelos indicadores de profundidade, como a hierarquia de pesos de linha e o contraste de tonalidades. Mesmo quando a sensação de profundidade é sugerida, somente a observação das vistas adicionais permitirá um entendimento perfeito. Assim, precisamos de uma série de vistas distintas, mas relacionadas, para descrever completamente a natureza tridimensional de uma forma ou composição – daí o termo vistas múltiplas.

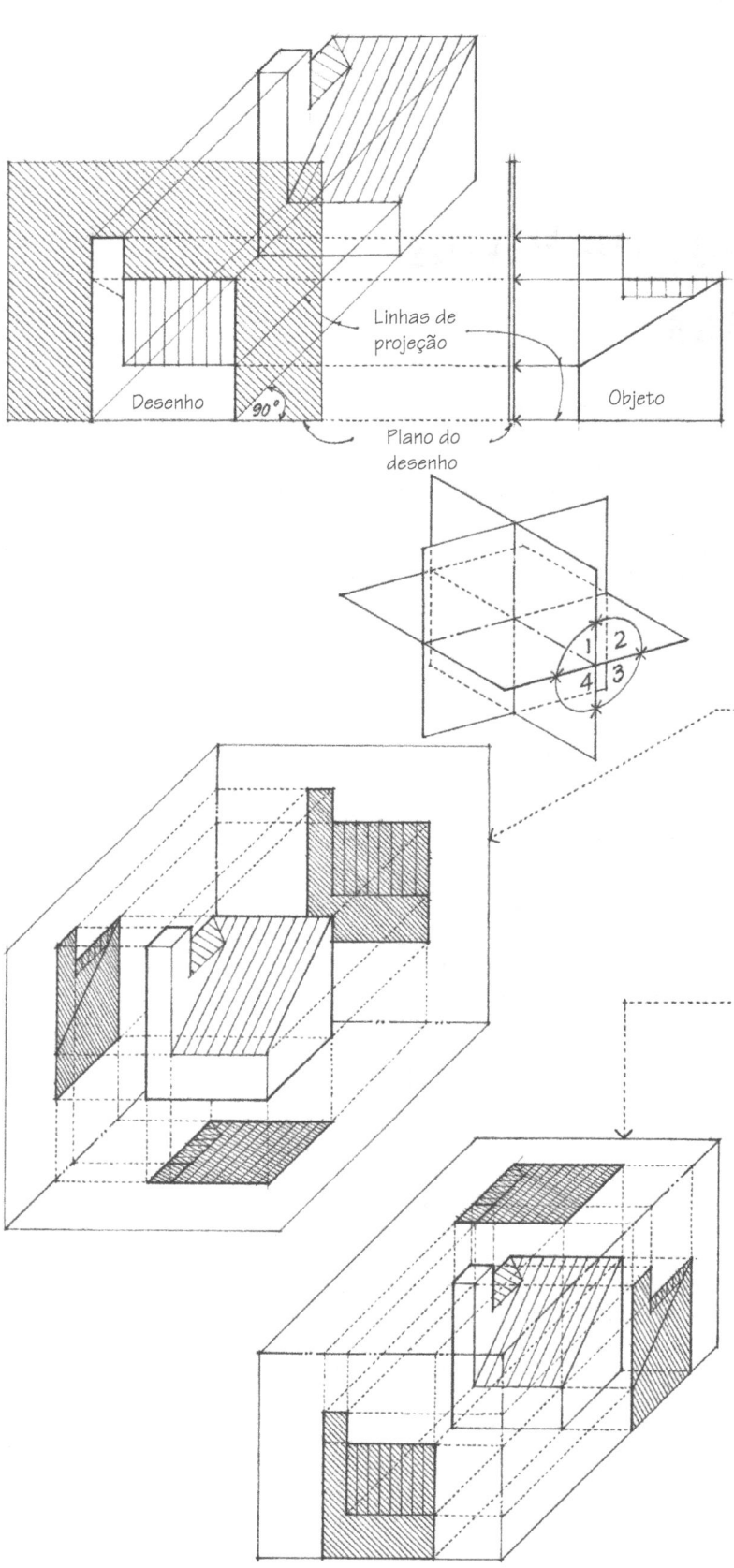

A projeção ortogonal ou ortográfica é o sistema que representa um objeto mediante a projeção de retas perpendiculares ao plano do desenho. Para construir uma projeção ortogonal, desenhamos linhas de projeção paralelas a partir de vários pontos do objeto de modo que elas incidam perpendicularmente ao plano do desenho. A seguir, conectamos os pontos projetados na ordem adequada, para obter a vista do objeto ou da edificação no plano do desenho. Referimo-nos à imagem resultante no plano do desenho como vista ortogonal.

Uma única vista ortogonal é insuficiente para descrever completamente um objeto tridimensional. Necessitamos de um conjunto de vistas ortogonais inter-relacionadas. Existem duas convenções para regular a relação entre vistas ortogonais: a projeção do primeiro ângulo e a projeção do terceiro ângulo. Para entender a distinção entre as duas, imagine três planos do desenho perpendiculares entre si: um horizontal e dois verticais. O plano do desenho frontal e o plano do desenho horizontal se interceptam para formar quatro diedros, numerados de um a quatro no sentido horário, começando com o quadrante superior esquerdo.

Projeção do primeiro ângulo

Gaspard Monge, um físico francês e engenheiro militar responsável pelo projeto de fortificações, idealizou a projeção do primeiro ângulo no século XVIII. Na projeção do primeiro ângulo, colocamos o objeto no primeiro quadrante e o projetamos para trás, como se estivéssemos projetando as sombras nas faces internas dos planos do desenho. O que é projetado são os aspectos do objeto mais próximos do observador.

Projeção do terceiro ângulo

Se posicionarmos o objeto no terceiro quadrante, o resultado será a projeção do terceiro ângulo. Uma vez que o plano do desenho se encontra entre o objeto e o observador, projetamos as imagens do objeto para a frente do plano do desenho. Assim, desenhamos e vemos as imagens nas faces externas do plano do desenho transparente.

VISTAS ORTOGONAIS

Podemos denominar os planos de um desenho se inserirmos o objeto em uma caixa de lados transparentes e projetarmos suas imagens ortogonalmente. Cada vista ortogonal representará uma orientação diferente e uma vantagem específica de cada ponto de observação de onde se visualiza o objeto. Cada vista também desempenhará um papel específico no desenvolvimento e na comunicação do projeto.

Planos principais
Um plano principal é qualquer um dos planos, perpendiculares entre si, nos quais a imagem do objeto é projetada ortogonalmente.

Plano horizontal
É o plano do desenho do principal pavimento, no qual a planta baixa, ou a vista superior, é projetada ortogonalmente.

Plano frontal
É um plano vertical do desenho, no qual uma elevação, ou a vista frontal, é projetada ortogonalmente.

Plano lateral
É um plano vertical do desenho, no qual uma vista lateral, ou posterior, é projetada ortogonalmente.

Aresta
É o traço correspondente à interseção de dois planos do desenho perpendiculares.

Traço
É a linha que representa a interseção de dois planos.

Vistas principais
As principais vistas ortogonais são a planta, a elevação e o corte.

Planta
É uma vista ou um corte principal projetado ortogonalmente em um plano horizontal do desenho. Também pode ser uma vista superior do objeto, chamada de planta de cobertura, no caso das edificações. No desenho de arquitetura, existem diferentes tipos plantas para a representação das várias projeções horizontais de uma edificação, construção ou terreno.

Elevação
É uma vista principal do objeto, projetada ortogonalmente em um plano horizontal do desenho. A elevação pode ser uma vista frontal, lateral ou posterior, dependendo de como nos orientamos com relação ao objeto ou de como julgamos a importância relativa de suas faces. Na representação gráfica em arquitetura, denominamos cada elevação com base nas direções dos pontos cardeais ou por associação a uma característica específica do terreno.

Corte
É a projeção ortogonal do objeto, ou seja, como seria sua aparência se fosse cortado por um segundo plano.

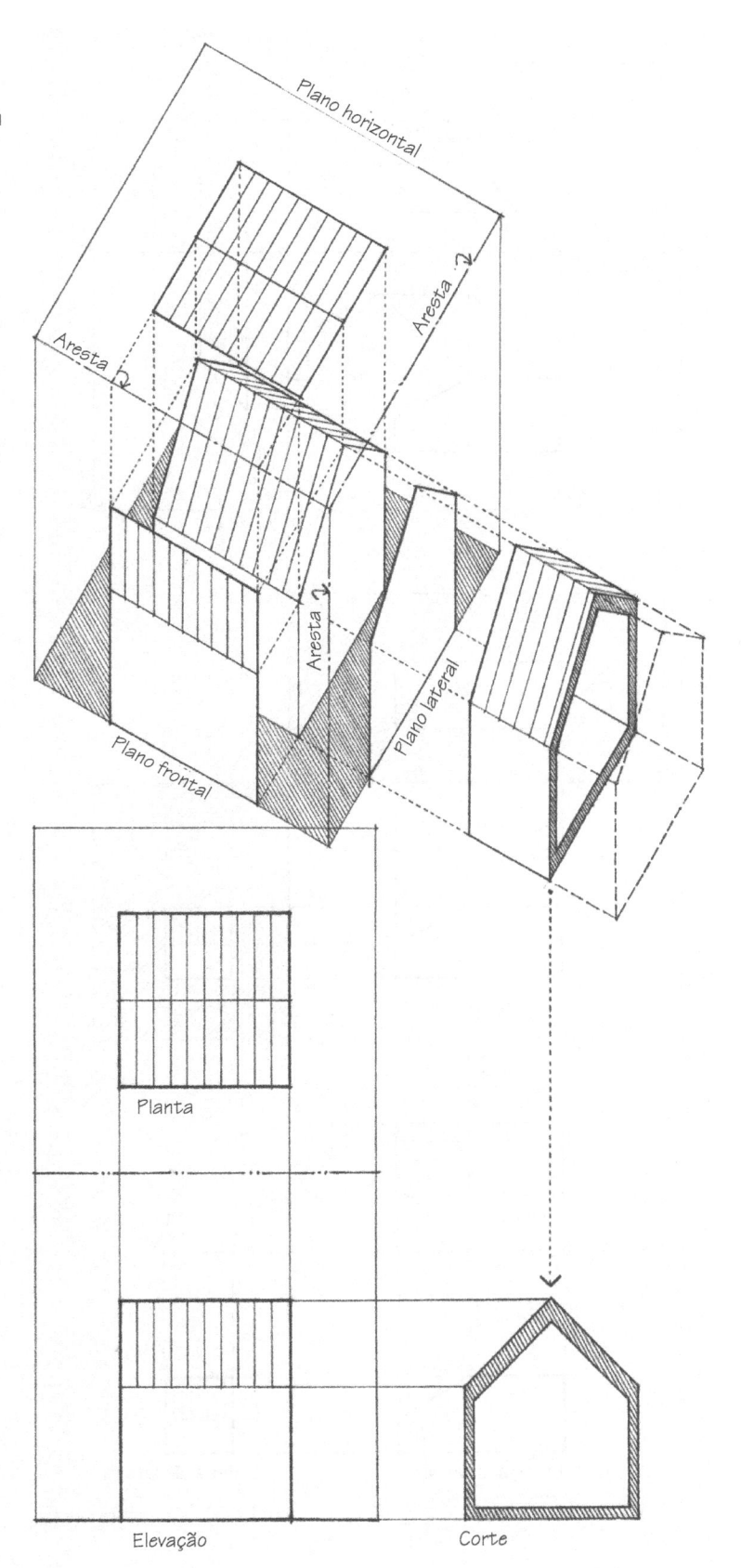

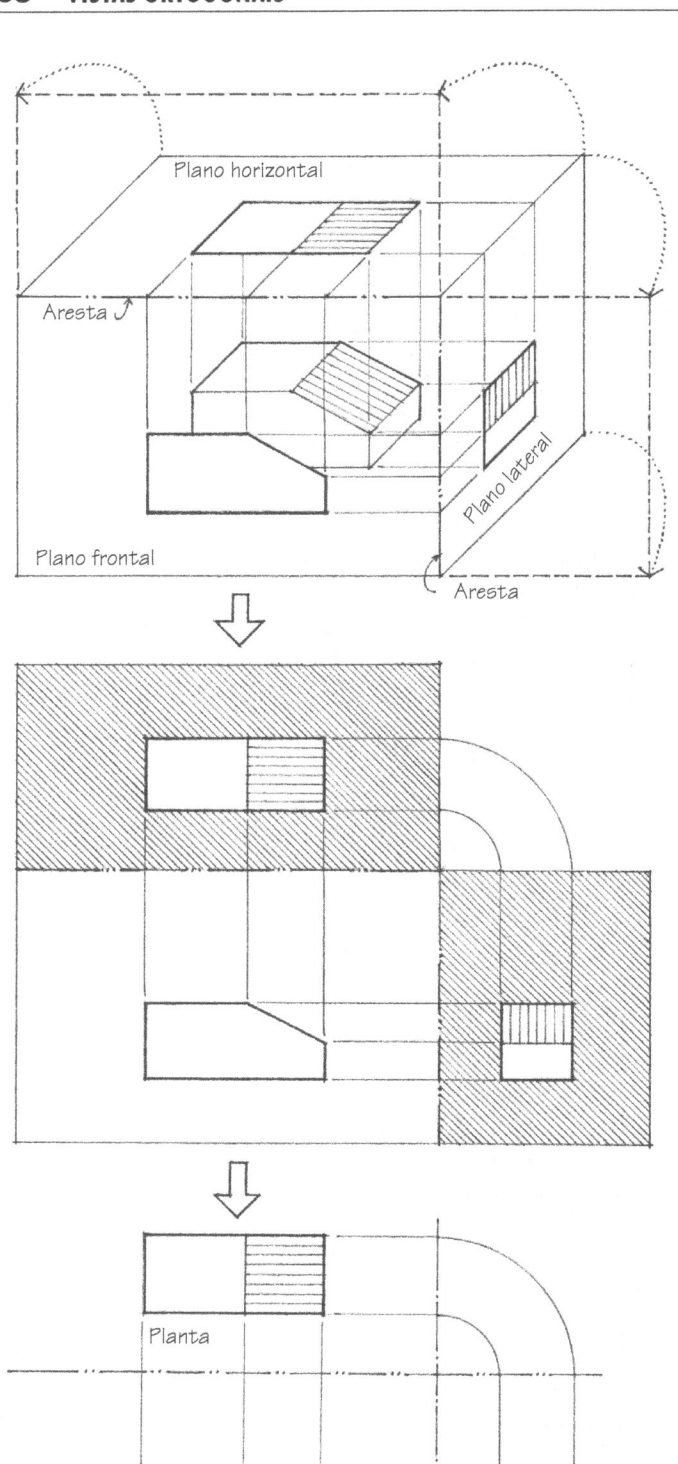

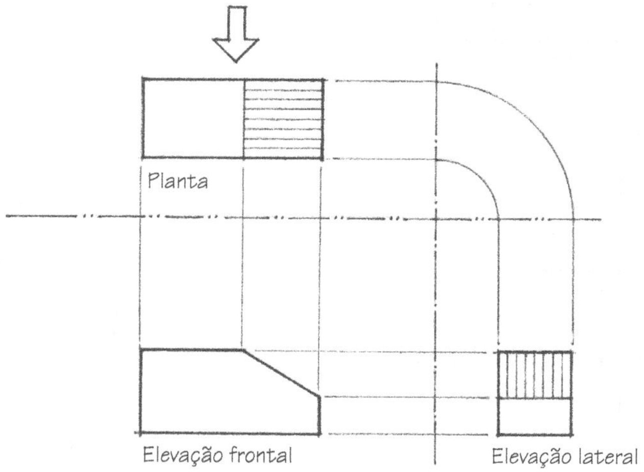

Organização das vistas

Para facilitar a leitura e a interpretação do modo como uma série de vistas ortogonais descreve o todo tridimensional, distribuímos as vistas de maneira ordenada e lógica. A distribuição mais comum de uma planta e suas elevações constitui na transposição do plano do desenho projetado sobre a caixa transparente em uma projeção de terceiro ângulo.

Depois de cada vista ser projetada, giramos as vistas, a partir das arestas, sobre um único plano, representado pela superfície do desenho. A planta, ou vista superior, passa para cima, no alto do desenho, e fica verticalmente alinhada com a vista, ou elevação frontal, enquanto a vista, ou elevação lateral, se alinha ao lado da frontal. O resultado é o conjunto coerente de vistas ortogonais relacionadas e separadas pelas arestas da caixa de projeção imaginária.

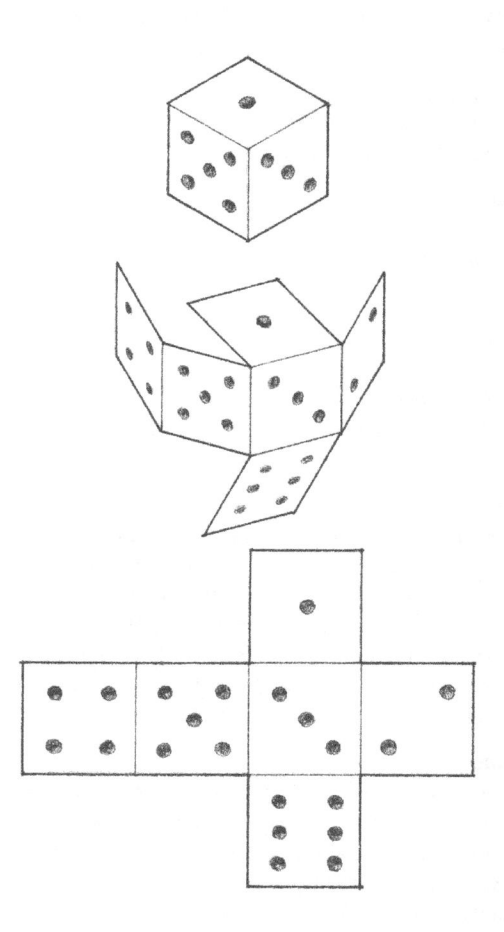

Número de vistas

O número de vistas ortogonais necessárias para descrever completamente a forma tridimensional de um objeto varia conforme com sua geometria e sua complexidade.

Condições de simetria geralmente eliminam a necessidade de uma ou mais vistas. Por exemplo, uma forma ou composição caracterizada por simetria axial ou bilateral tem dois lados que são imagens espelhadas. Portanto, uma das vistas laterais se torna redundante e pode ser omitida. De modo similar, vistas múltiplas de elevações de uma forma ou composição radial simétrica seriam desnecessárias, porque estas elevações reproduziriam as mesmas informações. Porém, a omissão de uma vista, em algumas situações, pode acarretar ambiguidade, caso uma simetria não exista de fato.

A maior parte dos objetos requer no mínimo três vistas associadas para descrever sua forma. Composições e formas complexas podem exigir quatro ou mais vistas relacionadas, especialmente se possuem faces oblíquas.

Vistas auxiliares

Para cada face oblíqua de um objeto ou uma edificação é necessária uma vista auxiliar, a fim de descrever seu tamanho e formato verdadeiros. Estabelecemos uma vista auxiliar ao inserir uma nova aresta da caixa de projeção imaginária, mostrando uma vista de quina do plano do desenho auxiliar paralelo à face inclinada ou oblíqua.

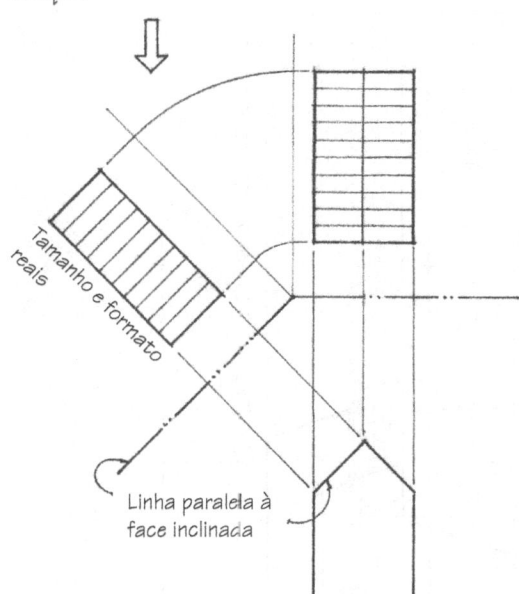

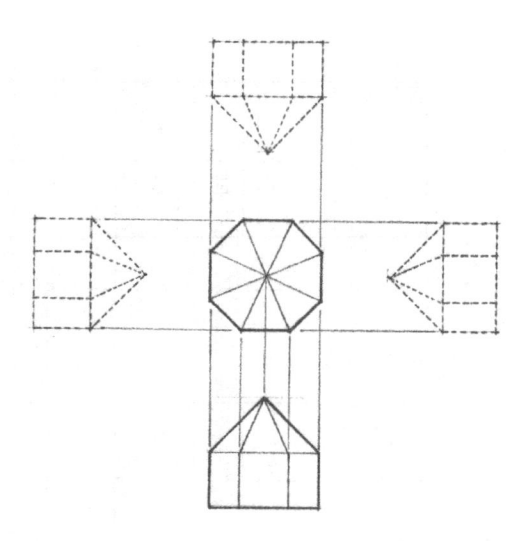

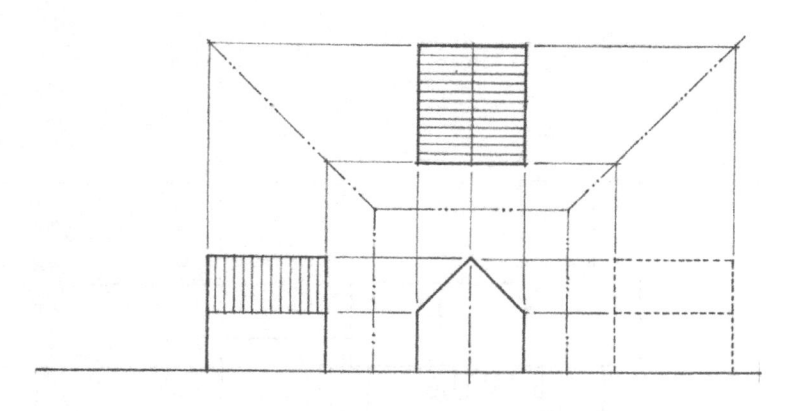

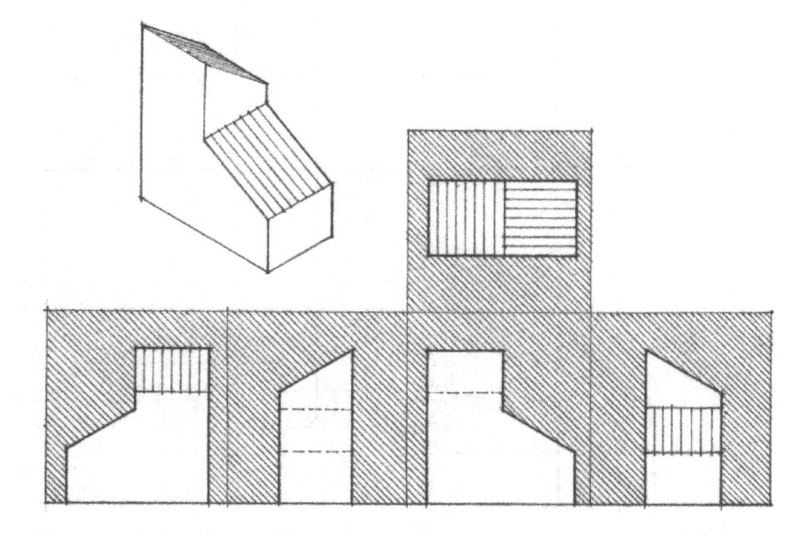

Tamanho e formato reais

Linha paralela à face inclinada

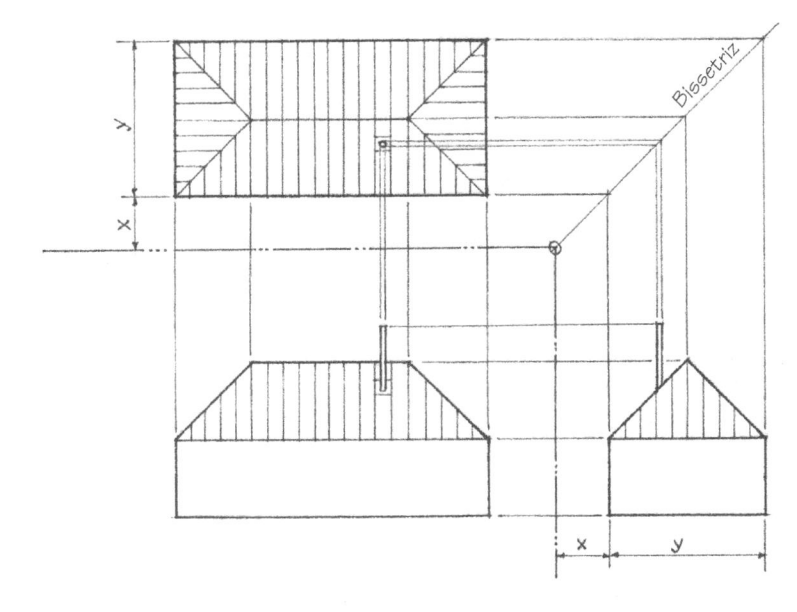

Construindo as vistas

Sempre que possível, alinhe as vistas ortogonais relacionadas de modo que os pontos e as dimensões possam ser facilmente transferidos de uma vista para outra. Esta relação não somente facilita a construção, como também torna os desenhos mais compreensíveis como um conjunto de informações coordenadas. Por exemplo, uma vez desenhada uma planta, podemos transferir de modo eficiente as dimensões horizontais de largura na superfície de desenho para uma elevação posicionada abaixo. De maneira similar, podemos projetar horizontalmente as dimensões verticais de altura, na superfície de desenho, de uma elevação a outra ou a mais elevações adjacentes.

Sempre projete pontos em uma vista adjacente com linhas de projeção transferidas perpendicularmente às arestas comuns. Como os pontos mantêm o mesmo afastamento em relação às arestas, em todas as vistas relacionadas com a vista comum é possível transferir uma distância do plano horizontal ao plano lateral traçando-se uma bissetriz pelo ponto de interseção dos dois planos de projeção. Uma alternativa é considerar este ponto de interseção dos planos como o centro de uma série de quartos de circunferência.

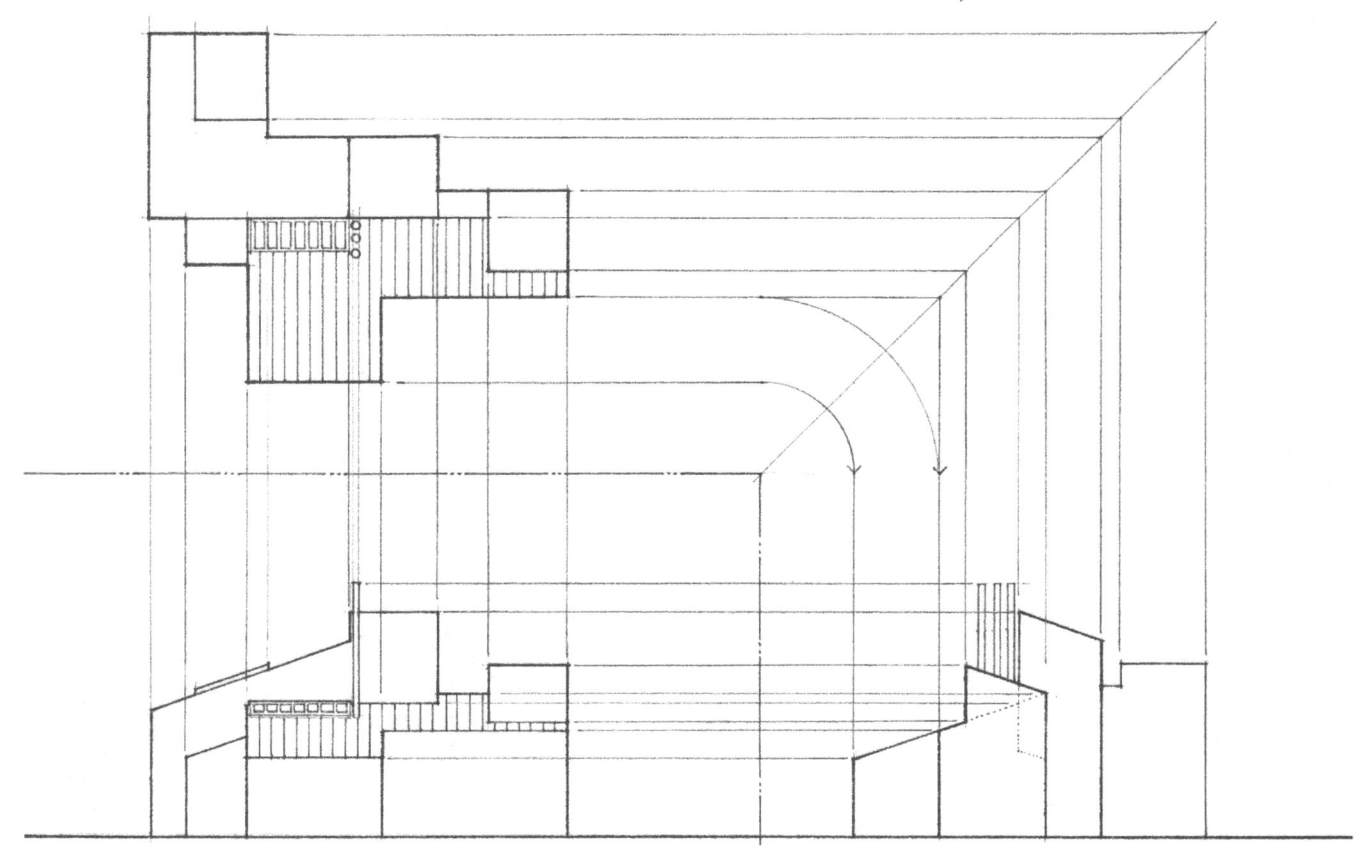

VISTAS ORTOGONAIS

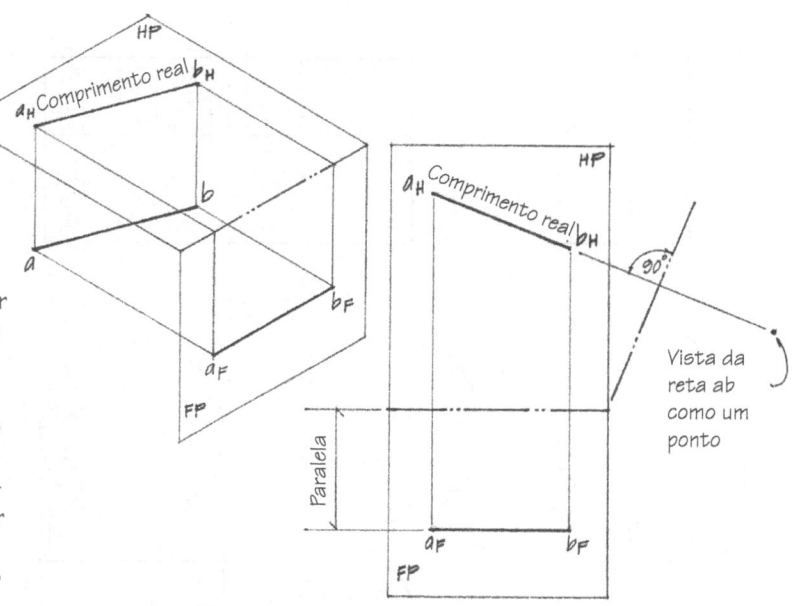

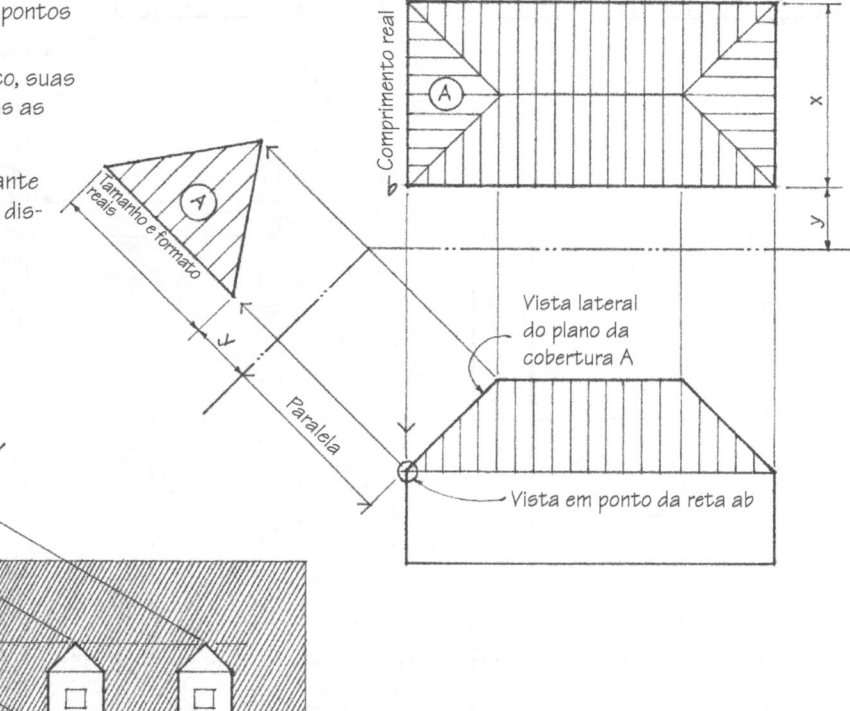

Princípios e técnicas

A projeção ortogonal de qualquer reta ou plano paralelo ao plano do desenho terá verdadeira grandeza em qualquer escala em que o desenho for construído.

- Para determinar o comprimento real de uma reta, estabeleça um plano de projeção paralelo à reta e, sobre este, projete as extremidades da reta.

- A projeção ortogonal de qualquer reta perpendicular ao plano do desenho é um ponto. Para mostrar a vista da reta como um ponto, outra vista deve antes ter revelado seu comprimento real. Feito isso, estabeleça um plano de projeção perpendicular à reta (que está em tamanho real) e projete a reta sobre o plano.

- A projeção ortogonal de qualquer plano perpendicular ao plano do desenho equivale a uma reta. Se uma reta existente no plano aparece como um ponto, o plano aparecerá como uma reta, na mesma vista. Então, para mostrar a vista lateral de um plano, encontre a vista da reta no plano (que será um ponto) e projete os pontos, definindo o plano na nova vista.

- Para encontrar o tamanho e o formato verdadeiros de um plano, estabeleça uma superfície de projeção perpendicular à vista lateral do plano e projete os pontos do plano, definindo-o sobre a superfície.

- Se duas ou mais retas são paralelas no espaço, suas projeções ortogonais serão paralelas em todas as vistas.

- O tamanho de um elemento permanece constante em qualquer vista, independentemente de sua distância em relação ao plano do desenho.

VISTAS ORTOGONAIS

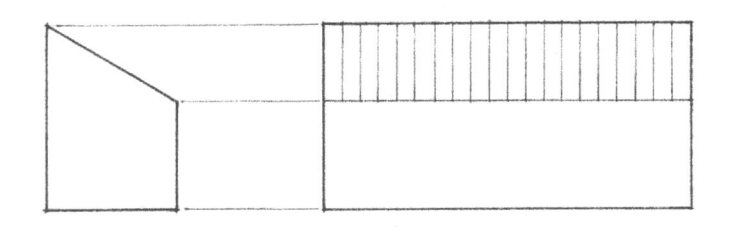

Princípios e técnicas

- A projeção ortogonal de qualquer reta ou plano oblíquo ao plano do desenho sempre sofrerá escorço, ou seja, terá seu tamanho reduzido. Para desenhar a vista reduzida de um plano ou reta oblíqua, outra vista deve mostrar o verdadeiro comprimento da reta ou da vista lateral do plano.

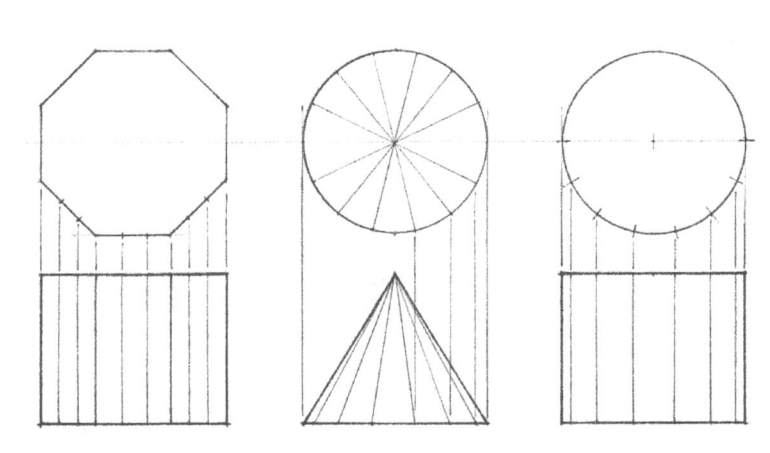

- Para determinar a projeção ortogonal de um objeto curvo, primeiro desenhe-o em uma vista que mostre seu formato e seus contornos reais. Depois, estabeleça pontos equidistantes ao longo de seu perfil e transfira-os para a vista correlata. Quanto mais precisas forem as divisões, mais fácil e precisa será a representação.

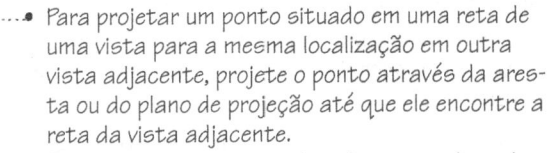

- Para projetar um ponto situado em uma reta de uma vista para a mesma localização em outra vista adjacente, projete o ponto através da aresta ou do plano de projeção até que ele encontre a reta da vista adjacente.

- Para projetar um ponto situado em um plano de uma vista para outra, construa a reta dentro do plano que contém o ponto. Projete esta reta de uma vista à outra e, então, projete o ponto de uma reta para a outra.

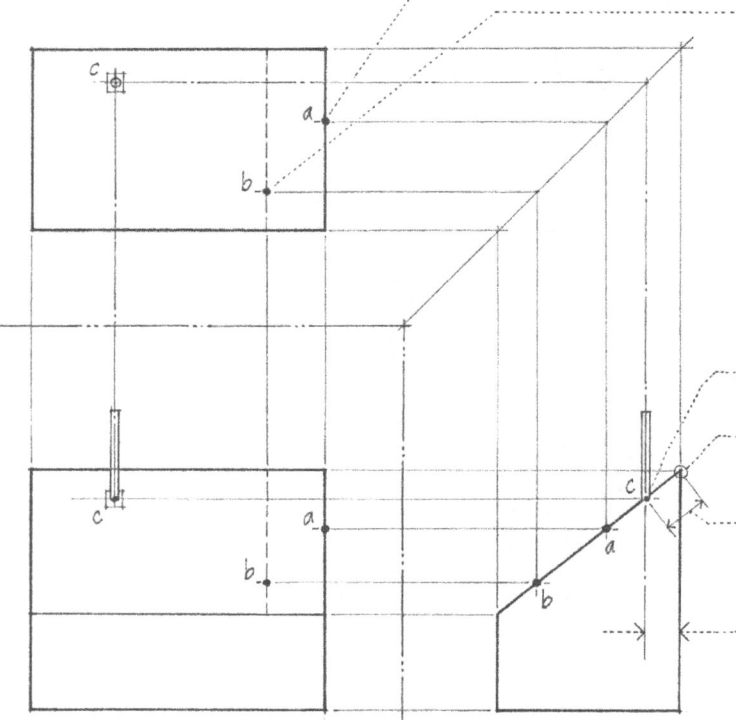

- O ponto de interseção entre uma reta e um plano aparece na vista que mostra a aresta do plano.
- A reta de interseção entre dois planos não paralelos aparece na vista que mostra um dos planos como uma aresta.
- A menor distância entre um ponto e uma reta aparece na vista em que a reta é representada como um ponto. A distância perpendicular é a reta que conecta os dois pontos.
- A menor distância de um ponto a um plano aparece no desenho que mostra a vista lateral deste plano. A distância é dada pela reta perpendicular que se estende do porto à vista lateral do plano.

VISTAS ORTOGONAIS 143

Princípios e técnicas

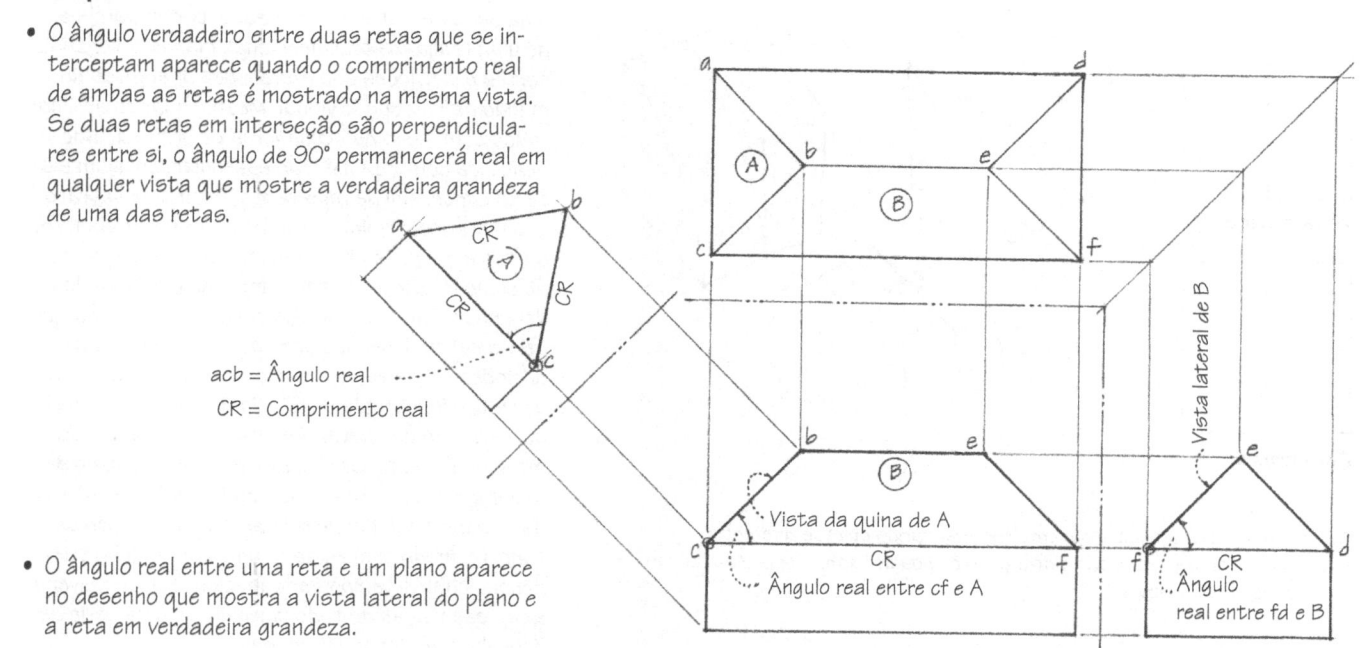

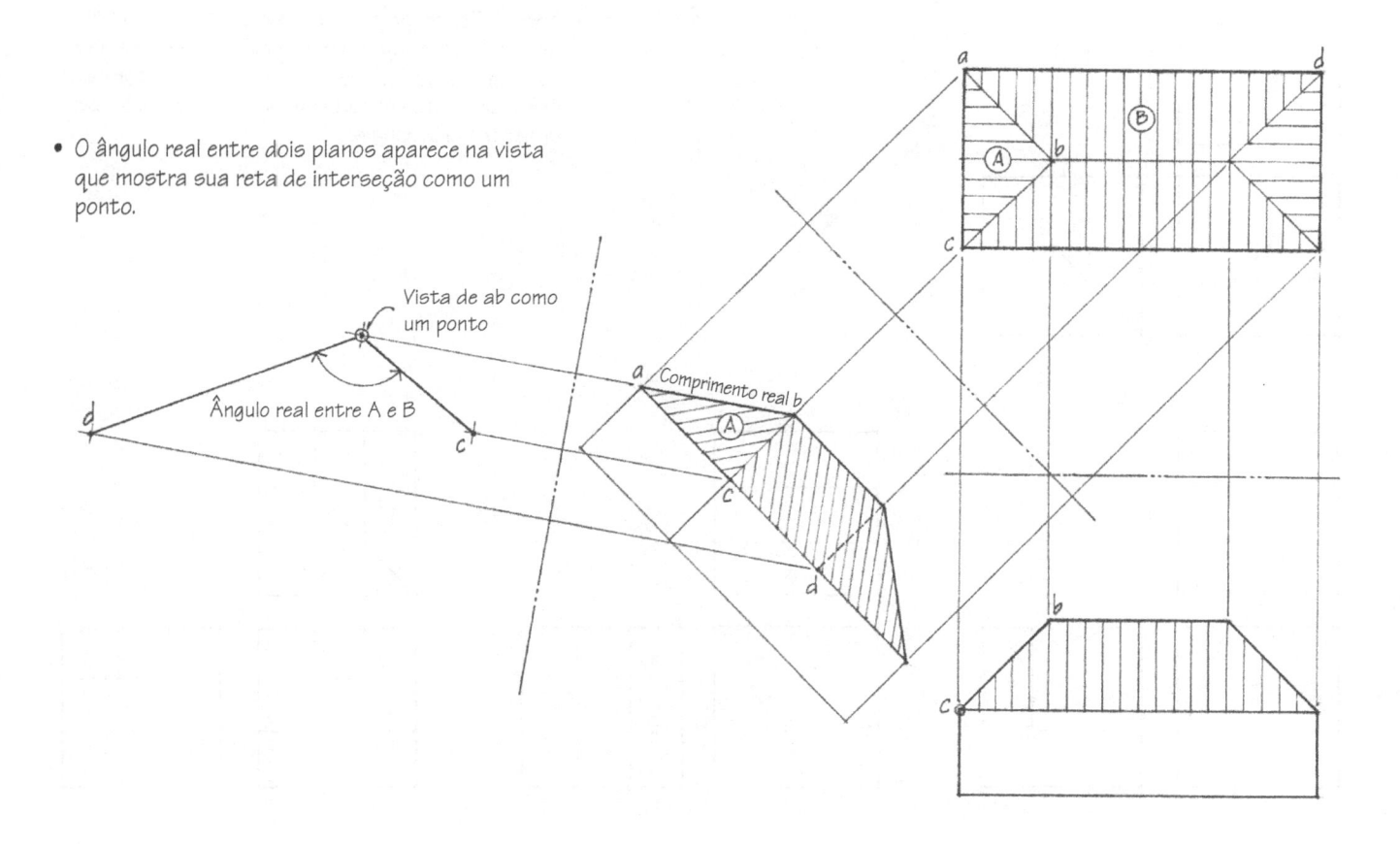

- O ângulo verdadeiro entre duas retas que se interceptam aparece quando o comprimento real de ambas as retas é mostrado na mesma vista. Se duas retas em interseção são perpendiculares entre si, o ângulo de 90° permanecerá real em qualquer vista que mostre a verdadeira grandeza de uma das retas.

  acb = Ângulo real
  CR = Comprimento real

- O ângulo real entre uma reta e um plano aparece no desenho que mostra a vista lateral do plano e a reta em verdadeira grandeza.

- O ângulo real entre dois planos aparece na vista que mostra sua reta de interseção como um ponto.

144 LENDO DESENHOS DE VISTAS MÚLTIPLAS

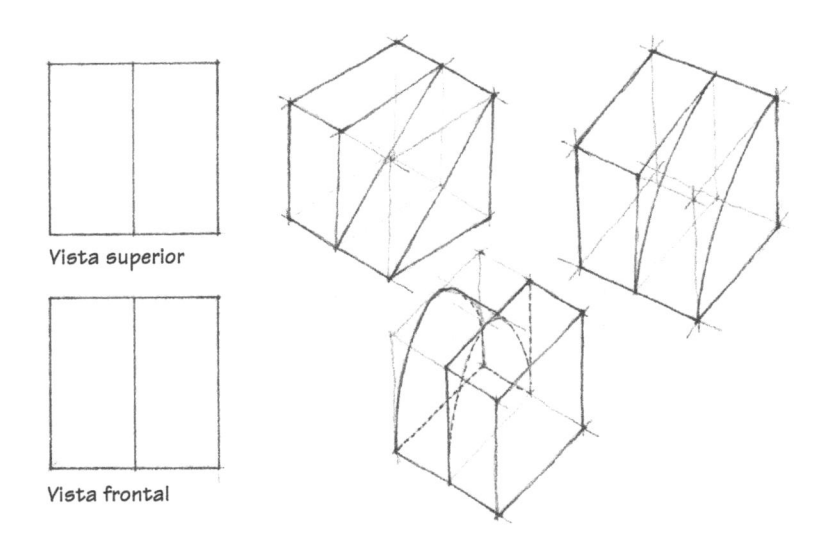

Vista superior

Vista frontal

As vistas superior e frontal podem descrever vários objetos diferentes. Aqui são mostradas, de modo pictórico, três possibilidades. Quantas outras você consegue visualizar?

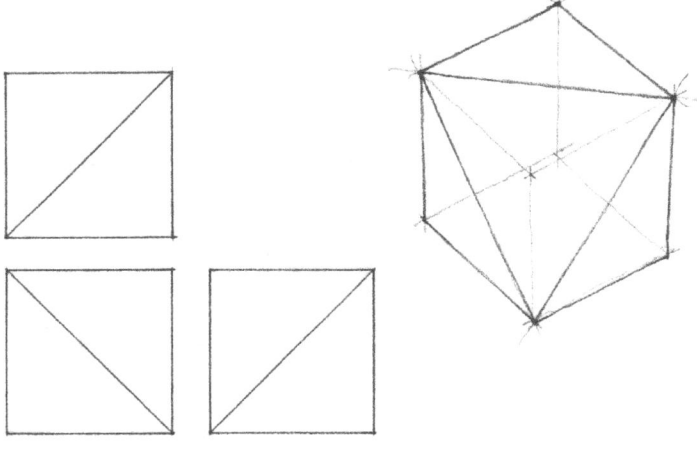

Os desenhos de vistas múltiplas compreendem uma série de vistas relacionadas, porém parciais, de uma realidade tridimensional. Planos ortogonais, cortes e elevações são expressões diferentes do mundo da percepção visual. Mesmo quando aprimorados com o uso de indicadores de profundidade visual, eles continuam sendo essencialmente um sistema conceitual de representação, mais abstrato que pictórico. Assim, aprender a desenhar plantas, cortes e elevações também implica o aprendizado de como ler e interpretar a linguagem gráfica dos desenhos de vistas múltiplas. Qualquer pessoa que utilize estes desenhos para pensar e comunicar decisões relativas ao projeto deve entender como as vistas individuais se relacionam umas com as outras, para descrever um objeto ou espaço tridimensional. Desta leitura, devemos ser capazes de reunir o conjunto de vistas parciais e fragmentadas na mente, a fim de recriar a compreensão do todo. De modo similar, dada uma construção tridimensional, devemos ser capazes de desenvolver a representação do todo por meio de uma série de desenhos de vistas ortogonais.

Exercício 6.1

A visualização da forma tridimensional de um objeto descrito por um conjunto de desenhos de vistas planas envolve um exercício mental de tentativas e erros. Desenhar possíveis soluções em uma folha de papel nos ajuda a refletir sobre o problema. Para vivenciar isso, tente esboçar uma vista pictórica do objeto descrito em cada um destes conjuntos de projeções ortogonais.

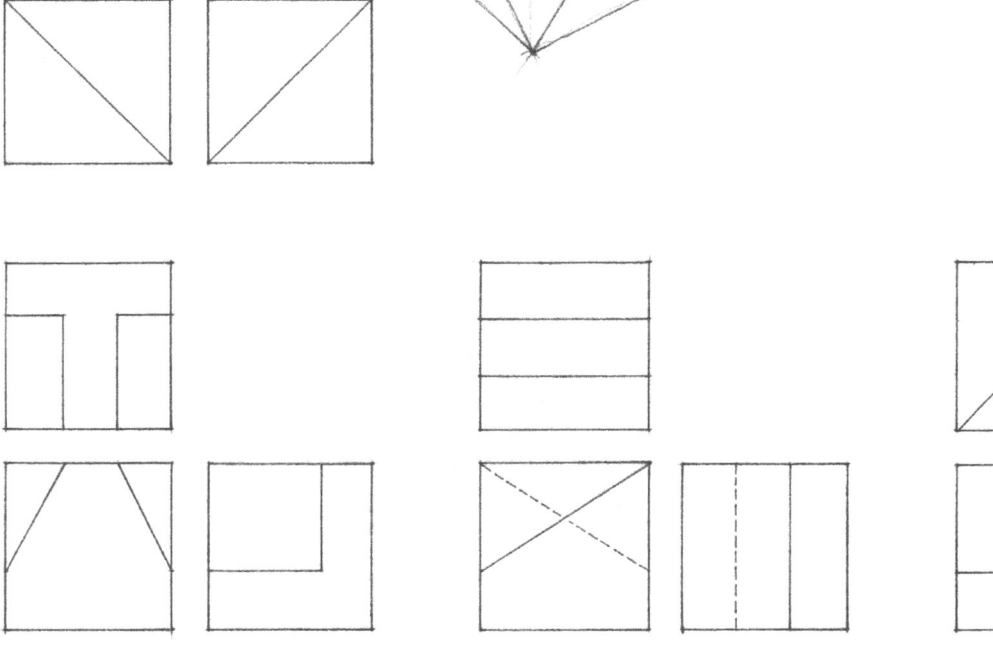

Exercício 6.2
Para cada par de projeções ortogonais, desenhe uma terceira vista ortogonal, bem como uma vista pictórica tridimensional do objeto descrito.

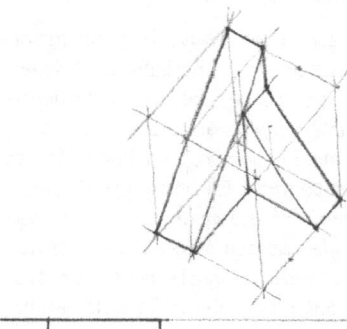

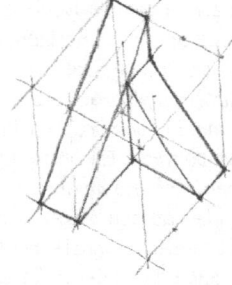

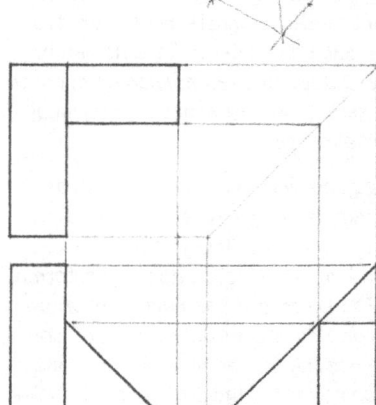

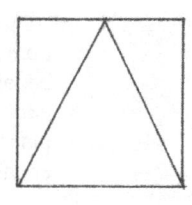

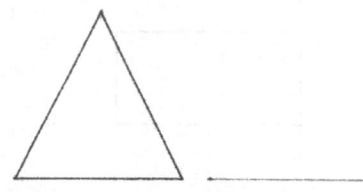

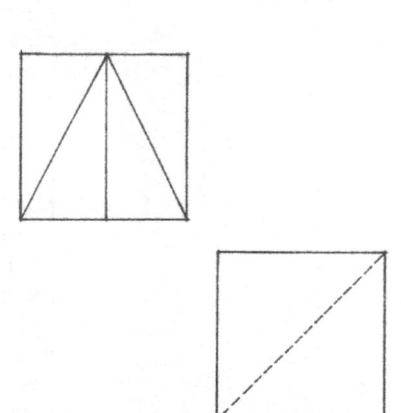

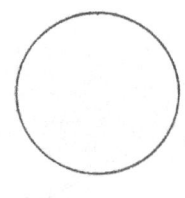

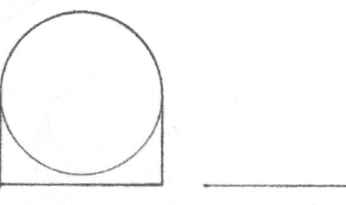

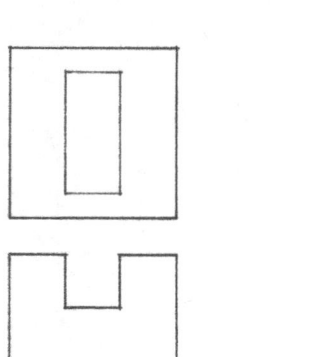

Exercício 6.3
Estude cada conjunto de projeções ortogonais e tente visualizar o objeto descrito. Qual conjunto, visto de uma projeção de terceiro ângulo, contém vistas que podem ser incoerentes ou impossíveis?

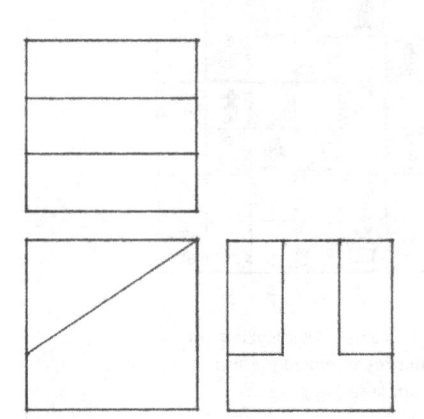

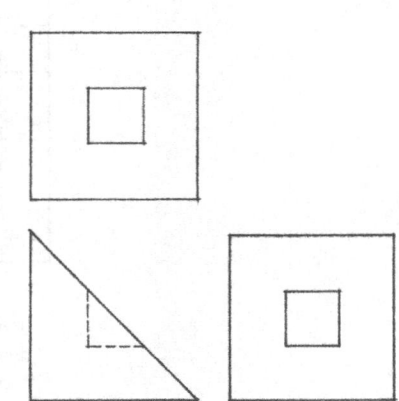

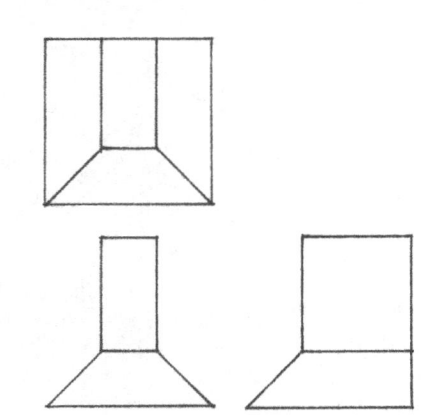

146 PLANTAS

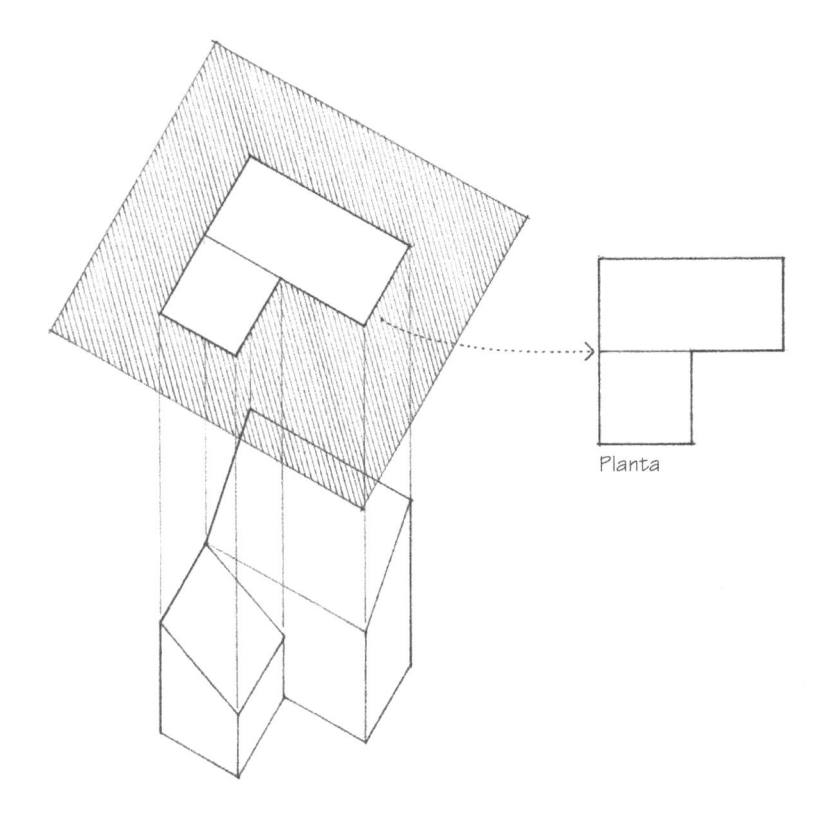

As plantas são projeções ortogonais em um plano do desenho horizontal, geralmente desenhadas em escala. Elas representam uma vista de um objeto, edificação ou cena, observada de cima. Todos os planos paralelos ao plano do desenho mantêm sua escala real de tamanho, formato e proporções.

As plantas reduzem a complexidade tridimensional do objeto aos seus aspectos horizontais bidimensionais. Elas mostram a largura e o comprimento, mas não reproduzem a altura. Esta ênfase na horizontal é, ao mesmo tempo, uma limitação das plantas e seu ponto forte. É irônico que, embora sejam relativamente fáceis de serem construídas, quando comparadas às complexas perspectivas cônicas, as plantas são essencialmente construções abstratas que podem ser difíceis de serem lidas e compreendidas. Elas representam um ponto de observação aéreo que raramente conseguimos ter, exceto mentalmente.

Ao simplificar alguns elementos, no entanto, as plantas enfatizam as combinações horizontais e os padrões do que vemos ou imaginamos. Essas combinações podem ser relações de função, forma, espaço interno ou externo, ou as partes internas de um todo maior. Nesse sentido, as plantas correspondem aos nossos mapas mentais do mundo e se mostram como um verdadeiro campo de ação para nossos pensamentos e ideias.

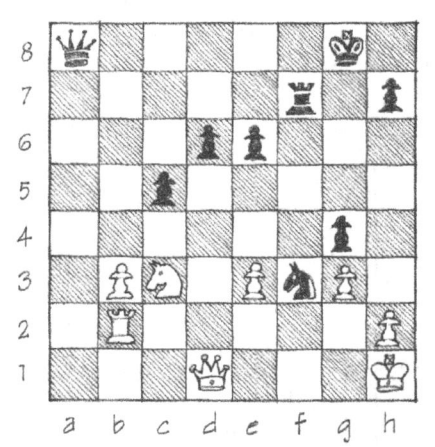

Planta

Jogada de Charles Bradley: é a vez das peças pretas e o xeque-mate ocorrerá em três jogadas.

PLANTAS BAIXAS

A planta baixa representa um corte horizontal do edifício, ou seja, como ele seria visualizado se fosse cortado por um plano que o interceptasse. Depois de fazer este corte horizontal na construção, removemos a parte superior. A planta baixa é a projeção ortogonal da porção remanescente.

As plantas baixas nos mostram o interior de uma edificação, revelando uma vista que, de outro modo, não seria visualizada. Elas revelam relações horizontais e padrões que não detectamos facilmente quando estamos no interior de uma edificação. Em um plano horizontal de desenho, as plantas baixas são capazes de evidenciar a configuração de paredes e pilares, o formato e as dimensões do espaço, o padrão das aberturas (portas e janelas) e as conexões entre os cômodos internos e entre estes espaços e os externos.

O plano horizontal de uma planta é um corte através de paredes, pilares e outros elementos verticais de uma edificação, como as aberturas. O plano de corte geralmente é feito a 1,20 m do piso, mas sua altura pode variar de acordo com a natureza do projeto da edificação. Abaixo do plano de corte, vemos o piso, bancadas, tampos de mesa e outras superfícies horizontais similares.

Necessário para a leitura de plantas baixas é conseguir distinguir elementos sólidos de vazios e discernir com precisão onde a massa encontra o espaço. Assim, é importante enfatizar de maneira gráfica o que está sendo cortado na planta baixa e diferenciar o material cortado daquilo que vemos no espaço abaixo do plano de corte. A fim de expressar a sensação de dimensão vertical e a existência de volume espacial, devemos utilizar uma hierarquia de pesos de linhas ou várias tonalidades. A técnica que empregaremos dependerá da escala da planta baixa, dos instrumentos de desenho e do grau de contraste necessário para distinguir sólidos de vazios.

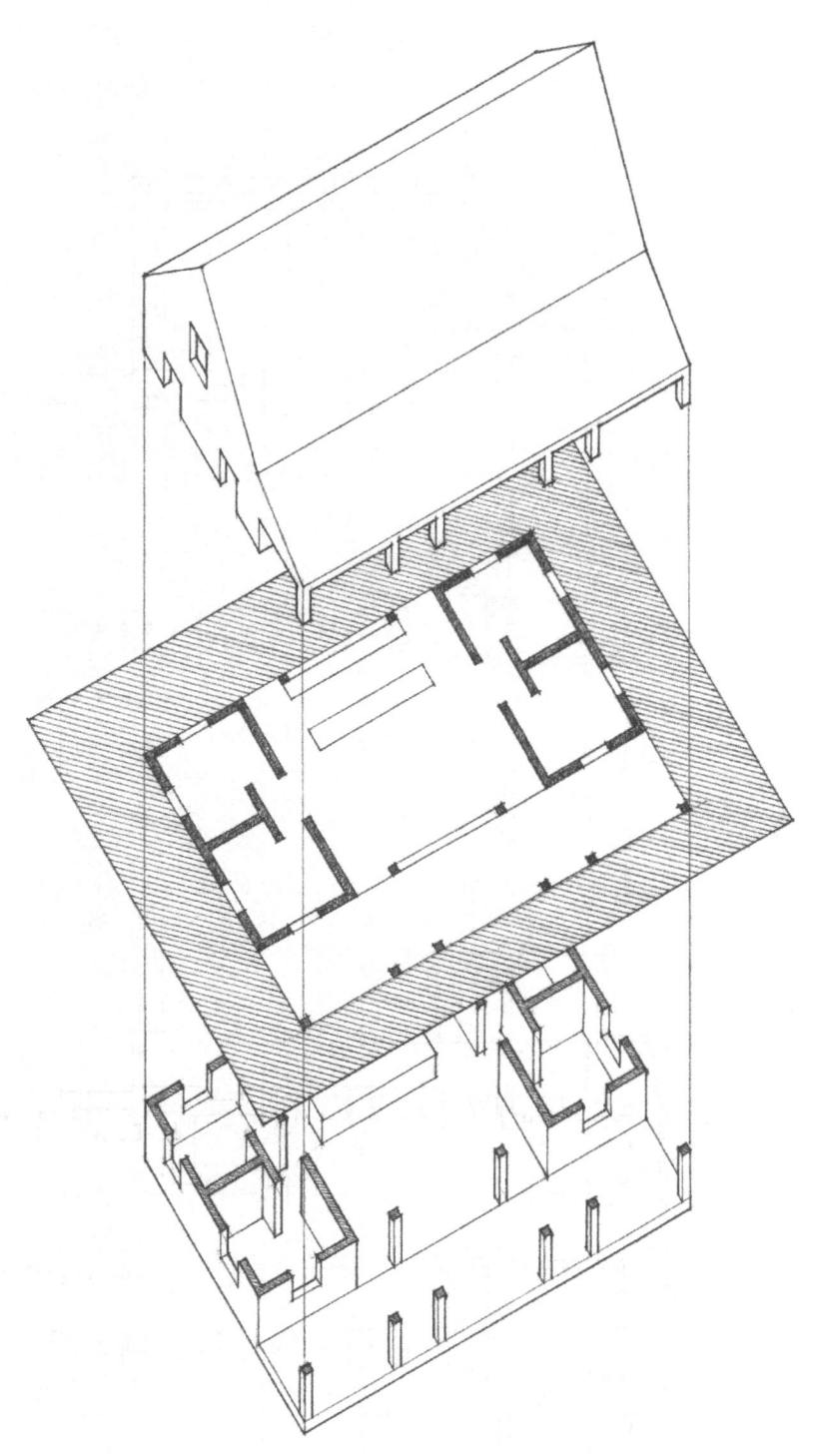

148 PLANTAS BAIXAS

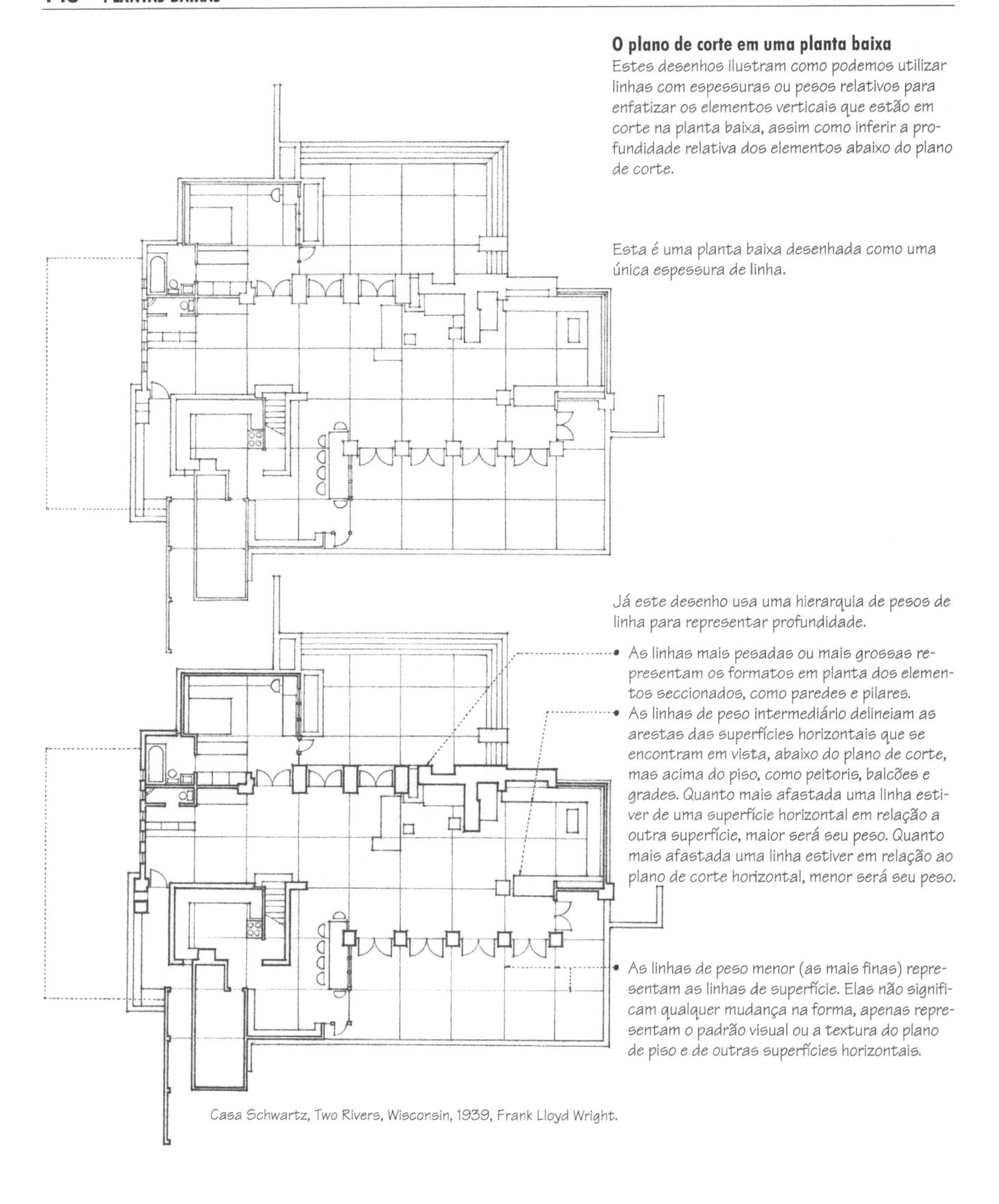

O plano de corte em uma planta baixa

Estes desenhos ilustram como podemos utilizar linhas com espessuras ou pesos relativos para enfatizar os elementos verticais que estão em corte na planta baixa, assim como inferir a profundidade relativa dos elementos abaixo do plano de corte.

Esta é uma planta baixa desenhada como uma única espessura de linha.

Já este desenho usa uma hierarquia de pesos de linha para representar profundidade.

- As linhas mais pesadas ou mais grossas representam os formatos em planta dos elementos seccionados, como paredes e pilares.
- As linhas de peso intermediário delineiam as arestas das superfícies horizontais que se encontram em vista, abaixo do plano de corte, mas acima do piso, como peitoris, balcões e grades. Quanto mais afastada uma linha estiver de uma superfície horizontal em relação a outra superfície, maior será seu peso. Quanto mais afastada uma linha estiver em relação ao plano de corte horizontal, menor será seu peso.

- As linhas de peso menor (as mais finas) representam as linhas de superfície. Elas não significam qualquer mudança na forma, apenas representam o padrão visual ou a textura do plano de piso e de outras superfícies horizontais.

Casa Schwartz, Two Rivers, Wisconsin, 1939, Frank Lloyd Wright.

PLANTAS BAIXAS 149

Exercício 6.4
A vista pictórica à direita foi cortada a uma altura de aproximadamente 1,20 m em relação ao nível do piso. Desenhe a planta baixa na escala de 1:50. Inicialmente, use apenas uma espessura de linha. Depois, use uma hierarquia de pesos de linha para transmitir a profundidade relativa dos elementos. Use as linhas mais grossas para representar os elementos em corte, as intermediárias para descrever as arestas das superfícies horizontais abaixo do plano de corte e as mais finas para indicar as linhas de superfície.

Exercício 6.5
À direita está a planta do primeiro pavimento da Capela de Santo Inácio, da Seattle University, projetada por Steven Holl em 1994. Desenhe a planta em uma escala que seja o dobro desta. Siga o procedimento descrito no exercício anterior: inicialmente, use apenas um peso de linha; depois, use uma hierarquia de espessuras para transmitir a profundidade relativa dos elementos em planta baixa. Se houver dúvidas quanto ao que está sendo cortado, desenhe as distintas possibilidades sobrepondo diferentes folhas de papel manteiga e tente visualizar que alternativas fariam mais sentido em três dimensões.

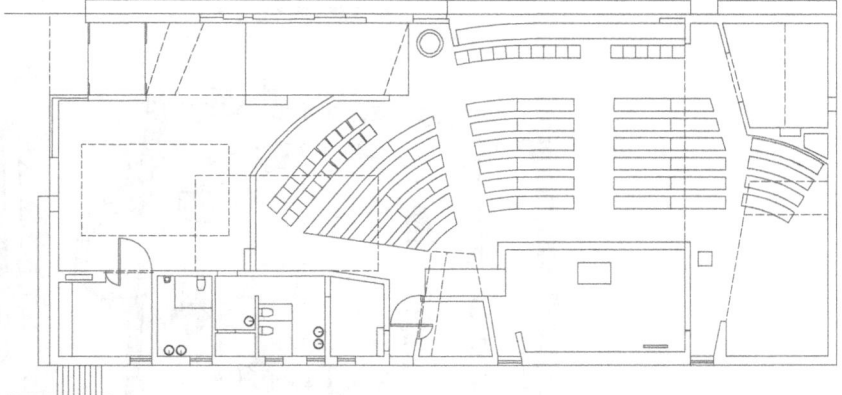

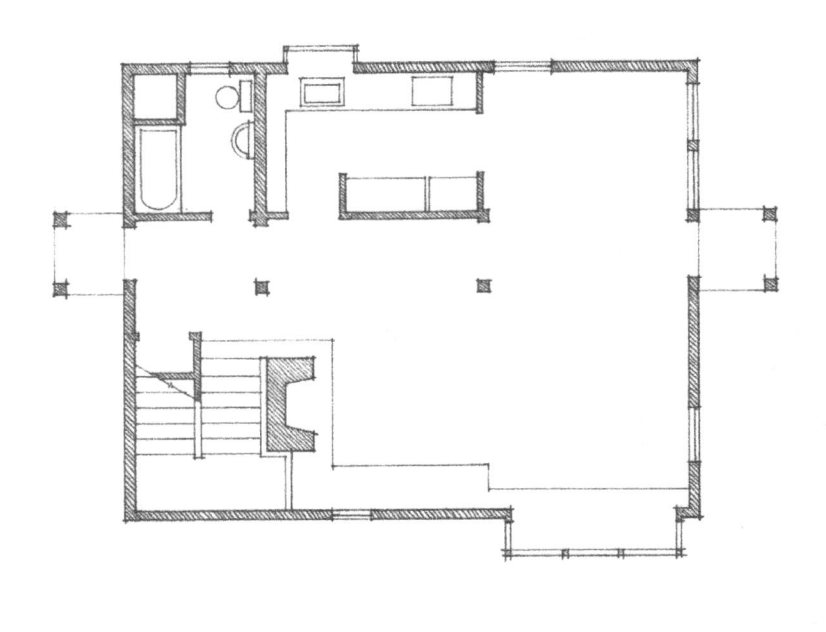

Hachuras

Podemos enfatizar o formato dos elementos cortados com uma tonalidade que contraste com o campo espacial da planta baixa. Chamamos de hachura este escurecimento de paredes, pilares e outros corpos maciços cortados.

Nas plantas baixas em pequena escala, em vez de usar uma hachura, é mais comum pintar de preto os elementos cortados, para ressaltá-los. Caso deseje apenas um pequeno contraste entre os elementos cortados (as figuras) e c campo de desenho (o fundo), use um cinza de tom mécio ou uma hachura para enfatizar os elementos cortados. Isso é especialmente importante em plantas baixas em grande escala, quando áreas extensas de preto podem acarretar um peso visual muito grande ou criar um contraste exagerado. No entanto, se os elementos planos, como os padrões de piso e os móveis, conferirem valor tonal ao campo do desenho, um tom de cinza ou o preto talvez seja preciso para se conseguir o grau de contraste necessário entre elementos só idos e vazios.

A hachura estabelece uma relação de figura e fundo entre sólidos e vazios, entre continente e conteúdo. Tendemos a ler os elementos cortados na planta baixa como figuras e o espaço delimitado como fundo. Entretanto, se for conveniente ver o formato do espaço como figura, podemos inverter o padrão normal de escuros sobre uma superfície clara e, ao contrário, desenhar em branco sobre uma superfície escura.

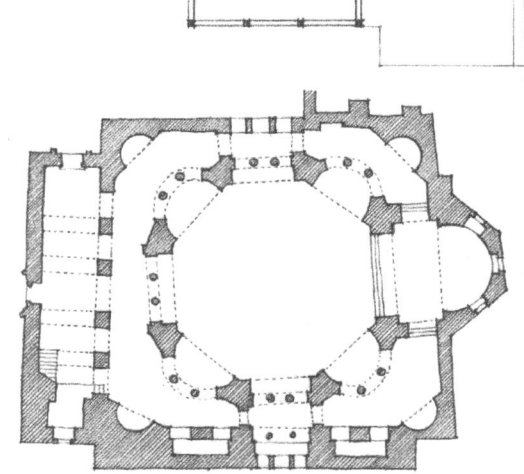

Igreja de São Sérgio e São Baco, Constantinopla (Istambul), 525–30 d.C.

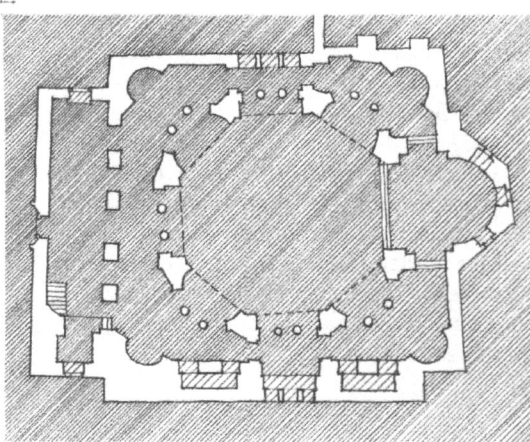

Exercício 6.6
À direita, foi reproduzida a planta baixa do segundo pavimento da Casa Fisher em Hatboro, Pensilvânia, projetada por Louis Kahn em 1960. Desenhe a planta baixa na escala de 1:50, representando os elementos cortados em planta com linhas de peso mais fortes. Desenhe a planta baixa outra vez e represente os elementos cortados com hachuras ou preenchendo-os com tons escuros. Compare as diferenças entre as duas plantas baixas. Em que planta os formatos e padrões dos elementos cortados e espaços definidos ficam mais evidentes?

Exercício 6.7
Faça dois desenhos de cada uma das plantas baixas abaixo e à direita. Em uma planta de cada par, trabalhe os formatos dos elementos em corte com hachuras. No segundo, inverta o padrão de claros e escuros e trabalhe os espaços definidos pelos elementos cortados. Compare os dois pares de desenhos. Em que planta baixa o formato dos espaços internos é mais evidente e mais fácil de ler?

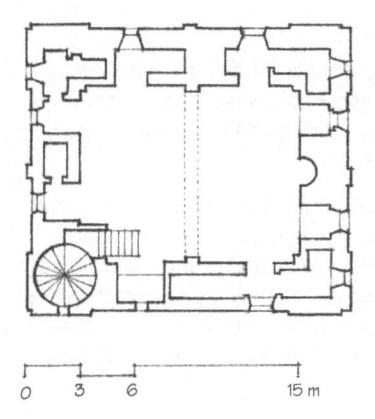

Hedingham, castelo românico no Condado de Essex, Inglaterra.

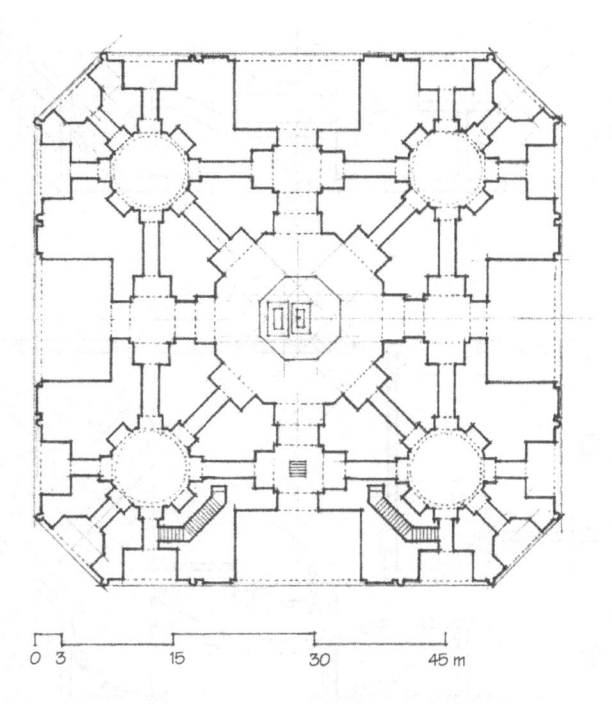

Planta baixa do térreo do Taj Mahal, tumba de Mumtaz Mahal, em Agra, Índia, 1632–54.

Plantas baixas digitais

Quando utilizamos CAD ou outro software de desenho para desenhar plantas baixas, também é importante manter a diferenciação entre massas (cheios) e espaços (vazios). Assim como nos desenhos à mão livre, devemos empregar uma variedade de linhas de peso contrastantes para distinguir o perfil dos elementos que são cortados em planta daqueles que estão em vista, abaixo do plano de corte.

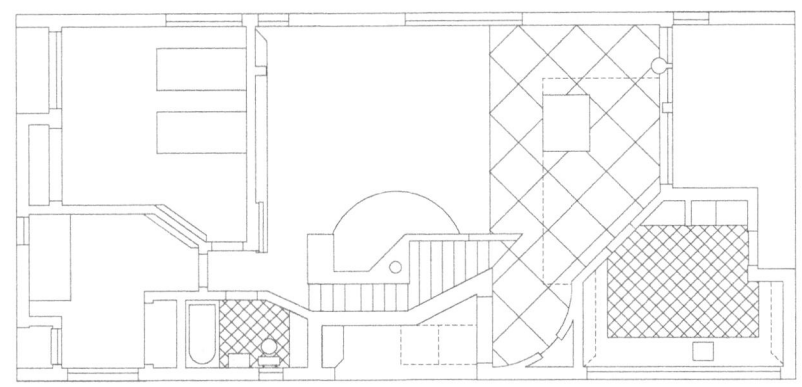

- Esta planta baixa utiliza apenas um peso de linha. À primeira vista, fica difícil discernir o que está em corte e o que está em vista.

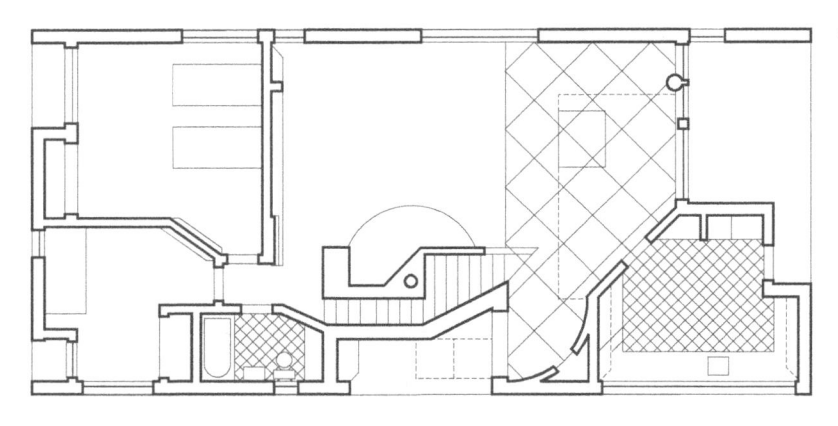

Planta baixa do 2º pavimento, Casa Vanna Venturi, Filadélfia, Pensilvânia, Robert Venturi, 1962.

- Esta planta baixa emprega linhas de peso maior para marcar os formatos em planta dos elementos seccionados, linhas de peso intermediário para delinear as arestas das superfícies horizontais que estão abaixo do plano de corte, mas acima do piso, e linhas de peso menor para representar as linhas de superfície.

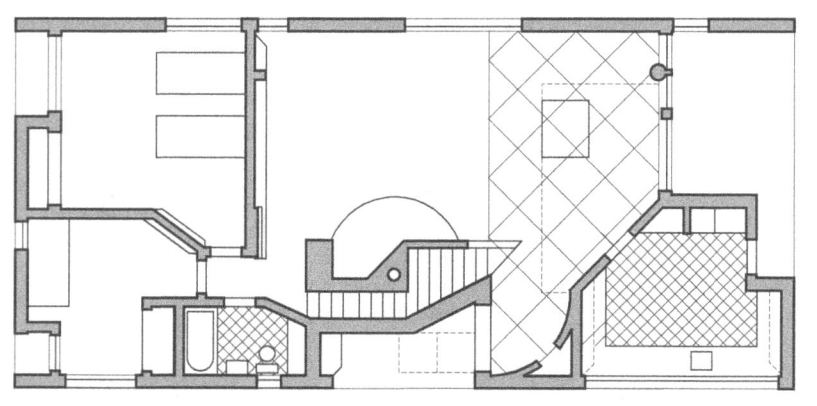

- Esta terceira planta enfatiza o formato dos elementos em corte utilizando um valor tonal ou uma hachura que contrasta com o campo espacial da planta baixa.

Quando utilizar CAD ou outros software para criar plantas baixas, evite empregar cores, texturas e padrões para tornar os desenhos mais pictóricos do que eles precisam ser. A ênfase deve permanecer na articulação do plano de corte e na espessura relativa dos elementos abaixo do plano de corte (em vista).

PLANTAS BAIXAS 153

- O preto ou um cinza escuro pode ser necessário para produzir o grau de contraste desejado entre cheios e vazios em uma planta baixa, especialmente em desenhos em escala pequena.

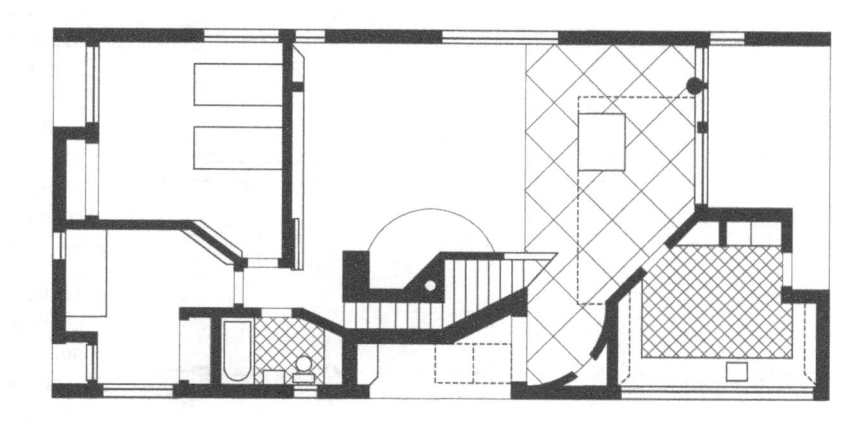

- Uma vantagem dos programas de desenho digitais é a relativa facilidade que eles apresentam para criar grandes áreas de valor tonal. Isso pode ser útil quando se deseja contrastar uma planta baixa com seu contexto.

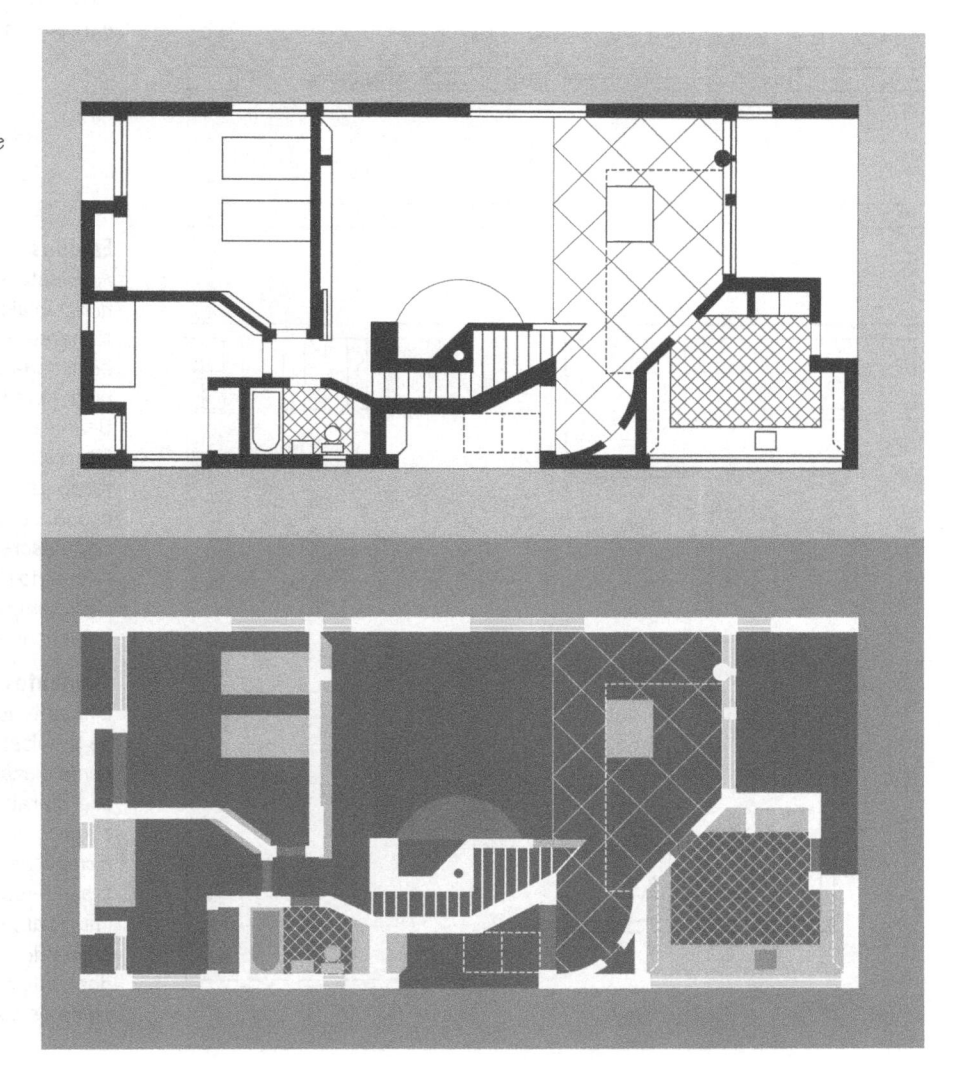

- Este último exemplo ilustra como o esquema de valores tonais pode ser invertido, atribuindo-se aos elementos cortados o menor valor e uma variedade de tons mais escuros ao espaço que está sendo representado.

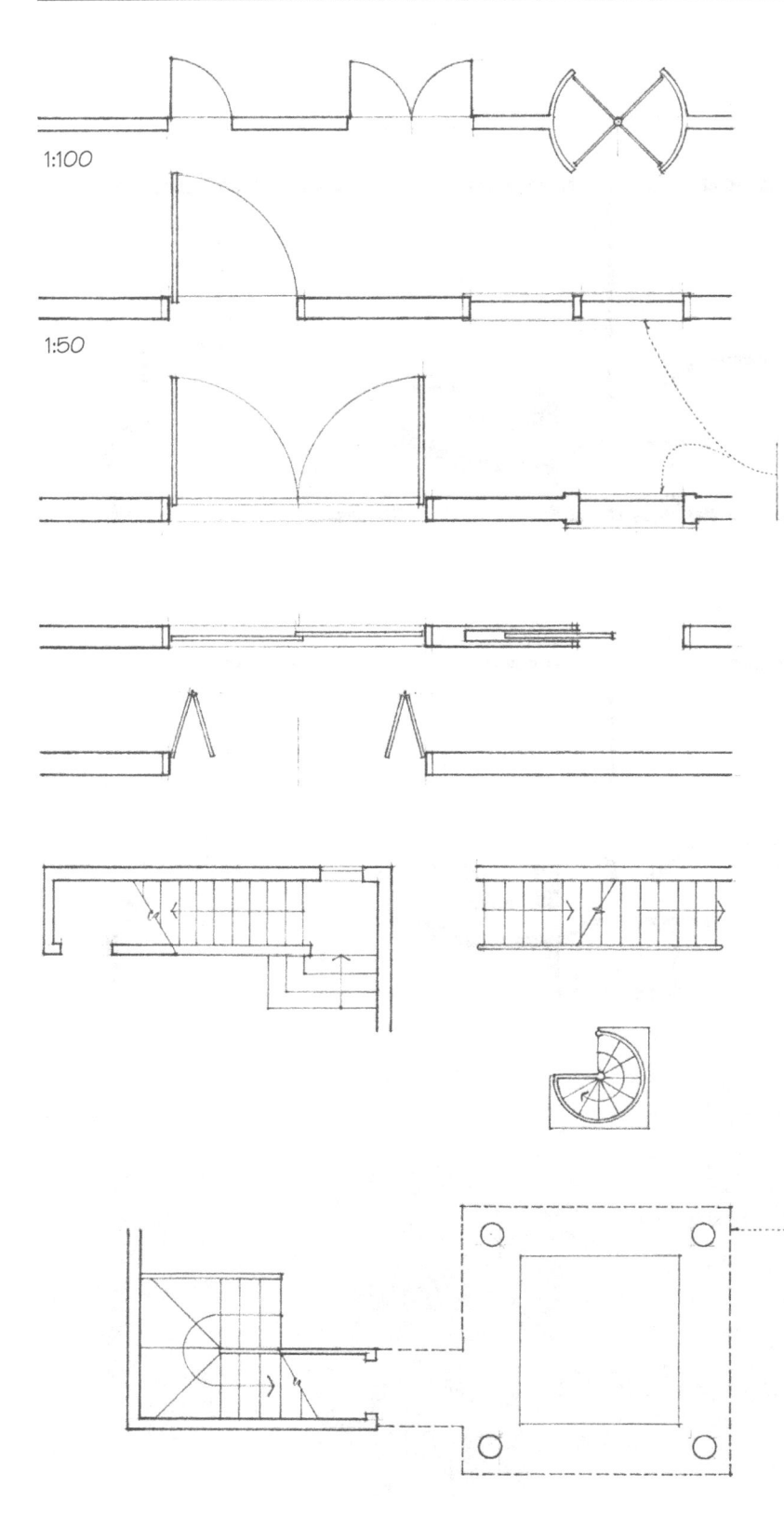

Portas e janelas

Uma planta não revela completamente a aparência das aberturas. Para este tipo de informação, precisamos das elevações. O que uma planta baixa mostra, na verdade, é a posição e a largura das aberturas e, em grau limitado, as esquadrias e ombreiras e o tipo de operação – se uma porta, por exemplo, é de abrir, correr ou mesmo se ela é sanfonada. Normalmente desenhamos, por exemplo, uma porta de abrir com a folha perpendicular ao plano da parede, indicando o sentido da abertura por meio de uma linha fina em um quarto de circunferência.

Também não podemos mostrar a aparência das janelas em uma planta. Uma planta baixa revela a posição e a largura das aberturas de janela e, até certo ponto, mostra as ombreiras e os caixilhos. No entanto, a planta deve incluir o parapeito abaixo do plano de corte, indicando em corte a vidraça e a esquadria da janela.

Escadas

As plantas são capazes de mostrar os elementos horizontais do vão de uma escada – pisos e patamares –, mas não os espelhos dos degraus, ou seja, suas alturas. A escada em vista é interrompida quando se chega à altura do plano de corte. Usamos uma linha diagonal para indicar esta interrupção e distinguir claramente esta linha das retas paralelas dos pisos da escada. No início da escada, uma flecha especifica a direção, ascendente ou decrescente, da escada em relação ao piso. Acima do plano de corte, usamos linhas tracejadas para completar os elementos da escada, isto é, representar a projeção dos elementos ocultos.

Elementos acima ou abaixo do plano de corte

Linhas tracejadas indicam os principais elementos de arquitetura que estão acima do plano de corte, como mezaninos, rebaixos de teto, vigas aparentes, claraboias e beirais. As linhas tracejadas também podem revelar linhas ocultas por outros elementos opacos. A convenção comum é usar tracejados maiores para indicar os elementos importantes que foram removidos ou que estão acima do plano de corte e pontilhados ou tracejados mais curtos para elementos ocultos abaixo do plano de corte.

Escala de desenho

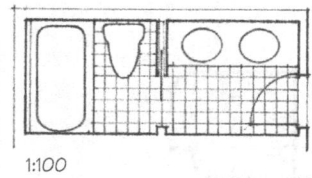

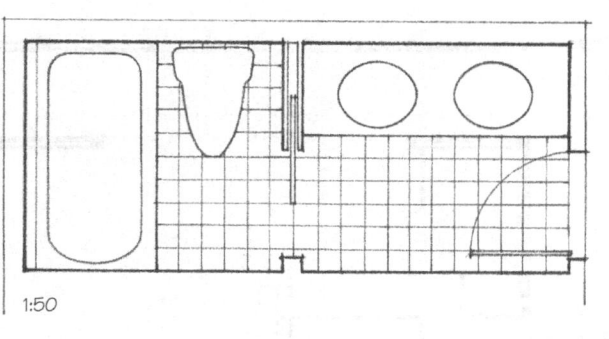

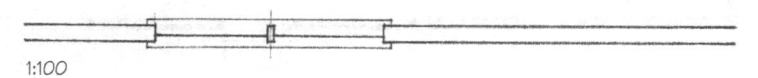

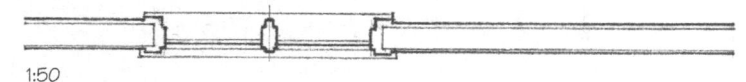

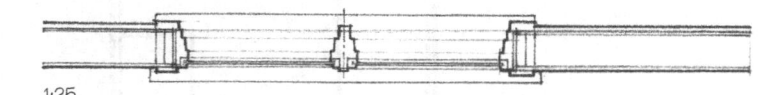

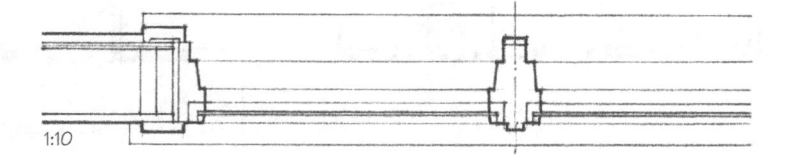

Geralmente desenhamos plantas baixas nas escalas de 1:100 ou 1:50. Podemos usar escalas menores para edificações maiores e mais complexas, ou escalas maiores para a planta baixa de um único cômodo. Plantas de cômodos são especialmente úteis para o estudo e a apresentação de espaços extremamente detalhados, como cozinhas, banheiros e escadas. As escalas maiores permitem incluir informações sobre acabamentos de piso, remates e detalhes de mobiliário.

Quanto maior for a escala de uma planta baixa, mais detalhes devemos incluir. A atenção ao detalhe é especialmente importante quando representamos a espessura de materiais e sistemas de construção que estão em corte na planta. Preste atenção redobrada à espessura de paredes e portas, às terminações de paredes, às quinas e aos detalhes de escadas. Um conhecimento geral de como as edificações são construídas é, portanto, extremamente necessário para o desenho de plantas baixas de grande escala.

Interrompemos um desenho quando seu tamanho é muito grande para caber em uma única folha de papel ou quando o desenho inteiro não é necessário para comunicar as informações desejadas. Para indicar onde a porção do desenho foi cortada ou removida, usamos uma linha de interrupção, que consiste em segmentos de reta relativamente longos unidos por pequenos traços em ziguezague.

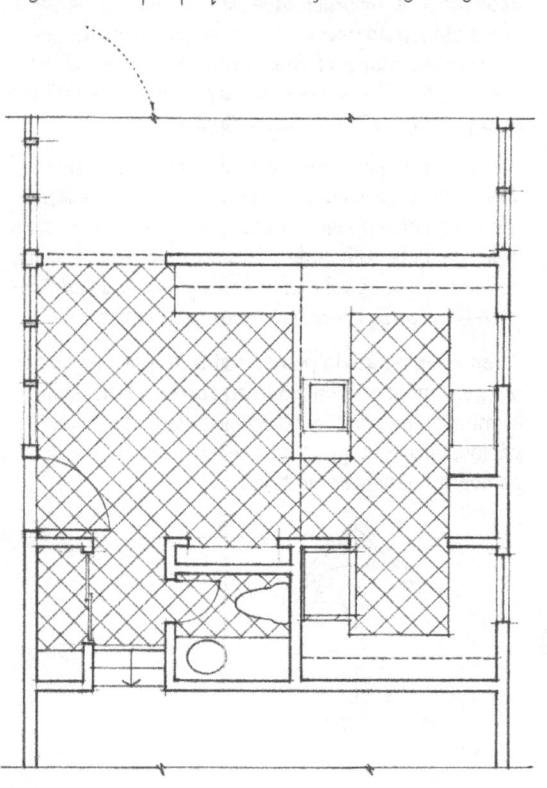

1:100

1:50

1:100

1:50

1:25

1:10

156 PLANTAS BAIXAS

3º Pavimento

2º Pavimento

Pavimento térreo

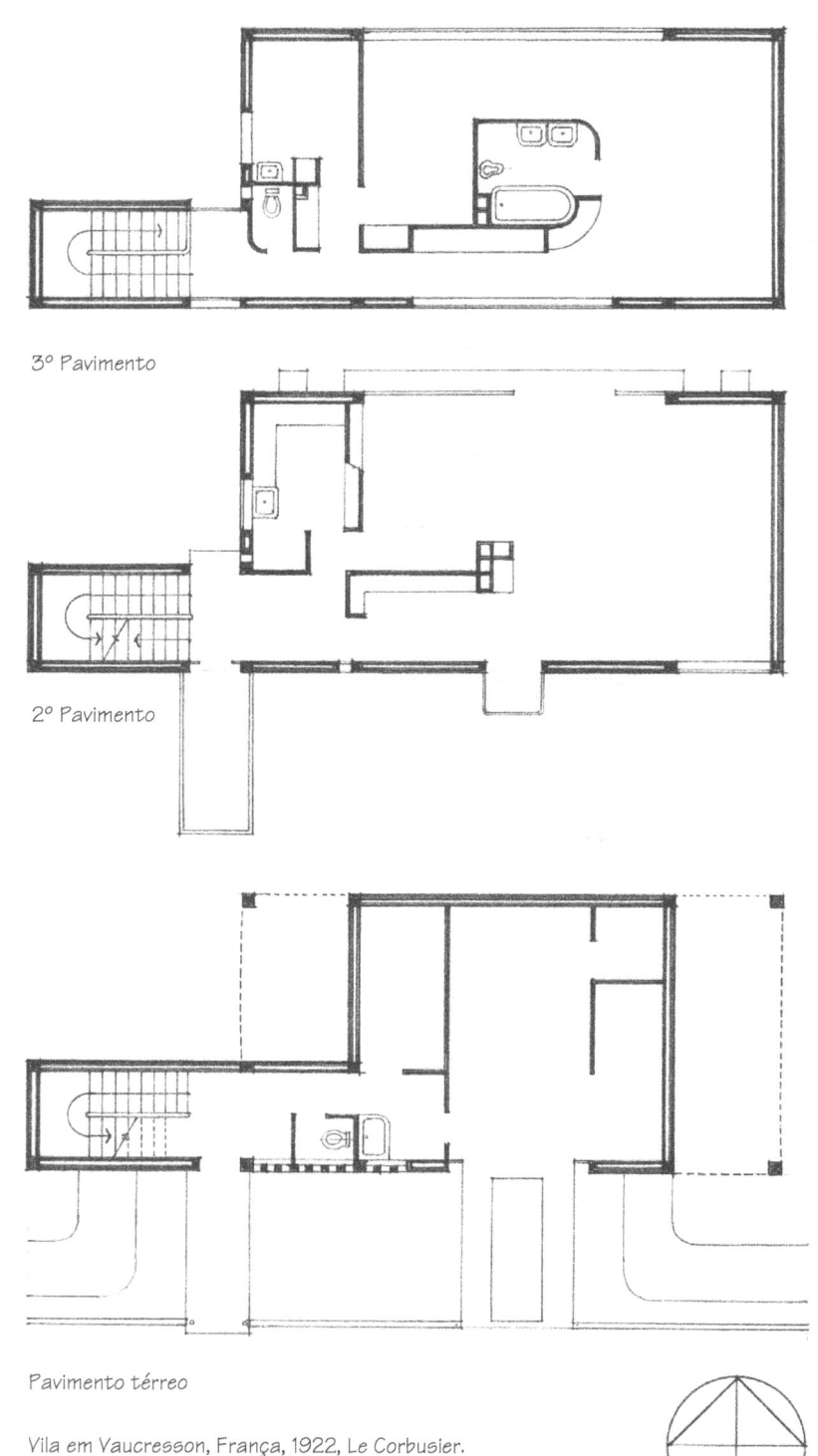

Vila em Vaucresson, França, 1922, Le Corbusier.

Orientação das plantas baixas

Para orientar o observador em relação ao contexto de uma edificação, desenhamos, junto à planta baixa, a indicação do norte por meio de uma seta. A convenção normal é orientar as plantas baixas com o norte voltado para cima, isto é, a parte superior da folha de desenho.

Se um dos eixos principais da edificação estiver orientado a menos de 45° a leste ou oeste do norte, podemos considerar um norte fictício, para evitar títulos muito extensos nas elevações, como "elevação norte-nordeste" ou "elevação sul-sudeste".

Sempre que possível, oriente a planta baixa de um cômodo posicionando sua entrada na parte de baixo do desenho, para que possamos imaginar que estamos entrando no ambiente pela parte de baixo do desenho. Contudo, quando relacionamos a planta de um cômodo à planta baixa de uma edificação, é mais importante orientar ambas as plantas da mesma maneira.

Distribuição das plantas baixas

Ao representar as plantas baixas de uma edificação de múltiplos pavimentos, alinhe as plantas verticalmente, uma abaixo da outra ou horizontalmente, lado a lado. Arranjos verticais devem começar com o pavimento mais baixo na parte inferior da folha de desenho e estar ordenados de maneira lógica, para que a planta do pavimento mais alto coincida com a parte superior da folha. Arranjos horizontais normalmente devem apresentar o pavimento mais baixo à esquerda, e o mais alto, à direita.

Alinhar uma série de plantas baixas destes dois modos facilita a leitura e o entendimento das relações verticais entre os elementos de dois pavimentos, ou mais, em uma edificação. Para reforçar esta leitura, sempre que possível relacione as plantas de edificações lineares aproximando seus lados maiores.

A representação da planta baixa do pavimento térreo geralmente se estende ao terreno, para incluir elementos e espaços externos adjacentes, como pátios, jardins e quaisquer estruturas ou prédios também existentes no terreno.

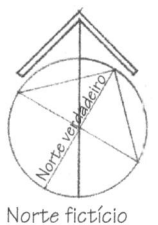

Norte fictício

PLANTAS DE TETO

Para desenhar uma planta de teto, antes de tudo fazemos um corte horizontal através das paredes e dos pilares que definem o espaço de um ambiente. Uma vez que o plano horizontal seccionou o ambiente, rebatemos a parte superior para que possamos projetar sua imagem ortogonalmente no plano do desenho horizontal. Assim, temos uma planta de teto, que é uma imagem espelhada da planta baixa.

Normalmente desenhamos plantas de teto na mesma escala que as plantas baixas. Assim como nas plantas baixas, é importante destacar todos os elementos verticais cortados que sobem e tocam o teto.

Plantas de teto projetado

Para que uma planta de teto tenha a mesma orientação da planta baixa, desenhamos o que chamamos de planta de teto projetado. A planta de teto projetado representa o que veríamos se posicionássemos um grande espelho no solo e olhássemos o reflexo do teto.

A planta de teto é provavelmente o tipo de planta menos utilizado. Ela é necessária quando desejamos mostrar algumas informações, como a forma e o material do teto, a posição e o tipo de luminárias, elementos estruturais aparentes ou dutos mecânicos, como claraboias ou outras aberturas zenitais.

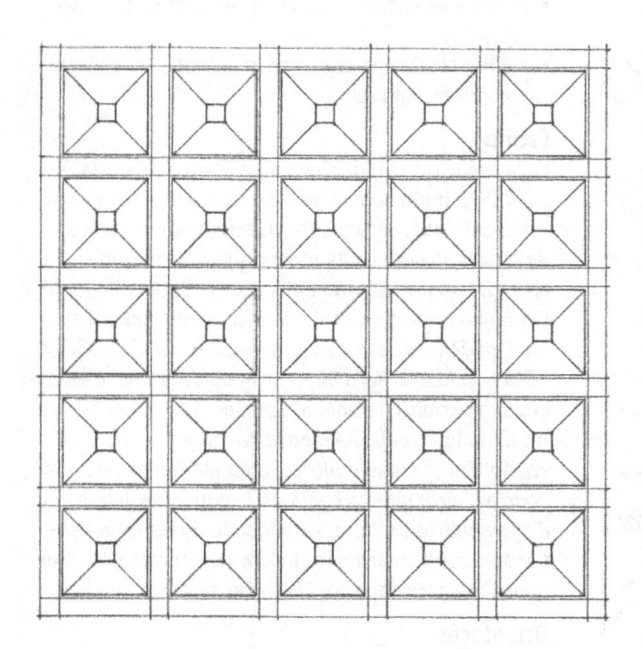

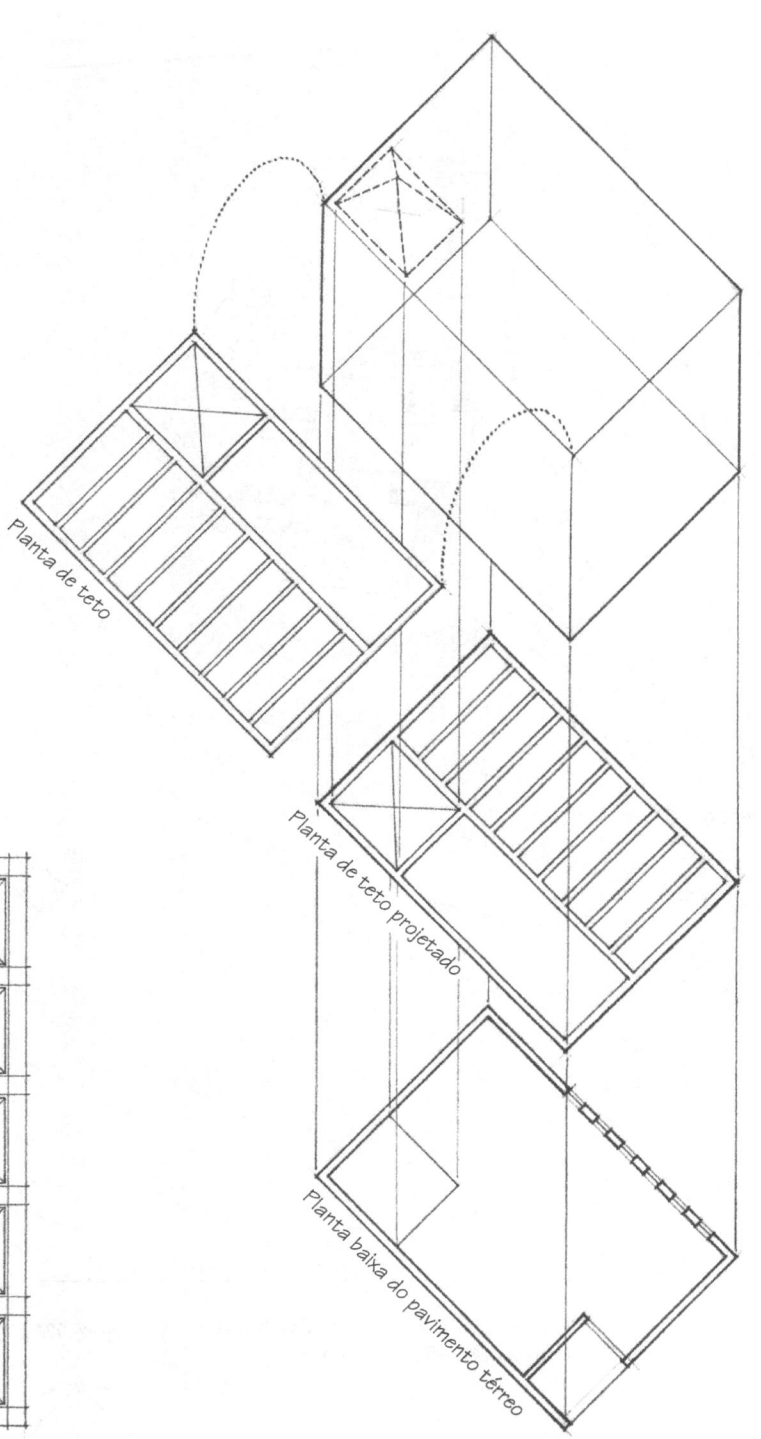

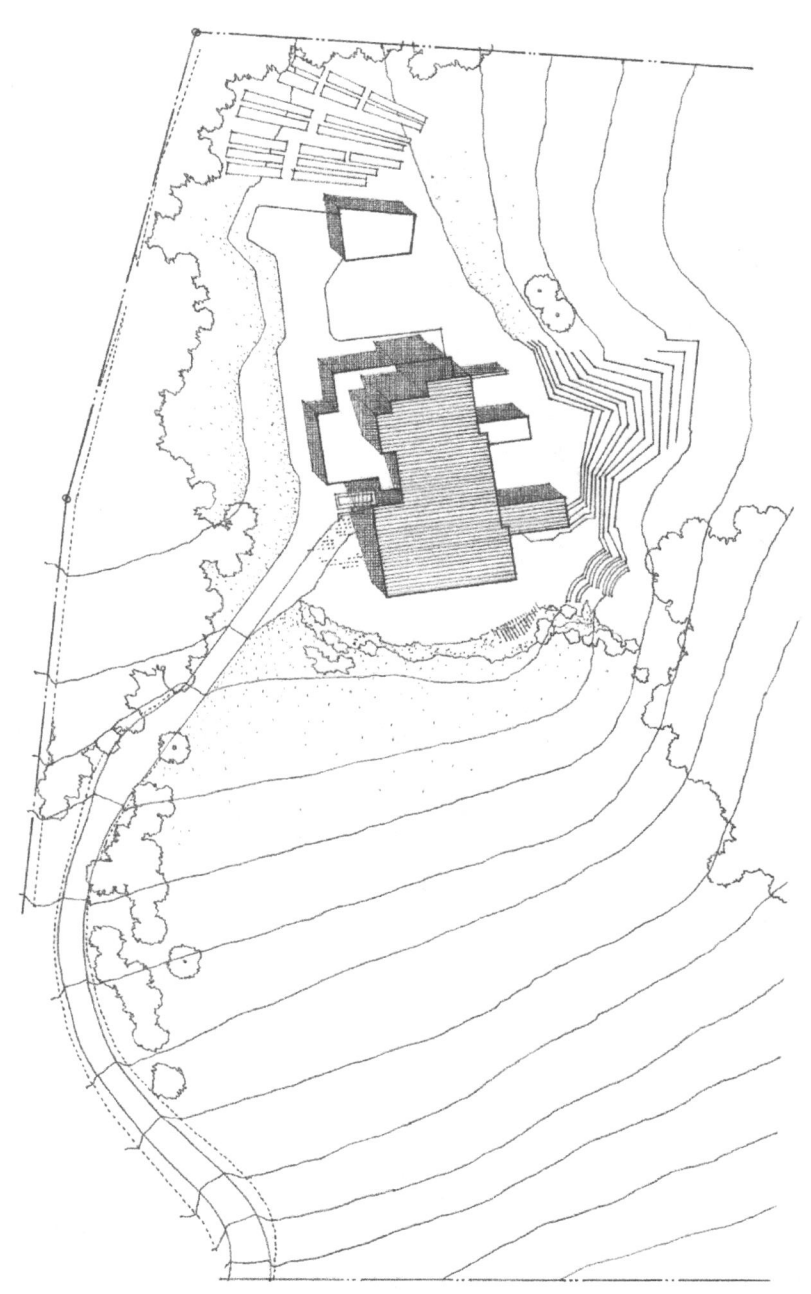

158 PLANTAS DE LOCALIZAÇÃO E PLANTAS DE SITUAÇÃO

Planta de localização, Casa Carré, Bazoches-sur-Guyonne, França, 1952–56, Alvar Aalto.

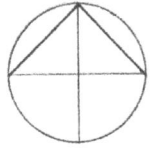

Uma planta de localização (ou locação) descreve a implantação e a orientação de uma edificação ou de um conjunto de edificações em um terreno; uma planta de situação mostra o terreno edificado no seu entorno. Sejam de contextos urbanos ou rurais, as plantas de localização e situação descrevem o seguinte:

- as divisas legais do lote, indicadas por linhas descontínuas feitas com segmentos relativamente longos, separados por dois traços ou pontos;
- a topografia do terreno, com suas curvas de nível;
- os elementos naturais do terreno, como árvores, a vegetação e corpos de água;
- as construções existentes ou propostas para o terreno, como caminhos, pátios com piso seco e ruas;
- as edificações do contexto imediato que têm impacto sobre a edificação proposta.

Além disso, uma planta de localização ou situação também pode incluir:

- condicionantes legais, como recuos obrigatórios e servidões de passagem;
- redes públicas existentes ou propostas;
- pontos de entrada e caminhos para pedestres e veículos;
- elementos climáticos e características ambientais importantes.

Escala

Para reduzir o tamanho de uma planta de situação e deixá-la mais homogênea com as demais plantas apresentadas, geralmente desenhamos a planta de situação em escala menor que a das plantas, elevações e cortes das edificações. Dependendo do tamanho do terreno e do espaço de desenho disponível, podemos usar as escalas de 1:2.000, 1:1.000, 1:500 ou 1:200. Para ilustrar mais detalhes, e se o espaço permitir, podemos também usar a escala de 1:100 ou 1:50, especialmente nas plantas de localização. Em escalas maiores, uma planta de situação pode incluir a planta baixa do segundo pavimento ou do pavimento térreo da edificação. Esta representação é particularmente interessante para ilustrar relações entre espaços internos e externos.

Orientação

Para evidenciar associações entre plantas de localização ou situação e plantas baixas, todas devem apresentar a mesma orientação em um conjunto de desenhos.

Plantas de cobertura

As plantas de situação geralmente apresentam a planta de cobertura, ou vista superior, do edifício ou complexo de edificações proposto. Uma planta de cobertura é mais útil quando descreve a forma, a volumetria e o material da cobertura, além da descrição das características de sua superfície, como claraboias, terraços ou casas de máquinas.

Dependendo da escala do desenho, a representação do material de cobertura pode conferir texturas visuais e tonalidades à planta de cobertura. Devemos considerar estes atributos gráficos cuidadosamente ao planejar o tipo e a variedade de tonalidades no desenho da planta de cobertura. A representação pode dirigir a atenção do observador para a edificação propriamente dita ou para os espaços externos ou do entorno.

Expressando profundidade

Há duas maneiras principais para se atingir o grau desejado de contraste de tonalidade entre a forma de uma edificação e seu entorno. A primeira é representar o prédio como uma figura escura contra um fundo claro. Esta abordagem é especialmente adequada quando utilizamos tonalidades e texturas para representar o material da cobertura do edifício contrastando com o contexto.

A segunda estratégia é definir a edificação como um formato claro contra um fundo escuro. Esta técnica é adequada quando usamos sombras projetadas pelo prédio ou quando os elementos de paisagismo conferem valores tonais ao entorno.

Para acentuar a ilusão de tridimensionalidade de um terreno, podemos usar uma série escalonada de tonalidades que parecem subir ou descer de acordo com as curvas de nível. A maneira mais fácil de criar as tonalidades é introduzir hachuras perpendiculares às curvas de nível.

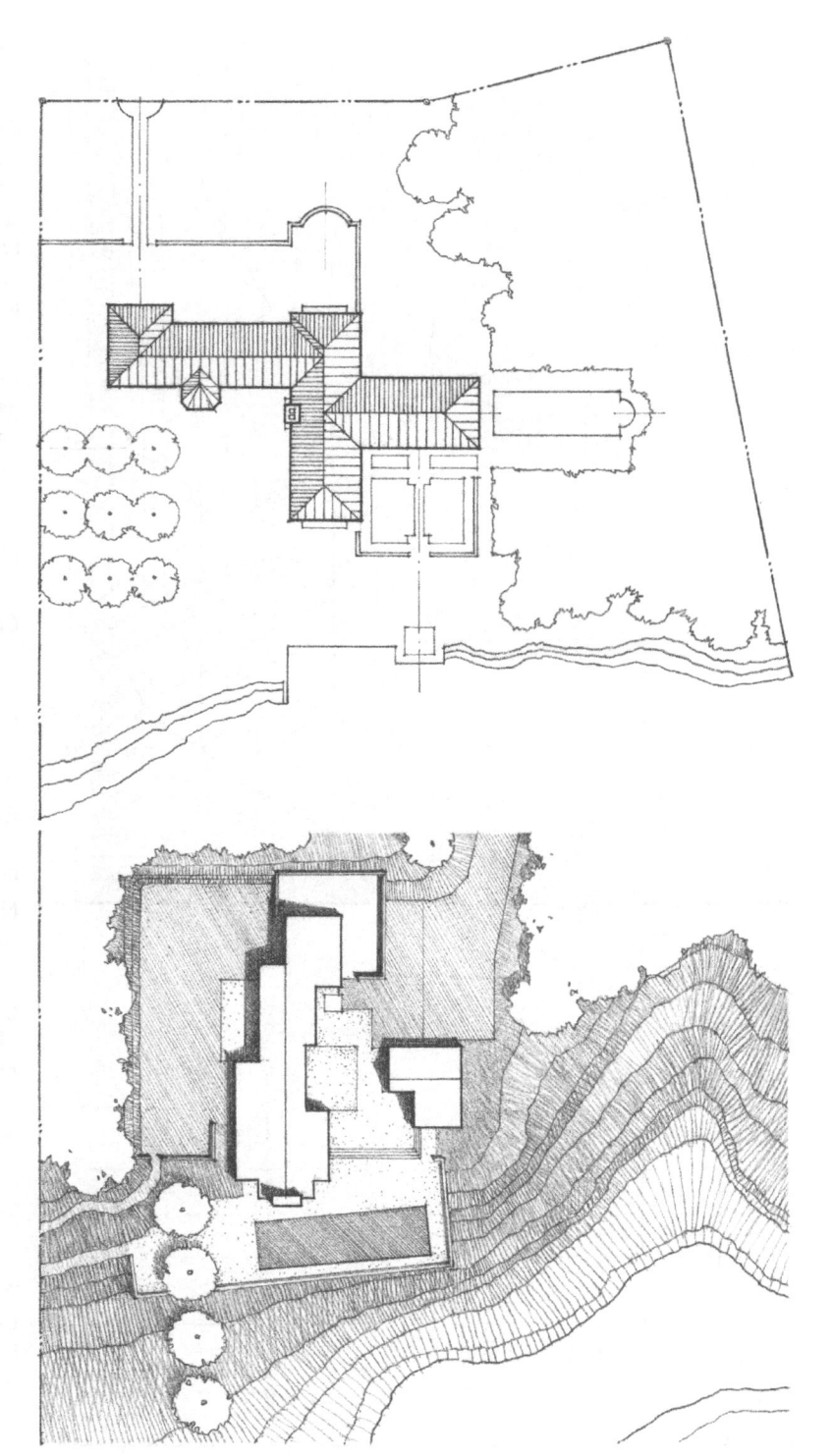

PLANTAS DE SITUAÇÃO

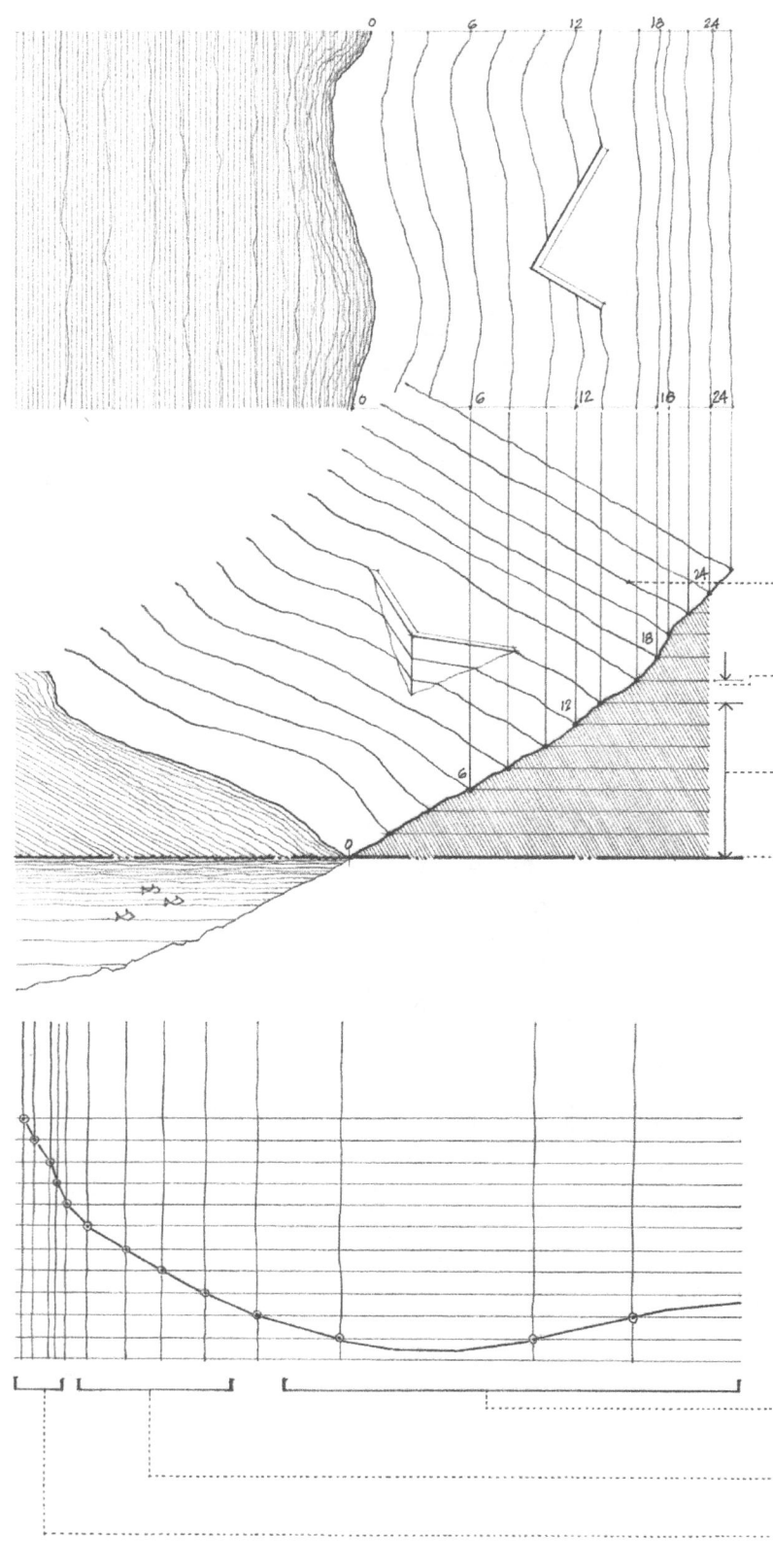

Curvas de nível

A resposta de um projeto de edificação a seu contexto inclui a consideração das características físicas do terreno, especialmente a configuração da superfície do solo. Uma série de cortes no terreno pode representar bem estas informações. No entanto, em uma planta de localização ou situação, fica difícil descrever a aparência vertical de uma superfície de solo ondulada. As curvas de nível são a convenção gráfica que empregamos para registrar esta informação.

Uma boa maneira de visualizar curvas de nível é imaginar que fatiamos horizontalmente o terreno em intervalos regulares – cada uma destas fatias corresponde a uma curva de nível. A trajetória de cada curva de nível indica a configuração do solo naquela elevação. As curvas de nível sempre são contínuas e jamais se cruzam. Elas coincidem em planta apenas quando cortam uma superfície vertical.

Curva de nível
Linha imaginária que une os pontos de mesma altitude em uma planta ou em um mapa topográfico.

Intervalo de contorno vertical
Diferença de altitude representada por cada curva de nível em uma planta ou em um mapa topográfico.

Elevação
A distância vertical de um ponto acima ou abaixo de um nível de referência.

Nível de referência
Qualquer superfície plana, linha ou ponto referencial a partir do qual são medidas elevações.

O intervalo de contorno é determinado pela escala do desenho, pelo tamanho do terreno e pela natureza da topografia. Quanto maior for a área representada e mais íngreme for o terreno, maior será o intervalo de contorno. Para terrenos grandes ou muito acidentados, podem ser utilizados intervalos de contorno de 5,0, 10,0 ou 50,0 metros. Para terrenos pequenos e com perfis mais suaves, intervalos de contorno de 0,5 ou 1,0 metro também podem ser empregados.

As distâncias horizontais entre as curvas de nível são uma função da inclinação da superfície do solo. Podemos discernir a natureza topográfica de um terreno lendo este espaçamento horizontal.

- Curvas de nível distantes entre si indicam uma superfície relativamente plana ou com inclinação suave.
- Curvas de nível com espaçamento homogêneo indicam uma inclinação constante.
- Curvas de nível próximas entre si indicam uma inclinação relativamente acentuada no perfil do terreno.

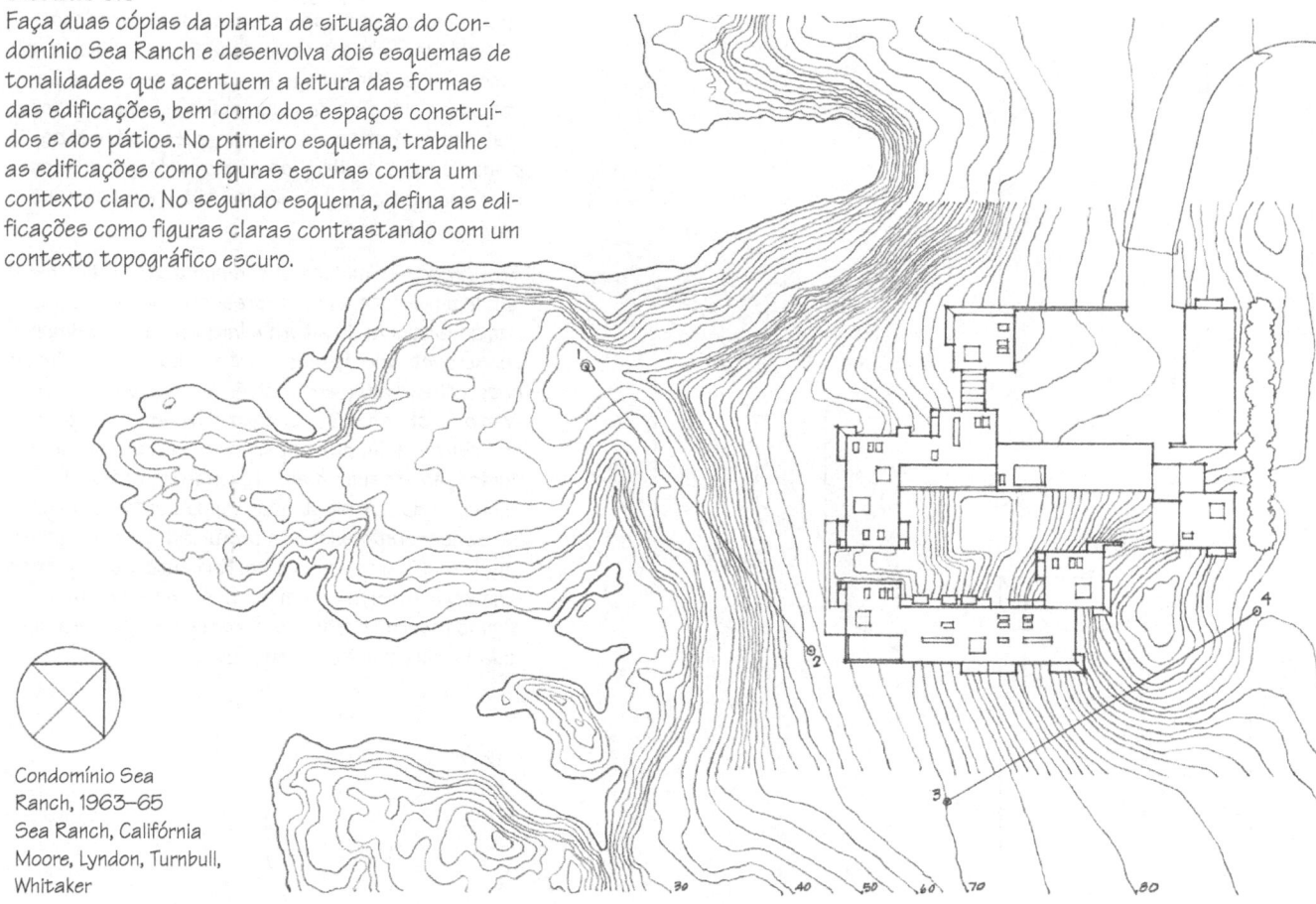

Exercício 6.8
Faça duas cópias da planta de situação do Condomínio Sea Ranch e desenvolva dois esquemas de tonalidades que acentuem a leitura das formas das edificações, bem como dos espaços construídos e dos pátios. No primeiro esquema, trabalhe as edificações como figuras escuras contra um contexto claro. No segundo esquema, defina as edificações como figuras claras contrastando com um contexto topográfico escuro.

Condomínio Sea
Ranch, 1963–65
Sea Ranch, Califórnia
Moore, Lyndon, Turnbull,
Whitaker

Exercício 6.9
Qual perfil de terreno representa a linha desenhada do ponto 1 ao ponto 2 na planta de situação do Condomínio Sea Ranch? (A) (B) (C) (D)

Exercício 6.10
Qual perfil representa a linha desenhada do ponto 3 ao ponto 4 na planta de situação do Condomínio Sea Ranch? (A) (B) (C) (D)

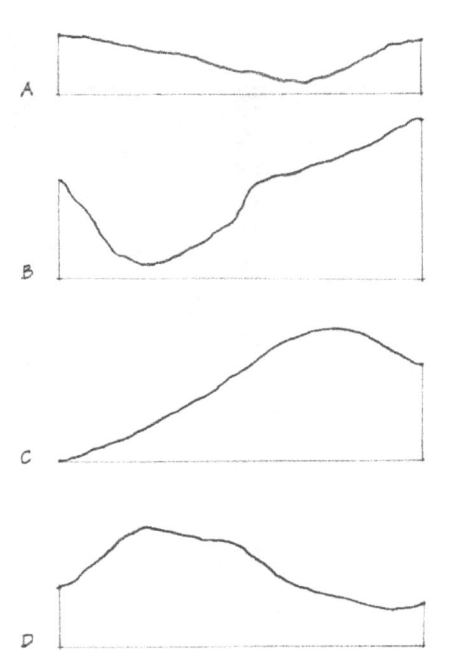

162 ELEVAÇÕES

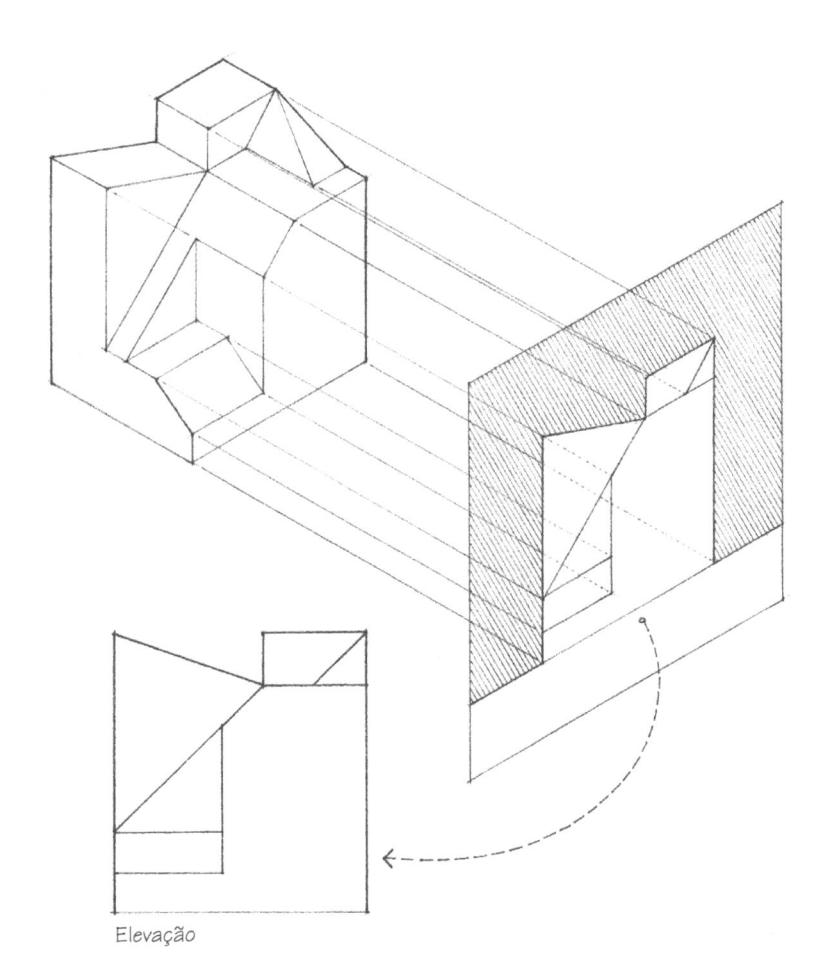

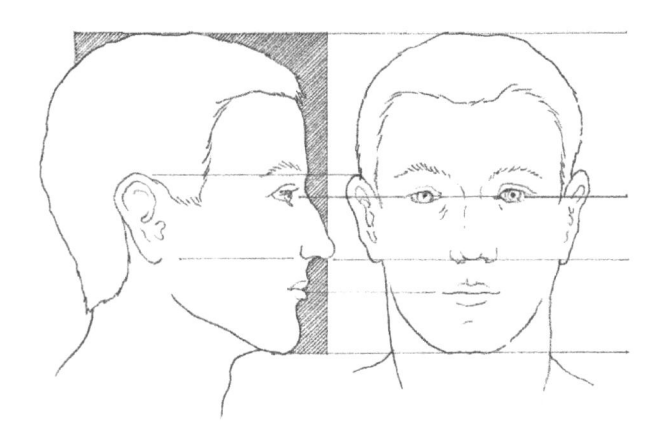

A elevação é uma projeção ortogonal de um objeto ou de uma construção em um plano do desenho vertical, paralelo a uma de suas faces. Assim como outras projeções ortogonais, todos os planos paralelos ao plano do desenho mantêm sua grandeza real, seu formato e suas proporções. Todavia, os planos curvos ou oblíquos ao plano do desenho sofrem escorço, ou seja, são reduzidos em tamanho na vista ortogonal.

As elevações diminuem a complexidade tridimensional de um objeto a uma representação bidimensional, constituída de altura e largura ou comprimento. Ao contrário de uma planta, uma elevação imita nossa observação em posição ereta e oferece um ponto de observação horizontal. Ainda que as vistas em elevação das superfícies verticais de uma edificação estejam mais próximas da realidade sensorial do que as plantas ou os cortes, elas não conseguem representar a profundidade espacial de um desenho em perspectiva. Portanto, ao desenhar objetos e superfícies em elevação, devemos utilizar alguns recursos gráficos para representar profundidade, curvatura ou obliquidade.

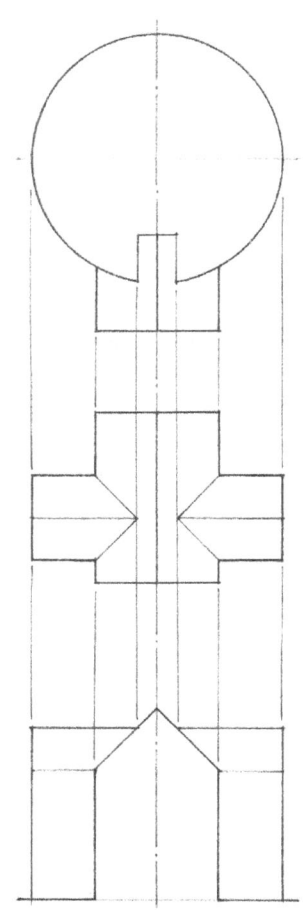

Elevação

ELEVAÇÕES DE UMA EDIFICAÇÃO 163

A elevação de uma edificação é uma imagem projetada ortogonalmente sobre um plano vertical do desenho. Normalmente orientamos o plano do desenho paralelo a uma das faces principais da edificação.

As elevações de uma edificação representam a aparência externa de um único plano de projeção. Portanto, elas enfatizam as faces verticais externas de um prédio paralelas ao plano do desenho e definem sua silhueta no espaço. Elas também conseguem ilustrar a forma, as massas e a escala da edificação, a textura e o padrão dos materiais de revestimento, bem como a localização, o tipo e as dimensões das aberturas de janelas e portas.

Para representar a implantação de uma edificação, as elevações sempre devem incluir um corte do terreno sobre o qual elas se apoiam. Este corte vertical normalmente é feito um pouco antes do prédio, e a distância varia de acordo com quais informações desejamos apresentar na frente da edificação e o quanto os elementos do entorno irão obscurecer a forma e as características do prédio.

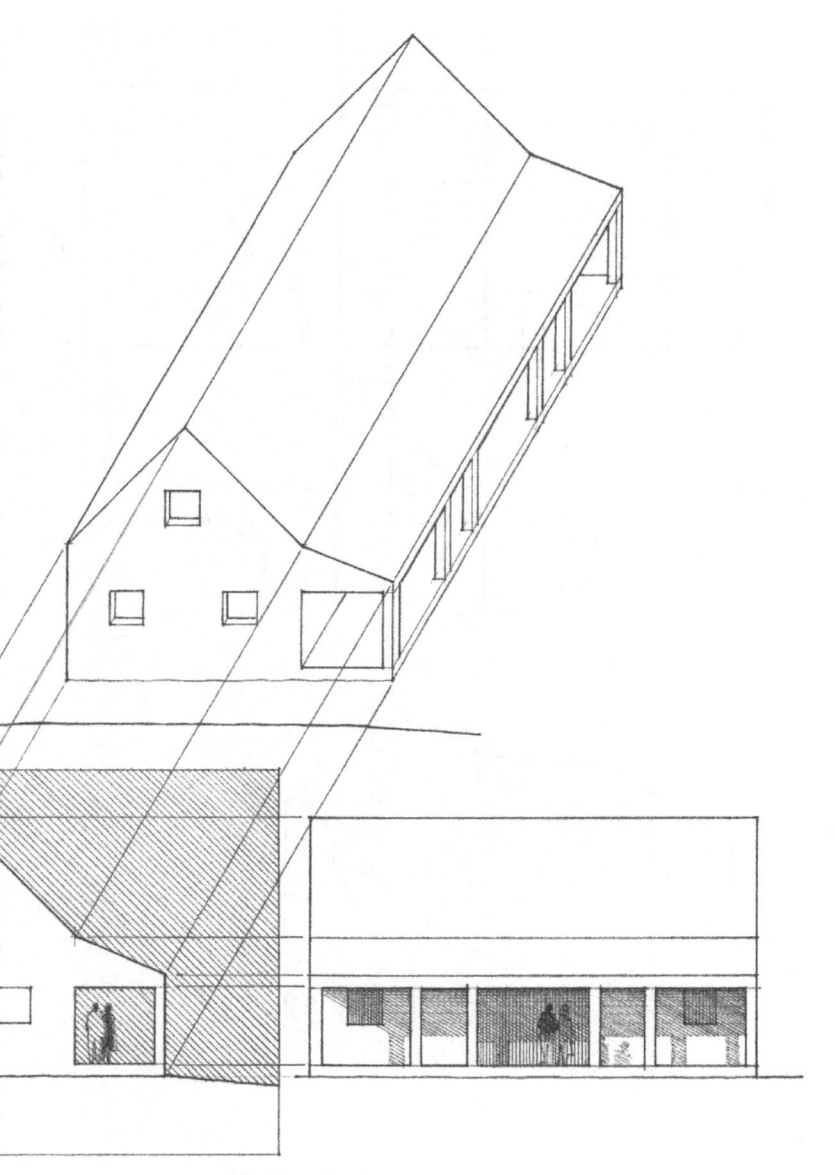

164 ELEVAÇÕES DE UMA EDIFICAÇÃO

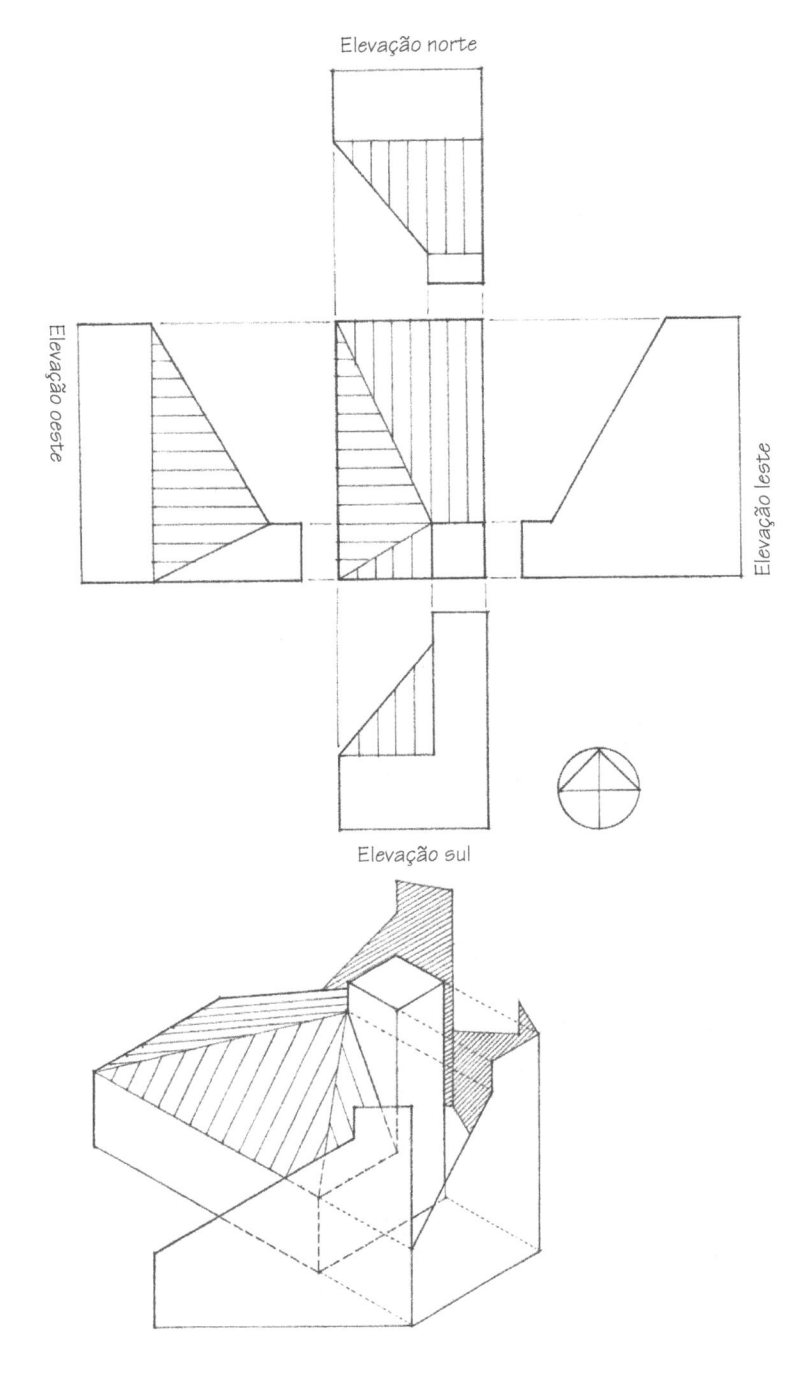

Distribuição das elevações

À medida que nos movemos em volta de uma edificação, vemos uma série de elevações relacionadas que mudam conforme nossa posição no espaço. Podemos inter-relacionar estas vistas de maneira lógica, desdobrando o plano vertical de desenho sobre o qual elas estão projetadas. É possível formar uma sequência horizontal de desenhos, ou incluí-las em apenas um desenho composto em torno de uma planta comum.

Embora as elevações mostrem o contexto dos objetos e as relações entre um grande número de formas no espaço, elas não podem revelar qualquer informação sobre os interiores. No entanto, podemos combinar elevações e cortes ao desenhar formas e construções simétricas.

Orientação das elevações

Para orientar o observador, designamos cada elevação conforme sua relação com a fachada considerada principal, conforme o ponto cardeal para o qual ela está voltada ou o contexto a partir do qual é vista. A elevação pode ser uma vista frontal, quando projetada no plano frontal de projeção, ou uma vista lateral, se projetada no plano lateral, dependendo de como nos orientamos em relação ao objeto ou de como julgamos a importância relativa de suas faces.

Na representação gráfica em arquitetura, a orientação cardeal de uma edificação é uma consideração importante para a análise e comunicação do efeito da insolação e de outros fatores climáticos do projeto. Assim, na maioria das vezes, damos à elevação o nome da orientação solar para a qual ela está voltada: por exemplo, uma elevação norte é a elevação da fachada que está voltada para o norte. Se a face da edificação está orientada com um desvio de menos de 45° em relação aos quatro pontos cardeais principais, adotamos um norte fictício, para simplificar e evitar títulos muito longos.

Quando uma edificação está voltada para um elemento específico ou importante do terreno, podemos denominar uma elevação de acordo com tal elemento. Por exemplo, a elevação da rua é a fachada que está voltada para a rua.

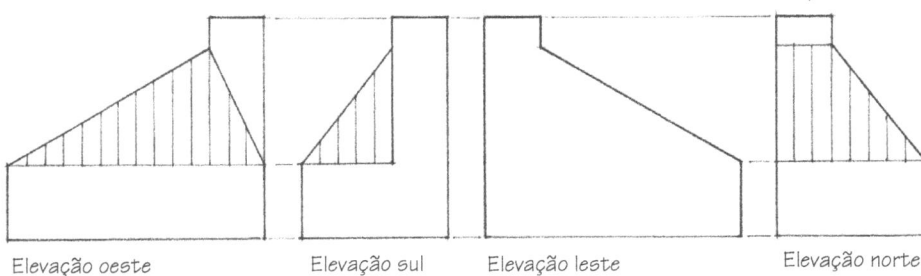

Escala de desenho

Geralmente desenhamos as elevações das edificações na mesma escala das plantas baixas que a acompanham – 1:100 ou 1:50. Para edificações muito grandes ou grupos de edificações, podemos empregar uma escala menor, e para elevações internas de um cômodo, escalas maiores. Elevações internas são especialmente úteis para se estudar e apresentar espaços muito detalhados, como cozinhas, banheiros e escadas.

Quanto maior a escala da elevação, mais detalhes deverão ser incluídos. Esta atenção ao detalhe é muito importante ao se desenhar a aparência das superfícies de paredes, portas e janelas, e os materiais da cobertura. Preste atenção redobrada à textura e ao padrão dos materiais, à espessura de esquadrias e juntas, às arestas expostas dos planos e às quinas de cada plano. Assim, um conhecimento geral de como as edificações são construídas é extremamente valioso para a criação de elevações em escala grande.

Como sempre, a inclusão de alguns calungas nas elevações ajuda a dar uma boa ideia de escala e a nos lembrar dos padrões de atividade e uso previstos.

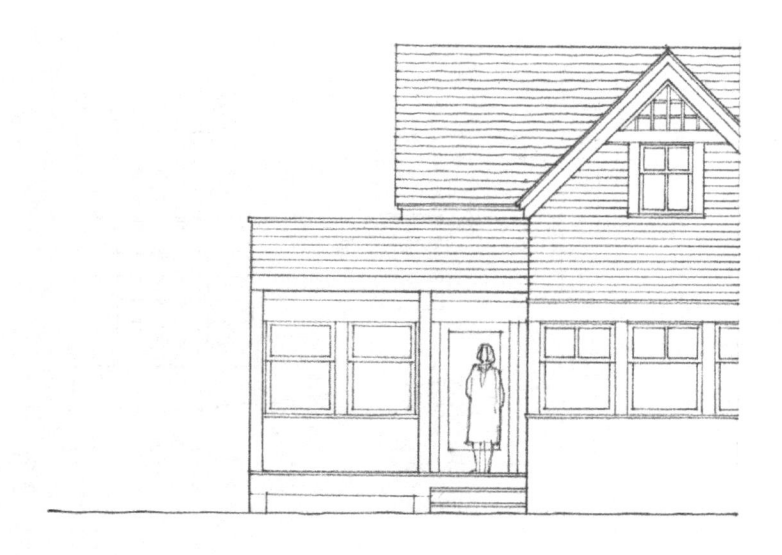

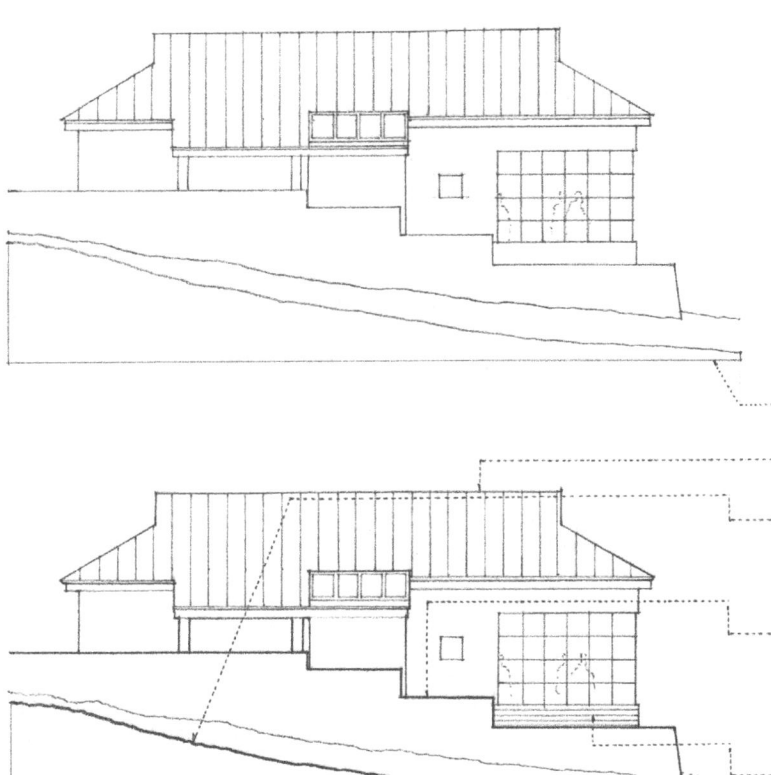

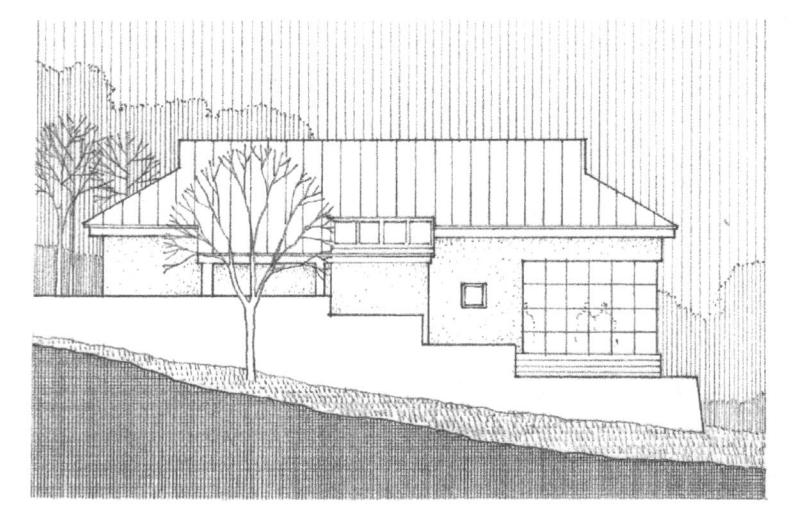

Expressando profundidade

Uma vez que planos perpendiculares ao do desenho aparecem como retas na projeção ortogonal, não existem indicadores de profundidade inerentes à elevação de uma edificação. Independentemente de sua distância no espaço, todas as retas e os planos paralelos ao plano do desenho mantêm seu tamanho real. Para expressar profundidade, devemos utilizar uma hierarquia de pesos de linhas ou várias tonalidades. A técnica que utilizamos depende da escala da elevação do prédio, do instrumento de desenho e da técnica de representação de texturas e do padrão dos materiais.

Esta série de desenhos exemplifica maneiras de expressar uma sensação de profundidade na elevação de uma edificação.

- Esta é a elevação de uma casa desenhada com apenas um peso de linha.
- Este desenho emprega uma hierarquia de pesos de linha para transmitir profundidade.
- A linha mais pesada define o corte na linha de terra em frente ao prédio. Estender esta linha de terra para além do prédio ajuda a descrever a natureza topográfica do contexto.
- A segunda linha mais pesada representa o plano mais próximo ao plano de projeção.
- Linhas sucessivamente mais leves e mais finas indicam o distanciamento gradual dos elementos do plano do desenho.
- As linhas mais leves representam linhas de superfície. Estas linhas não significam qualquer mudança na forma; simplesmente representam o padrão visual ou a textura das superfícies.

Usamos tonalidades em um desenho de elevação para construir sombras projetadas, assim como para estabelecer três zonas pictóricas: o espaço de primeiro plano, entre o corte do terreno e a fachada da edificação; o segundo plano, que é ocupado pela própria edificação; e o plano de fundo, para representar o céu, a paisagem ou as edificações situadas atrás da edificação.

- Primeiramente, estabeleça a gama de tonalidades do edifício; depois, estabeleça tons de contraste entre o primeiro plano e o plano de fundo.
- Planos mais escuros podem estar situados à frente de planos mais claros, ou vice-versa.
- Use um indicador de transição de profundidade entre superfícies iluminadas e sombreadas, definindo contrastes tonais acentuados para projetar elementos à frente e diminuir áreas de contraste, a fim de empurrar partes do desenho para o fundo.
- Por meio do uso da profundidade sugerida pela perspectiva aérea, conseguimos representar o material e a textura das superfícies de modo mais distinto e tornar mais difusas as arestas e as silhuetas das superfícies mais afastadas no plano de fundo.
- A nitidez e a clareza dos detalhes foca a atenção do observador às partes da edificação que estão mais próximas do plano do desenho.

ELEVAÇÕES DE UMA EDIFICAÇÃO   167

Expressando profundidade

Os exemplos nas páginas anteriores ilustram o uso de vários pesos de linha e detalhes para transmitir a sensação de profundidade ao desenho das elevações de uma edificação. Esta série de desenhos mostra de maneira mais sutil e abstrata como recursos visuais podem reforçar a sensação de profundidade em qualquer projeção ortogonal.

- Continuidade do contorno: Tendemos a perceber um formato como estando à frente de outro quando ele tem silhueta contínua e interrompe o perfil do outro formato. Uma vez que este fenômeno visual depende de os objetos mais próximos do observador estarem sobrepostos ou se projetando à frente dos objetos mais distantes, geralmente chamamos de sobreposição esta maneira de expressar profundidade.

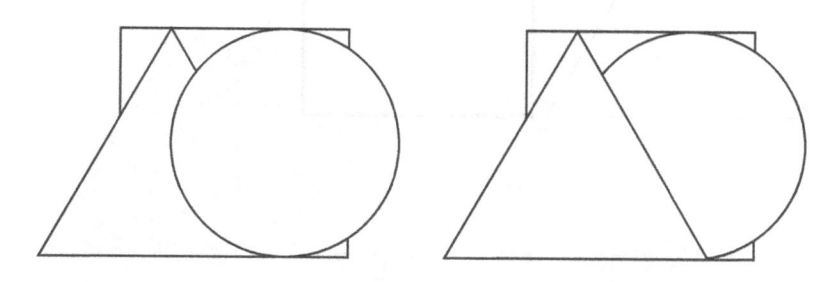

- A sobreposição tende por si só a criar intervalos de espaço com relativamente pouca profundidade. Contudo, podemos obter uma sensação maior de espaço intermediário e profundidade se combinarmos a sobreposição com outros recursos indicadores de profundidade, como a variação dos pesos de linha de um desenho a traço. Linhas de contorno ou silhuetas mais escuros e mais grossos tendem a se projetar e parecem estar na frente de perfis mais escuros e mais finos.

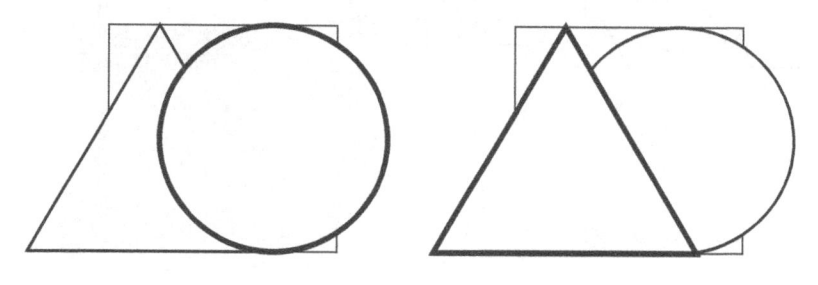

- Perspectiva aérea: O enfraquecimento progressivo de matizes, valores tonais e contrastes ocorre com o aumento do distanciamento das figuras em relação ao observador. Objetos vistos bem próximos do primeiro plano ou do nosso campo visual apresentam cores mais saturadas e contrastes bem definidos em valores tonais. À medida que os objetos se afastam, suas cores se tornam mais claras e mais suaves, e seus contrastes tonais, mais difusos. No fundo, vemos principalmente formatos com tons acinzentados e matizes pouco saturados.

168 ELEVAÇÕES DE UMA EDIFICAÇÃO

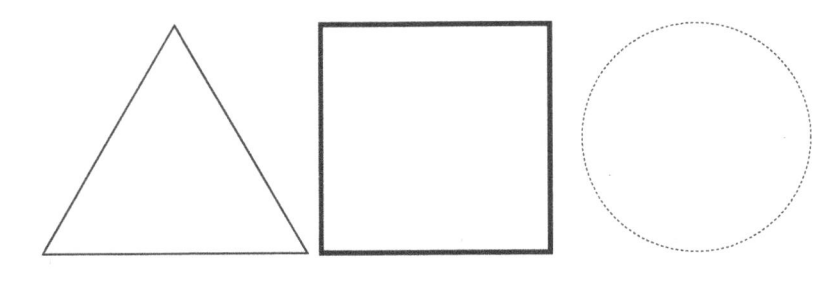

- Perspectiva da névoa: Este indicador de profundidade reflete o fato de que normalmente associamos a clareza da visão com a proximidade e o enevoamento das silhuetas com a distância. O equivalente gráfico da névoa da perspectiva é a diminuição ou difusão das bordas e dos contornos dos objetos mais distantes. Podemos utilizar uma linha de peso menor ou uma linha tracejada ou pontilhada para delinear estas arestas de figuras e os contornos das formas que existem além do foco do desenho.

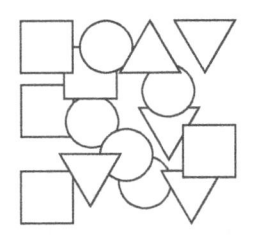

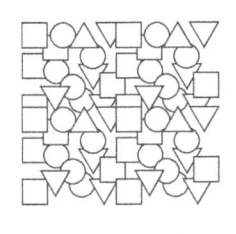

- Perspectiva da textura: A densidade da textura de uma superfície aumenta gradualmente à medida que nos afastamos. A técnica de representação gráfica para representar o fenômeno visual da perspectiva da textura envolve a diminuição gradual do tamanho e do espaçamento dos elementos gráficos empregados para retratar uma textura ou padrão superficial, seja por meio de pontos, linhas ou tons. Inicie identificando as unidades no primeiro plano, depois sugira o padrão texturizado do segundo plano e, por fim, represente o valor tonal do fundo.

- Luz e sombra: Qualquer variação abrupta no brilho estimula a percepção de que uma aresta ou um perfil está separado da superfície do fundo por um espaço intermediário. Esta maneira de sugerir profundidade implica a existência de formatos sobrepostos e o uso de valores tonais contrastantes em um desenho. Consulte as páginas 176–182 para mais informações sobre o uso de valores tonais na representação gráfica em arquitetura.

- Para mais informações sobre indicadores de profundidade, consulte as páginas 84–95.

Exercício 6.11
Na escala de 1:100, desenhe as elevações sul e leste da edificação ilustrada na perspectiva ao lado. Use uma hierarquia de pesos de linha para transmitir sensação de profundidade e expressar quais elementos estão projetados mais à frente de outros.

Exercício 6.12
No desenho desenvolvido no exercício 6.11, explore como os padrões e a gama de contraste de tonalidade podem enfatizar a silhueta da casa e estabelecer três zonas pictóricas: primeiro plano, segundo plano e plano de fundo.

Exercício 6.13
Em uma folha de papel manteiga, desenhe as elevações pela segunda vez, na mesma escala. Estude como os padrões e a gama de contraste de tonalidade podem expressar quais elementos estão projetados à frente de outros dentro da própria edificação.

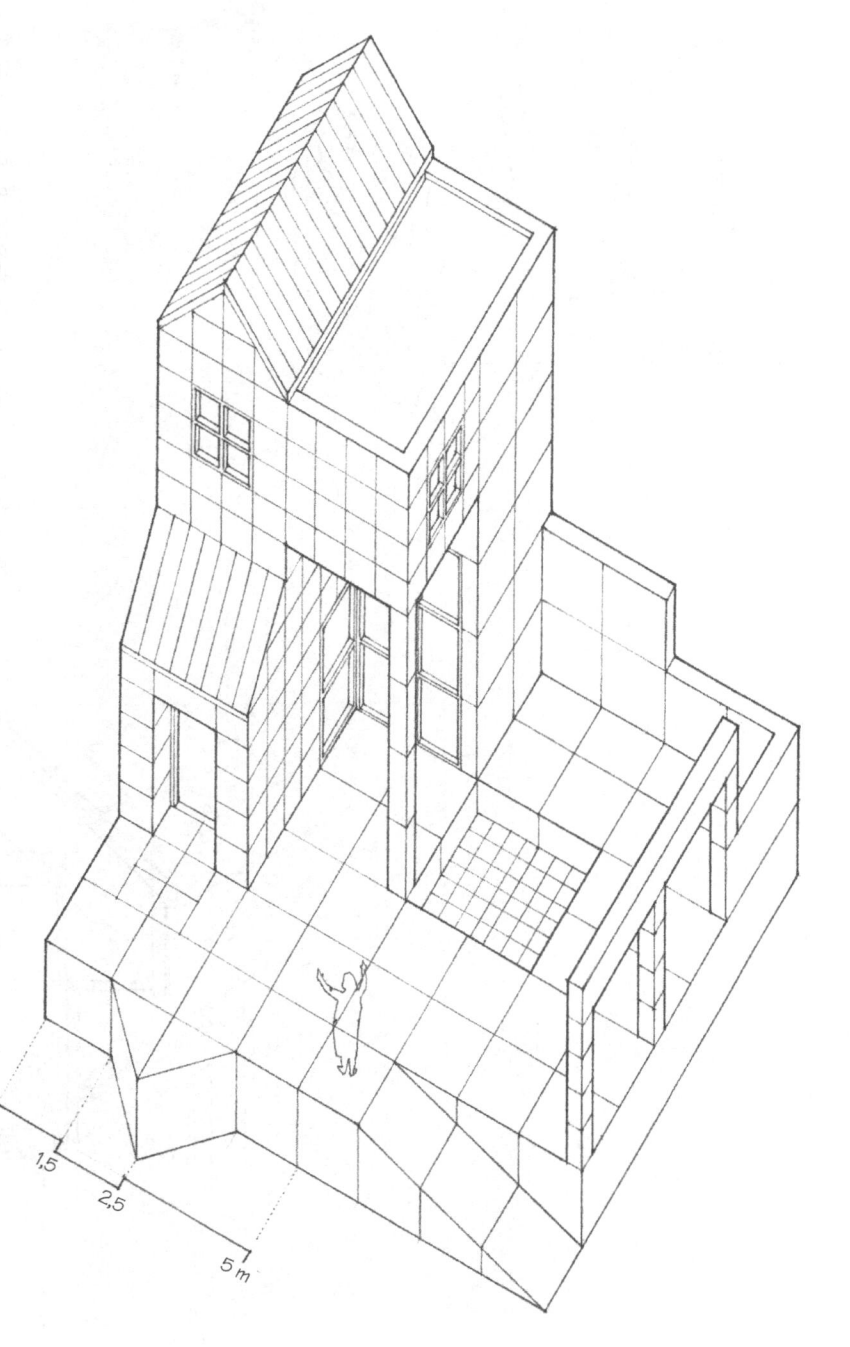

CORTES

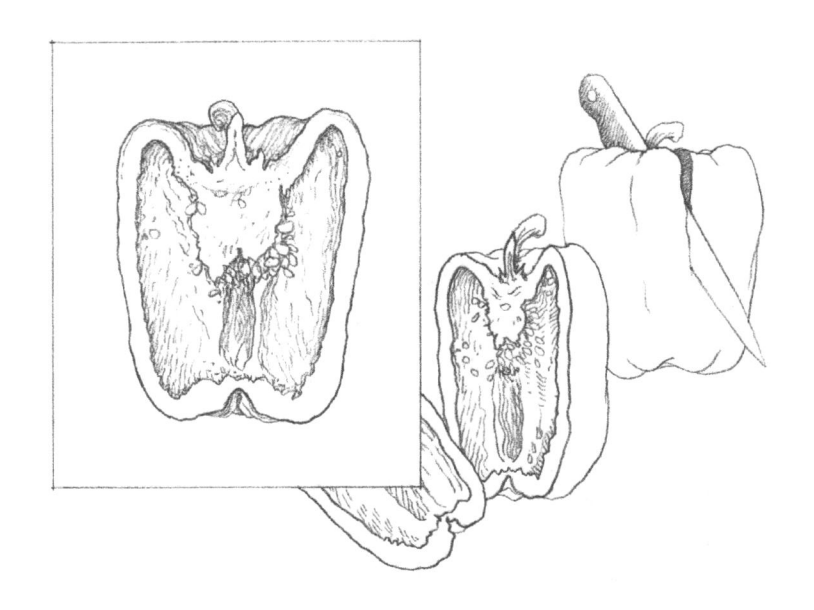

Um corte é uma projeção ortogonal de como veríamos um objeto cortado por um plano de interseção. Ele abre o objeto para revelar os materiais, a composição e seus sistemas internos. Em teoria, o plano de corte de uma seção pode ter qualquer orientação, mas, para podermos distinguir um corte de uma planta baixa – outro tipo de desenho que envolve uma seção – geralmente consideramos que o corte de uma edificação é vertical e que sua planta baixa é seccionada na horizontal. Assim como outras projeções ortogonais, todos os planos paralelos ao plano do desenho mantêm tamanho, formato e proporções reais.

Os cortes reduzem a complexidade tridimensional de um objeto a duas dimensões – altura e largura ou comprimento. Normalmente, usamos desenhos em corte para projetar e revelar os detalhes da construção, assim como a disposição do mobiliário. Em desenhos de arquitetura, entretanto, o corte do prédio é o principal desenho para se estudar e revelar a relação vital entre cheios e vazios em pisos, paredes e tetos de uma edificação, suas dimensões verticais e relações entre os espaços internos.

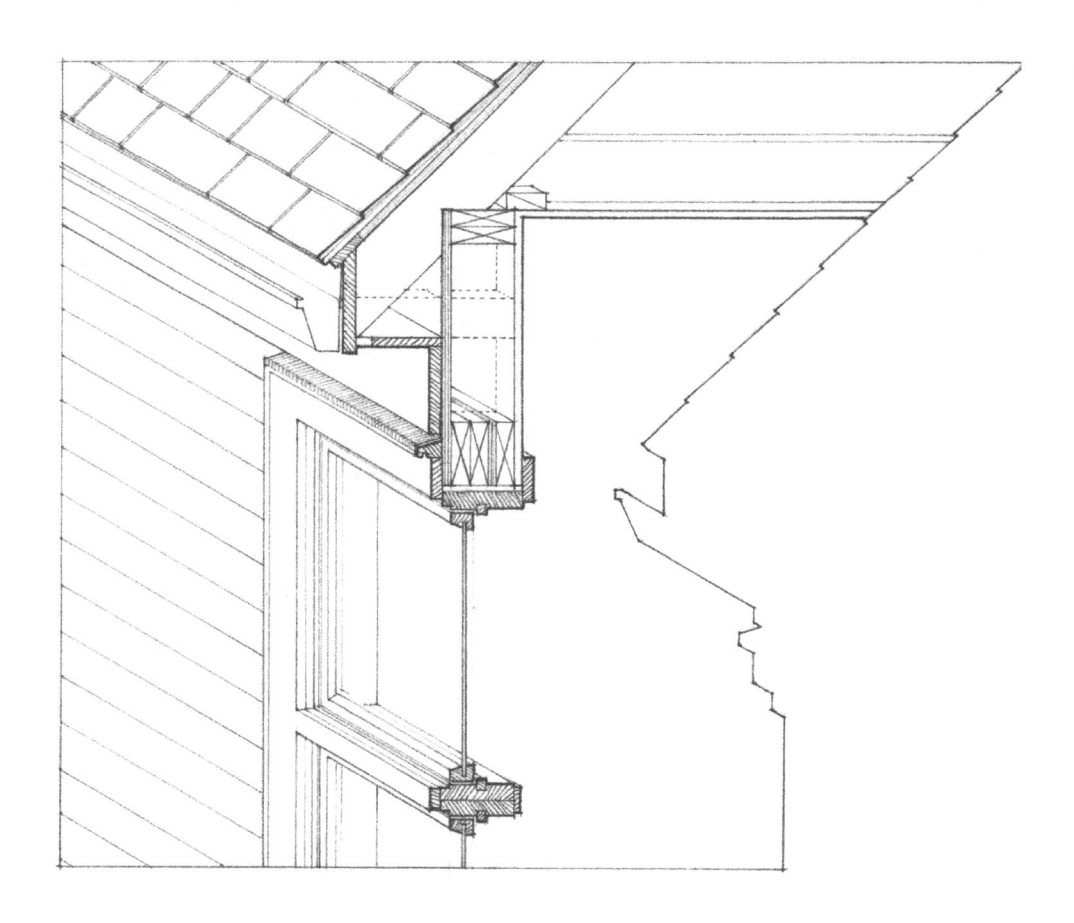

CORTES DE EDIFICAÇÕES

O corte de uma edificação representa sua secção vertical. Após o plano vertical cortar a construção, removemos uma das partes. O corte de uma edificação é uma projeção ortogonal da porção que permanece, feita sobre o plano vertical do desenho paralelo ao plano de corte.

Os cortes de edificações combinam as características conceituais das plantas com as características perceptivas das elevações. Ao cortar as paredes, os pisos, a cobertura de uma edificação ou as aberturas de portas e janelas, expomos o interior do edifício para revelar condições de apoio, vãos e vedações, bem como o arranjo vertical dos espaços. Em um plano vertical de desenho, cortes de edificações são capazes de revelar a dimensão vertical, o formato e a escala dos espaços internos, o impacto de aberturas de janelas e portas nestes espaços e as conexões verticais entre cômodos, assim como entre o interior e o exterior. Além deste plano de corte, vemos elevações de paredes internas e também objetos e eventos que estão à frente de uma elevação, mas por trás do plano vertical de corte.

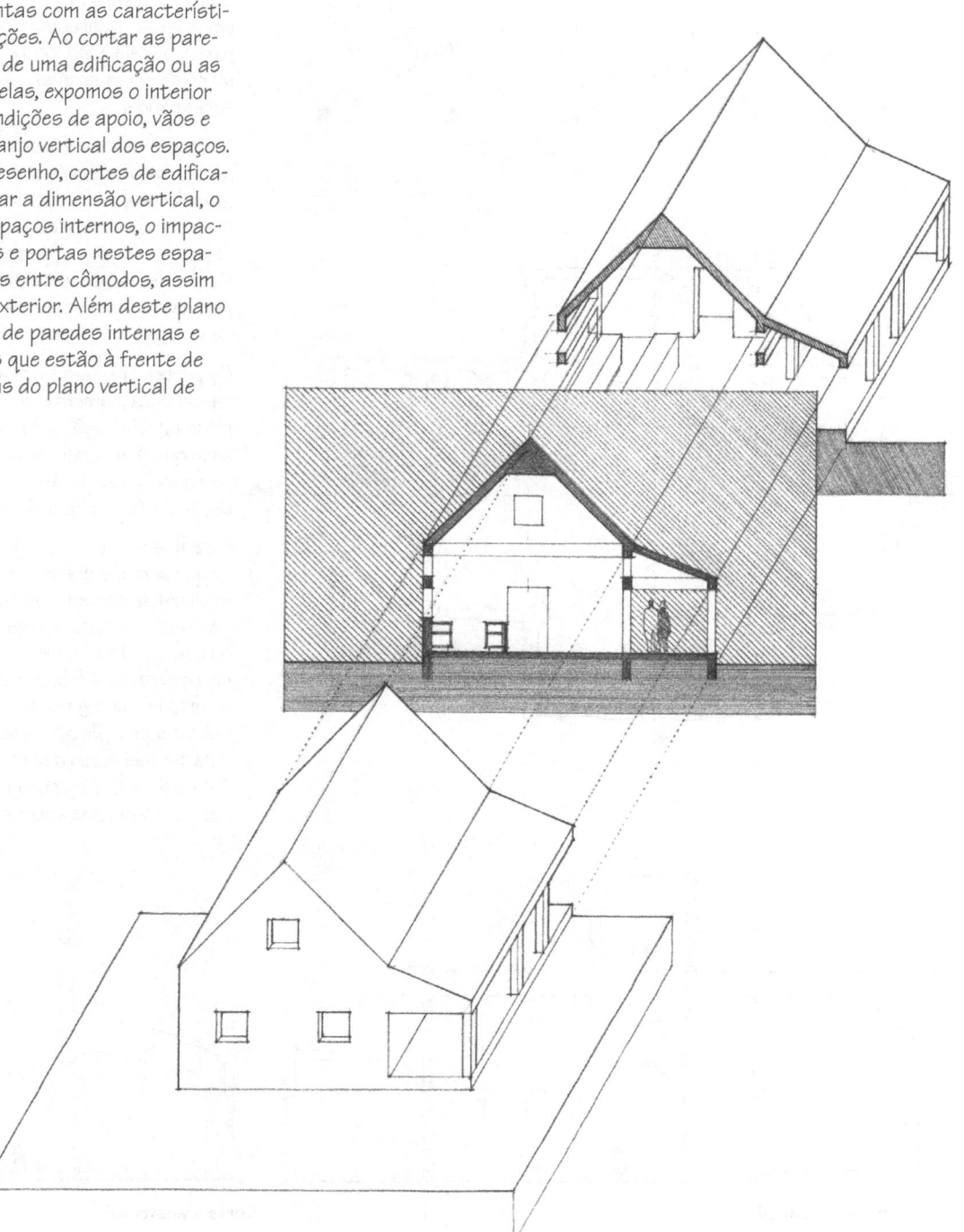

Marcação de cortes

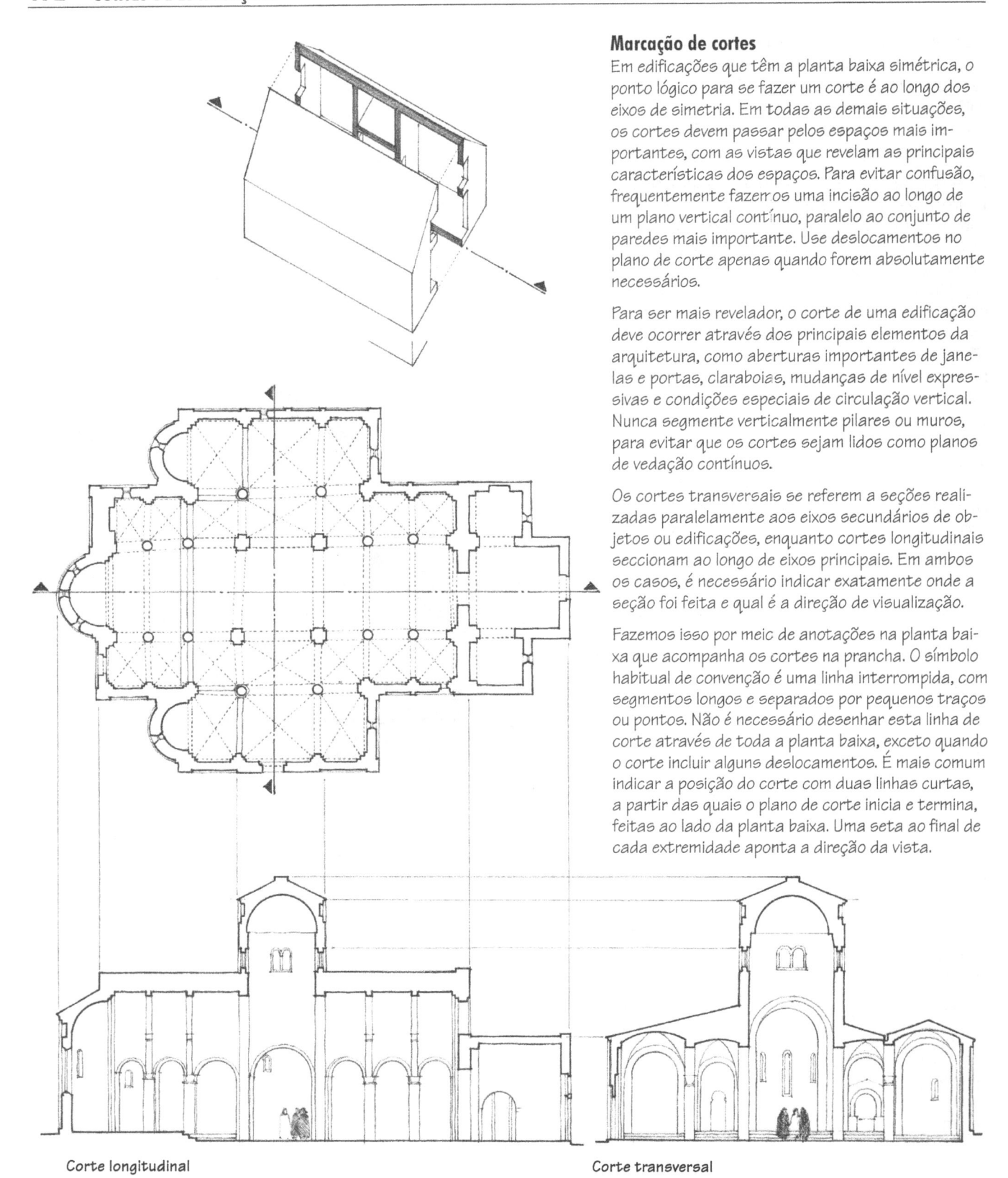

Em edificações que têm a planta baixa simétrica, o ponto lógico para se fazer um corte é ao longo dos eixos de simetria. Em todas as demais situações, os cortes devem passar pelos espaços mais importantes, com as vistas que revelam as principais características dos espaços. Para evitar confusão, frequentemente fazemos uma incisão ao longo de um plano vertical contínuo, paralelo ao conjunto de paredes mais importante. Use deslocamentos no plano de corte apenas quando forem absolutamente necessários.

Para ser mais revelador, o corte de uma edificação deve ocorrer através dos principais elementos da arquitetura, como aberturas importantes de janelas e portas, claraboias, mudanças de nível expressivas e condições especiais de circulação vertical. Nunca segmente verticalmente pilares ou muros, para evitar que os cortes sejam lidos como planos de vedação contínuos.

Os cortes transversais se referem a seções realizadas paralelamente aos eixos secundários de objetos ou edificações, enquanto cortes longitudinais seccionam ao longo de eixos principais. Em ambos os casos, é necessário indicar exatamente onde a seção foi feita e qual é a direção de visualização.

Fazemos isso por meio de anotações na planta baixa que acompanha os cortes na prancha. O símbolo habitual de convenção é uma linha interrompida, com segmentos longos e separados por pequenos traços ou pontos. Não é necessário desenhar esta linha de corte através de toda a planta baixa, exceto quando o corte incluir alguns deslocamentos. É mais comum indicar a posição do corte com duas linhas curtas, a partir das quais o plano de corte inicia e termina, feitas ao lado da planta baixa. Uma seta ao final de cada extremidade aponta a direção da vista.

Corte longitudinal

Corte transversal

Igreja da Abadia de Santa Maria, Portonovo, Itália, século XII.

Elevações internas

As elevações internas são projeções ortogonais das paredes internas mais importantes de uma edificação. Embora, em geral, apareçam nos cortes, as elevações podem ser desenhadas à parte, para ilustrar as características internas de um cômodo, como portas, móveis e detalhes. Nesse caso, em vez de acentuar a área em corte, enfatizamos os limites das superfícies das paredes do interior.

Escala

Normalmente desenhamos elevações internas na mesma escala das plantas baixas que as acompanham – 1:100 ou 1:50. Quando quisermos mostrar uma maior quantidade de detalhes, também podemos usar uma escala de 1:20.

Orientação

Para orientar o observador, designamos cada elevação interna de acordo com a direção dos pontos cardeais, com base em onde olhamos para observar a parede. Um método alternativo é associar cada elevação interna a uma pequena bússola indicativa, que é desenhada na planta baixa do recinto.

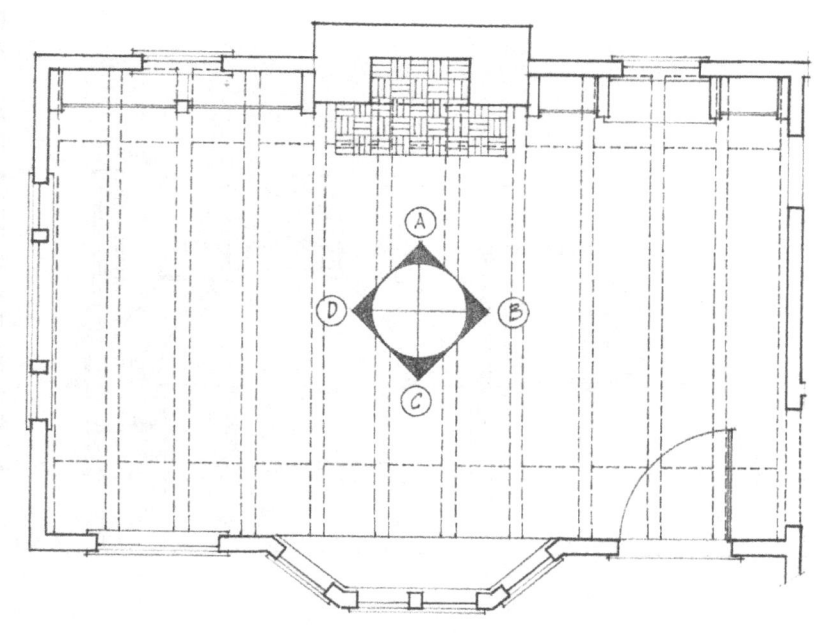

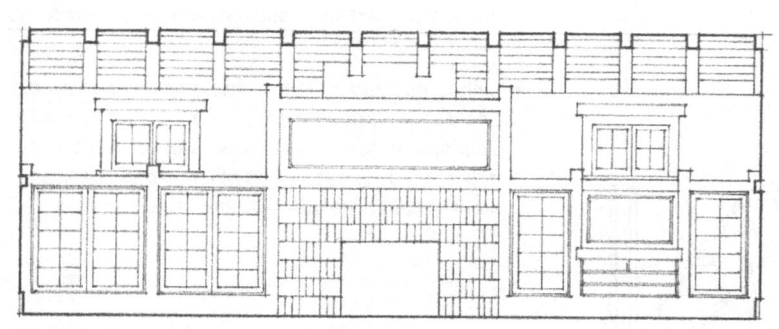

Elevação A

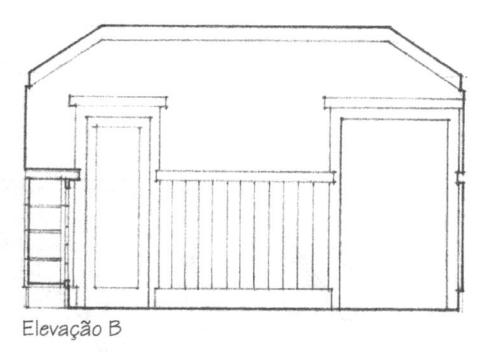

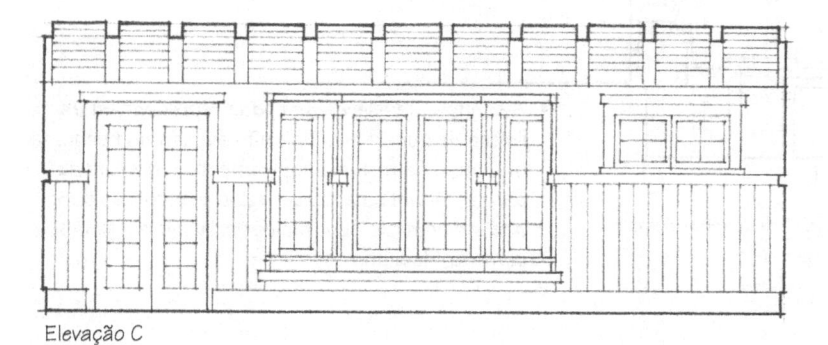

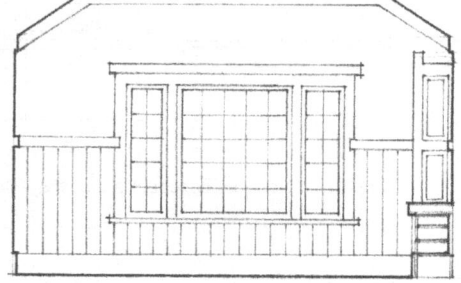

Elevação B

Elevação C

Elevação D

O plano de corte

Assim como nas plantas baixas, nos cortes é crucial distinguir entre cheios e vazios e indicar com precisão onde as massas encontram os espaços. Para que possamos representar a profundidade e a existência de volumes no espaço, devemos empregar uma hierarquia de pesos de linha e uma variedade de valores tonais. A técnica que utilizamos depende da escala do corte da edificação, do meio de desenho e do grau de contraste necessário entre cheios e vazios.

Esta série de desenhos ilustra maneiras de enfatizar a matéria sólida cortada e representada com linhas no corte da edificação.

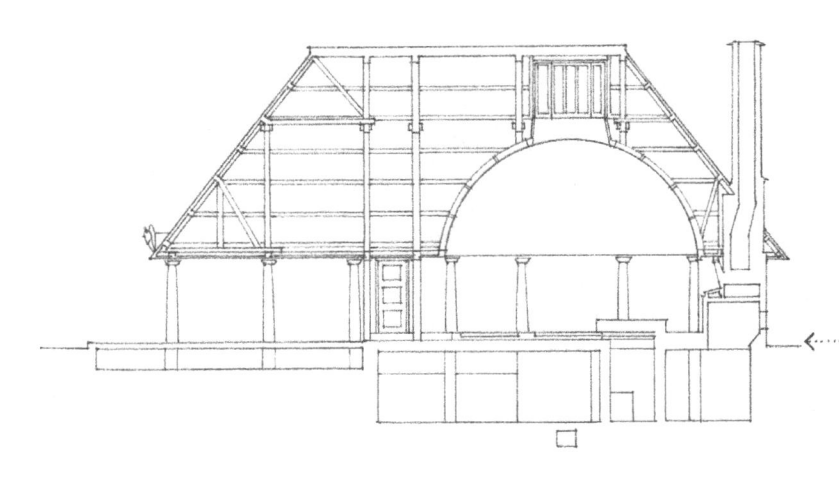

- Este é um corte de edificação feito como apenas um peso de linha.

- Já este desenho usa uma hierarquia de pesos de linha para representar profundidade.

- As linhas mais pesadas definem os formatos dos elementos cortados que estão mais próximos do observador.

- Linhas de peso intermediário delineiam as arestas das superfícies verticais que se situam além do plano de corte. As linhas cada vez mais leves delineiam as arestas dos objetos progressivamente mais afastados do plano de corte.

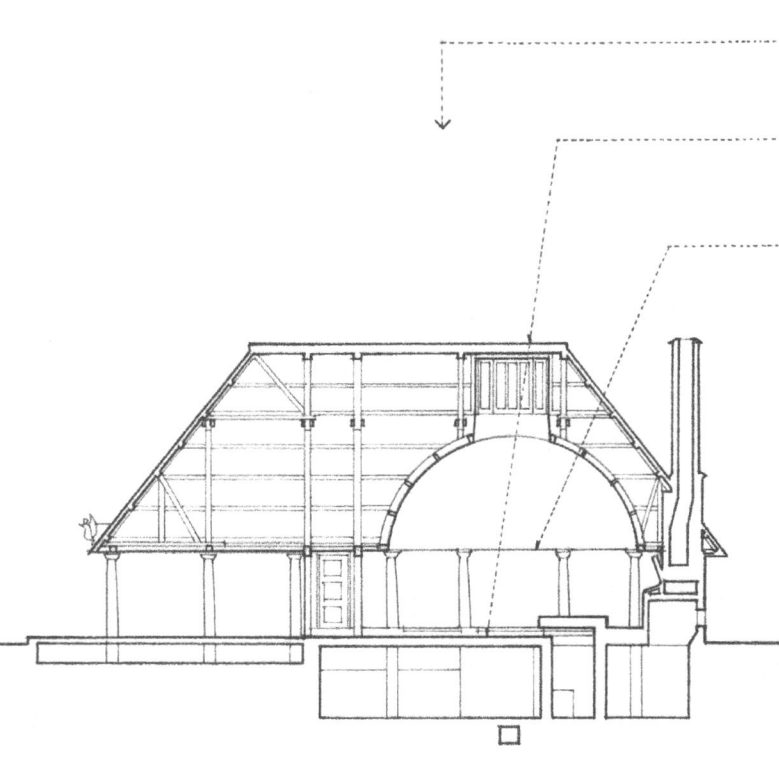

Capela do Bosque, Estocolmo, Suécia, 1918–20, Erik Gunnar Asplund

- As linhas mais leves de todas representam as linhas de superfície. Elas não significam nenhuma mudança na forma, simplesmente representam o padrão visual ou a textura dos planos das paredes e de outras superfícies verticais paralelas ao plano do desenho.

Hachuras

Em um desenho de linha e tons, ou simplesmente de tons, enfatizamos o formato dos elementos em corte com variações tonais que contrastem com o âmbito espacial do edifício. O propósito é estabelecer uma relação clara de figura e fundo entre a matéria sólida e os espaços vazios – entre conteúdo e recinto.

Geralmente pintamos de preto ou usamos uma hachura nos elementos de piso, parede e cobertura que estão seccionados em cortes de edificações em pequena escala. Caso deseje apenas um pequeno contraste entre os elementos cortados (as figuras) e o campo de desenho (o fundo), use um cinza de tom médio ou uma hachura para enfatizar tais elementos. Isso é especialmente importante em cortes em grande escala, quando áreas extensas de preto podem acarretar um peso visual muito grande ou criar um contraste exagerado. Se elementos verticais, como padrões e texturas de paredes, conferirem valor tonal ao campo do desenho, talvez seja necessário o uso de um forte contraste entre cheios e vazios. Neste esquema de valores, use tons cada vez mais claros para os elementos à medida que eles se afastam do plano de corte.

Outra maneira de representação é inverter o esquema de tonalidades e destacar os elementos em corte, como figuras brancas contra um limite espacial de tonalidades mais escuras. Revertendo deste modo o padrão normal de claros e escuros, enfatizamos o contorno do espaço. Certifique-se, contudo, de que haja contraste tonal suficiente para distinguir os elementos em corte. Se necessário, destaque a silhueta dos elementos cortados com uma linha de grande peso e use, progressivamente, tons escuros para elementos ou planos que retrocedem no espaço.

Lembre-se de que a massa do piso também é seccionada nos cortes de edificações e terreno. Assim, as tonalidades dos elementos em corte devem se estender à massa do piso em que estão assentados. Se mostramos a fundação de uma edificação em corte, devemos ser cuidadosos em delinear suas sapatas e muros de arrimo como parte integrante da massa de terra circundante. Devemos representar a subestrutura de modo a manter a leitura de que o plano vertical da seção corta tanto a fundação quanto o solo circundante.

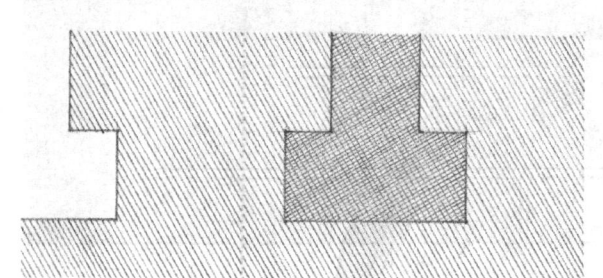

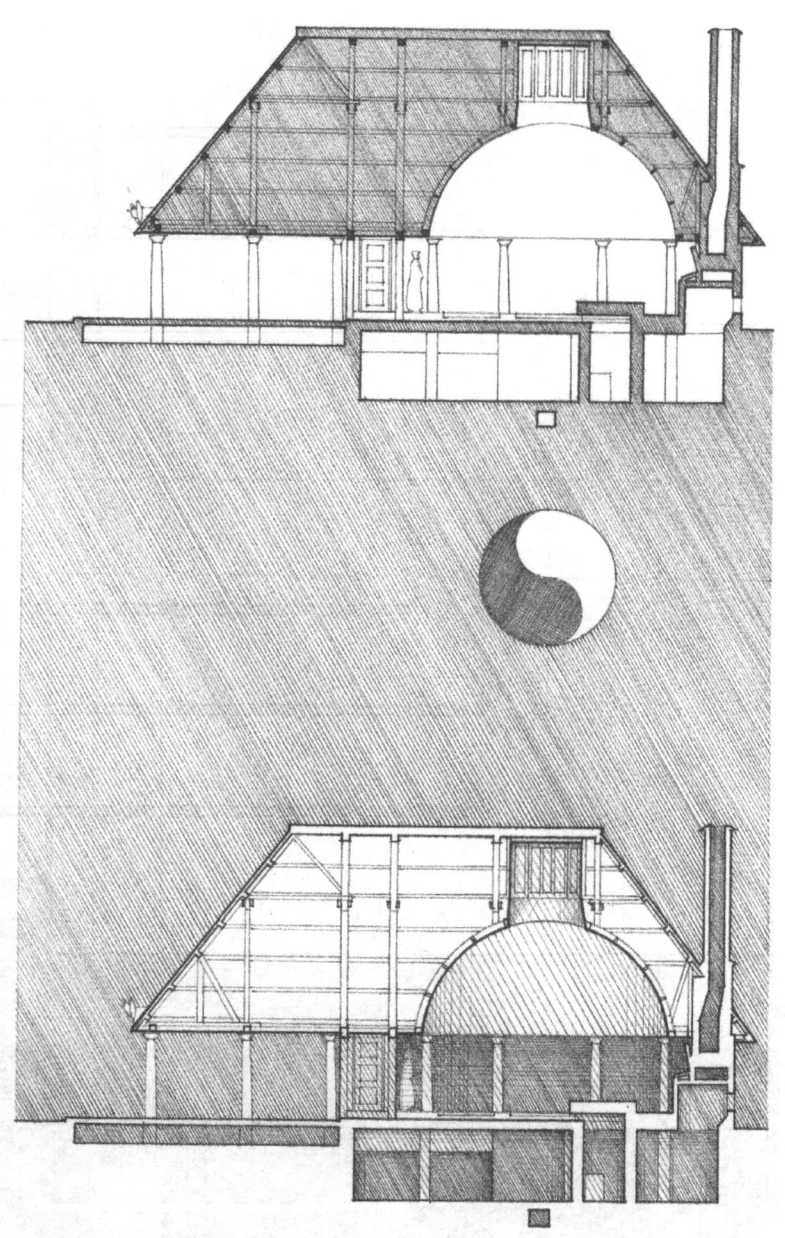

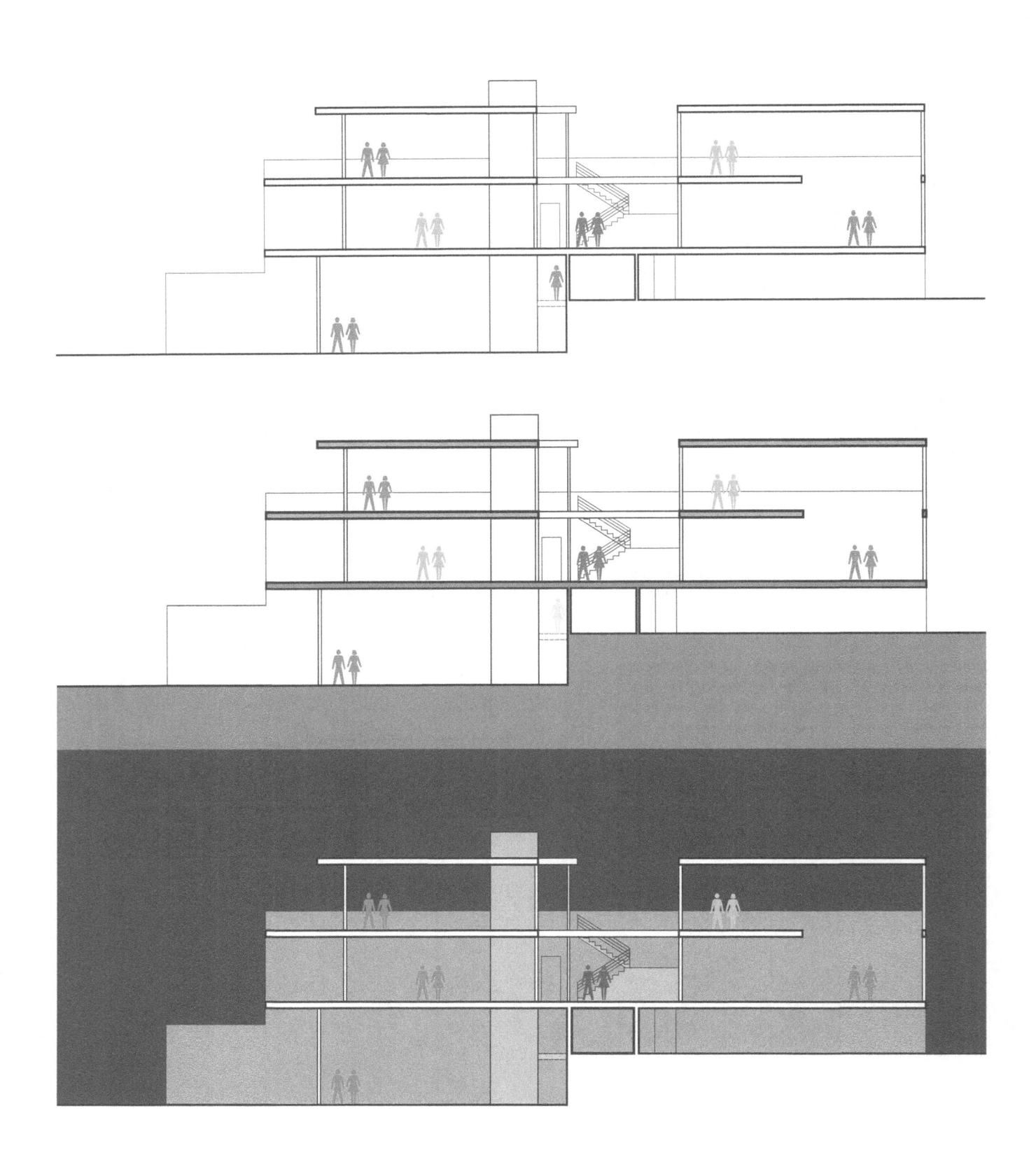

176 CORTES DE EDIFICAÇÕES

CORTES DE EDIFICAÇÕES 177

Cortes gerados por computador

Estes exemplos ilustram o uso de um programa de representação gráfica na geração de cortes. Os três desenhos da página anterior e o desenho no alto desta página usam um programa de desenho baseado em vetores; o desenho inferior usa uma imagem raster (uma representação gráfica bidimensional por meio de quadriculação) para transmitir o caráter de um terreno, além de servir como fundo contrastante para os elementos seccionados (em branco).

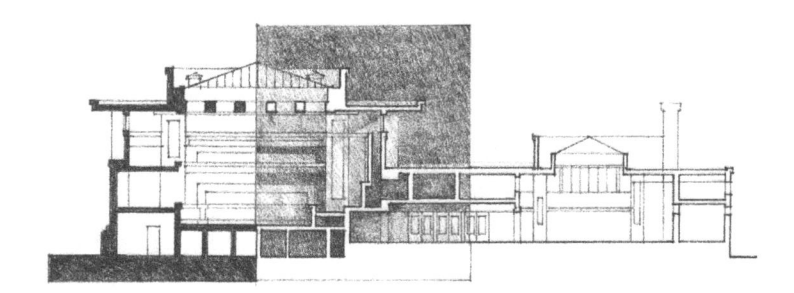

Exercício 6.14

Faça duas cópias do corte longitudinal do Templo da Unidade, ilustrado ao lado. No primeiro desenho, aplique uma hachura aos elementos em corte. No segundo desenho, inverta o padrão de claros e escuros e sombreie os formatos dos espaços definidos pelos elementos seccionados. Compare os dois cortes. Em qual representação os formatos dos espaços contidos são dominantes ou mais fáceis de ler?

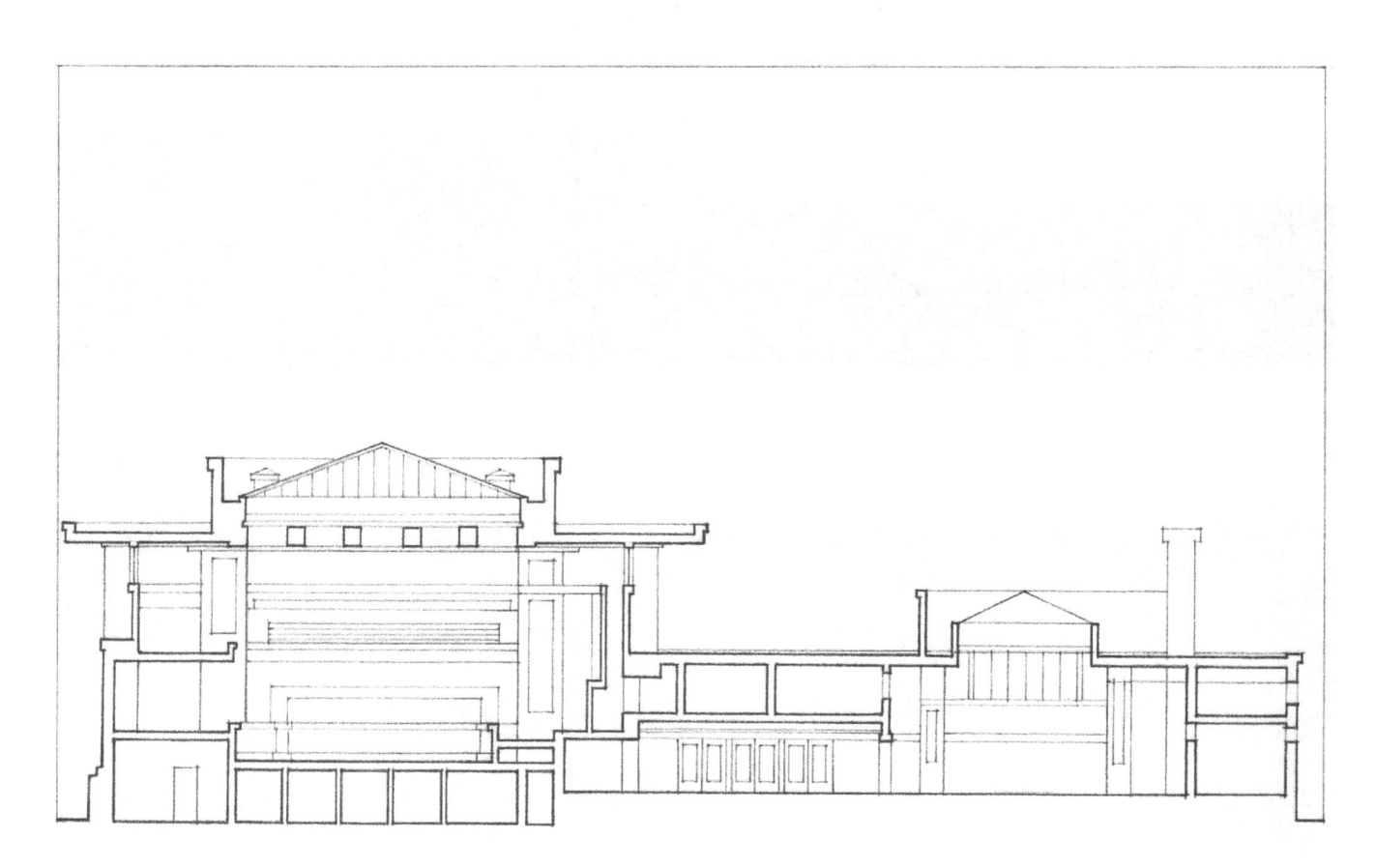

Templo da Unidade, Oak Park, Illinois, 1906, Frank Lloyd Wright

Escala de desenho

Normalmente, desenhamos cortes de edificações com a mesma escala das plantas baixas – 1:100 ou 1:50. Podemos utilizar uma escala menor para edificações maiores ou mais complexas, ou uma escala maior para os cortes ou as elevações internas de um único cômodo. Cortes de cômodos são especialmente úteis para se estudar e apresentar espaços muito detalhados, como cozinhas, banheiros e escadas.

Quanto maior for a escala do corte, mais detalhes devemos incluir. Esta atenção ao detalhe é mais importante quando representamos a espessura dos materiais e sistemas de construção que aparecem seccionados no corte. Preste muita atenção às espessuras das paredes, às quinas e aos detalhes de escalas. Um conhecimento geral da construção de edificações é, consequentemente, extremamente útil ao se executar cortes de grande escala.

Como sempre, a inclusão de calungas em cortes reforça a escala e nos indica as atividades e os usos dos espaços.

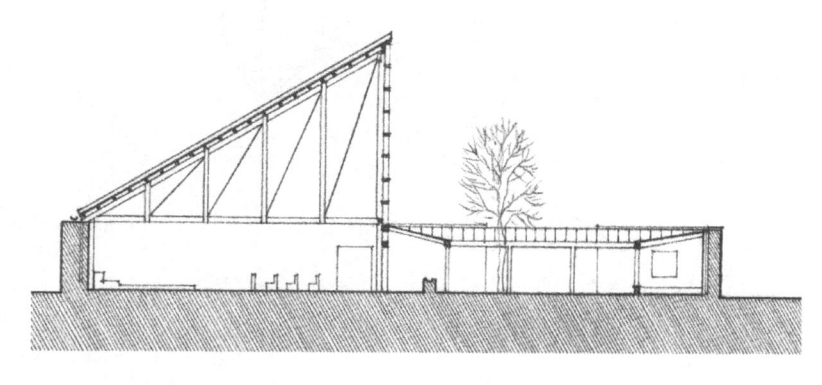

Igreja da Montanha, Winkelmoosalm, Alemanha, 1975, J. Wiedemann

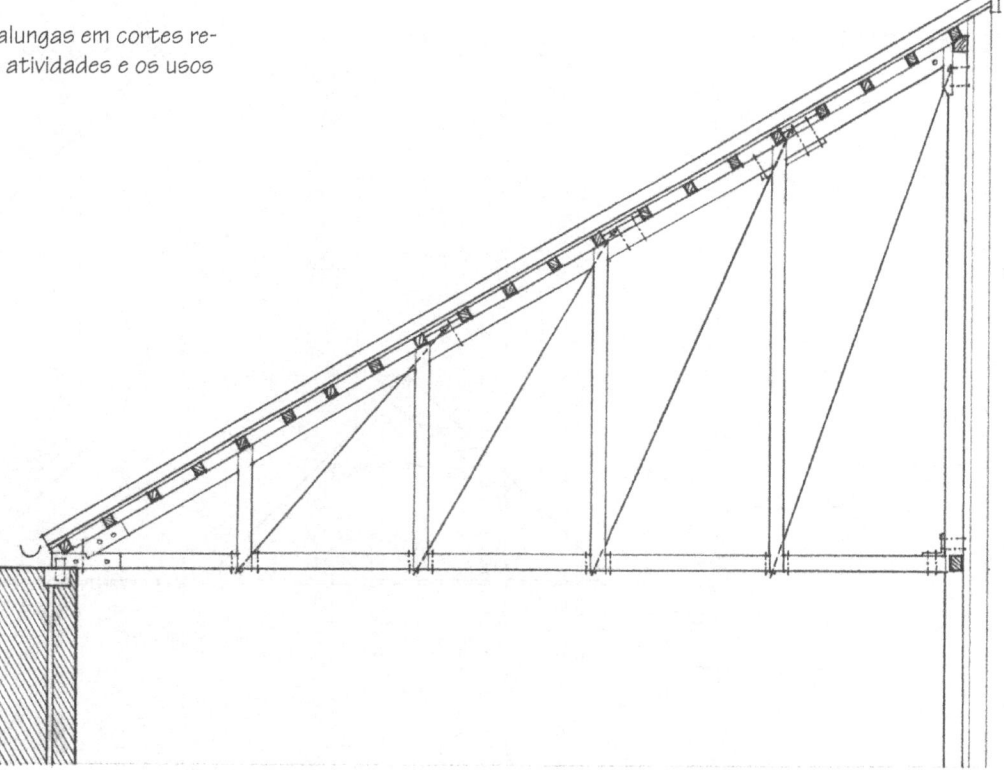

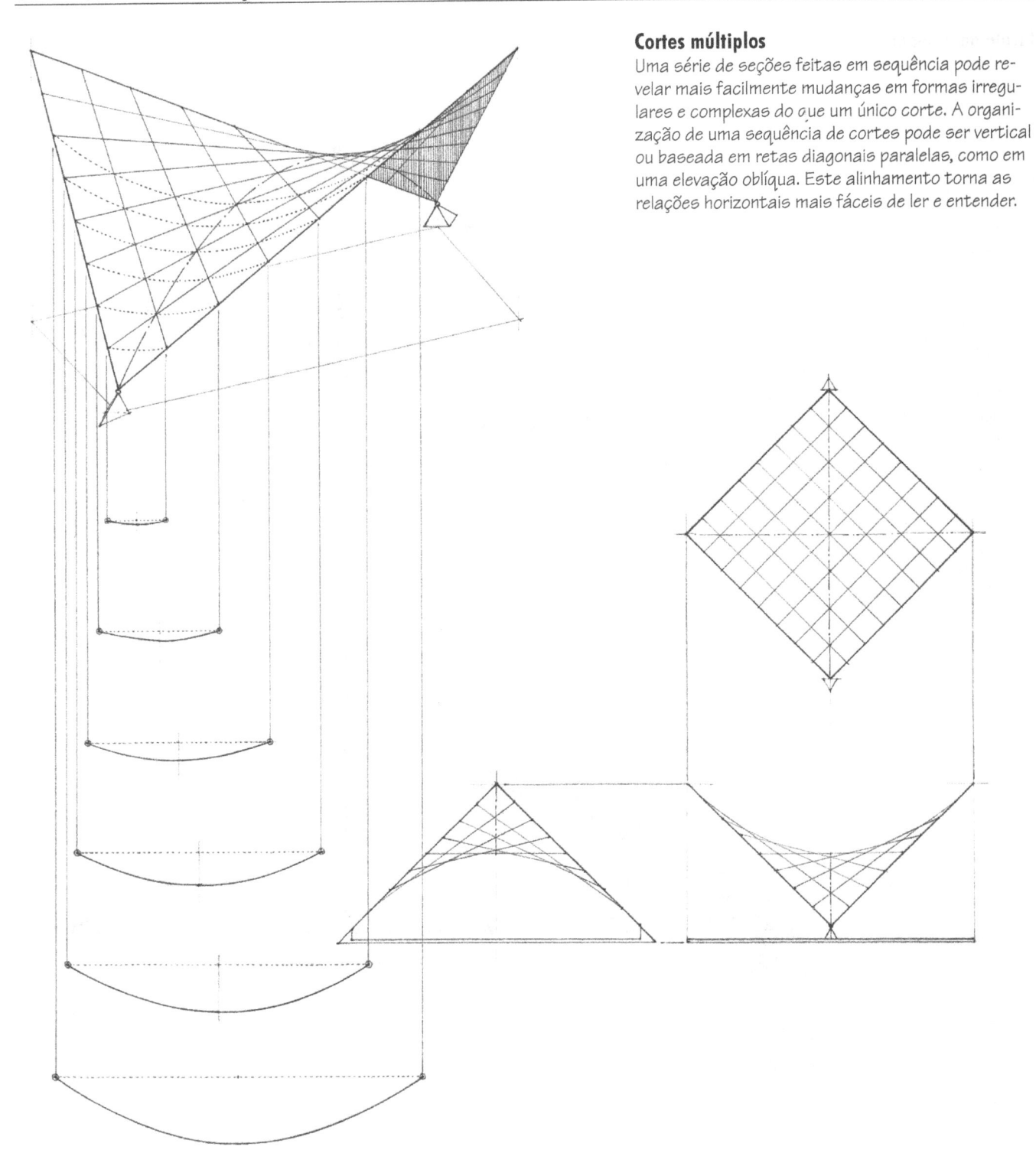

Cortes múltiplos
Uma série de seções feitas em sequência pode revelar mais facilmente mudanças em formas irregulares e complexas do que um único corte. A organização de uma sequência de cortes pode ser vertical ou baseada em retas diagonais paralelas, como em uma elevação oblíqua. Este alinhamento torna as relações horizontais mais fáceis de ler e entender.

PERFIS DE TERRENO

Os cortes podem se estender além dos limites da edificação e incluir seu terreno e seu entorno. Nesse caso, são excepcionalmente capazes de descrever as relações de uma edificação proposta em relação ao plano de terreno circundante e revelar se a edificação proposta está elevada, simplesmente apoiada ou parcialmente subterrânea no solo do terreno. Além disso, os cortes podem ilustrar, de modo efetivo, as relações entre os espaços internos da edificação e os espaços externos adjacentes.

Sempre que possível, e especialmente em entornos urbanos, os cortes de edificações devem incluir os prédios contíguos também cortados ou vistos em elevação, por estarem além do plano de corte.

Condomínio Sea Ranch, Sea Ranch, Califórnia, 1963–65, MLTW

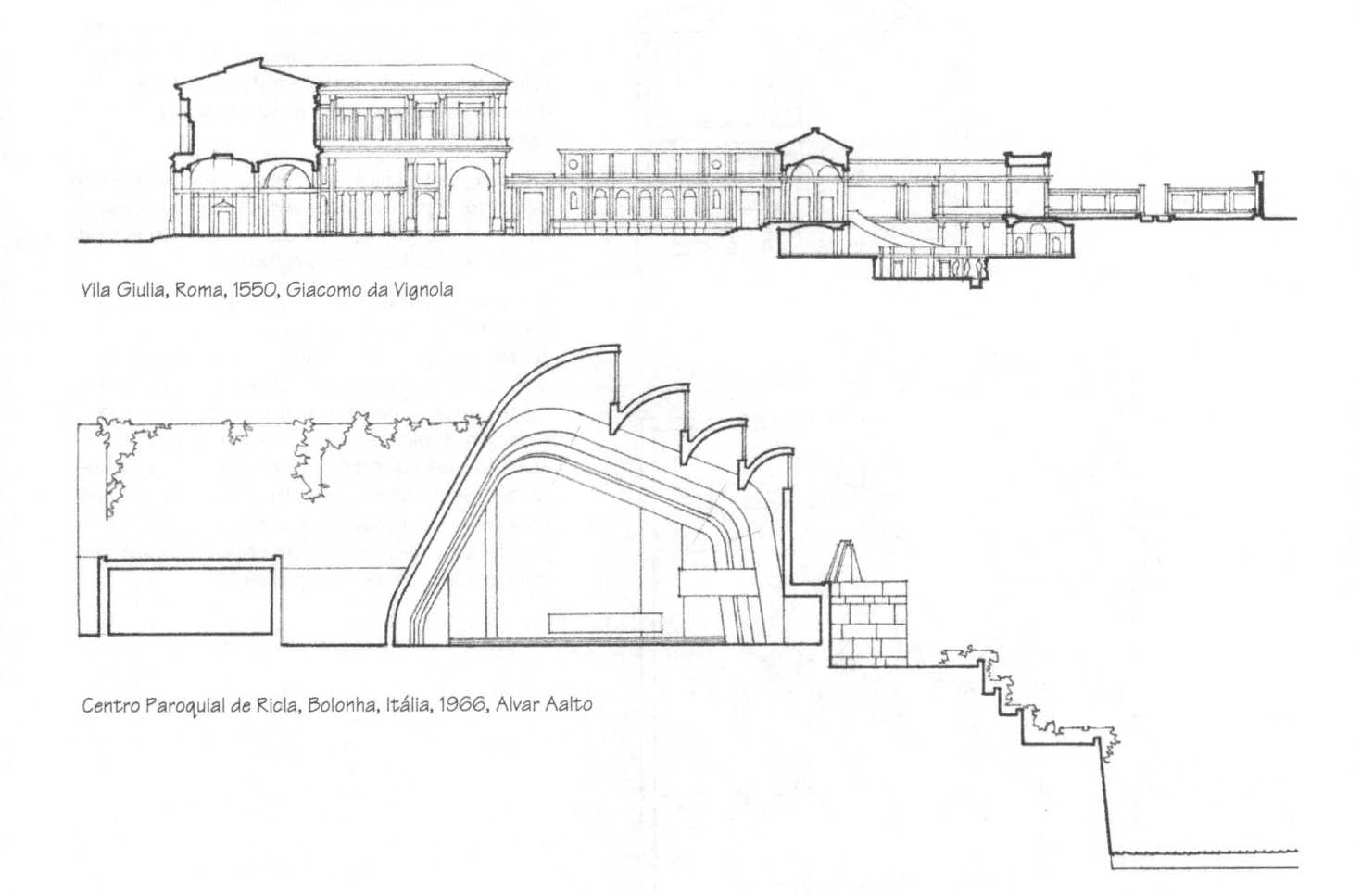

Vila Giulia, Roma, 1550, Giacomo da Vignola

Centro Paroquial de Riola, Bolonha, Itália, 1966, Alvar Aalto

182 SOMBRAS PRÓPRIAS E PROJETADAS

Sombras próprias e projetadas se referem à técnica de determinar, por meio de projeção, as áreas sombreadas dos objetos e suas sombras projetadas nas superfícies contíguas. A representação de sombras é especialmente útil para superar o aspecto achatado dos desenhos de vistas múltiplas e acentuar a ilusão de profundidade.

Em uma elevação, sombras próprias e projetadas revelam a relativa profundidade de projeções, vãos e recuos no interior do volume de um prédio, assim como modelam o relevo e a textura das superfícies que recebem as sombras.

Em um corte, as sombras projetadas pelos elementos cortados dão uma ideia da distância em que se projetam à frente de superfícies vistas em elevação, além do plano de corte.

Em uma planta de implantação (localização ou situação), sombras próprias e projetadas expressam as alturas relativas das massas e dos elementos edificados, além de revelar a natureza topográfica do plano do terreno sobre o qual as sombras se projetam.

Em uma planta baixa, as sombras projetadas pelos elementos e pelos objetos verticais em corte, no interior dos espaços, nos indicam suas alturas em relação a do plano do piso ou terreno.

Entender sombras próprias e projetadas é importante não apenas para a apresentação da proposta de projeto, mas também para o estudo e a avaliação do projeto em si. O jogo de luz, sombras próprias e projetadas modela as superfícies dos elementos projetados, descreve a disposição de suas massas e articula a profundidade e a natureza de seus detalhes. Dependendo da técnica usada para trabalhar tonalidades, sombras próprias e projetadas podem comunicar o tipo de luz que ilumina as formas e anima um espaço.

Elementos básicos

Fonte de luz
Uma fonte luminosa, como o Sol ou uma lâmpada elétrica, é o que torna as coisas visíveis. Em sombras próprias e projetadas da arquitetura, normalmente consideramos o Sol como sendo a fonte de luz.

Raios de luz
São quaisquer linhas ou feixes estreitos por meio dos quais a luz natural parece irradiar desde uma fonte luminosa. Os raios de luz emitidos pelo Sol viajam a uma distância de 150 milhões de quilômetros para atingir a superfície da Terra. O Sol é uma fonte tão grande e distante que seus raios de luz são considerados paralelos. Já as fontes de luz artificial, por serem relativamente pequenas e estarem muito mais próximas daquilo que iluminam, emitem raios de luz radiais.

Ângulo solar
É a direção dos raios de sol, medida em termos de rumo, ou ângulo de direção, e de azimute, ou altura solar.

Rumo
O rumo, ou ângulo, de direção é uma direção angular horizontal expressa em graus a leste ou oeste de uma orientação norte ou sul padrão.

Azimute
É o ângulo do desvio horizontal, medido no sentido horário, de uma posição relativa a uma direção padrão norte e sul.

Altura solar
A altura solar é a elevação angular do sol acima do horizonte.

Sombras próprias
Sombras próprias se referem às áreas relativamente escuras nas partes de um volume que são tangentes ou opostas a uma fonte de luz teórica.

Sombras projetadas
Sombras projetadas são figuras relativamente escuras criadas sobre uma superfície por um corpo opaco ou parte de um corpo que intercepta os raios de uma fonte de luz teórica.

Linha de sombra
Uma linha de sombra própria ou aresta sombreada que separa uma superfície iluminada de outra sombreada.

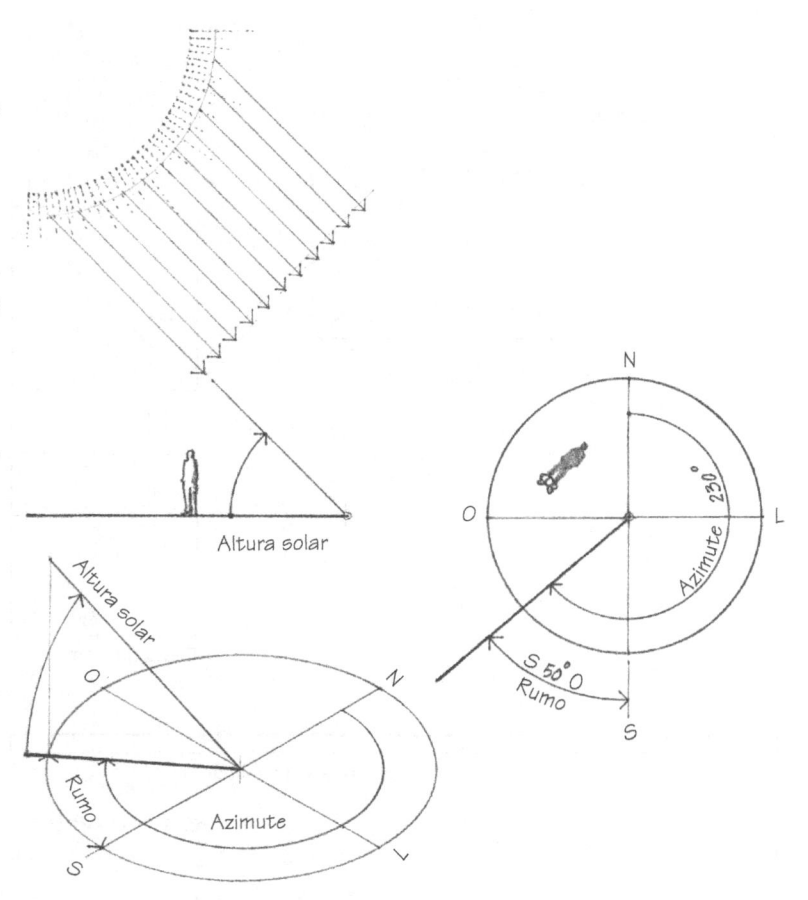

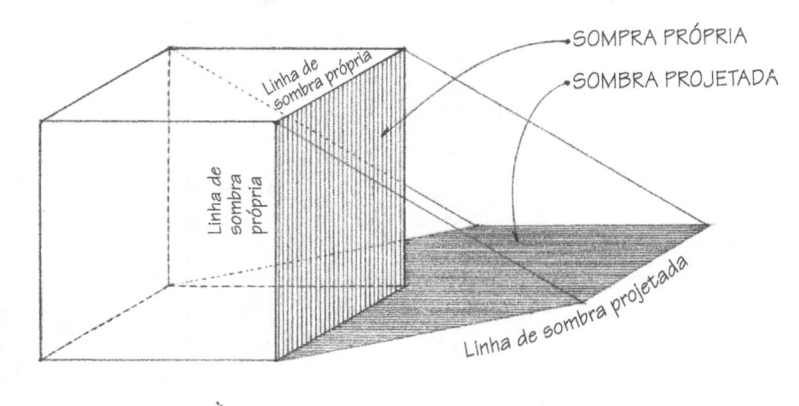

Plano de sombra projetada
Um plano de sombra projetada é um plano de raios de luz que passa pelos pontos adjacentes de uma reta.

Linha de sombra projetada
Uma linha de sombra projetada é uma sombra gerada por uma linha de sombra própria em uma superfície receptora.

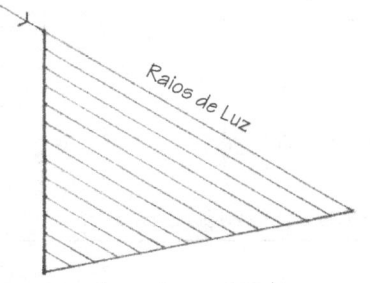

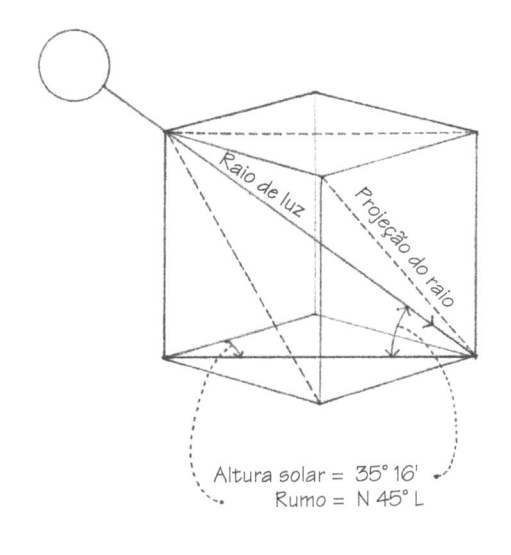

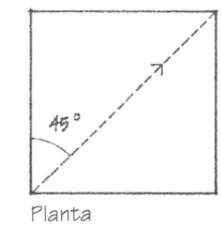

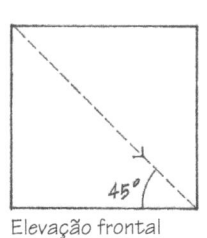

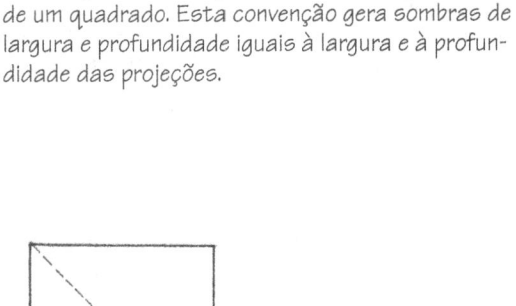

Em desenhos de vistas múltiplas, consideramos que a direção convencional da luz solar é paralela à diagonal de um cubo, a qual vai desde o vértice superior esquerdo anterior até o vértice inferior direito posterior. Considerando-se que o ângulo real desta diagonal é 35°16' (a altura solar), em planta ou elevação esta direção torna-se a diagonal a 45° de um quadrado. Esta convenção gera sombras de largura e profundidade iguais à largura e à profundidade das projeções.

Sombra de um ponto

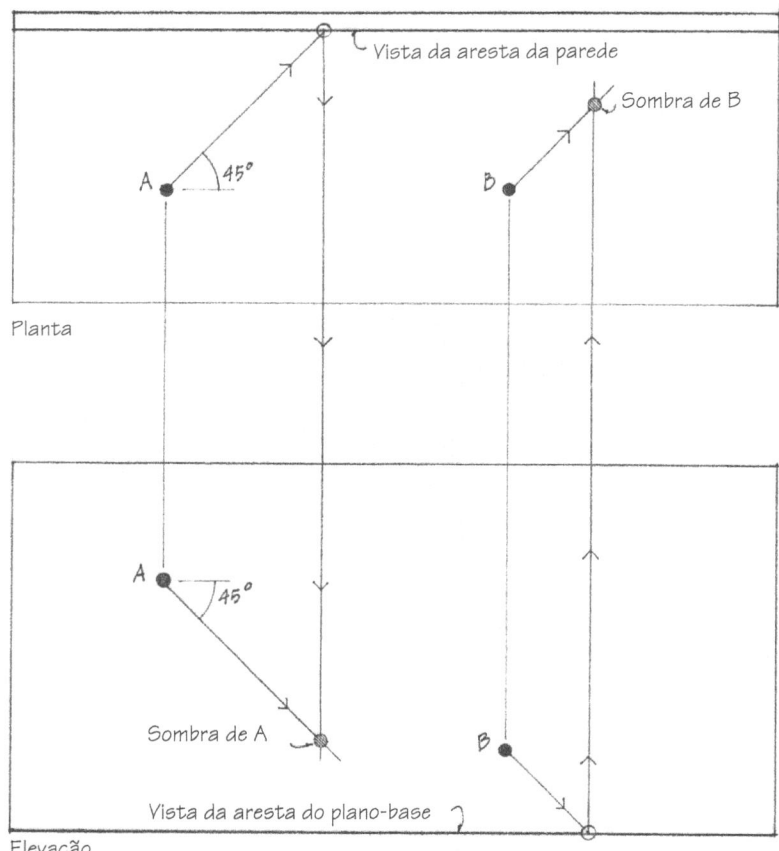

- A sombra de um ponto ocorre onde o raio de luz, passando através do ponto, encontra uma superfície interceptora.

A representação de sombras próprias e projetadas em desenhos de vistas múltiplas geralmente exige duas vistas relacionadas entre si — seja um plano e uma elevação ou duas elevações relacionadas — e a transferência de informações de uma vista à outra, e vice-versa.

O processo de geração de uma sombra projetada começa com o desenho de um raio de luz a 45° que atravessa um ponto ao longo de uma aresta de projeção em ambas as vistas. Na vista que mostra a projeção da aresta da superfície receptora, estenda o raio até que ele intercepte a superfície receptora. Projete esta interseção na vista relacionada. A interseção desta linha transferida com o raio na vista adjacente marca a sombra do ponto.

SOMBRAS PRÓPRIAS E PROJETADAS   185

Sombra projetada de uma reta

- A sombra projetada de uma reta é a interseção entre seu plano de sombra e a superfície receptora da sombra. A hipotenusa de uma sombra triangular plana estabelece a direção dos raios de luz, e a base descreve seu rumo.

- A sombra de uma reta em uma superfície plana é a reta que conecta a sombra de suas extremidades.

- A sombra de uma reta que intercepta uma superfície começa onde a reta encontra a superfície.

- Uma reta vertical projeta sua sombra em uma superfície horizontal no rumo dos raios de luz.

- Em um plano paralelo, uma reta projeta uma sombra que é paralela a si mesma. Isto também é verdadeiro quando uma linha, em uma superfície curva que recebe a sombra, é paralela às linhas retas existentes na superfície.

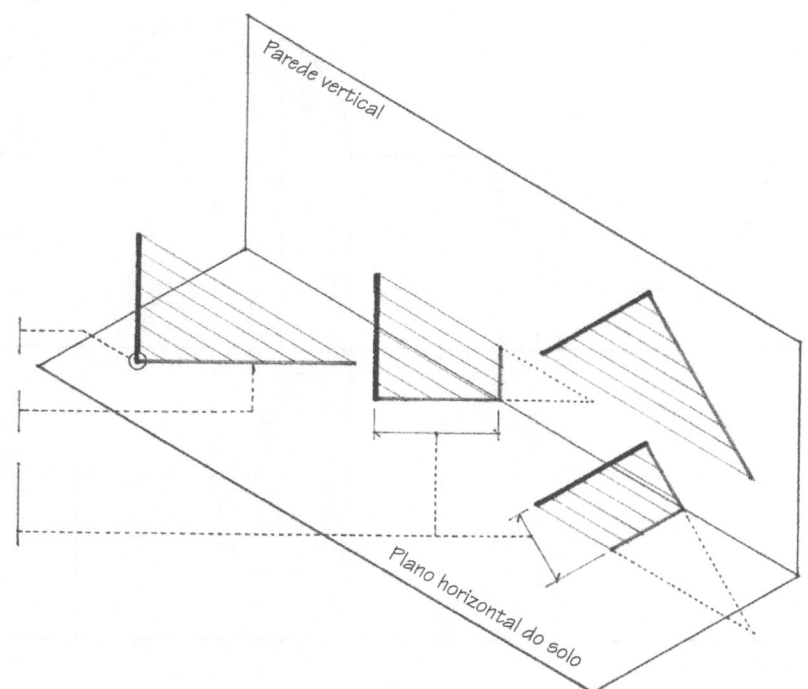

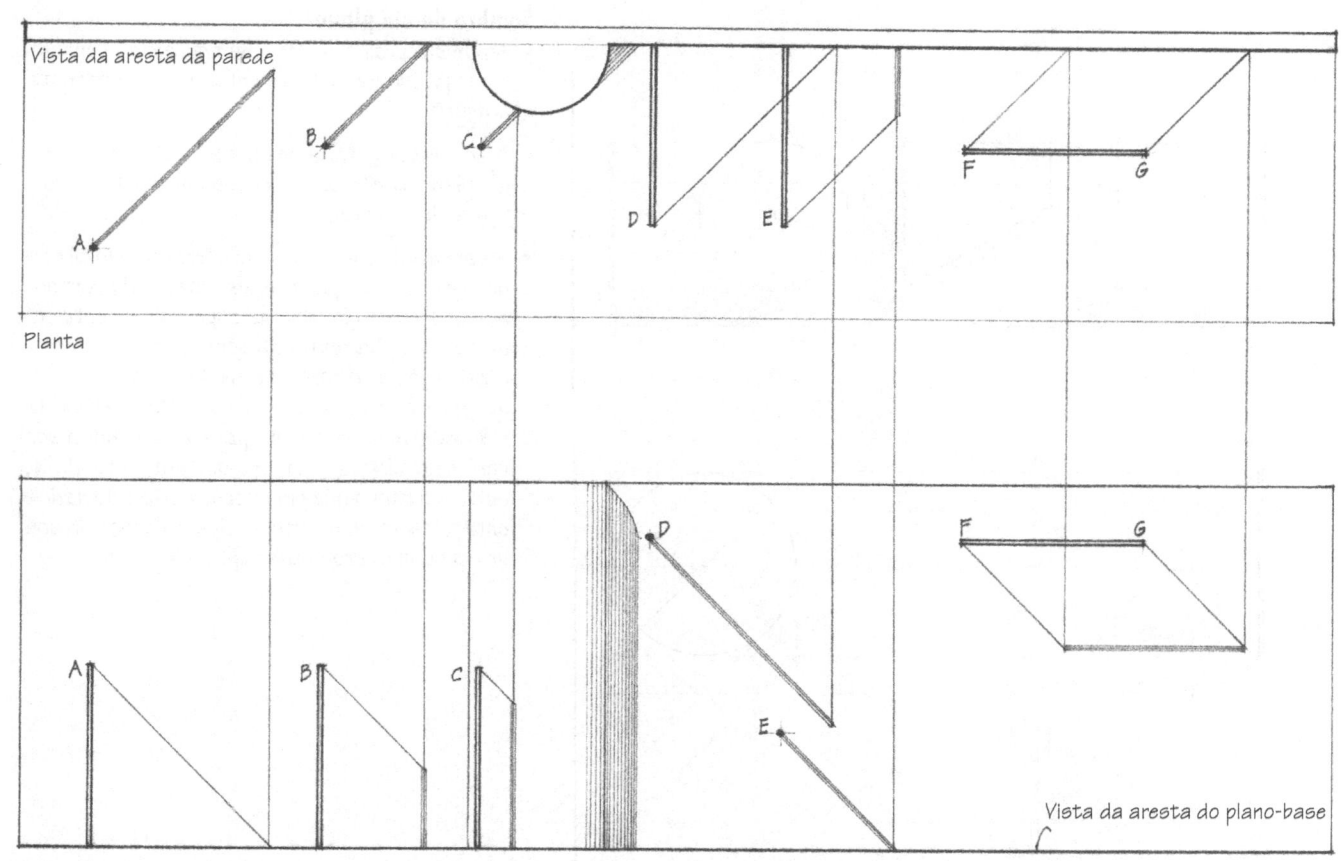

SOMBRAS PRÓPRIAS E PROJETADAS

• A sombra projetada de uma linha curva ou de um formato irregular é a reta que conecta as sombras de pontos adjacentes ao longo da curva ou do formato.

Planta

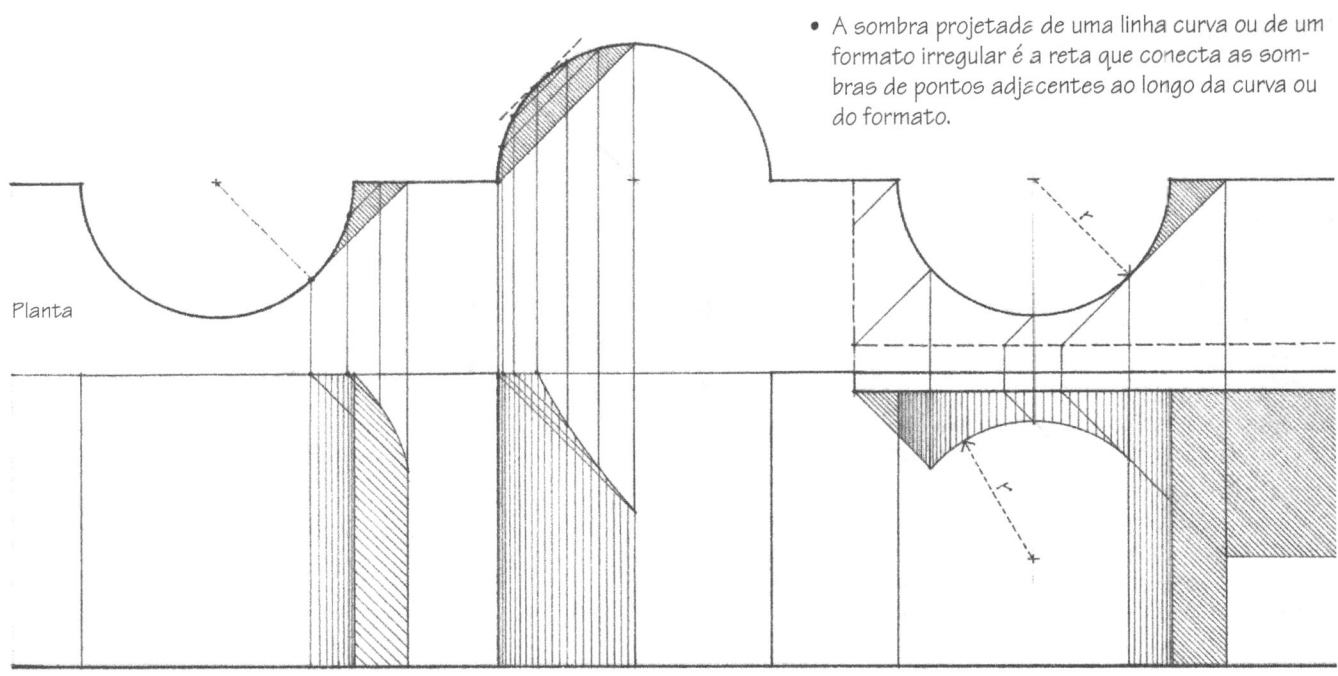

Elevação

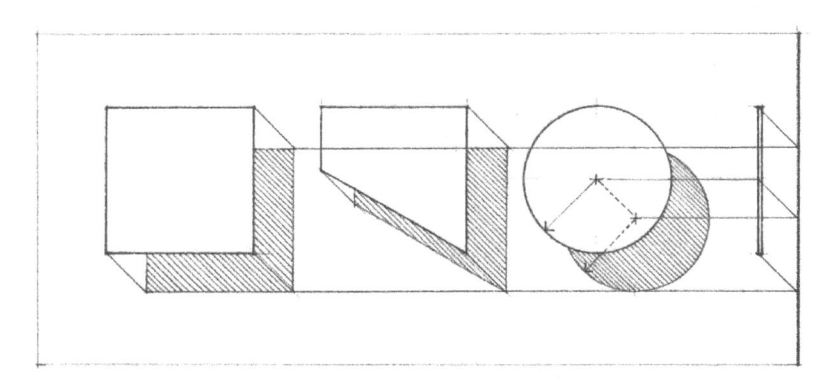

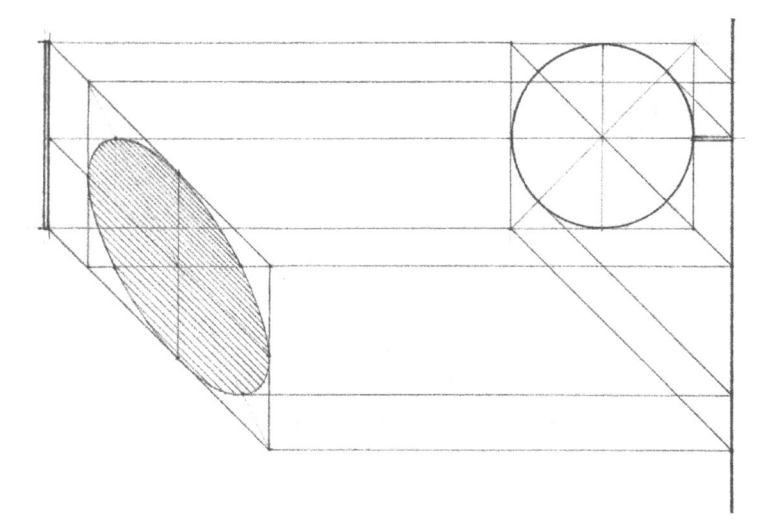

Sombra de um plano

• A sombra projetada de uma figura plana em um plano paralelo é idêntica em tamanho e formato à figura.

• A sombra projetada de uma figura poligonal em um plano é delimitada pelas sombras de suas linhas de sombra própria.

• A sombra de um círculo é a interseção do cilindro dos raios de luz que passam através de pontos adjacentes do círculo e da superfície receptora da sombra. O formato da sombra projetado é elíptico, já que o corte do cilindro cortado por qualquer plano oblíquo a seu eixo é uma elipse. O método mais conveniente para determinar a sombra de um círculo é definir a sombra do quadrado ou do octógono que circunscreve o círculo dado e, então, inscrever, no interior deste esboço de sombra, a sombra projetada elíptica do círculo.

SOMBRAS PRÓPRIAS E PROJETADAS   187

Sombra projetada de um volume

- A sombra projetada por um volume é delimitada pelas sombras das linhas de sombra projetadas pelo objeto. Normalmente, é melhor começar pela determinação das sombras dos pontos mais significativos da forma, como os pontos finais das linhas retas e os pontos tangentes de curvas.

- A sombra projetada por uma composição complexa de massas é composta das sombras de seus componentes geométricos mais simples.

- Uma linha de sombra muda de direção no ponto em que cruza um vértice, uma aresta ou outra interrupção de continuidade da superfície.

- Sombras de retas paralelas são paralelas quando incidem no mesmo plano ou em planos paralelos.

Às vezes, é necessário construir uma elevação adicional, de modo a encontrar o ponto em que os raios de luz, passando por vértices de um sólido, interceptam a superfície receptora da sombra projetada.

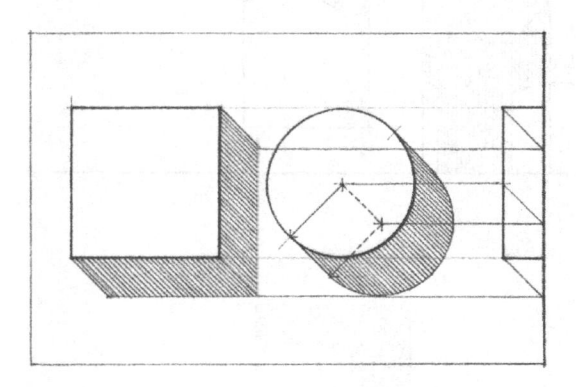

Planta

Elevação

Vista frontal   Vista lateral

Além dos princípios gerais destacados previamente, as seguintes indicações se aplicam especificamente às sombras próprias e projetadas nos desenhos de vistas múltiplas:

- Uma linha vertical da sombra projetada aparece como um ponto em uma planta, e sua sombra se projeta no rumo dos raios de luz através deste ponto.

- Quando o observador olha para a extremidade de uma reta, esta é vista como um ponto, e sua sombra parecerá ser reta, independentemente do formato da superfície na qual a sombra for projetada.

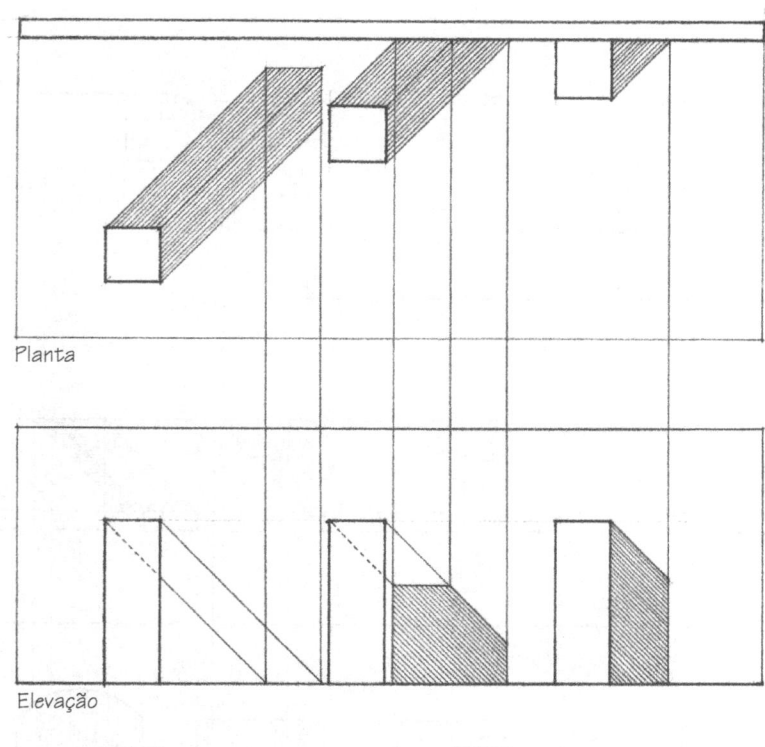

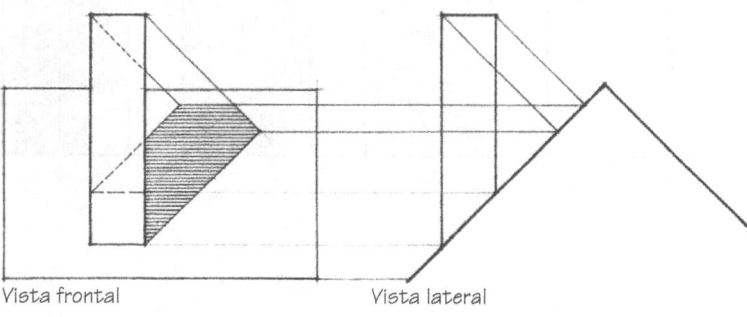

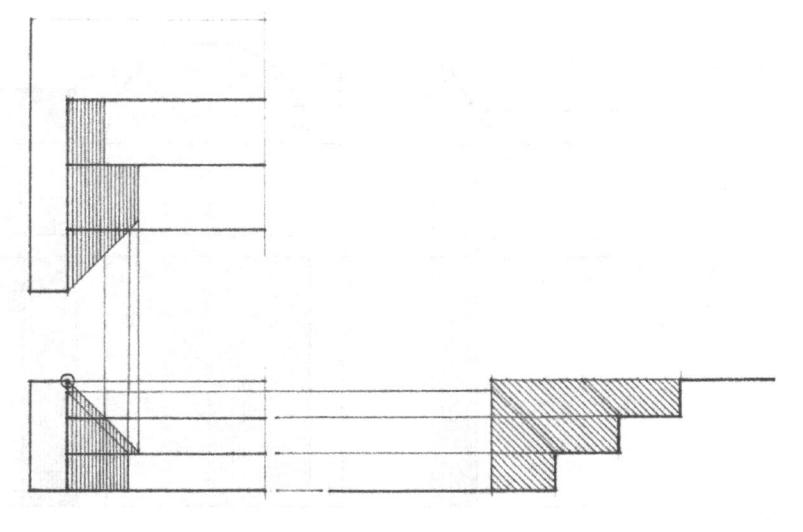

SOMBRAS PRÓPRIAS E PROJETADAS

Nesta página, apresentamos exemplos de sombras projetadas por elementos típicos da arquitetura. Dois princípios fundamentais devem ser relembrados:

- Todas as partes iluminadas de um objeto projetam uma sombra. Em consequência, qualquer ponto que não é iluminado não pode projetar uma sombra, porque a luz não incide sobre ele.

- Uma sombra é visível apenas quando existe uma superfície iluminada para receber a sombra. Uma sombra jamais pode ser projetada em superfícies sombreadas, nem pode existir dentro de outra sombra.

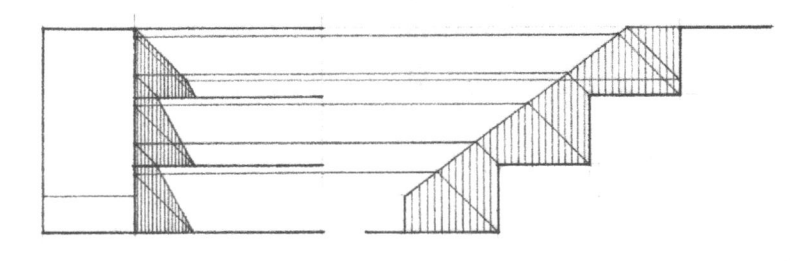

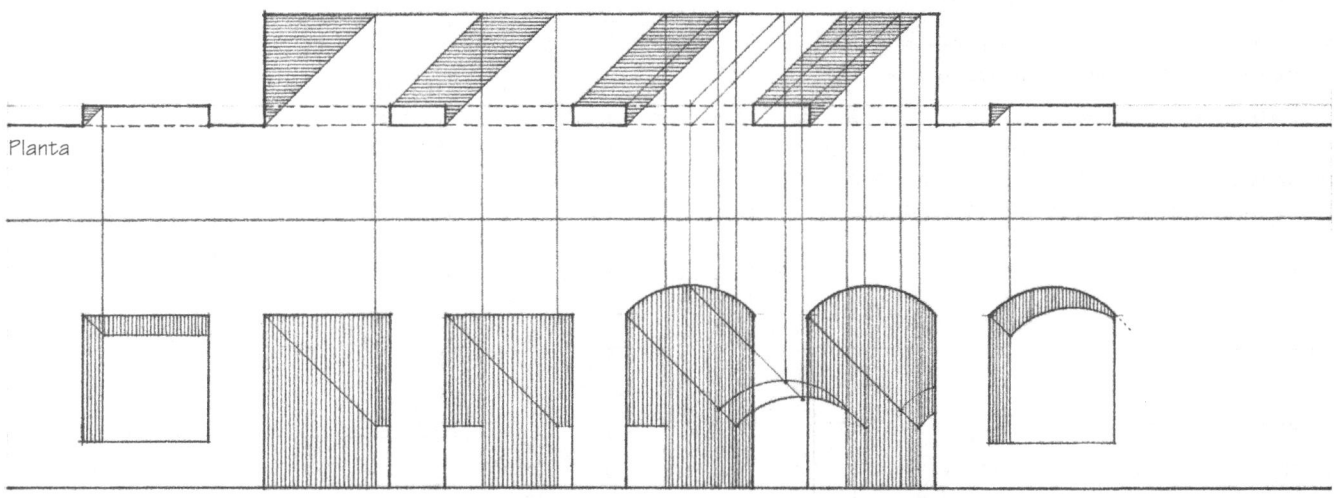

Planta

Elevação

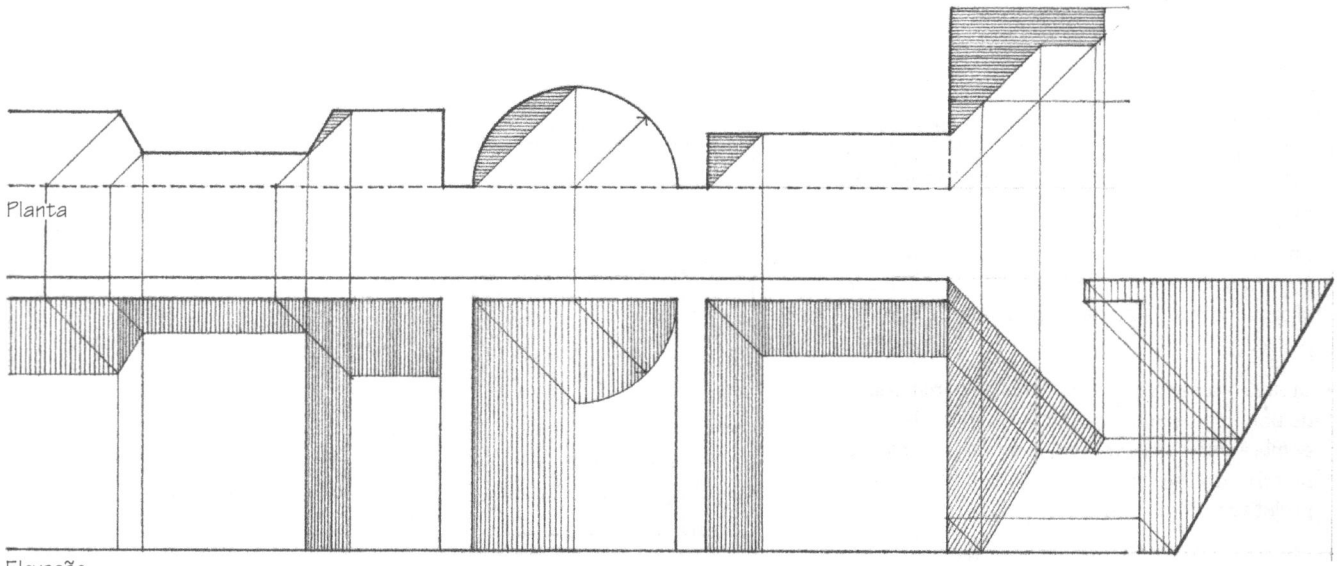

Planta

Elevação

Exercício 6.15
Usando a direção dos raios de luz convencional para desenhos de vistas múltiplas, determine as superfícies sombreadas e projete as sombras nas plantas e nas elevações das suas edificações ilustradas à direita e abaixo.

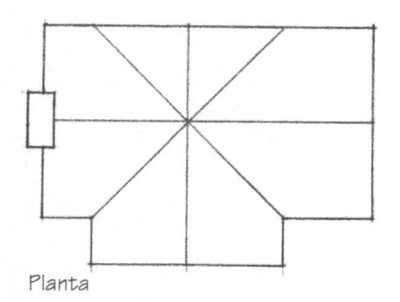

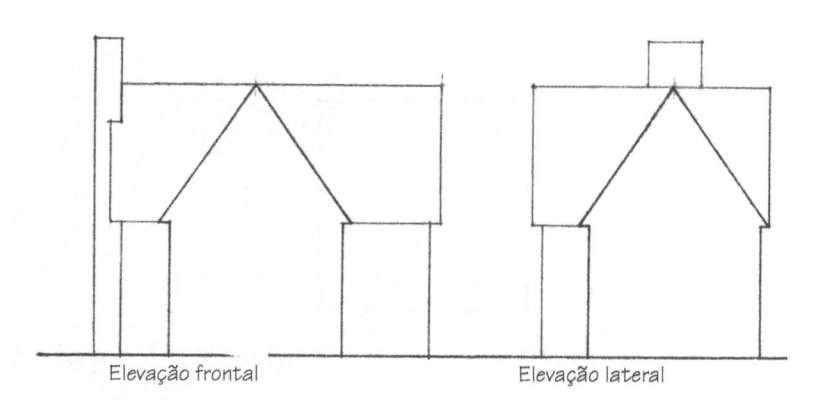

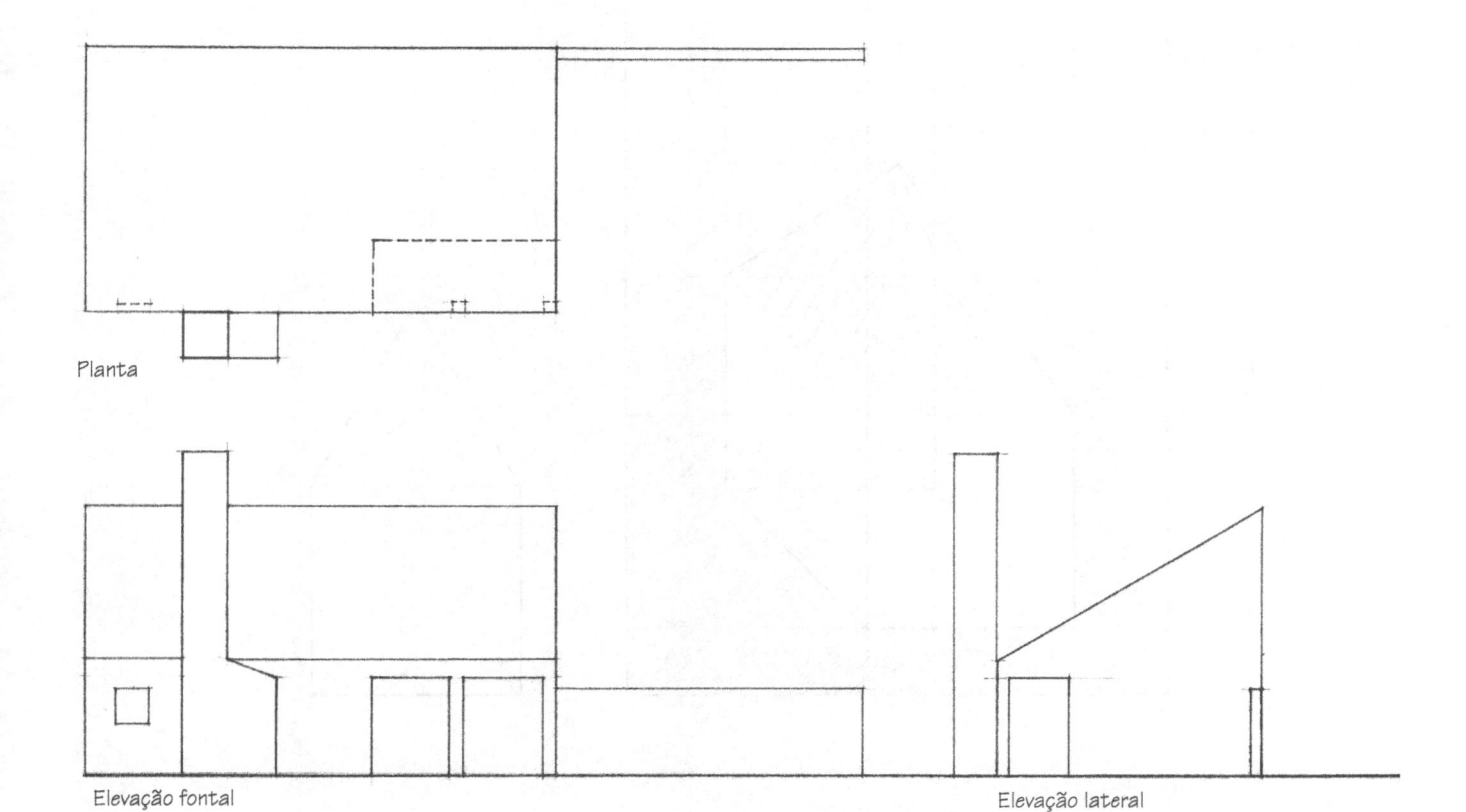

Planta

Elevação frontal

Elevação lateral

Planta

Elevação fontal

Elevação lateral

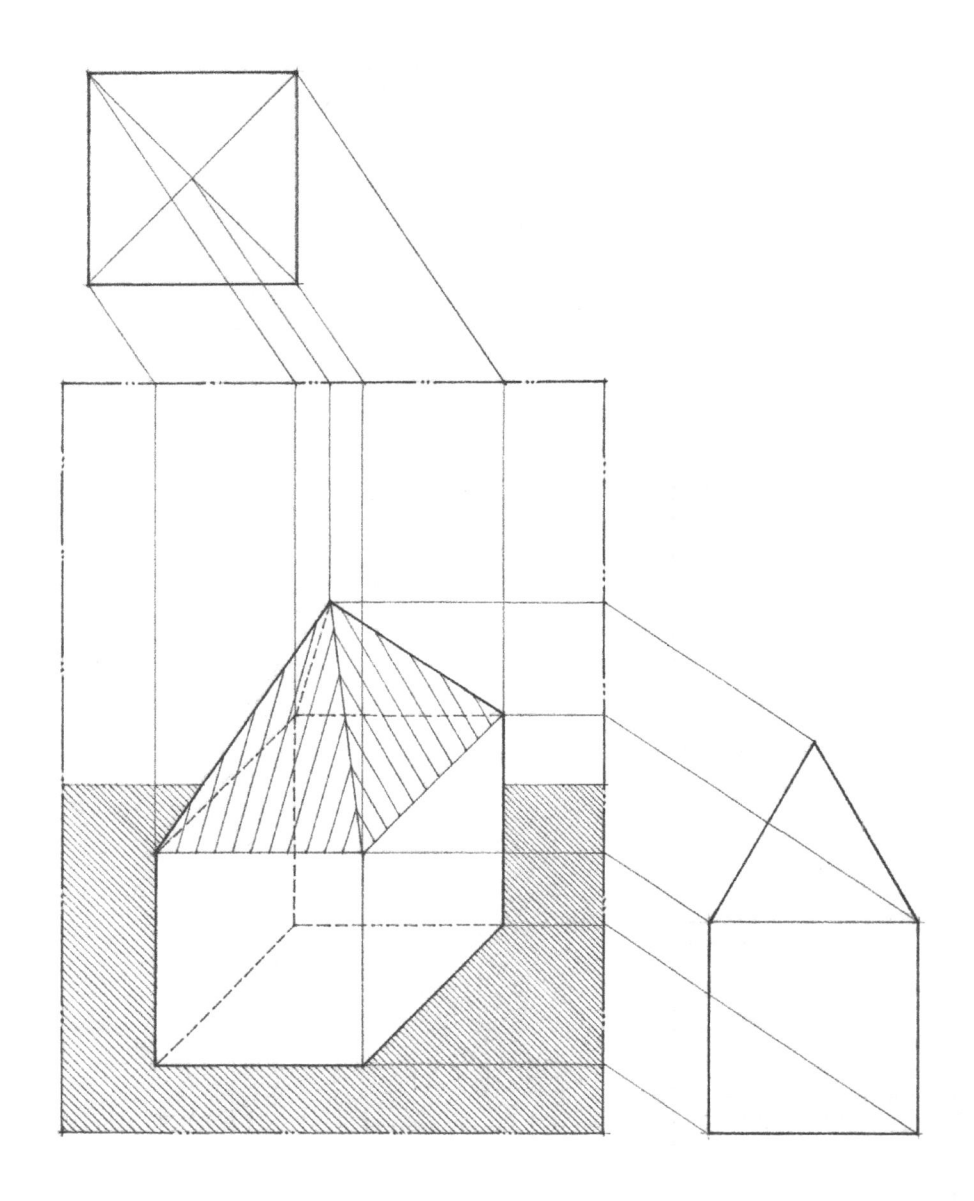

7
Vistas de Linhas Paralelas

As vistas de linhas paralelas (também chamadas de paralines ou perspectivas paralelas) incluem o subconjunto de projeções ortogonais conhecidas como perspectivas ou projeções axonométricas – as perspectivas ou projeções isométricas, dimétricas e trimétricas –, bem como a classe completa de projeções oblíquas. Cada tipo oferece um ponto de observação levemente distinto e enfatiza diferentes aspectos do objeto ou tema sendo representado. Todas elas, no entanto, combinam a precisão das medidas e do uso das escalas dos desenhos de vistas múltiplas e a natureza pictórica das perspectivas cônicas.

As vistas de linhas paralelas exprimem a natureza tridimensional de um objeto ou relação espacial em uma única imagem. Por isso, também são denominadas desenhos com vista única, para diferenciá-las das vistas múltiplas relacionadas de planta, corte e elevação. Distinguem-se também de outro tipo de desenho com vista única, a perspectiva cônica, pelo seguinte efeito pictórico: as retas paralelas, independentemente de sua orientação com referência ao tema, se mantêm paralelas na vista desenhada e não convergem a pontos de fuga, como na perspectiva cônica – esta é a razão pela qual são chamadas vistas de linhas paralelas. Além disso, qualquer medida linear paralela aos três eixos principais pode ser identificada e desenhada em escala.

Por causa de sua natureza pictórica e relativa facilidade de construção, as vistas de linhas paralelas são adequadas para a visualização em três dimensões de uma ideia emergente logo no início de um projeto. São capazes de fundir plantas, elevações e cortes, e ilustrar padrões tridimensionais e composições espaciais. Porções dos desenhos de linhas paralelas podem ser cortadas e removidas ou se tornar transparentes, para que se visualize o interior e através de suas partes. Estas perspectivas também podem ser explodidas para ilustrar as relações espaciais entre as partes de um todo. Às vezes, as vistas de linhas paralelas podem até servir como substitutos razoáveis para as perspectivas aéreas.

Todavia, as vistas paralelas não estão no nível do observador nem possuem a natureza pictórica das perspectivas cônicas. Por outro lado, elas têm a flexibilidade de apresentar tanto a vista aérea de um objeto ou de uma cena vista de cima quanto de baixo para cima. Em ambos os casos, o desenho pode ser ampliado até incluir um campo visual ilimitado e inespecífico, ao contrário das perspectivas cônicas, que são estritamente limitadas em escopo pelo ângulo visual. Elas revelam a visão de um conjunto infinito de posições, em vez de um ponto específico no espaço. O observador pode se mover em uma parte específica do desenho, ou se afastar, para ter uma vista mais ampla.

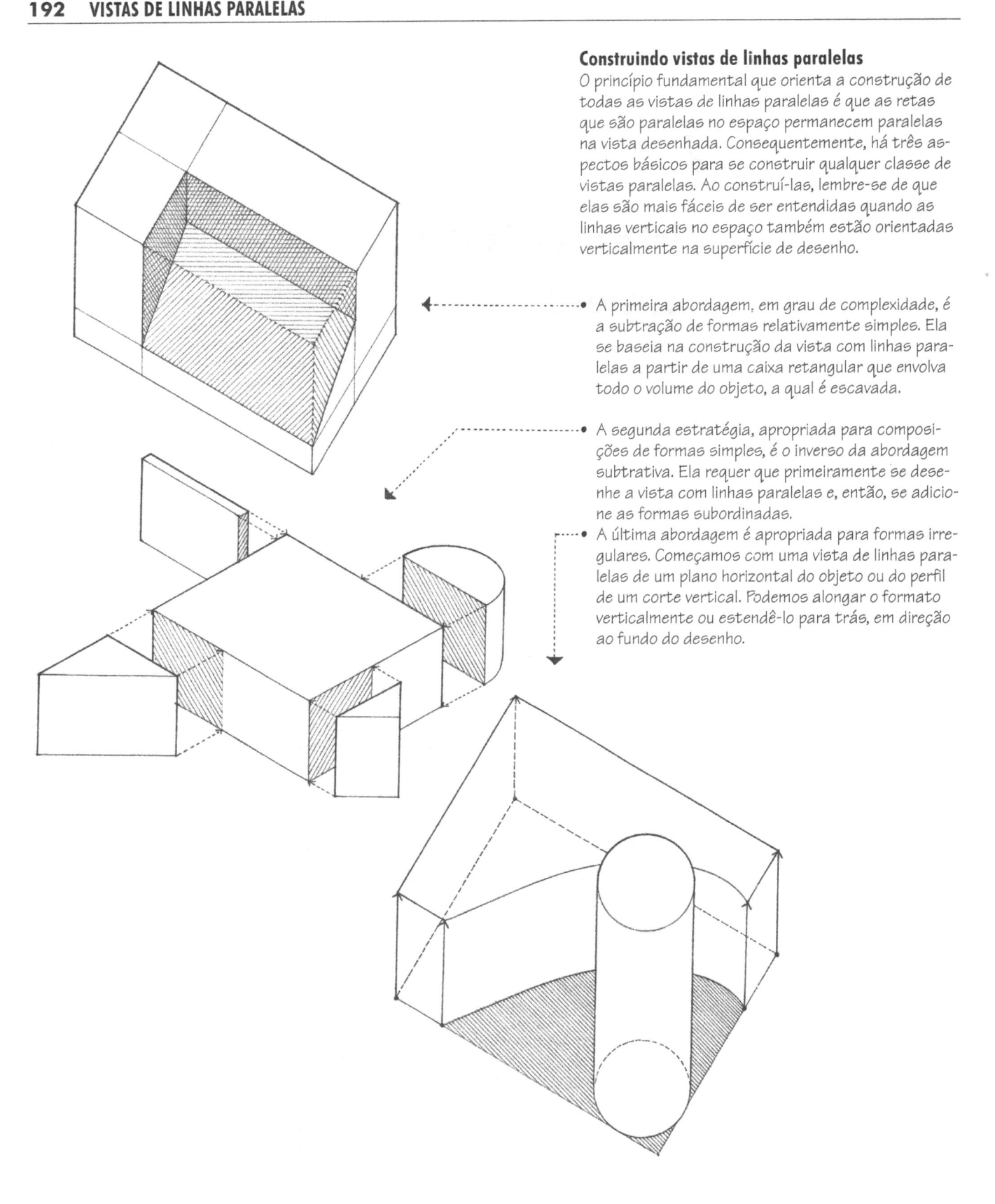

Construindo vistas de linhas paralelas

O princípio fundamental que orienta a construção de todas as vistas de linhas paralelas é que as retas que são paralelas no espaço permanecem paralelas na vista desenhada. Consequentemente, há três aspectos básicos para se construir qualquer classe de vistas paralelas. Ao construí-las, lembre-se de que elas são mais fáceis de ser entendidas quando as linhas verticais no espaço também estão orientadas verticalmente na superfície de desenho.

- A primeira abordagem, em grau de complexidade, é a subtração de formas relativamente simples. Ela se baseia na construção da vista com linhas paralelas a partir de uma caixa retangular que envolva todo o volume do objeto, a qual é escavada.

- A segunda estratégia, apropriada para composições de formas simples, é o inverso da abordagem subtrativa. Ela requer que primeiramente se desenhe a vista com linhas paralelas e, então, se adicione as formas subordinadas.

- A última abordagem é apropriada para formas irregulares. Começamos com uma vista de linhas paralelas de um plano horizontal do objeto ou do perfil de um corte vertical. Podemos alongar o formato verticalmente ou estendê-lo para trás, em direção ao fundo do desenho.

Retas axiais

Retas axiais são aquelas linhas paralelas a qualquer um dos três eixos cartesianos. Não importa qual abordagem adotemos para a construção de uma vista de linhas paralelas, somente podemos medir as dimensões e desenhá-las em escala ao longo das retas axiais. As retas axiais formam naturalmente uma malha retangular de coordenadas que utilizamos para encontrar qualquer ponto no espaço tridimensional.

Retas não axiais

As retas não axiais se referem às retas que não são paralelas a um dos eixos cartesianos. Não podemos medir dimensões ao longo destas retas nem podemos desenhá-las em escala. Para desenhar retas não axiais, devemos antes localizar suas extremidades e depois uni-las. Uma vez determinada uma reta não axial, podemos desenhar qualquer reta paralela a ela, já que as retas paralelas no objeto permanecem paralelas no desenho.

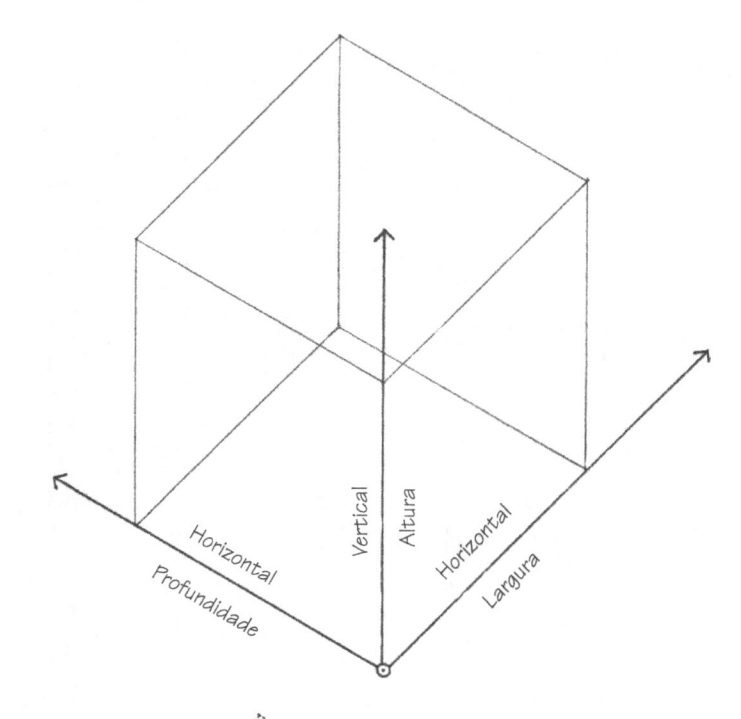

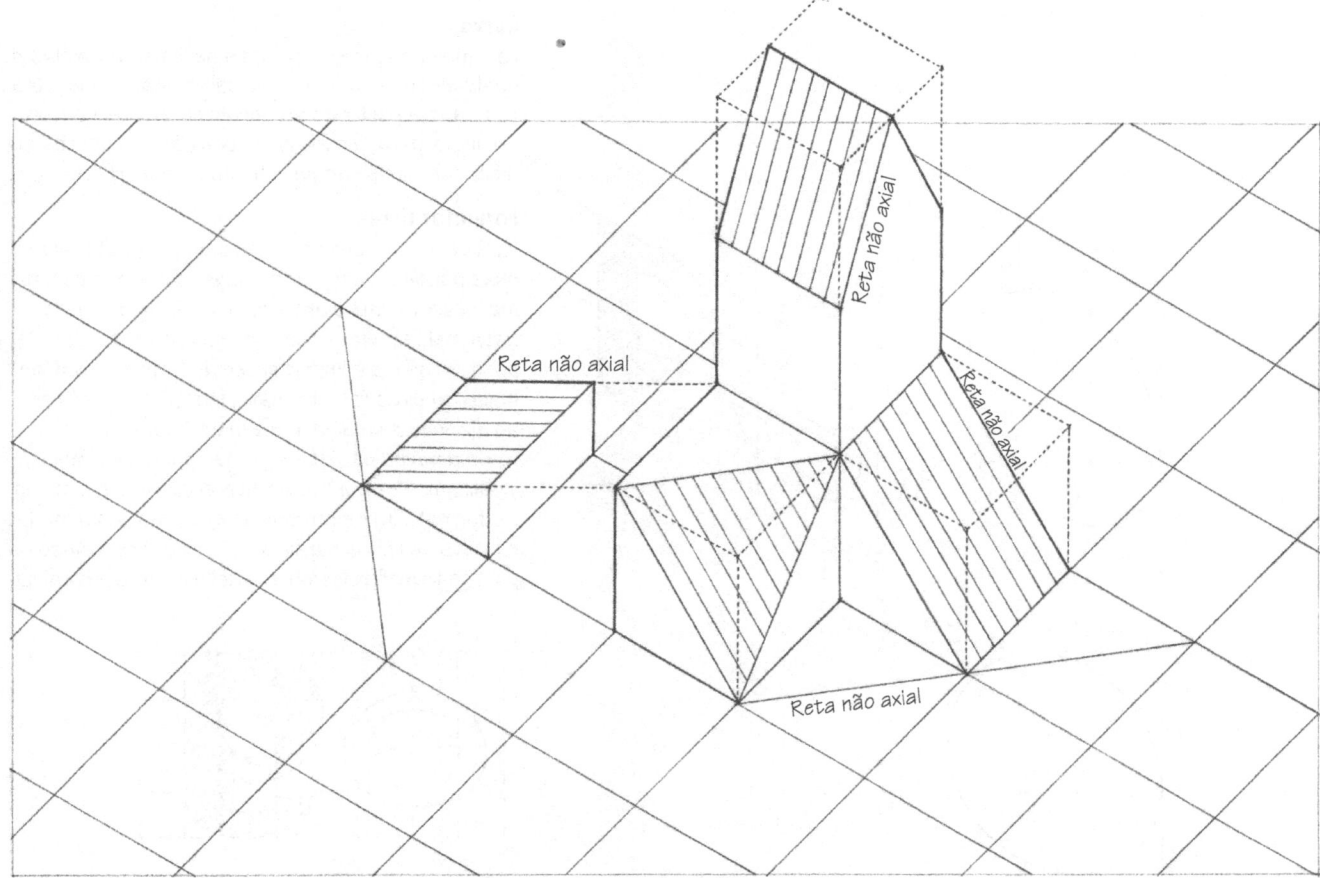

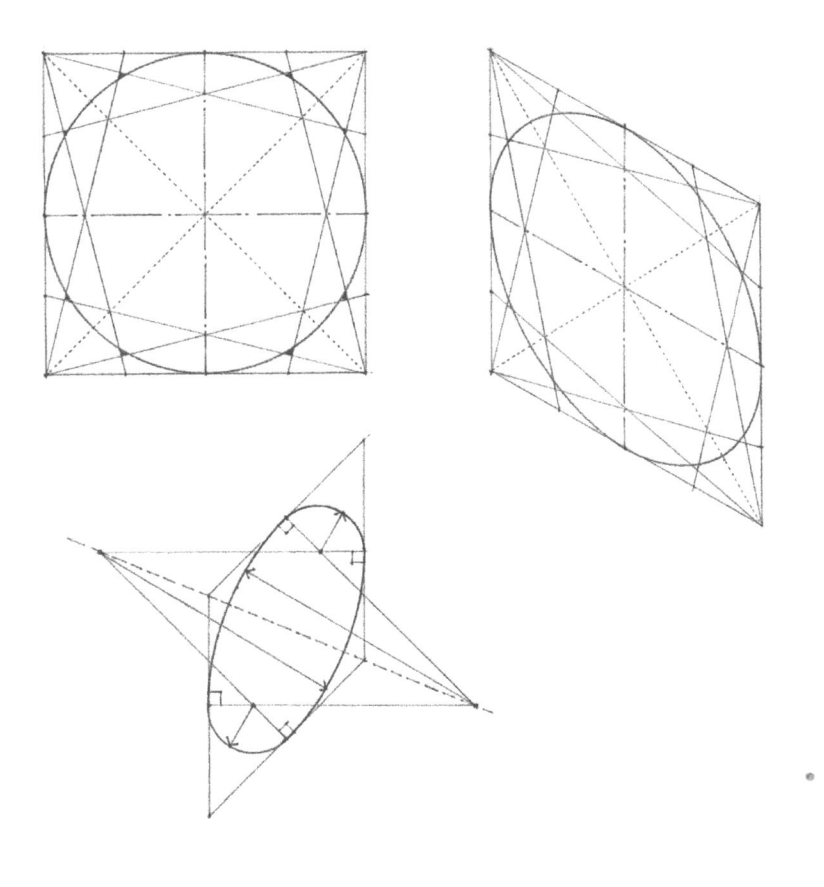

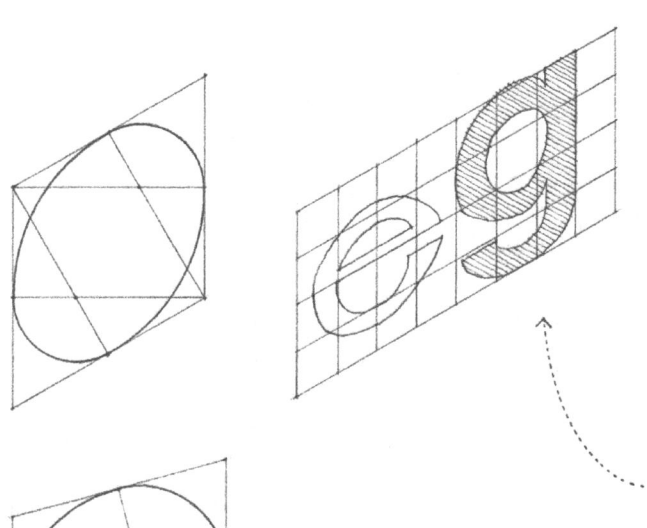

Círculos

Qualquer círculo oblíquo ao plano do desenho aparece como uma elipse. Para desenhar este círculo em uma vista de linhas paralelas, em primeiro lugar devemos desenhar uma vista de linhas paralelas de um quadrado que circunscreva o círculo. Depois, podemos usar qualquer um dos métodos abaixo para desenhar o círculo dentro do quadrado.

- Ao dividir o quadrado em quadrantes e desenhar diagonais entre as quinas e os pontos médios das laterais dos quadrantes, conseguimos estabelecer oito pontos na circunferência do círculo.
- O método dos quatro centros utiliza dois conjuntos de raios e um compasso ou um gabarito de círculos. Primeiro desenhamos a vista de linhas paralelas do quadrado que circunscreve o círculo. Dos pontos médios das laterais do quadrado em vista de linhas paralelas, estendemos perpendiculares até que se interceptem. Com os quatro pontos de interseção como centros e com os raios r^1 e r^2, construímos dois pares de arcos iguais com extremidades entre os pontos de origem das retas perpendiculares.

Curvas

Podemos desenhar uma vista de linhas paralelas de qualquer linha ou superfície curva usando medidas tomadas a partir de perpendiculares aos pontos originais, para demarcar as posições de pontos significativos ao longo da linha ou da superfície.

Formatos livres

Para desenhar formatos livres em uma vista de linhas paralelas, em primeiro lugar construímos uma malha sobre uma planta ou elevação do formato. Esta malha pode ser uniforme ou corresponder aos pontos mais importantes do formato. Quanto mais complexo for o formato, menores deverão ser as divisões da malha. Em seguida, construímos a mesma malha na vista de linhas paralelas. Depois, localizamos os pontos de interseção entre a malha e o formato livre e reproduzimos estas coordenadas na vista de linhas paralelas. Por fim, conectamos os pontos transferidos para a vista de linhas paralelas.

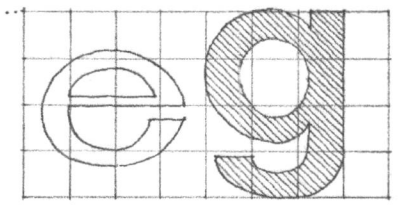

VISTAS DE LINHAS PARALELAS   195

Exercício 7.1
Use três cubos como guias para desenhar vistas de linhas paralelas de um cilindro, de um cone e de uma pirâmide.

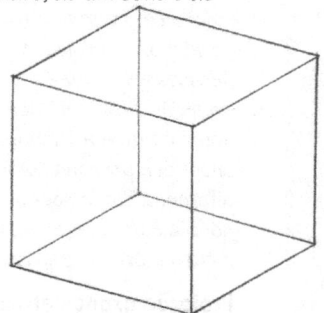

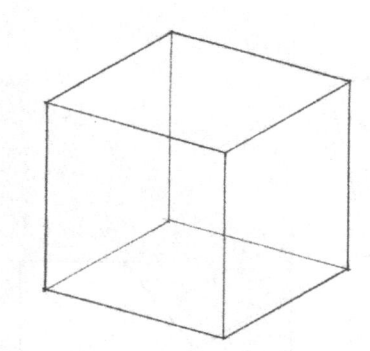

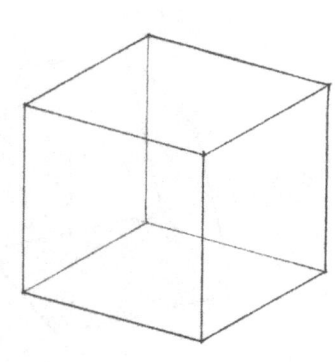

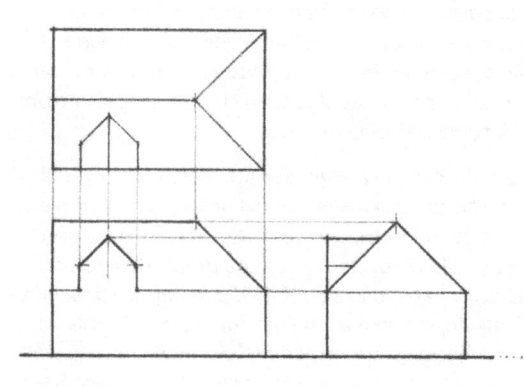

Exercício 7.2
Construa uma vista de linhas paralelas da forma descrita pelo conjunto de desenhos de vistas múltiplas. Utilize as principais arestas indicadas e dobre a escala.

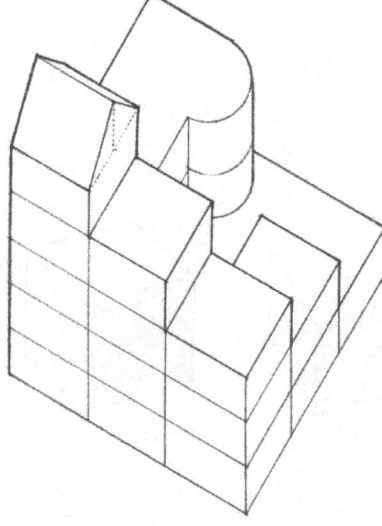

Exercício 7.3
Empregando as mesmas arestas principais, construa uma vista de linhas paralelas da forma como se ela fosse vista da direção oposta.

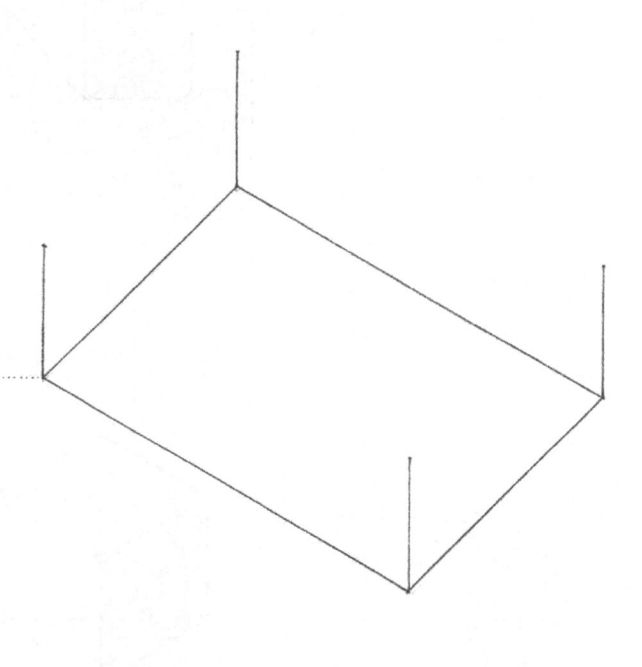

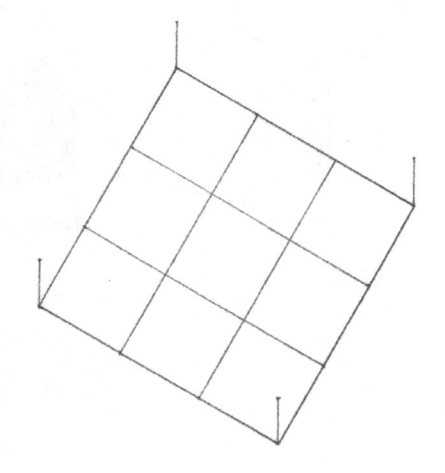

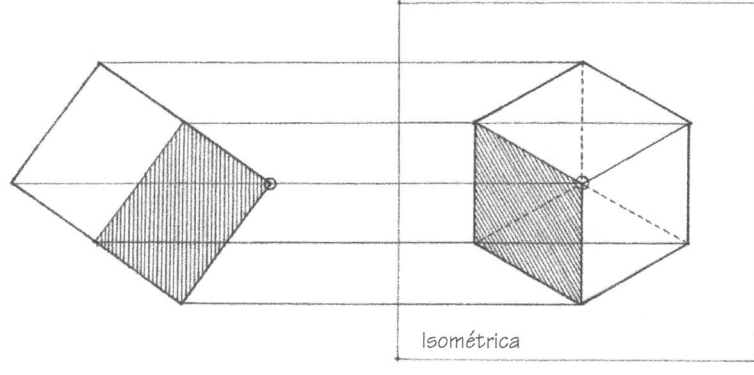

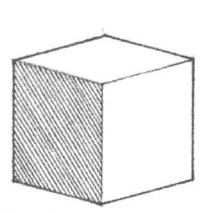

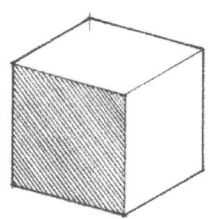

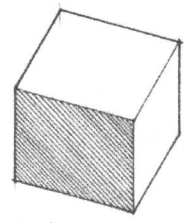

PERSPECTIVAS AXONOMÉTRICAS

Etimologicamente, o vocábulo axonométrica combina os conceitos de "eixo" ("axono") e "medida" ("métrica"). O termo axonométricas é frequentemente empregado para descrever vistas de linhas paralelas de projeções oblíquas ou toda uma classe de vistas de linhas paralelas. A rigor, entretanto, a projeção axonométrica é a forma de projeção ortogonal na qual as linhas de projeção são paralelas entre si e perpendiculares ao plano do desenho. A diferença entre desenhos de vistas múltiplas ortogonais e uma perspectiva axonométrica é simplesmente a orientação do objeto no plano do desenho.

Projeção axonométrica

A projeção axonométrica é a projeção ortogonal de um objeto tridimensional inclinado no plano do desenho de tal modo que seus três eixos principais (os cartesianos) sofram escorço. A família das axonométricas inclui as projeções isométricas, dimétricas e trimétricas. Elas se diferenciam conforme a orientação dos três eixos principais de um objeto no plano do desenho.

Há uma diferença significativa entre a projeção axonométrica e o desenho desta projeção. Em uma projeção axonométrica verdadeira, os três eixos principais são reduzidos em vários graus, dependendo de sua orientação em relação ao plano do desenho. Contudo, em uma axonométrica, também podemos desenhar o comprimento real de um ou mais eixos ou arestas na escala real. Perspectivas axonométricas são, portanto, ligeiramente maiores que suas projeções axonométricas correspondentes.

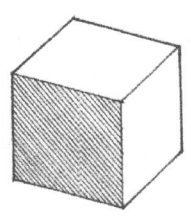

Isométrica

Dimétrica   Dimétrica   Dimétrica   Trimétrica

PROJEÇÃO ISOMÉTRICA

Uma projeção isométrica é a projeção axonométrica de um objeto tridimensional inclinado em relação ao plano do desenho de maneira que os três eixos principais tenham ângulos iguais no plano do desenho e sofram o mesmo escorço, isto é, a mesma redução aparente.

Para melhor visualizar, construa a projeção isométrica de um cubo da seguinte maneira:

- Estabeleça um eixo paralelo à diagonal do cubo visto em planta ou elevação.
- Projete o cubo na vista auxiliar.
- Construa um segundo eixo perpendicular à diagonal na vista auxiliar do cubo.
- Projete o cubo na segunda vista auxiliar.

Ao desenvolver a projeção isométrica de um cubo, notamos que os três principais eixos estão separados em 120° no plano do desenho e que foram reduzidos a 0,816 de seu comprimento real. A diagonal do cubo, sendo perpendicular ao plano do desenho, é vista como um ponto; as três faces visíveis são equivalentes em formato e proporção.

Vista de XY, como um ponto

PROJEÇÃO ISOMÉTRICA

PERSPECTIVAS ISOMÉTRICAS

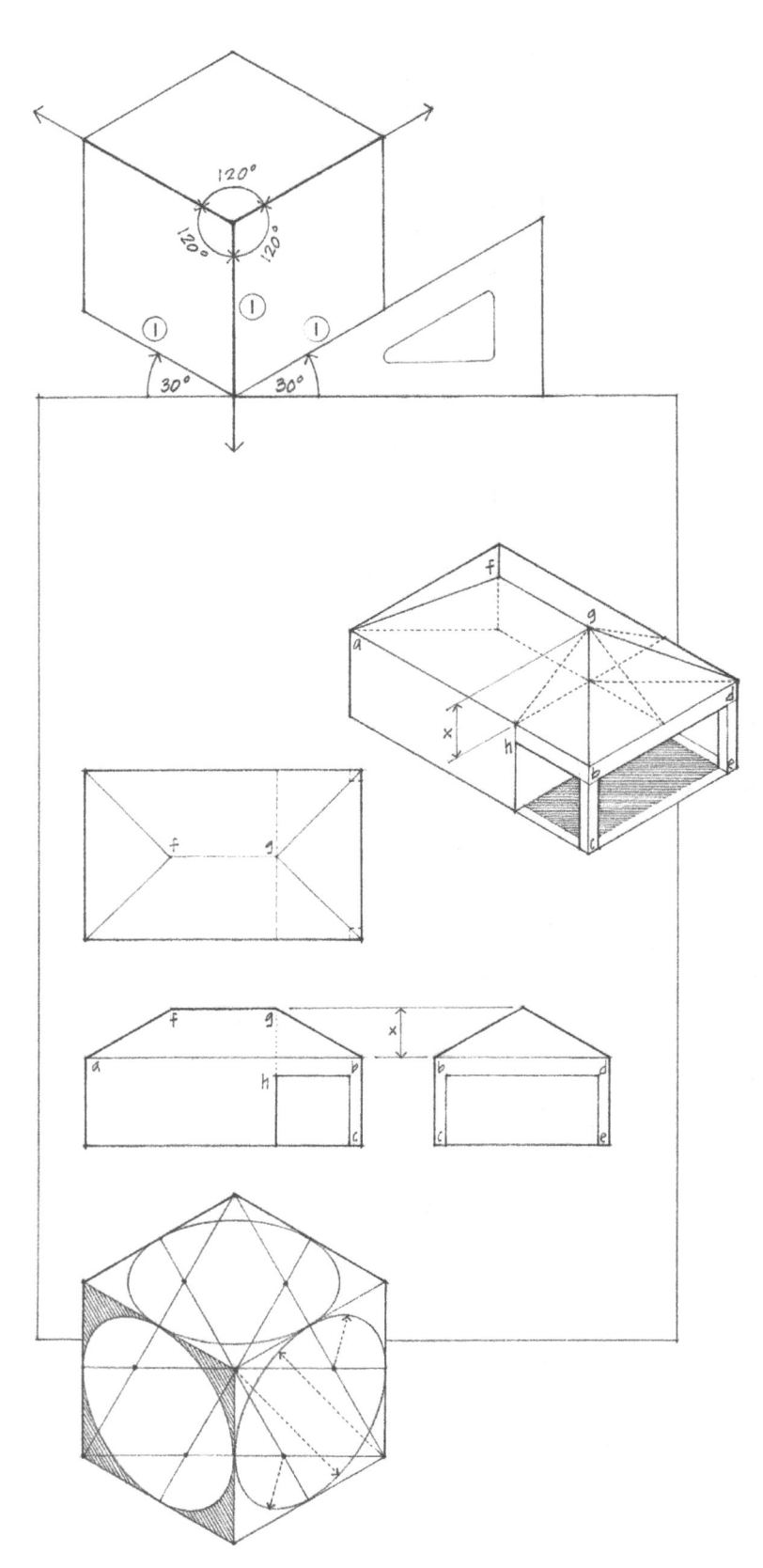

Em vez de se desenvolver a projeção isométrica a partir de um conjunto de plantas, elevações e vistas auxiliares, é comum construir uma perspectiva isométrica de maneira mais direta. Antes de tudo, estabelecemos a direção dos três eixos ou arestas principais. Como eles estão separados em 120° no plano do desenho, se desenharmos um eixo na vertical, os outros formarão um ângulo de 30° com a horizontal na superfície do desenho.

Para economizar tempo, desconsideramos o escorço habitual dos eixos principais. Em vez disso, desenhamos em verdadeira grandeza todas as retas paralelas aos três eixos principais e os desenhamos em mesma escala. Assim, a perspectiva isométrica sempre será ligeiramente maior que a projeção isométrica do mesmo objeto.

A perspectiva isométrica apresenta um ângulo de visão menor que uma planta oblíqua e dá a mesma ênfase aos três principais conjuntos de planos. Ela preserva as proporções relativas do objeto sem sujeitá-lo às distorções inerentes às vistas oblíquas. Perspectivas isométricas de formas baseadas em um quadrado, porém, podem criar uma ilusão ótica e estar sujeitas a múltiplas interpretações. Esta ambiguidade resulta do alinhamento das linhas do primeiro plano com aquelas do plano de fundo. Nestes casos, uma vista dimétrica ou oblíqua pode ser a melhor escolha.

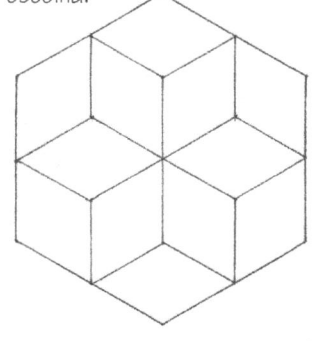

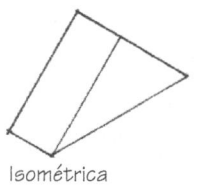

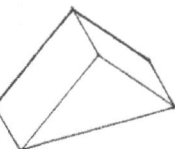

Isométrica   Dimétrica

Exercício 7.4
Construa a perspectiva isométrica da construção descrita na vista de linhas paralelas à direita.

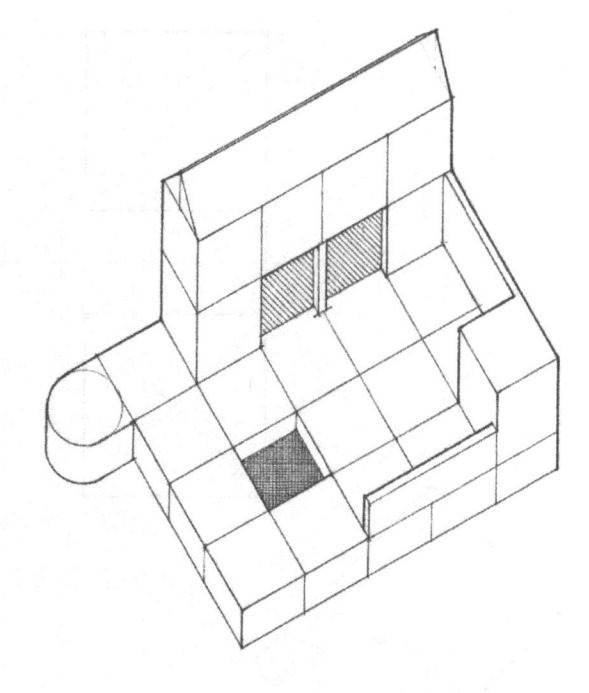

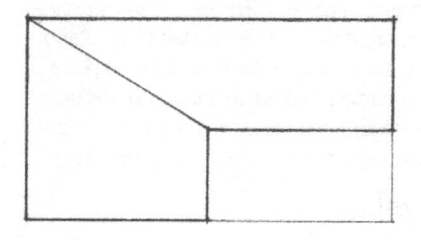

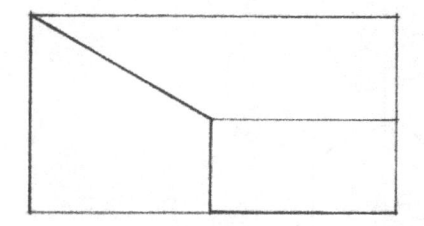

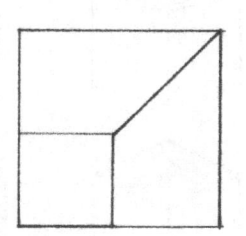

Exercício 7.5
Construa a perspectiva isométrica da estrutura descrita por este conjunto de desenhos de vistas múltiplas.

Exercício 7.6
Construa uma perspectiva isométrica de como este objeto seria visto a partir da direção indicada.

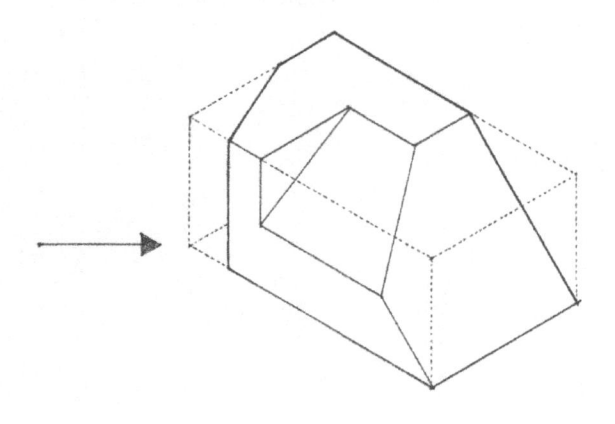

PROJEÇÕES DIMÉTRICAS

A projeção dimétrica é a projeção axonométrica de um objeto tridimensional inclinado no plano do desenho de modo que dois de seus eixos ou arestas principais sofram o mesmo escorço (ou a mesma redução), e o terceiro pareça mais longo ou mais curto do que os outros dois.

Para melhor visualizar, construa a projeção dimétrica de um cubo da seguinte maneira:

- Estabeleça um eixo paralelo à diagonal de um cubo visto em planta ou em elevação.
- Projete o cubo na vista auxiliar.
- Construa um segundo eixo que não seja perpendicular à diagonal na vista auxiliar do cubo.
- Projete o cubo na segunda vista auxiliar.

Ao desenvolver a projeção dimétrica de um cubo, encontramos um número infinito de possíveis vistas e efeitos pictóricos. Conforme o cubo gira em torno de um eixo horizontal, desenvolve-se uma série de vistas simétricas. Outra série de vistas assimétricas surge à medida que o cubo gira em torno de um eixo vertical. Conforme a orientação do cubo em relação ao plano do desenho, uma perspectiva dimétrica tanto pode enfatizar um conjunto principal de planos (e deixar os outros dois em segundo plano), como pode enfatizar igualmente dois conjuntos de planos (e subordinar um terceiro).

PROJEÇÃO DIMÉTRICA

Simétrica   Assimétrica

PERSPECTIVAS DIMÉTRICAS

A perspectiva dimétrica é a representação de linhas paralelas de uma projeção dimétrica na qual se desenham todas as linhas paralelas a dois eixos (ou arestas) principais sem escorço (redução de medidas) e na mesma escala, e as linhas paralelas a uma terceira, alongadas ou encurtadas.

Assim como nas perspectivas isométricas, geralmente construímos perspectivas dimétricas de maneira direta. Primeiro estabelecemos a direção das três arestas principais. Considerando que uma aresta principal se mantém vertical, podemos transferir os ângulos das duas arestas horizontais de diversas maneiras. Como estes ângulos não correspondem exatamente aos ângulos que resultam de uma projeção dimétrica, é conveniente utilizar os ângulos dos esquadros de 30°–60° e de 45°.

Depois, transferimos os comprimentos de todas as retas às três arestas principais. Duas das três arestas principais têm o mesmo ângulo em relação ao plano do desenho. Desenhamos retas paralelas a estas duas arestas na mesma escala, e retas paralelas à terceira, em escala proporcionalmente maior ou menor. Nos desenhos à direita, os números dentro dos círculos indicam as escalas globais e fracionadas nas quais desenhamos as três principais arestas em cada vista dimétrica.

O uso de duas escalas e de ângulos não coincidentes torna as perspectivas dimétricas um pouco mais difíceis de construir que as isométricas. Por outro lado, elas oferecem uma flexibilidade de pontos de vista que pode compensar alguns dos defeitos pictóricos das perspectivas isométricas. Uma vista dimétrica pode enfatizar um ou dois conjuntos principais de planos, além de produzir uma representação mais clara de retas e superfícies a 45°.

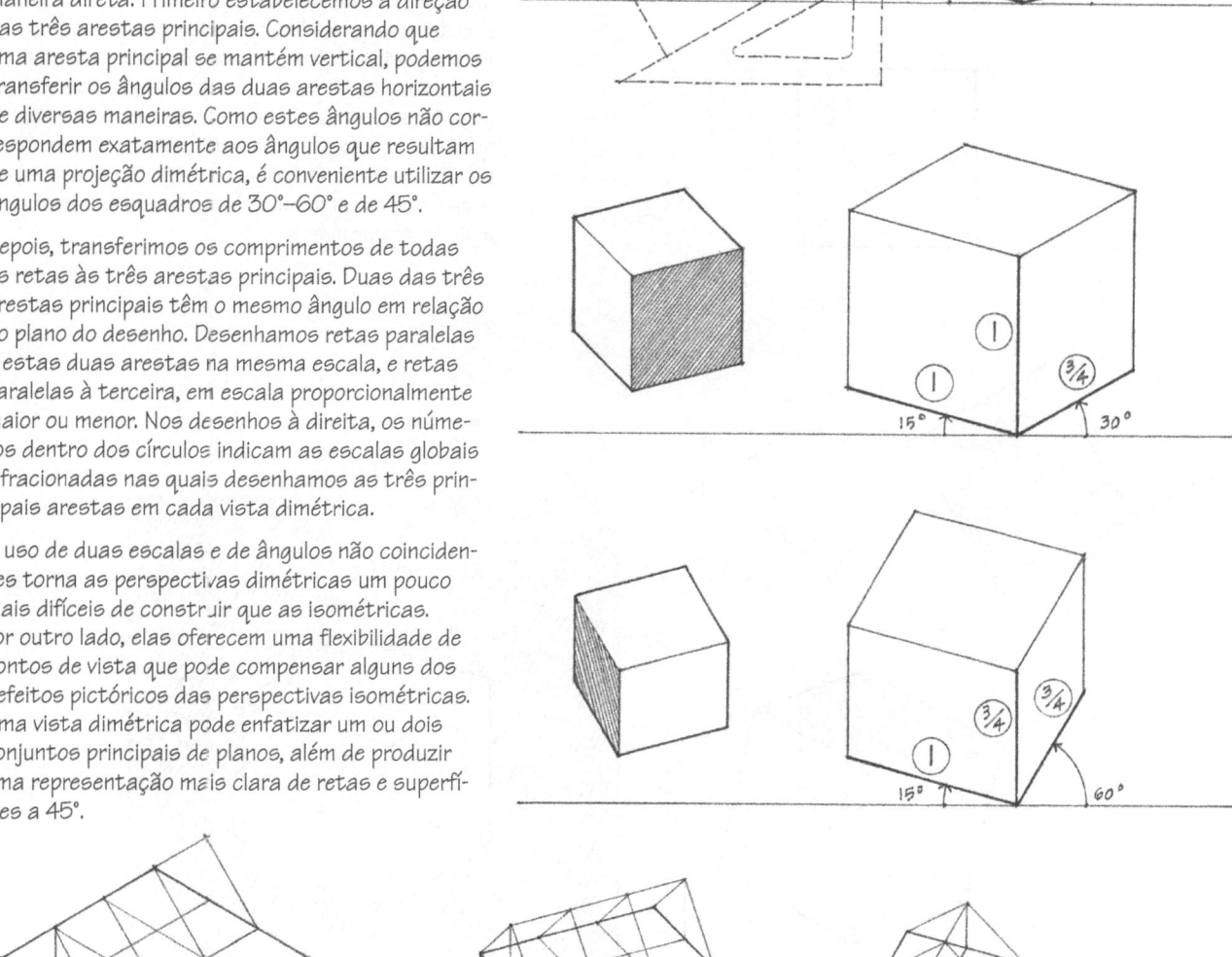

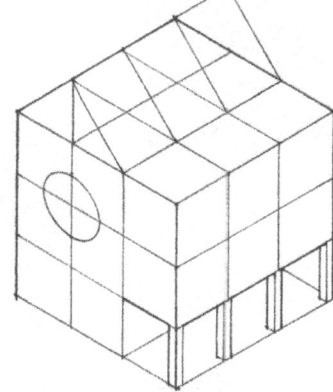

Isométrica   Dimétrica   Dimétrica

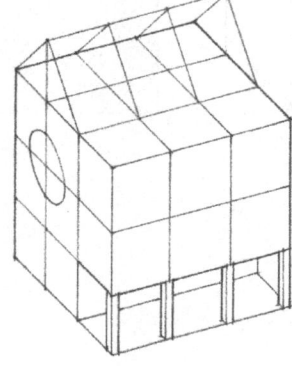

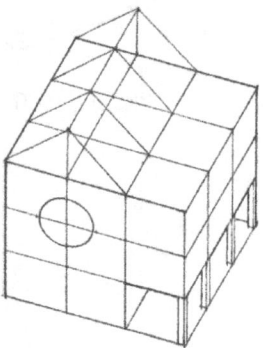

PROJEÇÕES TRIMÉTRICAS

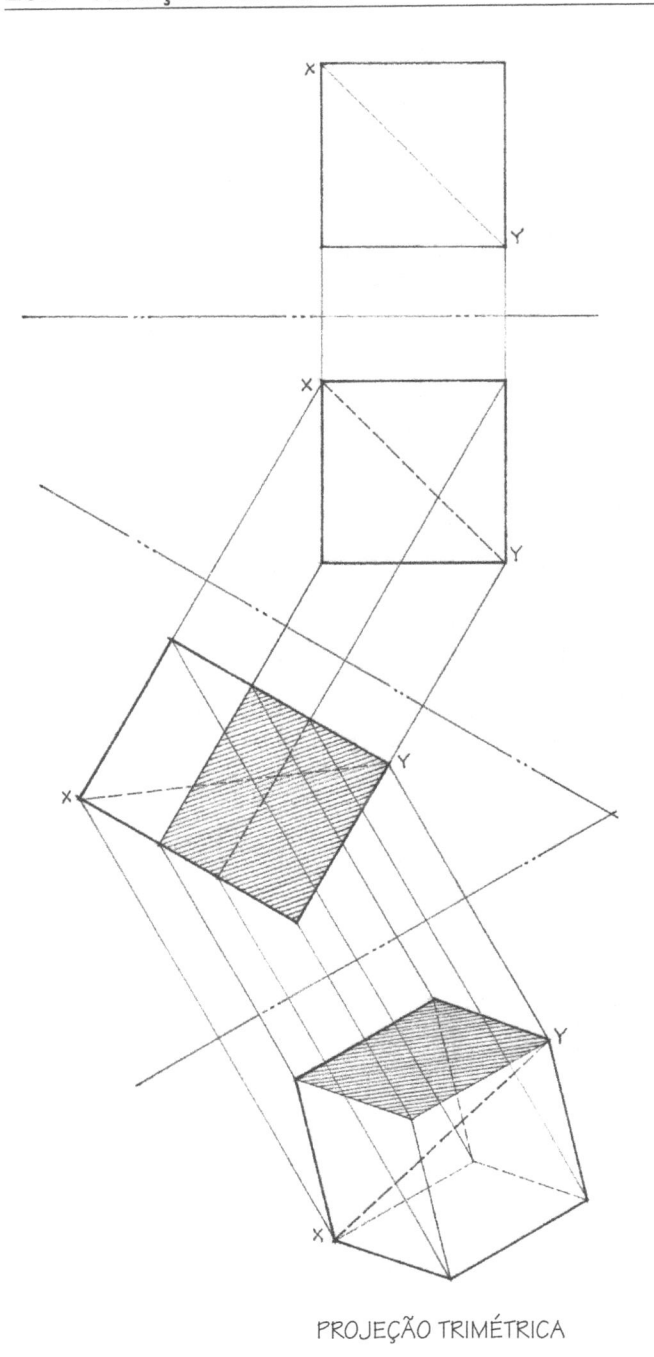

A projeção trimétrica é a projeção axonométrica de um objeto tridimensional inclinado em relação ao plano do desenho de modo que as três principais arestas (ou os eixos cartesianos) sejam escorçadas (reduzidas) em diferentes graus.

Trimétricas

Uma trimétrica é a vista de linhas paralelas de uma projeção trimétrica, mostrando todas as três arestas principais escorçadas em diferentes graus, portanto, desenhadas com diferentes tamanhos. As trimétricas naturalmente enfatizam um conjunto principal de planos em detrimento dos outros dois. Raramente usamos as trimétricas, porque o que revelam não justifica a dificuldade de sua construção. Vistas isométricas e dimétricas são mais simples de construir e mais satisfatórias para a maioria dos propósitos.

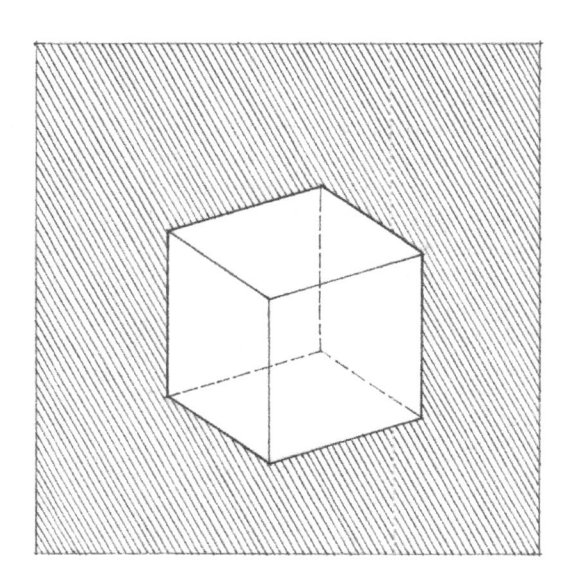

PROJEÇÃO TRIMÉTRICA

PROJEÇÕES OBLÍQUAS

As projeções oblíquas são um dos três principais tipos de projeção. As imagens produzidas pelas projeções oblíquas pertencem à categoria pictórica das vistas de linhas paralelas, mas são diferentes das isométricas e dimétricas, que se desenvolvem a partir das projeções ortogonais. Na projeção oblíqua, a principal face ou o principal conjunto de planos principais fica paralelo ao plano do desenho, como um desenho de vistas ortogonais múltiplas, mas a imagem é transmitida por meio de linhas de projeção paralelas, orientadas em qualquer ângulo diferente de 90° em relação ao plano do desenho.

As perspectivas oblíquas mostram o formato real dos planos paralelos ao plano do desenho. Nesta vista frontal, vistas superiores e laterais são conectadas e projetadas para trás, na profundidade do desenho. Isto gera uma imagem tridimensional que representa mais o que sabemos do que aquilo que vemos. Retrata-se a realidade objetiva que corresponde mais à representação da mente do que à imagem da perspectiva cônica formada na retina. Estes desenhos representam um mapa mental do mundo, combinando uma planta com as elevações de maneira única.

A facilidade com que podemos construir uma perspectiva oblíqua constitui seu principal atrativo. Se orientarmos a face principal de um objeto paralelamente ao plano do desenho, seu formato se mantém real e podemos desenhá-lo mais facilmente. Portanto, vistas oblíquas são especialmente convenientes para representar um objeto que tenha faces curvilíneas, irregulares ou complexas.

Embora uma projeção oblíqua possa sugerir a solidez de objetos tridimensionais e produzir forte ilusão de espaço, ela permite que a composição das retas se mantenha na superfície, como um padrão achatado. Isso também pode provocar ilusões de ótica e, consequentemente, a ambiguidade de leitura de uma perspectiva oblíqua.

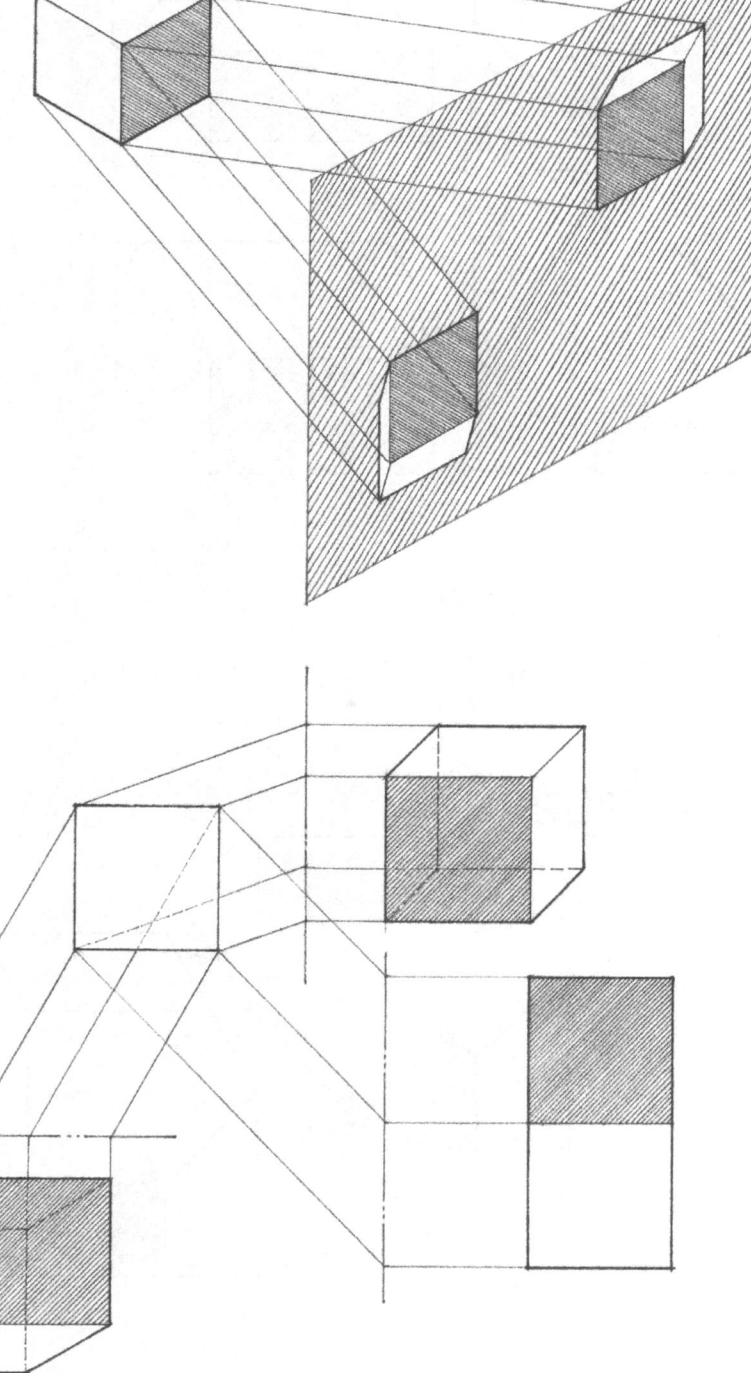

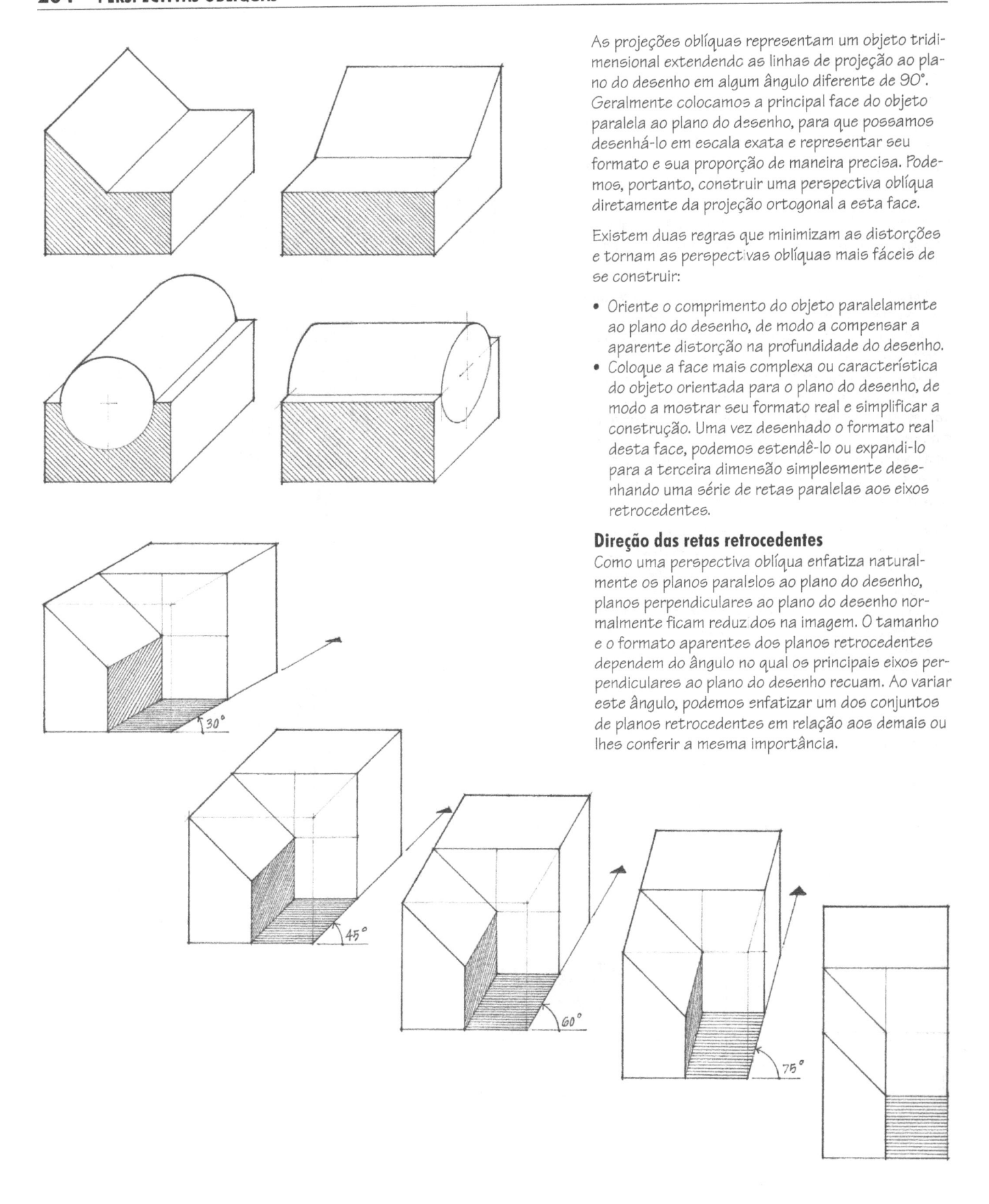

PERSPECTIVAS OBLÍQUAS

As projeções oblíquas representam um objeto tridimensional estendendo as linhas de projeção ao plano do desenho em algum ângulo diferente de 90°. Geralmente colocamos a principal face do objeto paralela ao plano do desenho, para que possamos desenhá-lo em escala exata e representar seu formato e sua proporção de maneira precisa. Podemos, portanto, construir uma perspectiva oblíqua diretamente da projeção ortogonal a esta face.

Existem duas regras que minimizam as distorções e tornam as perspectivas oblíquas mais fáceis de se construir:

- Oriente o comprimento do objeto paralelamente ao plano do desenho, de modo a compensar a aparente distorção na profundidade do desenho.
- Coloque a face mais complexa ou característica do objeto orientada para o plano do desenho, de modo a mostrar seu formato real e simplificar a construção. Uma vez desenhado o formato real desta face, podemos estendê-lo ou expandi-lo para a terceira dimensão simplesmente desenhando uma série de retas paralelas aos eixos retrocedentes.

Direção das retas retrocedentes

Como uma perspectiva oblíqua enfatiza naturalmente os planos paralelos ao plano do desenho, planos perpendiculares ao plano do desenho normalmente ficam reduzidos na imagem. O tamanho e o formato aparentes dos planos retrocedentes dependem do ângulo no qual os principais eixos perpendiculares ao plano do desenho recuam. Ao variar este ângulo, podemos enfatizar um dos conjuntos de planos retrocedentes em relação aos demais ou lhes conferir a mesma importância.

Comprimento das linhas de recuo

O ângulo que as linhas de projeção oblíqua formam com o plano do desenho determina os comprimentos das linhas axiais retrocedentes. Se as linhas de projeção estiverem 45° em relação ao plano do desenho, as linhas de recuo serão projetadas em seu comprimento real. Em outros ângulos, as linhas de projeção fazem com que as linhas recuadas pareçam ser mais longas ou curtas que seu comprimento real. Na prática, podemos lançar as linhas de recuo de uma perspectiva oblíqua em seus comprimentos reais ou em escala reduzida, para compensar sua aparência de distorção.

Projeções cavaleiras

O termo cavaleira deriva de um uso passado deste sistema de projeção no projeto de fortificações. Na projeção cavaleira, as linhas de projeção formam um ângulo de 45° com o plano do desenho. Assim, podemos desenhar linhas axiais retrocedentes na mesma escala que as retas paralelas ao plano do desenho.

Embora o uso da mesma escala para as três arestas principais simplifique bastante a construção de uma perspectiva oblíqua, os comprimentos de retas retrocedentes às vezes podem parecer muito longos. Para compensar a aparência de distorção, podemos reduzir as retas retrocedentes, algo que normalmente equivale a representá-las em 2/3 ou 3/4 de seu comprimento real.

Projeção *cabinet* ou meia cavaleira

O termo *cabinet*, que em língua inglesa significa armário, deriva de seu uso na indústria moveleira. Na projeção *cabinet*, ou meia cavaleira, um objeto tridimensional é representado por uma perspectiva oblíqua que tem todas as retas paralelas ao plano do desenho desenhadas na escala exata e as retas retrocedentes reduzidas a meia escala. Possuem, no entanto, um defeito pictórico: o comprimento das retas retrocedentes pode, às vezes, parecer demasiadamente pequeno.

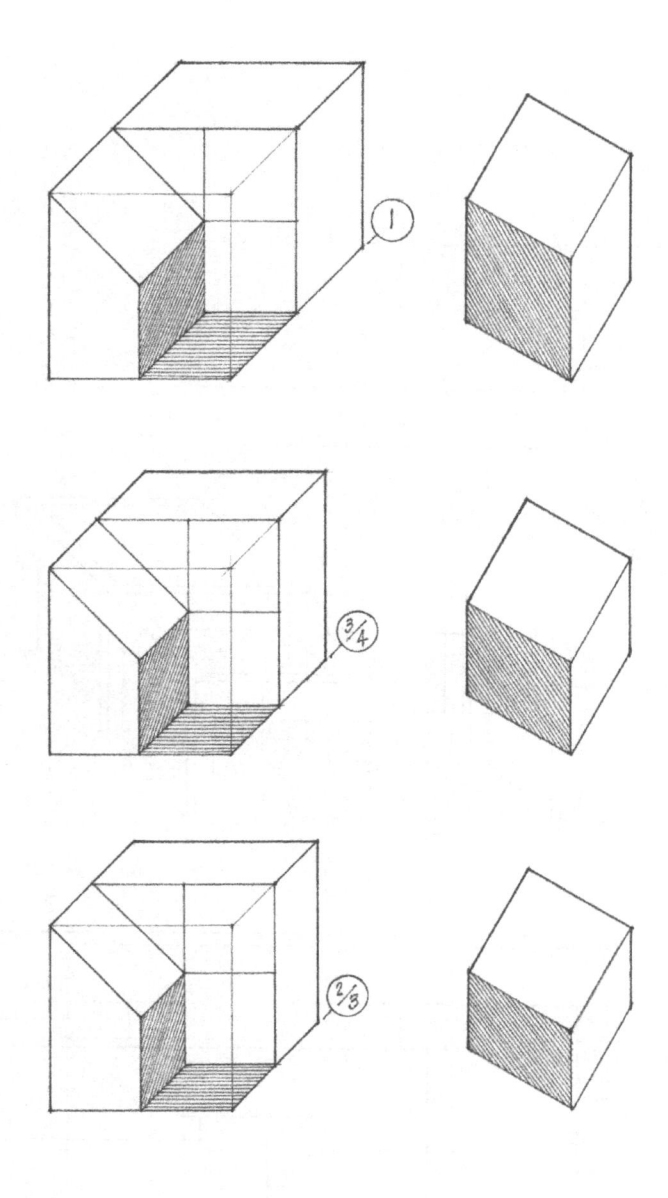

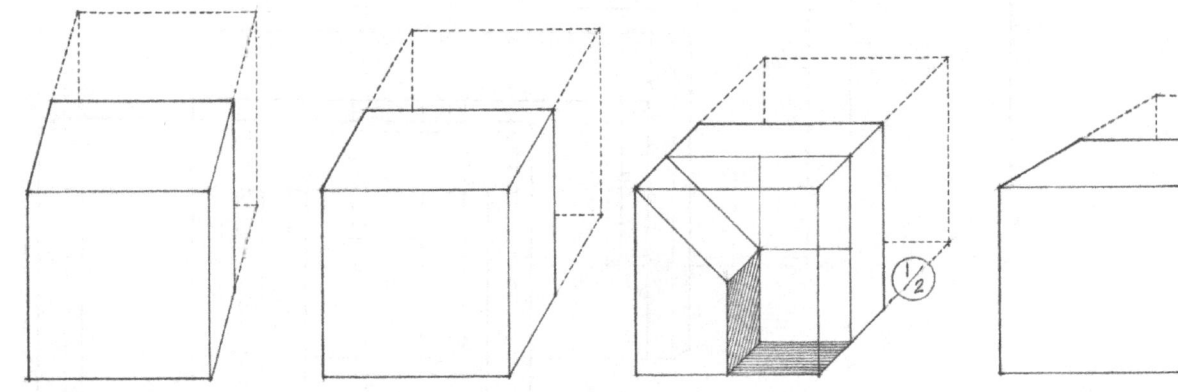

206 ELEVAÇÕES OBLÍQUAS

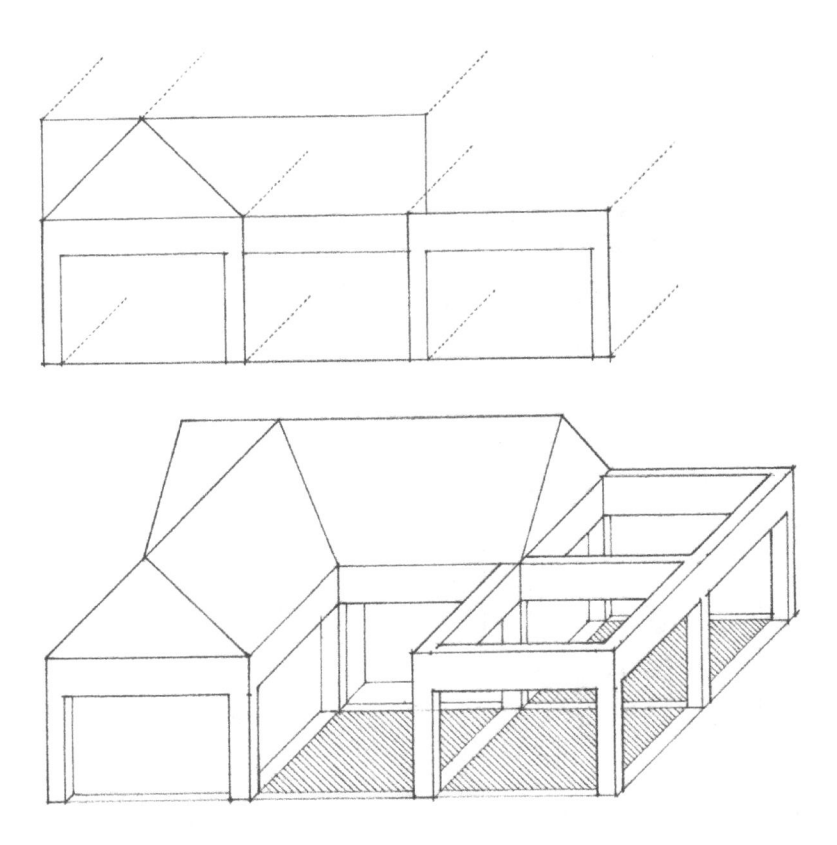

Na representação gráfica de arquitetura, os dois principais tipos de perspectivas oblíquas são as elevações e plantas oblíquas. A maioria dos exemplos nas duas páginas anteriores é de elevações oblíquas.

A elevação oblíqua orienta a face vertical principal do objeto ou edificação de modo paralelo ao plano do desenho, evidenciando formato e tamanho reais. Podemos, então, construir a elevação oblíqua diretamente de uma vista em elevação da face principal. Esta face deve ser a mais longa, a mais significativa e a mais complexa fachada do objeto ou edifício.

Dos pontos significativos na vista em elevação, projetamos as linhas de recuo para a profundidade do desenho, conforme o ângulo desejado. Ao desenhar com esquadros, geralmente usamos ângulos de 45°, 30° ou 60° para as linhas de recuo. Ao esboçar ou usar ferramentas digitais, não precisamos ser tão precisos, mas, após estabelecermos um ângulo para as linhas de recuo, devemos aplicá-lo de maneira consistente.

Lembre-se de que o ângulo que usamos para as linhas de recuo altera o tamanho aparente e o formato dos planos de recuo. Ao variar o ângulo, os conjuntos horizontais e verticais de planos de recuo podem receber diferentes graus de ênfase. Em todos os casos, a ênfase principal permanece nas faces paralelas ao plano do desenho.

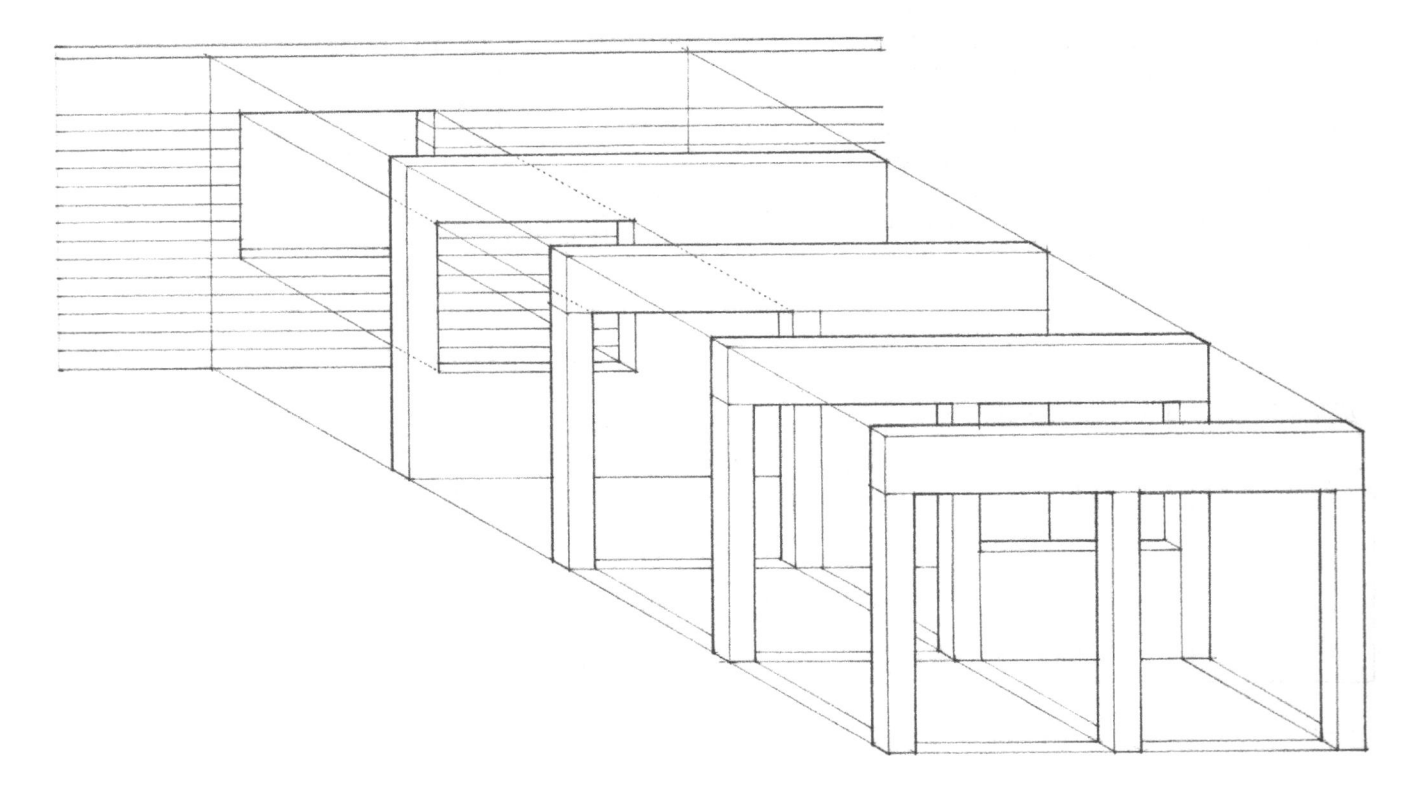

Exercício 7.7

Construa duas séries de elevações oblíquas da forma edificada descrita no conjunto de desenhos de vistas múltiplas. Na primeira série, desenhe retas paralelas ao eixo retrocedente em tamanho real, mas varie suas direções: desenhe as retas retrocedentes primeiramente a 30° com a horizontal, depois a 45° e, por fim, a 60°.

Na segunda série, desenhe os eixos retrocedentes a 45° com a horizontal, mas varie sua escala: desenhe as retas paralelas ao eixo retrocedente primeiramente a 3/4 de sua escala, depois a 2/3 de sua escala e, por fim, em metade de sua escala.

Compare os efeitos pictóricos das várias elevações oblíquas. Alguma delas parece ser muito profunda? Alguma delas parece ser muito rasa? Qual dos conjuntos de planos verticais cada planta oblíqua ressalta?

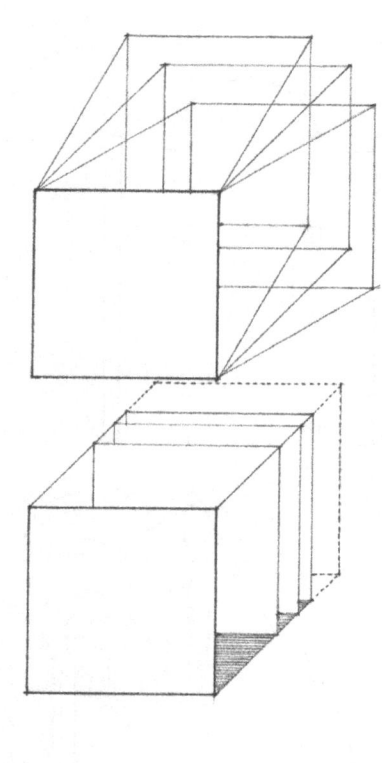

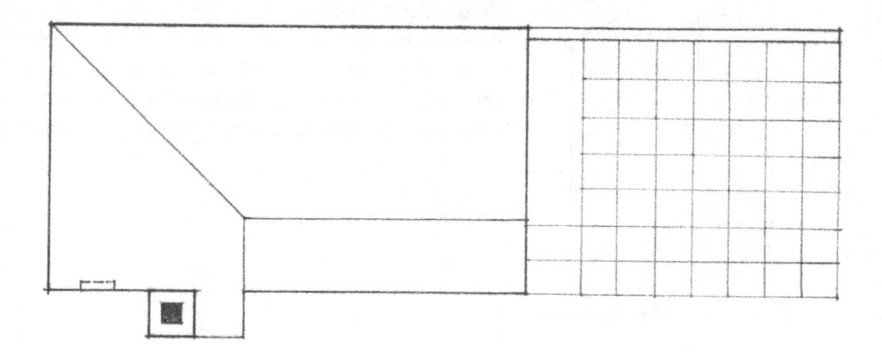

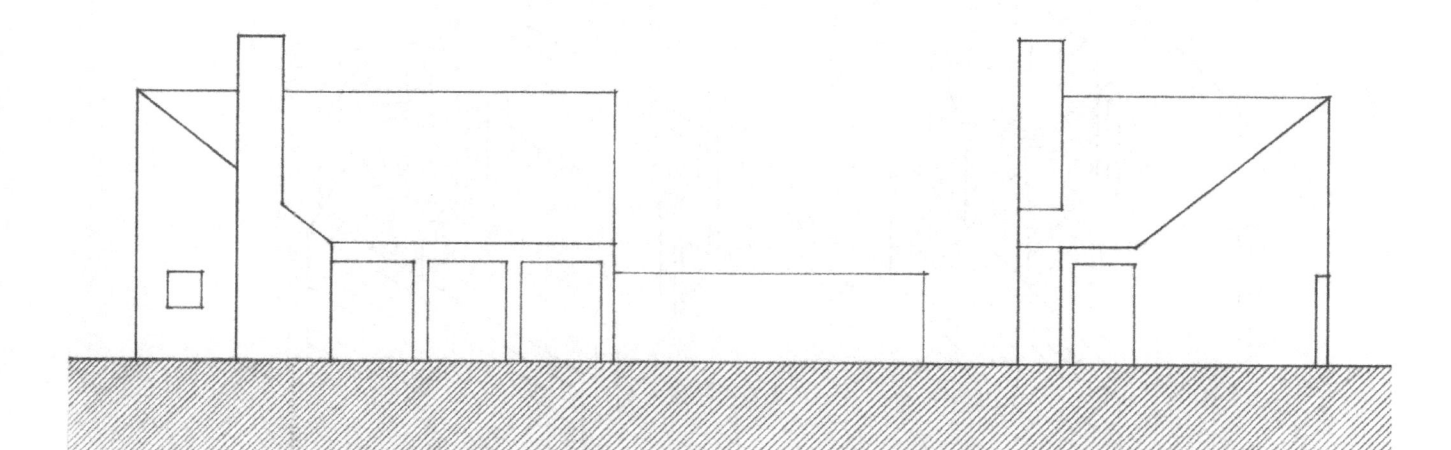

208 PLANTAS OBLÍQUAS

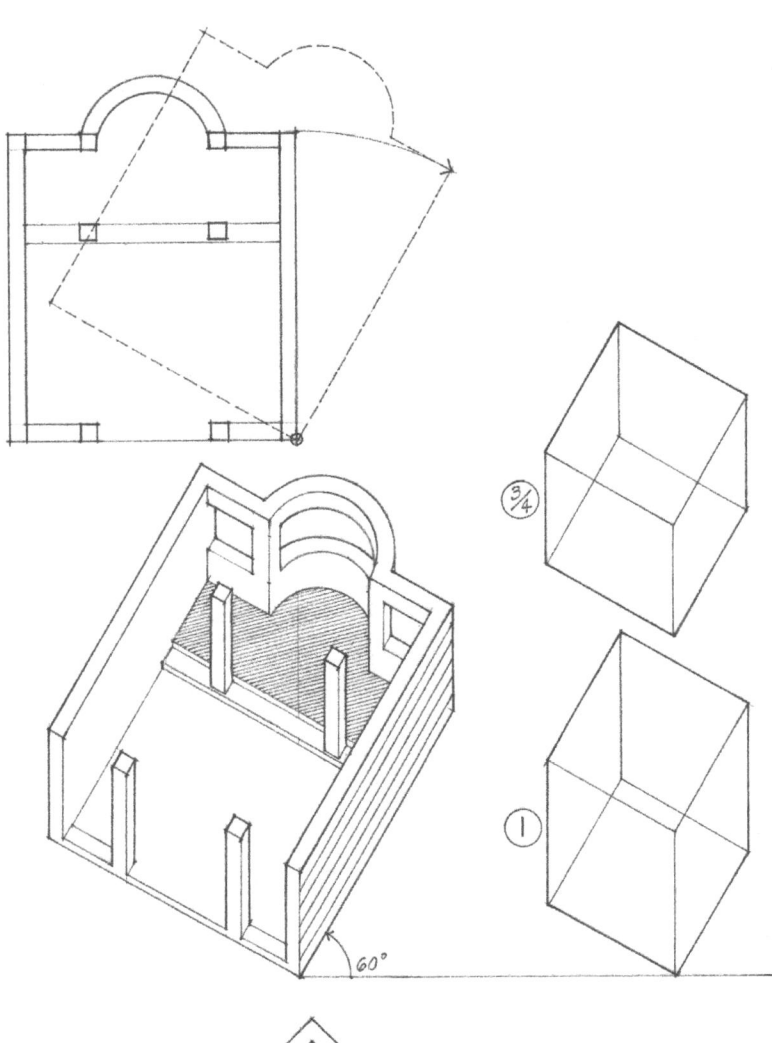

Uma planta oblíqua orienta um plano horizontal ou uma planta paralela ao plano do desenho e, portanto, revela seu verdadeiro formato e tamanho. Normalmente giramos a planta de modo que ambos os conjuntos de planos paralelos apareçam na planta oblíqua. Girar a planta oferece uma maior variedade de vistas possíveis, nas quais os dois conjuntos de planos verticais podem receber diferentes graus de ênfase. Em todos os casos, entretanto, as plantas oblíquas oferecem um ponto de observação mais alto para dentro de uma edificação do que as perspectivas isométricas, e a ênfase principal permanece no conjunto horizontal de planos.

Ao desenhar com esquadros, giramos a planta 30°, 45° ou 60° em relação a uma horizontal na superfície de desenho. Quando fazemos croquis à mão livre, não precisamos ser tão precisos, mas, uma vez estabelecido o ângulo de rotação, ele deve ser aplicado de maneira consistente. Devemos lembrar que o ângulo utilizado determina o tamanho e o formato aparentes dos planos verticais.

Uma vez girado o plano conforme o ângulo desejado, desenhamos as linhas de recuo como verticais na superfície de desenho. Podemos desenhar estas verticais na mesma escala da planta ou reduzi-las, caso seus comprimentos nos pareçam exagerados.

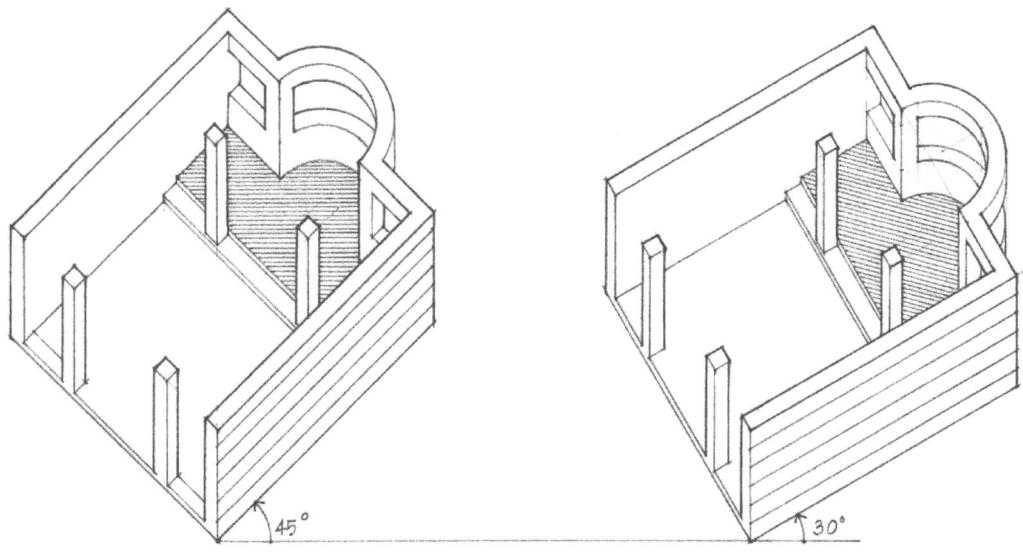

PLANTAS OBLÍQUAS

Exercício 7.8

Construa duas séries de elevações oblíquas da forma edificada descrita no conjunto de desenhos de vistas múltiplas. Na primeira série, desenhe retas paralelas ao eixo vertical em sua escala verdadeira, girando a planta em 30°, no sentido horário, a partir do ponto A, depois a 45° e, finalmente, a 60°.

Na segunda série, gire a planta da mesma maneira, mas desenhe as retas paralelamente ao eixo vertical, a 3/4 de seu tamanho.

Compare os efeitos pictóricos das várias elevações oblíquas. Alguma delas parece ser muito alta? Alguma delas parece ser muito baixa? Qual dos conjuntos de planos verticais cada planta oblíqua ressalta?

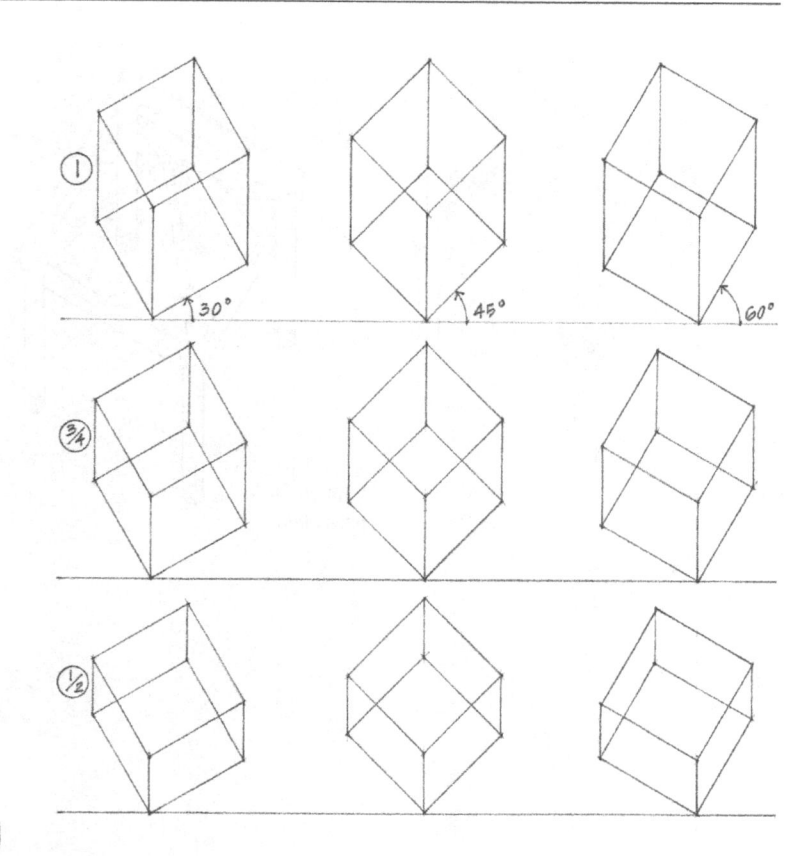

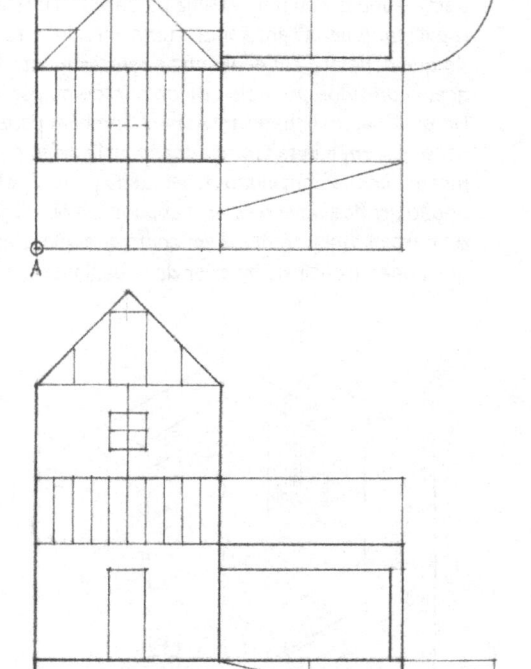

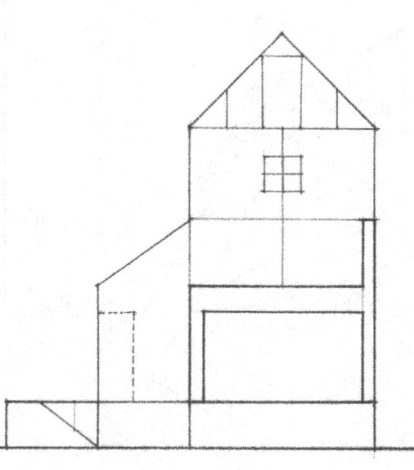

VISTAS DE LINHAS PARALELAS

Olhando de cima para baixo

Olhando de baixo para cima

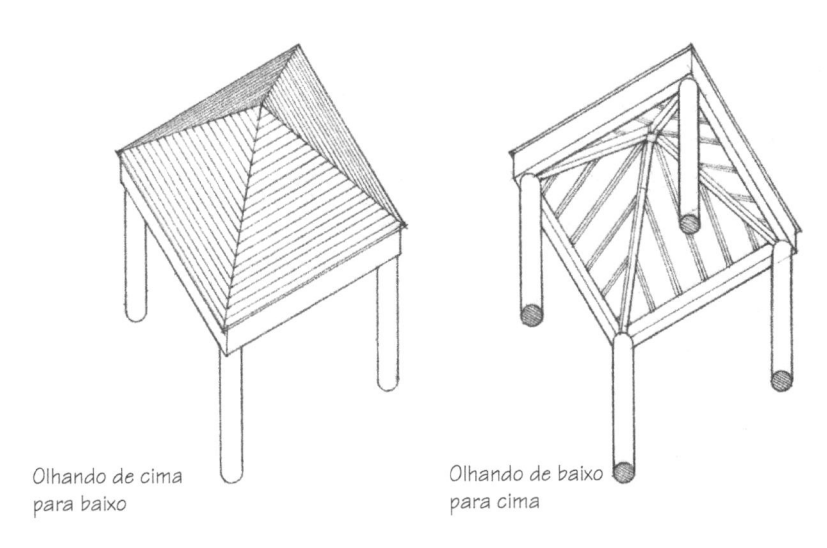

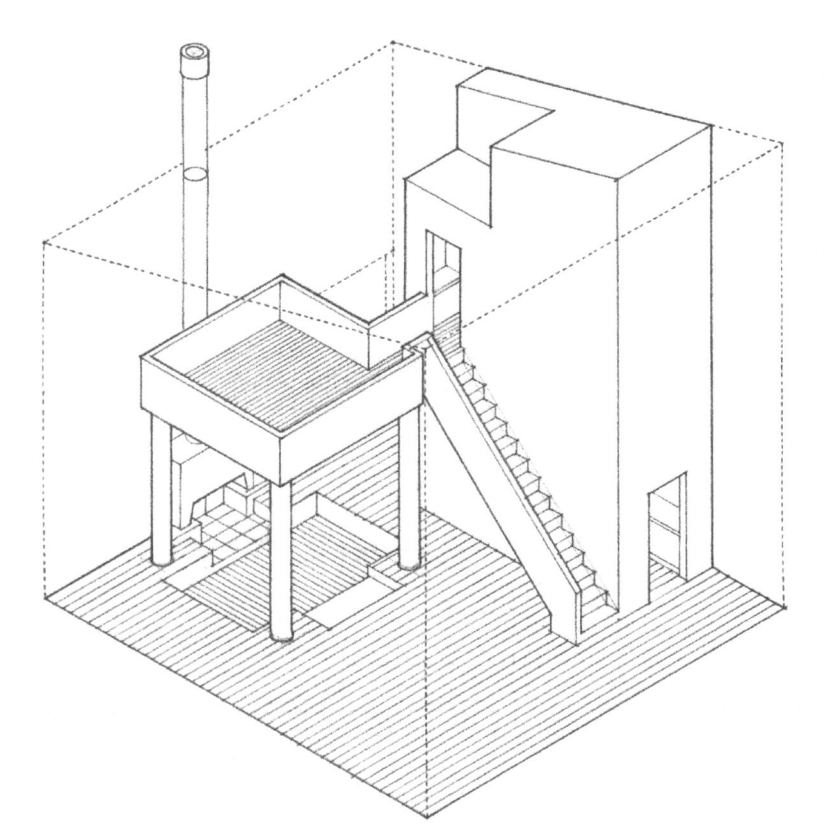

Vistas de linhas paralelas

Embora a vista de linhas paralelas sempre apresente um ponto de observação de baixo para cima ou de cima para baixo de um objeto, podemos construir uma vista de linhas paralelas de distintas maneiras, para revelar mais do que a forma exterior e a configuração de um projeto. Estas técnicas nos permitem ter acesso visual ao interior da composição espacial ou às partes ocultas de uma construção complexa. Categorizamos estas técnicas como vistas-fantasmas, vistas cortadas ou vistas explodidas.

Vistas-fantasmas

A vista-fantasma é um desenho no qual representamos uma ou mais faces transparentes para permitir a descrição de uma informação interna, que, de outra maneira, estaria oculta da nossa visão. Esta estratégia nos permite, efetivamente, revelar um espaço interno ou uma construção sem termos de revelar qualquer um de seus planos delimitadores ou elementos de vedação. Assim, somos capazes de ver simultaneamente a composição como um todo, bem como sua estrutura e sua organização interna.

Usamos uma linha fantasma para representar a transparência de uma parte, a posição alternativa de uma parte móvel, a posição relativa de uma parte ausente ou um detalhe ou característica repetida. A linha fantasma é uma linha interrompida que consiste em segmentos relativamente longos, separados por dois traços curtos ou pontos. Na prática, as linhas fantasmas também podem consistir em linhas tracejadas, pontilhadas e até mesmo linhas contínuas de pequeno peso. A descrição gráfica deve revelar a espessura ou o volume da parte transparente, bem como qualquer detalhe que possa existir no interior de seus limites.

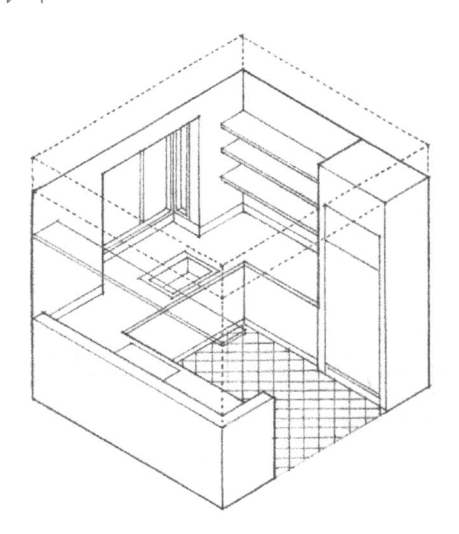

Unidade número 5, Condomínio Sea Ranch, Califórnia, 1963–65, Moore, Lyndom, Turnbull, Whitaker

Uma vista cortada é um desenho que tem uma seção ou camada superior removida para revelar um espaço interno ou uma construção interna. Esta estratégia também pode representar, de modo eficaz, a relação entre um interior e o ambiente externo.

O método mais simples de criar uma vista cortada é remover uma camada externa ou delimitadora da composição ou construção. Por exemplo, a remoção de uma cobertura, teto ou parede nos permite olhar para baixo e observar um espaço interno. Já a remoção de um piso oferece uma vista interna de um espaço de baixo para cima.

Podemos remover uma seção maior seccionando pelo centro da composição. Quando uma composição apresenta simetria bilateral, podemos fazer este corte ao longo do eixo central e indicar a marcação no piso ou a planta da parte removida. De maneira similar, podemos criar uma vista cortada de uma composição simétrica radial seccionando pelo centro e removendo um quadrante ou porção em forma de fatia.

Para revelar uma composição mais complexa, o corte pode seguir uma rota tridimensional. Neste caso, a trajetória do corte deve evidenciar a natureza da forma total do prédio, bem como a organização e o arranjo dos espaços internos. Os cortes devem ser marcados de maneira clara, com linhas de peso ou valor tonal contrastante.

Ainda que uma porção do prédio seja removida na vista cortada, pode-se mantê-la representada no desenho se delinearmos seus limites externos com uma linha pontilhada, tracejada ou mais leve. Indicar a forma externa do que foi removido ajuda o observador a ter uma ideia do conjunto.

Embora uma vista de linhas paralelas seja um desenho com vista única útil para mostrar relações tridimensionais, uma série de vistas de linhas paralelas pode explicar de maneira efetiva processos e fenômenos que ocorrem ao longo do tempo ou no espaço. Uma progressão de vistas de linhas paralelas consegue explicar a sequência de montagem ou as etapas de construção de uma edificação, com cada vista sendo construída sucessivamente a partir da imagem precedente.

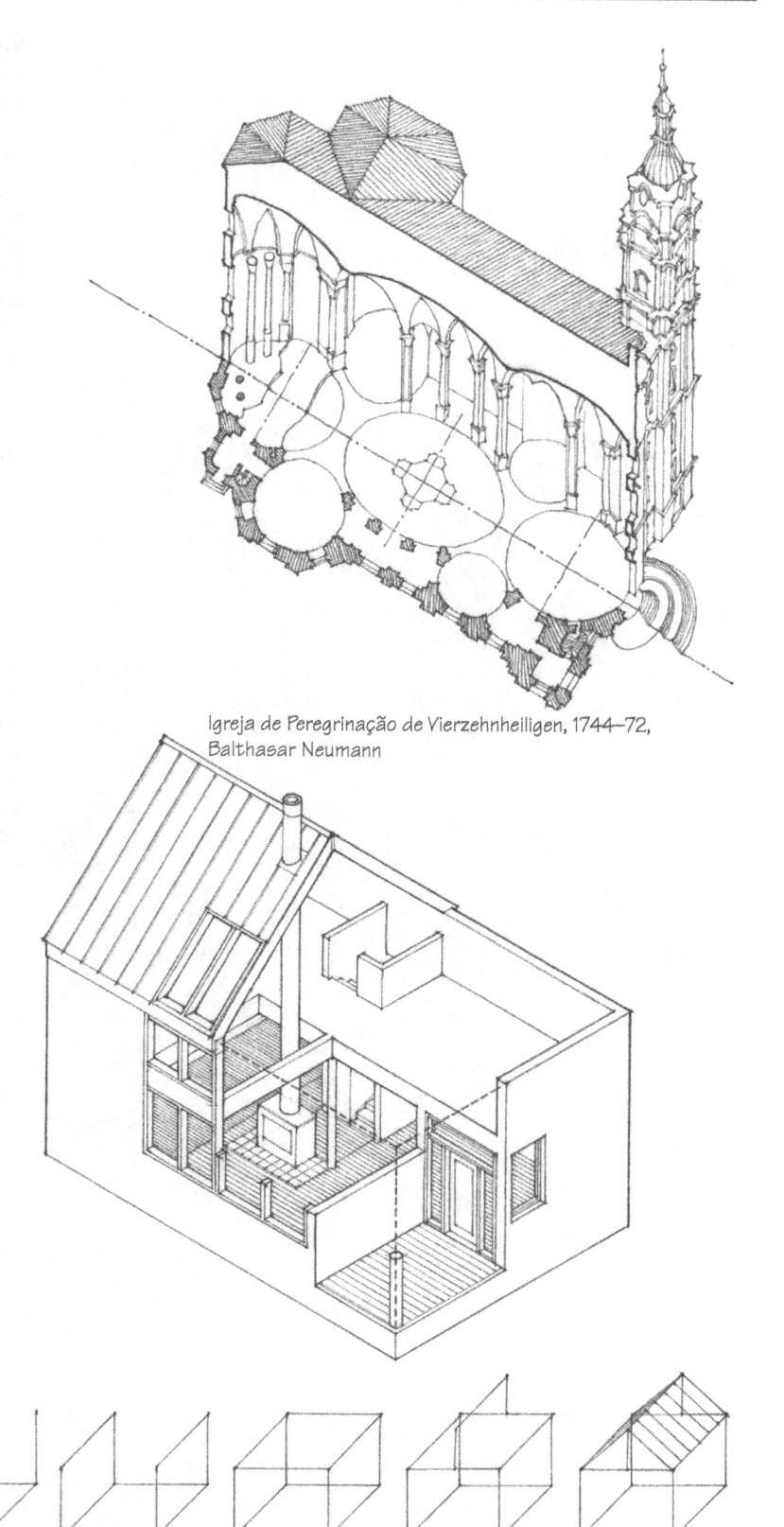

Igreja de Peregrinação de Vierzehnheiligen, 1744–72, Balthasar Neumann

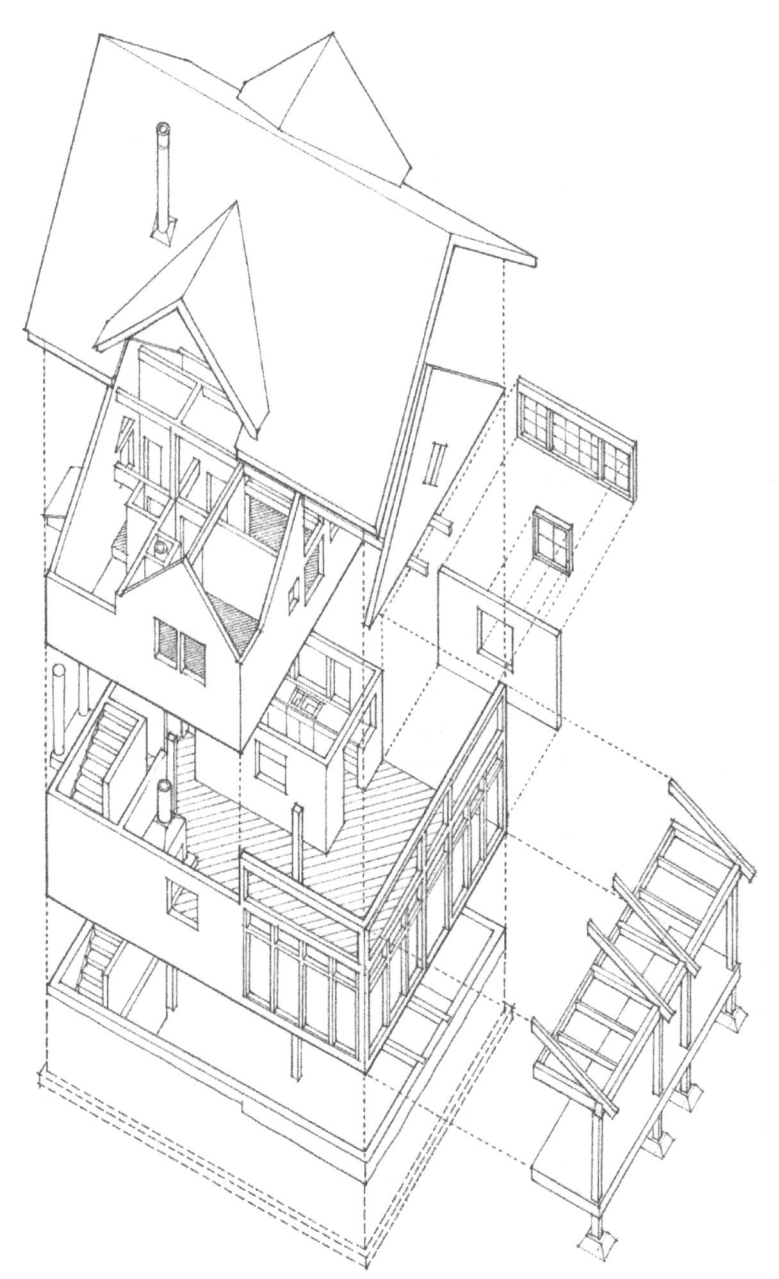

Vistas explodidas

As porções removidas de um desenho podem não desaparecer, mas somente se deslocar para novas posições no espaço, se transformando no que chamamos de vista explodida ou expandida. Uma vista explodida mostra componentes individuais de uma construção ou de uma montagem separadamente, mas indica, adequadamente, suas inter-relações em relação ao todo. O desenho final parece ser a imagem congelada de uma explosão captada no momento em que as relações entre as partes do todo estavam mais evidentes.

O deslocamento das partes deve estar na ordem e na direção em que elas se encaixam. Para uma composição axial, a expansão ocorre tanto ao longo do eixo quanto perpendicular a ele. Nas composições retangulares, as partes são recolocadas ao longo dos eixos principais ou paralelamente a eles. Em todos os casos, indicamos as relações entre as partes, entre si e no conjunto, com linhas tracejadas (ou pontilhadas) ou contínuas, mas com baixo peso.

As vistas explodidas são extremamente úteis para a descrição de detalhes, camadas ou etapas de uma sequência de construção. Lembre-se de que, assim como nos demais tipos de desenho, quanto maior for a escala da vista de linhas paralelas, mais detalhes você deverá incluir. Em escalas maiores, as vistas explodidas podem ilustrar de maneira efetiva as relações verticais em edificações de pavimentos múltiplos, bem como as conexões horizontais através do espaço.

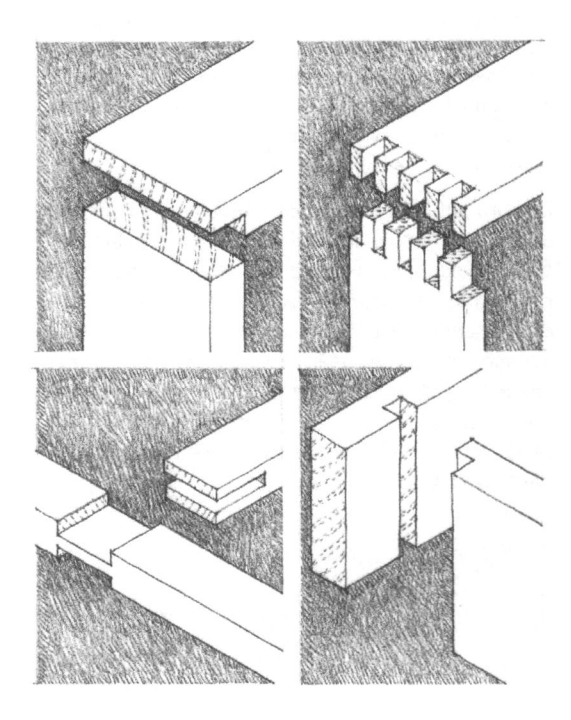

Expressando profundidade

Mesmo a simples aplicação de hachuras em vistas de linhas paralelas proporciona uma forte sensação de profundidade. Isto decorre não só do indicador de profundidade expresso pela sobreposição, mas também de nossa percepção de paralelogramos como retângulos que ocupam espaço. Podemos reforçar a profundidade percebida de uma vista de linhas paralelas contrastando os pesos de linhas ou as tonalidades.

Usamos uma hierarquia de pesos de linhas para distinguir arestas, interseções de planos e linhas de superfície.

1. Arestas são os limites de uma forma separada do fundo por um espaço intermediário.
2. Interseções de planos ocorrem quando dois ou mais planos são visíveis.
3. Linhas de superfície são linhas que representam um contraste abrupto de cor, valor tonal ou material; não representam uma mudança na forma.

A fim de separar planos no espaço, explicitar suas diferentes orientações e especialmente distinguir entre a horizontal e a vertical, podemos empregar valores tonais, texturas e padrões contrastantes. A mais importante distinção a se estabelecer é a relação ortogonal entre planos horizontais e verticais. Aplicar tonalidades aos planos horizontais em uma vista de linhas paralelas não só estabelece a base visual para o desenho, mas também ajuda a definir o formato e a orientação dos planos verticais.

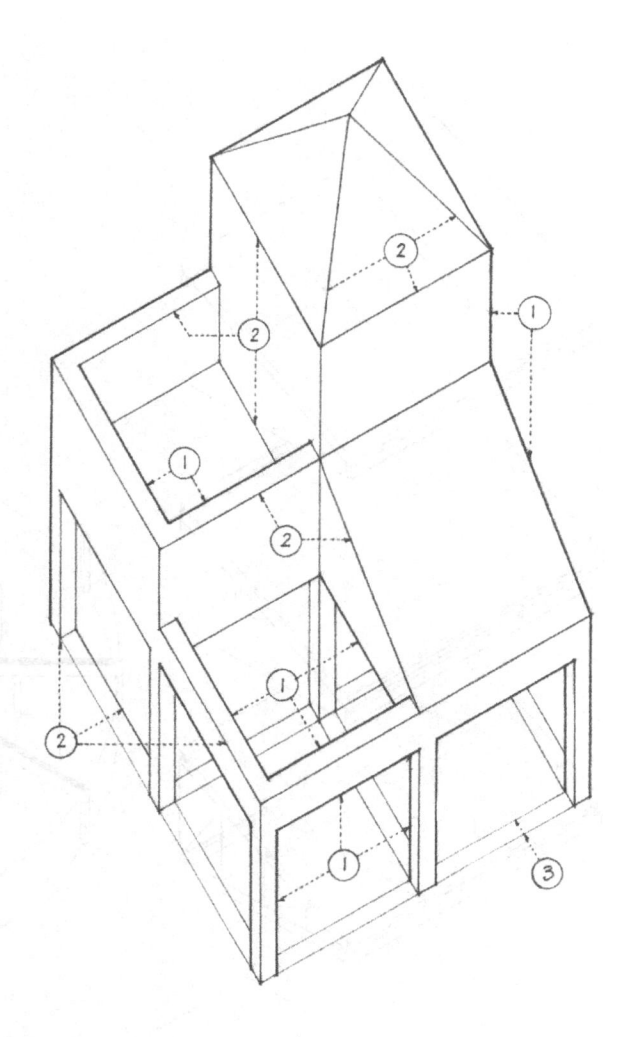

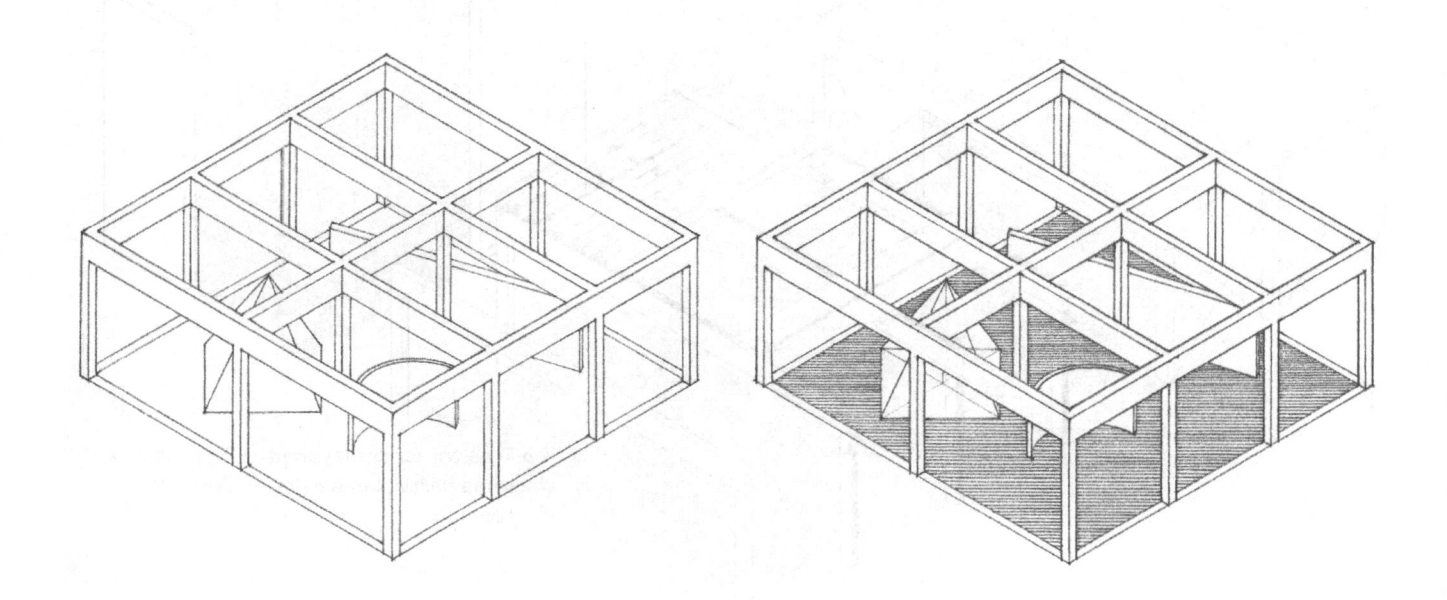

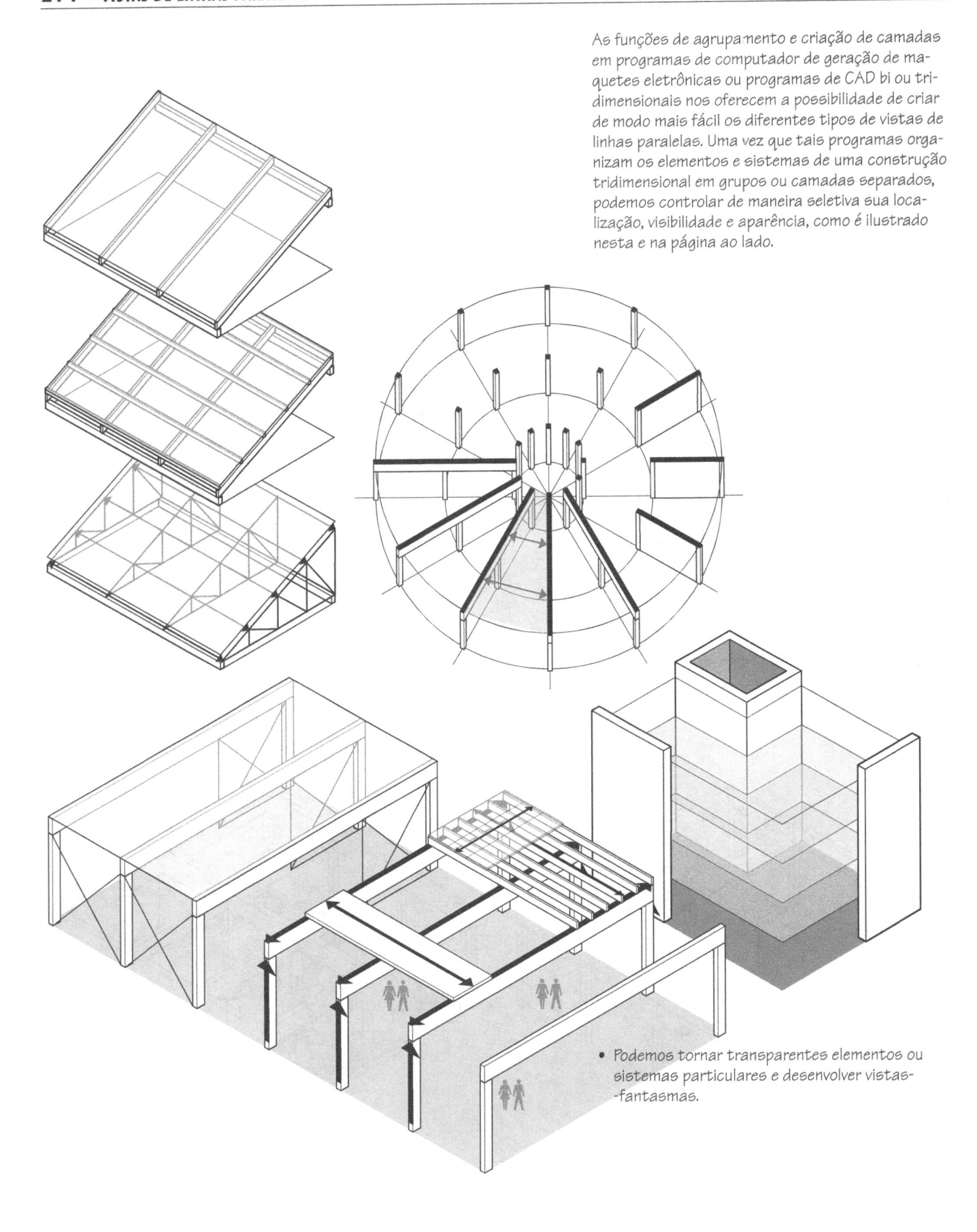

As funções de agrupamento e criação de camadas em programas de computador de geração de maquetes eletrônicas ou programas de CAD bi ou tridimensionais nos oferecem a possibilidade de criar de modo mais fácil os diferentes tipos de vistas de linhas paralelas. Uma vez que tais programas organizam os elementos e sistemas de uma construção tridimensional em grupos ou camadas separados, podemos controlar de maneira seletiva sua localização, visibilidade e aparência, como é ilustrado nesta e na página ao lado.

- Podemos tornar transparentes elementos ou sistemas particulares e desenvolver vistas-fantasmas.

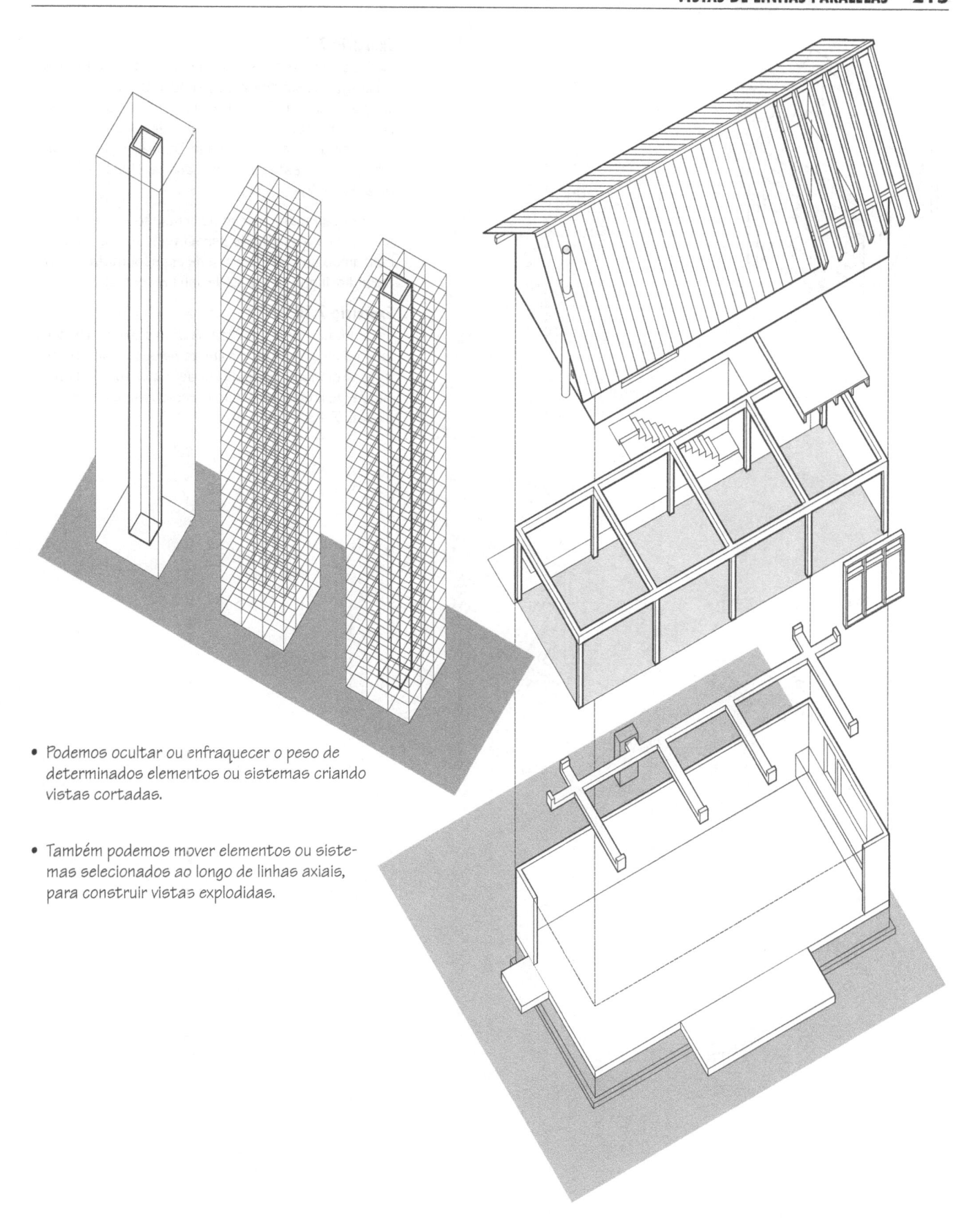

VISTAS DE LINHAS PARALELAS 215

- Podemos ocultar ou enfraquecer o peso de determinados elementos ou sistemas criando vistas cortadas.

- Também podemos mover elementos ou sistemas selecionados ao longo de linhas axiais, para construir vistas explodidas.

216 VISTAS DE LINHAS PARALELAS

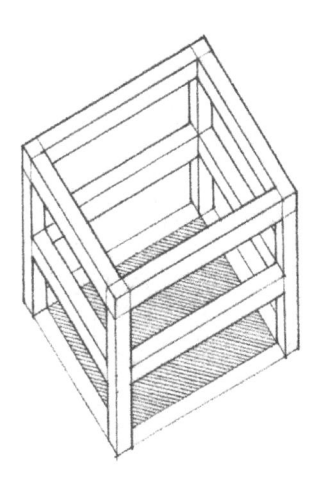

Exercício 7.9

Ao lado, temos a vista de linhas paralelas da Casa Hirabayashi, em Yamada, Japão, projetada por Tadao Ando em 1975. Primeiro, desenhe a vista de linhas paralelas com um peso de linha único. Depois, utilize uma hierarquia de pesos de linhas para diferenciar arestas, interseções de planos e linhas de superfície.

Lembre-se de que o peso de linha não é simplesmente uma questão de densidade. Em vez disso, contamos com a diferença de espessura das linhas para distinguir um peso de linha de outro.

Exercício 7.10

Para adquirir mais prática na distinção de arestas, interseções de planos e linhas de superfície, aplique a hierarquia de pesos de linhas a qualquer uma das vistas de linhas paralelas executadas nos exercícios de 7.4 a 7.8.

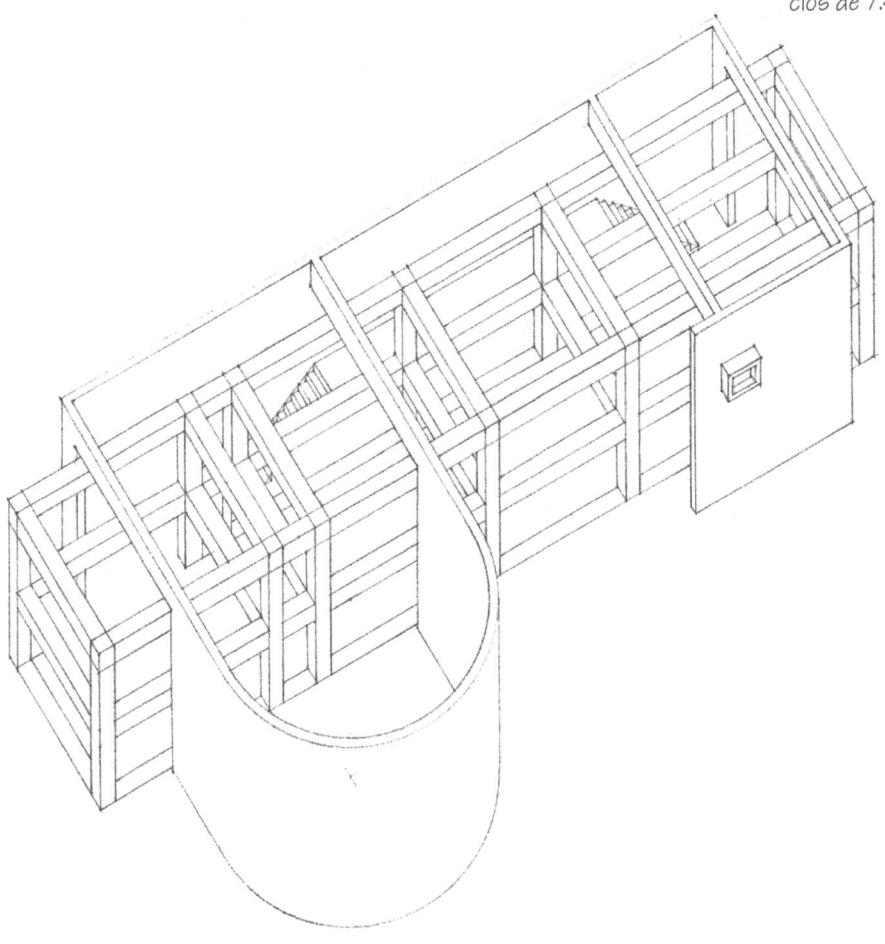

Sombras próprias e projetadas

A representação de sombras próprias e projetadas em uma vista de linhas paralelas acentua nossa percepção da natureza tridimensional dos volumes e massas e articula suas relações espaciais. Além disso, tonalidades usadas para definir sombras próprias e projetadas podem ajudar a diferenciar planos verticais, horizontais e inclinados. Para os conceitos básicos e a terminologia de sombras próprias e projetadas, volte ao Capítulo 6.

É relativamente fácil visualizar as relações tridimensionais entre raios de luz, arestas sombreadas e sombras projetadas em vistas de linhas paralelas, pois estas vistas são de natureza pictórica e exibem simultaneamente os três principais eixos espaciais. Raios de luz paralelos e seus rumos permanecem paralelos em uma vista de linhas paralelas.

Para construir sombras próprias e projetadas, é necessário definir a fonte e a direção da luz. Definir a direção da luz é um problema de composição, assim como de comunicação. Não se esqueça de que esta sombra projetada deve reforçar – e não confundir – a natureza dos volumes e das relações espaciais. Quanto menor for o ângulo de luz, mais profundas serão as sombras; quanto maior for o ângulo, mais curta será a sombra. Em qualquer caso, o padrão de sombra resultante não deve ocultar as formas representadas, mas revelar mais acerca delas.

Ocasionalmente, pode ser desejável determinar as condições reais de luz, sombra própria e sombra projetada. Por exemplo, ao estudar os efeitos da radiação solar e os padrões de sombra em termos de conforto térmico e conservação de energia, é necessário construir as sombras usando os ângulos solares reais para horas e datas específicas do ano.

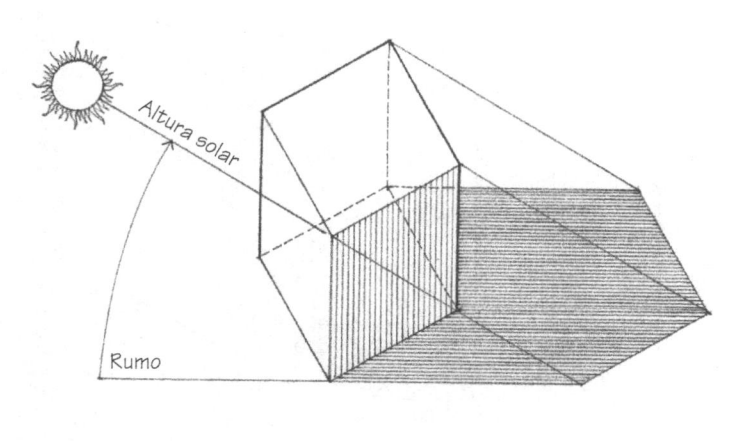

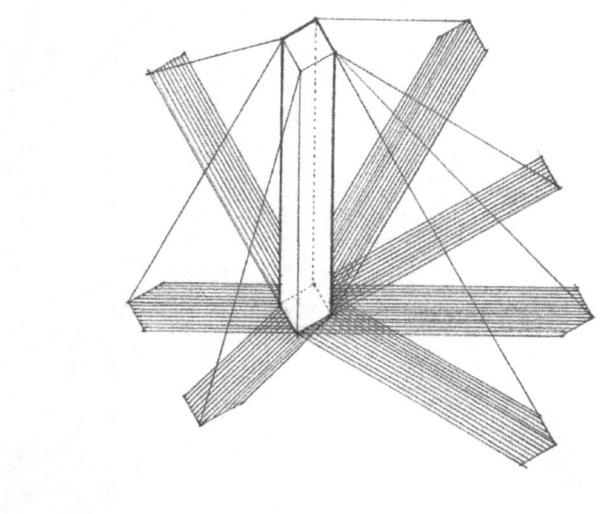

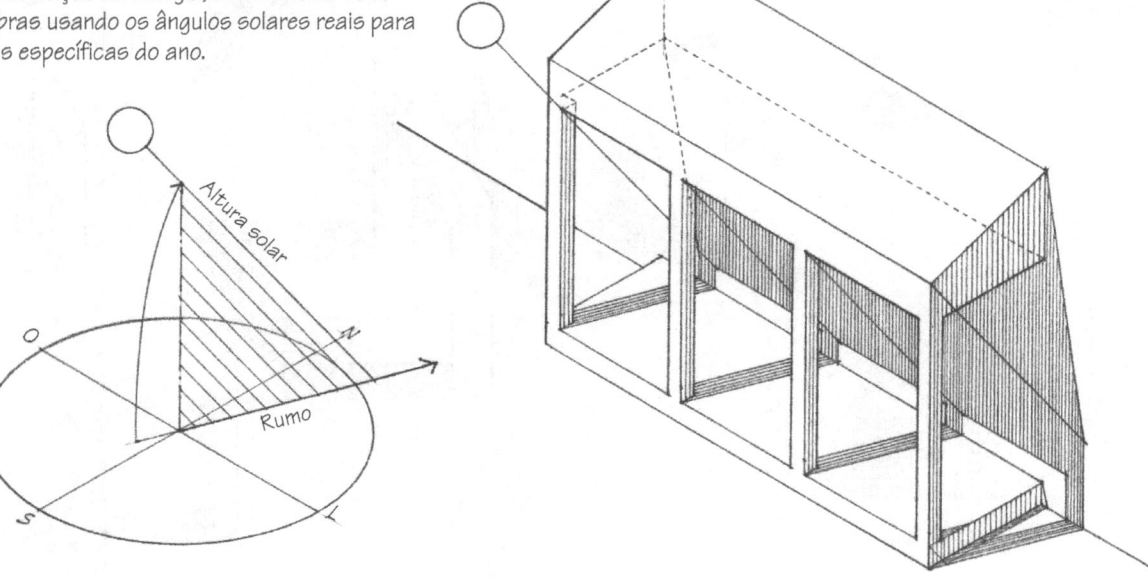

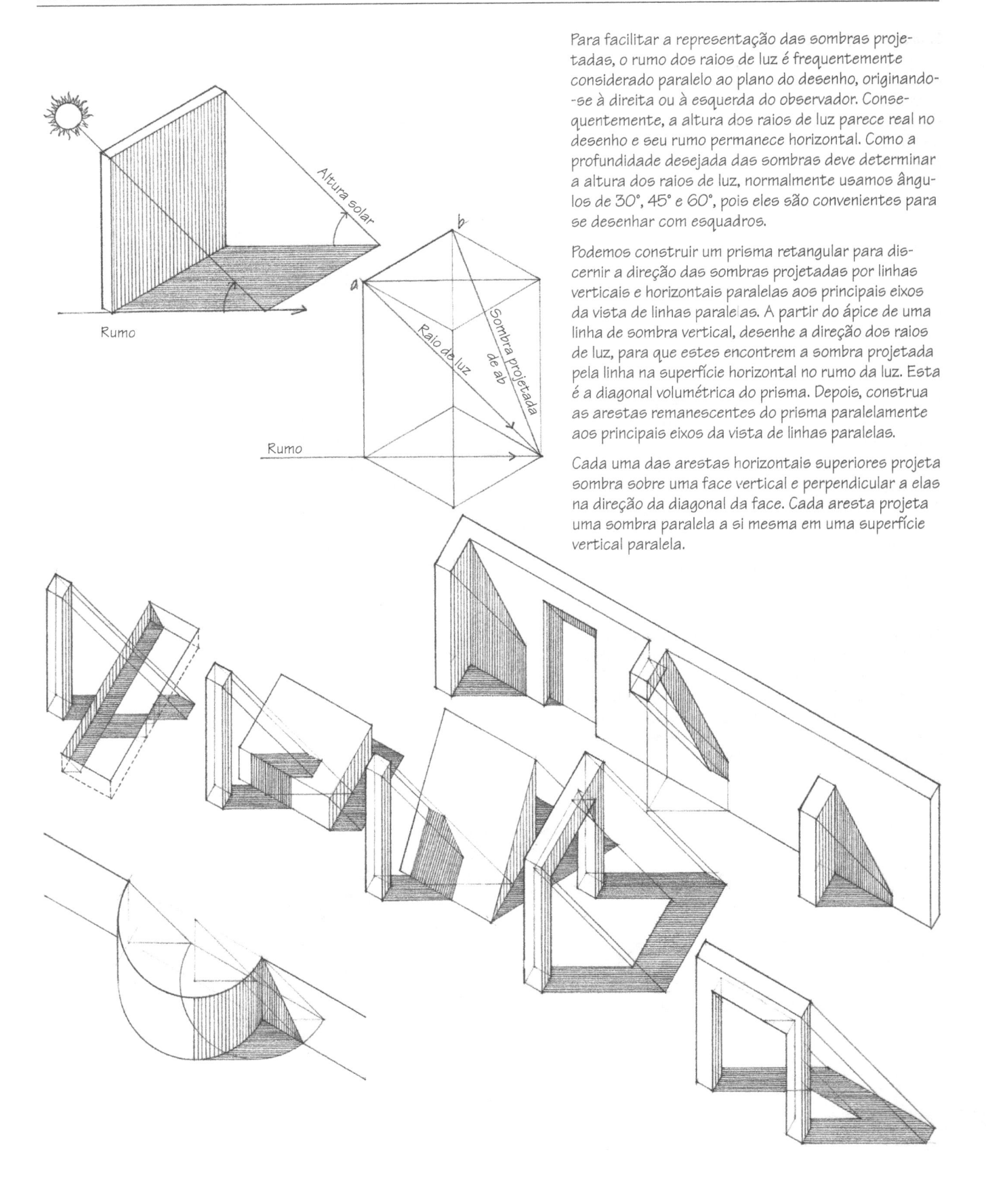

Para facilitar a representação das sombras projetadas, o rumo dos raios de luz é frequentemente considerado paralelo ao plano do desenho, originando-se à direita ou à esquerda do observador. Consequentemente, a altura dos raios de luz parece real no desenho e seu rumo permanece horizontal. Como a profundidade desejada das sombras deve determinar a altura dos raios de luz, normalmente usamos ângulos de 30°, 45° e 60°, pois eles são convenientes para se desenhar com esquadros.

Podemos construir um prisma retangular para discernir a direção das sombras projetadas por linhas verticais e horizontais paralelas aos principais eixos da vista de linhas paralelas. A partir do ápice de uma linha de sombra vertical, desenhe a direção dos raios de luz, para que estes encontrem a sombra projetada pela linha na superfície horizontal no rumo da luz. Esta é a diagonal volumétrica do prisma. Depois, construa as arestas remanescentes do prisma paralelamente aos principais eixos da vista de linhas paralelas.

Cada uma das arestas horizontais superiores projeta sombra sobre uma face vertical e perpendicular a elas na direção da diagonal da face. Cada aresta projeta uma sombra paralela a si mesma em uma superfície vertical paralela.

Sombras próprias e projetadas geradas por computador

Enquanto o desenho de sombras próprias e projetadas em desenhos de vistas múltiplas pressupõe a direção convencional da luz solar como a diagonal de um cubo, programas de maquetes eletrônicas geralmente incluem a possibilidade de especificar a direção da luz solar conforme a hora do dia e o período do ano e de criar o desenho das sombras próprias e projetadas automaticamente. Esse recurso pode ser especialmente útil na fase de definição do partido de arquitetura para se estudar a forma de uma edificação ou a volumetria de uma edificação complexa em um terreno e para avaliar o impacto das sombras que elas projetam em edificações adjacentes e áreas externas.

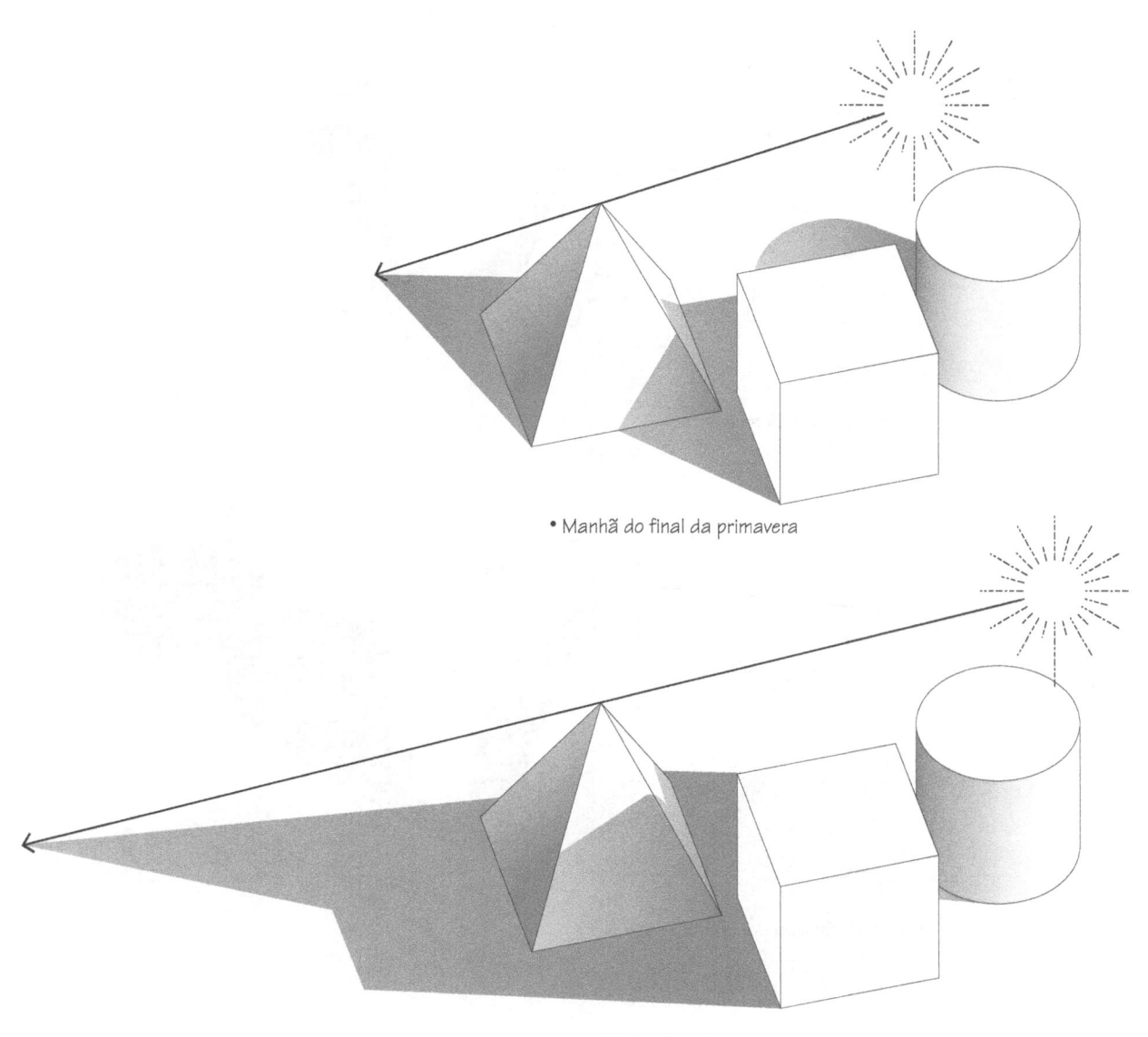

• Manhã do final da primavera

• Manhã do início da primavera

A técnica de computador usada para determinar quais superfícies estão sombreadas e os formatos das sombras projetadas em uma imagem ou cena tridimensional é chamada de ray casting. Embora seja eficiente e útil para estudos preliminares, o ray casting não leva em consideração a maneira como os raios de luz de uma fonte iluminada são absorvidos, refletidos ou refratados pelas superfícies de volumes e espaços. Para uma comparação visual dos métodos de iluminação gerada por computadores, veja as páginas 358–59.

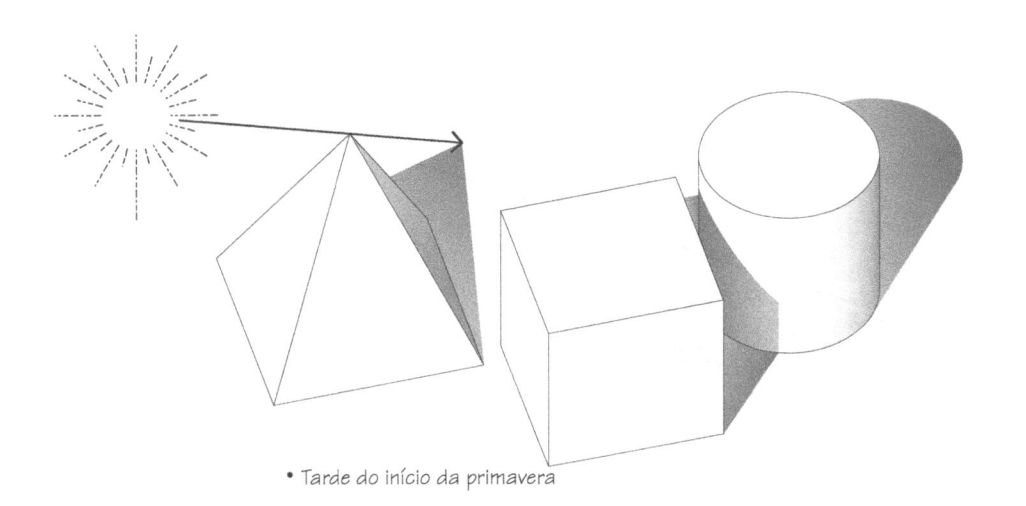

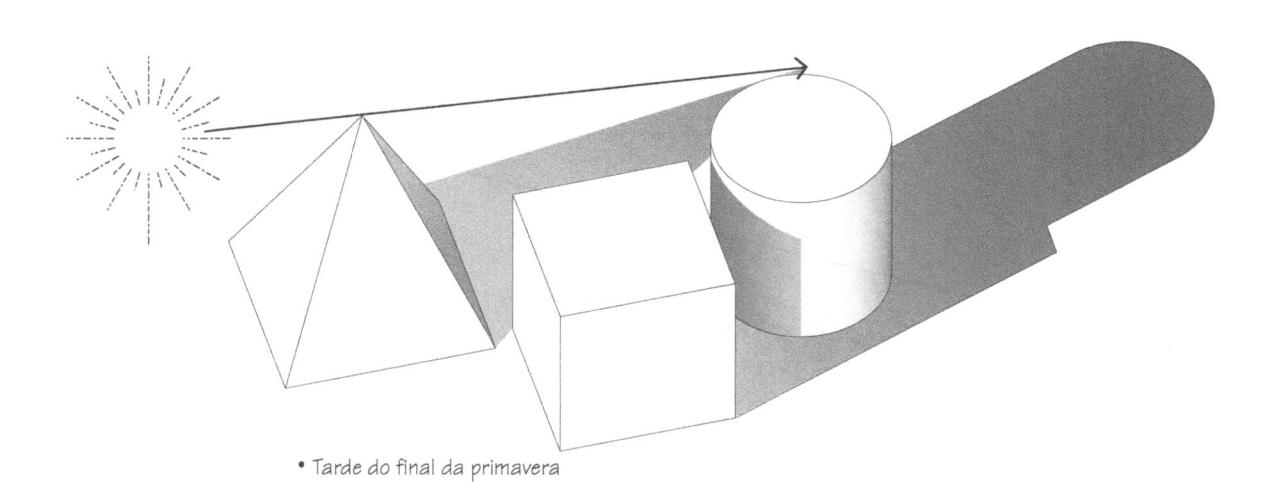

• Tarde do início da primavera

• Tarde do final da primavera

Exercício 7.11

Construa as sombras próprias e projetadas para a edificação descrita na vista de linhas paralelas abaixo. Considere que os raios paralelos da luz do sol têm altitude de 45° e rumo para a direita, sendo paralelos ao plano do desenho.

Exercício 7.12

Para adquirir mais prática, considere a mesma direção dos raios de luz e construa as sombras próprias e projetadas para a edificação descrita no exercício 7.4.

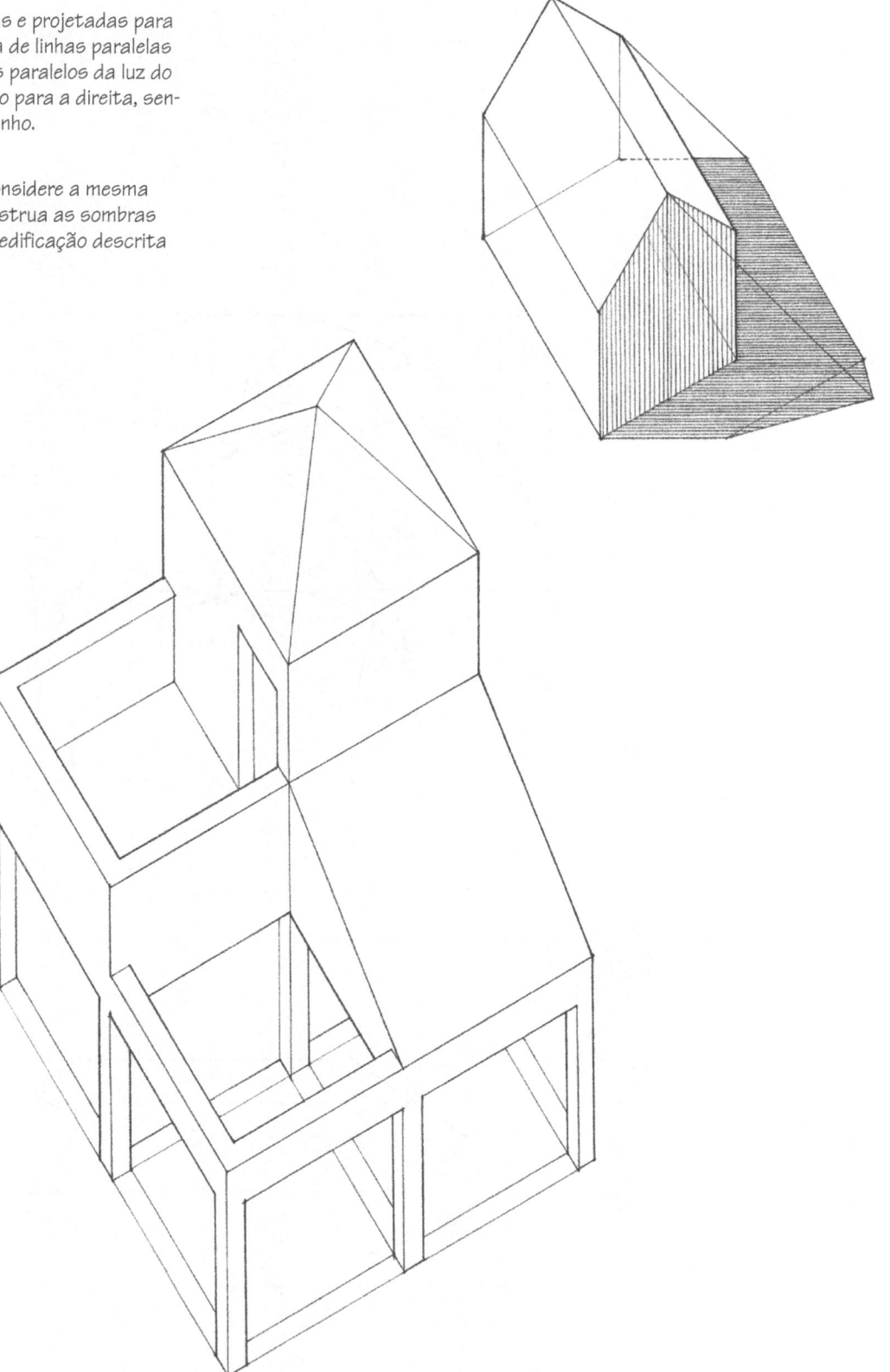

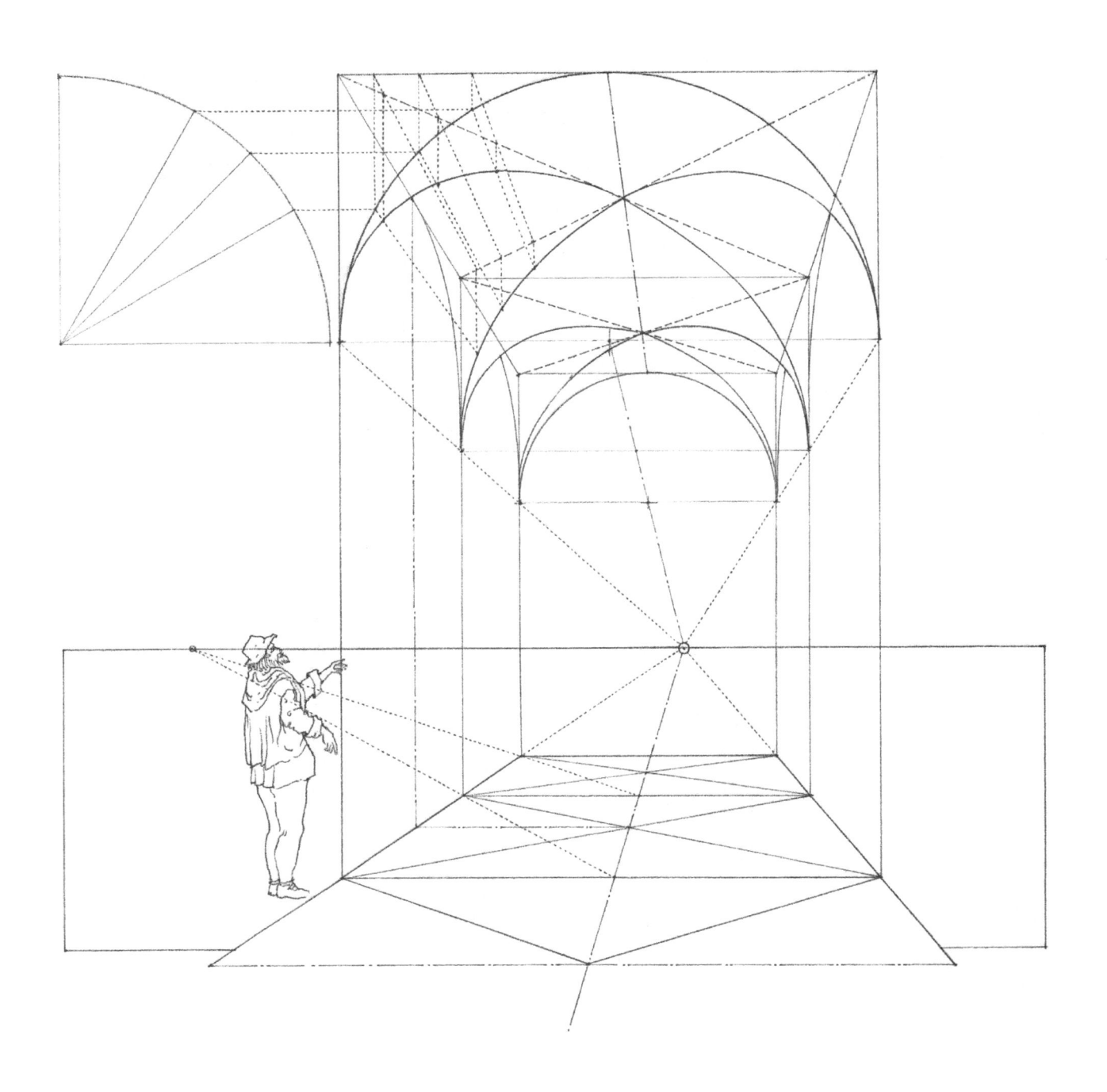

8
Perspectivas Cônicas

Na verdade, uma perspectiva pode ser qualquer uma das várias técnicas gráficas para representar relações espaciais e volumétricas em uma superfície plana, como a perspectiva do tamanho ou a perspectiva aérea. Entretanto, na maior parte das vezes, o termo perspectiva traz à mente o sistema de desenho de perspectivas cônicas ou artificiais.

A perspectiva cônica é a arte e ciência de descrever volumes e relações espaciais tridimensionais em uma superfície bidimensional por meio de linhas que convergem conforme retrocedem na profundidade do desenho. Enquanto os desenhos de vistas múltiplas e as vistas de linhas paralelas apresentam vistas mecânicas de uma realidade objetiva, as perspectivas cônicas oferecem visões sensoriais da realidade ótica. As perspectivas cônicas representam o modo como objetos e espaços podem ser visualizados pelo espectador, que olha para uma direção específica a partir de um ponto de observação particular no espaço. Em uma planta ou perspectiva isométrica, nossos olhos, guiados pelo desejo ou pela razão, podem observar diferentes pontos da superfície, porém somos incitados a ler uma perspectiva cônica a partir de uma posição fixa no espaço.

As perspectivas cônicas são válidas apenas para a visão monocular. O desenho em perspectiva pressupõe que o espectador veja com um único olho, mas quase nunca vemos algo desta maneira. Mesmo com a cabeça fixa, vemos com os dois olhos, que estão constantemente em movimento, examinando objetos e o entorno, alternando sucessivamente os ambientes. Por meio desta constante varredura ocular, construímos dados experimentais que a mente manipula e processa para formar nossa percepção e nosso entendimento do mundo visual. Sendo assim, perspectivas cônicas apenas conseguem se aproximar da maneira complexa como os olhos efetivamente funcionam.

As perspectivas cônicas também nos oferecem um método de distribuição correta de objetos tridimensionais no espaço pictórico, bem como de ilustração do grau no qual estas formas aparentam diminuir de tamanho conforme retrocedem na profundidade do desenho. A singularidade da perspectiva cônica reside na vantagem de nos propiciar uma visão experimental do espaço. Esta vantagem distintiva, entretanto, cria uma dificuldade normalmente relacionada com os desenhos em perspectiva. O desafio de dominar a perspectiva cônica é resolver o conflito entre nosso conhecimento de uma coisa em si (como concebemos sua realidade objetiva) e sua aparência (como percebemos sua realidade ótica), vista com um único olho do espectador.

As perspectivas cônicas representam um objeto tridimensional projetando todos os seus pontos no plano do desenho por meio de linhas retas convergentes em um ponto fixo no espaço, que representa um dos olhos do observador. Esta convergência das linhas de visão diferencia a projeção em perspectiva dos outros dois principais sistemas de projeção – a projeção ortogonal e a projeção oblíqua –, nos quais as linhas de projeção se mantêm paralelas entre si.

Elementos da perspectiva

ponto de observação (PO)

O ponto de observação, ou ponto de vista, consiste em um ponto fixo no espaço, que representa um único olho do observador.

linha de visão

A linha de visão é qualquer uma das linhas de projeção estendidas do ponto de observação (PO) aos vários pontos do objeto visualizado. A projeção em perspectiva de qualquer ponto de um objeto está onde a linha de visão deste ponto intersecciona o plano do desenho.

eixo central de visão (ECV)

O eixo central de visão é a linha de visão que determina a direção em que, provavelmente, o observador está olhando.

cone de visão

Cone descrito pelas linhas de visão que irradiam do ponto de observação para o exterior e formam um ângulo de 30° com o eixo central de visão na perspectiva cônica. O cone de visão serve como guia para determinar o que deve ser incluído nos limites de um desenho em perspectiva. Pressupõe-se que um cone de visão de 60° seja o campo de visão normal, no qual os principais aspectos do objeto devem ser posicionados. Para minimizar a distorção de circunferências e outros formatos circulares, eles devem incidir dentro do cone de visão de 30°. Um cone de visão de 90° é aceitável para elementos periféricos.

Devemos lembrar que o cone de visão é tridimensional, embora seja visto em um formato triangular em plantas e elevações ortogonais. Somente uma pequena parte do primeiro plano é incluída no cone de visão. À medida que o cone de visão capta o que o observador vê, ele amplia sua abrangência, e o segundo plano e o plano de fundo tornam-se mais amplos.

Na realidade, nosso campo de visão é mais parecido com uma pirâmide do que com um cone. A maioria das pessoas tem um campo de visão que se estende a 180° horizontalmente, mas apenas a 140° verticalmente, porque parte do campo visual é bloqueada por cílios, nariz e bochechas.

plano do desenho (PD)
É um plano transparente, imaginário, coextensivo com a superfície do desenho no qual a imagem do objeto tridimensional é projetada; também é conhecido como plano de projeção. O plano do desenho secciona o cone de visão e é sempre perpendicular ao eixo central de visão. Enquanto o eixo central de visão é horizontal, o plano do desenho é vertical. Ao alterar nossa linha de visão da esquerda para a direita, o plano do desenho se desloca com ela. Se mudamos nossa linha de visão para cima ou para baixo, o plano do desenho se inclina na mesma direção.

Quando olhamos para o exterior através uma janela, podemos desenhar na superfície do vidro o que vemos através dele. O plano do vidro é o equivalente físico ao plano do desenho. Quando desenhamos uma perspectiva, transferimos para a superfície do desenho o que vemos através de um plano imaginário do desenho. A superfície do desenho se torna o equivalente virtual do plano do desenho.

centro de visão (CV)
Ponto na linha do horizonte no qual o eixo central de visão intersecciona o plano do desenho.

linha do horizonte (LH)
Linha horizontal que representa a interseção do plano do desenho e do plano horizontal que passa pelo ponto de observação. A distância da linha de terra à linha do horizonte é igual à altura do nível do observador ou à altura do ponto de observação até o plano-base. Para as perspectivas com nível de observação normal, a linha do horizonte se encontra na altura dos olhos de um espectador ereto. A linha do horizonte se move para baixo quando o espectador se senta em uma cadeira; para cima, quando o espectador olha do piso de uma escada ou de uma janela no segundo andar. Ela se eleva ainda mais quando a vista procede do topo de uma montanha.

Mesmo que na verdade não seja observada em uma vista em perspectiva, a linha do horizonte deve sempre ser desenhada levemente na superfície de desenho, para servir como linha de nível de referência para a totalidade da composição.

plano-base (PB)
É o plano horizontal de referência a partir do qual as alturas podem ser medidas na perspectiva cônica. O plano-base geralmente, mas nem sempre, é a superfície na qual se encontra o observador. Também pode ser a superfície de um lago onde um barco navega ou o terreno no qual uma edificação está situada. Pode ser o plano de piso, quando desenhamos a perspectiva de um espaço interno, ou mesmo o topo de uma mesa, no esboço de uma natureza-morta.

linha de terra (LT)
É a linha horizontal que representa a interseção do plano-base com o plano do desenho.

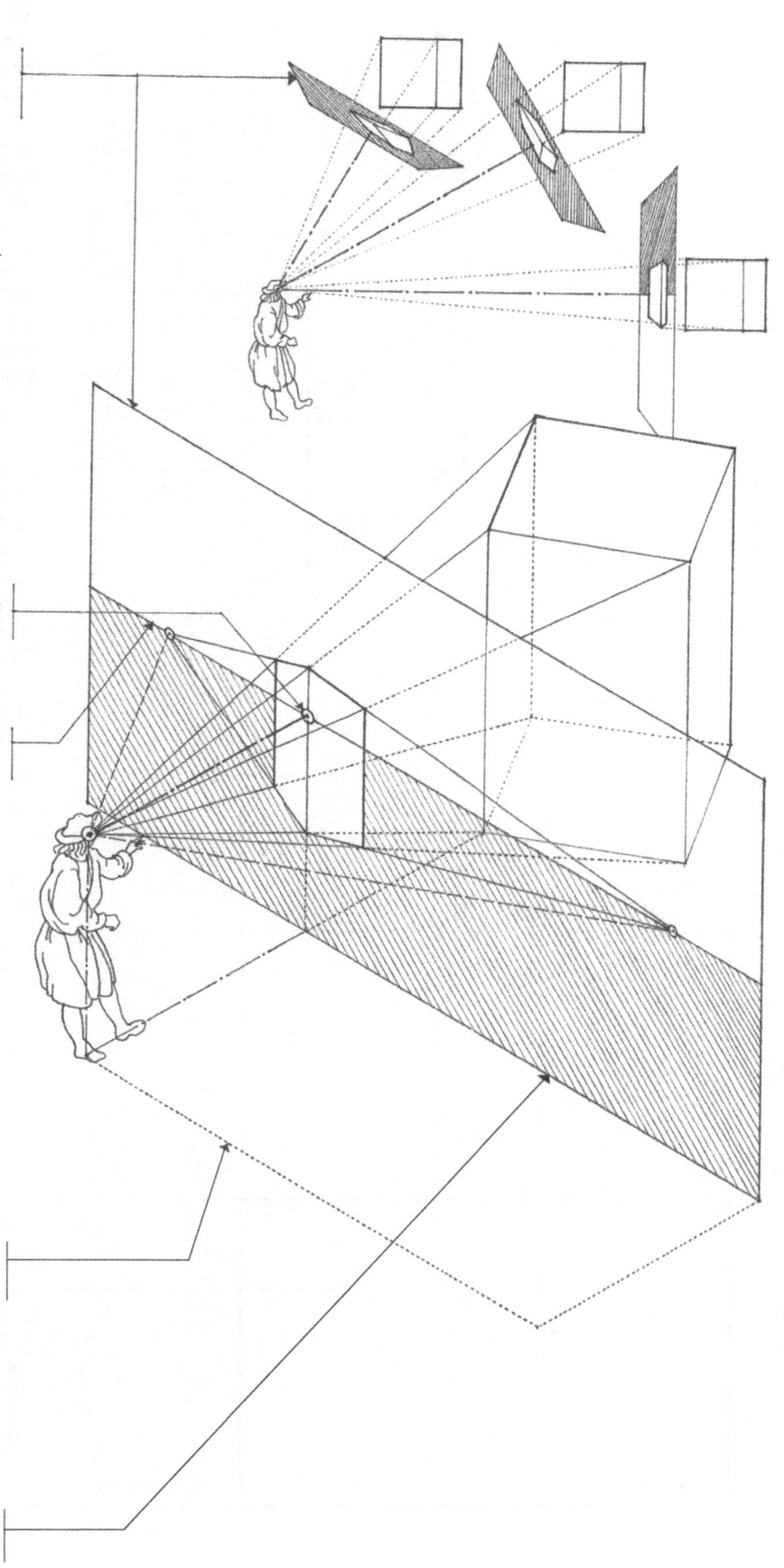

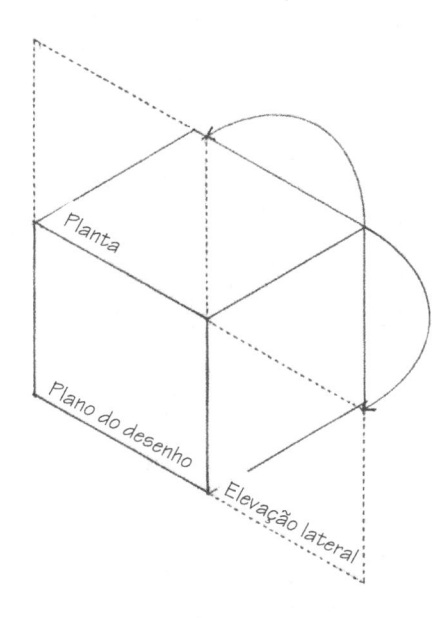

Método direto de projeção

O método direto de projeção de uma construção em perspectiva exige o uso de pelo menos duas vistas ortogonais: uma planta e uma elevação lateral. A elevação lateral é a projeção ortogonal que é perpendicular ao plano do desenho, girada, porém, em 90°, para que seja coplanar ao plano do desenho. O objeto, o plano do desenho e o ponto de observação são representados ou indicados em ambas as vistas.

A perspectiva de qualquer ponto está onde a linha de visão, do ponto de observação ao ponto em questão, encontra o plano do desenho. Para descobrir a projeção em perspectiva de um ponto, proceda da seguinte maneira:

1. Na vista em planta, desenhe uma linha de visão do ponto de observação ao ponto em questão até que ela intercepte o plano do desenho.
2. Faça o mesmo com a elevação.
3. Desça uma linha de construção vertical até o ponto onde a linha de visão em planta encontra o plano do desenho.
4. Estenda uma linha de construção horizontal até que ela intercepte a linha de construção vertical do ponto onde a linha de visão da elevação encontra o plano do desenho.
5. Este ponto de interseção é a projeção em perspectiva do ponto que se situa no plano do desenho.

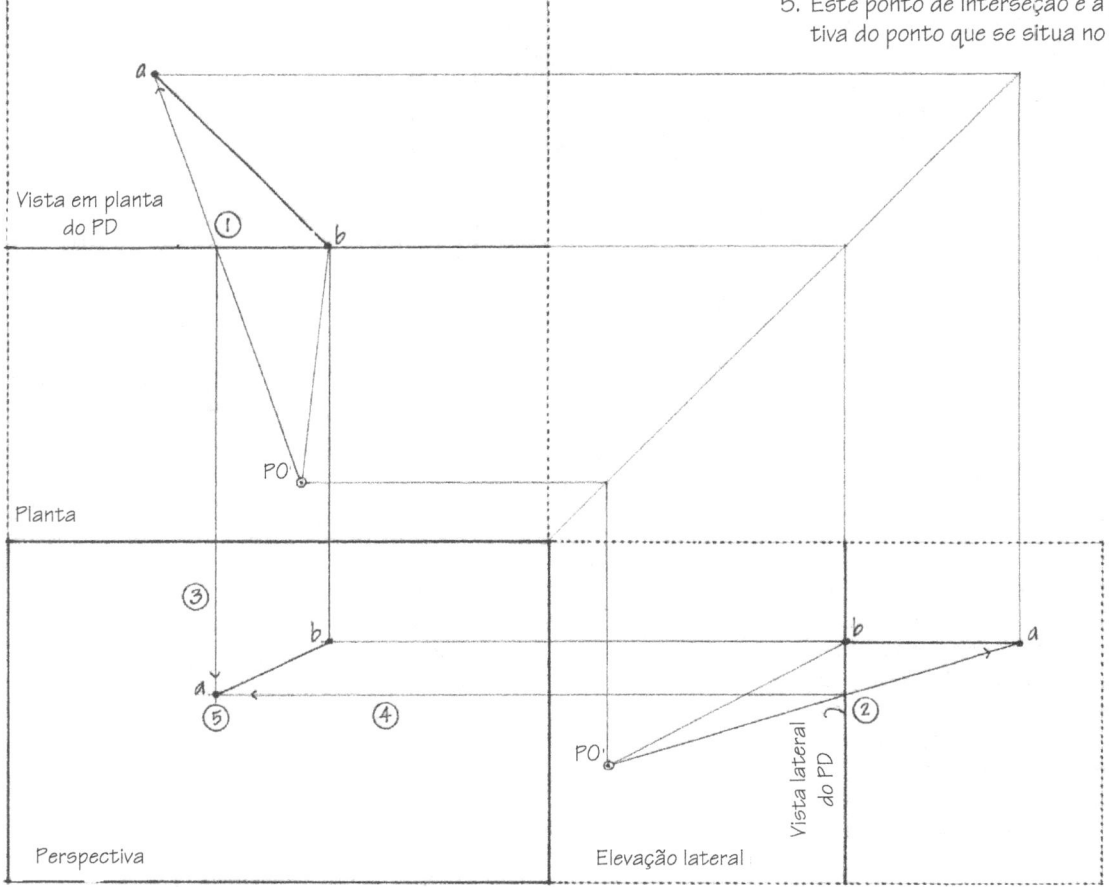

PROJEÇÃO PERSPECTIVA 227

De um ponto posterior ao plano do desenho, desenhe uma linha de visão do ponto em questão na direção do ponto de observação até que ela encontre o plano do desenho. Quando o ponto se situar no plano do desenho, simplesmente estenda uma reta vertical da planta até a linha horizontal traçada a partir de sua projeção na elevação. Se o ponto estiver em frente ao plano do desenho, desenhe uma linha de visão a partir do ponto de observação, passando pelo ponto e se estendendo até que encontre o plano do desenho.

Para encontrar a projeção em perspectiva de uma reta, estabeleça a projeção em perspectiva de suas extremidades e conecte os pontos. Se podemos estabelecer as projeções em perspectiva de pontos e retas desta maneira, podemos também encontrar as projeções em perspectiva de planos e volumes.

Em teoria, não é necessário o uso de pontos de fuga no método direto de projeção. No entanto, o estabelecimento e o uso de pontos de fuga simplifica muito o desenho de uma perspectiva cônica e garante maior precisão na determinação da direção das retas retrocedentes.

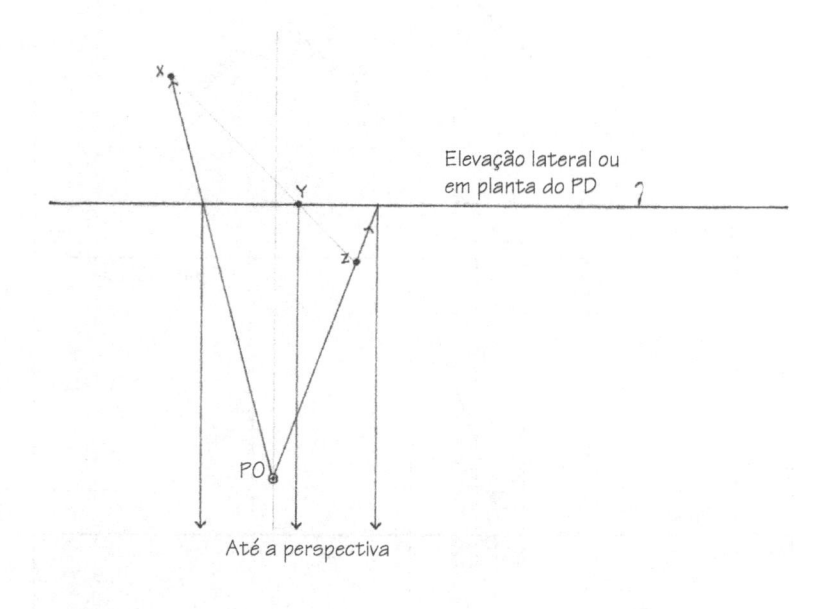

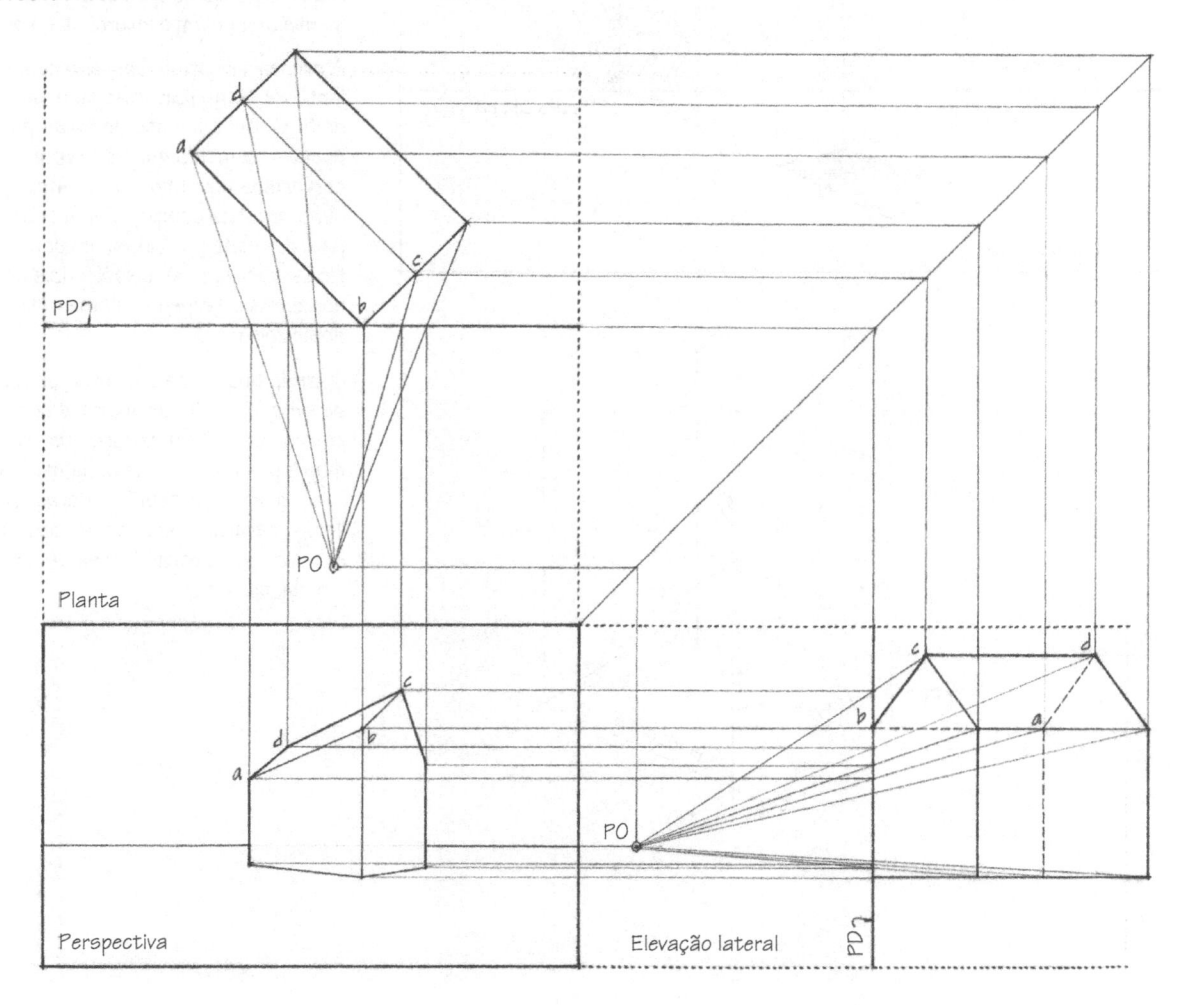

228 EFEITOS PICTÓRICOS

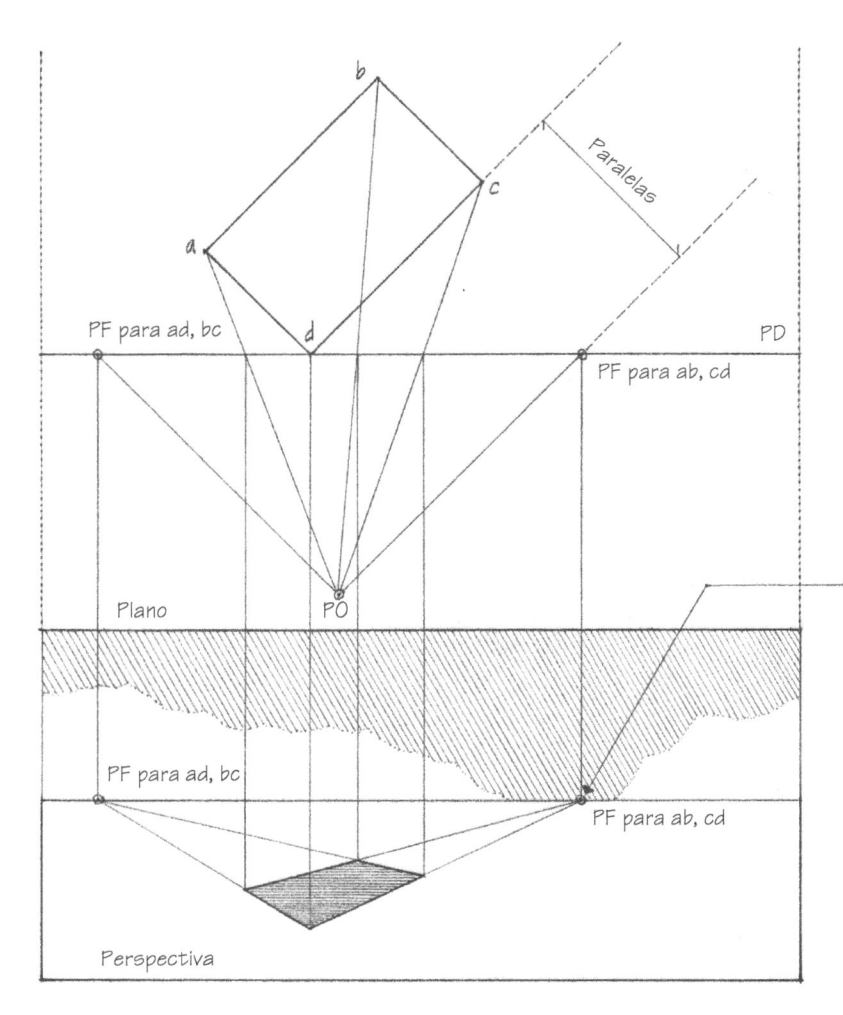

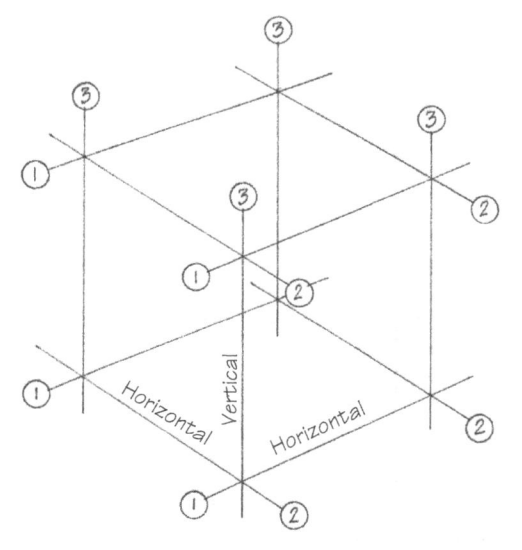

A natureza convergente das linhas de visão na perspectiva cônica produz certos efeitos pictóricos. Estar familiarizado com estes efeitos nos ajuda a entender como retas, planos e volumes devem aparecer na perspectiva cônica e como posicionar corretamente objetos no espaço de uma perspectiva.

Convergência

A convergência na perspectiva cônica consiste no movimento aparente de retas paralelas em direção a um ponto de fuga comum à medida que elas se afastam do observador. Conforme duas linhas retas paralelas retrocedem, o espaço entre elas parece diminuir. Se as retas se estenderem ao infinito, elas parecerão se encontrar em um ponto no plano do desenho (PD). Tal ponto é o ponto de fuga (PF) para este par específico de retas e para todas as outras retas paralelas a estas.

ponto de fuga (PF)

Ponto em direção ao qual um conjunto de retas paralelas parece convergir numa perspectiva cônica. O ponto de fuga de qualquer conjunto de retas paralelas é o ponto no qual uma linha traçada paralelamente ao conjunto intercepta o plano do desenho.

A primeira regra de convergência é que cada conjunto de retas paralelas tem seu próprio ponto de fuga. Um conjunto de retas paralelas consiste apenas naquelas que são paralelas entre si. Se observarmos um cubo, por exemplo, percebemos que suas arestas compreendem três conjuntos principais de retas paralelas: um conjunto de retas verticais paralelas ao eixo X e dois conjuntos de retas horizontais perpendiculares entre si e paralelas aos eixos Y e Z.

Quando queremos desenhar uma perspectiva, devemos identificar quantos conjuntos de retas paralelas existem naquilo que vemos ou imaginamos e para onde cada conjunto parece convergir. As seguintes instruções para a convergência de linhas paralelas se baseiam apenas nas relações entre o eixo central de visão (ECV) do observador e o objeto.

EFEITOS PICTÓRICOS   229

Princípios de convergência
Podemos classificar qualquer linha de uma perspectiva cônica de acordo com sua relação com o plano do desenho.

Retas paralelas ao plano do desenho
- Se for paralelo ao plano do desenho (PD), um conjunto de retas paralelas manterá sua orientação horizontal e não convergirá para o ponto de fuga. Cada reta do conjunto, entretanto, diminuirá de tamanho quanto maior for sua distância com relação ao observador. De maneira similar, formatos paralelos ao plano do desenho (PD) não se deformarão, apesar da redução em tamanho, conforme a distância com relação ao observador.

Retas perpendiculares ao plano do desenho
- Se for perpendicular ao plano do desenho (PD), um conjunto de retas paralelas parecerá convergir para a linha do horizonte (LH) no centro de visão (CV).

Retas oblíquas ao plano do desenho
Se for oblíquo ao plano do desenho (PD), um conjunto de retas paralelas entre si parecerá convergir em direção ao ponto de fuga comum à medida que as retas retrocederem.

- Retas oblíquas horizontais: se um conjunto de retas horizontais paralelas for oblíquo ao PD, seu ponto de fuga estará situado em algum lugar da linha do horizonte.
- Retas oblíquas inclinadas: se um conjunto de retas paralelas se dirigir a um ponto comum elevado conforme retroceder, seu ponto de fuga estará acima da linha do horizonte. Se ele se dirigir para baixo conforme retroceder, seu ponto de fuga estará abaixo da linha do horizonte.

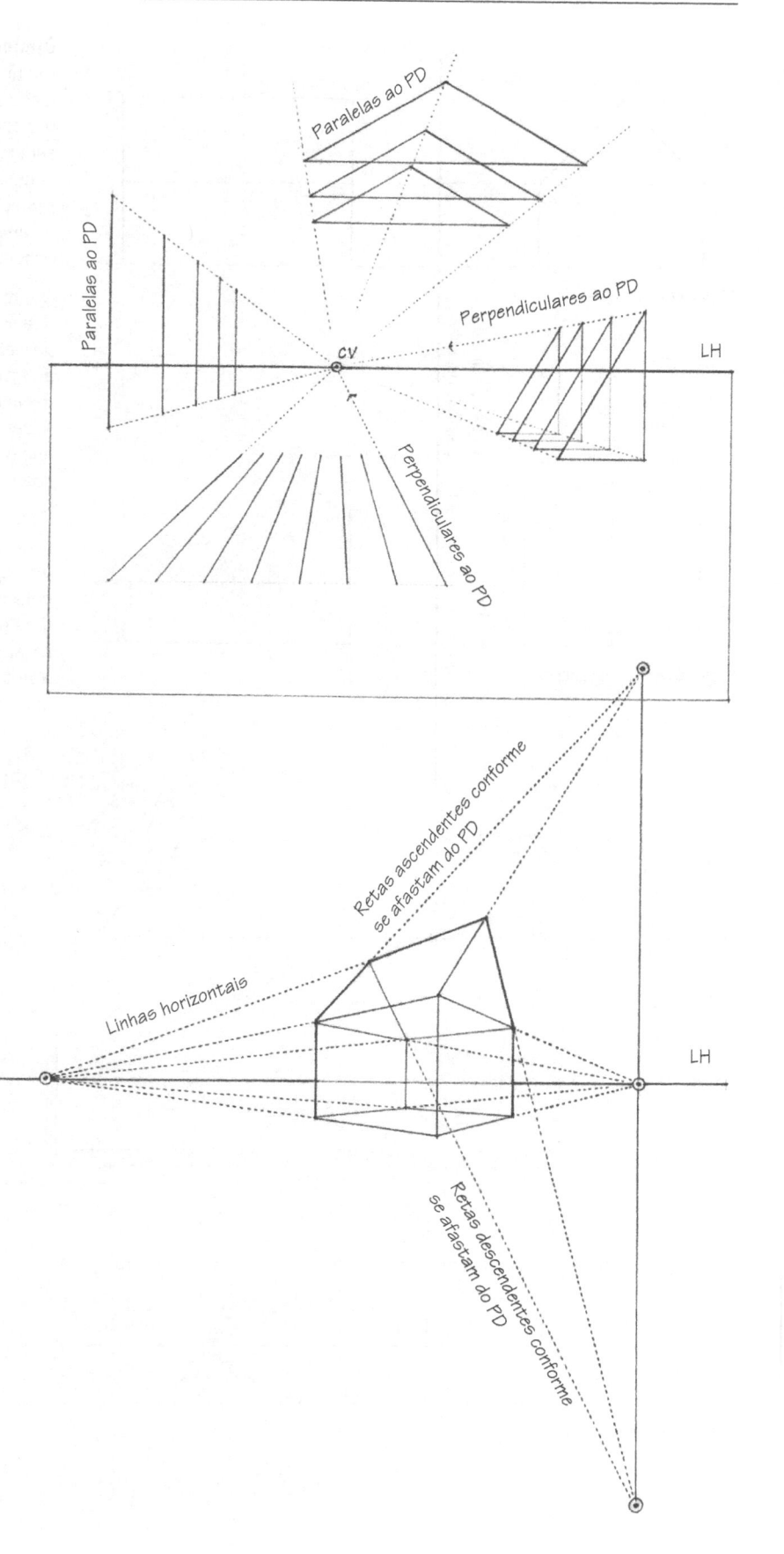

EFEITOS PICTÓRICOS

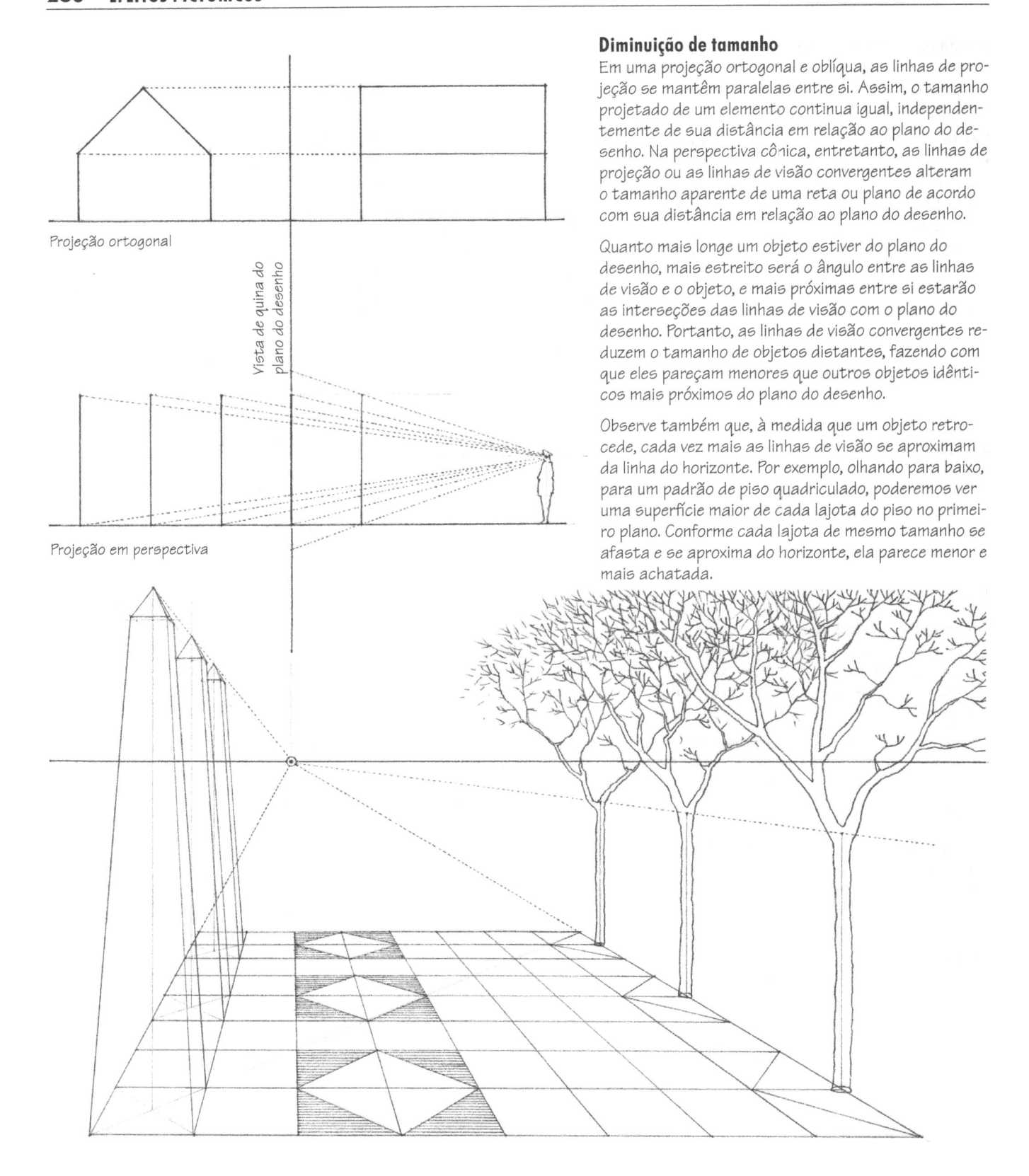

Projeção ortogonal

Projeção em perspectiva

Vista de quina do plano do desenho

Diminuição de tamanho

Em uma projeção ortogonal e oblíqua, as linhas de projeção se mantêm paralelas entre si. Assim, o tamanho projetado de um elemento continua igual, independentemente de sua distância em relação ao plano do desenho. Na perspectiva cônica, entretanto, as linhas de projeção ou as linhas de visão convergentes alteram o tamanho aparente de uma reta ou plano de acordo com sua distância em relação ao plano do desenho.

Quanto mais longe um objeto estiver do plano do desenho, mais estreito será o ângulo entre as linhas de visão e o objeto, e mais próximas entre si estarão as interseções das linhas de visão com o plano do desenho. Portanto, as linhas de visão convergentes reduzem o tamanho de objetos distantes, fazendo com que eles pareçam menores que outros objetos idênticos mais próximos do plano do desenho.

Observe também que, à medida que um objeto retrocede, cada vez mais as linhas de visão se aproximam da linha do horizonte. Por exemplo, olhando para baixo, para um padrão de piso quadriculado, poderemos ver uma superfície maior de cada lajota do piso no primeiro plano. Conforme cada lajota de mesmo tamanho se afasta e se aproxima do horizonte, ela parece menor e mais achatada.

Escorço

O escorço é a mudança aparente de forma que ocorre em um objeto à medida que ele se afasta do plano do desenho. Normalmente ele se manifesta como uma redução de tamanho ou de comprimento na direção da profundidade, conferindo ilusão de distância ou profundidade ao espaço.

Todas as facetas de um objeto que não são paralelas ao plano do desenho parecerão comprimidas em tamanho ou comprimento quando projetadas. Nas projeções em perspectiva, assim como nas projeções ortogonais e oblíquas, o grau de redução depende do ângulo entre a faceta do objeto e o plano do desenho. Quanto mais uma reta ou um plano estiver girado em relação ao plano do desenho, menos visível será seu comprimento ou sua profundidade.

Na perspectiva cônica, a redução aparente na profundidade também depende do ângulo entre as linhas de visão do objeto e o plano do desenho. Quanto mais longe um objeto está do centro de visão, maiores são os ângulos das linhas de visão com o plano do desenho. Em outras palavras, à medida que o objeto se movimenta lateralmente, paralelamente ao plano do desenho, mais seu tamanho aparente aumentará. Observe que isso é o oposto do que ocorre quando os objetos se afastam do espectador. Em algum ponto, o tamanho do objeto será exagerado, e sua forma, distorcida. Usamos o cone de visão para limitar nossa vista em perspectiva cônica e para controlar esta distorção.

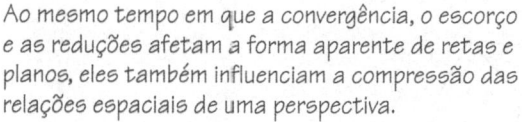

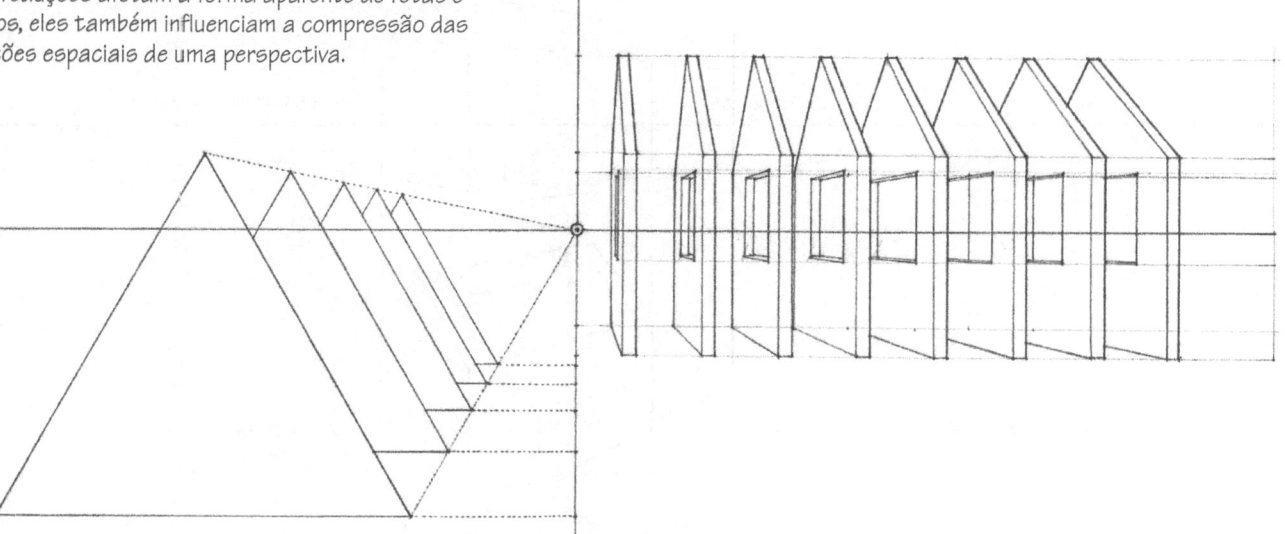

Ao mesmo tempo em que a convergência, o escorço e as reduções afetam a forma aparente de retas e planos, eles também influenciam a compressão das relações espaciais de uma perspectiva.

VARIÁVEIS DAS PERSPECTIVAS

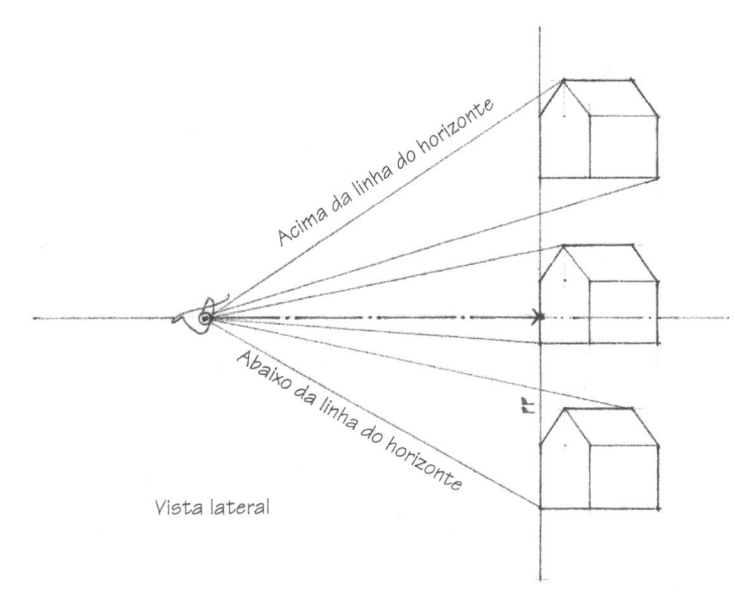

O ponto de observação do observador determina o efeito pictórico de uma perspectiva. À medida que este ponto de vista muda – conforme o observador se movimenta para cima ou para baixo, para a direita ou para a esquerda, para frente ou para trás – a extensão e a ênfase daquilo que ele vê também mudam. A fim de obter a vista em perspectiva desejada, devemos entender como ajustar as seguintes variáveis.

Altura do ponto de observação

A altura do ponto de observação em relação a um objeto determina se esse objeto é visto de cima, de baixo ou na altura normal de observação. Qualquer plano horizontal no nível do observador aparece como uma reta. Vemos o topo das superfícies horizontais que se situam abaixo do nível do observador e a face inferior dos planos horizontais que estão acima.

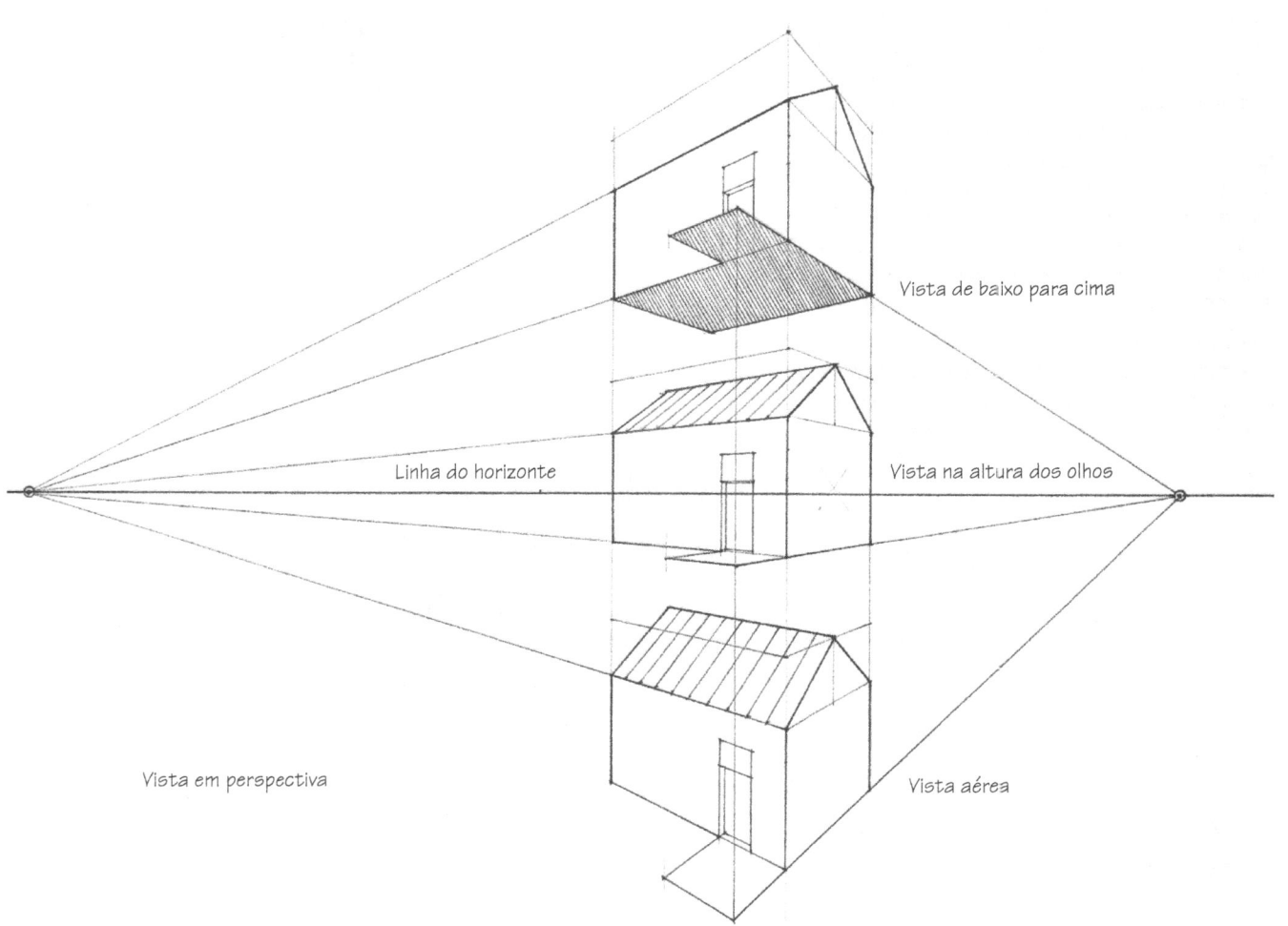

Distância do ponto de observação ao objeto

A distância do ponto de observação (PO) ao objeto influencia o escorço – o grau de deformação – que ocorre no desenho em perspectiva. À medida que o observador (PO) se afasta, os pontos de fuga se distanciam, as linhas horizontais se achatam e a profundidade da perspectiva se comprime. Quando o observador se aproxima, os pontos de fuga se movem para perto, os ângulos horizontais ficam mais agudos e a profundidade da perspectiva se torna exagerada.

Em tese, um desenho em perspectiva constitui a imagem real de um objeto apenas quando o olho do observador está posicionado no ponto de observação (PO) determinado para a perspectiva.

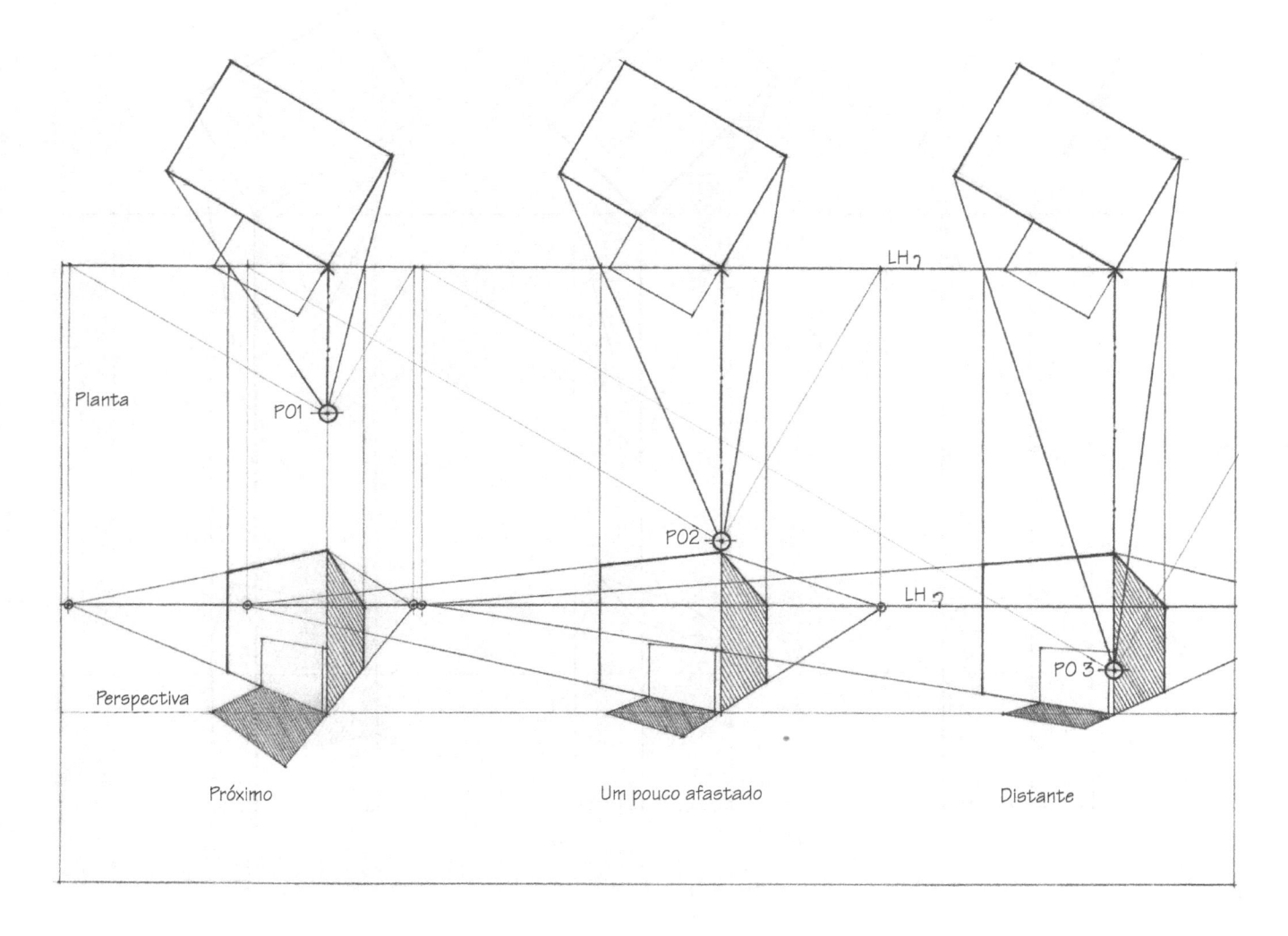

Próximo

Um pouco afastado

Distante

Ângulo de visão

A orientação do eixo central de visão relativo ao objeto determina quais de suas faces são visíveis e o seu grau de deformação (escorço) na perspectiva. Quanto mais oblíquo for o plano em relação ao plano do desenho (PD), mais deformado e reduzido ele será na perspectiva. Quanto mais frontal for o plano, menor será sua deformação. Quando um plano se torna paralelo ao plano do desenho, seu formato real é revelado.

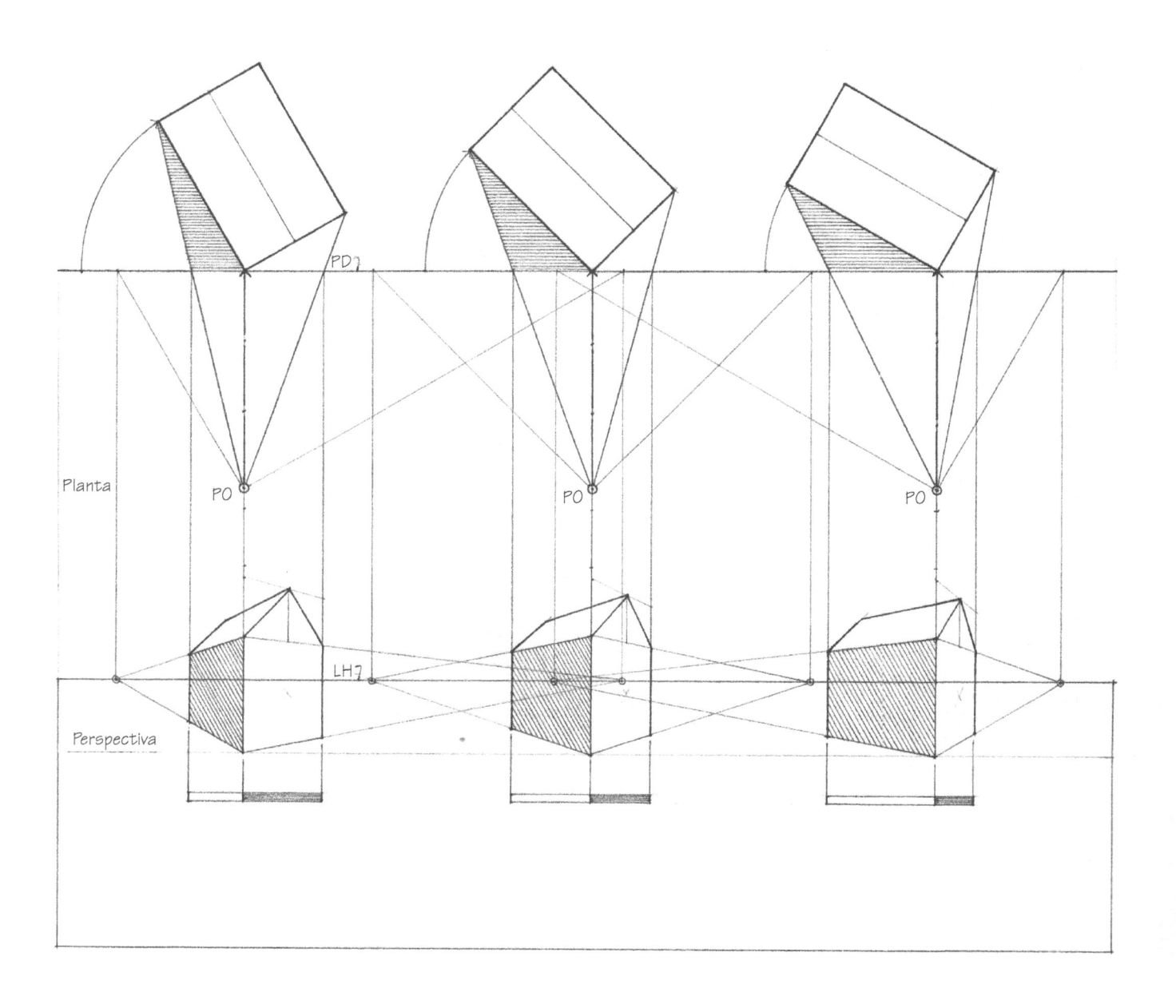

Posição do plano do desenho

A posição do plano do desenho (PD) só afeta o tamanho da imagem em perspectiva. Quanto mais perto o plano do desenho estiver do ponto de observação (PO), menor será a imagem em perspectiva; quanto mais afastado estiver o plano do desenho, maior será a imagem. Supondo que as demais variáveis se mantêm constantes, as imagens em perspectiva são idênticas em todos os aspectos, exceto no tamanho.

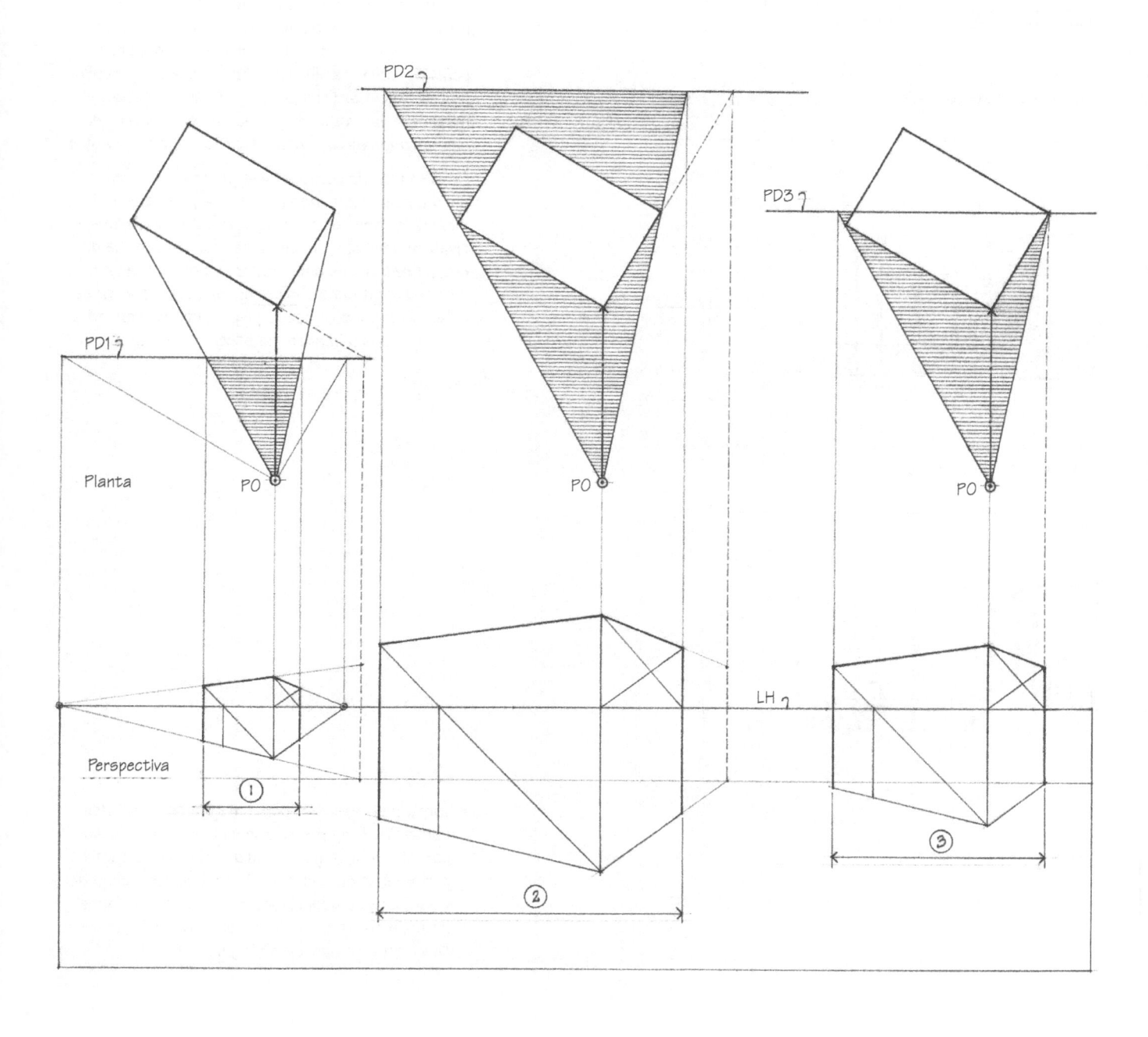

VARIÁVEIS DAS PERSPECTIVAS

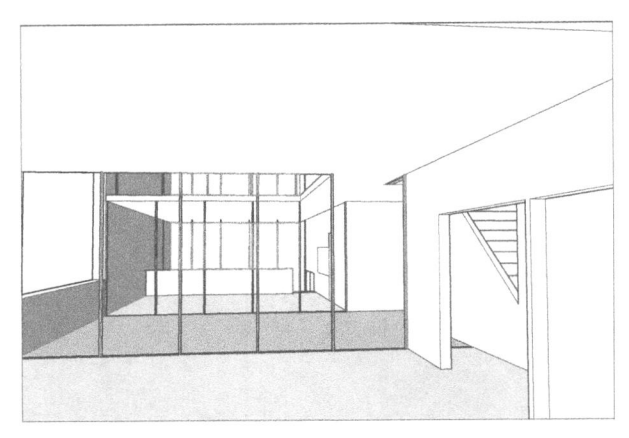

Olhando levemente de baixo

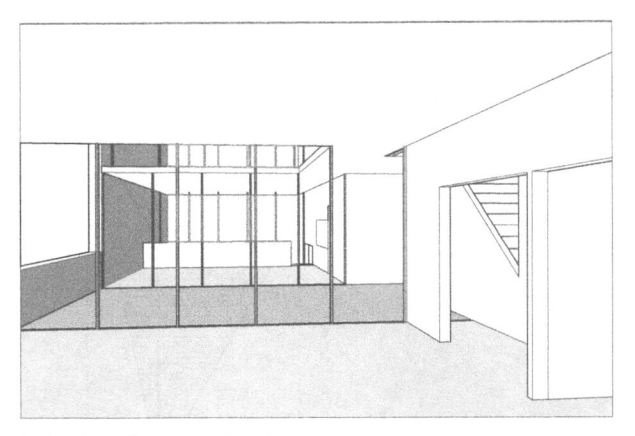

Linha de visão convencional

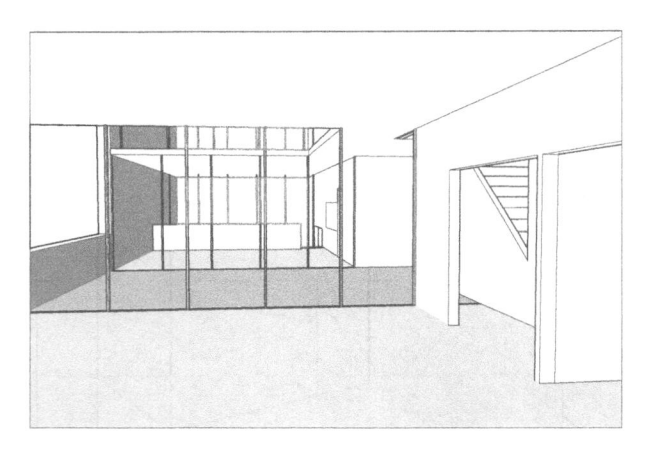

Olhando levemente de cima

Pontos de vista em imagens digitais

Ao construir uma perspectiva à mão, devemos ter experiência na escolha do ponto de observação e do ângulo de visão para prever e obter um resultado satisfatório. Uma vantagem única no uso do CAD tridimensional e dos programas de maquete eletrônica é que, uma vez que os dados necessários são inseridos para uma construção tridimensional, o software nos permite manipular as variáveis das perspectivas e produzir bem rapidamente várias vistas em perspectiva para avaliação. O CAD tridimensional e os programas de maquete eletrônica, por seguirem os princípios matemáticos da perspectiva, podem facilmente criar vistas em perspectiva distorcidas. O julgamento do que a perspectiva mostra, seja produzida à mão ou com o auxílio do computador, ainda é responsabilidade do seu autor.

Os exemplos de perspectivas geradas por computador apresentados nesta e na página ao lado mostram como as diversas variáveis das perspectivas influenciam nas imagens resultantes. As diferenças nas vistas em perspectiva podem ser sutis, mas realmente influenciam nossa percepção da escala dos espaços e nosso julgamento das relações espaciais que a imagem mostra.

- Tanto a perspectiva com um quanto a com dois pontos de fuga pressupõem uma linha de visão convencional, a qual resulta em linhas verticais permanecendo verticais. À medida que a linha de visão sobe ou desce, mesmo que apenas alguns graus, o resultado é, tecnicamente, uma perspectiva com três pontos de fuga.

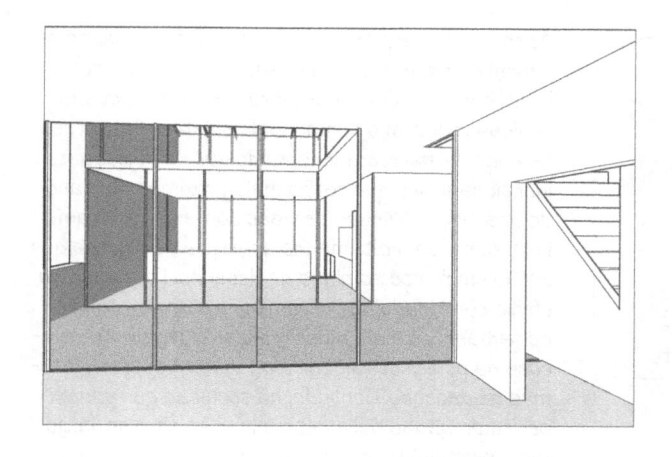

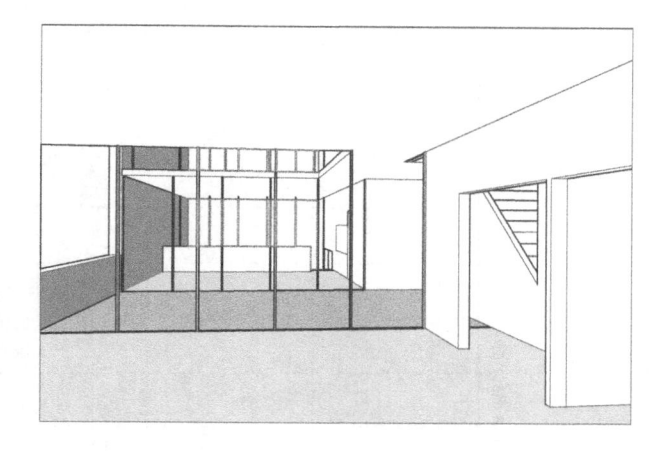

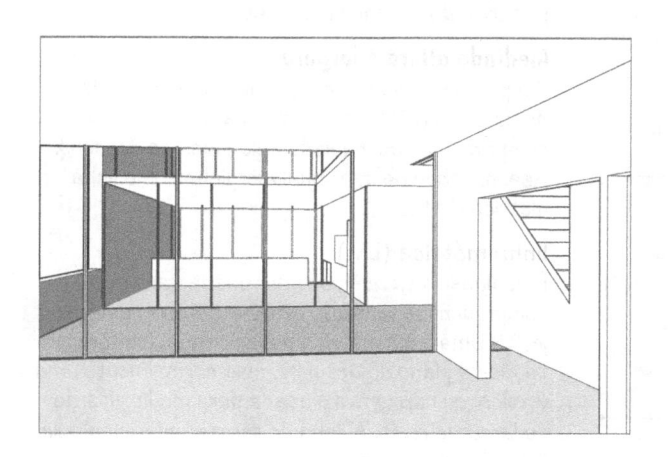

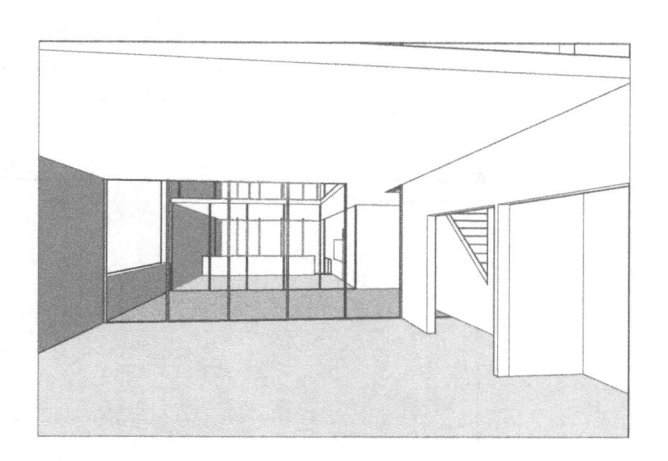

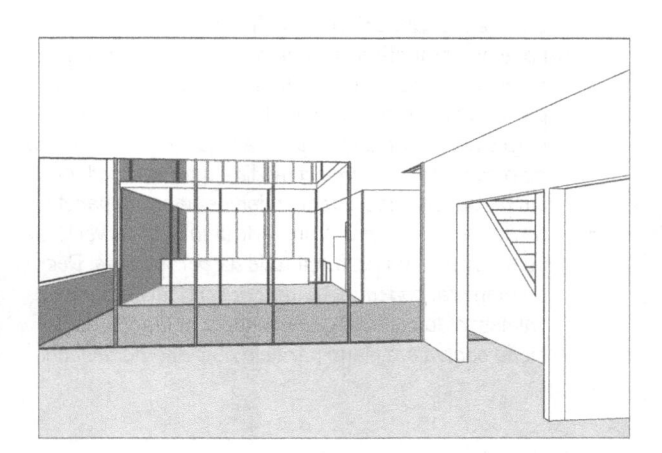

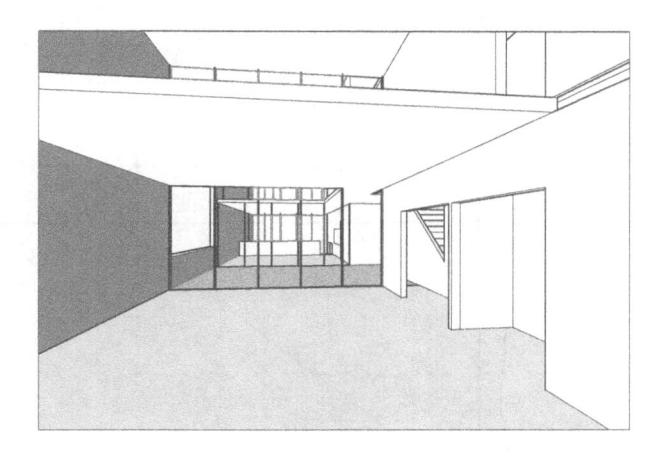

- O desejo de visualizar melhor um espaço em uma única perspectiva muitas vezes nos leva a afastar o ponto de observação do observador o máximo possível. No entanto, deve-se sempre tentar manter uma posição razoável para o observador dentro do espaço representado.

- Manter a parte central de um objeto ou cena dentro de um cone de visão razoável é crucial para evitarmos a distorção na vista em perspectiva. Alargar o ângulo de visão para inserir mais informações de um espaço dentro de uma perspectiva pode facilmente levar à distorção de formas e ao exagero da profundidade do espaço.

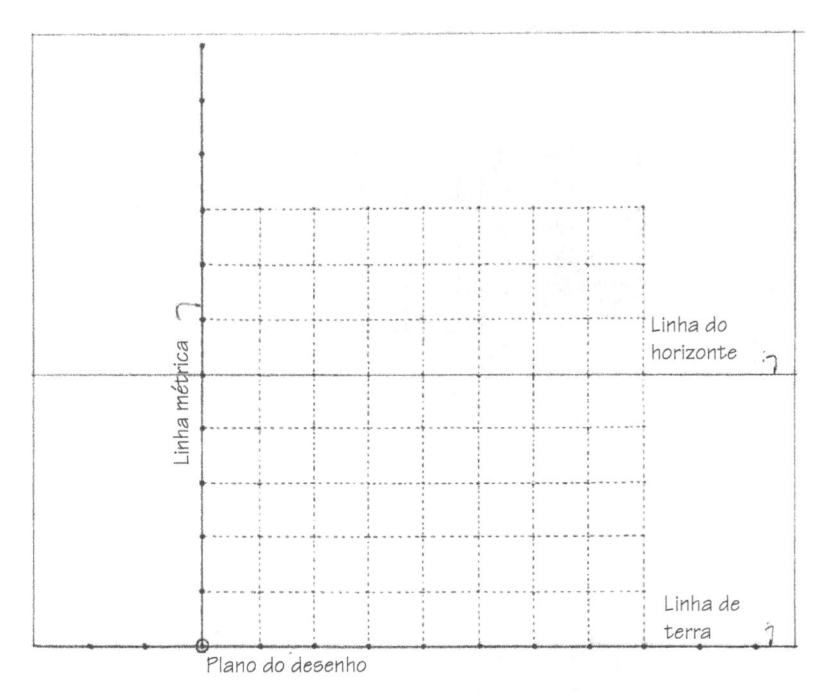

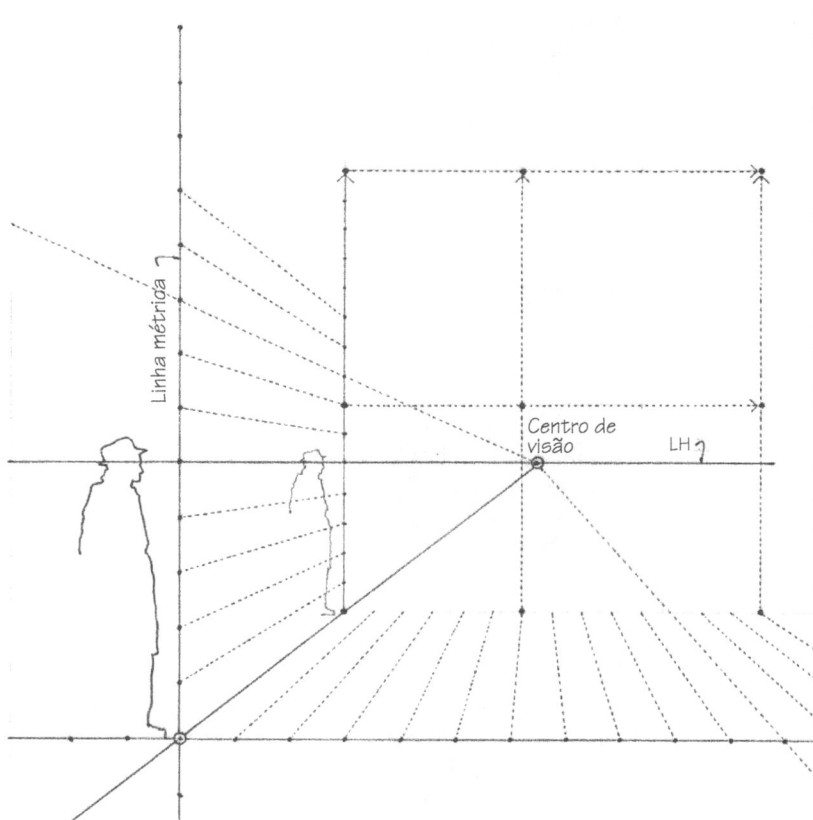

Apenas retas e planos coincidentes com o plano do desenho podem ser desenhados na mesma escala. Linhas de visão convergentes em perspectivas cônicas reduzem o tamanho de objetos distantes, fazendo-os parecer menores do que os objetos idênticos a eles que estão mais próximos do plano do desenho. As linhas de visão convergentes também aumentam o tamanho aparente de objetos que estão em frente ao plano do desenho. Por causa do efeito combinado de convergência e de diminuição de tamanho, é mais difícil realizar e demarcar medições na perspectiva cônica do que em outros sistemas de desenho. Contudo, há técnicas que podem ser empregadas para determinar as alturas, larguras e profundidades relativas de objetos no espaço pictórico do desenho em perspectiva.

Medindo altura e largura

Em perspectivas cônicas, qualquer linha do plano do desenho (PD) representa sua direção real e comprimento real na escala do plano do desenho. Assim, podemos usar qualquer linha como linha métrica (LM).

linha métrica (LM)

É qualquer reta que pode ser usada para medir comprimentos verdadeiros em um desenho de projeção. Uma linha métrica pode ter qualquer orientação no plano do desenho, mas normalmente uma vertical ou horizontal é usada para medir alturas ou larguras reais. A linha de terra é um exemplo de linha métrica horizontal.

Uma vez estabelecida uma altura ou largura, podemos transferir a medida horizontal ou verticalmente, desde que façamos esta transferência paralelamente ao plano do desenho. Como retas paralelas, por definição, permanecem equidistantes, mas parecem convergir à medida que retrocedem em perspectiva, também podemos usar um par de retas paralelas para transferir uma medida vertical ou horizontal na profundidade da perspectiva. Dessa maneira, podemos transferir vertical ou horizontalmente as medidas, desde que a mudança de posição ocorra em plano paralelo ao plano do desenho.

Medindo a profundidade

Medir a profundidade em perspectiva é mais difícil e exige um pouco de sensibilidade baseada na observação direta e na experiência. Diversos métodos de construção em perspectiva estabelecem a profundidade de maneiras diferentes. Uma vez que identificamos um padrão de profundidade inicial, entretanto, podemos medir sucessivamente profundidades proporcionais à primeira.

Por exemplo, cada vez que reduzimos à metade a distância entre o plano-base e a linha do horizonte, dobramos a profundidade da perspectiva. Se conhecemos a distância do espectador em relação a um ponto no plano-base, podemos subdividir, de maneira proporcional, a altura da linha do horizonte acima do plano-base e estabelecer a posição dos pontos localizados ao longo da profundidade do desenho em perspectiva.

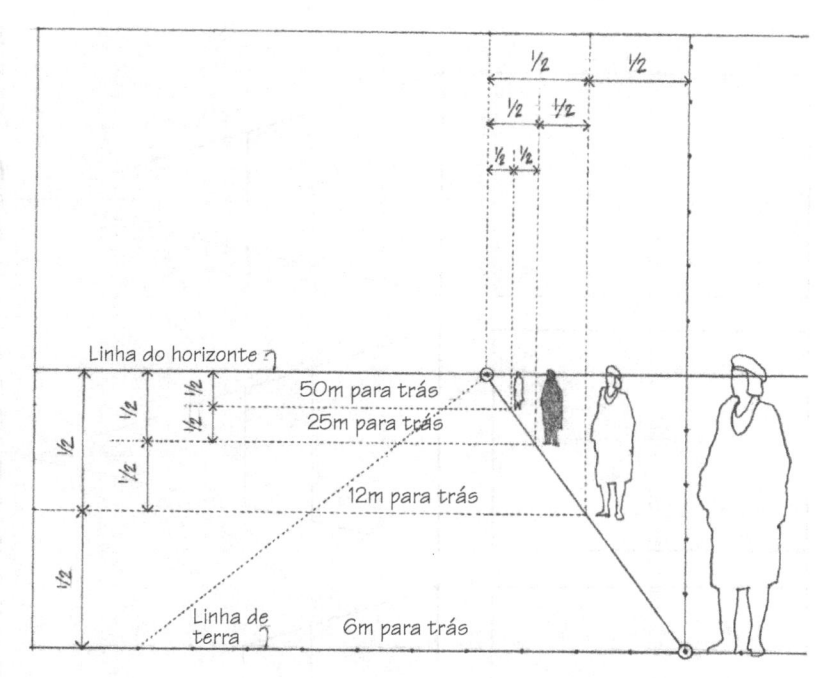

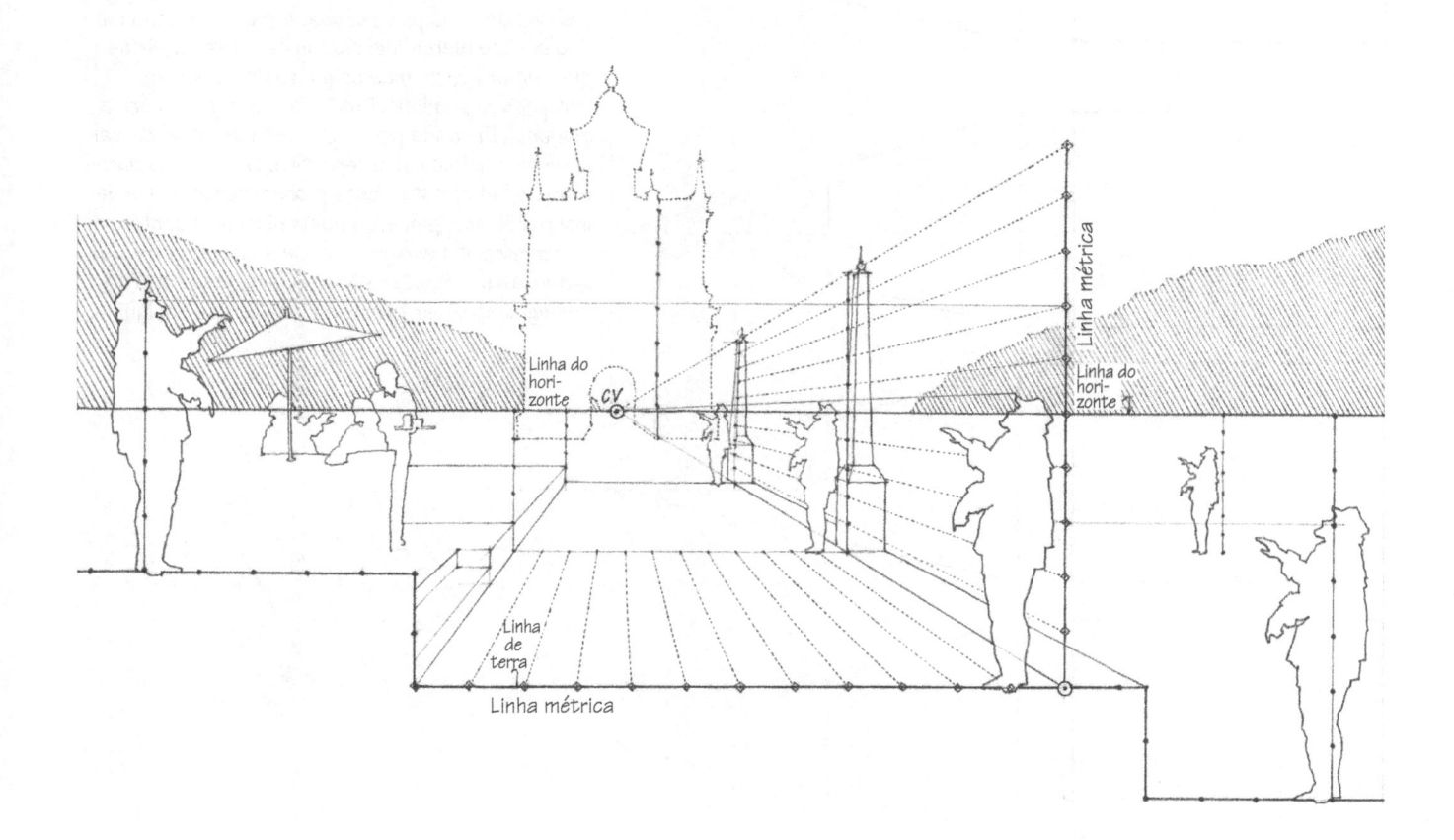

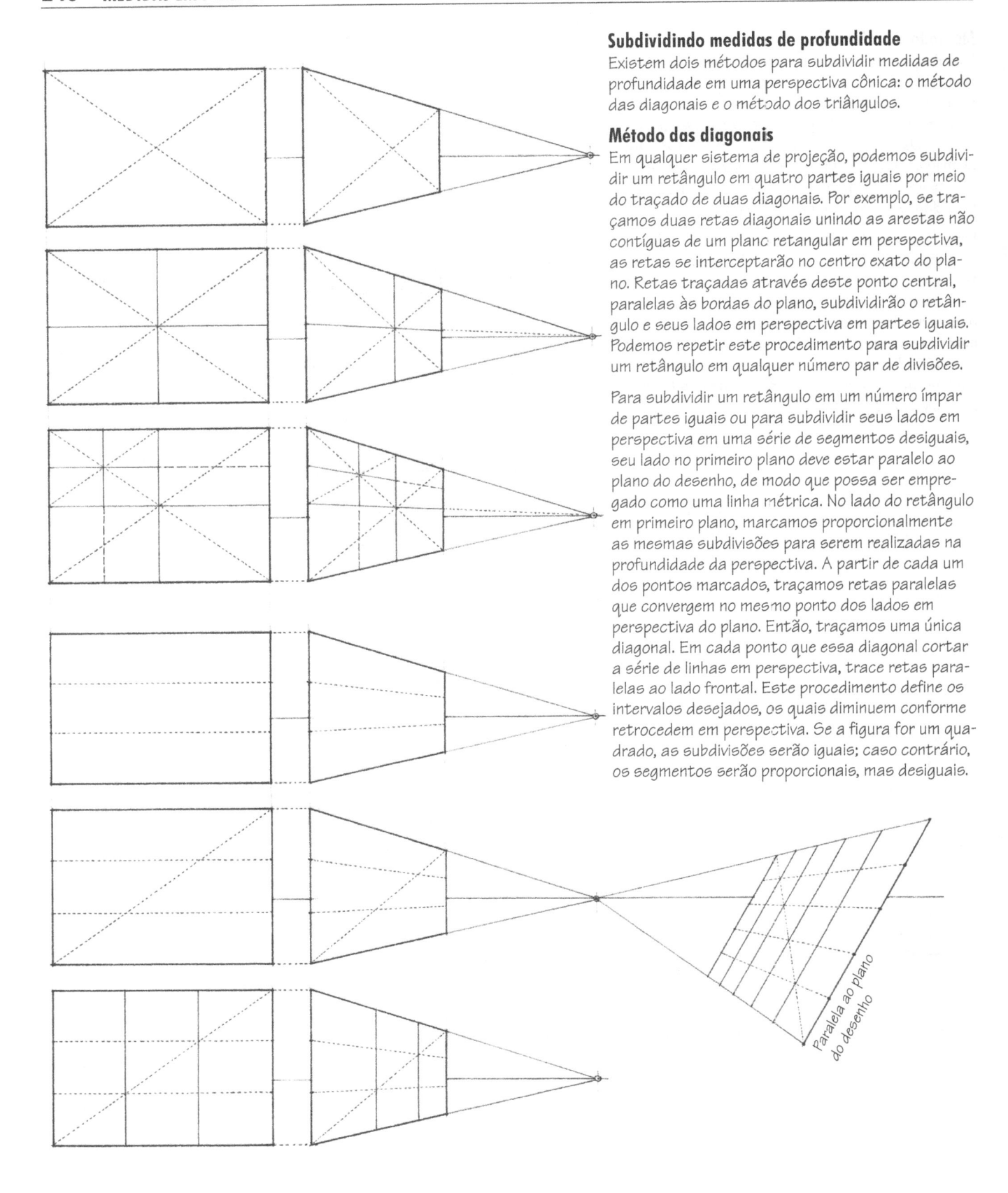

Subdividindo medidas de profundidade

Existem dois métodos para subdividir medidas de profundidade em uma perspectiva cônica: o método das diagonais e o método dos triângulos.

Método das diagonais

Em qualquer sistema de projeção, podemos subdividir um retângulo em quatro partes iguais por meio do traçado de duas diagonais. Por exemplo, se traçamos duas retas diagonais unindo as arestas não contíguas de um plano retangular em perspectiva, as retas se interceptarão no centro exato do plano. Retas traçadas através deste ponto central, paralelas às bordas do plano, subdividirão o retângulo e seus lados em perspectiva em partes iguais. Podemos repetir este procedimento para subdividir um retângulo em qualquer número par de divisões.

Para subdividir um retângulo em um número ímpar de partes iguais ou para subdividir seus lados em perspectiva em uma série de segmentos desiguais, seu lado no primeiro plano deve estar paralelo ao plano do desenho, de modo que possa ser empregado como uma linha métrica. No lado do retângulo em primeiro plano, marcamos proporcionalmente as mesmas subdivisões para serem realizadas na profundidade da perspectiva. A partir de cada um dos pontos marcados, traçamos retas paralelas que convergem no mesmo ponto dos lados em perspectiva do plano. Então, traçamos uma única diagonal. Em cada ponto que essa diagonal cortar a série de linhas em perspectiva, trace retas paralelas ao lado frontal. Este procedimento define os intervalos desejados, os quais diminuem conforme retrocedem em perspectiva. Se a figura for um quadrado, as subdivisões serão iguais; caso contrário, os segmentos serão proporcionais, mas desiguais.

MEDIDAS EM PERSPECTIVAS   241

Método dos triângulos

Como qualquer reta paralela ao plano do desenho (PD) pode ser subdividida proporcionalmente em escala, podemos usá-la como uma linha métrica (LM) para subdividir qualquer linha de interseção em partes iguais ou diferentes. Definimos, primeiramente, um triângulo unindo a extremidade B da linha métrica e a extremidade C da linha de recuo. Depois, em uma escala adequada, marcamos as subdivisões desejadas na linha métrica (LM). Partindo de cada uma das subdivisões em escala, traçamos linhas que sejam paralelas a BC e que, portanto, convergem no mesmo ponto de fuga. Essas linhas subdividem a linha de recuo em segmentos na mesma proporção.

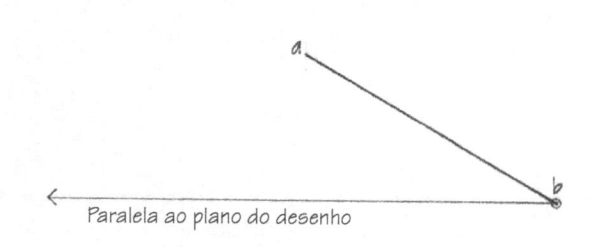

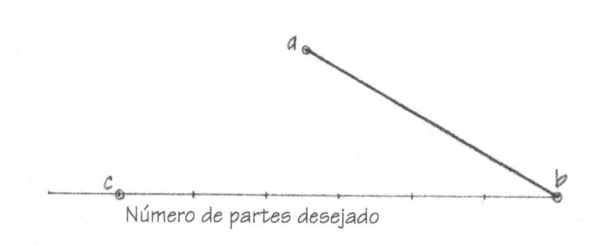

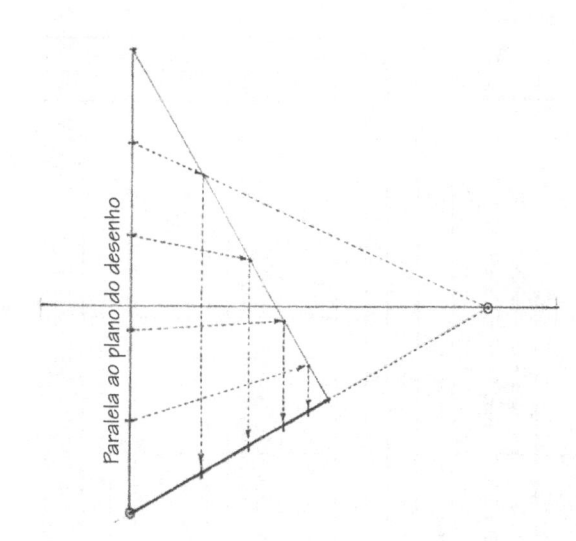

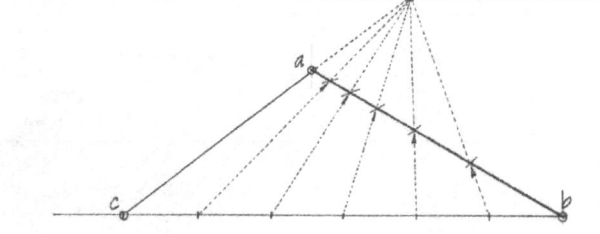

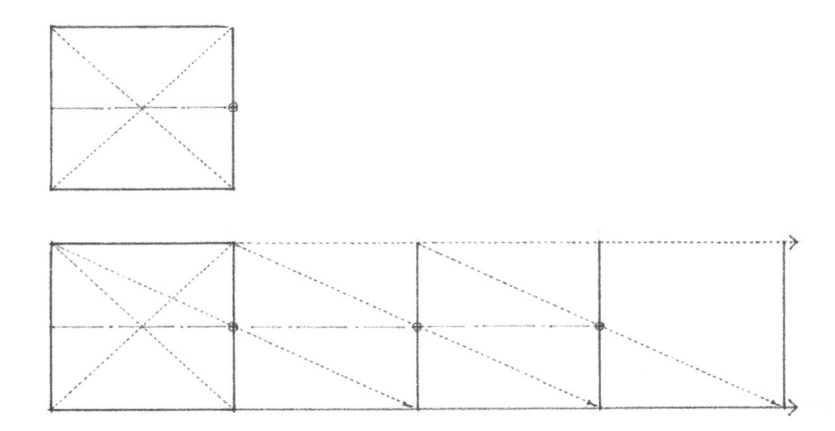

Estendendo uma medida em profundidade

Se o lado em primeiro plano de um plano retangular é paralelo ao plano do desenho (PD), podemos estender e duplicar sua profundidade em perspectiva. Primeiro, estabeleça o ponto médio do lado posterior, oposto ao lado anterior da figura. Depois, estenda uma diagonal a partir do vértice do retângulo que estiver mais à frente, passando pelo ponto médio até encontrar um dos lados estendidos do retângulo. Deste ponto, trace uma reta paralela ao lado posterior. A distância do primeiro ao segundo lado é idêntica à distância do segundo ao terceiro lado, mas os espaços iguais são reduzidos na perspectiva. Este procedimento pode ser repetido tantas vezes forem necessárias para produzir o número desejado de espaços iguais na profundidade do desenho em perspectiva.

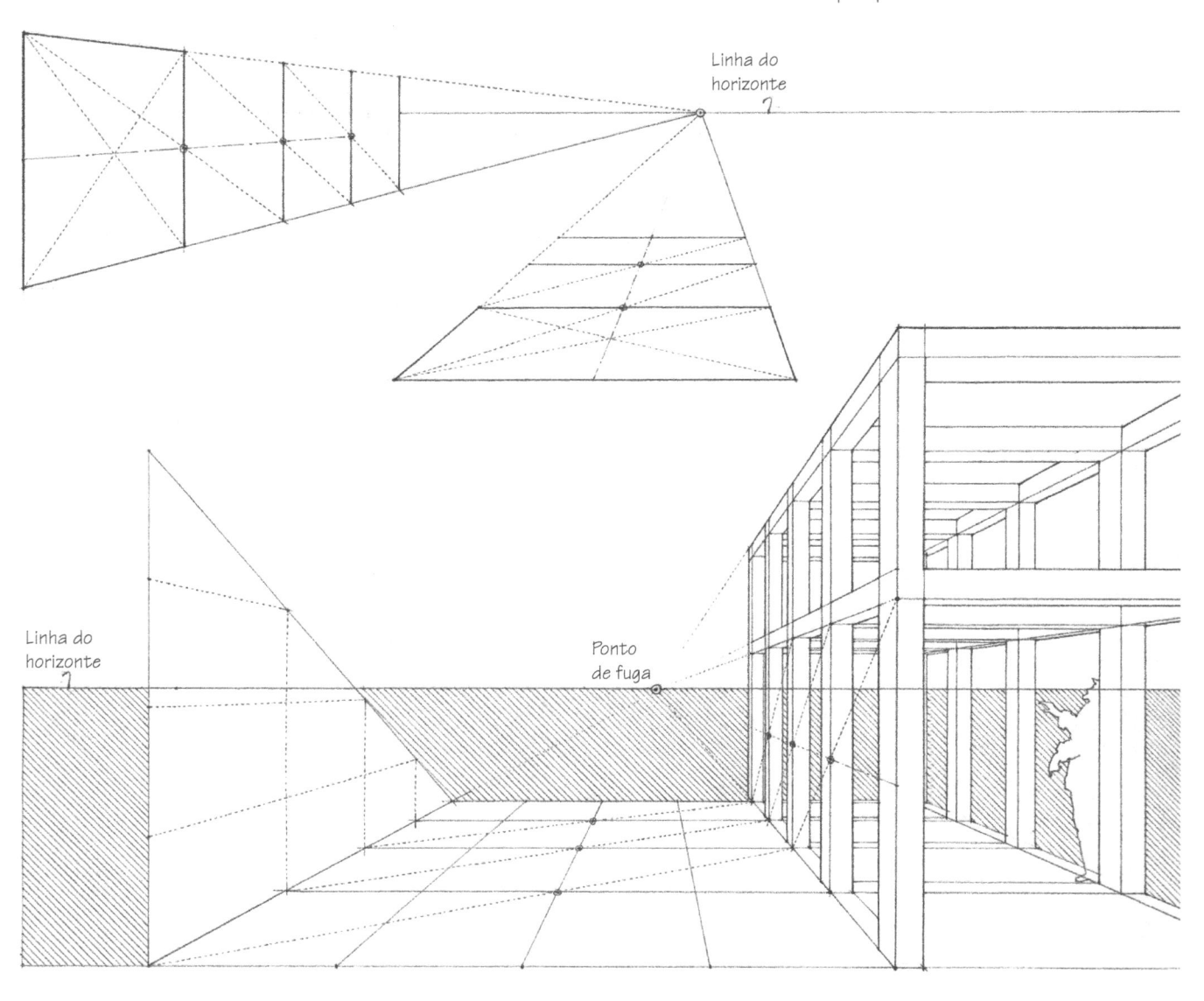

Linha do horizonte

Linha do horizonte

Ponto de fuga

Exercício 8.1
A perspectiva mostra quatro planos retangulares no espaço. Assuma que a aresta frontal de cada plano é paralela ao plano do desenho. Faça três cópias da perspectiva. Na primeira, subdividida a profundidade de cada um dos planos em quatro partes iguais.

Exercício 8.2
Na segunda cópia, subdivida a profundidade de cada um dos planos em cinco partes iguais.

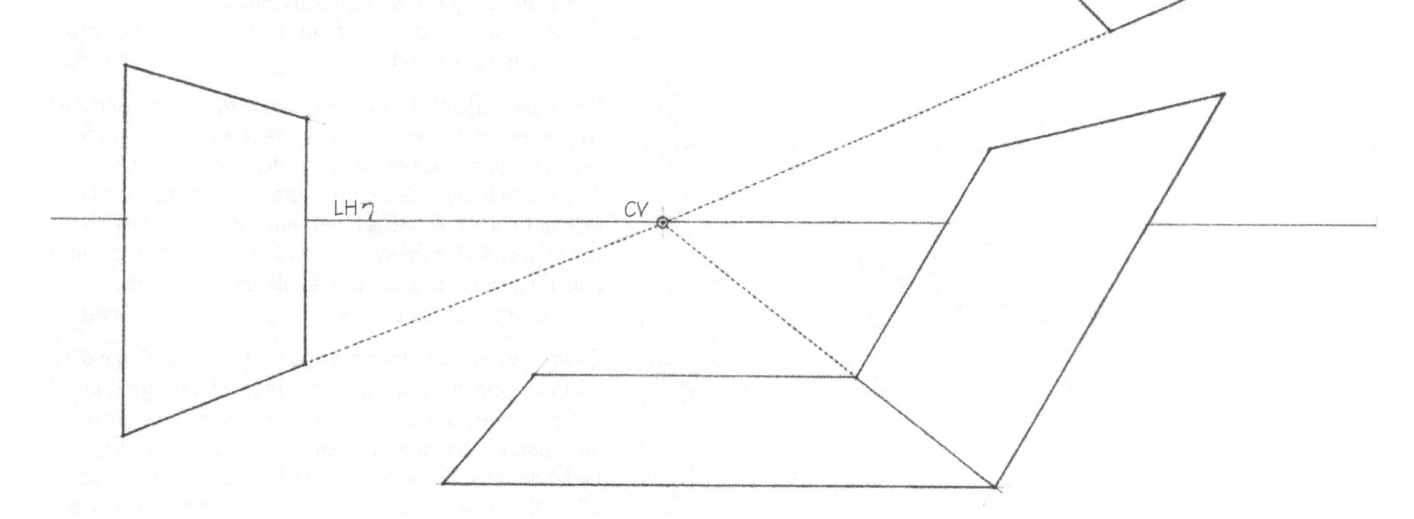

Exercício 8.3
Na terceira cópia, dobre a profundidade de cada um dos planos.

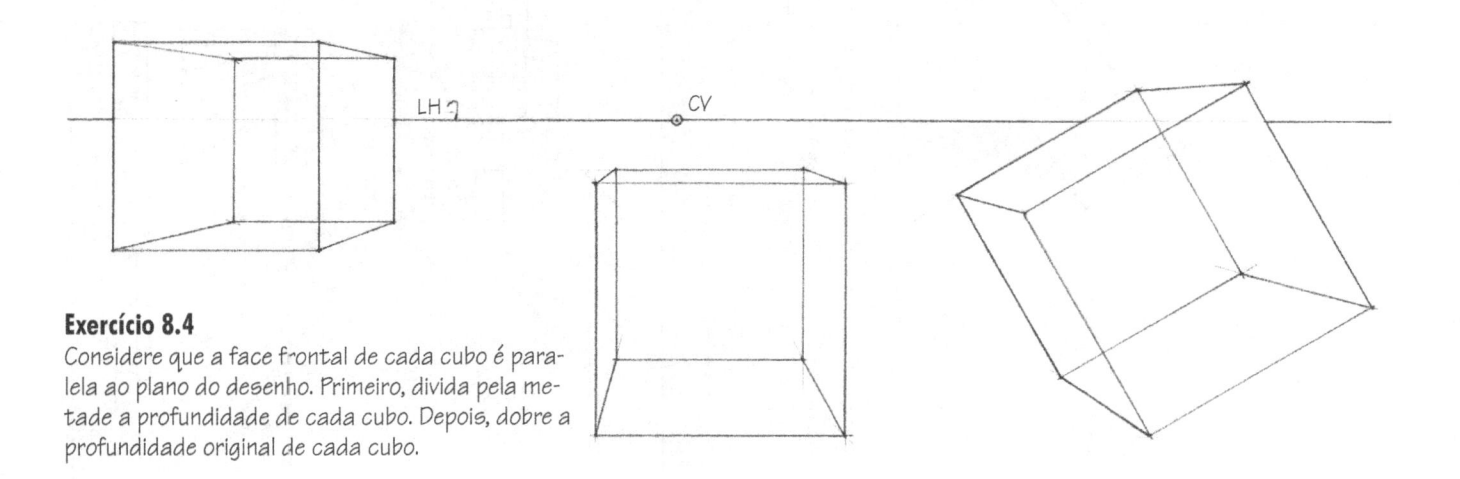

Exercício 8.4
Considere que a face frontal de cada cubo é paralela ao plano do desenho. Primeiro, divida pela metade a profundidade de cada cubo. Depois, dobre a profundidade original de cada cubo.

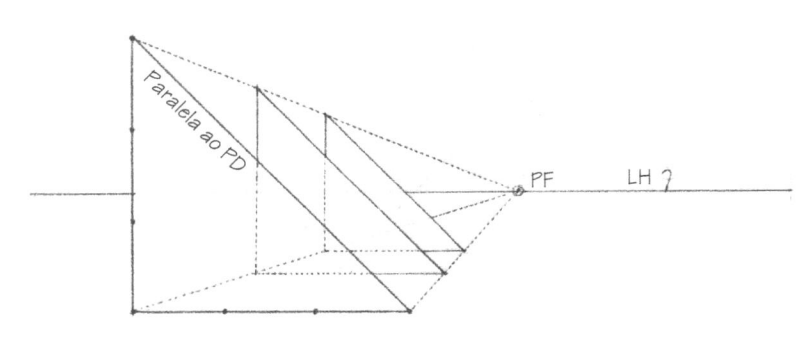

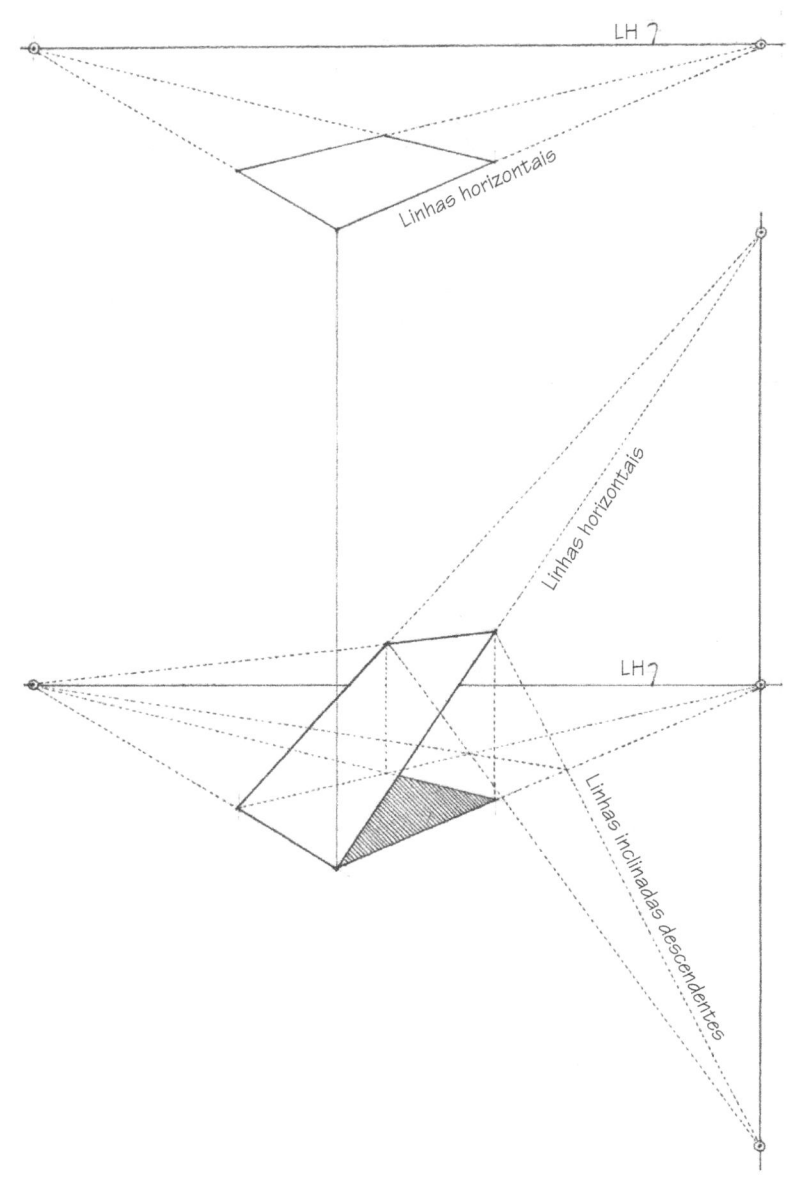

Estando familiarizados com o modo como as retas paralelas aos três eixos principais de um objeto convergem nas perspectivas cônicas, podemos aplicar esta geometria retilínea como base para o desenho de vistas em perspectiva de retas inclinadas e círculos.

Retas inclinadas

As retas inclinadas paralelas ao plano do desenho (PD) mantêm sua orientação, mas diminuem de tamanho de acordo com a distância do observador. Se for perpendicular ou oblíquo ao plano do desenho, entretanto, um conjunto de retas inclinadas parecerá ir ao encontro de um ponto de fuga (PF) acima ou abaixo da linha do horizonte (LH).

Podemos traçar qualquer reta inclinada em perspectiva primeiramente encontrando as projeções em perspectiva e suas extremidades e, depois, conectando-as. A maneira mais fácil de fazer isso é visualizar a reta inclinada como sendo a hipotenusa de um triângulo retângulo. Se for possível desenhar os lados do triângulo na perspectiva adequada, poderemos conectar suas extremidades para estabelecer a reta inclinada.

Caso queiramos traçar algumas retas paralelas inclinadas, como no caso de um telhado em vertente, uma rampa ou uma escada, é útil saber onde o conjunto inclinado parece convergir em perspectiva. Um conjunto de retas inclinadas não é horizontal; portanto, não pode convergir para a linha do horizonte (LH). Se o conjunto se eleva conforme retrocede, seu ponto de fuga será acima da linha do horizonte; se ele desce à medida que retrocede, parecerá convergir abaixo da linha do horizonte.

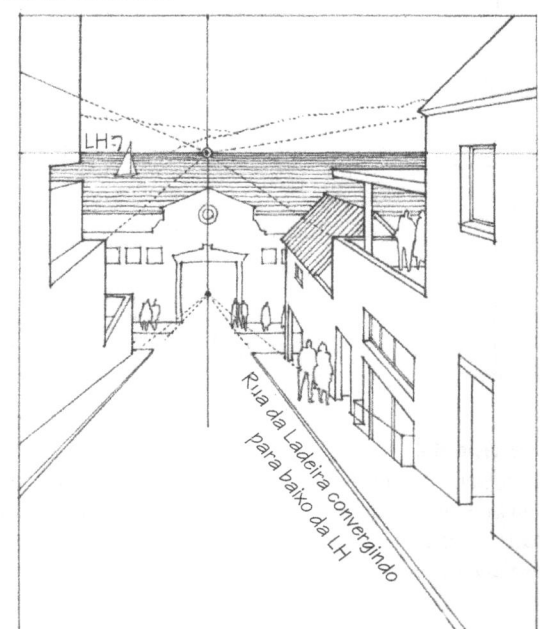

GEOMETRIA DA PERSPECTIVA   245

Para determinar um ponto de fuga para qualquer conjunto inclinado de retas paralelas:

- Localize uma reta horizontal pertencente ao mesmo plano vertical que uma reta inclinada do conjunto.
- Determine, na linha do horizonte, o ponto de fuga para esta reta horizontal.
- Trace uma reta vertical passando pelo ponto de fuga desta reta horizontal. Esta é a linha de fuga relativa a todo conjunto de retas paralelas no plano vertical e a todos os planos paralelos a ele.
- Estenda uma reta inclinada até que ela intercepte este eixo. Esta interseção será o ponto de fuga para a reta inclinada e todas as outras retas do conjunto paralelas a ela.

linha de fuga (LF)

Linha na qual todos os conjuntos de retas paralelas de um plano parecerão convergir na perspectiva cônica. A linha do horizonte, por exemplo, é a linha de fuga a qual todos os conjuntos de retas paralelas horizontais convergem.

Quanto maior for o ângulo do conjunto de retas paralelas inclinadas, mais alto ou mais baixo será seu ponto de fuga (PF) na sua linha de fuga (LF). Se um conjunto de retas paralelas inclinadas ascender e outro conjunto no mesmo plano vertical descender no mesmo ângulo, porém oposto ao plano horizontal, as distâncias de seus respectivos pontos de fuga acima ou abaixo da linha do horizonte serão iguais.

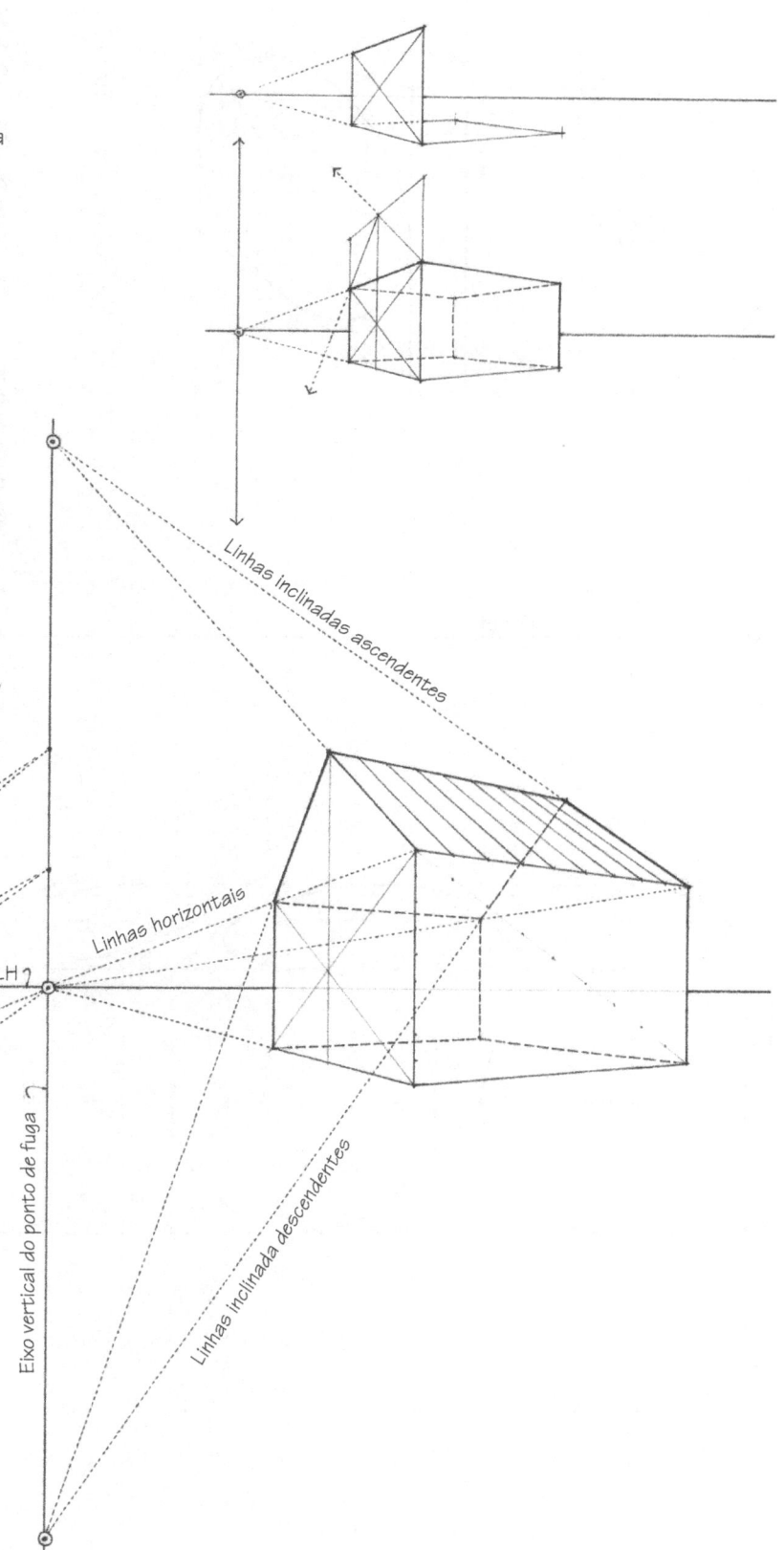

Linha do horizonte

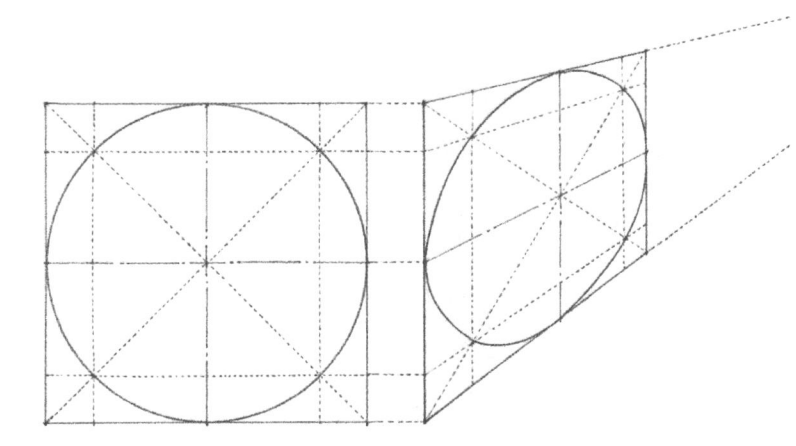

Círculos

O círculo é a base essencial para o desenho de objetos cilíndricos, arcos e outras formas circulares. A vista em perspectiva de um círculo mantém suas propriedades sem distorção quando é paralela ao plano do desenho. A perspectiva de um círculo é uma reta quando as linhas de projeção que irradiam do ponto de observação são paralelas ao plano do círculo. Isso ccorre geralmente quando o plano de um círculo é horizontal e situado na altura da linha do horizonte, ou quando o plano do círculo é vertical e alinhado com o eixo central de visão.

Nos demais casos, os círculos aparecem em perspectiva como formatos elípticos. Para desenhar um círculo em perspectiva, primeiro desenhe a perspectiva de um quadrado que circunscreva o círculo. Depois, construa as diagonais do quadrado e indique onde o círculo cruza as diagonais com linhas adicionais paralelas aos lados do quadrado ou tangentes à linha de circunferência do círculo. Quanto maior é o círculo, mais subdivisões são necessárias para garantir o bom traçado do formato elíptico.

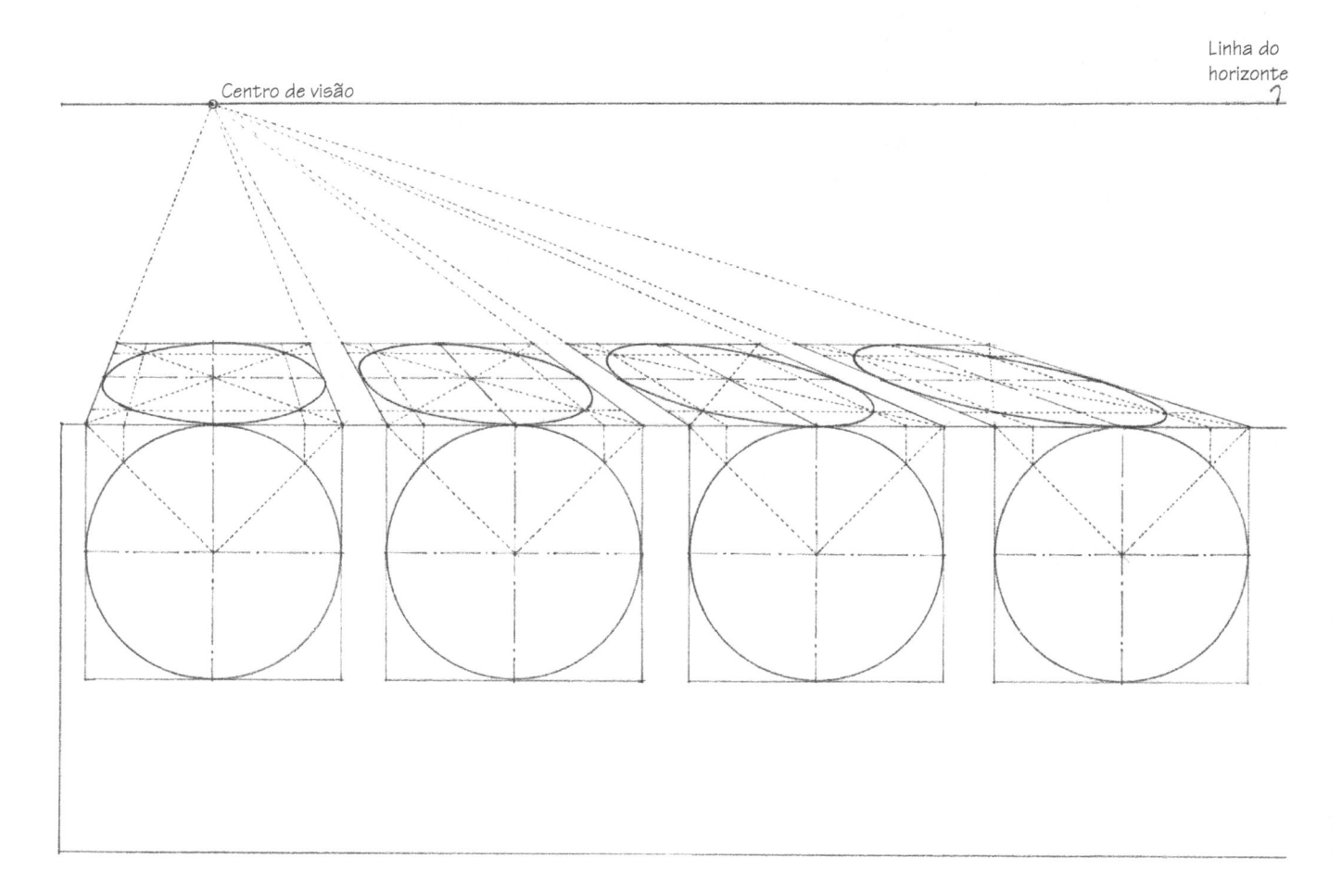

Centro de visão

Linha do horizonte

GEOMETRIA DA PERSPECTIVA 247

Em uma planta de um esquema de perspectiva, as linhas de visão do ponto de observação aos pontos tangentes na circunferência do círculo definem a maior largura de um círculo em perspectiva. Esta largura, que é o eixo principal da elipse representando o círculo em perspectiva, não coincide com o diâmetro real do círculo. Assim como a metade anterior do quadrado em perspectiva é maior que a metade posterior, a metade mais próxima do círculo será maior que a metade mais distante.

Tendemos a ver objetos como acreditamos que eles são. Então, embora um círculo em perspectiva pareça ser uma elipse, tendemos a vê-lo como um círculo e a exagerar o comprimento de seu eixo menor. O eixo menor deve parecer perpendicular ao plano do círculo. Conferir as relações entre o eixo maior e o menor das elipses ajuda-nos a garantir a deformação correta dos círculos em perspectiva.

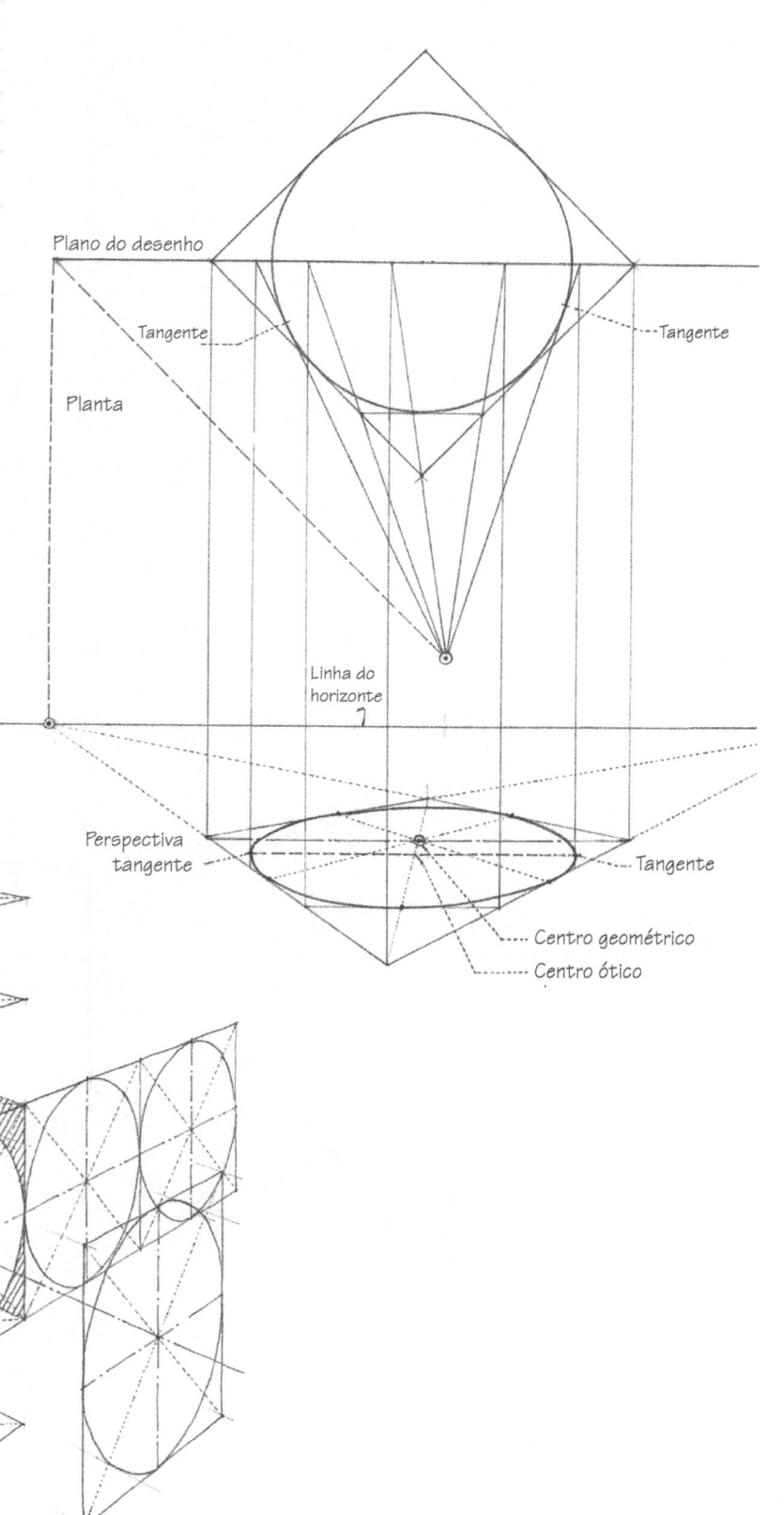

Exercício 8.5

Na perspectiva abaixo, use os princípios da geometria da perspectiva para construir o seguinte:

- uma rampa que se eleva do ponto A ao ponto B
- uma escada que sobe do ponto C ao ponto D
- um telhado de uma água que sobe do ponto E ao ponto F
- uma torre cilíndrica que se eleva do ponto G ao ponto H

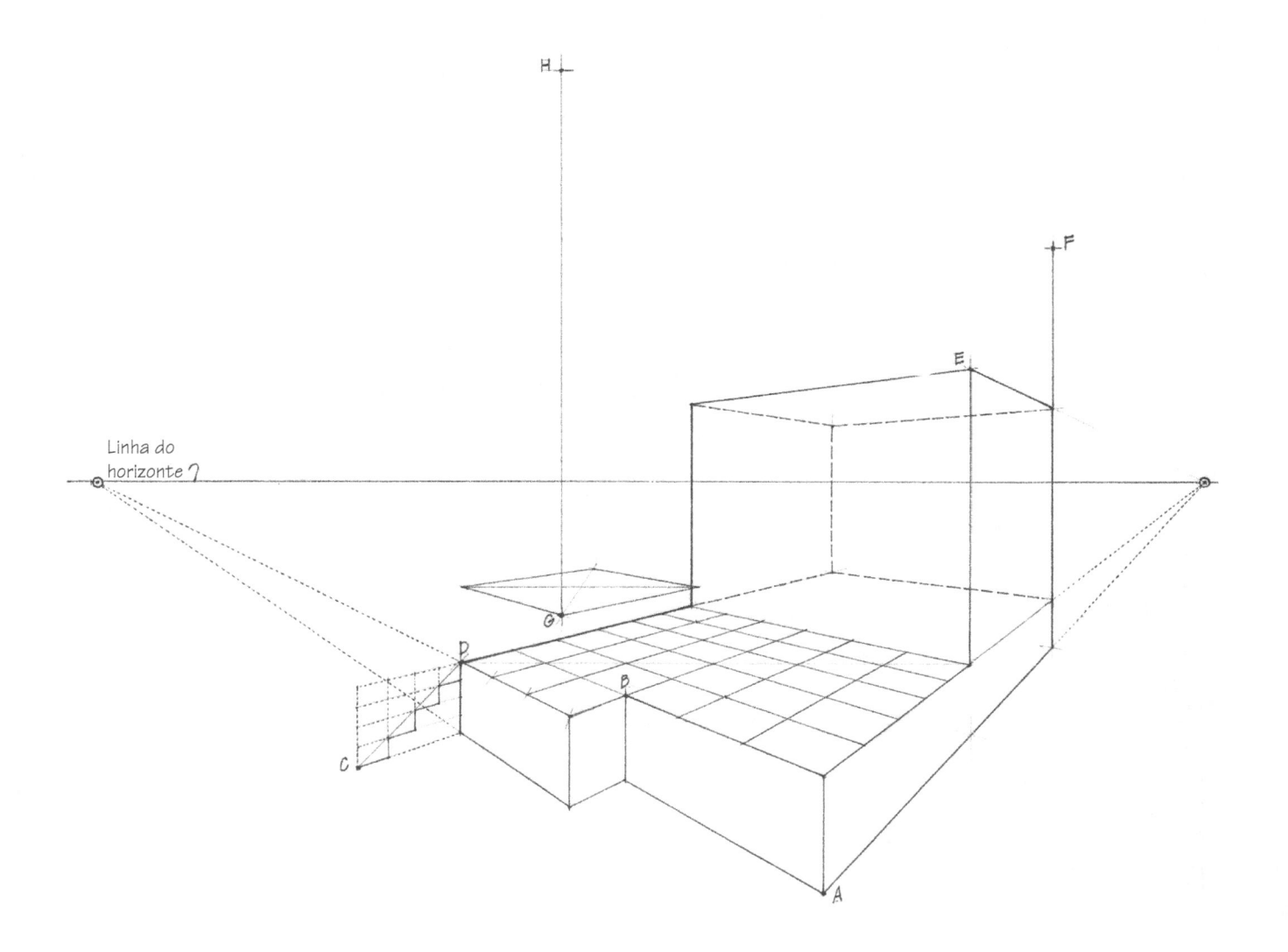

TIPOS DE PERSPECTIVA CÔNICA

Em qualquer objeto retilíneo (como um cubo), cada um dos três principais conjuntos de retas paralelas tem seu próprio ponto de fuga. Com base nestes conjuntos de retas principais, existem três tipos de perspectivas cônicas: perspectivas com um, dois ou três pontos de fuga. O que distingue cada tipo é simplesmente o ângulo de visão do observador em relação ao objeto. O objeto não muda, apenas nossa visão a respeito dele e a maneira como os conjuntos de retas paralelas parecerão convergir na perspectiva cônica.

Perspectiva com um ponto de fuga

Quando visualizamos um cubo com nosso eixo central de visão perpendicular a uma das faces, suas retas verticais são paralelas ao plano do desenho (PD) e permanecem verticais. As retas horizontais paralelas ao plano do desenho e perpendiculares ao eixo central de visão também se mantém horizontais. As retas paralelas ao eixo central de visão, entretanto, parecem convergir ao centro de visão (CV). Este ponto da perspectiva é chamado de ponto de fuga.

Perspectiva com dois pontos de fuga

Se mudamos nossa visão de modo que o mesmo cubo seja visualizado obliquamente, mas mantemos nosso eixo central de visão horizontal, então as retas verticais continuam verticais. Os dois conjuntos de retas horizontais, entretanto, agora são oblíquos ao plano do desenho (PD) e parecem convergir: o primeiro, para a esquerda, e o segundo, para a direita. Estes são os dois pontos da perspectiva chamados de pontos de fuga.

Perspectivas com três pontos de fuga

Se suspendermos uma extremidade do cubo em relação ao plano-base (PB), ou se deslocarmos o nosso eixo central de visão (ECV) para cima ou para baixo do cubo, então os três conjuntos de retas paralelas serão oblíquos ao plano do desenho (PD) e parecerão convergir em três pontos de fuga diferentes. Estes são os três pontos de fuga da perspectiva.

Observe que nenhuma perspectiva implica a existência de apenas um, dois ou três pontos de fuga na perspectiva. O número verdadeiro de pontos de fuga dependerá do nosso ponto de observação e de quantos conjuntos de retas paralelas existirem no tema visualizado. Por exemplo, se olharmos para uma cobertura simples com duas águas, podemos ver que há potencialmente cinco pontos de fuga, já que temos um conjunto de retas verticais, dois conjuntos de retas horizontais e dois conjuntos de retas inclinadas.

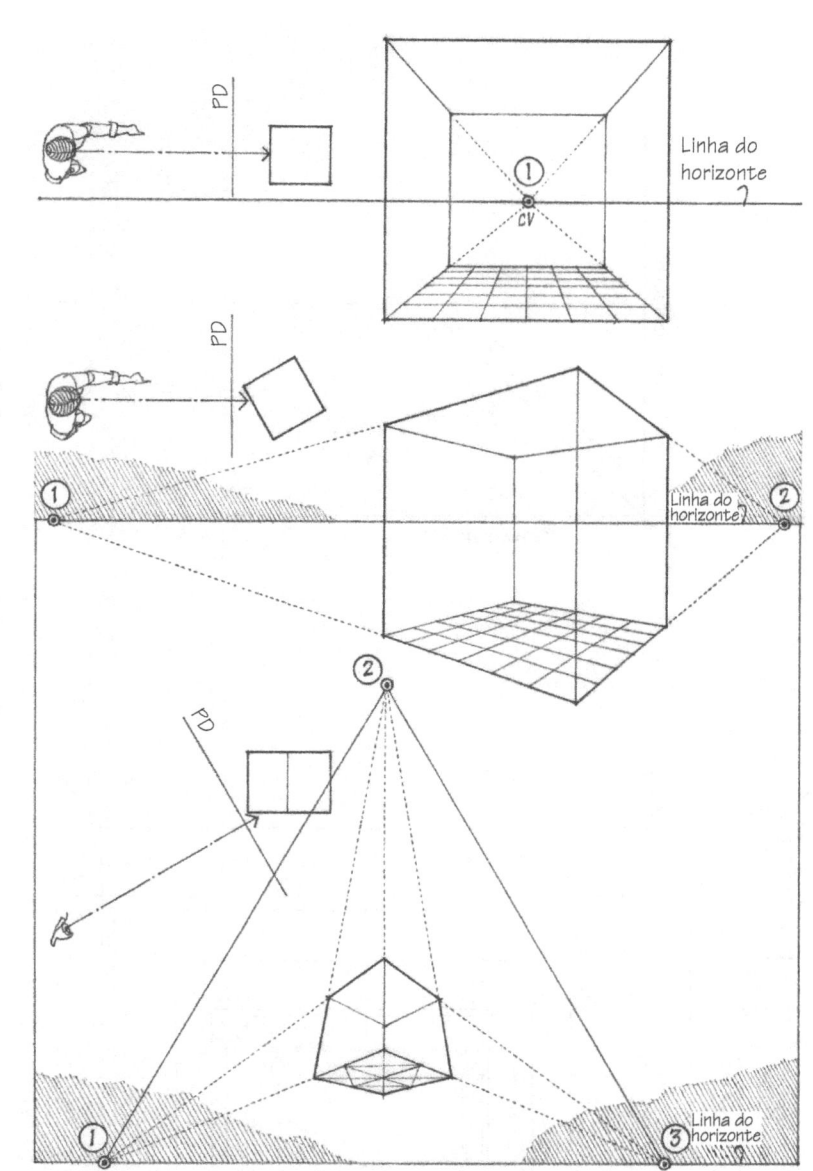

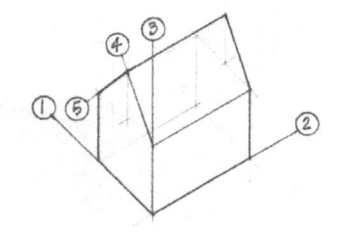

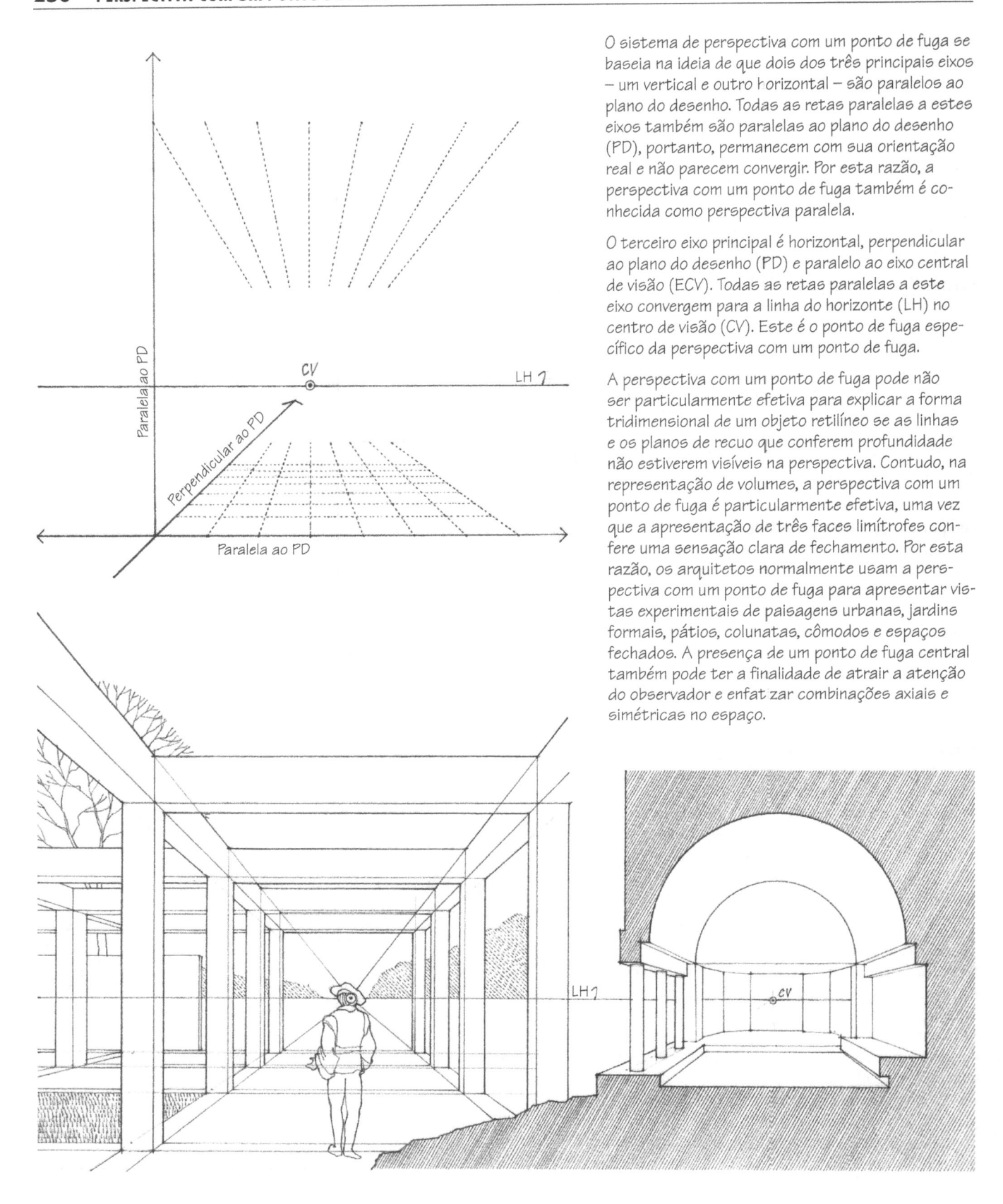

PERSPECTIVA COM UM PONTO DE FUGA

O sistema de perspectiva com um ponto de fuga se baseia na ideia de que dois dos três principais eixos – um vertical e outro horizontal – são paralelos ao plano do desenho. Todas as retas paralelas a estes eixos também são paralelas ao plano do desenho (PD), portanto, permanecem com sua orientação real e não parecem convergir. Por esta razão, a perspectiva com um ponto de fuga também é conhecida como perspectiva paralela.

O terceiro eixo principal é horizontal, perpendicular ao plano do desenho (PD) e paralelo ao eixo central de visão (ECV). Todas as retas paralelas a este eixo convergem para a linha do horizonte (LH) no centro de visão (CV). Este é o ponto de fuga específico da perspectiva com um ponto de fuga.

A perspectiva com um ponto de fuga pode não ser particularmente efetiva para explicar a forma tridimensional de um objeto retilíneo se as linhas e os planos de recuo que conferem profundidade não estiverem visíveis na perspectiva. Contudo, na representação de volumes, a perspectiva com um ponto de fuga é particularmente efetiva, uma vez que a apresentação de três faces limítrofes confere uma sensação clara de fechamento. Por esta razão, os arquitetos normalmente usam a perspectiva com um ponto de fuga para apresentar vistas experimentais de paisagens urbanas, jardins formais, pátios, colunatas, cômodos e espaços fechados. A presença de um ponto de fuga central também pode ter a finalidade de atrair a atenção do observador e enfatizar combinações axiais e simétricas no espaço.

MÉTODO DO PONTO DIAGONAL   251

O método do ponto diagonal para construir uma perspectiva de um ponto de fuga nos permite obter uma medição de profundidade precisa diretamente do interior da perspectiva, sem que seja preciso fazer projeções de uma planta. Este método apenas exige uma elevação ou um corte, portanto, é especialmente útil para construir cortes perspectivados.

O método se baseia na geometria do esquadro de 45° e nos princípios da convergência para realizar medições de profundidade na perspectiva. Sabemos que os catetos deste triângulo são iguais em comprimento. Assim, se pudermos desenhar um cateto do triângulo em escala, a hipotenusa determinará, sobre o cateto perpendicular, um comprimento igual ao do primeiro.

A técnica envolve estabelecer um cateto do esquadro de 45° no plano do desenho ou paralelo a ele, de modo a podermos usá-lo como linha métrica. Sobre este lado, medimos um comprimento igual à profundidade da perspectiva desejada. A partir de uma extremidade desta linha, desenhamos um cateto convergente ao centro de visão e, a partir da outra, traçamos a hipotenusa convergente ao ponto de fuga das retas que formam um ângulo de 45° com o plano do desenho. Esta diagonal determina a profundidade da perspectiva sobre o cateto perpendicular equivalente ao comprimento, em escala, do cateto paralelo ao plano do desenho.

Montagem da perspectiva

Começamos com uma elevação ou um corte perpendicular ao eixo central de visão do espectador e coincidente com o plano do desenho. A escala da elevação ou do corte determina o tamanho do desenho em perspectiva.

- Estabeleça a linha de terra e a linha do horizonte. A linha de terra normalmente é a mesma da elevação ou do corte. A altura da linha do horizonte, em relação à linha de terra, equivale à distância vertical do nível do observador sobre o plano-base.
- Estabeleça o centro de visão do espectador sobre a linha do horizonte.

Consulte a discussão sobre as variáveis das perspectivas para revisar como, ao se variar a distância do ponto de observação ao objeto, elevando ou abaixando a linha do horizonte e posicionando o plano do desenho, pode-se afetar a natureza pictórica da vista em perspectiva.

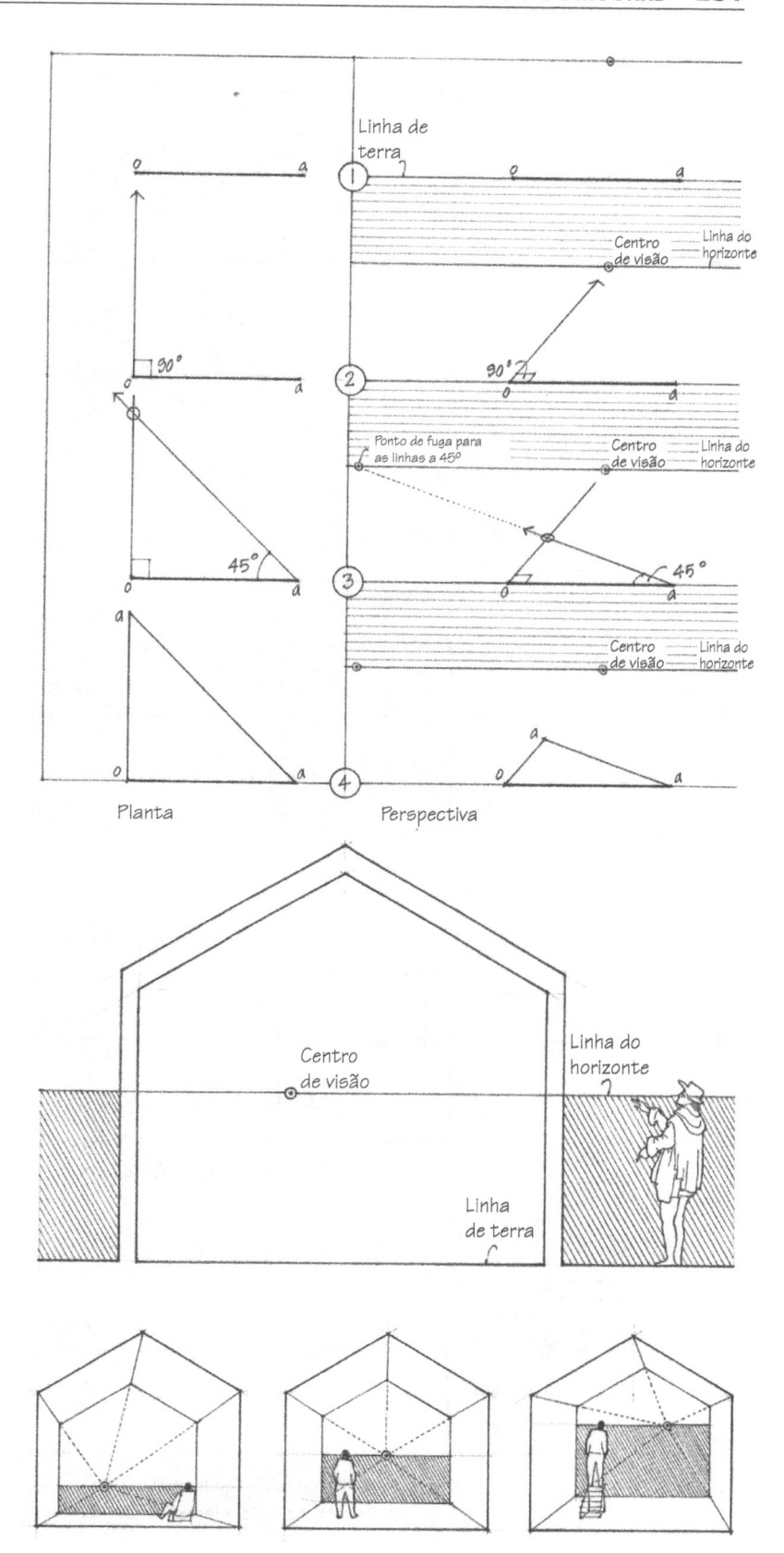

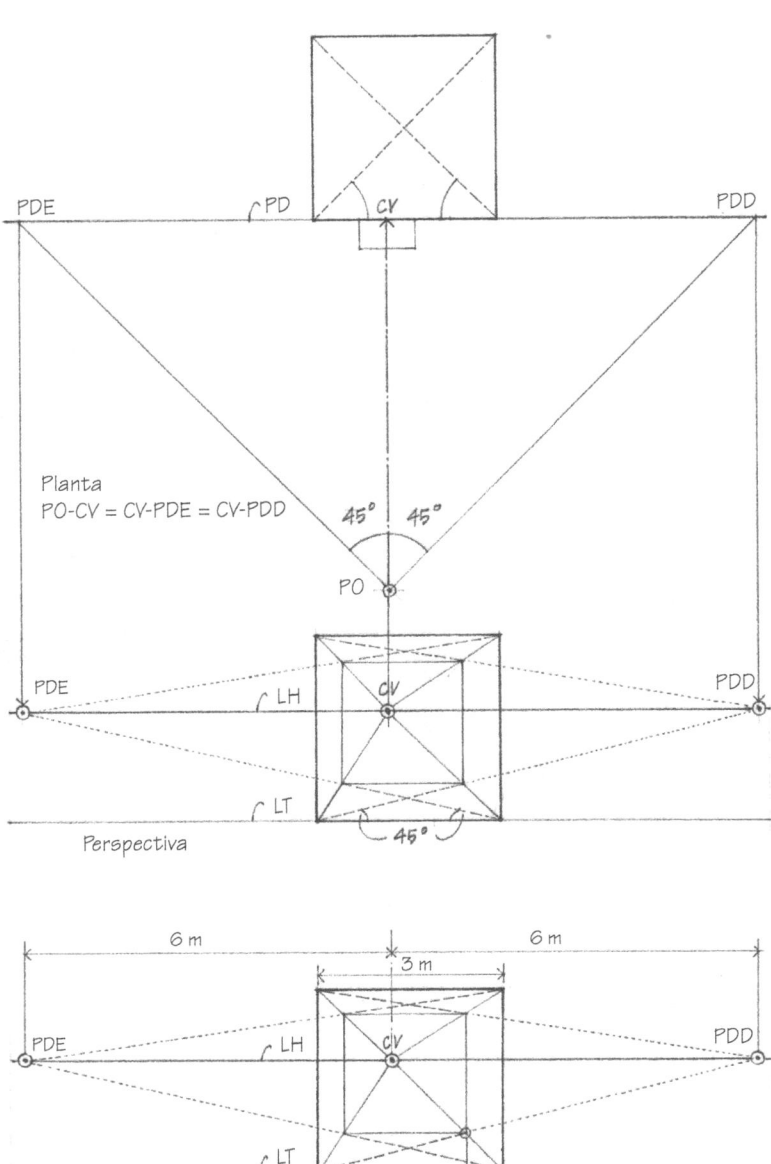

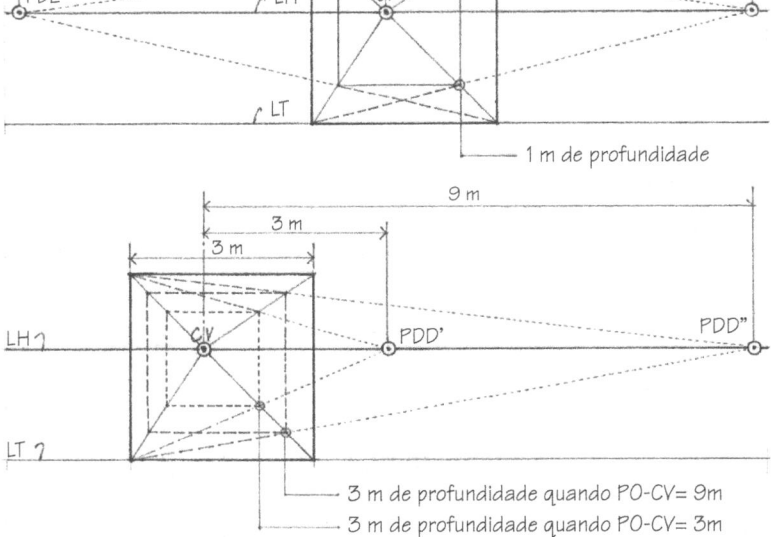

Estabelecendo pontos diagonais

Para utilizar o método do ponto diagonal, devemos estabelecer o ponto de fuga referente ao conjunto de retas paralelas que fazem um ângulo de 45° com o plano do desenho (PD). O ponto de fuga para qualquer conjunto de retas paralelas é aquele ponto em que a linha de visão do ponto de observação (PO), desenhada paralelamente ao conjunto, intercepta o plano do desenho. Assim, se desenharmos uma reta a 45° desde o ponto de observação em uma planta que foi utilizada para a montagem da perspectiva, ela interceptará o plano do desenho no ponto de fuga, como todas as diagonais a 45°. Denominamos este ponto de fuga como ponto diagonal ou ponto de distância.

Existe um ponto diagonal esquerdo (PDE) para retas horizontais que retrocedem à esquerda, definindo, com o plano do desenho, um ângulo de 45°, e outro para retas horizontais que retrocedem à direita (o ponto diagonal direito (PDD), a um ângulo de 45° em relação ao plano do desenho. Ambos os pontos diagonais se situam sobre a linha do horizonte (LH), equidistantes do centro de visão (CV). Baseando-nos na geometria de um esquadro de 45°, também sabemos que a distância de cada ponto diagonal ao centro de visão é igual à distância do ponto de observação do espectador ao plano do desenho.

Se entendermos esta relação geométrica, não precisaremos colocar uma planta diretamente acima da perspectiva. Podemos simplesmente posicionar um ou ambos os pontos diagonais diretamente sobre a perspectiva, na linha do horizonte, a uma distância, em relação ao centro de visão, equivalente à distância do espectador até o plano do desenho. Para um cone de visão de 60°, a distância do centro de visão a qualquer ponto diagonal deve ser igual ou maior que a largura da elevação ou do corte.

Por exemplo, se o espectador estiver a 6 m do plano do desenho, o ponto diagonal na linha do horizonte deverá estar afastado em 6 m à esquerda ou à direita do centro de visão. Esta distância, medida na mesma escala do plano do desenho, estabelece o ponto de fuga para todas as retas retrocedentes a 45° para a esquerda ou a direita.

Se movermos os pontos diagonais em direção ao centro de visão, isto equivalerá ao movimento do espectador que se aproxima do plano do desenho, aumentando a distância das zonas visualizadas das superfícies em retrocesso. Se afastarmos os pontos diagonais do centro de visão, o espectador também se afastará do plano do desenho e as faces retrocedentes no espaço sofrerão maior escorço (redução).

MÉTODO DO PONTO DIAGONAL

Medindo profundidade

Apresentamos a seguir os passos básicos no uso do ponto diagonal para realizar medições de profundidade.

1. Desenhe retas a partir do centro de visão, passando por cada canto da vista em elevação ou corte. Isto representa as retas horizontais retrocedentes do objeto ou edifício, que são paralelas ao eixo central de visão e que convergem ao centro de visão.

2. Estabeleça uma linha métrica (LM) horizontal no plano do desenho. Esta linha de medida é geralmente a linha de terra, mas, se ela está muito próxima da linha do horizonte, posicione a linha métrica abaixo da linha de terra ou bem acima da linha do horizonte. Procedendo desta maneira, é possível aumentar os ângulos de interseção e garantir maior exatidão na triangulação de medidas em profundidade.

3. Estabeleça uma linha de solo perpendicular ao plano do desenho e convergente ao centro de visão. Esta linha de solo, ao longo da qual medimos profundidades da perspectiva, geralmente é a aresta superior ou inferior de uma parede lateral importante, mas pode ser qualquer reta perpendicular ao plano do desenho que evidencie uma convergência ao centro de visão.

4. Ao longo da linha métrica horizontal, meça distâncias na escala do plano do desenho equivalentes às profundidades de perspectiva necessárias. Usando um ponto diagonal à esquerda, meça à direita do ponto zero para profundidades atrás do plano do desenho e, para pontos em frente ao plano do desenho, meça à esquerda do ponto zero.

5. Transfira cada uma das medições para a linha de solo perpendicular, com a ajuda das retas que convergem ao ponto diagonal. Estas diagonais interceptam a linha de solo em profundidades em perspectivas equivalentes às homólogas, tomadas em escala, ao longo da linha métrica.

6. Uma vez que as principais profundidades estejam determinadas na vista em perspectiva, podemos transferi-las horizontal e verticalmente, até que interceptem retas e planos retrocedentes em direção ao centro de visão.

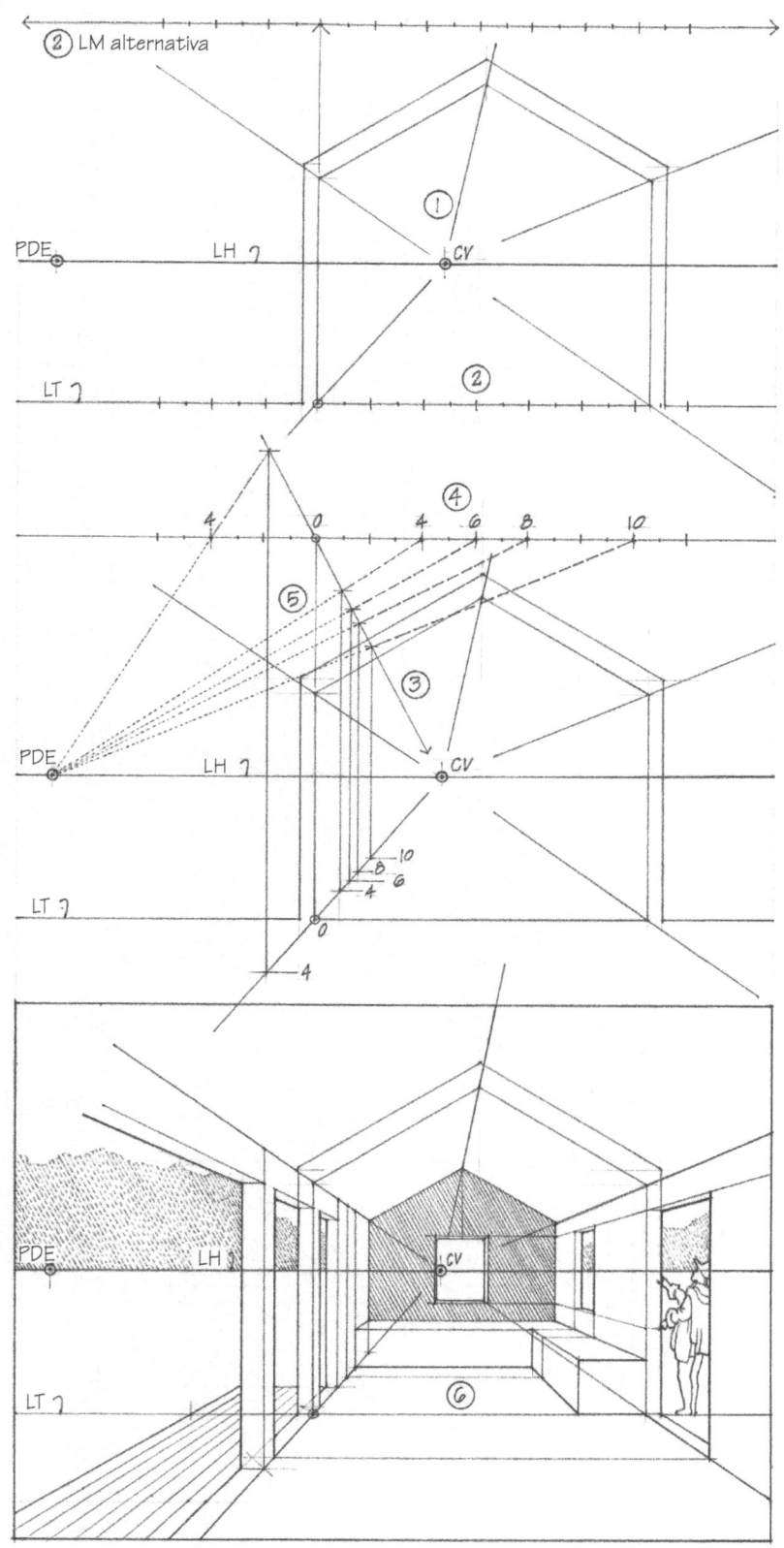

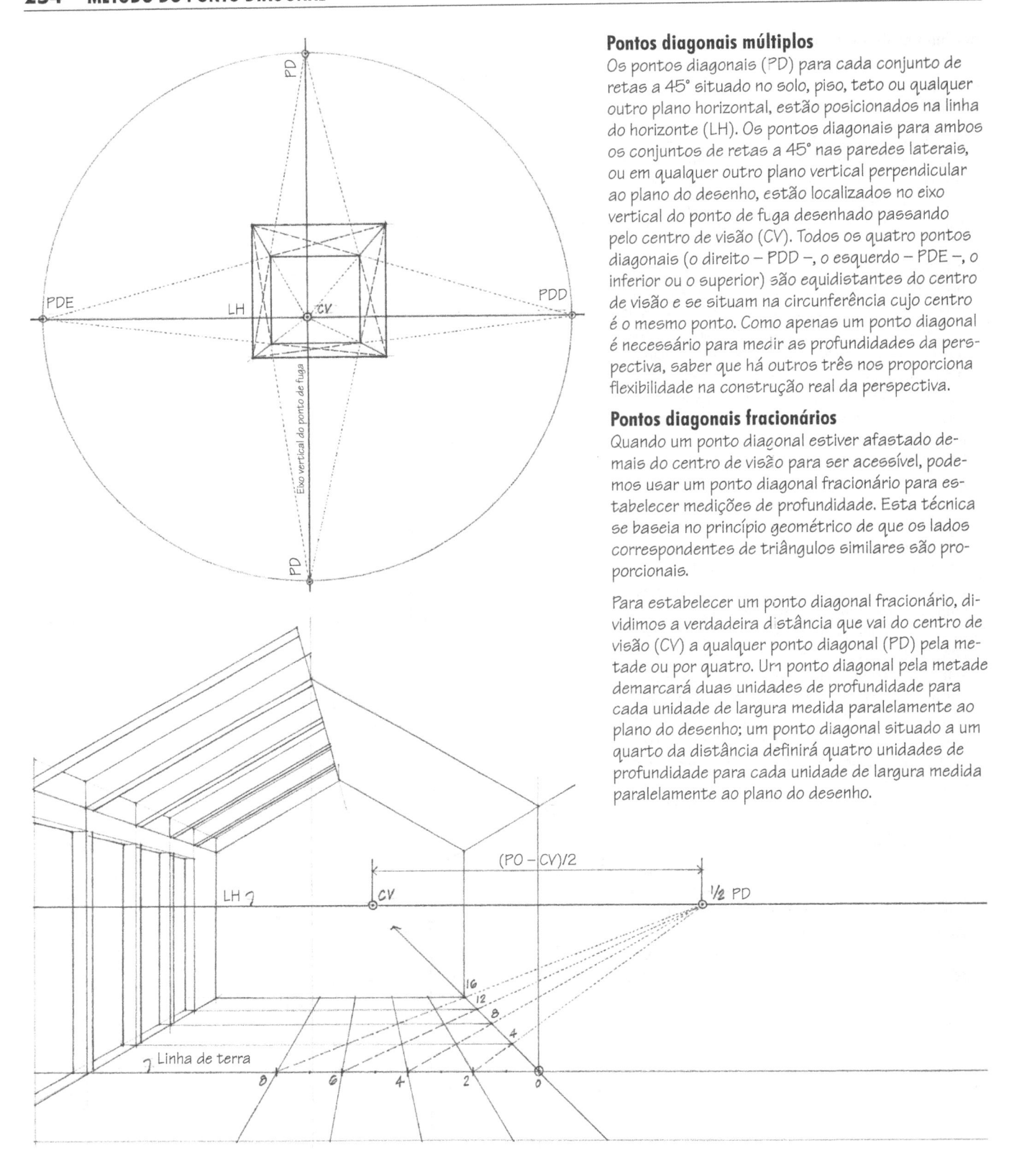

Pontos diagonais múltiplos

Os pontos diagonais (PD) para cada conjunto de retas a 45° situado no solo, piso, teto ou qualquer outro plano horizontal, estão posicionados na linha do horizonte (LH). Os pontos diagonais para ambos os conjuntos de retas a 45° nas paredes laterais, ou em qualquer outro plano vertical perpendicular ao plano do desenho, estão localizados no eixo vertical do ponto de fuga desenhado passando pelo centro de visão (CV). Todos os quatro pontos diagonais (o direito – PDD –, o esquerdo – PDE –, o inferior ou o superior) são equidistantes do centro de visão e se situam na circunferência cujo centro é o mesmo ponto. Como apenas um ponto diagonal é necessário para medir as profundidades da perspectiva, saber que há outros três nos proporciona flexibilidade na construção real da perspectiva.

Pontos diagonais fracionários

Quando um ponto diagonal estiver afastado demais do centro de visão para ser acessível, podemos usar um ponto diagonal fracionário para estabelecer medições de profundidade. Esta técnica se baseia no princípio geométrico de que os lados correspondentes de triângulos similares são proporcionais.

Para estabelecer um ponto diagonal fracionário, dividimos a verdadeira distância que vai do centro de visão (CV) a qualquer ponto diagonal (PD) pela metade ou por quatro. Um ponto diagonal pela metade demarcará duas unidades de profundidade para cada unidade de largura medida paralelamente ao plano do desenho; um ponto diagonal situado a um quarto da distância definirá quatro unidades de profundidade para cada unidade de largura medida paralelamente ao plano do desenho.

Exercício 8.6

Imagine que o espectador está 4,50 m afastado da face frontal de um cubo com 3 m de lado e que esta face é coincidente com o plano do desenho. Posicione os seguintes pontos na perspectiva cônica:

- Um ponto 1,80 m atrás do plano do desenho ao longo da linha A; transfira este ponto verticalmente para B.
- Um ponto 1,20 m em frente ao plano do desenho ao longo da linha C.
- Um ponto 90 cm acima do plano-base, imediatamente acima da linha D, e 1,50 m atrás do plano do desenho.

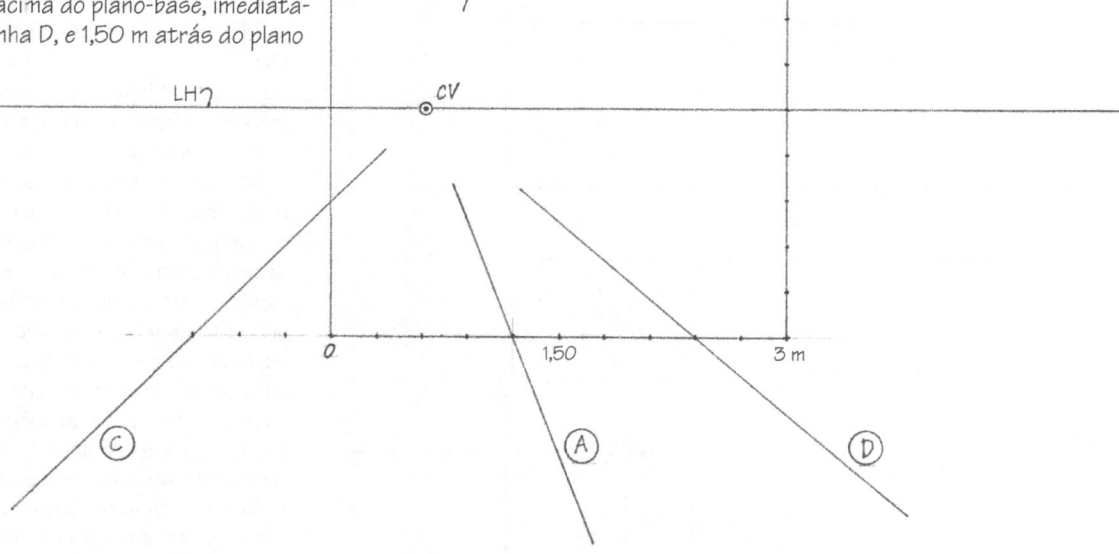

Exercício 8.7

Considere que o espectador está afastado 4,50 m do plano do desenho, olhando em direção a uma parede com 4,80 m de largura, 3,60 m de altura e à distância de 9,00 m. Construa uma perspectiva do espaço com um ponto de fuga. Dentro desta vista em perspectiva, construa:

- Uma porta de 0,90 × 2,10 m na parede do fundo e em uma das paredes laterais, ambas com 15 cm de espessura.
- Uma janela de 1,20 × 1,20 m e com peitoril de 90 cm na outra parede lateral, 1,80 m atrás do plano do desenho. Na mesma parede, construa uma janela idêntica, 60 cm à frente do plano do desenho.
- Uma plataforma de 1,80 m × 1,80 m × 0,30 m, em qualquer lugar do piso.
- Uma clarabóia de 1,80 m × 1,80 m inserida em uma cobertura com 30 cm de espessura, no mesmo alinhamento vertical da plataforma.

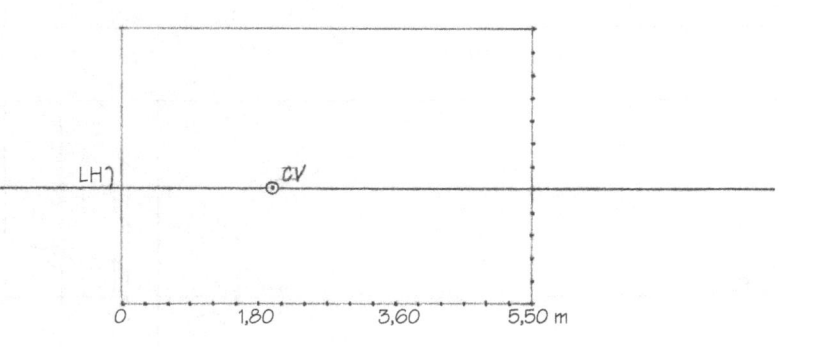

MALHA EM PERSPECTIVA COM UM PONTO DE FUGA

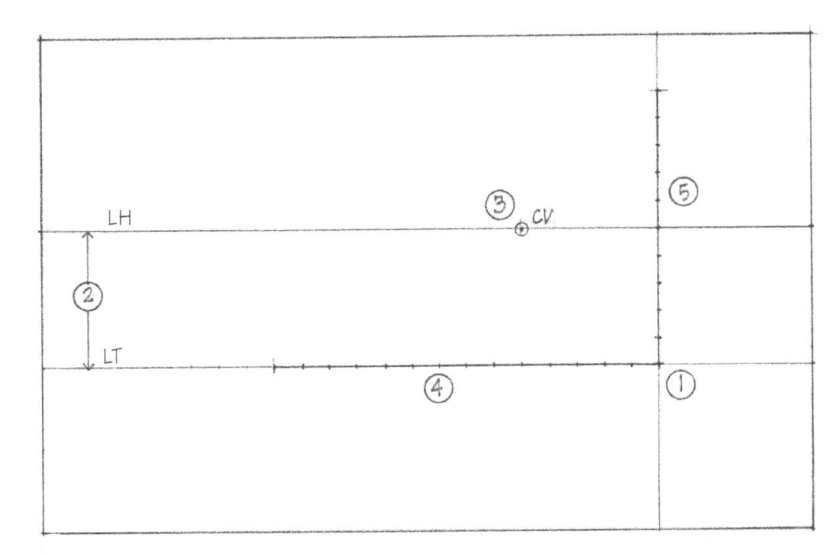

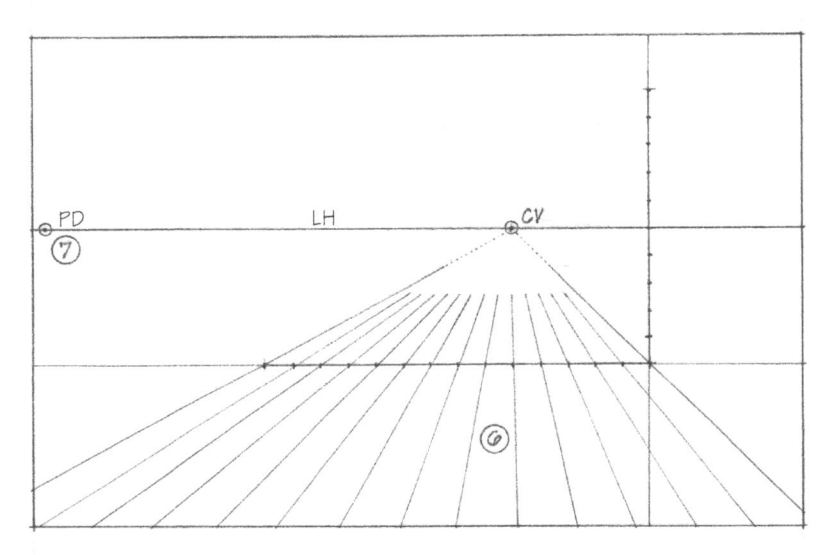

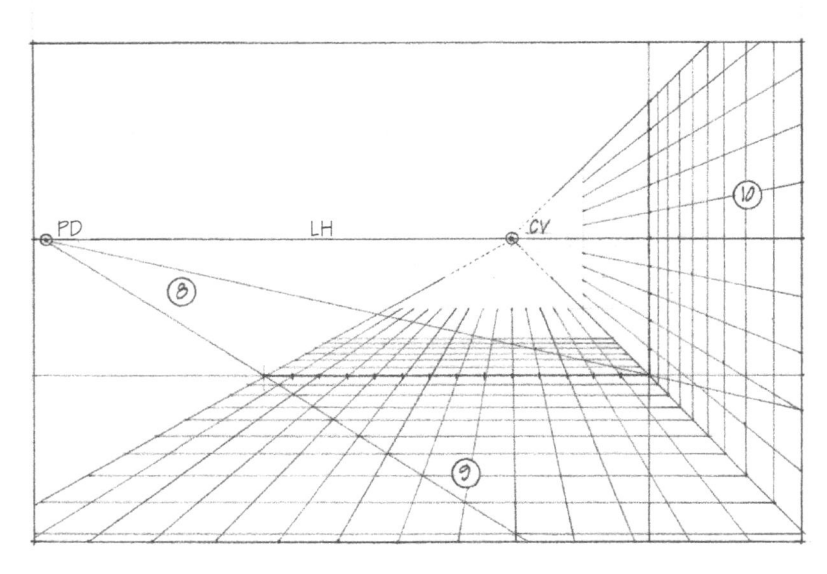

Uma malha em perspectiva é uma vista em perspectiva de um sistema de coordenadas tridimensional. A rede tridimensional de pontos e retas uniformemente espaçados nos permite estabelecer corretamente a forma e as dimensões de espaços internos e externos, bem como determinar a posição e o tamanho dos objetos dentro do espaço. Podemos usar os seguintes procedimentos para construir a malha em perspectiva de um ponto de fuga:

1. Defina uma escala para o plano do desenho levando em consideração tanto as dimensões do espaço quanto o tamanho desejado da perspectiva.
2. Na escala do plano do desenho, estabeleça a linha de terra (LT) e a linha do horizonte (LH) no nível do observador.
3. Estabeleça o centro de visão (CV) próximo ao ponto médio da linha do horizonte.
4. Ao longo da linha de terra, demarque unidades de medida equivalentes em escala à unidade de medida mais usual, que seria um metro. Também podemos usar incrementos menores ou maiores, dependendo da escala do desenho e da quantidade de detalhes desejados na perspectiva.
5. Faça a mesma coisa ao longo de uma linha métrica vertical que é desenhada passando pela extremidade direita ou esquerda da linha de terra.
6. Através de cada ponto de medida na linha de terra, desenhe retas no plano-base do centro de visão em direção ao interior da perspectiva.
7. Estabeleça o ponto diagonal (PD) à esquerda ou à direita do centro de visão, a uma distância igual à existente entre o ponto de observação e o plano do desenho. Se este for desconhecido, a distância do centro de visão ao ponto diagonal deve ser igual ou maior que a largura do espaço.
8. A partir do ponto diagonal, desenhe diagonais através de ambas as extremidades da linha de terra usada como medida.
9. No ponto em que estas diagonais cruzam cada uma das retas convergentes ao centro de visão, desenhe uma reta horizontal: o resultado é uma malha de quadrados em perspectiva no plano do solo ou do piso.
10. Se quisermos, podemos transferir estas medidas de profundidade e estabelecer uma malha semelhante ao longo de uma ou de ambas as paredes laterais retrocedentes, assim como em um teto ou plano de cobertura.

MALHA EM PERSPECTIVA COM UM PONTO DE FUGA

Exercício 8.8

Construa uma malha em perspectiva com um ponto de fuga, em papel manteiga ou vegetal de boa qualidade de tamanho A4 (21 × 29,7cm). Considere a escala de 1:20 para o plano do desenho e uma linha do horizonte a 1,50 m ou 1,80 m acima da linha de terra. Quando completada, a malha em perspectiva pode ser fotocopiada e aumentada ou reduzida a qualquer escala desejada. Ao sobrepor um papel transparente sobre ela, podemos utilizar a estrutura da perspectiva para esquematizar com maior facilidade croquis perspectivos à mão livre, tanto de espaços externos quanto internos.

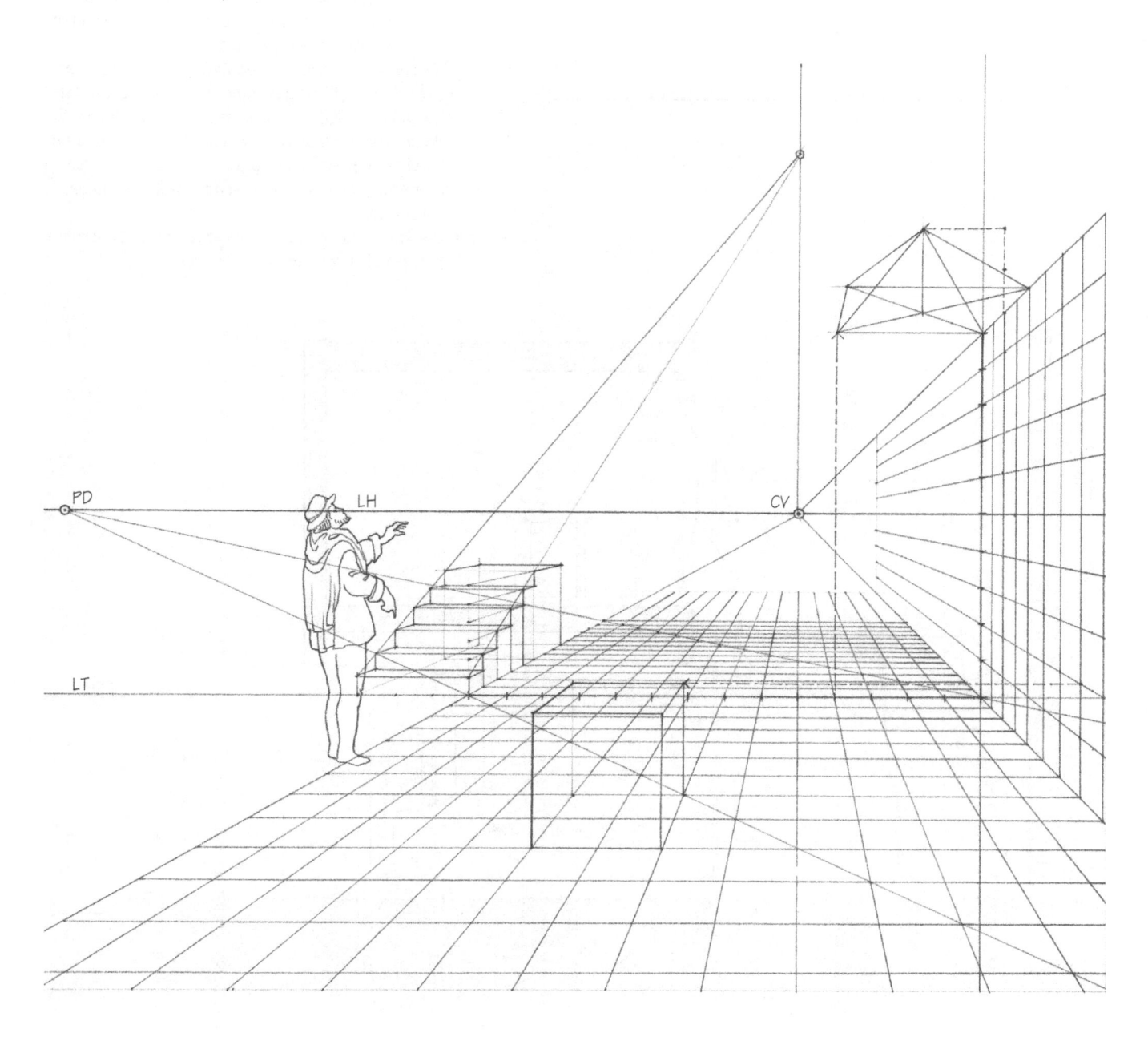

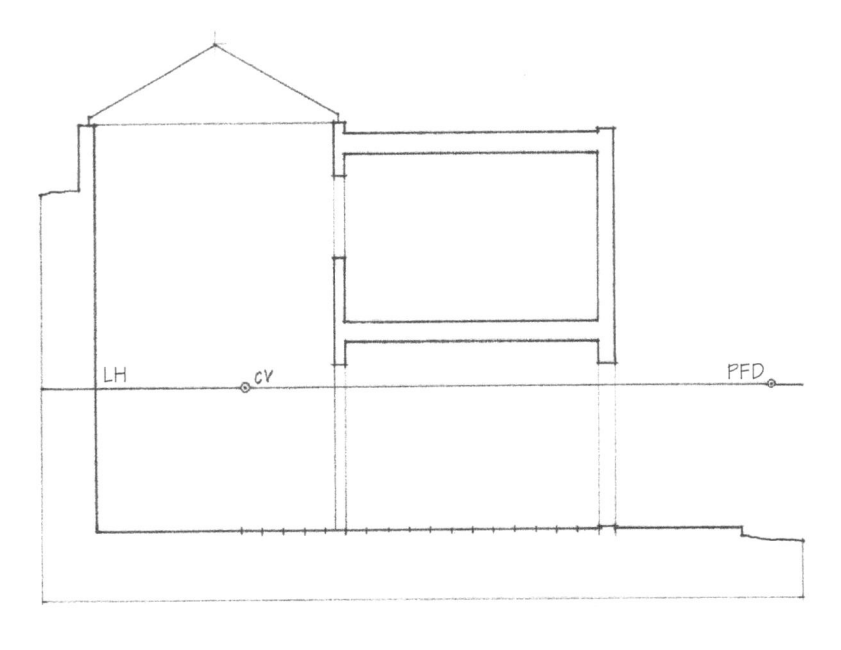

258 CORTES PERSPECTIVADOS

Os cortes perspectivados combinam os atributos em escala de um corte e a profundidade pictórica de uma perspectiva. Assim, eles nos permitem ilustrar não só os aspectos construtivos de um projeto, mas também a qualidade dos espaços configurados pela edificação. Começamos com um corte do prédio, desenhado na escala conveniente. Uma vez que se considera o corte coincidente com o plano do desenho da perspectiva, ele serve como uma referência imediata para realizar medições verticais e horizontais do desenho em perspectiva.

- Estabeleça a linha do horizonte (LH) e selecione o centro de visão (CV). A altura da linha do horizonte e a posição do centro de visão determinam o que é visto na perspectiva.
- Na linha do horizonte, estabeleça os pontos de fuga direito (PFD) e esquerdo para as retas diagonais ou a 45°. Como regra prática, a distância do centro de visão aos pontos diagonais deve ser igual ou superior à largura ou à altura do corte do prédio, de acordo com a dimensão de maior extensão.
- Use o método do ponto diagonal para construir a perspectiva com um ponto de fuga.

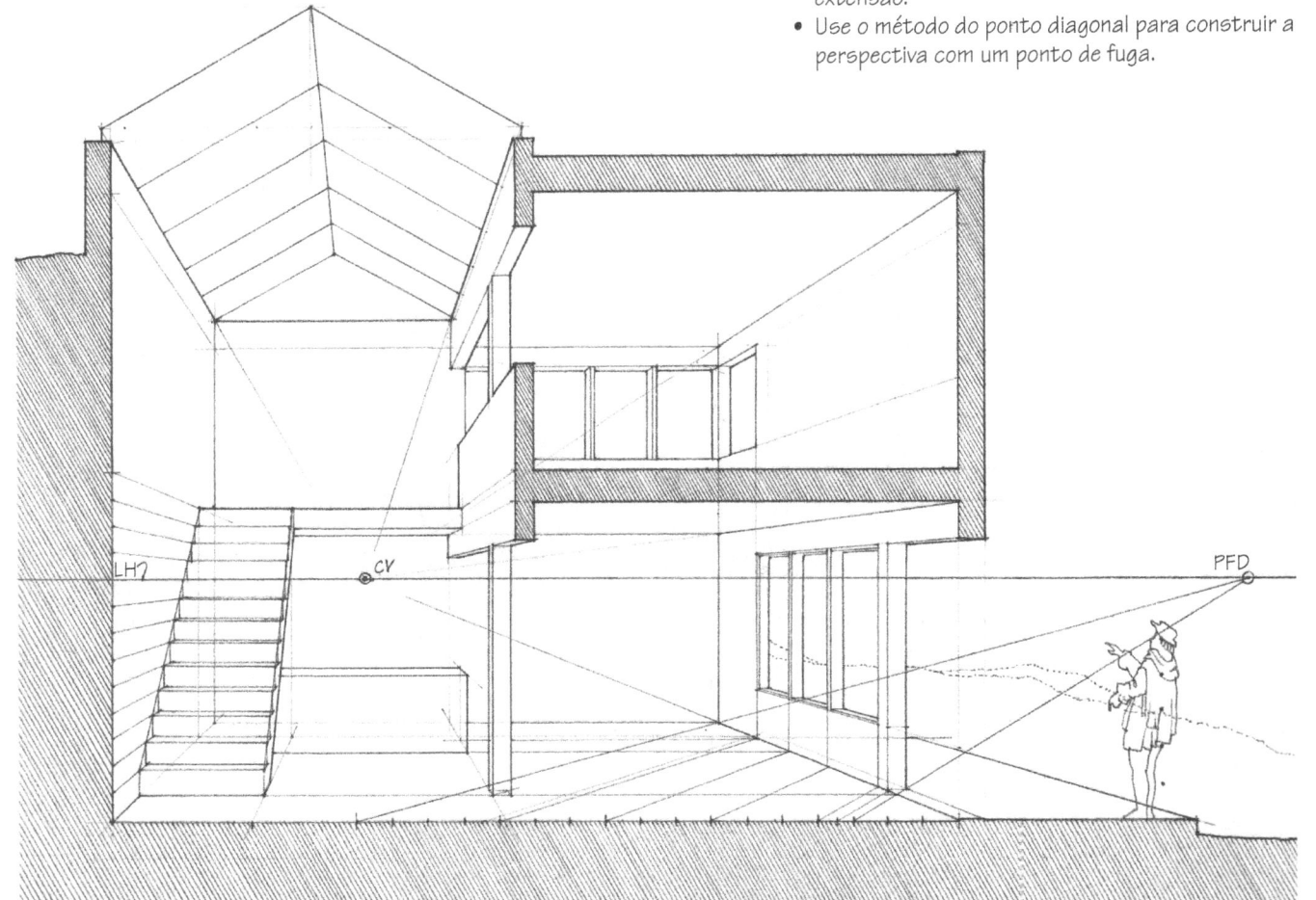

Exercício 8.9
O corte esquemático da edificação abaixo foi desenhado na escala de 1:50. Dados a linha do horizonte (LH), o centro de visão (CV) e o ponto diagonal esquerdo (PDE), transforme este corte em um corte perspectivado.

- Considere que a parede de fundo do espaço está 7,20 m atrás do plano do desenho, o qual coincide com o plano vertical do plano de corte. Dentro deste espaço, desenvolva no plano de piso uma malha com módulos quadrados de 90,00 cm de lado.
- Desenhe três calungas em diferentes profundidades no espaço.
- A seção apresenta três degraus que conduzem a uma plataforma. Usando estes degraus como modelo, desenvolva uma escada ao longo da parede à direita, da plataforma a um mezanino que se comunique com o nível superior do terreno.
- Na parede esquerda, faça uma porta-janela com duas folhas, cada uma com 90,00 cm de largura, que se abre para a varanda coberta.
- A estrutura da cobertura é composta de vigas de 25,00 × 75,00 cm espaçadas a cada 90 cm entre eixos. Estabeleça uma orientação solar qualquer para o edifício e crie uma claraboia no plano da cobertura, para permitir que a luz natural entre no espaço.

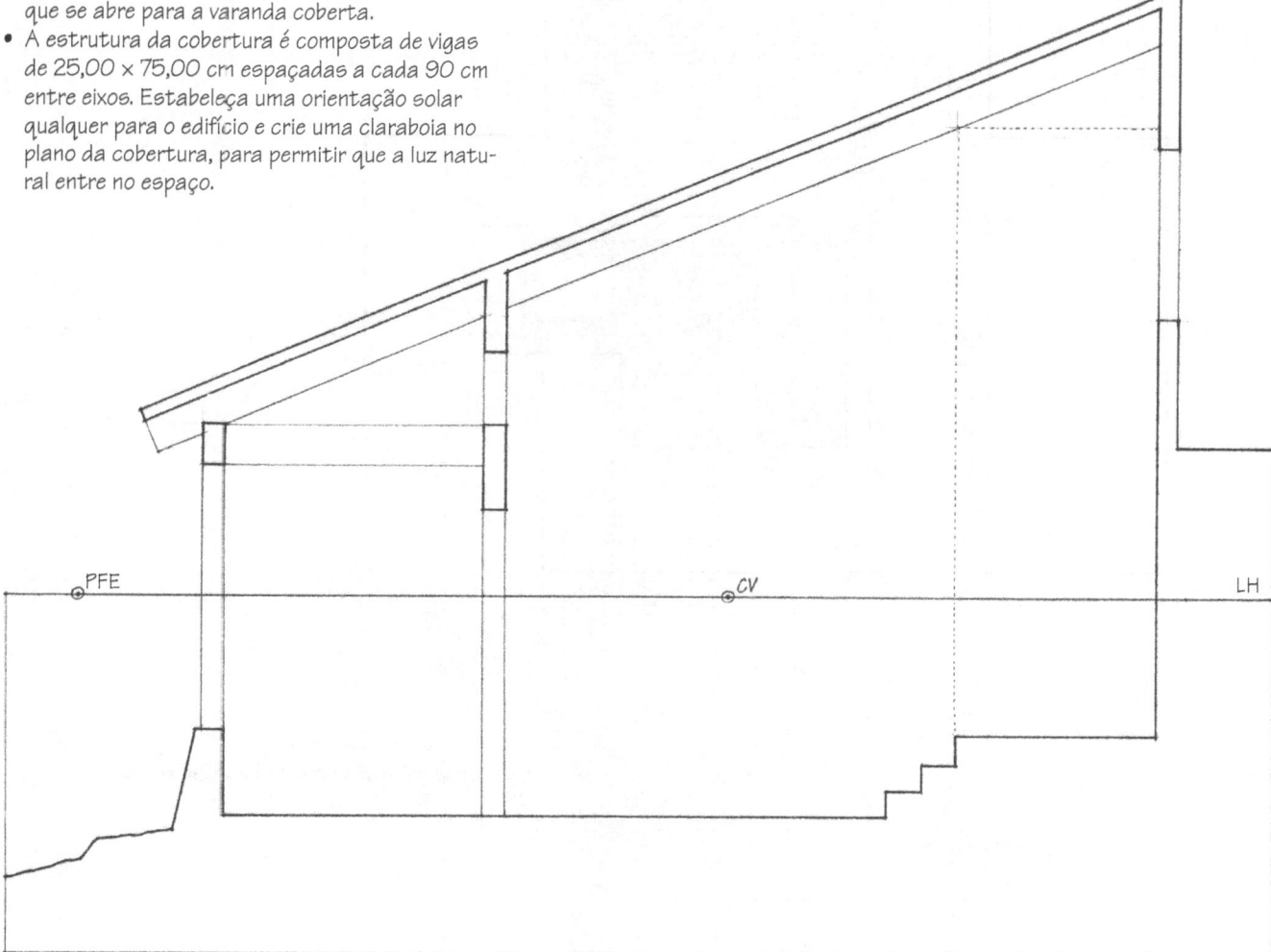

PLANTAS PERSPECTIVADAS

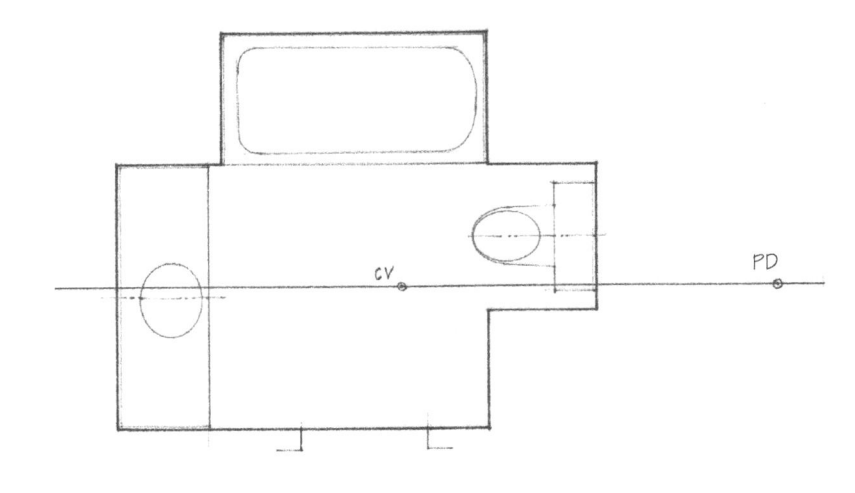

Buscando transformar uma planta baixa bidimensional em uma vista tridimensional, podemos desenhar uma planta perspectivada, ou seja, uma perspectiva com um ponto de fuga de um ambiente interno ou espaço externo visualizado de cima para baixo.

Consideramos que o eixo central de visão do espectador é vertical e que o plano do desenho coincide com o plano horizontal passando pelas partes superiores das paredes que delimitam o espaço.

- Estabeleça o centro de visão (CV) em algum lugar no meio do plano do piso.
- Estabeleça a linha do horizonte através do centro de visão e paralela a uma das paredes.
- Use o método do ponto diagonal (PD) para construir a perspectiva com um ponto de fuga. A distância do espectador ao plano do desenho deve, no mínimo, equivaler à largura total da planta.

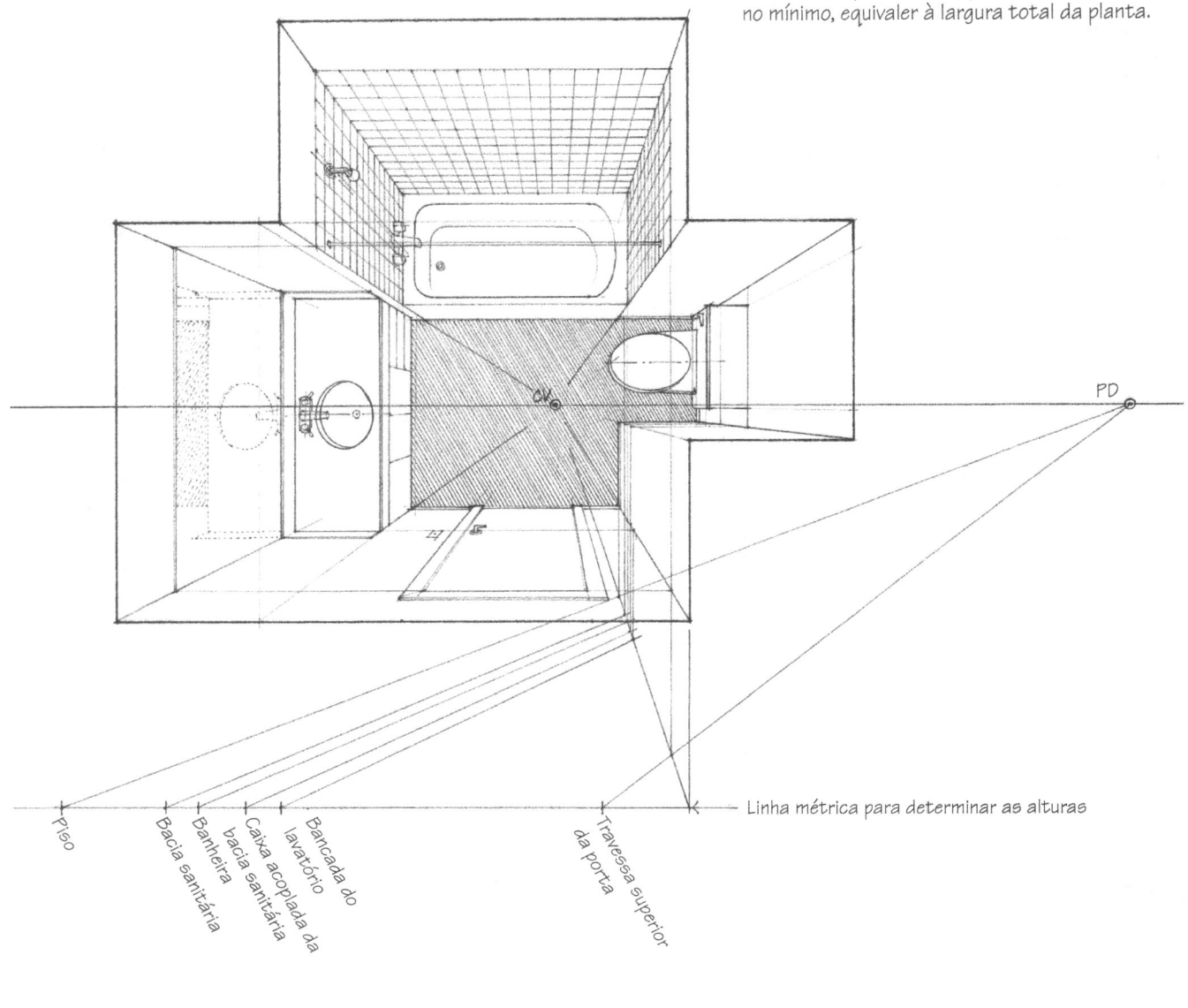

Linha métrica para determinar as alturas

Piso
Bacia sanitária
Banheira
Caixa acoplada da bacia sanitária
Bancada do lavatório
Travessa superior da porta

PERSPECTIVA COM DOIS PONTOS DE FUGA

O sistema de perspectiva com dois pontos de fuga parte do pressuposto de que o eixo central de visão do espectador é horizontal e o plano do desenho é vertical. O principal eixo vertical é paralelo ao plano do desenho, e todas as retas paralelas a ele permanecem verticais e paralelas no desenho em perspectiva. Contudo, os dois principais eixos horizontais são oblíquos ao plano do desenho. Todas as retas paralelas a estes eixos parecem, portanto, convergir para dois pontos de fuga na linha do horizonte (LH), sendo um ponto de fuga à esquerda (PFE) e outro à direita (PFD). Estes são os dois pontos referidos na perspectiva com dois pontos de fuga.

O efeito pictórico de uma perspectiva com dois pontos de fuga varia conforme o ângulo de visão do espectador. A orientação dos dois eixos horizontais em relação ao plano do desenho determina o quanto veremos dos dois principais conjuntos de planos verticais e o nível de escorço (deformação e redução) na perspectiva. Quanto mais oblíquo é um plano em relação ao plano do desenho, maior será o escorço em perspectiva; quanto mais frontal for o plano, menor será o escorço.

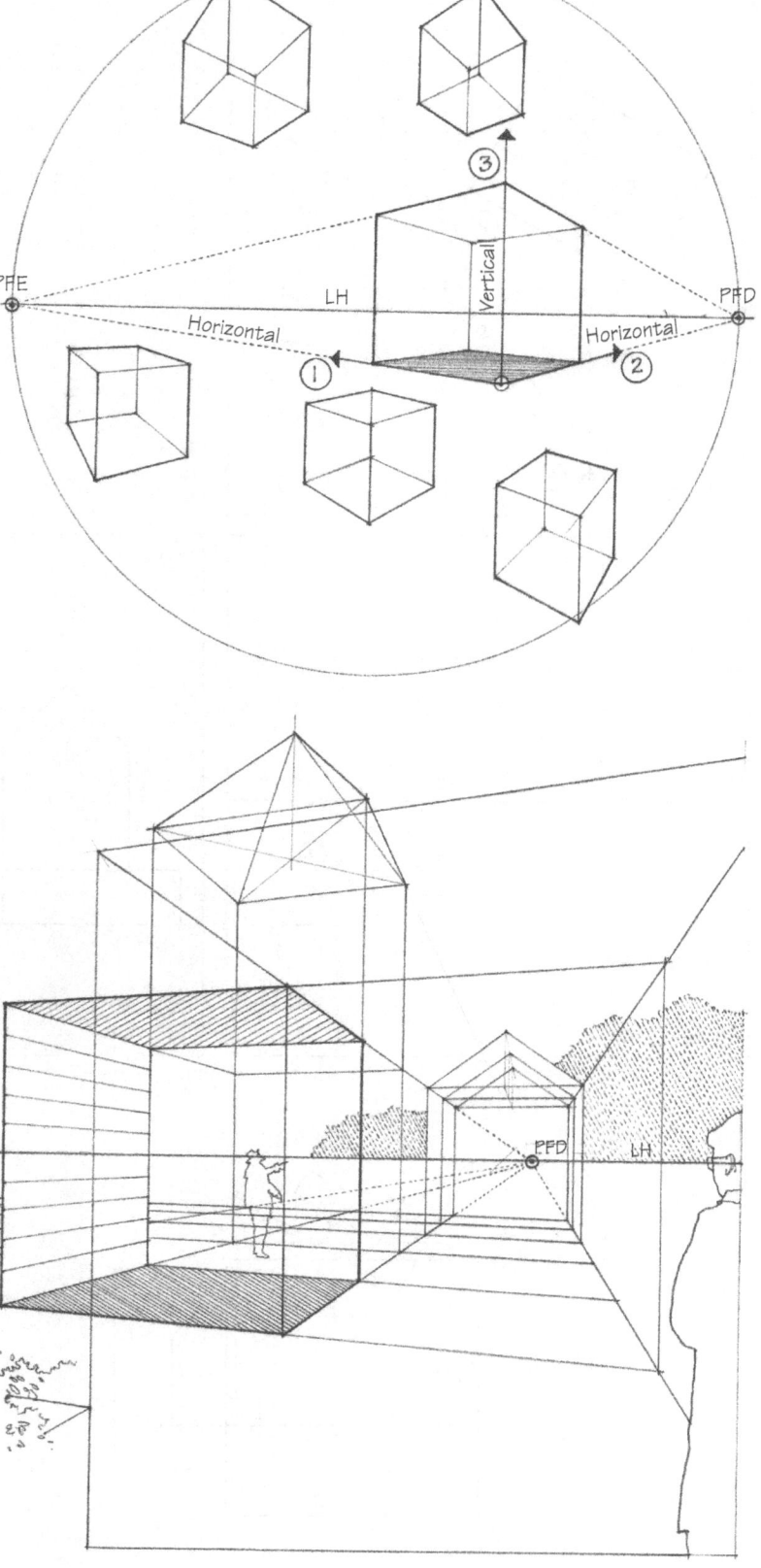

A perspectiva com dois pontos de fuga é provavelmente a mais utilizada entre os três tipos de perspectivas cônicas. Ao contrário da perspectiva com um ponto de fuga, a perspectiva com dois pontos de fuga não tende a ser simétrica nem estática. Uma perspectiva com dois pontos de fuga é particularmente efetiva para ilustrar a forma tridimensional de um objeto no espaço, em várias escalas, seja ele uma cadeira ou uma edificação inteira.

Ao representar um espaço, como o interior de um cômodo, um pátio externo ou uma rua, a perspectiva com dois pontos de fuga é mais efetiva quando o ângulo de visão se aproxima daquele da perspectiva com um ponto de fuga. Qualquer perspectiva que apresente três faces de vedação de um volume nos dá uma nítida sensação de fechamento. O espectador se torna, então, parte integrante do espaço, em vez de um mero observador que estaria olhando do lado de fora.

MÉTODO COMUM

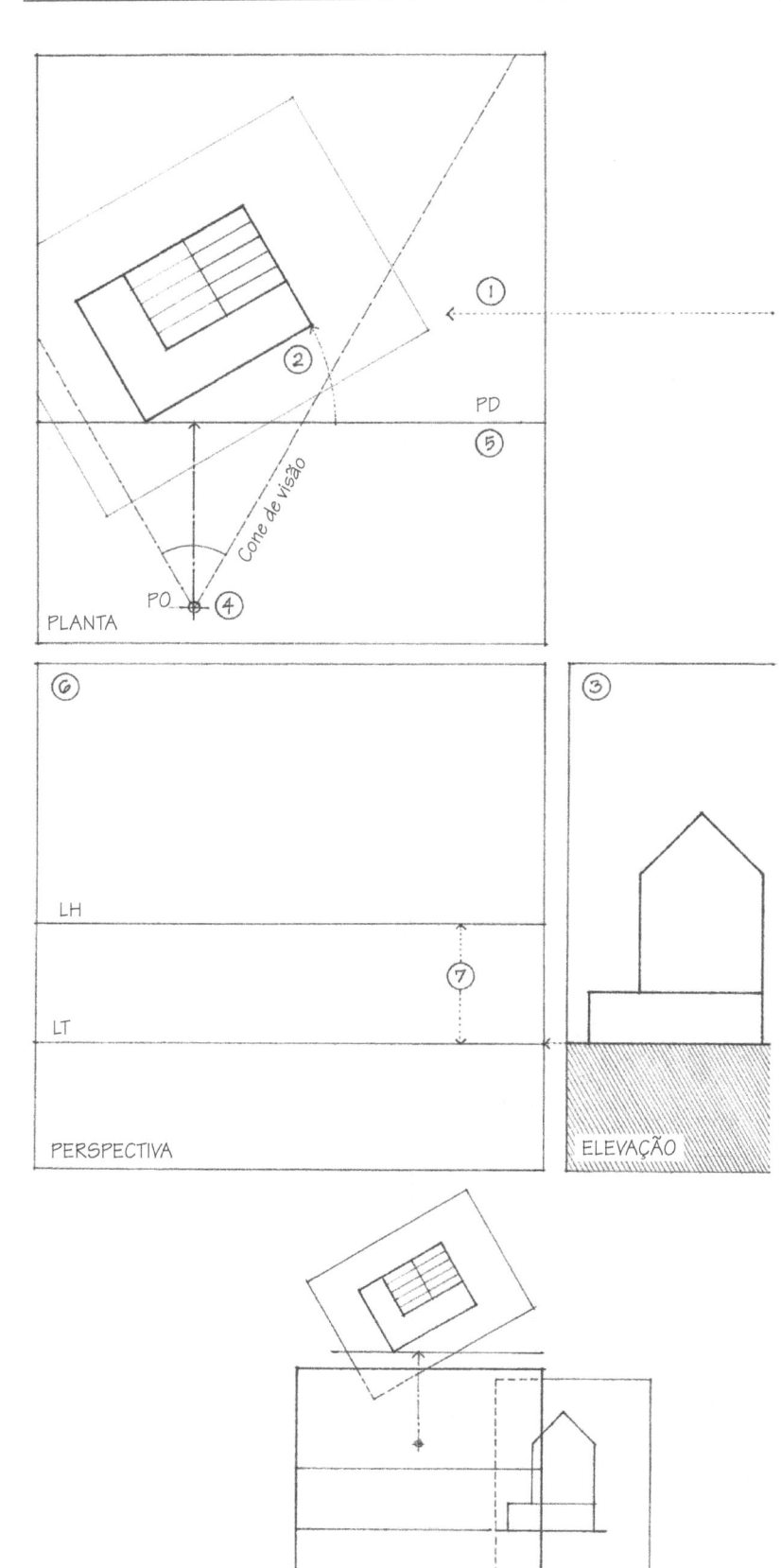

O método comum de construção de uma perspectiva com dois pontos de fuga exige o uso de duas projeções ortogonais: uma planta e uma elevação. A escala da planta e da elevação determina a escala do plano do desenho na perspectiva.

Montagem da perspectiva

1. Posicione a planta diretamente acima do espaço onde a perspectiva será construída.
2. Oriente a planta conforme o ângulo desejado em relação ao plano do desenho. Este ângulo normalmente é 30°, 45° ou 60°, por causa dos esquadros utilizados no desenho técnico. Contudo, em tese, o ângulo exato pode variar conforme a ênfase que desejamos dar a cada um dos principais conjuntos de planos verticais.
3. Posicione a elevação ao lado do espaço onde a perspectiva será construída.
4. Estabeleça o ponto de observação (PO) na planta. Certifique-se de que a principal parte do desenho fique dentro de um cone de visão de 60° e que o eixo central de visão foque o centro de interesse. Evite alinhar os principais planos verticais do objeto com qualquer uma das linhas de visão que irradiam do ponto de observação.
5. Estabeleça o plano do desenho (PD) na planta, perpendicular ao eixo central de visão. O plano do desenho geralmente é posicionado para cruzar uma aresta vertical significativa do objeto, de modo que ela também seja usada como linha métrica na perspectiva. Lembre-se de que a posição do plano do desenho afeta o tamanho da perspectiva.
6. Prenda com fita adesiva a folha de papel manteiga ou vegetal na qual irá construir a perspectiva.
7. Na perspectiva, estabeleça a linha de terra (LT) e a linha do horizonte (LH). A linha de terra é geralmente a mesma da elevação ou corte. A altura da linha do horizonte em relação à linha de terra é igual à altura do nível do observador acima do plano-base.

Embora, neste exemplo a planta, a elevação e a perspectiva estejam apresentadas um pouco afastadas para maior clareza de visualização, elas também podem ser distribuídas de maneira mais compacta, a fim de caber em uma área de trabalho menor. Para isto, desloque a planta e a elevação, aproximando-as da folha de papel usada para montar a perspectiva, tendo o cuidado de manter as relações horizontais e verticais adequadas entre as três vistas.

Consulte a discussão das variáveis da perspectiva para rever de que modo a variação da distância do ponto de observação ao objeto, a elevação ou o rebaixamento da linha do horizonte e o posicionamento do plano do desenho podem afetar a natureza pictórica de uma perspectiva.

Pontos de fuga

O ponto de fuga de qualquer conjunto de retas paralelas é aquele ponto onde a linha de visão que vem do ponto de observação, desenhada paralelamente ao conjunto, intercepta o plano do desenho.

1. Assim, na planta que será empregada para a montagem da perspectiva, desenhe as linhas de visão iniciando no ponto de observação e correndo paralelas à direção de cada conjunto principal de planos verticais da planta, até que elas interceptem o plano do desenho (PD). Observe que, na vista em planta, vemos planos verticais como retas.
2. A partir destas interseções, projete linhas de construção verticais para baixo, de modo a encontrarem a linha do horizonte (LH) da vista em perspectiva. Estes pontos são os pontos de fuga esquerdo (PFE) e direito (PFD) para retas horizontais de cada conjunto principal de planos verticais.
3. Para os objetos retilíneos, há dois conjuntos principais de planos verticais e, portanto, dois pontos de fuga na linha do horizonte para as linhas horizontais nestes planos. Estes são os dois pontos principais da perspectiva com dois pontos de fuga.

Medindo retas

Qualquer reta, no plano do desenho, apresenta seu comprimento real na escala do desenho. Assim, podemos usar qualquer uma destas retas como linha métrica. Embora a linha métrica possa ter qualquer orientação no plano do desenho, geralmente utilizamos uma vertical ou horizontal para medir alturas e larguras verdadeiras.

4. Uma linha métrica vertical ocorre sempre que um plano vertical principal encontra ou intercepta o plano do desenho.
5. Se um plano vertical principal se situar inteiramente atrás do plano do desenho, estenda-o para a frente, até encontrar o plano do desenho.
6. Projete a posição da linha métrica vertical da vista em planta para baixo, até a perspectiva.

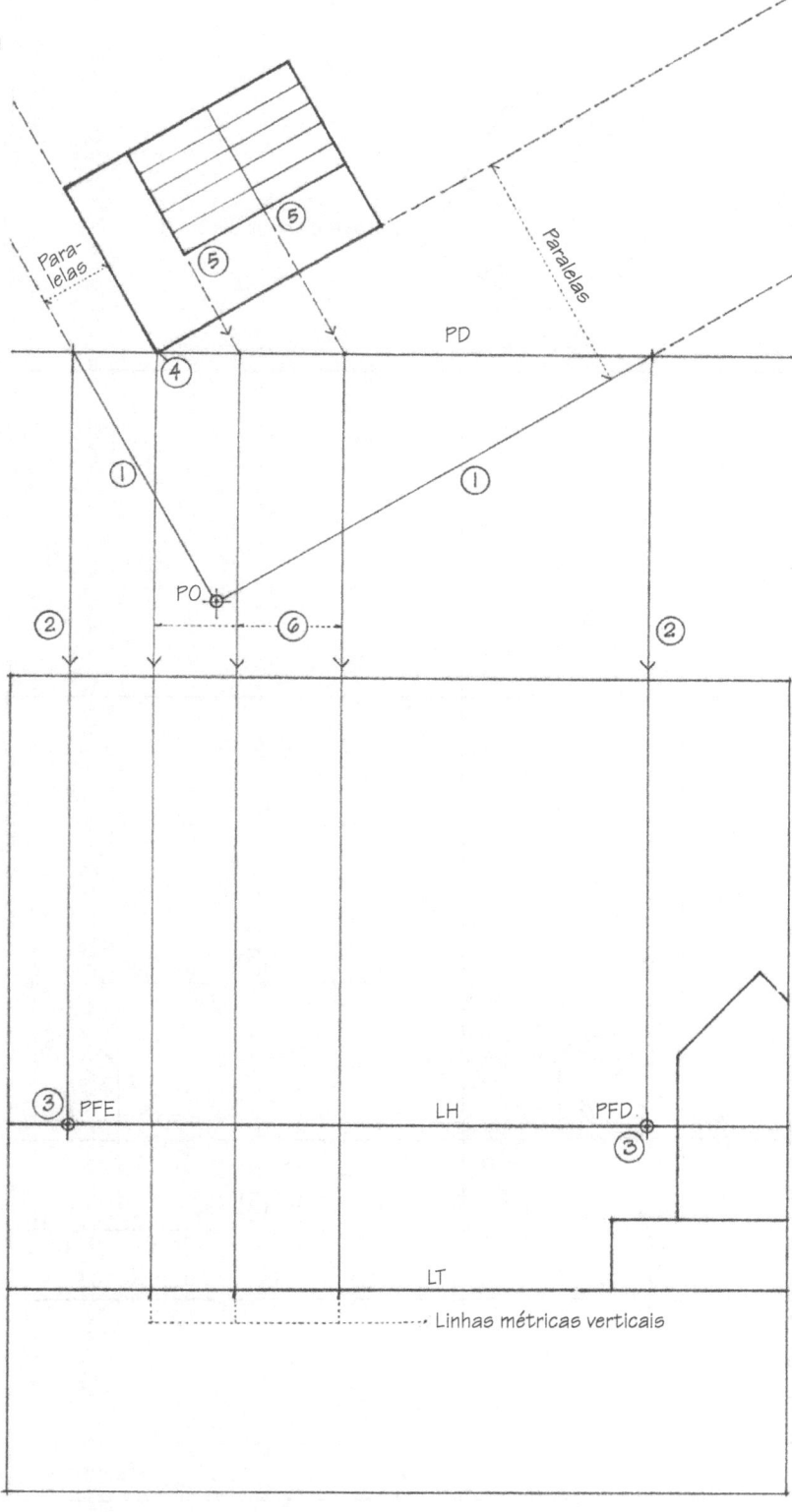

MÉTODO COMUM

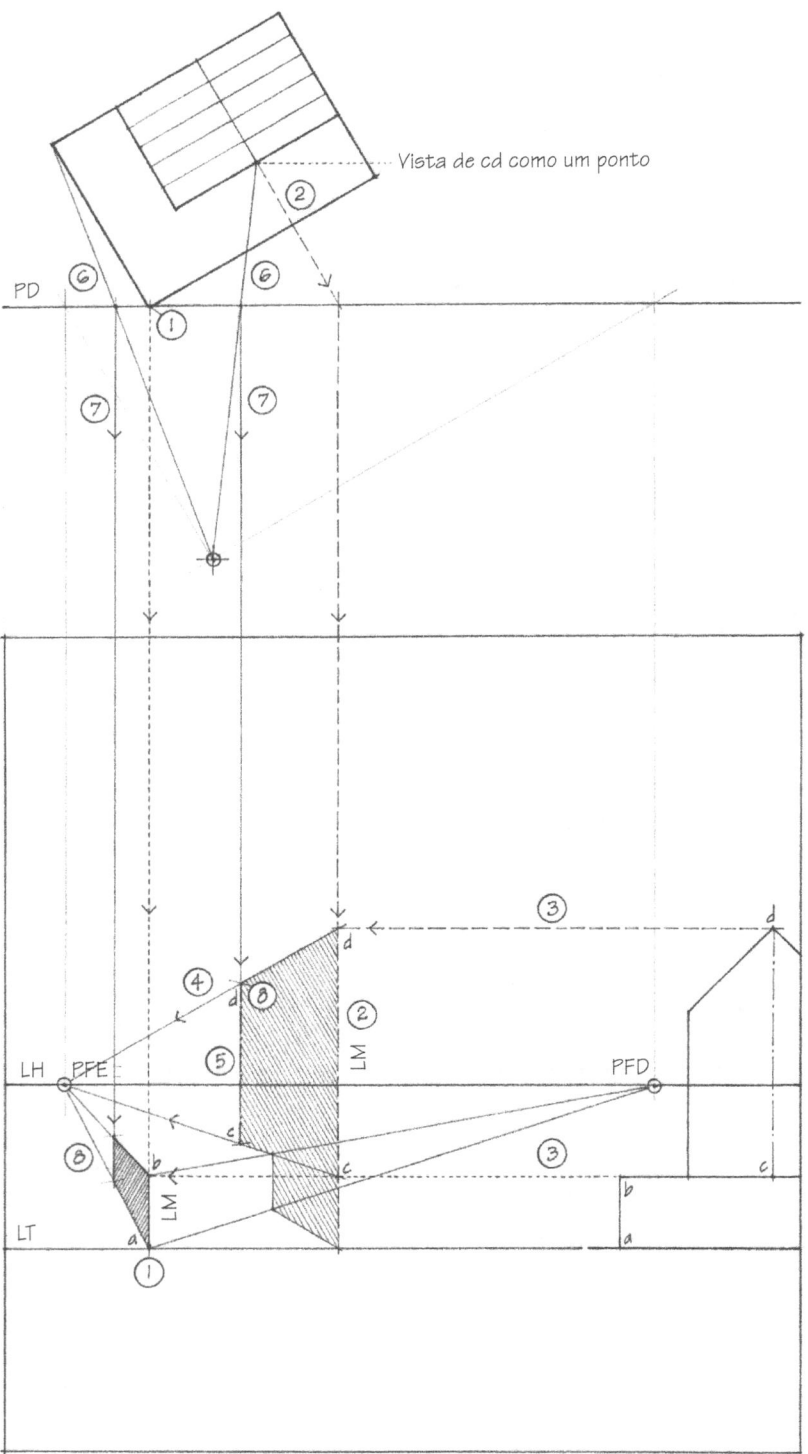

Medindo alturas

1. As alturas de retas ou arestas verticais no plano do desenho permanecem inalteradas em tamanho. Dessa maneira, estas linhas servem como linhas métricas.
2. Para determinar a altura em perspectiva de uma reta ou aresta vertical localizada na frente ou atrás do plano do desenho, estabeleça, em primeiro lugar, a linha métrica para o plano vertical no qual a reta se encontra.
3. Transfira horizontalmente a altura verdadeira da elevação à linha métrica vertical da perspectiva.
4. Projete a altura real para a frente ou para trás, ao longo do plano vertical em perspectiva, usando a reta que converge ao ponto de fuga das retas horizontais deste plano. Como regra geral, transfira a altura real de uma linha métrica para a perspectiva, seguindo caminhos horizontais em direção a ambos os pontos de fuga principais, na linha do horizonte.
5. Como estas retas e a base do plano vertical são tanto horizontais como paralelas, a distância vertical entre elas permanece constante conforme elas retrocedem na perspectiva.
6. Para determinar a posição em perspectiva da reta ou aresta vertical, desenhe uma linha de visão do ponto de observação ao ponto de visualização da reta em planta, até que ele intercepte o plano do desenho. Para uma reta vertical posicionada à frente do plano do desenho, estenda a linha de visão até que ela intercepte o plano do desenho. Para uma reta vertical posicionada à frente do plano do desenho, estenda a linha de visão até que ela encontre o plano do desenho.
7. A partir de onde a linha de visão intercepta o plano do desenho em planta, trace uma linha de construção vertical para interceptar o plano vertical em perspectiva.
8. A reta da interseção representa a altura em perspectiva e a localização da reta ou aresta vertical.

MÉTODO COMUM

Se sabemos o ponto onde a base de uma reta vertical encontra o plano-base na perspectiva, podemos determinar sua altura em perspectiva de duas maneiras:

1. Da base da linha métrica vertical, desenhe uma reta passando pela posição em perspectiva da reta cuja altura desejamos determinar, e estenda-a até que encontre a linha do horizonte.
2. Deste ponto na linha do horizonte (LH), desenhe outra reta retrocendente até encontrar a altura desejada na linha métrica vertical.
3. Como ambas as linhas de construção convergem para a linha do horizonte, elas são horizontais e paralelas e marcam comprimentos iguais tanto na linha métrica vertical quanto na reta vertical que se encontra na profundidade da perspectiva.

Um segundo método para determinar a altura em perspectiva de uma reta vertical utiliza a altura da linha do horizonte acima do plano-base. Se esta altura é conhecida, podemos usá-la como uma escala vertical para medir retas verticais em qualquer lugar da profundidade da perspectiva.

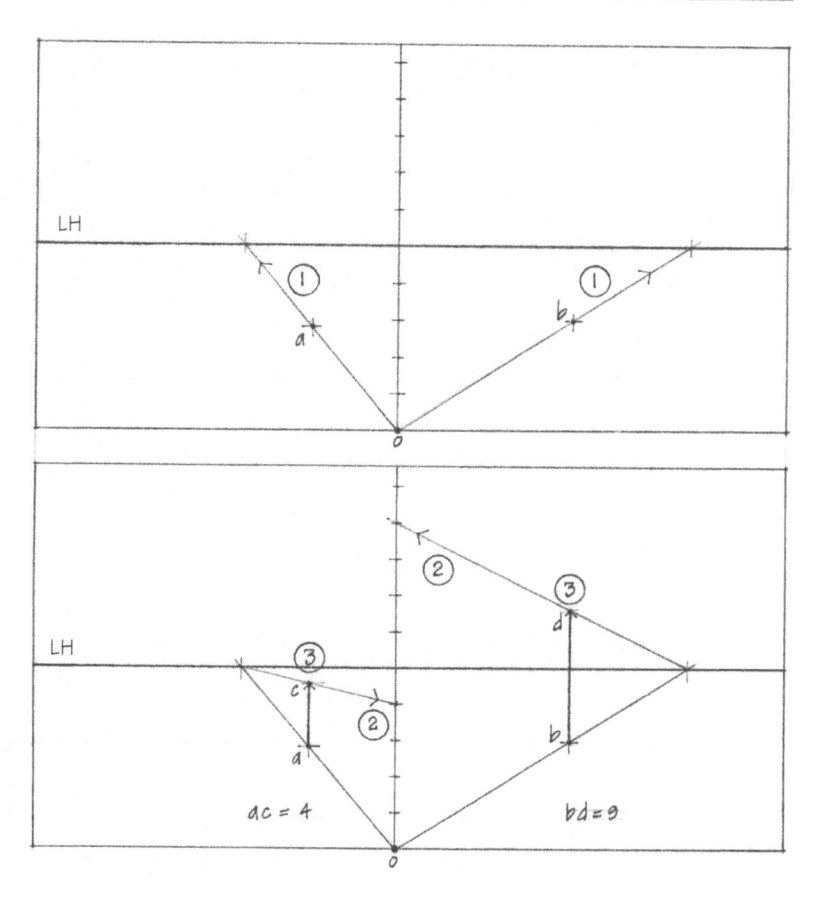

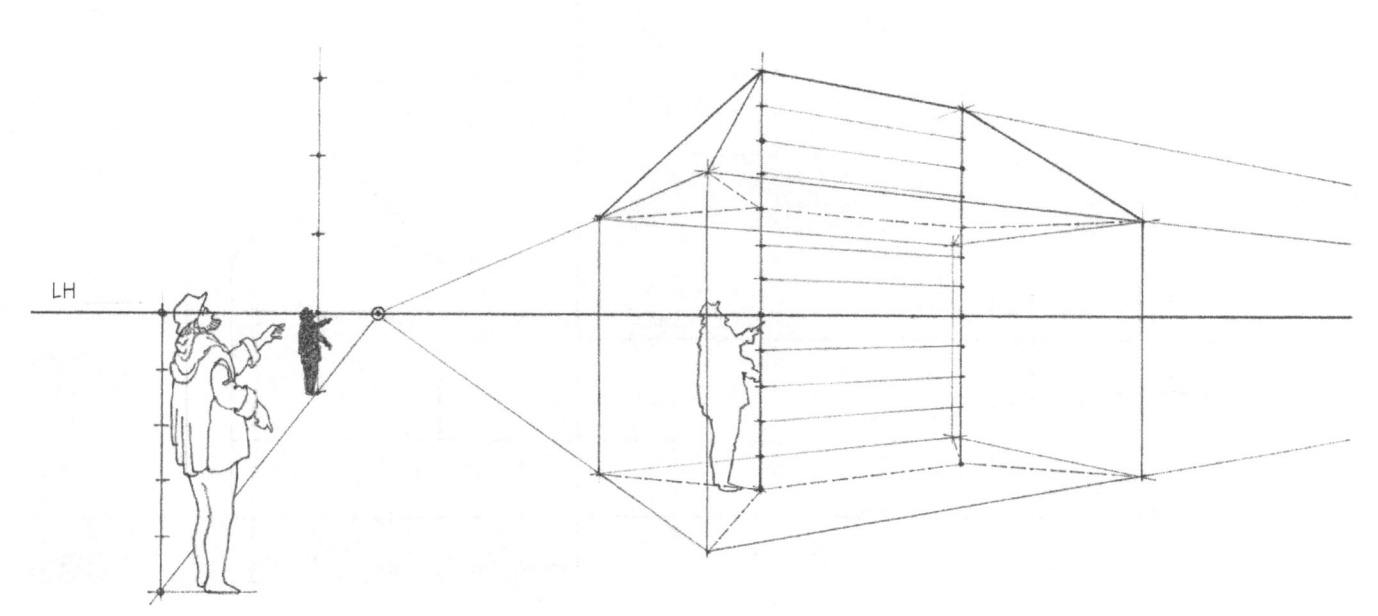

Completando a perspectiva

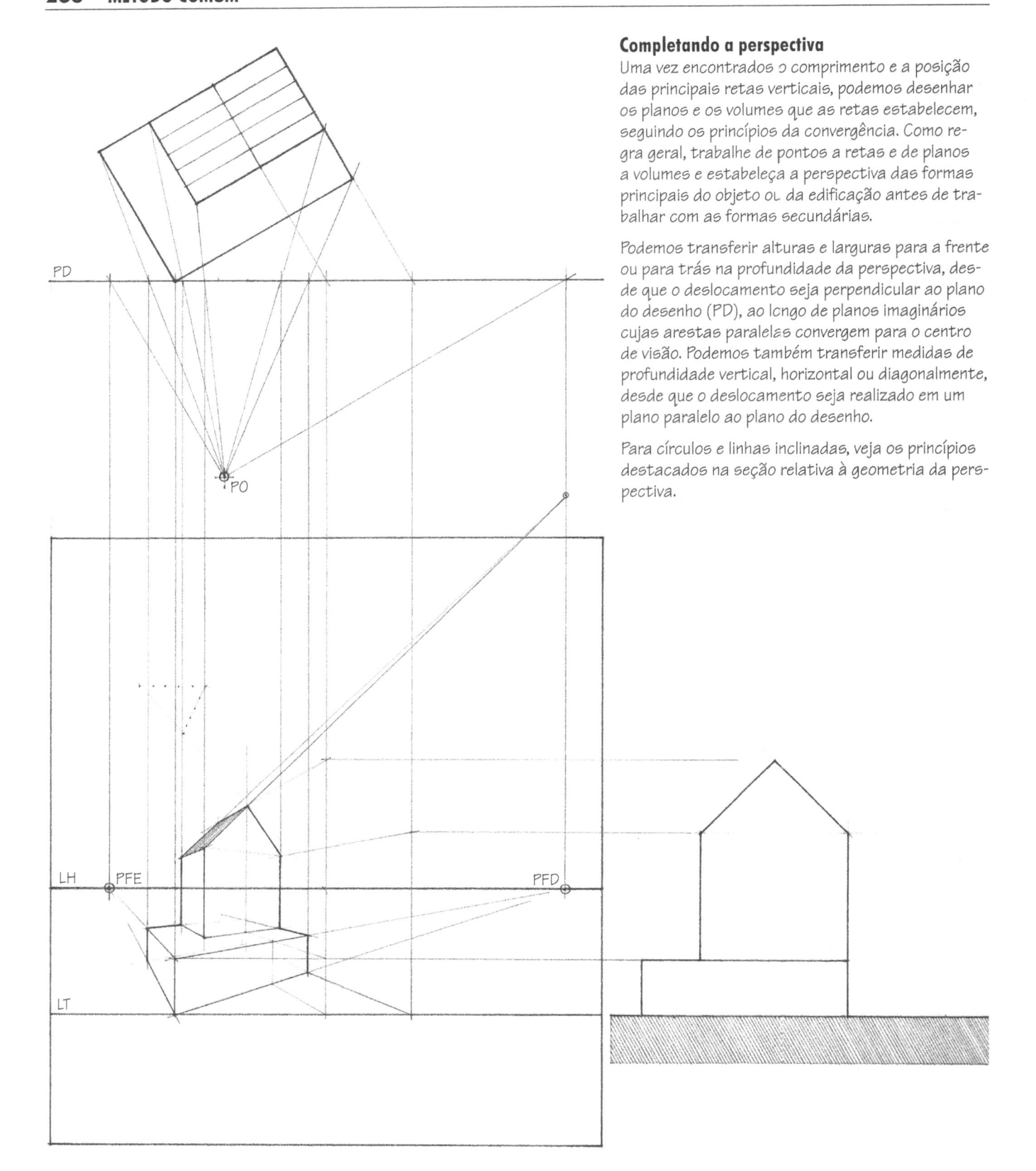

Uma vez encontrados o comprimento e a posição das principais retas verticais, podemos desenhar os planos e os volumes que as retas estabelecem, seguindo os princípios da convergência. Como regra geral, trabalhe de pontos a retas e de planos a volumes e estabeleça a perspectiva das formas principais do objeto ou da edificação antes de trabalhar com as formas secundárias.

Podemos transferir alturas e larguras para a frente ou para trás na profundidade da perspectiva, desde que o deslocamento seja perpendicular ao plano do desenho (PD), ao longo de planos imaginários cujas arestas paralelas convergem para o centro de visão. Podemos também transferir medidas de profundidade vertical, horizontal ou diagonalmente, desde que o deslocamento seja realizado em um plano paralelo ao plano do desenho.

Para círculos e linhas inclinadas, veja os princípios destacados na seção relativa à geometria da perspectiva.

Exercício 8.10
Construa uma perspectiva com dois pontos de fuga da edificação ilustrada no esquema ao lado.

Exercício 8.11
Que afastamento seria necessário, ao alterarmos a posição do plano do desenho (PD) na planta, para duplicar o tamanho da imagem em perspectiva?

Exercício 8.12
Dobre a altura da linha do horizonte (LH) e construa outra perspectiva com dois pontos de fuga da edificação.

Exercício 8.13
Dobre a distância do ponto de observação (PO) à edificação e construa outra perspectiva com dois pontos de fuga.

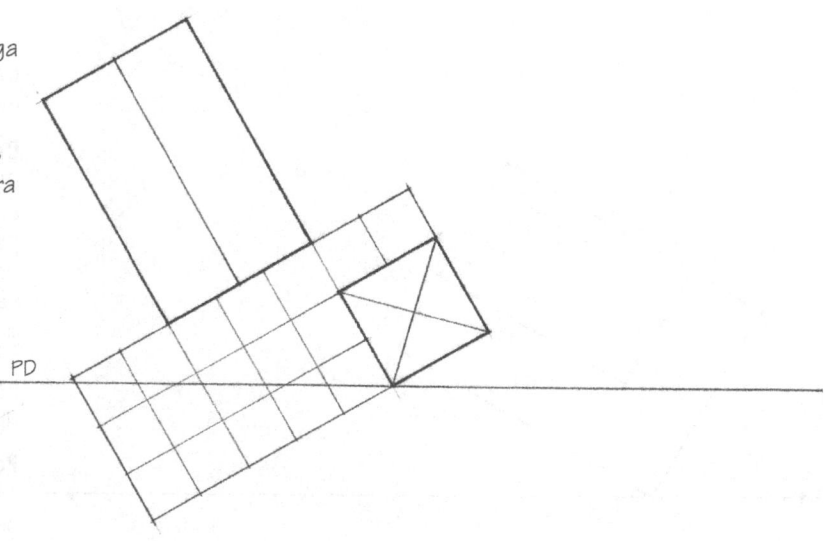

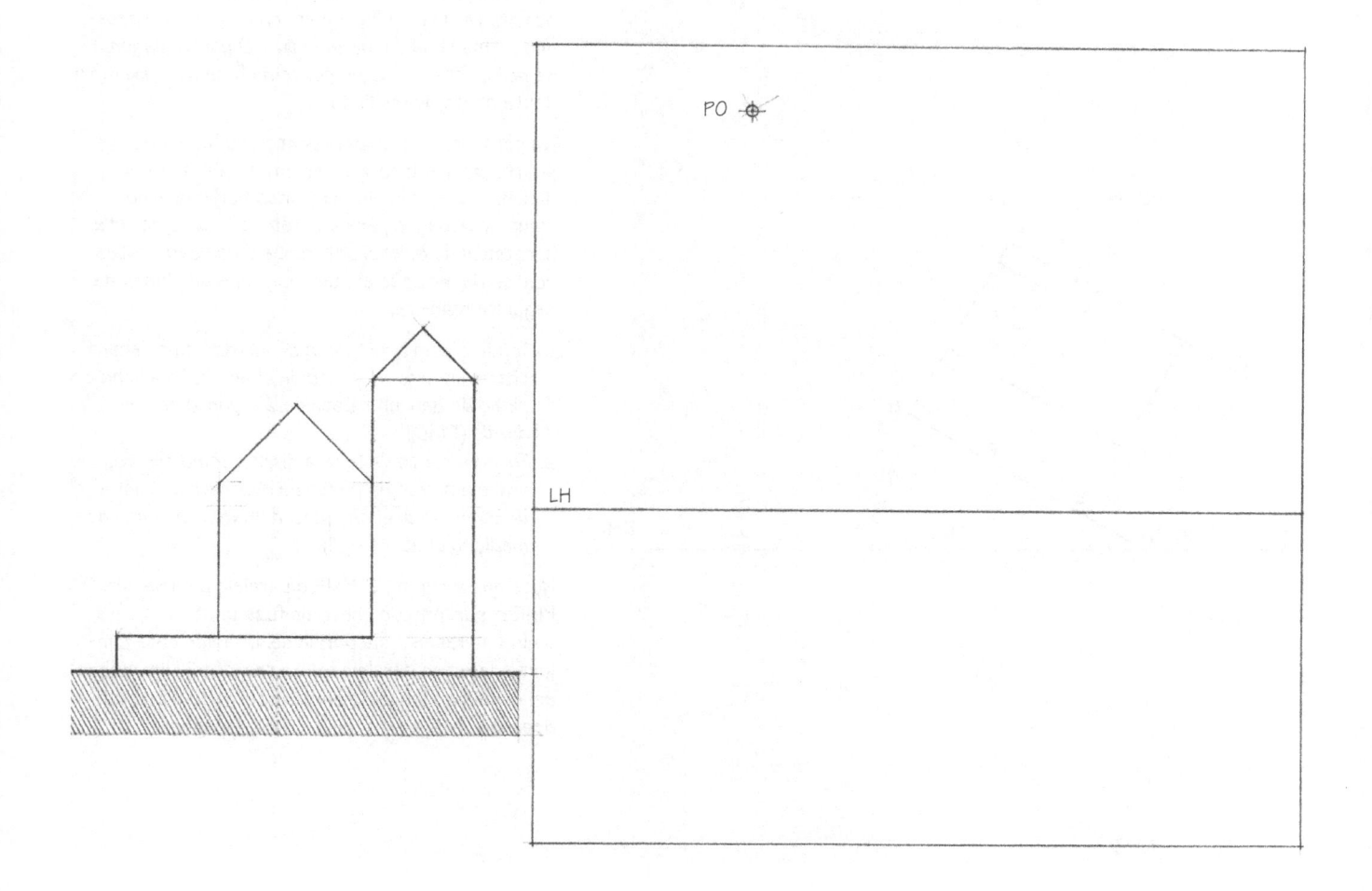

MÉTODO DA PLANTA PERSPECTIVADA

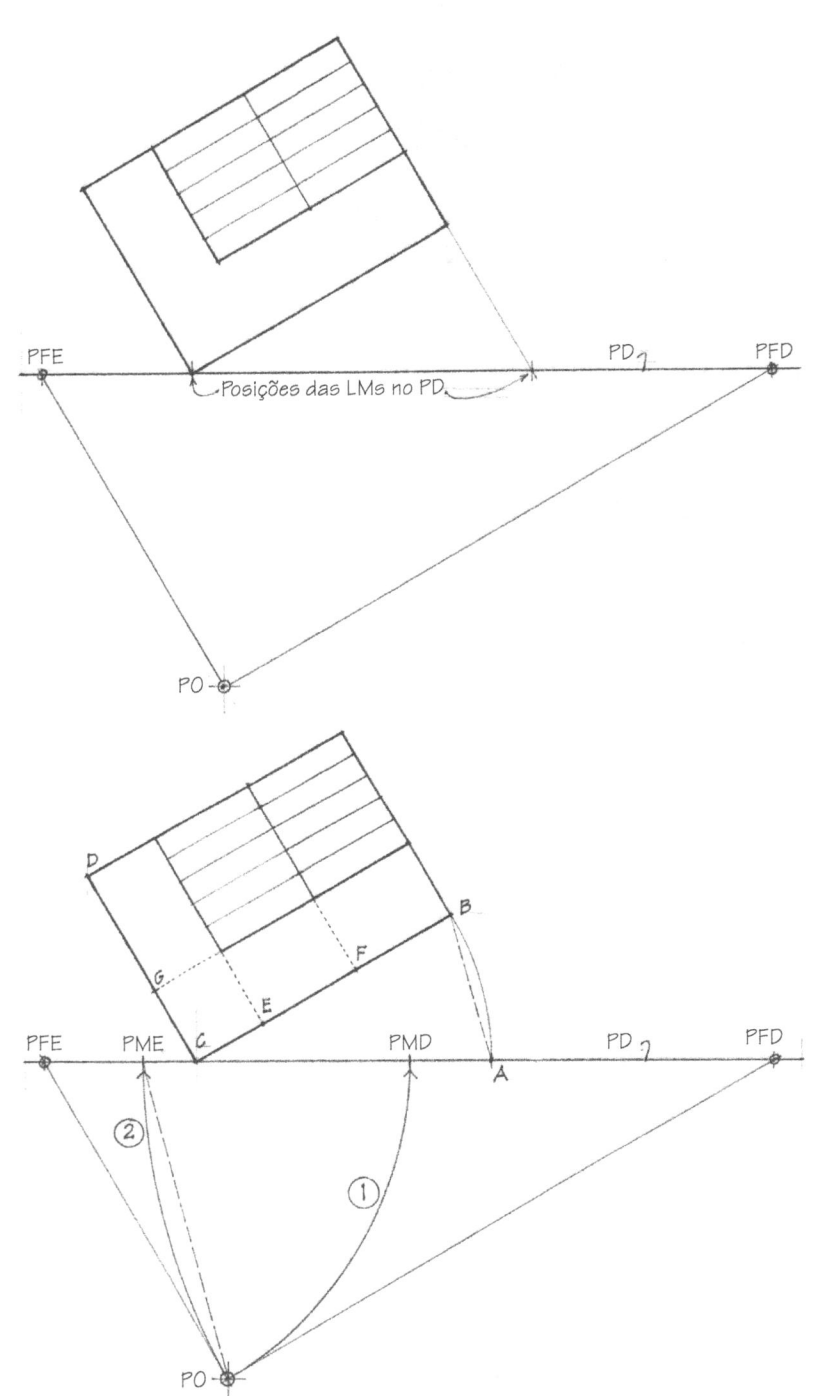

O método da planta perspectivada permite construir toda uma perspectiva a partir de medidas tiradas do plano do desenho, sem a necessidade de uso de uma planta ou elevação ortogonal.

Diagrama da planta

Siga o mesmo procedimento descrito no método comum empregado para construir o diagrama de planta que determina o posicionamento da perspectiva. Usamos este diagrama de planta a fim de estabelecer a posição do plano do desenho (PD), do ponto de observação (PO), dos pontos de fuga (PFE e PFD) para o principal conjunto de retas horizontais e a posição das retas verticais de medição.

Pontos de medição

Também usamos o diagrama da planta para posicionar pontos de medição (PME e PMD). Um ponto de medição é um ponto de fuga para um conjunto de retas paralelas, utilizado para transferir dimensões reais de uma linha métrica no plano do desenho a uma linha em perspectiva. O ponto diagonal na perspectiva com um ponto de fuga é um exemplo deste ponto de medição.

Na perspectiva com dois pontos de fuga, há dois pontos de medição que servem para transferir dimensões de uma linha métrica horizontal no plano do desenho para a perspectiva de uma reta horizontal do objeto. Determine a posição destes pontos de medição em um diagrama de planta da seguinte maneira:

1. Tendo o ponto de fuga à esquerda como centro, trace um arco do ponto de observação à linha do plano do desenho. Este será o ponto de medição direto (PMD).
2. Tendo o ponto de fuga à direita como centro, trace um arco do ponto de observação à linha do plano do desenho para demarcar o ponto de medição esquerdo (PME).

Note que a curva PO-PME é paralela à curva AB. O PME é, portanto, o ponto de fuga para AB e para todas as retas a ela paralelas. Usamos este conjunto de retas paralelas para transferir dimensões em escala ao longo da linha de terra no plano do desenho para a reta base BC do desenho.

MÉTODO DA PLANTA PERSPECTIVADA

Planta perspectivada

Podemos construir uma planta perspectivada sobre o piso ou em algum outro plano horizontal do objeto desenhado. Se este plano estiver muito perto do horizonte, entretanto, a planta perspectivada poderá ficar muito reduzida para determinar precisamente onde as retas se interceptam. É necessário ser capaz de discernir estas interseções ao transferir dimensões em escala de uma linha métrica no plano do desenho para a reta em perspectiva. Por causa disso, normalmente construímos a planta perspectivada a certa distância acima ou abaixo da linha do horizonte do desenho em perspectiva.

Construa a planta perspectivada de acordo com o seguinte procedimento:

1. Desenhe a linha do horizonte (LH) na vista em perspectiva e marque os pontos de fuga (PFE e PFD), os pontos de medição (PME e PMD) e a posição das linhas métricas (LM) previamente determinados no diagrama da planta. Podemos definir estes pontos em qualquer escala desejada para o tamanho do desenho em perspectiva; não é necessário usar a mesma escala do diagrama da planta.

2. Estabeleça uma linha de terra auxiliar (LT auxiliar), a qualquer distância desejada, abaixo ou acima da linha do horizonte no desenho em perspectiva.

3. Projete a posição da principal linha métrica para baixo da linha de terra. Este ponto serve como ponto zero, a partir do qual damos escala às medidas em planta na linha de terra. Marcamos as medidas do lado esquerdo da planta à esquerda do ponto zero. Marcamos as medidas do lado direito da planta à direita do ponto zero.

4. A partir do ponto zero, desenhe linhas de solo na perspectiva que convirjam à direita e à esquerda, em direção aos principais pontos de fuga.

5. Transfira as medidas em escala presentes na linha de terra para a linha de solo à esquerda, na perspectiva, por meio de linhas desenhadas na direção do ponto de medição direito. Use o ponto de medição esquerdo para transferir medidas à linha de solo à direita. Como transferimos as medidas em planta às linhas de solo à esquerda e à direita, agora podemos completar a planta perspectivada, seguindo os princípios da convergência aos pontos de fuga.

Pontos de medição fracionários

Se as medidas em escala na linha de terra se estendem além dos limites do desenho em perspectiva, podemos usar um ponto de medição fracionário. Para definir um ponto de medição fracionário, dividimos em duas ou quatro partes a distância normal do ponto de fuga ao ponto de medição. Para obter a metade da distância de um ponto de medição, devemos dividir ao meio a medida entre os pontos ao longo da linha de terra, e para dividi-lo em quatro, devemos usar um quarto da medida que normalmente teríamos ao longo da linha de terra.

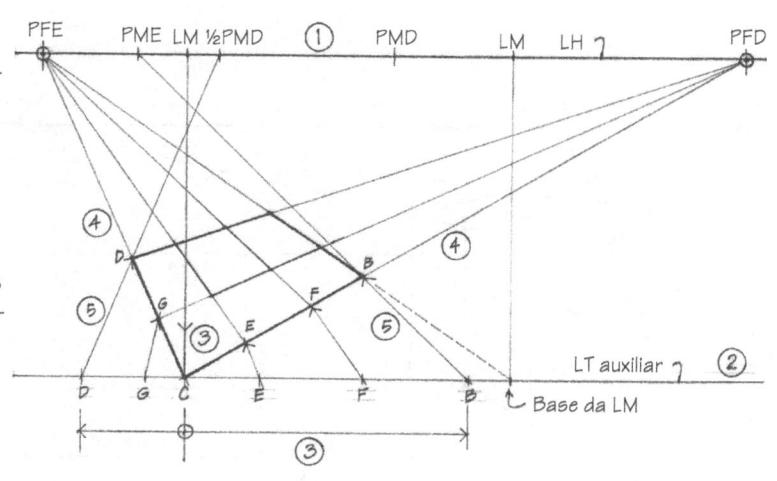

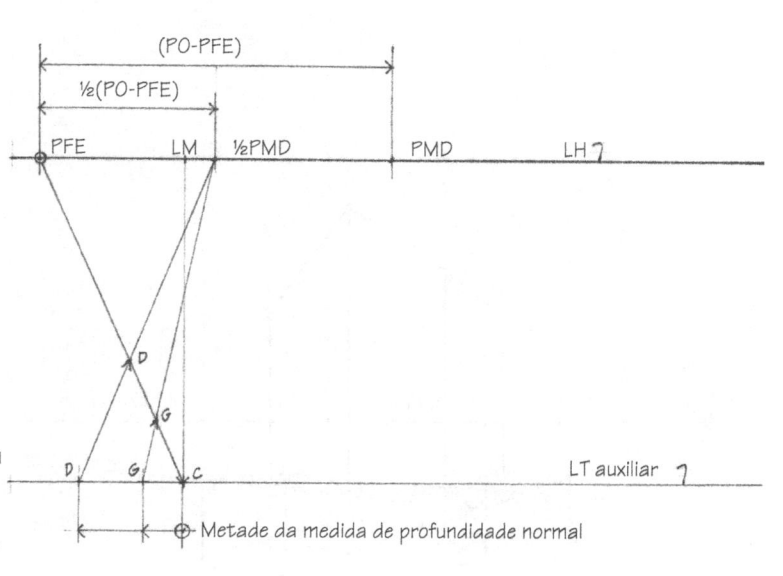

270 MÉTODO DA PLANTA PERSPECTIVADA

Vista em perspectiva

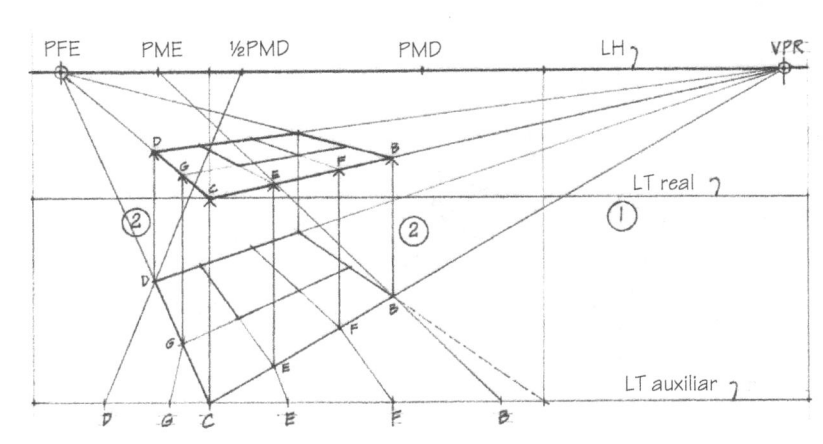

Depois de completar a planta perspectivada, começamos a construir a vista em perspectiva.

1. Estabeleça a linha de terra real (LT Real) para o desenho em perspectiva. A distância da linha de terra à linha do horizonte (LH) deve ser igual à altura do nível do observador acima do plano-base.
2. Obtenha os espaçamentos horizontais para pontos e retas verticais com base na planta perspectivada.
3. Marque as verdadeiras alturas dos elementos nas linhas métrica verticais presentes na perspectiva.
4. Transfira estas alturas reais a suas corretas posições em perspectiva, de acordo com o procedimento descrito no método comum de construção. Como o uso da elevação não é necessário, a construção é mais fácil.

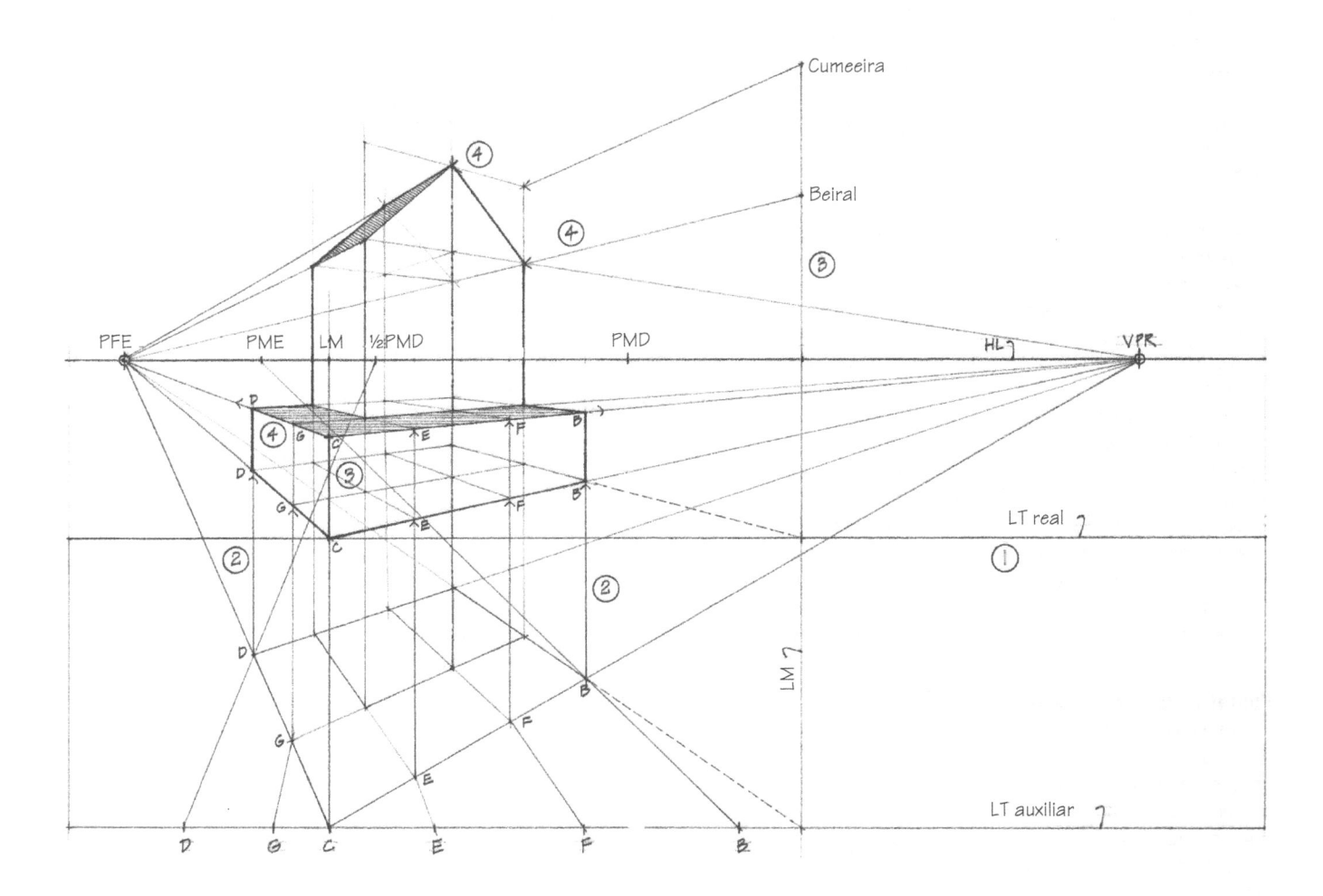

Exercício 8.14

Use o método da planta perspectivada para construir uma perspectiva com dois pontos de fuga da edificação abaixo, em escala duas vezes maior do que aquela empregada na ilustração.

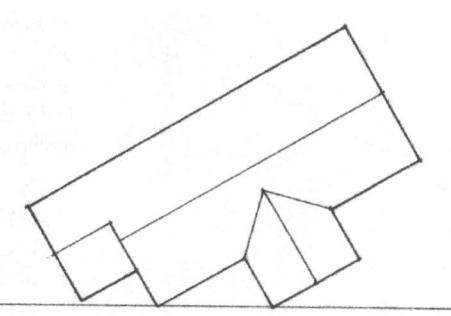

Plano do desenho

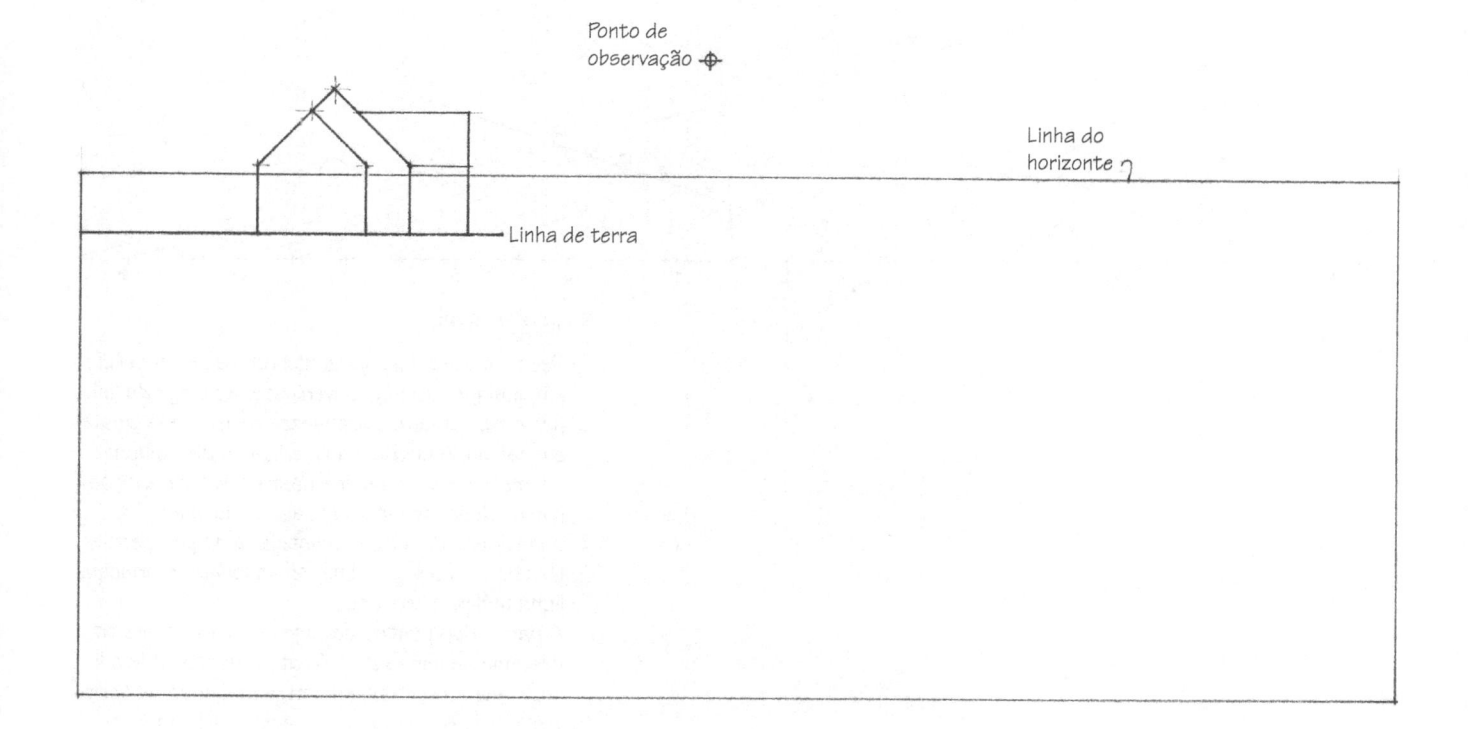

Ponto de observação

Linha do horizonte

Linha de terra

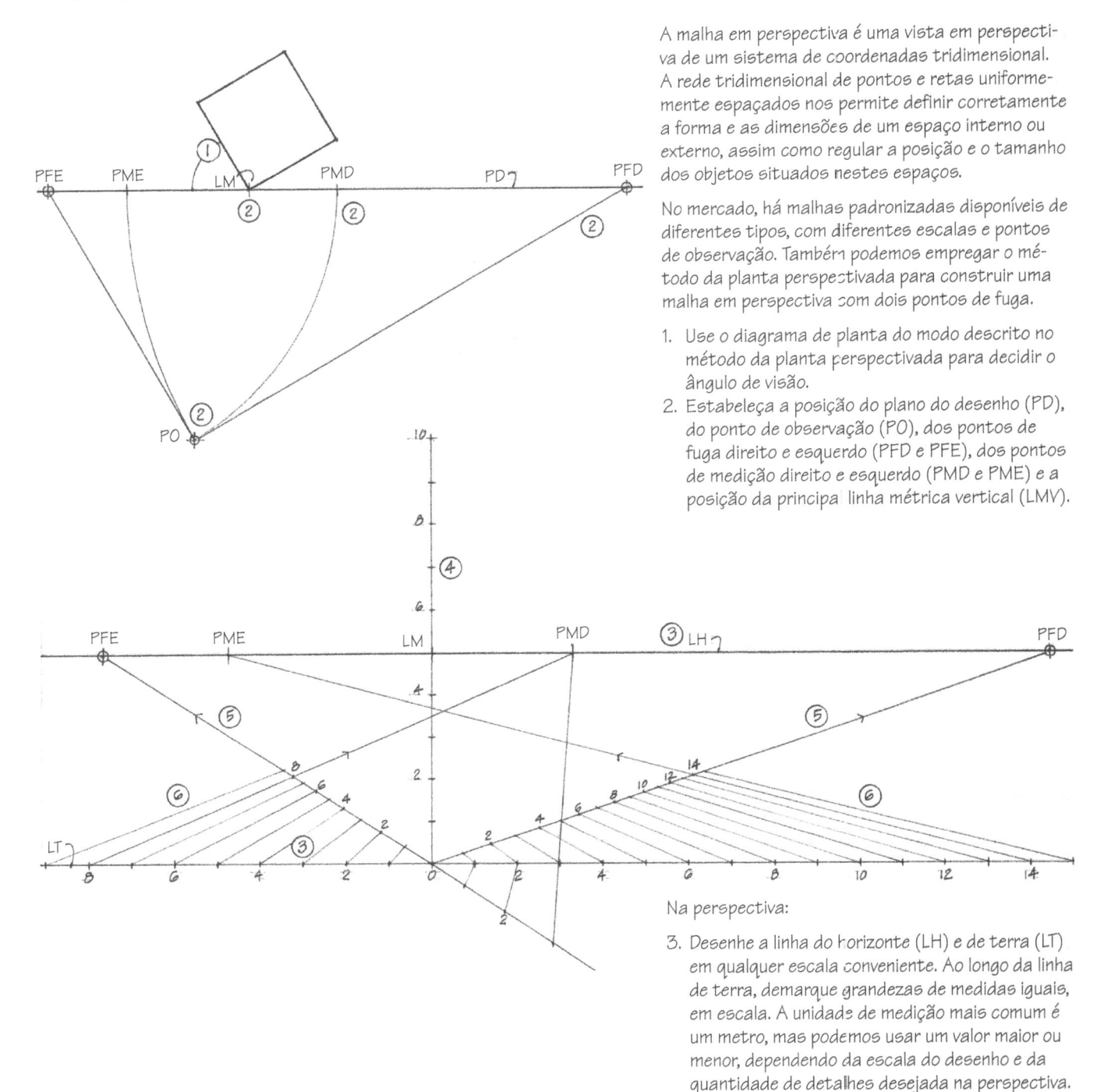

MALHA EM PERSPECTIVA COM DOIS PONTOS DE FUGA

A malha em perspectiva é uma vista em perspectiva de um sistema de coordenadas tridimensional. A rede tridimensional de pontos e retas uniformemente espaçados nos permite definir corretamente a forma e as dimensões de um espaço interno ou externo, assim como regular a posição e o tamanho dos objetos situados nestes espaços.

No mercado, há malhas padronizadas disponíveis de diferentes tipos, com diferentes escalas e pontos de observação. Também podemos empregar o método da planta perspectivada para construir uma malha em perspectiva com dois pontos de fuga.

1. Use o diagrama de planta do modo descrito no método da planta perspectivada para decidir o ângulo de visão.
2. Estabeleça a posição do plano do desenho (PD), do ponto de observação (PO), dos pontos de fuga direito e esquerdo (PFD e PFE), dos pontos de medição direito e esquerdo (PMD e PME) e a posição da principal linha métrica vertical (LMV).

Na perspectiva:

3. Desenhe a linha do horizonte (LH) e de terra (LT) em qualquer escala conveniente. Ao longo da linha de terra, demarque grandezas de medidas iguais, em escala. A unidade de medição mais comum é um metro, mas podemos usar um valor maior ou menor, dependendo da escala do desenho e da quantidade de detalhes desejada na perspectiva.
4. Use o mesmo procedimento ao longo da principal linha métrica vertical.
5. A partir dos pontos de fuga esquerdo e direito, desenhe as linhas de solo até o ponto onde a linha métrica vertical encontra as linhas de terra.
6. Transfira as unidades de medida na linha de terra para a linha de solo em perspectiva à esquerda por meio de retas desenhadas em direção ao ponto de medição direito. Transfira medidas de escala na linha de terra para a linha de solo em perspectiva à direita por meio do desenho de retas convergentes ao ponto de medição esquerdo.

MALHA EM PERSPECTIVA COM DOIS PONTOS DE FUGA

7. A partir dos pontos de fuga à direita e à esquerda, desenhe retas que passam pelas medidas em perspectiva das linhas de solo esquerda e direita. O resultado é uma malha de quadrados em perspectiva no piso ou no plano-base.
8. Se desejarmos, podemos transferir estas medidas em perspectiva e estabelecer uma malha similar ao longo das paredes laterais retrocedentes, bem como em um plano de teto ou de cobertura.

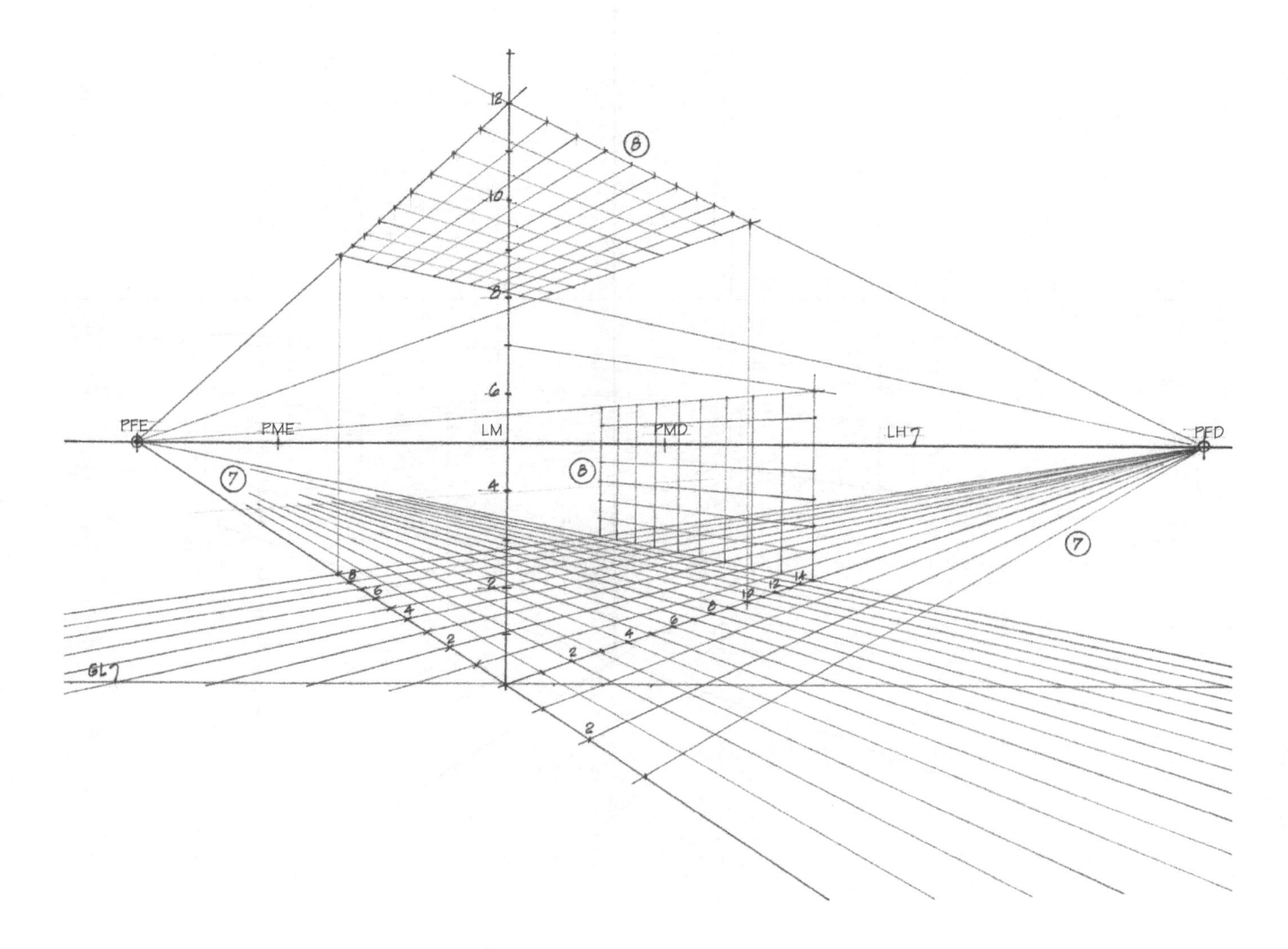

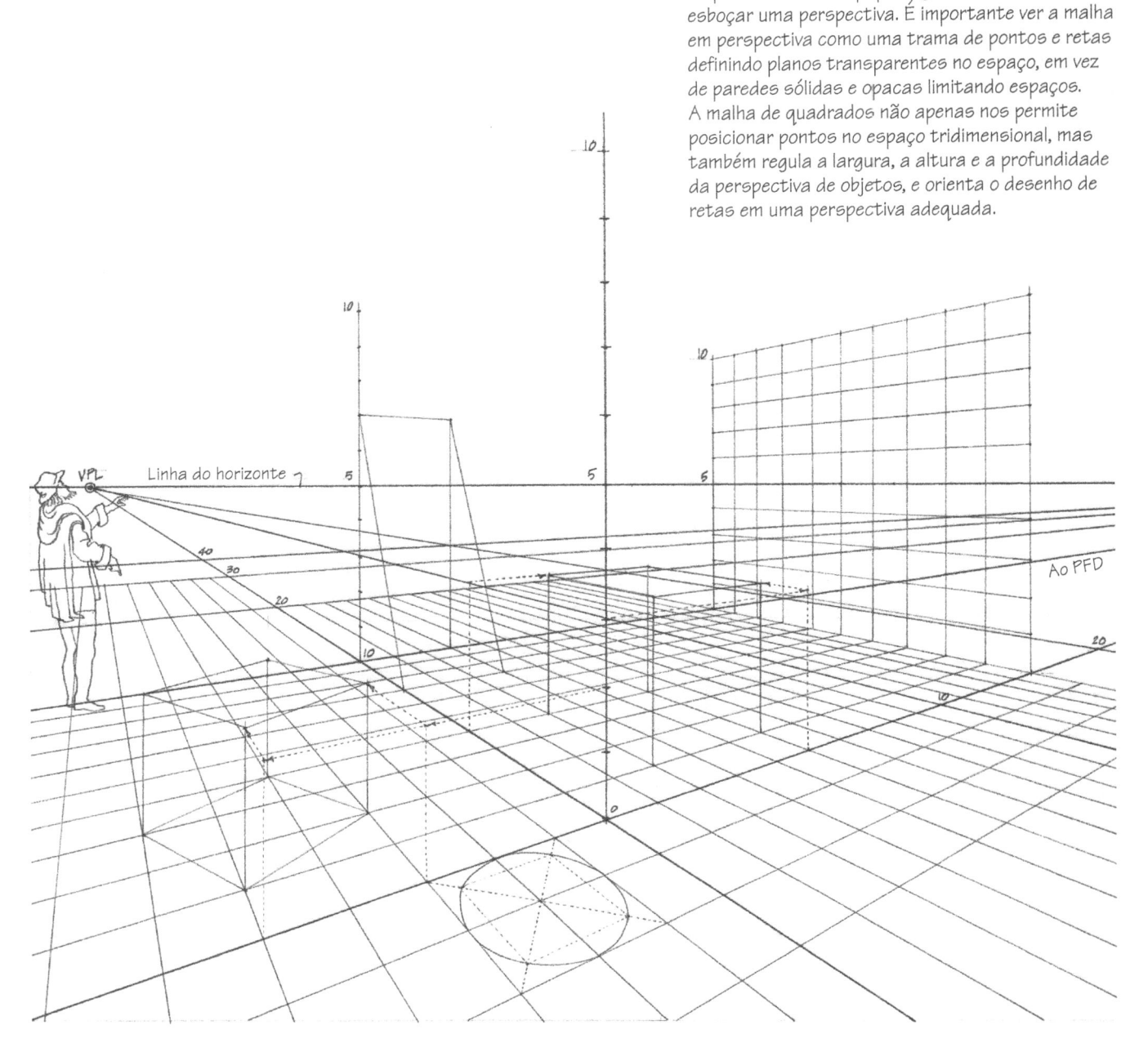

274 MALHA EM PERSPECTIVA COM DOIS PONTOS DE FUGA

Sobre esta malha em perspectiva, podemos sobrepor uma folha de papel vegetal e, à mão livre, esboçar uma perspectiva. É importante ver a malha em perspectiva como uma trama de pontos e retas definindo planos transparentes no espaço, em vez de paredes sólidas e opacas limitando espaços. A malha de quadrados não apenas nos permite posicionar pontos no espaço tridimensional, mas também regula a largura, a altura e a profundidade da perspectiva de objetos, e orienta o desenho de retas em uma perspectiva adequada.

Para desenhar um objeto dentro de um espaço, comece sobrepondo sua planta ou sua projeção sobre o solo na malha do plano-base ou do piso. Depois, levante, por cada uma das arestas, suas alturas em perspectiva, usando tanto a malha vertical quanto a altura conhecida da linha do horizonte acima da linha de terra. Complete o objeto desenhando suas arestas superiores, usando os princípios de convergência e as linhas da malha para guiar sua direção. Também é possível usar a malha para criar linhas inclinadas e curvas.

MALHA EM PERSPECTIVA COM DOIS PONTOS DE FUGA 275

Exercício 8.15

Construa uma malha em perspectiva com dois pontos de fuga em uma folha de papel manteiga ou vegetal de boa qualidade. Adote a escala de 1:25 para o plano do desenho e uma linha do horizonte a 1,50 m ou 1,80 m acima da linha de terra. Quando completada, a malha em perspectiva pode ser fotocopiada e aumentada ou reduzida para qualquer escala desejada.

Uma vez construída, a malha em perspectiva deve ser guardada e usada para desenhar perspectivas de espaços internos e externos de tamanho e escala semelhantes. Cada unidade de medida pode representar um metro, cinco metros, 100 metros ou mesmo um quilômetro. Girando e rebatendo a malha, podemos também variar o ponto de observação. Podemos, assim, usar a mesma malha para desenhar a perspectiva interna de um cômodo, a perspectiva externa de um pátio, bem como a vista aérea de toda uma quadra urbana.

Estas perspectivas utilizam a malha perspectiva desenvolvida nas páginas anteriores. Em cada caso, entretanto, a altura do observador foi escolhida para mostrar um ponto de observação específico, e a escala da malha foi alterada para se adequar à escala da edificação.

Linha do horizonte

Linha do horizonte

MALHA EM PERSPECTIVA COM TRÊS PONTOS DE FUGA

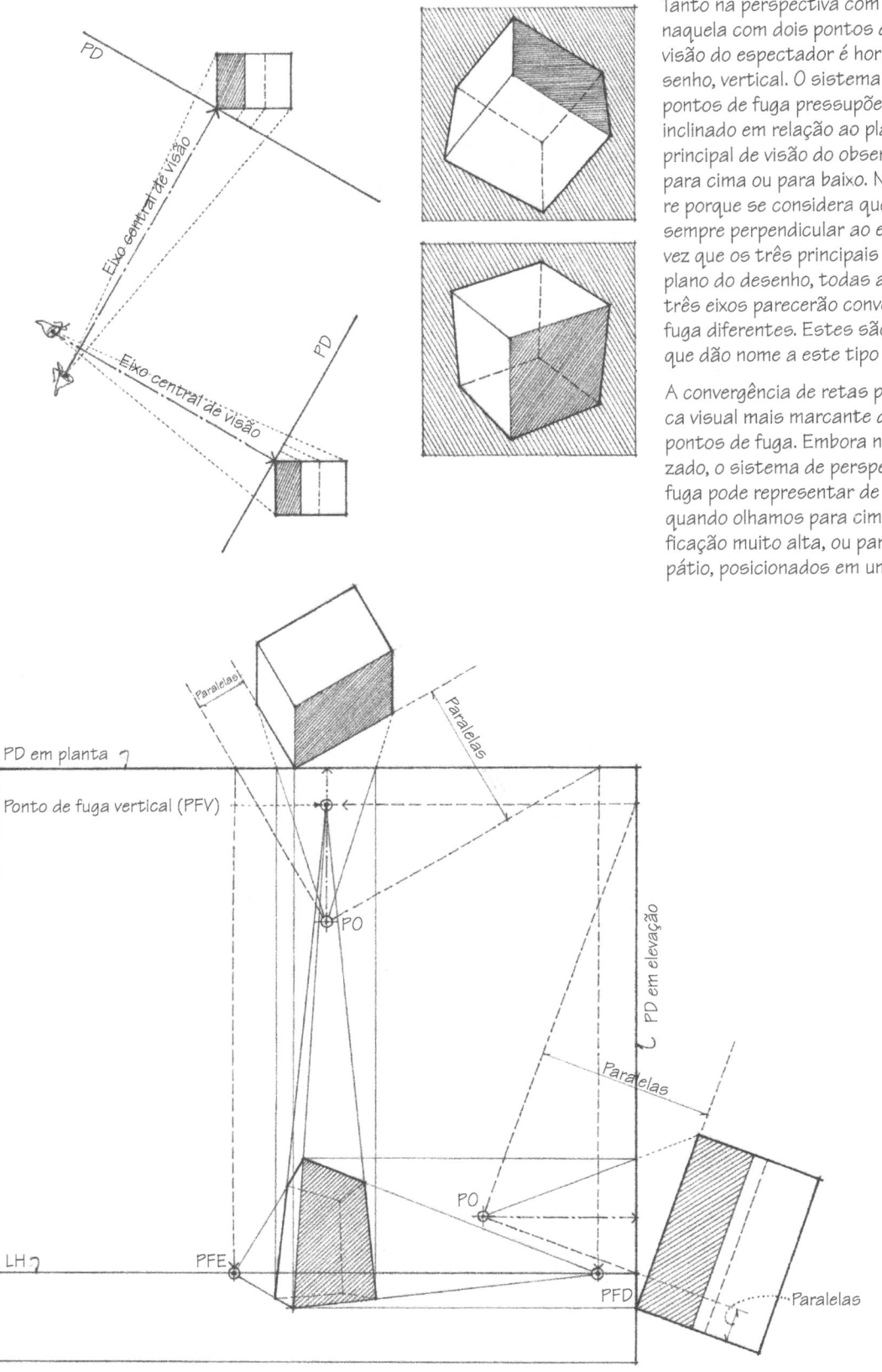

Tanto na perspectiva com um ponto de fuga quanto naquela com dois pontos de fuga, o eixo central de visão do espectador é horizontal, e o plano do desenho, vertical. O sistema de perspectiva com três pontos de fuga pressupõe ou que o objeto está inclinado em relação ao plano do desenho, ou o eixo principal de visão do observador que está inclinado para cima ou para baixo. No último caso, isso ocorre porque se considera que o plano do desenho é sempre perpendicular ao eixo central de visão. Uma vez que os três principais eixos são oblíquos ao plano do desenho, todas as retas paralelas a estes três eixos parecerão convergir para três pontos de fuga diferentes. Estes são os três pontos de fuga que dão nome a este tipo de perspectiva.

A convergência de retas paralelas é a característica visual mais marcante da perspectiva com três pontos de fuga. Embora não seja amplamente utilizado, o sistema de perspectiva com três pontos de fuga pode representar de modo efetivo o que vemos quando olhamos para cima, em direção a uma edificação muito alta, ou para baixo, em direção a um pátio, posicionados em um balcão elevado.

MALHA EM PERSPECTIVA COM TRÊS PONTOS DE FUGA

Podemos usar as três arestas mais longas de uma pirâmide de base triangular como ponto de fuga para um cubo visto em perspectiva com três pontos de fuga. Um dos lados da pirâmide é horizontal e conecta os pontos de fuga esquerdo e direito (PFE e PFD), para onde convergem as retas horizontais. O terceiro ponto de fuga (PFV), correspondente às retas verticais, está posicionado acima ou abaixo, dependendo do nosso ponto de observação.

O emprego de triângulos equiláteros implica que as faces do cubo formem ângulos iguais com o plano do desenho. Estender o ponto de fuga das retas verticais para longe do horizonte (LH) altera nosso ponto de observação e o efeito da perspectiva.

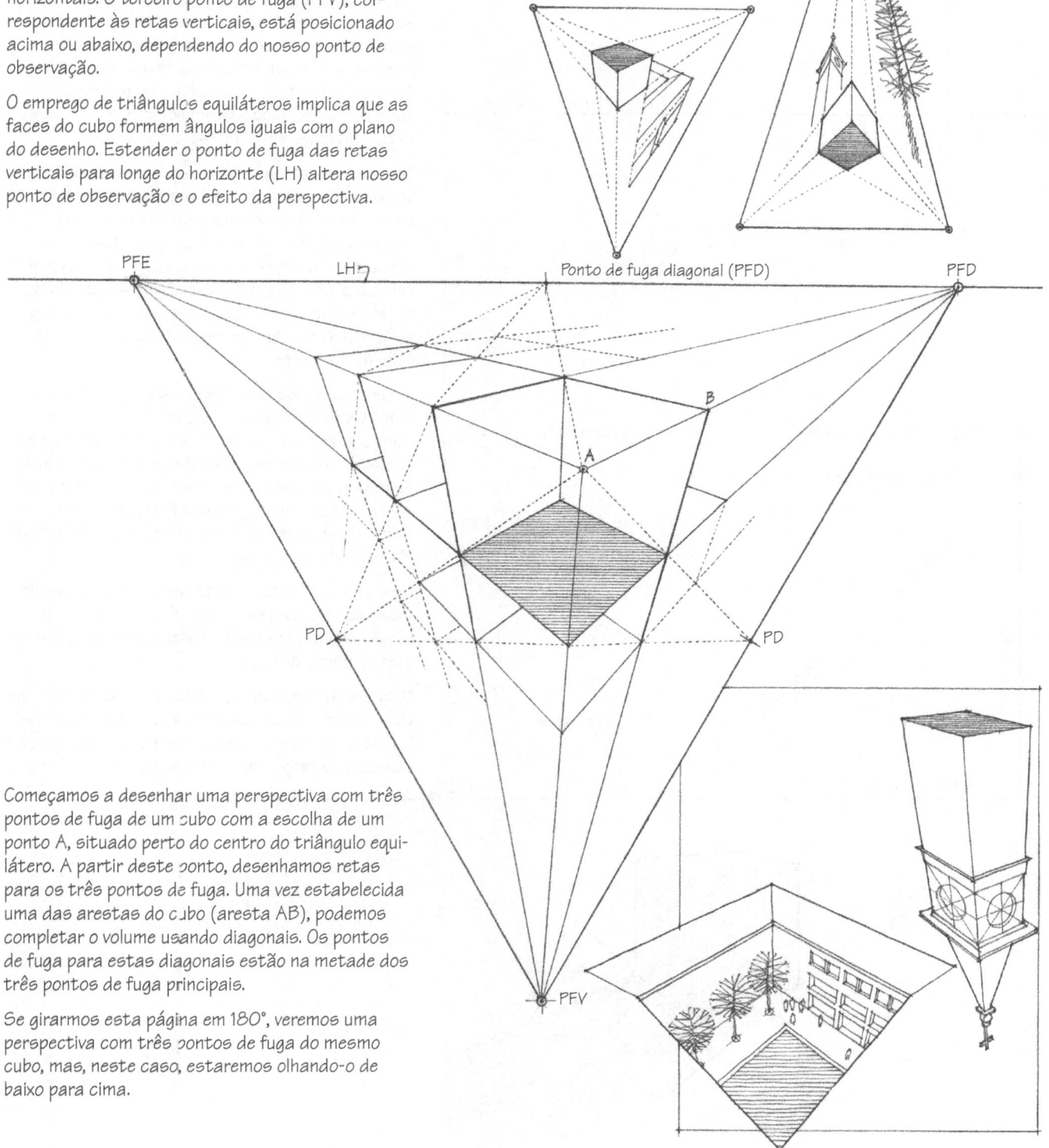

Começamos a desenhar uma perspectiva com três pontos de fuga de um cubo com a escolha de um ponto A, situado perto do centro do triângulo equilátero. A partir deste ponto, desenhamos retas para os três pontos de fuga. Uma vez estabelecida uma das arestas do cubo (aresta AB), podemos completar o volume usando diagonais. Os pontos de fuga para estas diagonais estão na metade dos três pontos de fuga principais.

Se girarmos esta página em 180°, veremos uma perspectiva com três pontos de fuga do mesmo cubo, mas, neste caso, estaremos olhando-o de baixo para cima.

278 SOMBRAS PRÓPRIAS E PROJETADAS

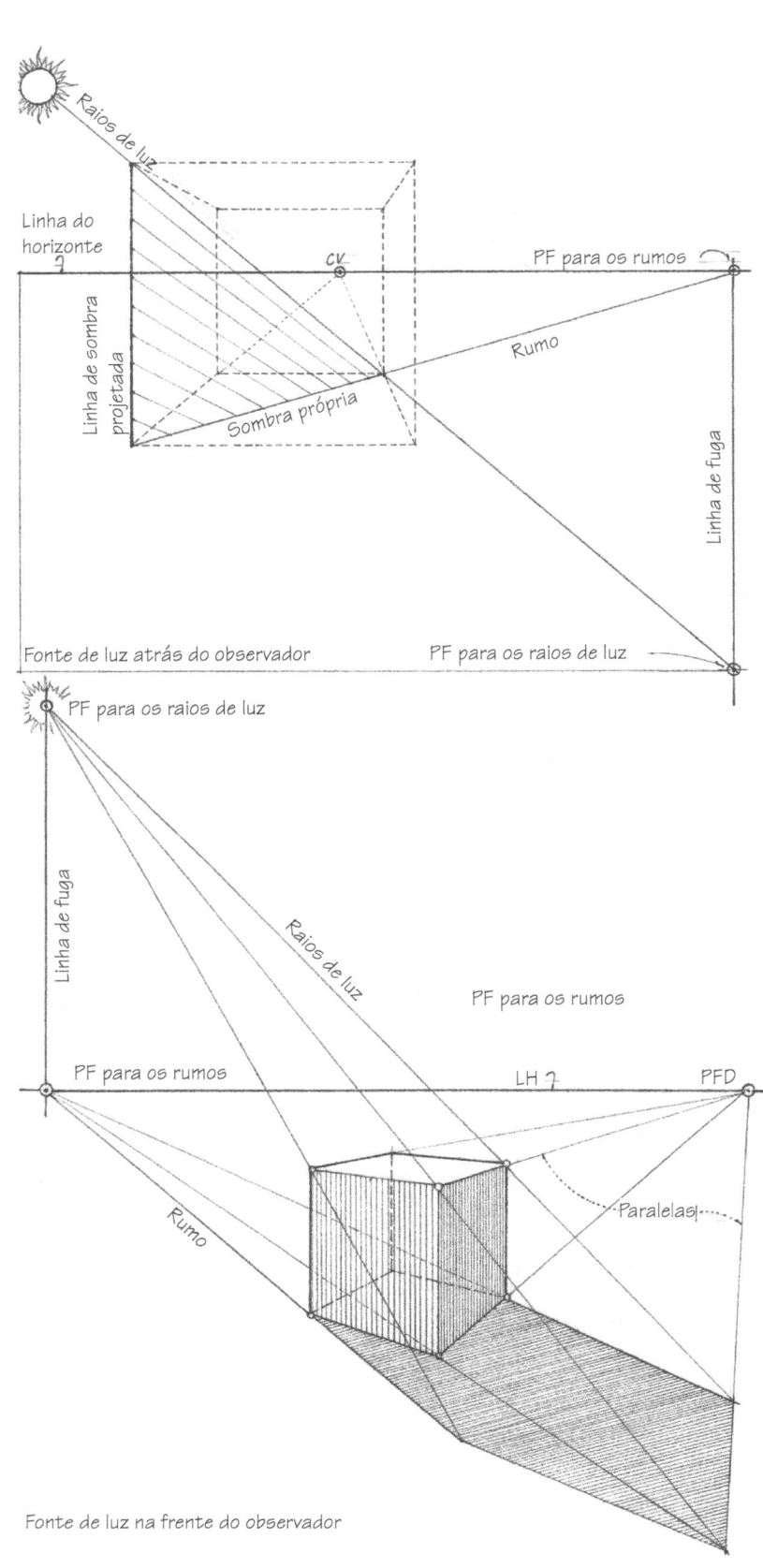

A representação de sombras próprias e projetadas em perspectivas cônicas é semelhante à sua construção em vistas de linhas paralelas, exceto pelo fato de que as linhas inclinadas representando os raios de luz convencionais ou reais parecem convergir quando são oblíquas ao plano do desenho. Fontes de luz atrás do observador iluminam as superfícies que vemos e projetam sombras que se afastam. Fontes na nossa frente projetam sombras na nossa direção e enfatizam superfícies iluminadas por trás e com sombras próprias. Ângulos pequenos de luz geram sombras mais longas; fontes altas geram sombras mais curtas.

Para determinar o ponto de fuga dos raios de luz, construa um plano de sombra própria triangular para uma linha de sombra projetada vertical em perspectiva, com a hipotenusa que estabelece a direção dos raios de luz e uma base indicadora de seu rumo. Como os rumos dos raios de luz são definidos por retas horizontais, seus pontos de fuga sempre devem estar em algum lugar ao longo da linha do horizonte.

Estenda a hipotenusa até que ela intercepte um traço vertical que passe pelo ponto de fuga do rumo dos raios de luz. Todos os outros raios de luz paralelos convergem para este ponto. Este ponto de fuga representa a fonte dos raios de luz e está acima do horizonte, quando a fonte de luz está em frente do observador, e abaixo do horizonte, quando ela está atrás do observador.

Uma aresta vertical projeta uma sombra no plano-base na mesma direção que o rumo do raio de luz. A sombra projetada e o rumo, portanto, têm o mesmo ponto de fuga.

Uma aresta horizontal projeta no plano-base ou em uma superfície paralela vertical uma sombra paralela a tal superfície. Assim, a aresta demarcadora e sua sombra projetada têm o mesmo ponto de fuga.

SOMBRAS PRÓPRIAS E PROJETADAS 279

Quando os raios de luz se originam à direita ou à esquerda do observador e são paralelos ao plano do desenho, eles permanecem paralelos na perspectiva e são desenhados em sua elevação angular verdadeira acima do plano-base. Seus rumos permanecem paralelos entre si e em relação à linha do horizonte e são desenhados como retas horizontais.

PFE · LH

Raios de luz paralelos ao PD

Ao PFD

Rumo horizontal — Altura solar

PFE · LH

Raios de luz paralelos ao PD

Ao PFD

Rumo — Altura solar

280 SOMBRAS PRÓPRIAS E PROJETADAS

Exercício 8.16
Dado o plano de sombra ABC, construa as sombras próprias e projetadas da edificação representada por meio da perspectiva com dois pontos de fuga.

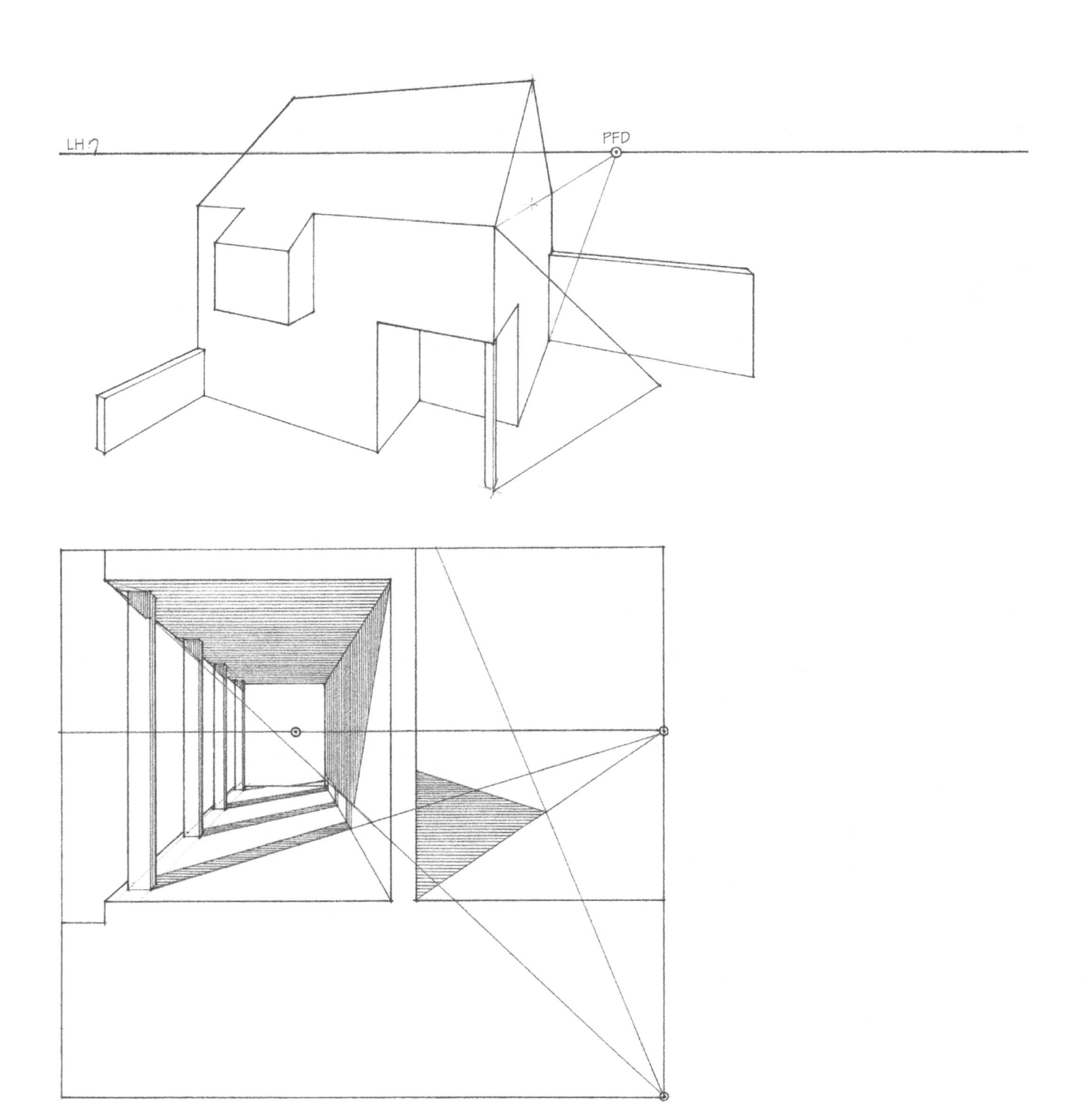

REFLEXOS 281

Os reflexos ocorrem em superfícies especulares, como vidros, espelhos d'água e pisos polidos. Uma superfície refletora apresenta a cópia invertida ou espelhada do objeto que está sendo refletido. Qualquer coisa em frente ou acima da superfície refletora aparece refletida, respectivamente, na mesma distância para trás ou para baixo da superfície e em direção perpendicular a esta.

Qualquer superfície plana refletora paralela a um dos três principais conjuntos de linhas paralelas (eixos x, y e z) prolonga o sistema de perspectiva do objeto. Portanto, os três principais conjuntos de linhas na reflexão convergem para os mesmos pontos de fuga que os conjuntos de retas do objeto.

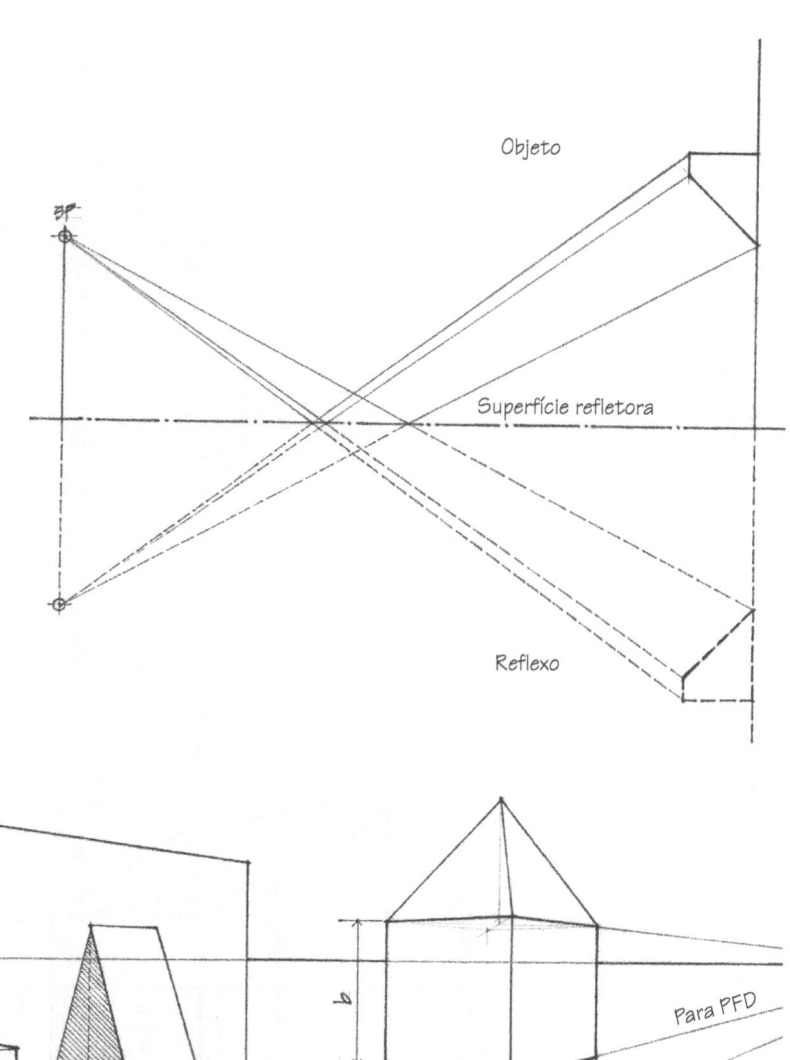

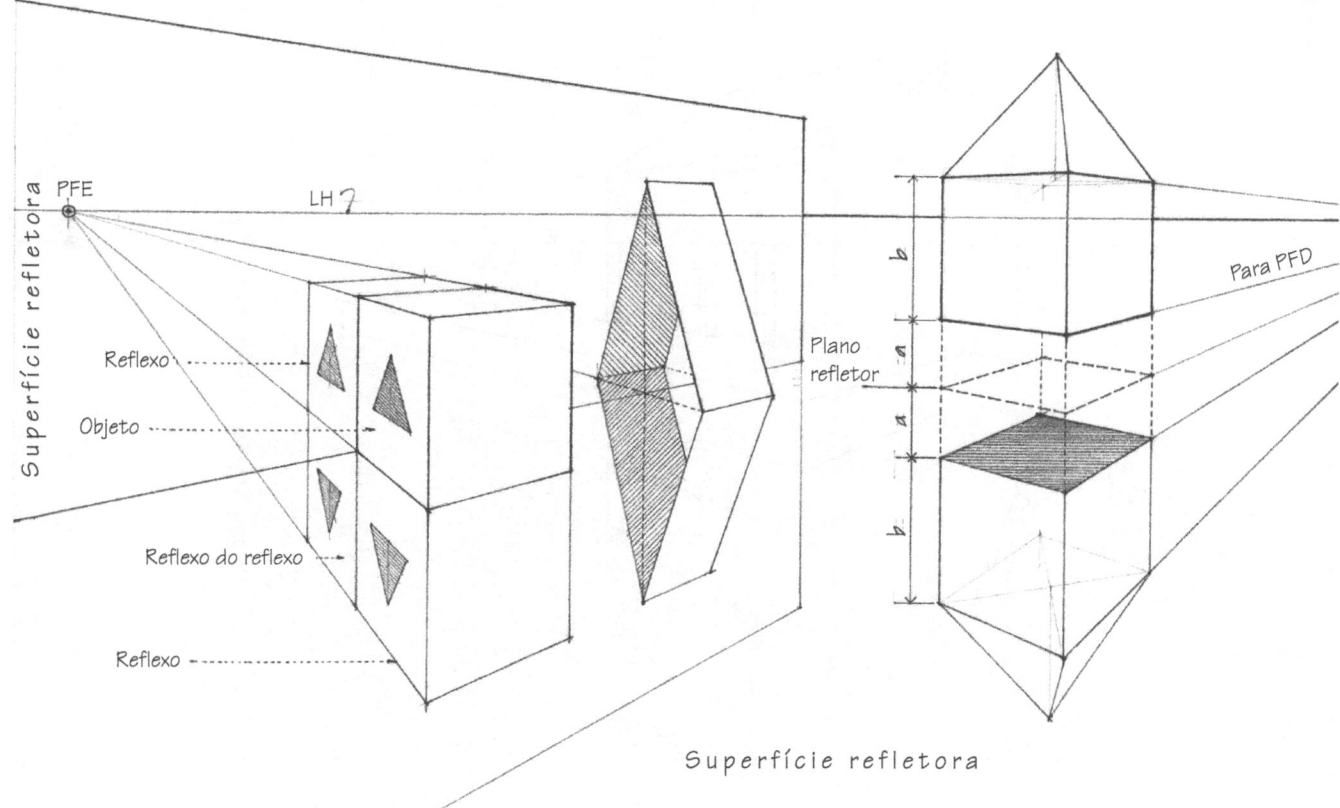

282 REFLEXOS

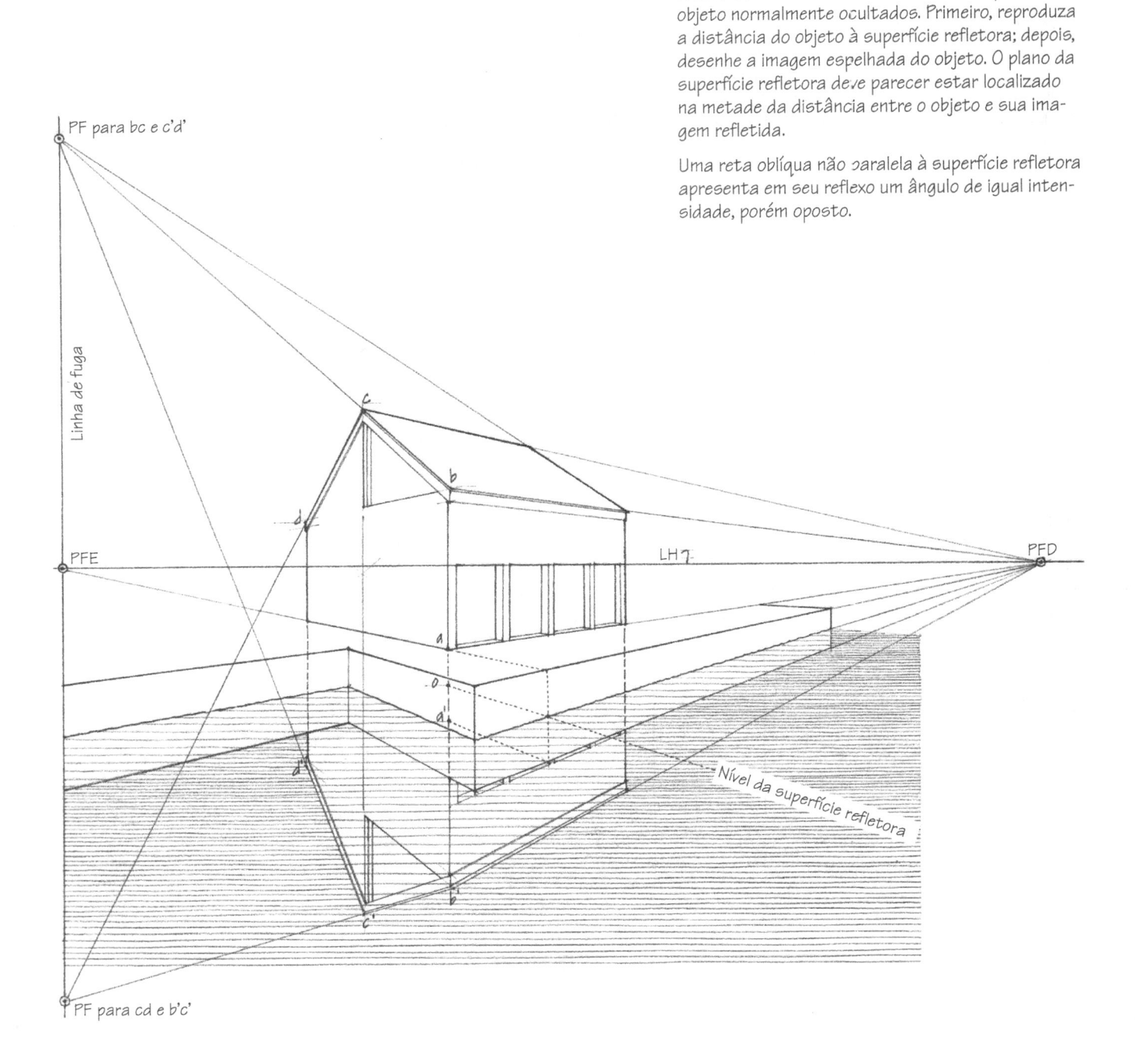

Se o objeto estiver diretamente sobre a superfície de reflexão, a imagem refletida será a cópia direta e invertida do original. Portanto, na vista em perspectiva do reflexo, a imagem refletida segue o mesmo sistema de perspectiva de retas já estabelecido para a imagem original. Se o objeto sendo refletido se posicionar a alguma distância da superfície refletora, então o reflexo talvez revele aspectos do objeto normalmente ocultados. Primeiro, reproduza a distância do objeto à superfície refletora; depois, desenhe a imagem espelhada do objeto. O plano da superfície refletora deve parecer estar localizado na metade da distância entre o objeto e sua imagem refletida.

Uma reta oblíqua não paralela à superfície refletora apresenta em seu reflexo um ângulo de igual intensidade, porém oposto.

REFLEXOS 283

Ao desenhar a perspectiva de um espaço interno que tem uma superfície especular em um ou mais de seus planos principais, estendemos o sistema de perspectiva da maneira descrita na página anterior. As linhas de visão são refletidas por uma superfície especular em ângulo igual ao ângulo de incidência. Portanto, cada reflexo duplica a dimensão aparente do espaço na direção perpendicular à superfície refletora. O reflexo de um reflexo quadruplicará o tamanho aparente do espaço.

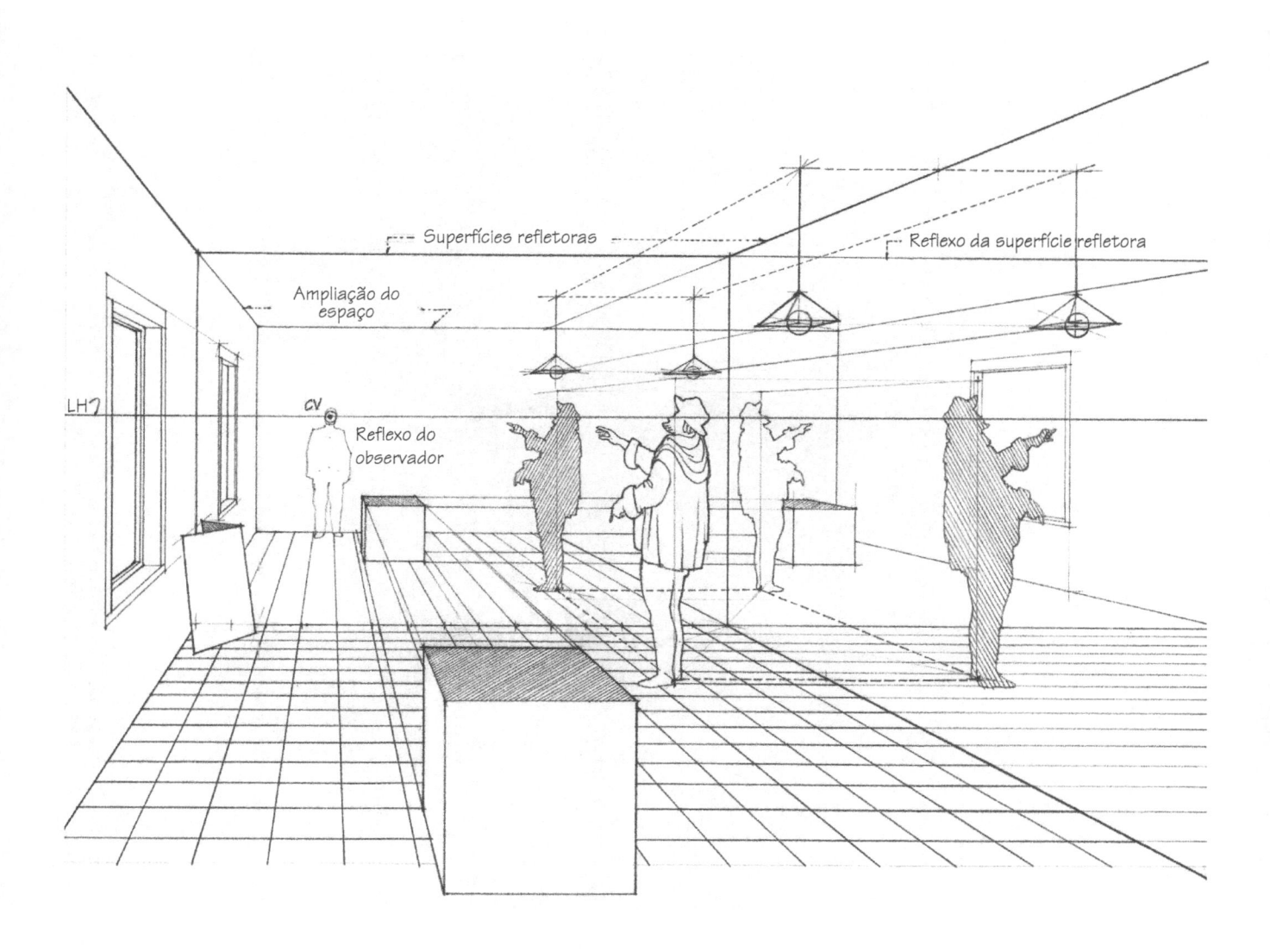

Desenho com Base na Imaginação

Imaginar é criar imagens mentais de algo que não está presente aos sentidos. A imaginação, portanto, se refere ao poder de reproduzir imagens guardadas na memória sob a sugestão de imagens associadas – imaginação reprodutiva – ou de recombinar experiências passadas na criação de novas imagens dirigidas a um objetivo específico ou que ajudem na solução de problemas – imaginação criativa. Usamos nossa imaginação criativa no projeto para visualizar possibilidades, fazer planos para o futuro e especular sobre as consequências de nossas ações. Desenhamos de modo a captar e tornar visíveis estas concepções de que algo ainda não existe, exceto na mente.

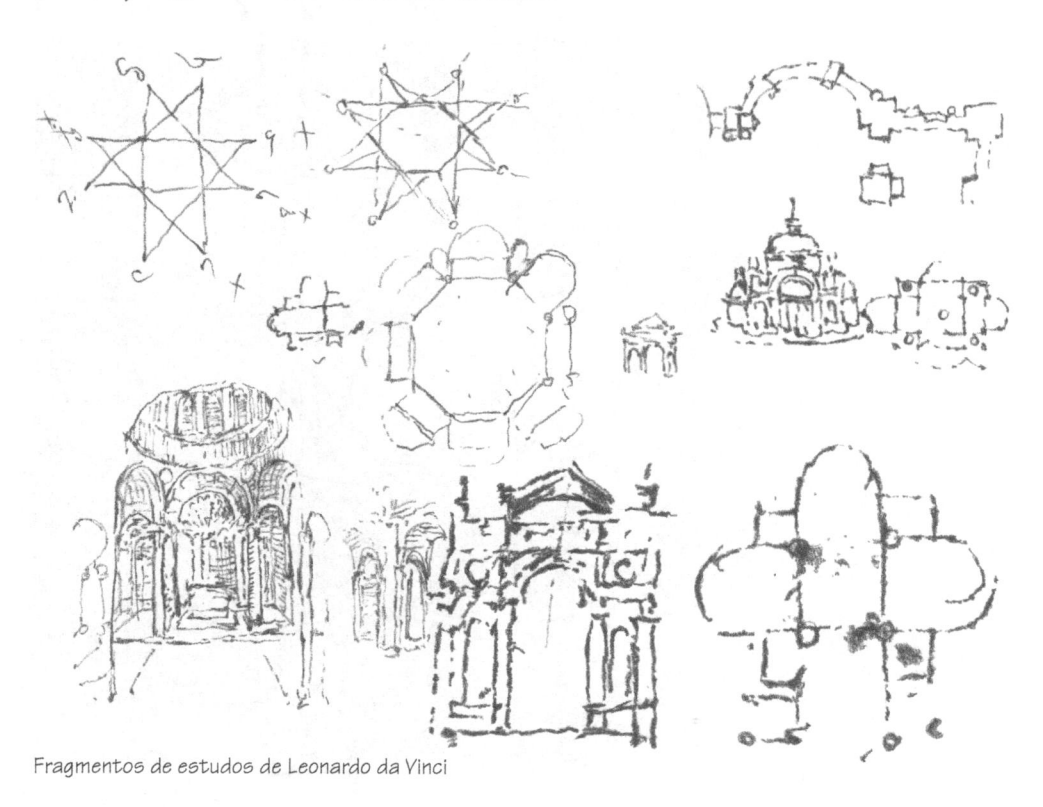

Fragmentos de estudos de Leonardo da Vinci

"Desenhar é um meio de buscar uma orientação sobre as coisas e uma maneira de vivenciar, mais rapidamente do que a escultura nos permite, certas tentativas e desafios."

– Henry Moore

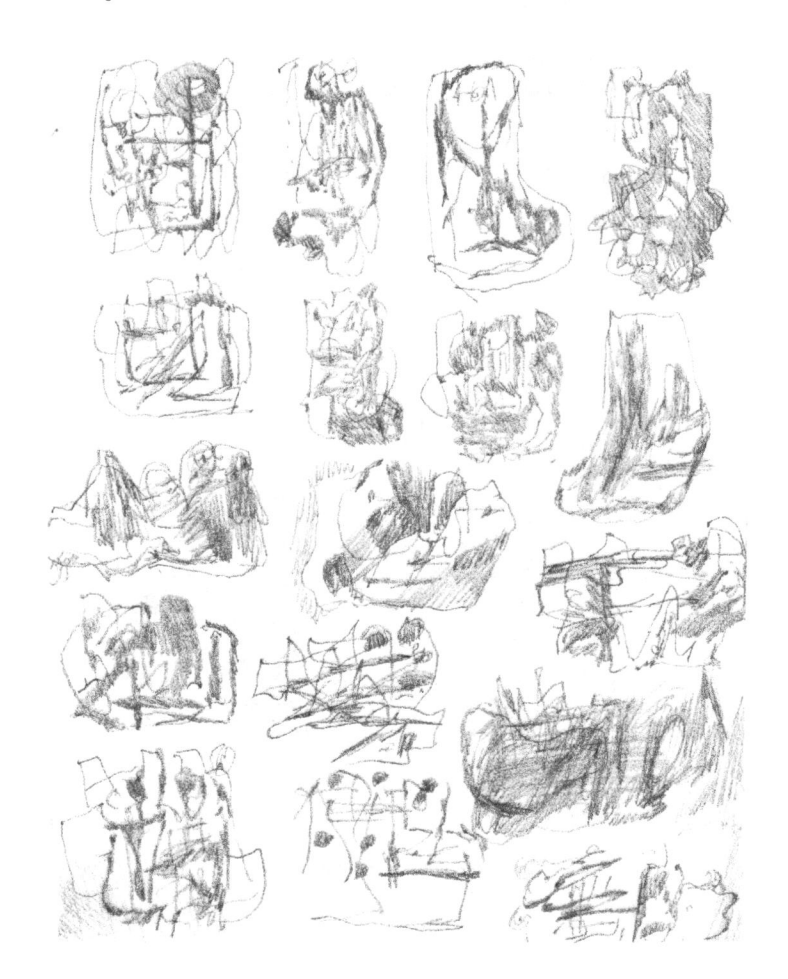

9
Desenho de Estudo

Especular é se envolver com o pensamento ou a reflexão. Ao projetar, especulamos sobre o futuro de acordo com o que pensamos ser possível no futuro; ao desenhar, damos existência material às nossas concepções, de modo que possam ser vistas, avaliadas e trabalhadas. A representação destas ideias, executadas rápida ou lentamente, de maneira despreocupada ou cuidadosa, é necessariamente de natureza especulativa. Jamais podemos determinar de antemão precisamente qual será o resultado final. A imagem desenvolvida gradualmente no papel ganha vida própria e guia a exploração de um conceito conforme viaja da mente ao papel, e vice-versa.

288 DESENHO DE ESTUDO

Nas etapas de geração e desenvolvimento de um processo de projeto, o desenho tem natureza claramente especulativa. Os pensamentos vêm à mente conforme observamos um desenho em progresso, o que pode alterar nossas percepções e sugerir possibilidades ainda não concebidas. A ideia emergente no papel nos permite explorar caminhos que podem não ter sido previstos antes do início do desenho, mas que foram fruto de ideias surgidas ao longo do processo. Uma vez executado, cada desenho representa uma realidade única, que pode ser vista, avaliada, refinada e transformada. Mesmo se eventualmente descartado, cada desenho terá estimulado a mente e posto em movimento a formação de outros conceitos.

Assim, os desenhos de estudo são diferentes em espírito e objetivo quando comparados aos desenhos de apresentação, que usamos para representar e comunicar com precisão um projeto totalmente finalizado a um público. Enquanto a técnica e o grau de acabamento dos desenhos de estudo podem variar de acordo com a natureza do problema e com a maneira individual de trabalho, o modo de desenhar é sempre livre, informal e pessoal. Ainda que não sejam feitos para serem expostos ao público, estes desenhos podem fornecer dados valiosos sobre o processo de criação do projetista.

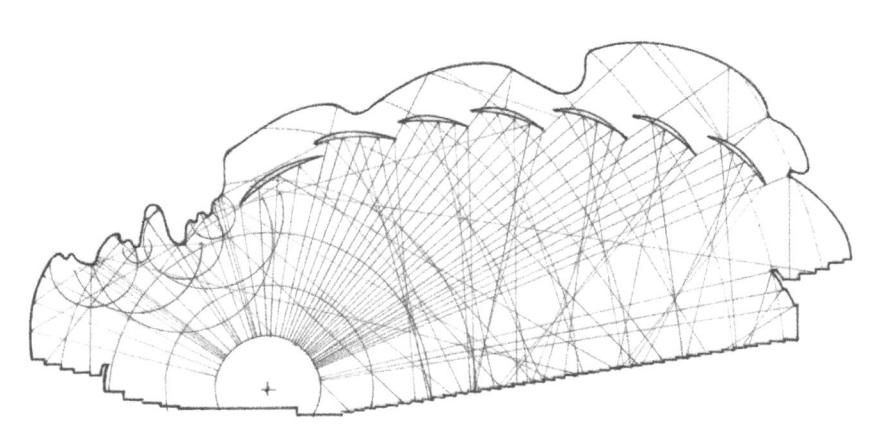

Fac-símile de estudos de projeto do Centro de Concertos e Convenções, Helsinque, 1967–71, Alvar Aalto

Centro de Concertos e Convenções, Helsinque, 1967–71, Alvar Aalto. Estudo da acústica do auditório

UM PROCESSO DE CRIAÇÃO 289

O desenho de estudo é um meio do processo de criação. A imaginação desencadeia, na mente, um conceito, que é visto como uma imagem fugaz e adimensional. No entanto, esta imagem não nasce totalmente formada e completa. Raramente existem na mente imagens totalmente acabadas nos mínimos detalhes, esperando, apenas, a transferência para a folha de papel. Elas se desenvolvem ao longo do tempo e passam por um número de transformações conforme testamos a ideia representada e buscamos a congruência entre a imagem mental e aquela que estamos desenhando.

Se desenhamos cegamente, como se seguíssemos uma receita, nos limitamos apenas às imagens preconcebidas e perdemos oportunidades de fazer descobertas ao longo do caminho. Embora uma imagem prévia seja necessária para iniciar o desenho, ela pode se tornar um obstáculo, caso não percebamos que a imagem em desenvolvimento é algo com que podemos interagir e que podemos modificar durante o processo. Se podemos aceitar esta natureza exploratória do desenho, abrimos o processo de desenho à oportunidade, à inspiração e à invenção.

Fac-símile de um esquema do baldaquim não realizado para a Catedral de Mallorca, Antoni Gaudí

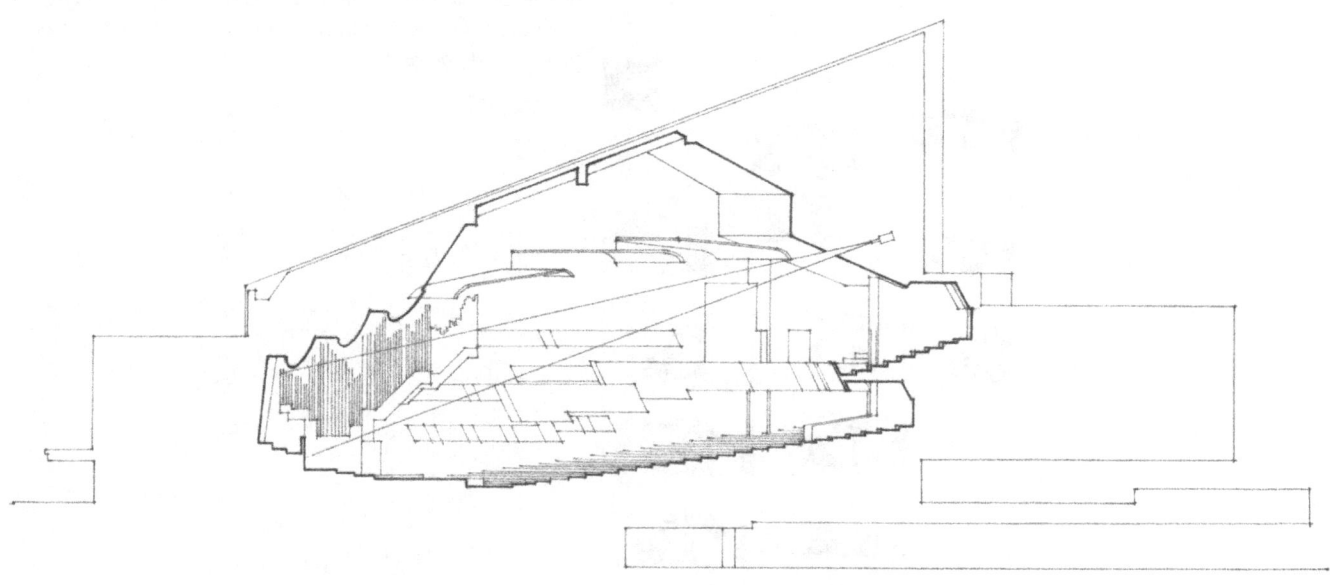

Centro de Concertos e Convenções, Helsinque, 1967–71, Alvar Aalto. Corte que mostra o interior do auditório

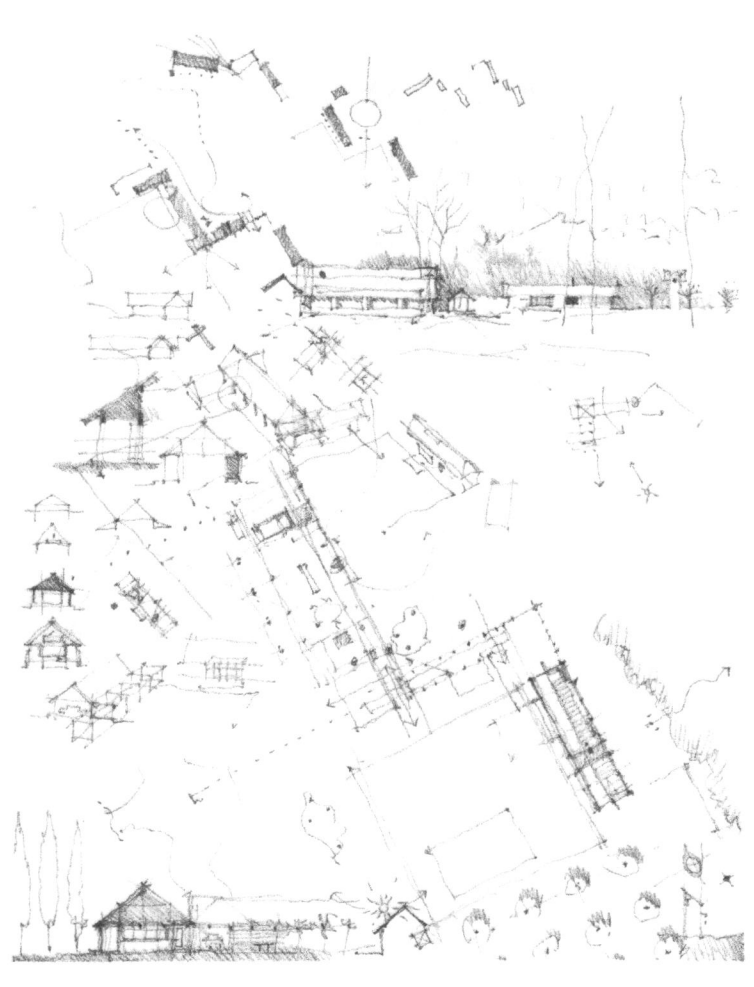

O pensamento visual é o complemento essencial ao pensamento verbal para desenvolver intuições, visualizar possibilidades e fazer descobertas. Também pensamos em termos visuais quando desenhamos. Desenhar permite que a mente possa trabalhar de maneira gráfica sem tentar produzir conscientemente uma obra de arte. Assim como o pensamento pode ser expresso em palavras, ideias podem tomar forma visual para serem estudadas, analisadas e elaboradas.

Quando pensamos sobre um problema de projeto, as ideias vêm à mente de modo natural. Estas ideias muitas vezes não são de natureza verbal. O processo de criação envolve, inevitavelmente, a visualização dos possíveis resultados sob a forma de imagens visuais que ainda não estão claras ou completamente cristalizadas. É difícil manter estas ideias na memória durante o tempo necessário para esclarecê-las, avaliá-las e desenvolvê-las. Para passar uma ideia ao papel de modo suficientemente rápido para que ela possa acompanhar nossos pensamentos, nos apoiamos em diagramas e pequenos croquis. Estes desenhos gerativos conduzem o caminho na formulação de possibilidades.

Quanto menor for um desenho, mais amplo será o conceito que ele gerará. Começamos com pequenos croquis, já que eles permitem que várias possibilidades possam ser exploradas. Às vezes, a solução emerge rapidamente. O mais comum, no entanto, é que sejam necessários muitos desenhos para revelar a melhor escolha ou o caminho a ser seguido. Tais desenhos nos motivam a olhar para estratégias alternativas de maneira fluente e flexível e a não definir uma solução de maneira muito rápida. Tendo natureza especulativa e, portanto, estando sujeitos à interpretação, eles nos ajudam a evitar a natureza inibidora de um desenho mais cuidadoso, que normalmente nos conduz ao fechamento prematuro do processo de projeto.

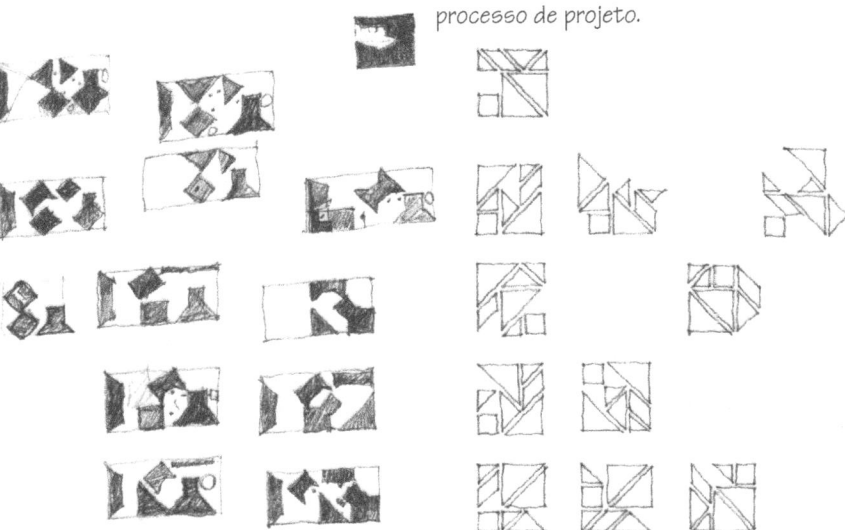

Fac-símile de composições em planta para o Centro de Belas Artes de Fort Wayne, Fort Wayne, Indiana, 1961–64, Louis Kahn

Composições de tangramas

Exercício 9.1
Sem tirar a ponta do lápis do papel, desenhe seis retas que conectem todos os 16 pontos. Este simples quebra-cabeça ilustra tanto a natureza interativa, de tentativa e erro que envolve a solução de problemas, quanto a necessidade de se envolver o lápis e o papel na resolução de problemas.

Exercício 9.2
Este cubo consiste em uma pilha de 3 × 3 × 3 cubos menores. De quantas maneiras você consegue dividir o cubo em três formatos diferentes, com volumes iguais e contendo nove dos pequenos cubos?

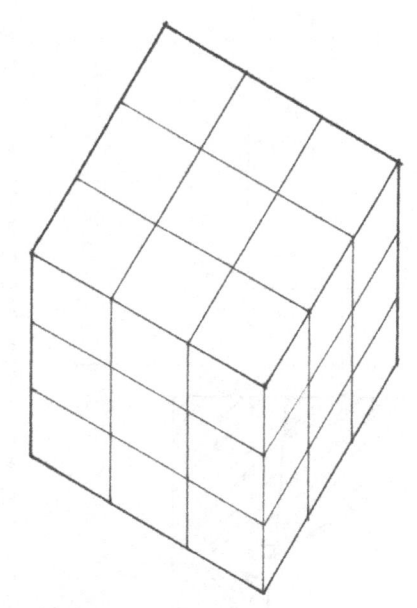

Exercício 9.3
O bloco apresenta três orifícios, de formato circular, triangular e quadrado. O diâmetro do círculo, a altura e a base do triângulo e os lados do quadrado têm dimensões iguais. Visualize um único objeto tridimensional que caiba exatamente e passe completamente por cada uma das aberturas. É possível imaginar a solução sem desenhar as possibilidades?

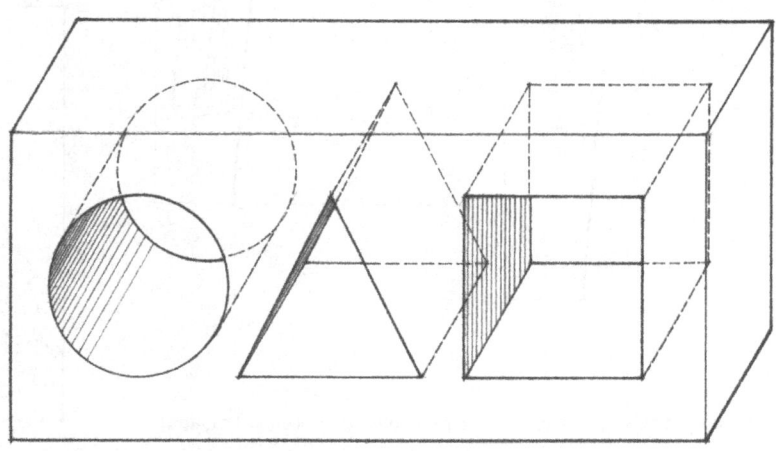

292 TOLERANDO AMBIGUIDADE

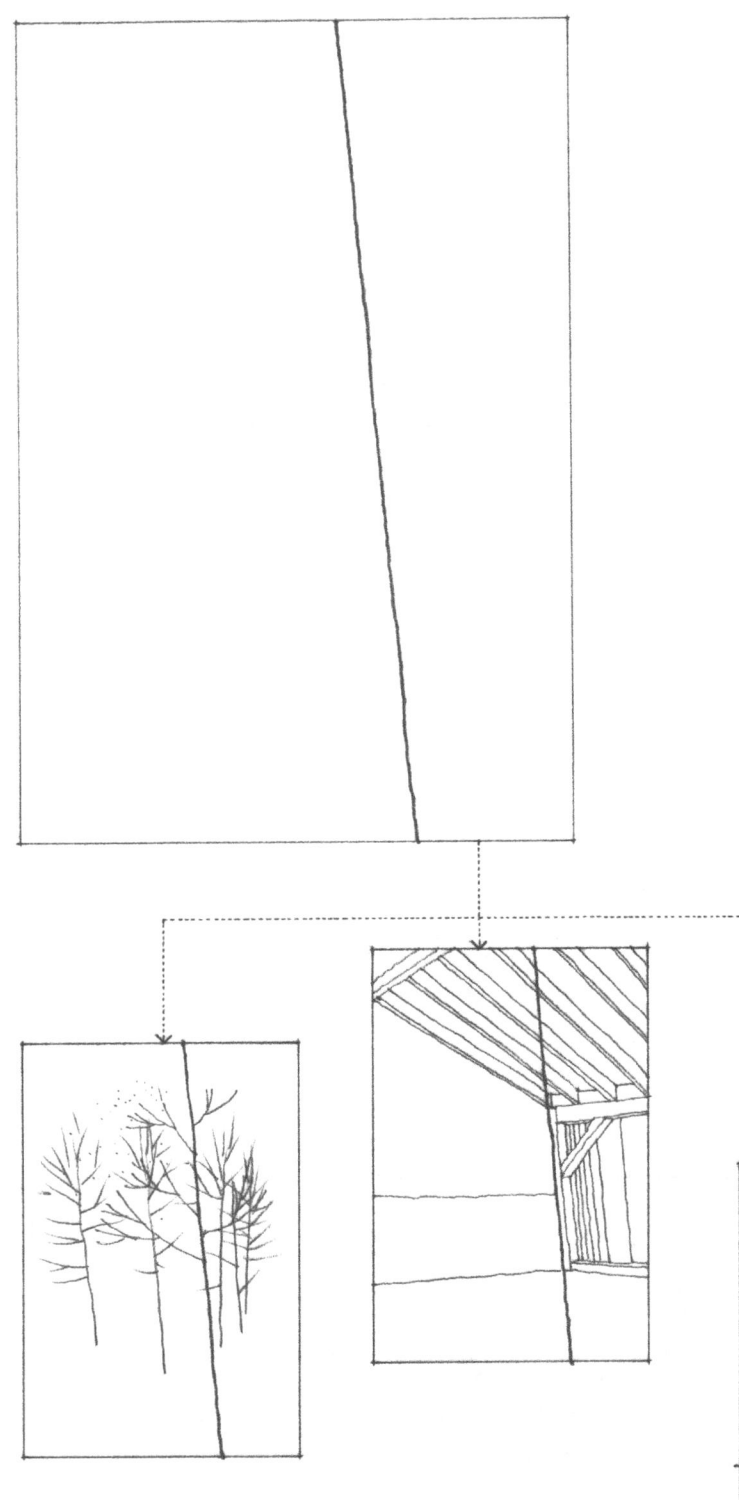

O processo de projeto leva-nos a territórios inexplorados. Para buscar o que não ainda conhecemos, é necessário ter senso de imaginação, paciência para suprimir julgamentos e tolerância à ambiguidade. Ao aceitar ambiguidades, perdemos, infelizmente, o conforto da familiaridade. No entanto, trabalhar apenas com aquilo que é claramente definido e familiar impede a plasticidade e a adaptabilidade de pensamento, necessárias em qualquer esforço de criação. Tolerar a ambiguidade nos permite aceitar a incerteza, a desordem e os paradoxos do processo de ordenação do pensamento.

O mistério e o desafio da ambiguidade também se aplicam ao desenho com base na imaginação. Diferentes dos desenhos de observação, por meio dos quais somos capazes de representar um objeto visualizado por meio da visualização prolongada, os desenhos de estudo são abertos e cheios de incertezas. Como podemos desenhar uma ideia para um projeto se não sabemos em que direção o processo nos conduzirá? A resposta reside na compreensão de que usamos o desenho no processo de projeto para estimular e ampliar nosso pensamento e não para meramente apresentar os resultados do processo.

Os primeiros traços que fazemos sempre são inseguros, representando apenas o começo da busca por ideias ou conceitos. Como o processo de desenho e de projeto se desenvolvem *pari passu*, o estado incompleto e ambíguo do desenho é sugestivo e está sujeito a múltiplas interpretações. Devemos estar abertos às possibilidades que os desenhos apresentam. Cada desenho que produzimos ao longo do processo de projeto, seja a ideia que ele representa aceita ou rejeitada, ajuda-nos na compreensão de um problema. Além disso, o ato de desenhar ideias sobre o papel tem o potencial de desencadear novas concepções e aprimorar o cruzamento fértil de várias ideias anteriores.

Maneiras possíveis de interpretar e responder a uma linha traçada.

Exercício 9.4
Estes dois simples desenhos de linhas podem servir como base para o desenvolvimento de uma imagem tridimensional. Eles poderiam, por exemplo, sugerir como duas paredes encontram o piso. De que outras maneiras podemos interpretá-los e desenvolvê-los?

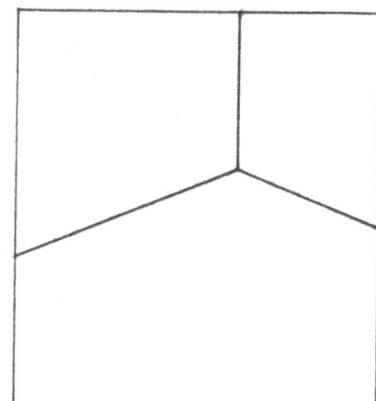

Exercício 9.5
Desenhe uma linha ondulada cruzando o centro de um plano retangular. Depois, desenhe linhas paralelas acima e abaixo da linha ondulada, aproximando-as entre si em alguns pontos, de modo a criar áreas de concentração. À medida que o desenho se desenvolve, o que a imagem emergente sugere ou traz à sua mente?

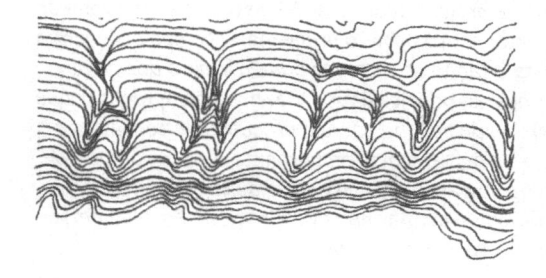

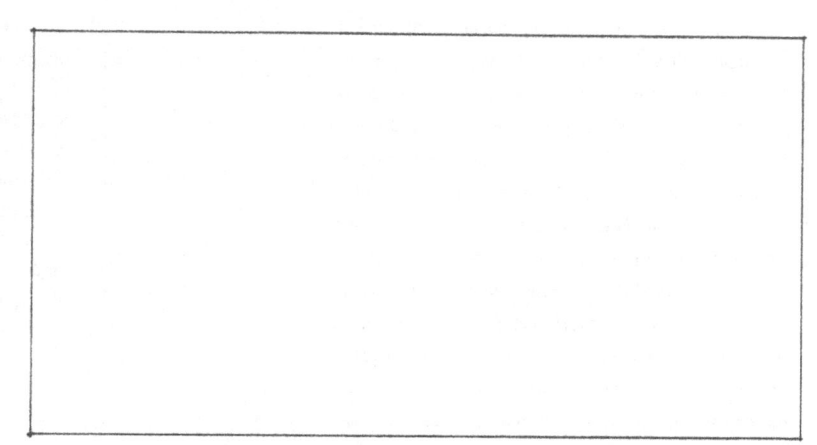

Exercício 9.6
Imagine o que poderia ser visto à direita da perspectiva abaixo. Primeiro, explore uma variedade de cenários para as molduras pequenas; depois, desenvolva um deles em perspectiva, na moldura maior.

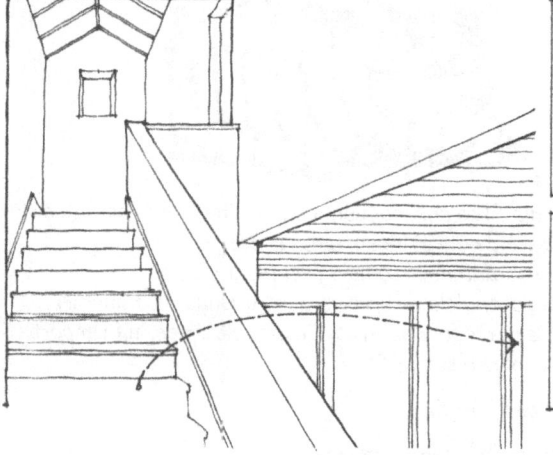

> "...'Como posso desenhar se não sei qual será o resultado final?' é uma reclamação frequente. 'Por que precisamos desenhar, se já sabemos o resultado?' é minha resposta. A necessidade de ter uma imagem prévia é percebida de modo mais evidente quando não confiamos em nossa maneira de trabalhar. Não há nada de errado em ter uma imagem, mas isso não é um requisito e pode ser um empecilho. Quando conversamos com outras pessoas, também não precisamos saber qual será o resultado da conversa. Às vezes, terminamos o diálogo com um conhecimento maior do assunto; na verdade, podemos até mudar de opinião. Quando estamos preocupados em 'fazer as nossas coisas' e sentimos que devemos dominar a forma o tempo todo, não conseguimos relaxar e confiar no processo. Quando os estudantes descobrirem como o diálogo de alguém com a forma sempre traz a marca da personalidade desta pessoa (gostemos dela ou não), a reclamação não será mais ouvida."

— John Habraken
The Control of Complexity. Places, vol. 4 nº 2

Na busca de possibilidades e para esboçar escolhas, apoiamo-nos na intuição como um guia. Todavia, a intuição se baseia em experiências incompletas. Não podemos desenhar o que não está dentro de cada um de nós. Desenhar exige a compreensão do que estamos representando. Por exemplo, é difícil desenhar de maneira convincente uma forma cuja estrutura não compreendemos. O ato de exteriorizá-la pode, contudo, conduzir ao entendimento e guiar a busca intuitiva por ideias.

Os primeiros traços que desenhamos são os mais difíceis. Muitas vezes, temos medo de começar até que a ideia esteja totalmente formada na nossa cabeça. Quando encaramos uma folha de papel em branco, o que desenhamos primeiro? Podemos começar com os aspectos específicos de uma forma ou um contexto em particular, ou com a imagem mais generalizada de um conceito ou construção. Em qualquer caso, o ponto onde começamos não é tão importante quanto aquele onde terminamos.

Desenhar de modo muito cuidadoso nas etapas iniciais do processo de projeto pode levar à hesitação e interromper nosso pensamento sobre o problema. O tempo e a energia gastos na criação do desenho podem inibir o desejo de explorar outras possibilidades. Devemos compreender que os desenhos de estudo são um processo de tentativa e erro, no qual a etapa mais importante é riscar os primeiros traços no papel, não importa o quão preliminares eles sejam. Devemos confiar na nossa intuição se desejamos avançar no processo de desenho.

> "Um dia Alice chegou a uma encruzilhada na estrada e viu um gato de Cheshire em uma árvore.
> 'Que estrada devo tomar?', ela perguntou.
> A resposta dele foi uma pergunta: 'Onde você quer ir?'
> 'Não sei', respondeu Alice. 'Então', ele disse, 'não importa que caminho tomar'."

— Lewis Carroll
Alice no País das Maravilhas

ADQUIRINDO FLUÊNCIA

A fluência no processo de criação equivale a ser capaz de gerar um amplo repertório de possibilidades e ideias. A fluência no processo de desenho significa usar a intuição ao colocar a caneta ou o lápis no papel, respondendo às concepções próprias com desenvoltura e graça. É importante que consigamos acompanhar nossos pensamentos, ainda que eles sejam fugazes.

Escrever nossos pensamentos no papel é tarefa fácil e quase não requer esforço. Para desenvolver a mesma fluência no desenho, devemos praticar a atividade de modo regular, até que o ato de traçar linhas sobre o papel se torne um reflexo automático, uma resposta natural ao que vemos ou imaginamos. A velocidade pode decorrer do esforço de desenhar mais rápido, mas a velocidade sem disciplina é improdutiva. Antes de que desenhar se torne um componente intuitivo de nosso pensamento visual, devemos ser capazes de desenhar de modo lento, intencional e preciso.

É necessário desenhar de maneira ágil para capturar um momento breve no rápido fluxo de ideias, o qual nem sempre pode ser direto ou controlado. Assim, a fluência na representação exige a técnica de desenho à mão livre, com um número mínimo de instrumentos. Prestar atenção à mecânica de desenhar com instrumentos técnicos normalmente desperdiça tempo e energia do processo de imaginação visual. Devemos, portanto, desenhar à mão livre toda vez que fluência e flexibilidade forem mais importantes no processo de projeto do que a precisão e a acuidade.

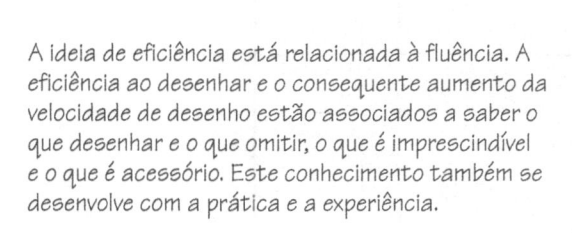

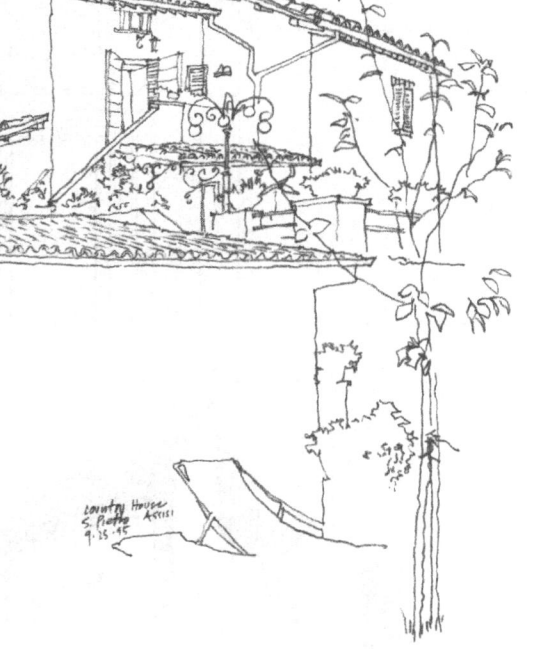

A ideia de eficiência está relacionada à fluência. A eficiência ao desenhar e o consequente aumento da velocidade de desenho estão associados a saber o que desenhar e o que omitir, o que é imprescindível e o que é acessório. Este conhecimento também se desenvolve com a prática e a experiência.

Exercício 9.7
Uma maneira eficaz de se desenvolver fluência e gerar desenhos regularmente é manter um livro de croquis e desenhar de meia a uma hora por dia. Uma possibilidade é focar cada semana em um dos diferentes elementos de arquitetura, como janelas, portas, paredes e linhas de cobertura. Outra estratégia é focar características específicas, como a textura dos materiais, os padrões de sombra ou as diferentes maneiras como cada material encontra outro material ou se conecta a ele. O mais importante é trabalhar com um tema que lhe interesse.

Exercício 9.8
Com poucos e rápidos traços a lápis, tente capturar a essência destas imagens nos quadros adjacentes.

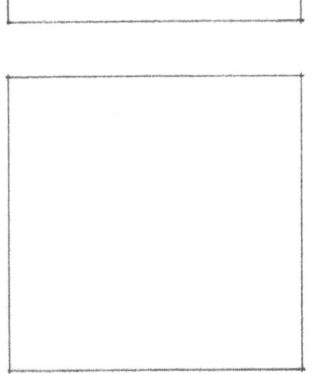

Exercício 9.9

Que formatos geométricos simples podem ser encontrados nestas imagens? Use uma caneta ou uma lapiseira para destacar estas estruturas básicas.

Exercício 9.10

Explore até que ponto você consegue simplificar estas imagens e ainda assim mantê-las reconhecíveis.

298 TIRANDO PARTIDO DO ACASO

Em qualquer processo de criação, devemos estar preparados para aproveitar o inesperado. Desenhar nos permite explorar caminhos que não são previsíveis antes que o processo seja iniciado, mas que geram ideias ao longo do percurso. Se deixamos nossa posição de autores e visualizamos nossos desenhos como observadores objetivos, possibilidades ainda não concebidas podem surgir. Estas novidades são produtos involuntários de uma visão interior. Ideias vêm naturalmente à mente quando olhamos um desenho. Assim como uma ideia visual desencadeia outras, um desenho conduz a outro, sucessivamente. Ainda que não se prestem a um propósito imediato, os desenhos de estudo podem ser úteis para consultas futuras e para estimular novas maneiras de observação. Por meio de uma série de desenhos também somos capazes de descobrir relações inesperadas, fazer conexões ou relembrar outros padrões.

Desenhos inicias

Oportunidades que surgem e podem ser aproveitadas

Alternativas exploradas

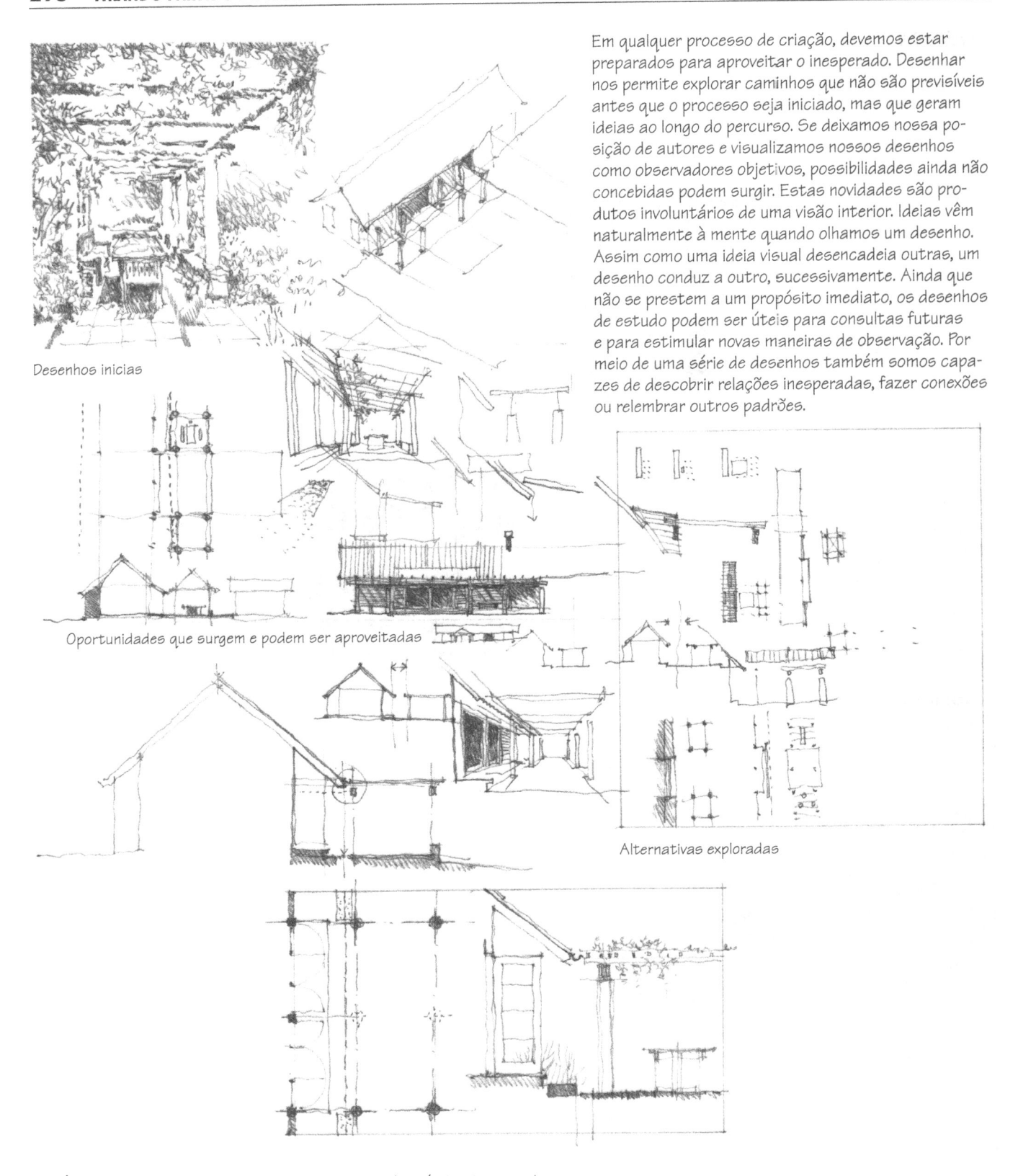

argúcia s.f. A capacidade de criar, por acaso, coisas desejáveis e inesperadas.

Trabalhando com níveis de informação

O uso de níveis de informação é um modo gráfico adotado tanto para analisar quanto para sintetizar.
Ele nos permite visualizar modelos e estudar relações de maneira rápida e flexível. Assim como refinamos nossos pensamentos escritos reescrevendo os rascunhos, podemos compor um desenho em camadas em uma única folha de papel. Primeiro, desenhamos levemente as linhas estruturais ou básicas de uma imagem de maneira exploratória. Depois, conforme fazemos julgamentos visuais sobre formato, proporção e composição, acrescentamos vários níveis de informação sobre a imagem emergente. O processo pode incluir trabalhos esquemáticos ou detalhados, conforme a mente se concentra em algumas áreas de investigação precisa, ao mesmo tempo em que mantém um olhar sobre o todo.

A revisão de um desenho também pode ocorrer por meio da sobreposição física de níveis de informação em folhas transparentes. O uso do papel manteiga nos permite desenhar sobrepondo desenhos, retendo certos elementos e aprimorando outros. Quando sobrepomos páginas transparentes, podemos desenhar padrões de elementos, formas e agrupamentos de elementos associados e relações relevantes. Camadas diferentes podem constituir processos separados, mas relacionados. Podemos estudar certas áreas com mais detalhes e dar mais ênfase a certos aspectos ou características. Também podemos explorar alternativas sobre uma base comum.

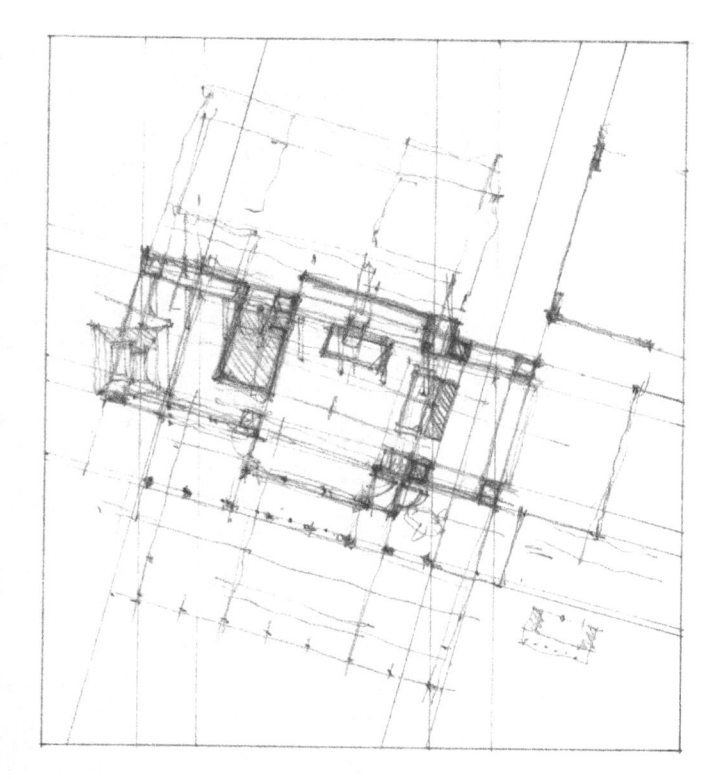

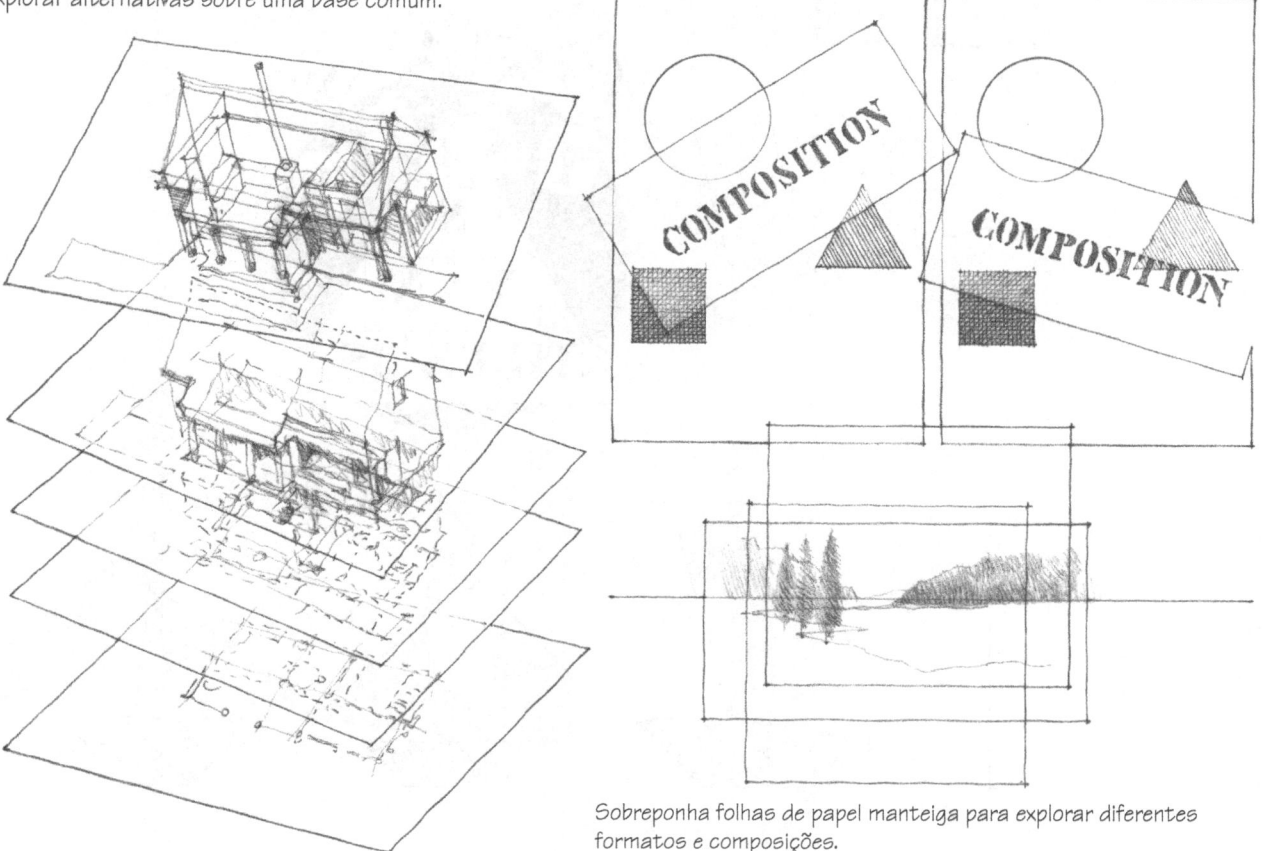

Sobreponha folhas de papel manteiga para explorar diferentes formatos e composições.

Recomposição

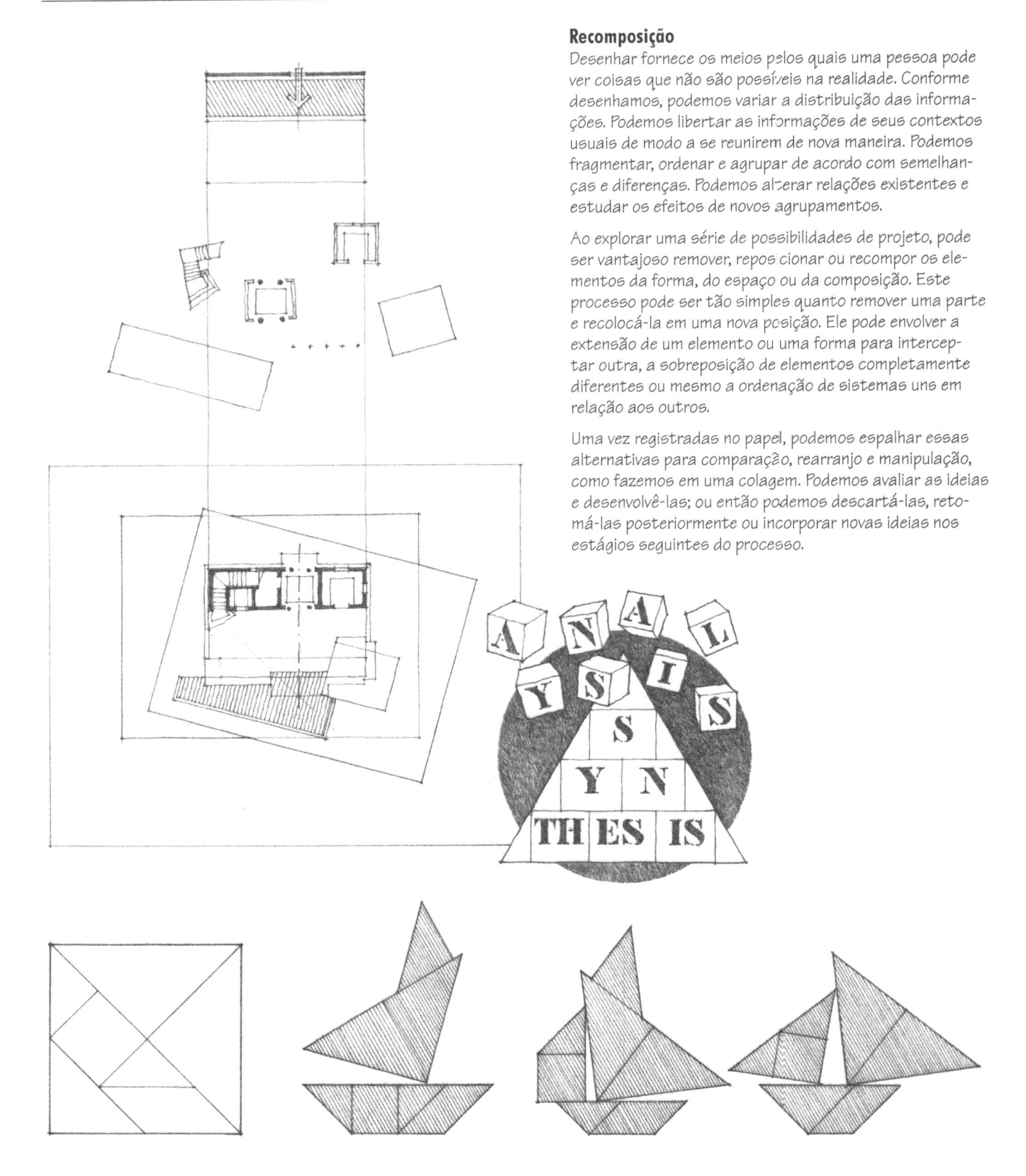

Desenhar fornece os meios pelos quais uma pessoa pode ver coisas que não são possíveis na realidade. Conforme desenhamos, podemos variar a distribuição das informações. Podemos libertar as informações de seus contextos usuais de modo a se reunirem de nova maneira. Podemos fragmentar, ordenar e agrupar de acordo com semelhanças e diferenças. Podemos alterar relações existentes e estudar os efeitos de novos agrupamentos.

Ao explorar uma série de possibilidades de projeto, pode ser vantajoso remover, reposicionar ou recompor os elementos da forma, do espaço ou da composição. Este processo pode ser tão simples quanto remover uma parte e recolocá-la em uma nova posição. Ele pode envolver a extensão de um elemento ou uma forma para interceptar outra, a sobreposição de elementos completamente diferentes ou mesmo a ordenação de sistemas uns em relação aos outros.

Uma vez registradas no papel, podemos espalhar essas alternativas para comparação, rearranjo e manipulação, como fazemos em uma colagem. Podemos avaliar as ideias e desenvolvê-las; ou então podemos descartá-las, retomá-las posteriormente ou incorporar novas ideias nos estágios seguintes do processo.

Exercício 9.11

Use uma série de desenhos para ilustrar as operações a seguir. Primeiramente, seccione ou escave uma parte do cubo. Depois, remova esta porção do cubo. Finalmente, reconecte a peça no cubo de três maneiras diferentes: tocando em um ponto, estando adjacente a uma aresta e colocando-a em contato face a face.

Exercício 9.12

Os sete formatos que compõem o CUBO SOMA representam todas as maneiras possíveis de se ordenar três ou quatro cubos de modo não linear. Examine, por meio de uma série de desenhos, diferentes modos de combinação destes formatos. Qual é o grupo mais compacto que você consegue desenvolver? E a configuração estável mais alta? E o encaixe que cria o maior volume de espaço interno?

Exercício 9.13

Transfira as plantas da Casa Hardy e da Casa Jobson para folhas distintas de papel manteiga. Sobreponha as plantas e estude diferentes maneiras para reconfigurar os elementos das plantas e suas relações. Em uma terceira sobreposição de papel manteiga, use desenhos para explorar como uma planta pode dominar a composição, mas ainda assim incorporar partes da outra, ou como uma composição inteiramente nova pode incorporar partes de ambas as plantas originais. Você pode repetir este exercício com quaisquer outras combinações de plantas que contrastem radicalmente ou que compartilhem certas características.

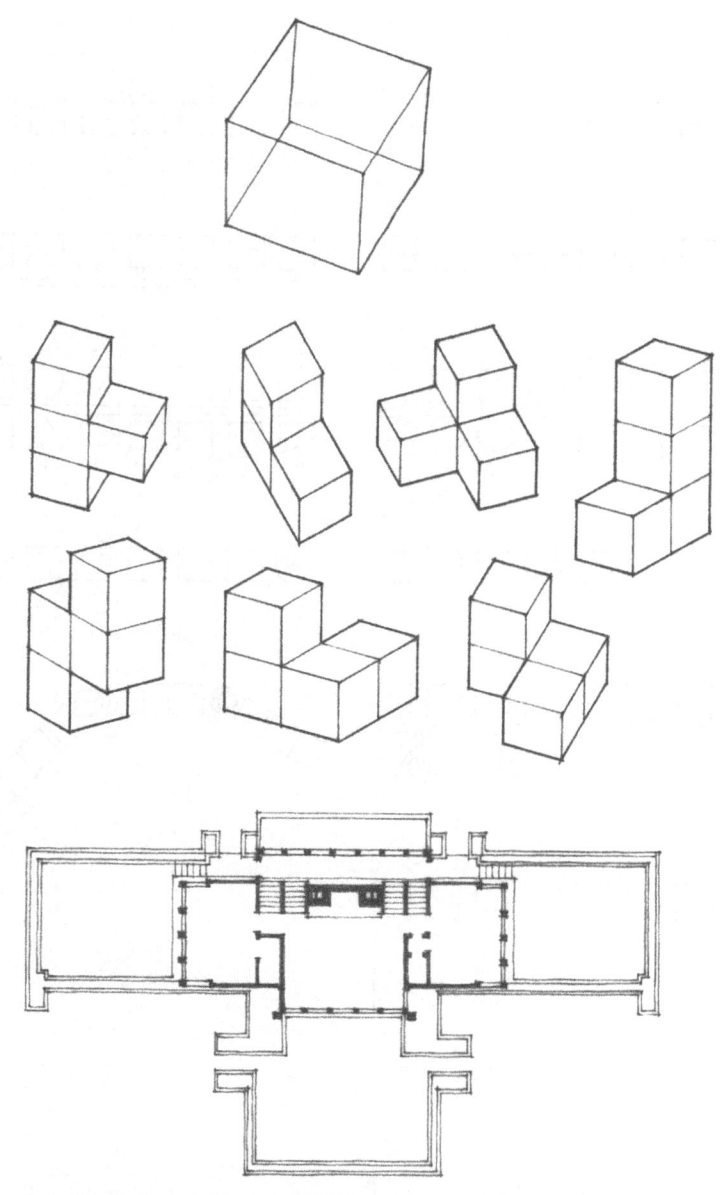

Casa Hardy, Racine, Wisconsin, 1905, Frank Lloyd Wright

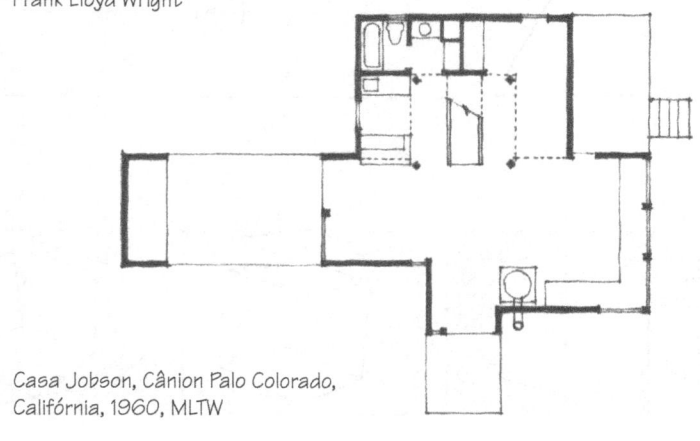

Casa Jobson, Cânion Palo Colorado, Califórnia, 1960, MLTW

Transformando

Desenhar é simplesmente traduzir o que estamos visualizando. Conforme transpomos a imagem para o papel, a mente filtra o que é interessante ou importante. Os pontos mais importantes tendem a vir à tona, enquanto os menos importantes são descartados ao longo do processo. Uma vez que os desenhos registram nossos pensamentos, eles podem, então, tornar-se objetos independentes para estudo, elaboração e estímulo de novas ideias.

O desenho representa ideias de maneira tangível, de modo que possam ser esclarecidas, avaliadas e trabalhadas. Cada desenho passa por várias transformações e se desenvolve sucessivamente conforme respondemos à imagem emergente. Uma vez desenhadas, as imagens gráficas tem presença física autônoma em relação ao processo de sua criação. Elas servem como catalisadores que retornam à mente e provocam outros estudos e o desenvolvimento de nossas ideias.

Quando exploramos ideias e buscamos as possibilidades que surgem, desenvolvemos uma série de desenhos que podem ser distribuídos lado a lado, para comparação e análise de alternativas. Podemos combiná-los de novas maneiras; podemos transformá-los em novas ideias. O princípio da transformação permite que um conceito passe por uma serie de manipulações e permutações, em resposta a algumas diretrizes. A fim de forçar mudanças em nosso pensamento, podemos transformar o familiar em estranho e o estranho em familiar.

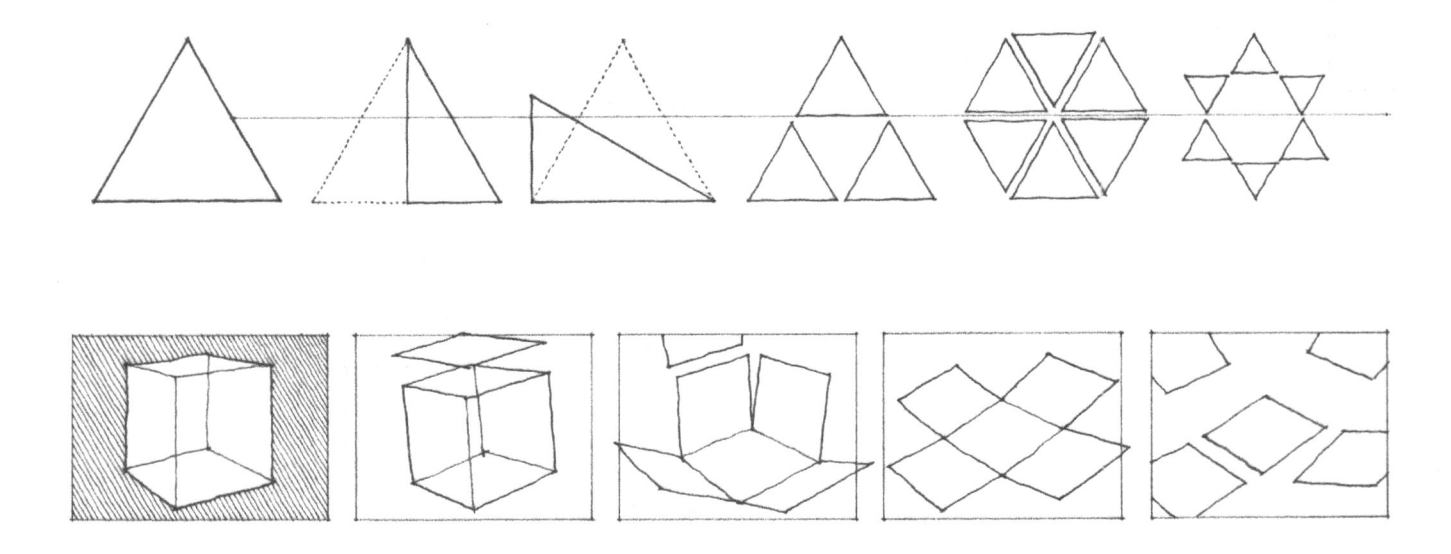

TIRANDO PARTIDO DO ACASO 303

Exercício 9.14
Por meio de uma série de desenhos, transforme gradualmente as imagens da esquerda nas imagens da direita.

Exercício 9.15
Crie a ilusão de profundidade e movimento em uma sequência de desenho que relacione cada par de imagens.

Exercício 9.16
Improvise uma sequência de desenhos baseada nas imagens do primeiro quadro.

Ser flexível é ser capaz de explorar uma variedade de abordagens, conforme surgem novas possibilidades. A flexibilidade é importante porque o modo como desenhamos afeta a direção inconsciente de nosso pensamento e a formação e articulação de pensamentos visuais. Se nos sentimos satisfeitos por saber desenhar de apenas uma maneira, limitamos de modo desnecessário nosso pensamento. Ser capaz de olhar um problema de diferentes modos exige a habilidade de desenhar estas diversas vistas. Devemos nos tornar familiares e fluentes com diferentes meios, técnicas e convenções de desenho e visualizá-las como simples ferramentas a serem selecionadas conforme sua adequação à tarefa que está sendo realizada.

Uma introdução flexível ao desenho é o começo da busca que normalmente envolve tentativas e erros. O desejo de perguntar "e se...?" pode conduzir a alternativas valiosas de desenvolvimento de uma ideia. Assim, uma atitude flexível nos permite aproveitar as oportunidades que surgem no processo de desenho. Como fluência e flexibilidade são importantes no início de qualquer esforço de criação, elas devem ser associadas ao julgamento racional e à seletividade. Devemos ser capazes de criar alternativas sem perder o rumo de nosso objetivo.

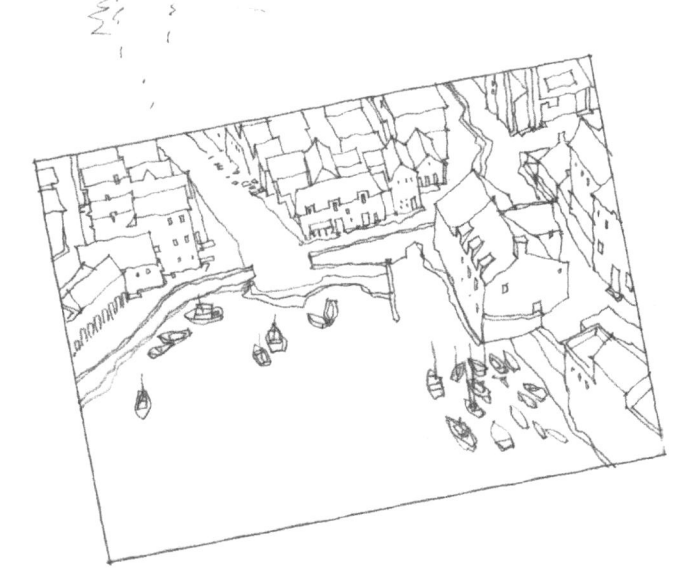

Exercício 9.17

Primeiro, complete o desenho usando uma caneta e seguindo a técnica apresentada. Depois, redesenhe a cena utilizando um meio diferente e uma técnica de sua escolha. Como a mudança do meio de desenho afeta a imagem resultante?

Desenho baseado no quadro Café em Arles, de Vincent van Gogh.

Exercício 9.18

Em uma folha de papel separada, desenhe a cena descrita na seguinte passagem do livro *Crime e Castigo*, de Fiódor Dostoiévski, sob dois diferentes pontos de vista. Use um lápis macio para o primeiro desenho, e uma caneta para o segundo.

"A senhora idosa parou, como se hesitasse; depois, deu um passo para o lado, apontando para a porta do quarto, e disse, deixando seu visitante passar a sua frente:

'Entre, meu bom homem.'

O pequeno quarto onde o jovem entrou, com papel de parede amarelo, janelas com gerânios e cortinas de musselina, brilhava vigorosamente naquele momento, sob a luz do pôr do sol.

'Então o sol também brilhará assim depois!', passou por acaso pela mente de Raskolnikov e, com um rápido olhar, ele registrou tudo que havia no quarto, tentando observar o máximo possível e se lembrar daquela organização. Mas não havia nada de especial no quarto. Os móveis, muito velhos e de madeira amarelada, consistiam em um sofá, com um enorme espaldar curvo e de madeira e, em frente a este, uma mesa oval, uma penteadeira com um espelho fixado entre as janelas, cadeiras ao longo das paredes e duas ou três gravuras de baratas em molduras amarelas, representando donzelas alemãs com pássaros em suas mãos – e isso era tudo. Em um canto, diante de um pequeno ícone, brilhava uma lâmpada. Tudo estava muito limpo; o piso e a mobília estavam lustrosos; tudo resplandecia."

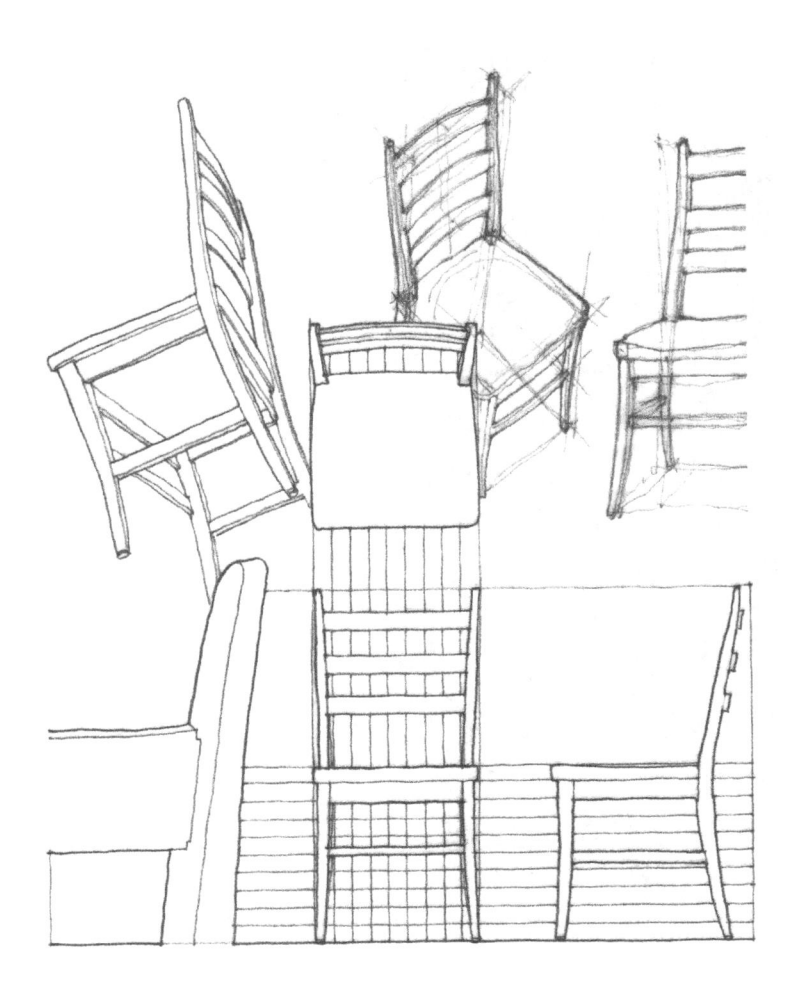

Mudando os pontos de vista

A imaginação criativa observa questões antigas sob novo ângulo. Apoiar-se em hábitos e convenções pode impedir o fluxo das ideias durante o processo de projeto. Se conseguimos ver de modos distintos, ficamos mais capacitados a ver oportunidades ocultas no incomum, no excepcional e no paradoxal. Ver de novas maneiras requer um aguçado poder de visualização e a compreensão da flexibilidade que o desenho oferece ao apresentar novas possibilidades.

Podemos observar uma imagem espelhada do que estamos desenhando para ver com olhos desprovidos de preconceitos. Podemos virar o desenho de cabeça para baixo ou nos afastar dele para estudar a essência visual da imagem: seus elementos básicos, padrões e relações. Podemos até mesmo vê-lo por meio dos olhos de uma outra pessoa. Para encorajar a mudança de ponto de observação, às vezes é útil usar diferentes mídias, papéis, técnicas ou sistemas de desenho.

Desenhar pode estimular nosso pensamento ao oferecer diferentes pontos de vista. Sistemas de desenhos de vistas múltiplas, vistas de linhas paralelas ou perspectivas cônicas englobam uma linguagem visual de comunicação de projeto. Devemos ter a capacidade de não apenas "escrever" nesta linguagem, mas também de "lê-la". Este entendimento deve ser completo o bastante para que sejamos capazes de trabalhar confortavelmente e com distintos sistemas de desenho. Devemos ser capazes de transformar a bidimensionalidade de um desenho de vistas planas em uma vista tridimensional de linhas paralelas. Ao visualizar um conjunto de desenhos de vistas múltiplas, devemos ser capazes de imaginar e desenhar o que veríamos se estivéssemos parados em determinada posição dentro de uma planta.

Varie o ponto de observação

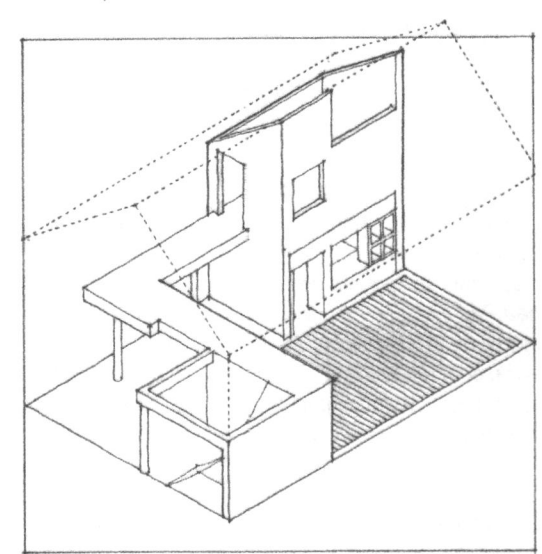

Veja dentro das coisas

Girando

Ao girar um objeto imaginário em nossa mente, conseguimos vê-lo e estudá-lo sob diferentes pontos de vista. De modo similar, já que podemos imaginar como um objeto gira no espaço, ou como seria sua aparência se nos deslocássemos em torno dele, também podemos explorar suas várias facetas de todos os lados. Se somos capazes de manipular uma ideia de projeto no papel conforme a girarmos em nossa mente, podemos explorar de modo mais completo as múltiplas dimensões de uma ideia de projeto.

Quando desenhamos como um objeto gira no espaço, fica muito mais fácil imaginar a revolução de um simples elemento geométrico do que a de uma composição de várias partes. Assim, começamos por estabelecer um dispositivo de ordenamento que unifique a forma ou a composição – seja um eixo, um formato poligonal, um volume geométrico – e por analisar os princípios que relacionam as partes com o todo.

Em seguida, imaginamos e desenhamos como seria o aspecto deste recurso de ordenamento se ele girasse e assumisse uma nova posição no espaço. Uma vez que obtemos esta nova posição, restabelecemos as partes em relação adequada e ordenadas dentro do todo. Ao construir uma imagem, utilizamos linhas reguladoras para formar a estrutura do objeto ou da composição. Depois de conferir a precisão de proporções e relações, adicionamos espessura, profundidade e detalhes à estrutura, para completar o desenho.

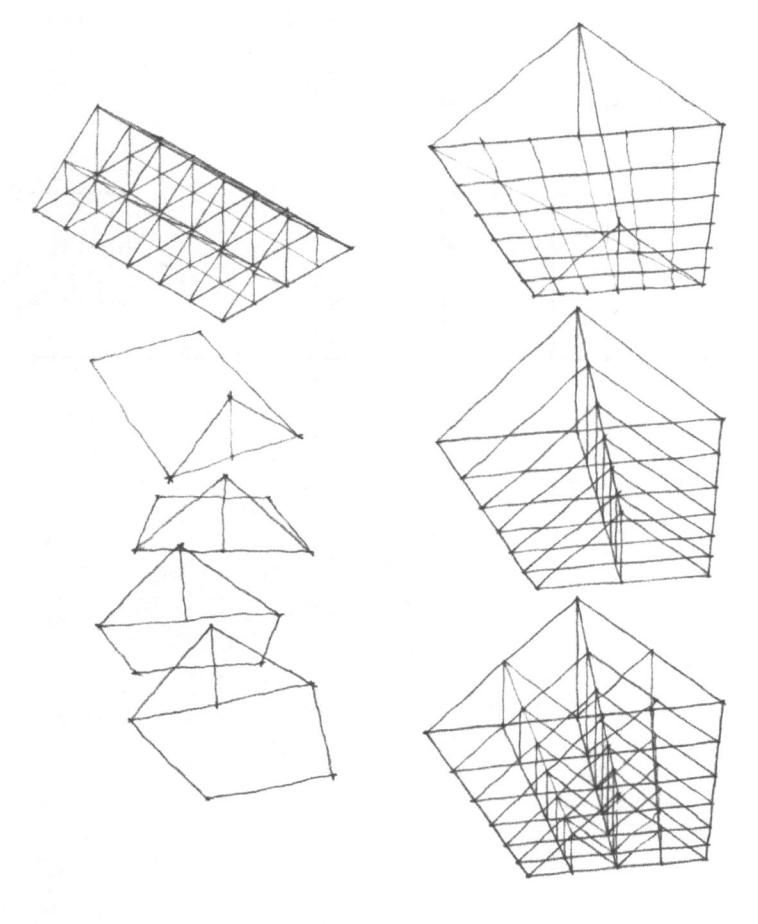

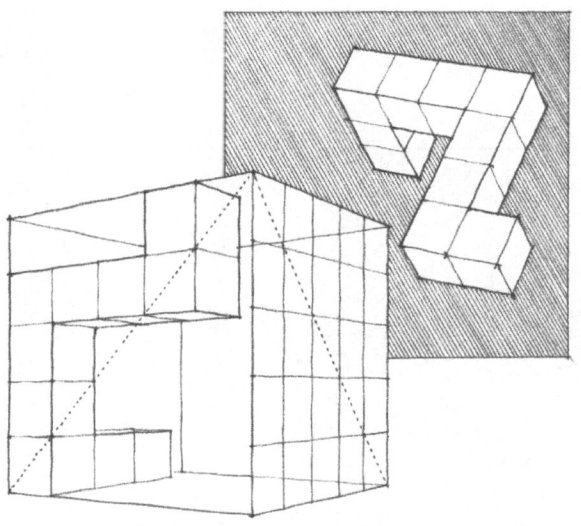

Veja o todo nas partes...   ... e as partes no todo.

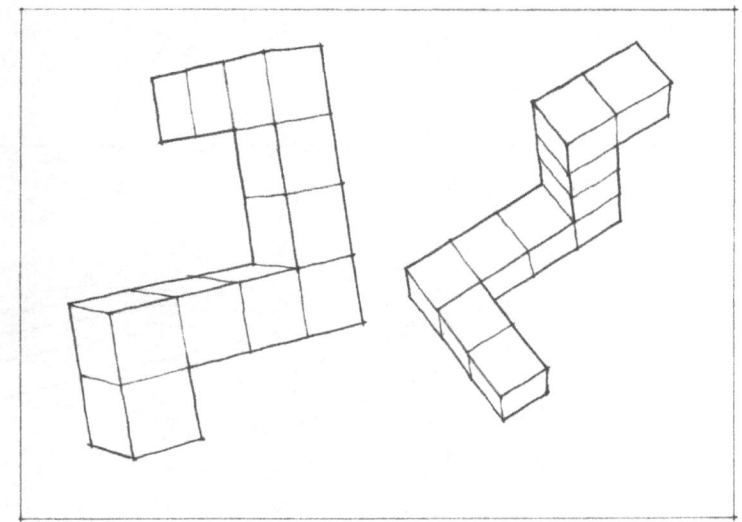

Gire uma ideia na mente.

Exercício 9.19

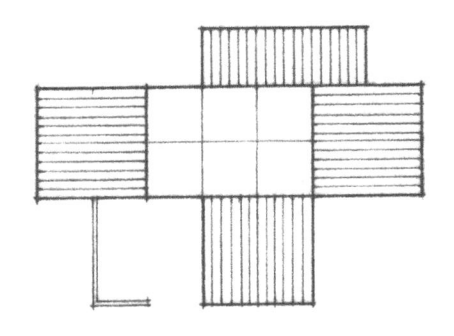

Desenhe tanto a isométrica quanto a planta oblíqua da edificação descrita nas vistas múltiplas abaixo. Em seguida, desenhe vistas em perspectiva cônica da mesma estrutura de pontos de observação opostos. Compare o que cada tipo de desenho revela e oculta sobre a composição.

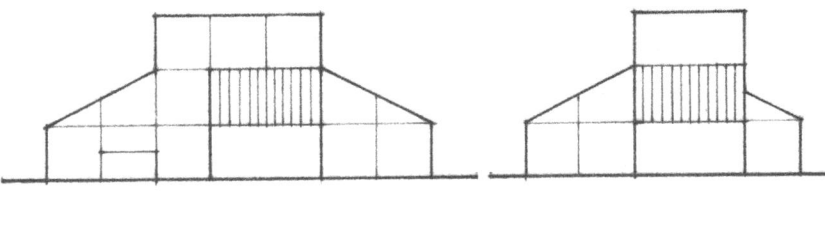

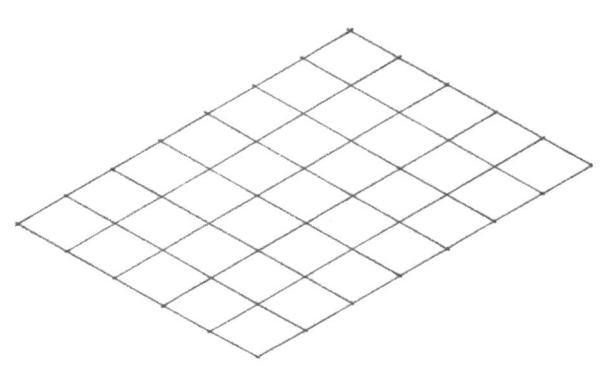

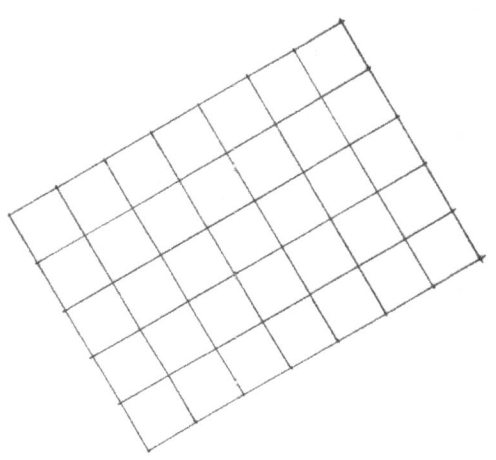

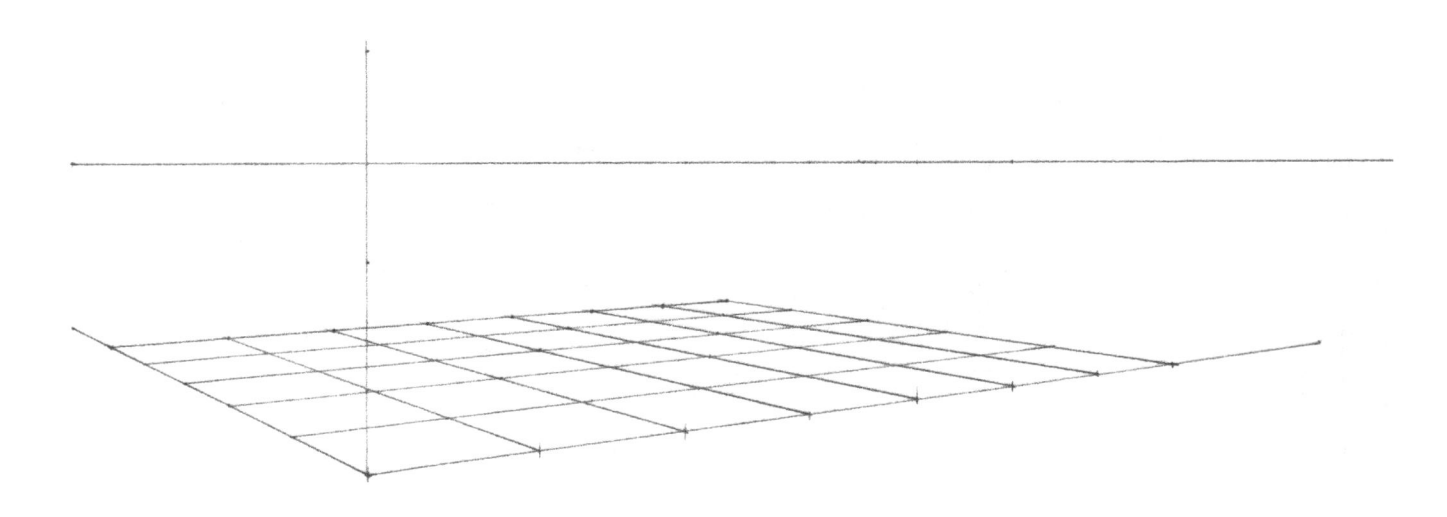

Exercício 9.20
Imagine que o dado está se movendo livremente no espaço. Desenhe o dado em duas posições intermediárias B e C, conforme ele gira de A a D.

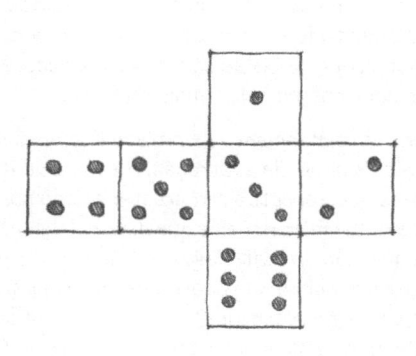

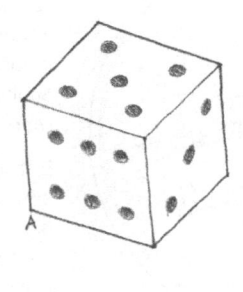

Exercício 9.21
Imagine que a composição está se movendo livremente no espaço. Desenhe a composição em duas posições intermediárias B e C, conforme ela gira de A a D.

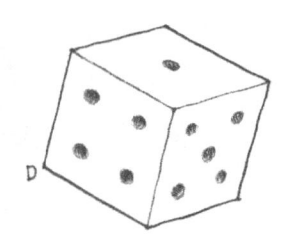

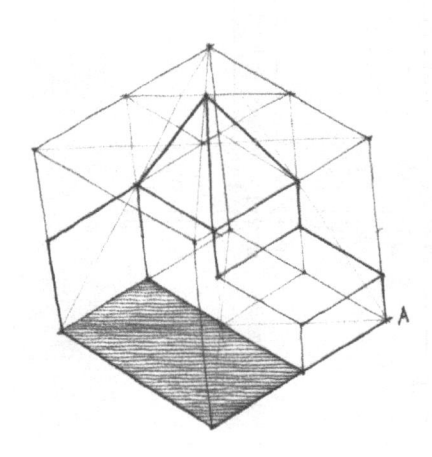

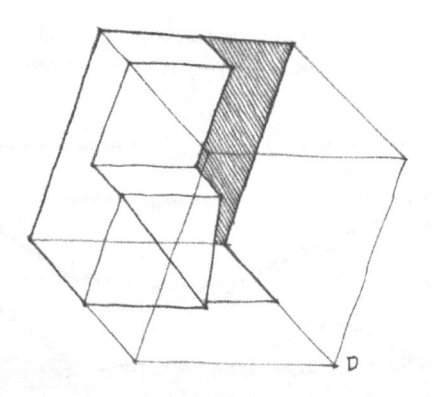

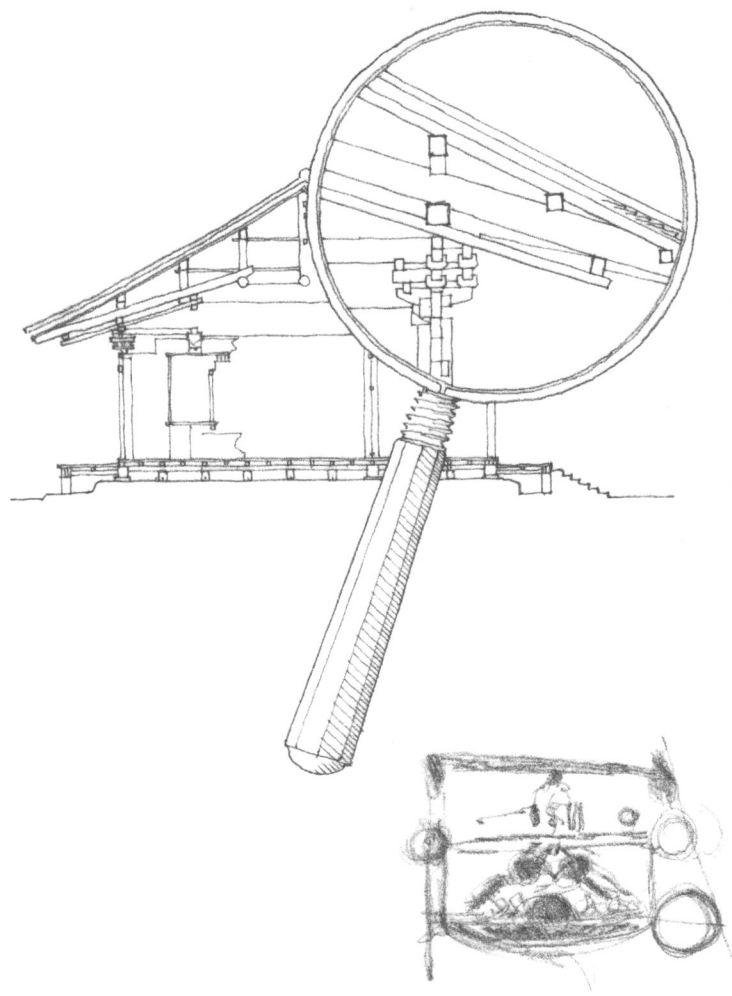

Mudando a escala

Quando trabalhamos do geral ao particular, dos problemas amplos e preponderantes para resolução dos detalhes, replicamos a formulação, o refinamento e a cristalização graduais de um projeto. A representação gráfica evolui de maneira correspondente, iniciando com croquis diagramáticos executados com riscos básicos para desenhos mais definitivos de ideias concretas e soluções representadas com instrumentos mais precisos.

Estimulamos nosso pensamento de projeto trabalhando em várias escalas e níveis de abstração. A escala do desenho estabelece que aspectos ou características podemos desenvolver e também aqueles que devemos ignorar. Por exemplo, a questão da materialidade fica prejudicada quando trabalhamos com uma pequena escala, em parte porque não podemos representar o material naquela escala. Em escala maior, entretanto, temos de representar os materiais. A menos que os materiais sejam resolvidos, tal desenho pareceria grande demais para seu conteúdo. Mudar a escala dos desenhos que usamos durante o processo de projeto nos permite resumir uma ideia à sua essência, assim como desenvolver a ideia para incorporar questões relacionadas aos materiais e aos detalhes.

A interdependência de projeto e escala não é apenas uma questão de percepção, mas também de habilidade. Nossa escolha do instrumento de desenho depende da escala do desenho e determina o grau de representação ou abstração que somos capazes de ilustrar. Por exemplo, desenhar com uma caneta de ponta fina nos encoraja a representar coisas menores e nos permite trabalhar os detalhes. Desenhar com um marcador de ponta grossa, por outro lado, possibilita cobrir uma área maior, além de estudar questões mais amplas de padrão e organização.

Complexo administrativo da capital Bangladesh, Daca, Bangladesh, 1962, Louis Kahn
Croqui inicial em planta, corte que passa pela galeria da escada e detalhe construtivo da parede composta.

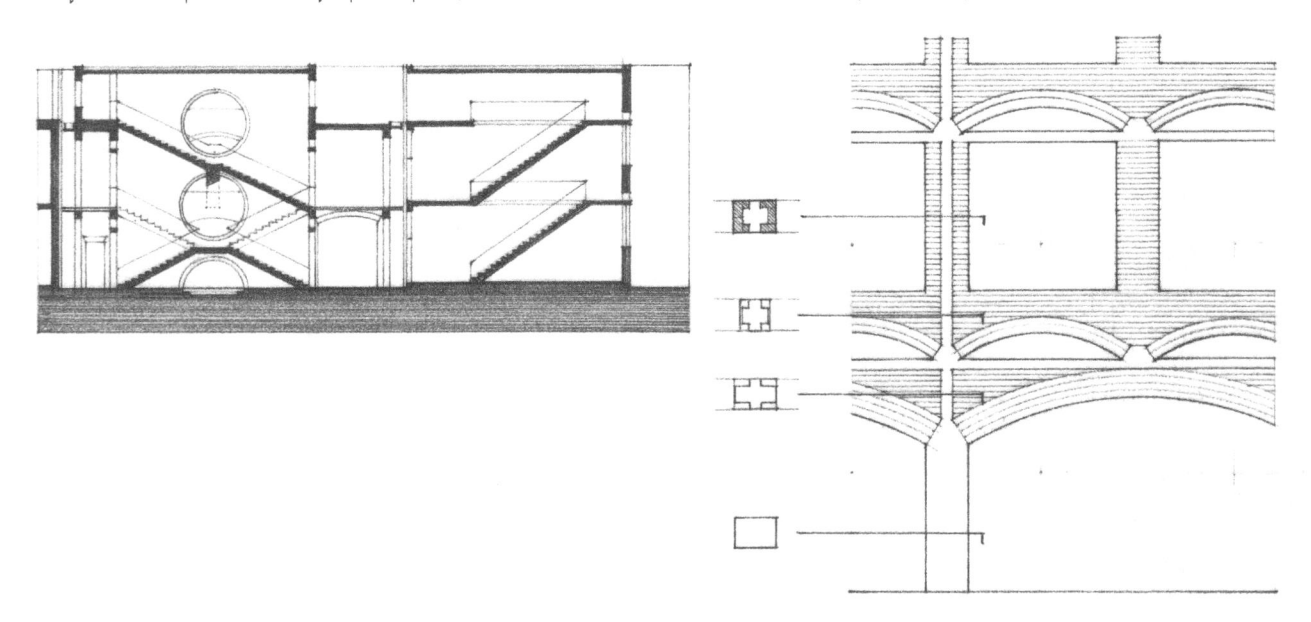

Exercício 9.22
Reduza a escala do capitel de coluna à metade, sucessivamente em cada quadro. Quantos detalhes podem ser eliminados em cada desenho sem sacrificar a identidade do capitel?

Exercício 9.23
Procure e selecione um elemento de arquitetura, como uma janela, uma porta ou um friso de ornamentação. Desenhe o elemento à distância de 10,00 m, depois de 5,00 m e, finalmente, de 1,50 m. Em cada vista sucessiva, aumente tanto a escala quanto a quantidade de detalhes.

Exercício 9.24
Repita o exercício anterior com outro elemento de arquitetura. Desta vez, inverta o procedimento, primeiramente desenhando o elemento a uma distância de 1,50 m, depois de 5,00 m e, finalmente, de 10,00 m. Em cada vista sucessiva, diminua tanto a escala quanto a quantidade de detalhes.

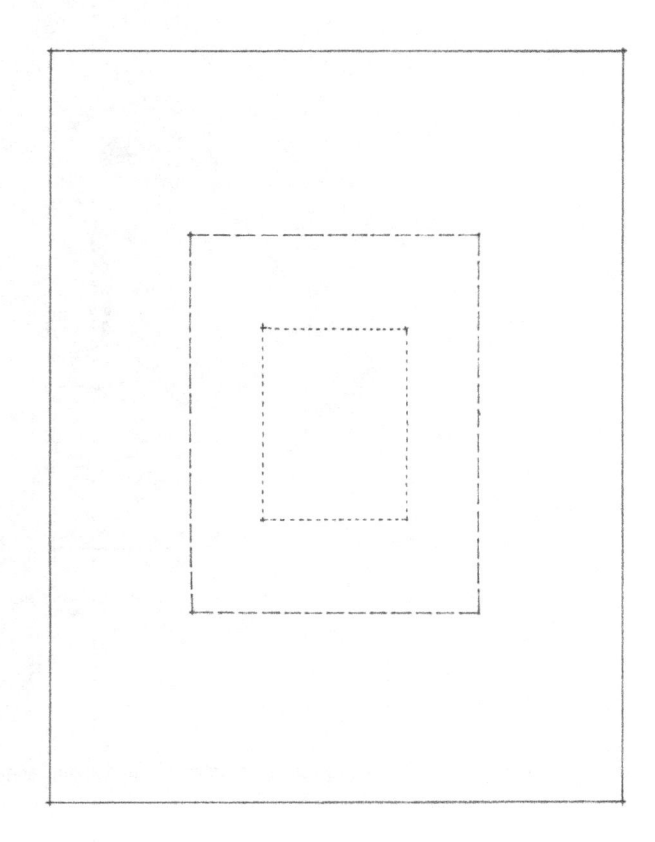

Croqui do conceito — *Planta baixa da assembleia*

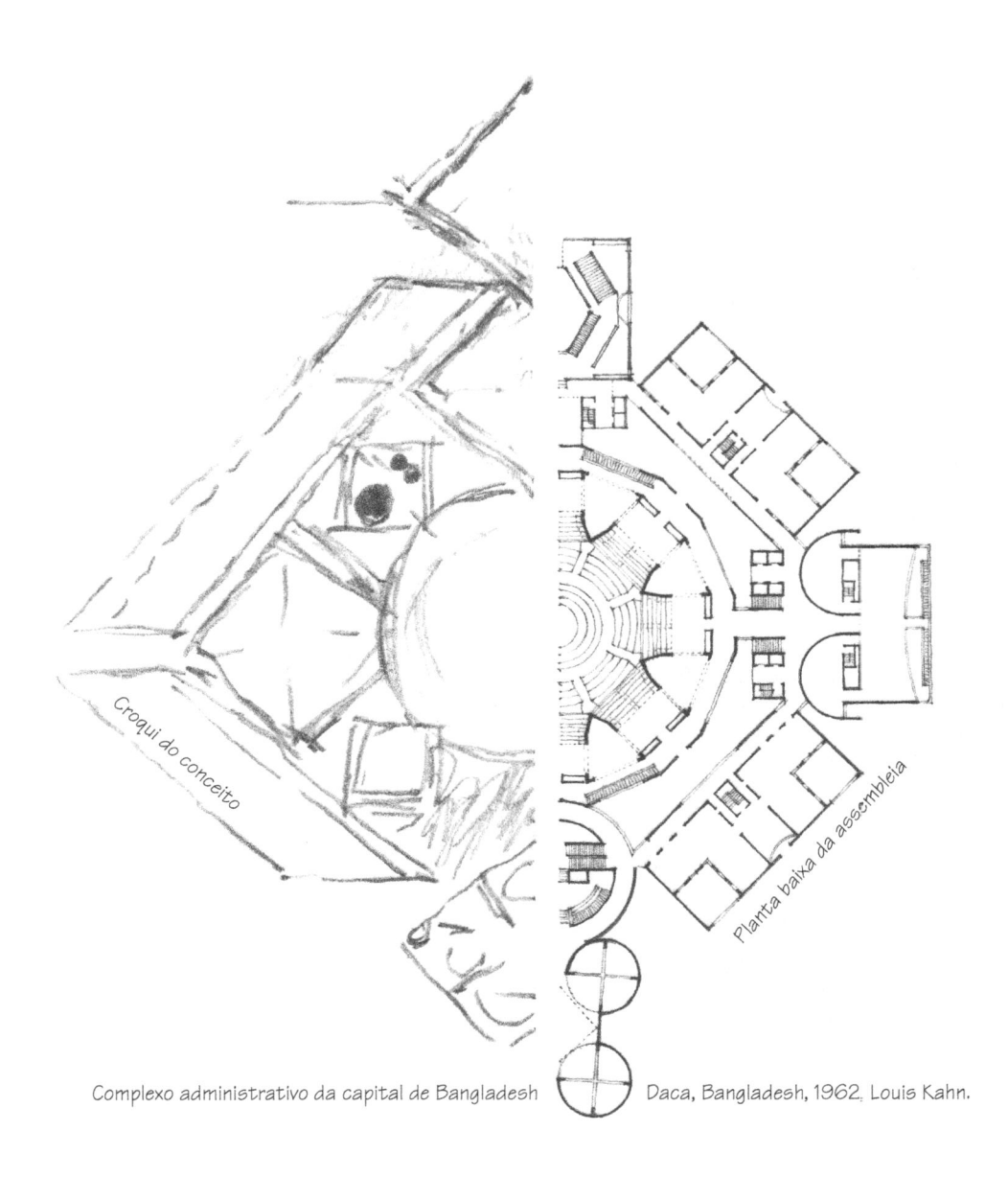

Complexo administrativo da capital de Bangladesh. Daca, Bangladesh, 1962, Louis Kahn.

10
Diagramas

Nenhum desenho é exatamente aquilo que ele busca representar. Todos os desenhos são, até certo ponto, abstrações da realidade percebida ou de uma concepção imaginária. Na representação gráfica, operamos em vários níveis de abstração. Em um extremo, temos o desenho de apresentação, que tenta simular a realidade futura de uma proposta de projeto do modo mais fiel possível. No outro extremo está o diagrama, que encerra a capacidade de descrever algo sem representá-lo de modo pictórico.

Um diagrama é qualquer desenho que explica ou elucida as partes, a combinação ou a operação de alguma coisa. A característica-chave de um diagrama é poder simplificar um conceito complexo em elementos e relações essenciais por meio do processo de eliminação e redução. Profissionais de muitos campos diferentes usam diagramas para agilizar seus pensamentos. Matemáticos, físicos e mesmo músicos e bailarinos usam suas próprias linguagens abstratas de símbolos e notações para lidar com as complexidades de suas atividades. Os projetistas também usam diagramas para estimular e esclarecer suas imagens mentais.

Embora todo processo de desenho deva convergir para a solução de um problema, as fases iniciais devem se caracterizar por pensamentos divergentes sobre as possibilidades. Projetar envolve fazer escolhas; sem alternativas, não há escolha a ser feita. Ao abordar o geral, em vez do particular, os diagramas desencorajam a tentativa de definir uma solução muito rapidamente e encorajam a exploração de alternativas possíveis. Diagramar, portanto, oferece-nos uma maneira conveniente de pensar como proceder na geração de uma série de alternativas viáveis a um determinado problema de projeto. Sua natureza abstrata nos permite analisar e entender a natureza essencial dos elementos do programa de necessidades, considerar suas possíveis relações e buscar modos pelos quais as partes de um projeto possam ser organizadas para compor um todo coeso.

TIPOS DE DIAGRAMAS

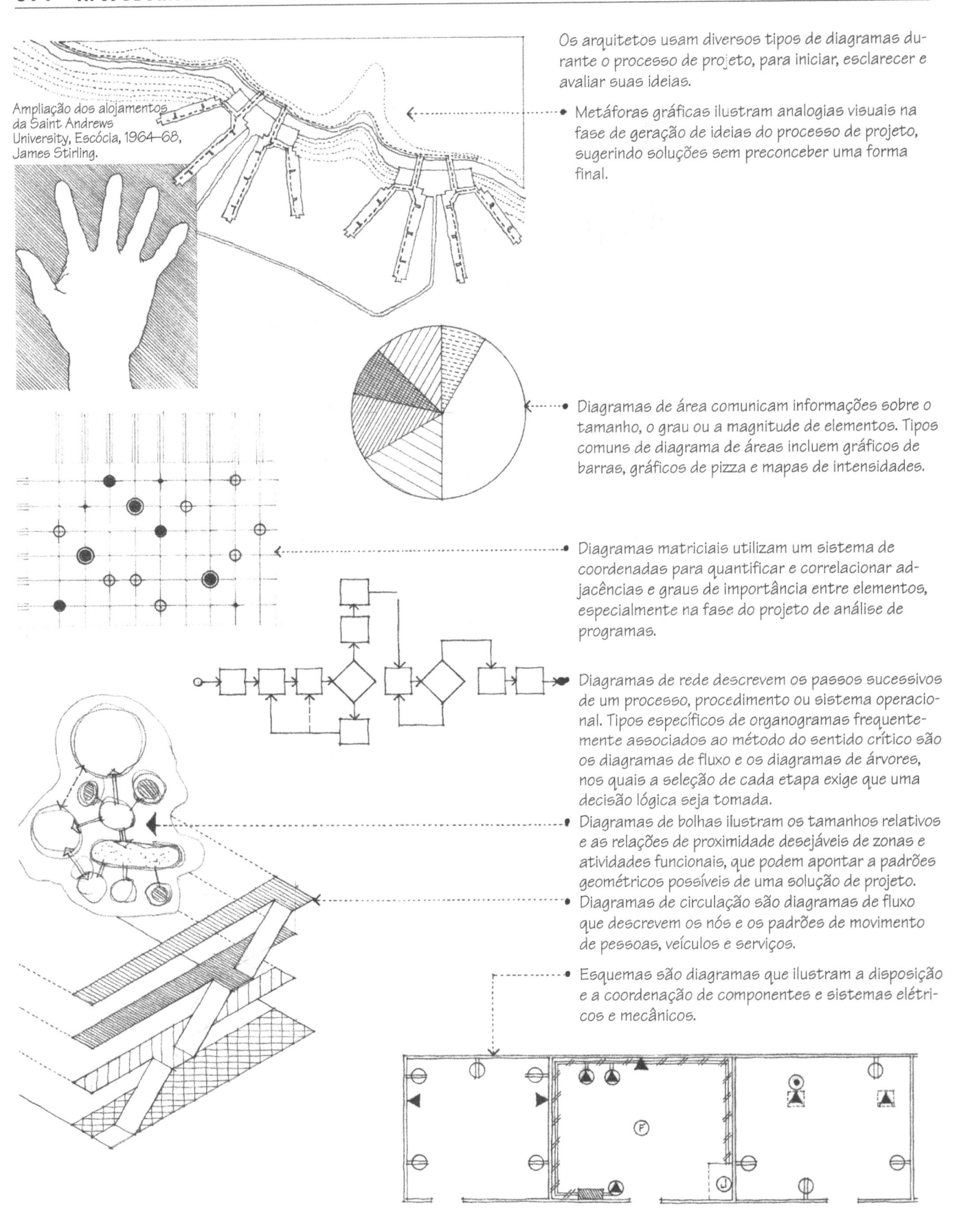

Ampliação dos alojamentos da Saint Andrews University, Escócia, 1964–68, James Stirling.

Os arquitetos usam diversos tipos de diagramas durante o processo de projeto, para iniciar, esclarecer e avaliar suas ideias.

- Metáforas gráficas ilustram analogias visuais na fase de geração de ideias do processo de projeto, sugerindo soluções sem preconceber uma forma final.

- Diagramas de área comunicam informações sobre o tamanho, o grau ou a magnitude de elementos. Tipos comuns de diagrama de áreas incluem gráficos de barras, gráficos de pizza e mapas de intensidades.

- Diagramas matriciais utilizam um sistema de coordenadas para quantificar e correlacionar adjacências e graus de importância entre elementos, especialmente na fase do projeto de análise de programas.

- Diagramas de rede descrevem os passos sucessivos de um processo, procedimento ou sistema operacional. Tipos específicos de organogramas frequentemente associados ao método do sentido crítico são os diagramas de fluxo e os diagramas de árvores, nos quais a seleção de cada etapa exige que uma decisão lógica seja tomada.

- Diagramas de bolhas ilustram os tamanhos relativos e as relações de proximidade desejáveis de zonas e atividades funcionais, que podem apontar a padrões geométricos possíveis de uma solução de projeto.

- Diagramas de circulação são diagramas de fluxo que descrevem os nós e os padrões de movimento de pessoas, veículos e serviços.

- Esquemas são diagramas que ilustram a disposição e a coordenação de componentes e sistemas elétricos e mecânicos.

DIAGRAMAS ANALÍTICOS 315

Diagramas analíticos examinam e explicam a distribuição e as relações das partes com o todo. Utilizamos uma grande variedade de diagramas analíticos em um projeto. As análises de um terreno exploram como a implantação e a orientação respondem a forças ambientais e contextuais. Análises de programa de necessidades investigam como a organização de um projeto lida com requisitos programáticos. Análises formais examinam a correspondência entre o padrão estrutural, a volumetria e os elementos de vedação externa.

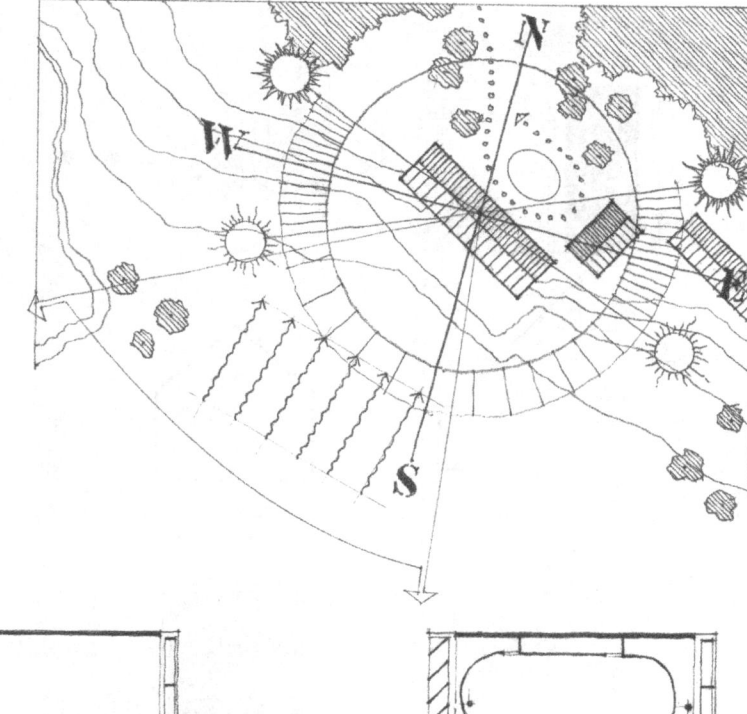

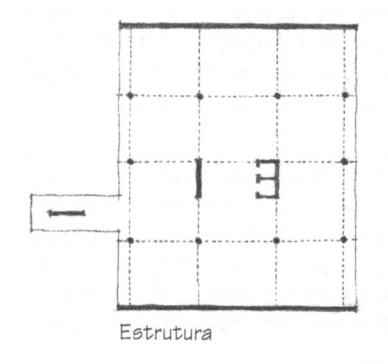

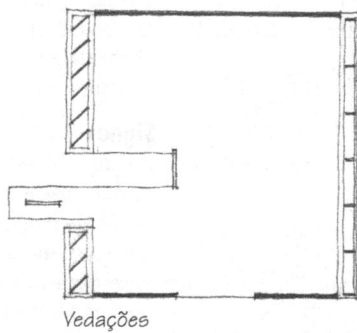

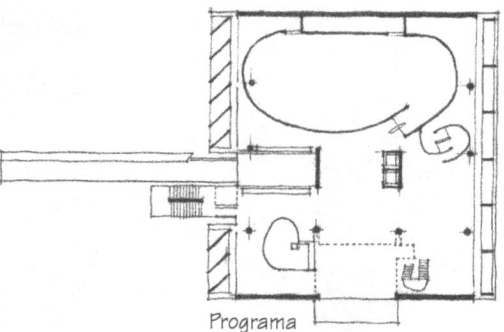

Estrutura   Vedações   Programa

Associação de tecelões, Ahmedabad, Índia, 1954, Le Corbusier

Podemos usar qualquer um dos sistemas de desenho para definir o ponto de observação de um diagrama. Quando um diagrama isola uma única questão ou apenas um conjunto de relações para estudo, o formato bidimensional em geral é suficiente. Entretanto, quando começamos a explorar os complexos atributos espaciais e das relações de um projeto, torna-se necessário o uso de um sistema tridimensional de desenho. Ferramentas particularmente efetivas para o estudo de massas e das dimensões espaciais de um projeto são os cortes perspectivados, as vistas-fantasmas e as vistas explodidas.

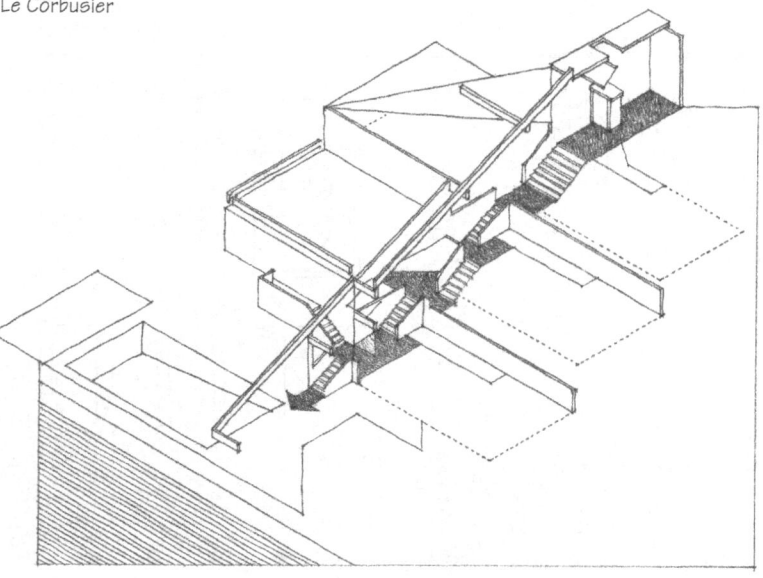

Casa Bookstaver, Westminster, Vermont, 1972, Peter L. Gluck

316 ELEMENTOS DE DIAGRAMAÇÃO

A eficiência do uso de diagramas para estudar, analisar e tomar decisões de projeto resulta de seu uso de signos e símbolos. Estas figuras abstratas representam entidades, ações e ideias mais complexas em uma forma mais adequada para edição, manipulação e transformação do que imagens de representação. O emprego de diagramas nos permite responder à natureza especulativa e ágil do pensamento durante o projeto.

Símbolos

Um símbolo é uma figura gráfica que representa alguma outra coisa por associação, semelhança ou convenção, derivando seu significado sobretudo da estrutura na qual ele se insere. Os símbolos de representação são imagens simplificadas daquilo que representam. Para serem úteis e significativos para um público amplo, eles devem generalizar e abranger as características estruturais daquilo a que se referem. Formatos altamente abstratos, por outro lado, podem ter aplicação bastante ampla, mas geralmente precisam de um contexto ou de legendas para explicar seu significado. Quando os símbolos se tornam mais abstratos e perdem qualquer conexão visual com aquilo a que se referem, eles se tornam signos.

Signos

Um signo é um símbolo, uma figura ou um marco gráfico que possui significado convencionado e é utilizado como abreviatura de uma palavra, oração ou operação que representa. Os signos não refletem qualquer outra característica visual além das de seu referencial: só podem ser entendidos por convenção ou senso comum.

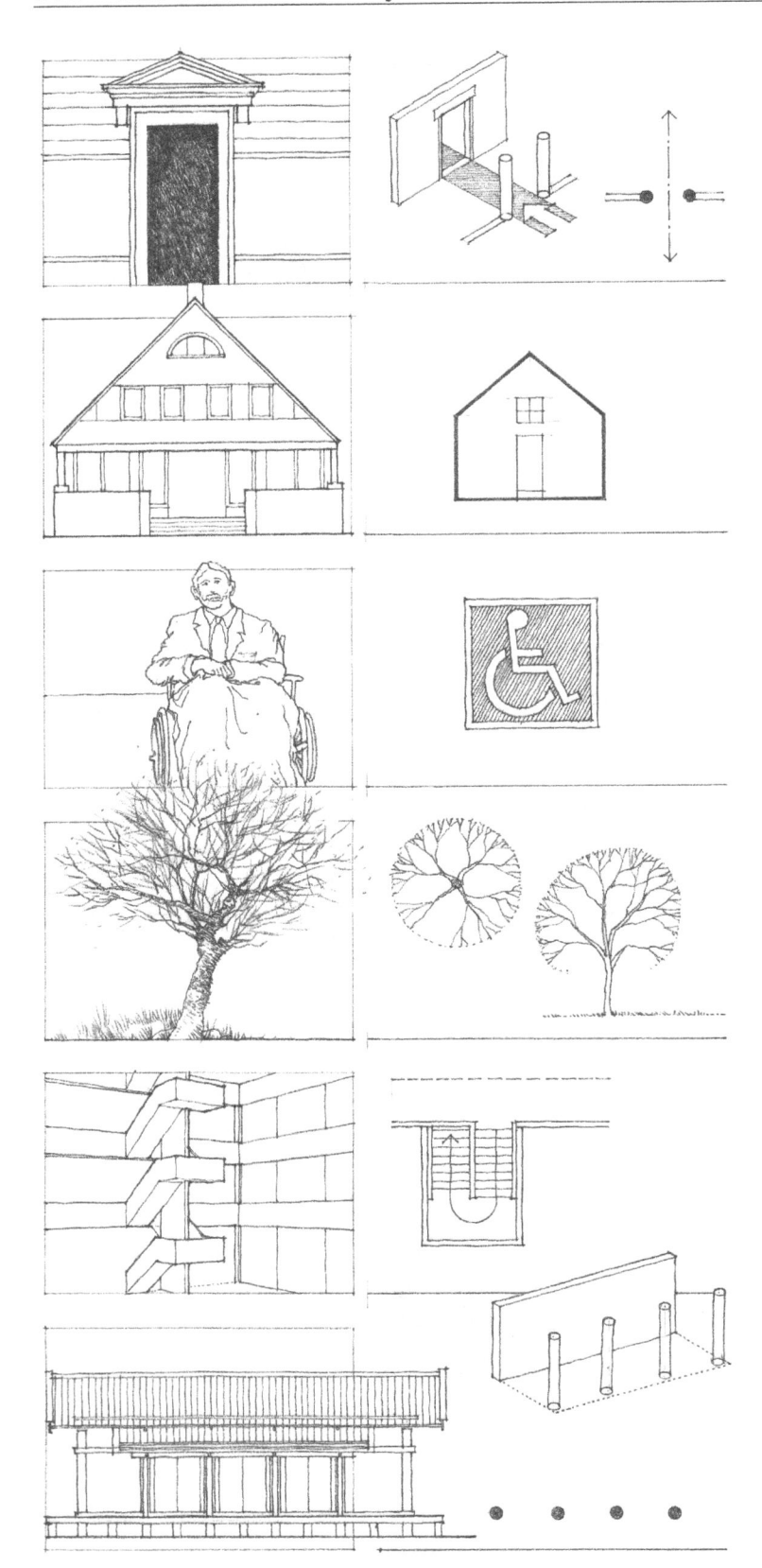

Fac-símile de composições em planta para o Centro de Belas Artes de Fort Wayne, Fort Wayne, Indiana, 1961–64, Louis Kahn

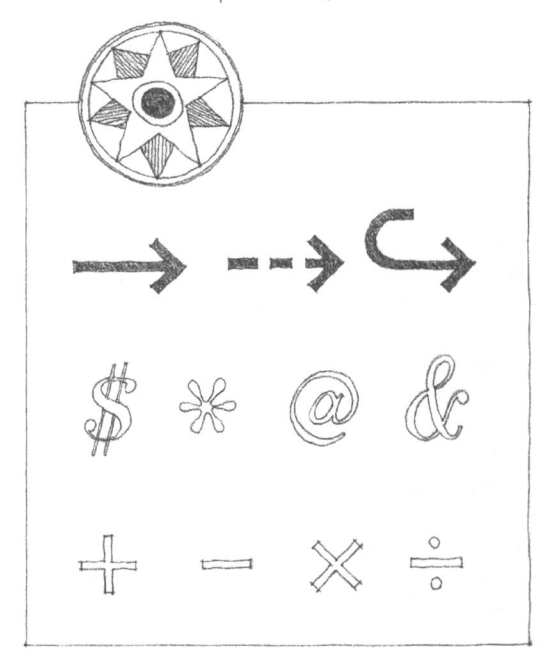

Composições de tangramas

ELEMENTOS DE DIAGRAMAÇÃO 317

Símbolos e signos não são tão adequados quanto palavras para expressar diferenças sutis ou suaves nuances de significados, mas, por outro lado, são eficientes para comunicar a identidade de elementos e a natureza de ações e processos. Estas abstrações visuais frequentemente conseguem comunicar conceitos de modo mais ágil do que seria possível apenas por meio de palavras. Ainda assim, normalmente utilizamos textos explicativos para esclarecer os símbolos de um diagrama, mesmo que somente na forma abreviada de uma legenda.

Podemos modificar a aparência gráfica e o significado de símbolos e signos alterando as seguintes características:

- O tamanho relativo de cada símbolo ou signo pode descrever aspectos quantificáveis de cada elemento, bem como estabelecer uma classificação hierárquica entre os elementos.
- Uma malha ou outro recurso de ordenamento geométrico pode regular o posicionamento e a disposição de entidades ou objetos dentro do campo do diagrama.
- Proximidades relativas indicam a intensidade das relações entre as entidades. Elementos bem próximos entre si revelam uma relação mais forte daquela que ocorre naqueles mais distantes.
- Semelhanças e contrastes de formato, tamanho ou tonalidade estabelecem categorias entre objetos ou ideias selecionados. Reduzir o número de elementos e variáveis ajuda a manter um nível apropriado e manejável de abstração.

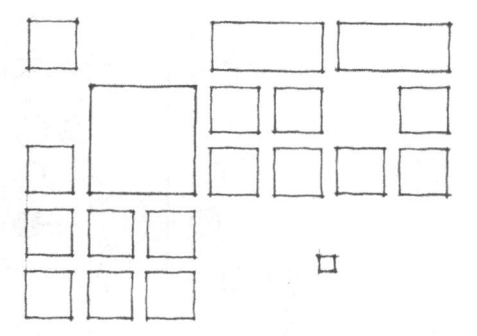

Hierarquia por tamanho

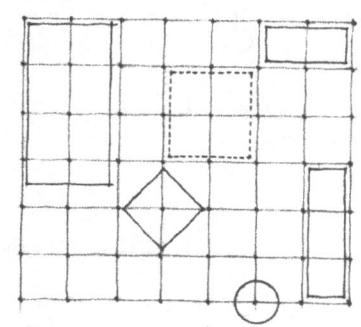

Ordenamento geométrico

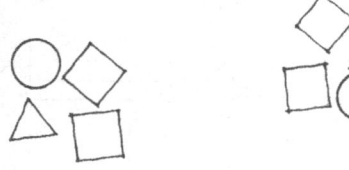

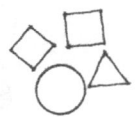

Organização por proximidade

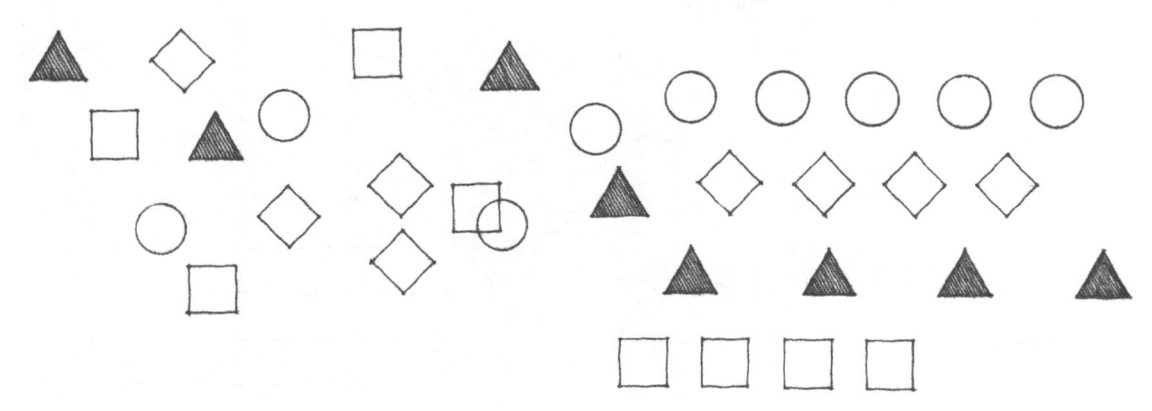

Classificação por semelhança e contraste

318 DIAGRAMANDO RELAÇÕES

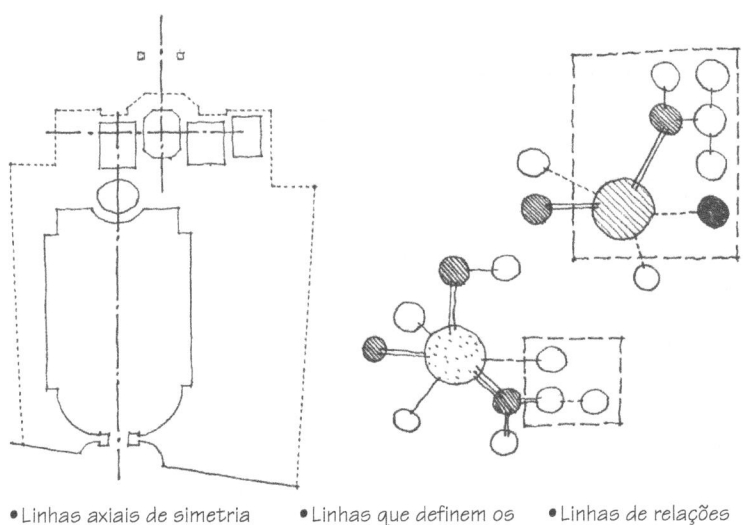

• Linhas axiais de simetria   • Linhas que definem os limites de campos   • Linhas de relações

Buscando tornar as relações entre os elementos de um diagrama mais visíveis, usamos os princípios de agrupamento por proximidade, continuidade e semelhança. Para melhor esclarecer e enfatizar tipos específicos de vínculos ou a natureza das interações entre as entidades, podemos empregar uma grande variedade de linhas e setas. Além disso, variando a largura, o comprimento, a continuidade e o valor tonal destes elementos de ligação também podemos descrever variados graus, níveis e intensidades de conexão.

Linhas
Usamos o poder de organização das linhas em diagramas para definir os limites de campos, denotar as interdependências de elementos e estruturar relações de forma e espaço. Ao evidenciar os aspectos de organização e relação de um diagrama, as linhas fazem com que conceitos pictóricos e abstratos se tornem visíveis e compreensíveis.

Setas
Setas são um tipo especial de linha de conexão. Suas extremidades pontiagudas podem representar o movimento uni ou bidirecional de um elemento a outro, indicar a direção de uma força ou ação, ou denotar a fase de um processo. Para maior clareza, usamos tipos diferentes de setas para distinguir entre os tipos de relações e os graus variáveis de intensidade ou importância.

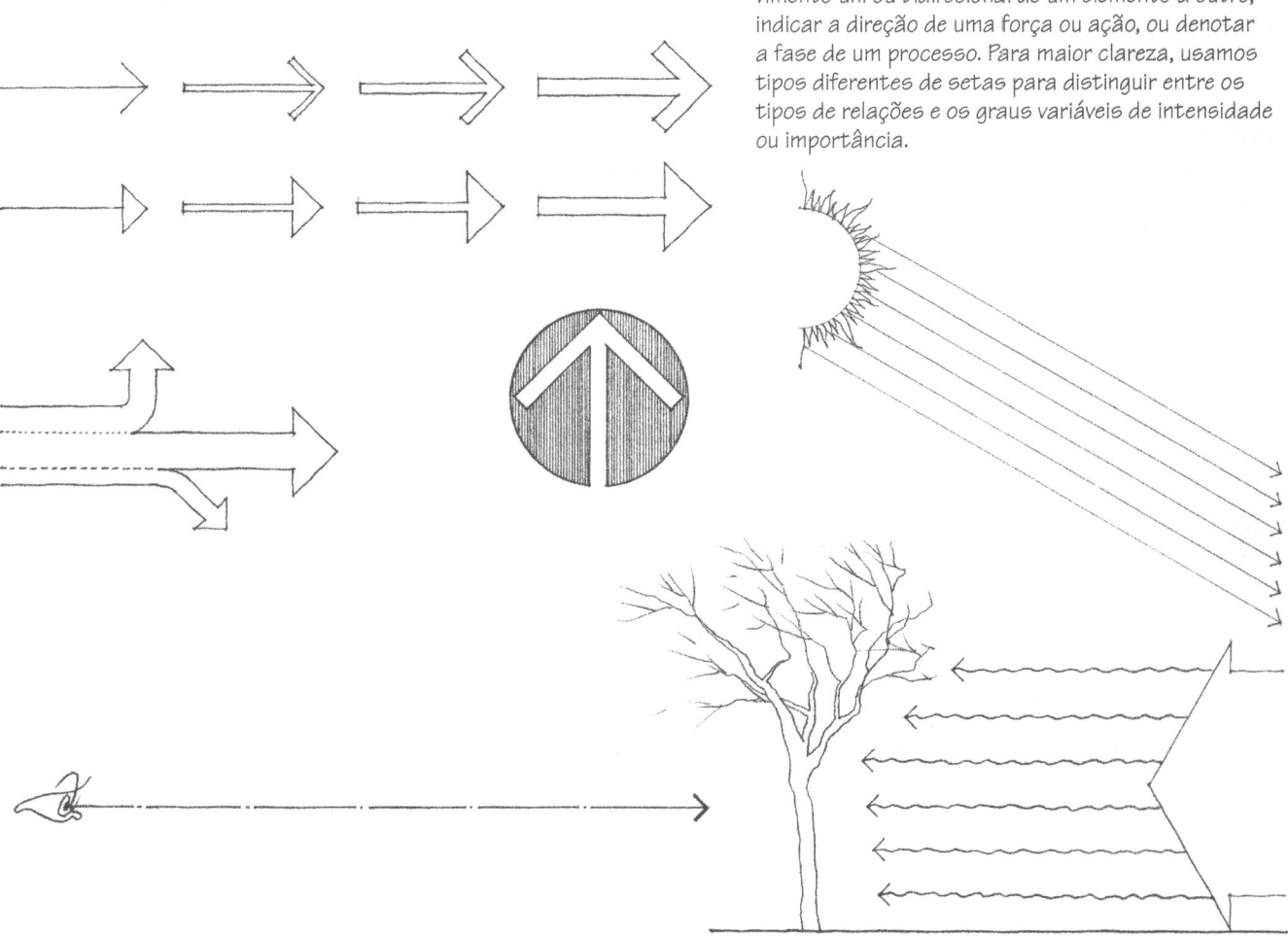

Exercício 10.1
Realize um diagrama da composição espacial
dos projetos de edificação abaixo.

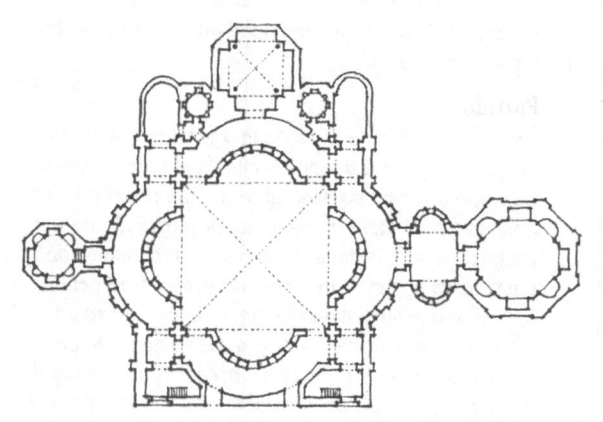

San Lorenzo Maggiore, Milão, Itália, cerca de 480 d.C.

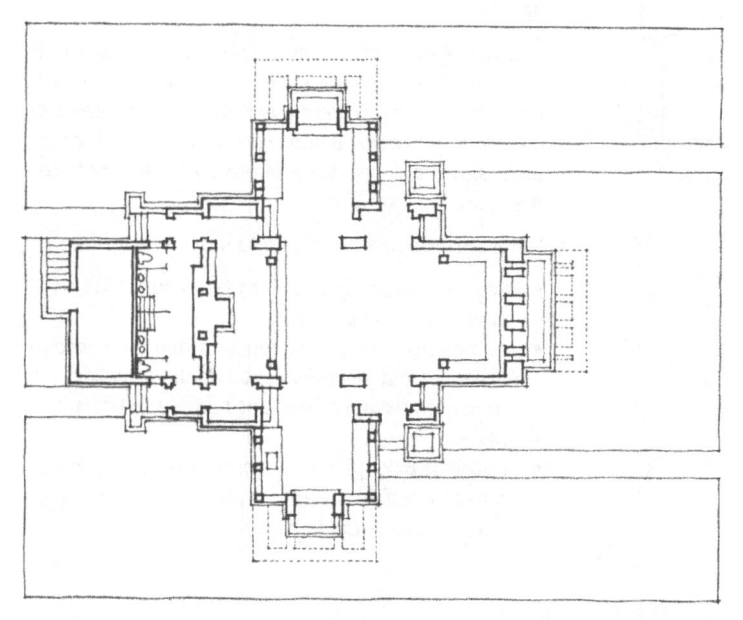

Casa de Jogos Coonley, Riverside, Illinois, 1912, Frank Lloyd Wright

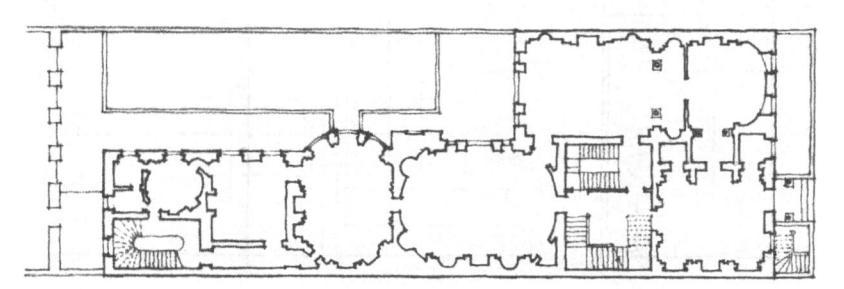

Casa do Lorde Derby, Londres, 1777, Robert Adam

320 DIAGRAMANDO CONCEITOS

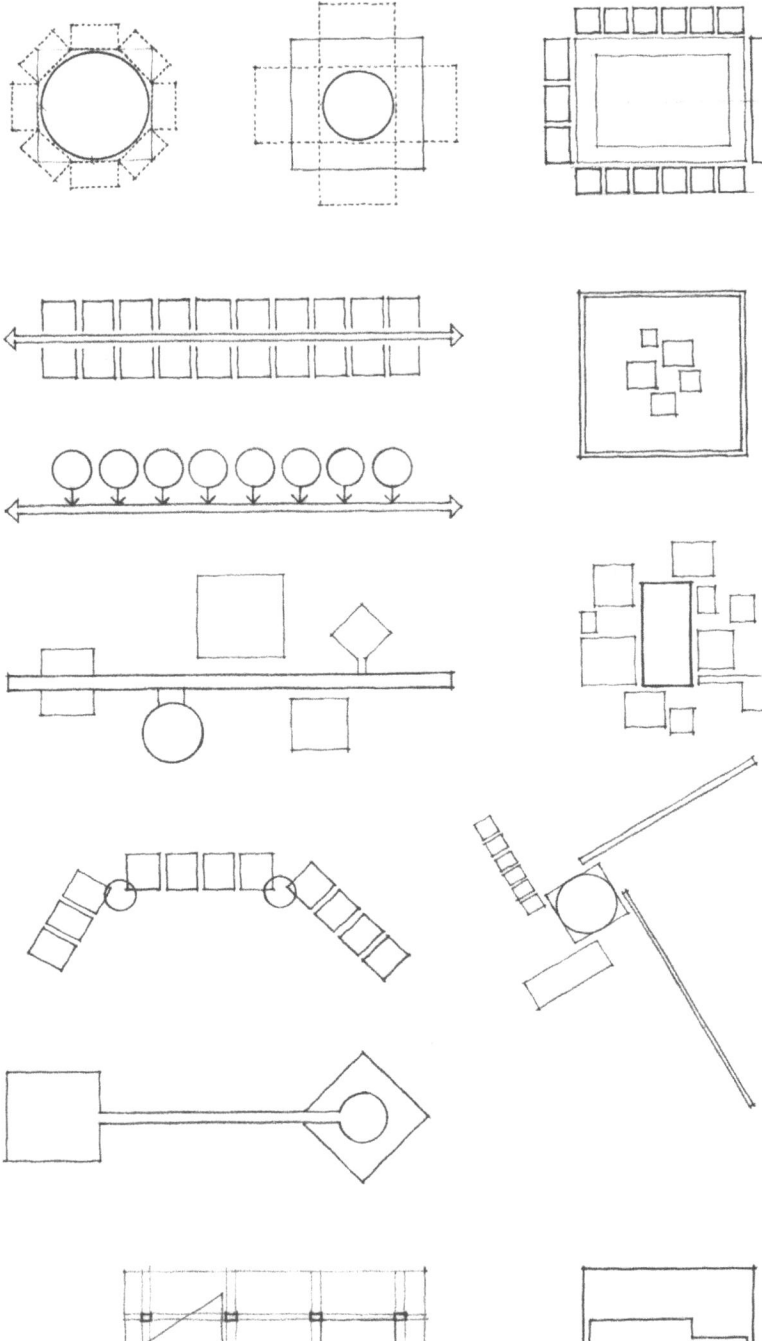

Usamos diagramas nas etapas iniciais do processo de projeto para estudar condições existentes e para gerar, explorar e esclarecer conceitos. Também usamos diagramas na fase de apresentação de um projeto para explicar as bases conceituais de uma proposta.

Partido

Um conceito é uma ideia ou imagem mental capaz de gerar e guiar o desenvolvimento de um projeto. Usamos o termo partido quando nos referimos ao conceito ou à ideia primária de organização de um projeto de arquitetura. Desenhar um conceito ou partido de projeto em forma de diagramas permite que o projetista investigue de modo rápido e efetivo a natureza e a organização geral de um esquema. Em vez de se concentrar na aparência de um projeto, o diagrama de conceito foca os principais elementos estruturais e inter-relacionados de uma ideia.

É evidente que um conceito adequado deve ser não apenas adequado como também relevante para a natureza de um problema de projeto. Além disso, o conceito de projeto e sua representação gráfica em um diagrama devem ter sempre as características a seguir.

Um diagrama de conceito deve ser:

- inclusivo: capaz de abordar várias questões de um problema de projeto;
- visualmente descritivo: suficientemente vigoroso para guiar o desenvolvimento de um projeto;
- adaptável: flexível o bastante para aceitar mudanças;
- sustentável: capaz de suportar manipulações e transformações durante o processo de projeto, sem perda de sua identidade.

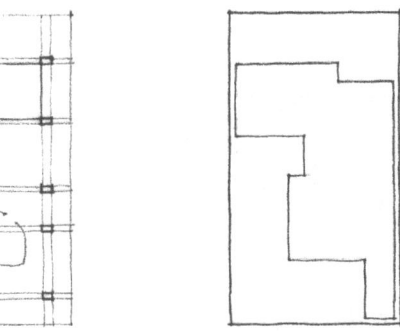

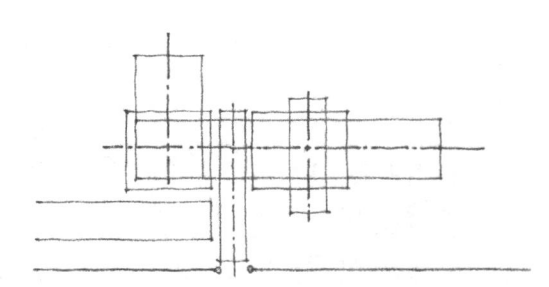

DIAGRAMANDO CONCEITOS 321

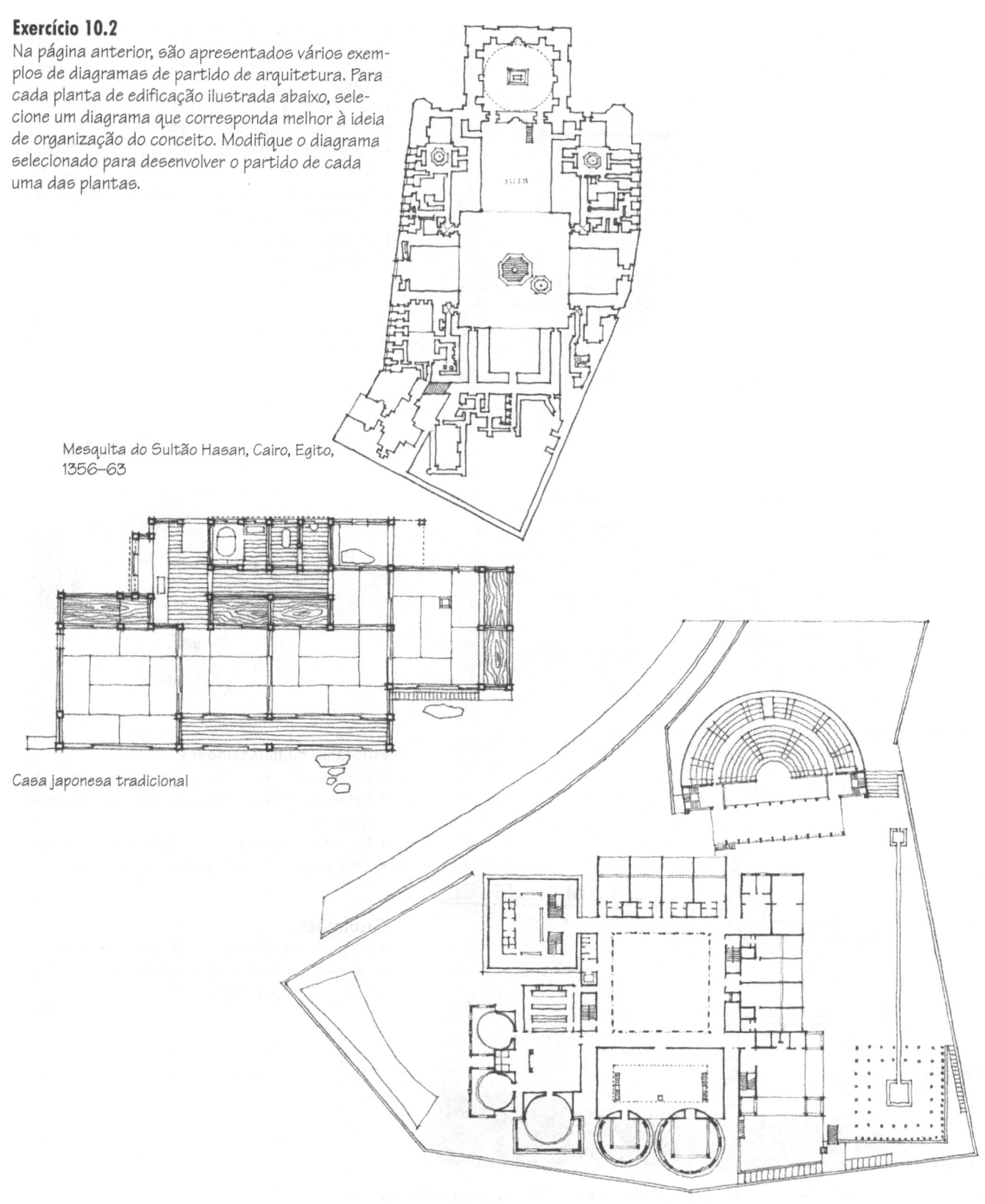

Exercício 10.2
Na página anterior, são apresentados vários exemplos de diagramas de partido de arquitetura. Para cada planta de edificação ilustrada abaixo, selecione um diagrama que corresponda melhor à ideia de organização do conceito. Modifique o diagrama selecionado para desenvolver o partido de cada uma das plantas.

Mesquita do Sultão Hasan, Cairo, Egito, 1356–63

Casa japonesa tradicional

Centro de Reuniões, Instituto de Estudos Biológicos Salk, La Jolla, Califórnia, 1959–65, Louis Kahn

322 DIAGRAMANDO CONCEITOS

Algumas das questões referentes aos diagramas conceituais incluem:

Terreno
- Condicionantes e oportunidades do contexto
- Influências históricas e culturais
- Condicionantes ambientais: sol, ventos e precipitações
- Características da topografia, da paisagem e dos recursos hídricos
- Modos de aproximação, acesso e caminhos dentro de um terreno

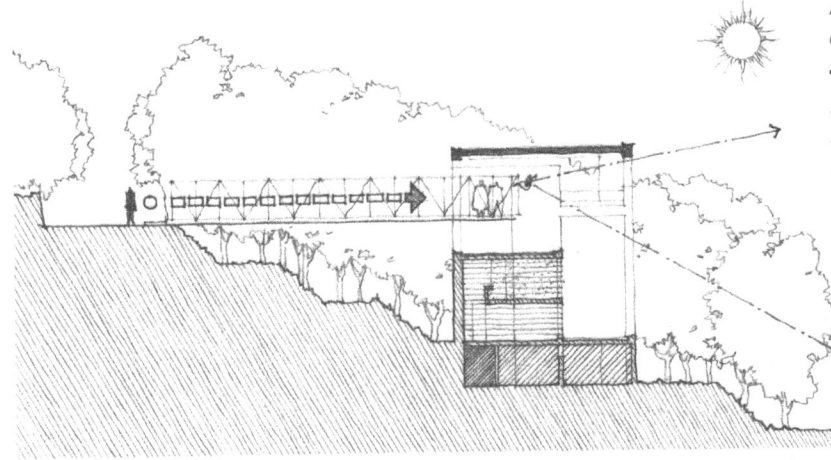

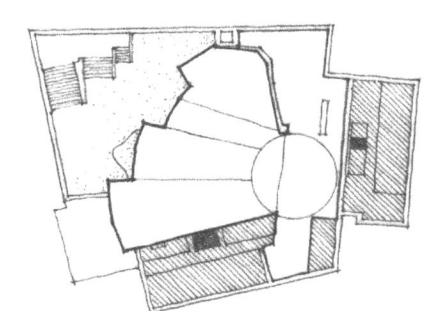

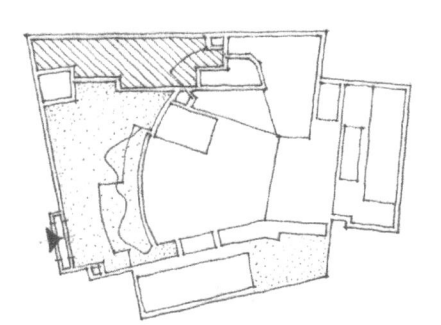

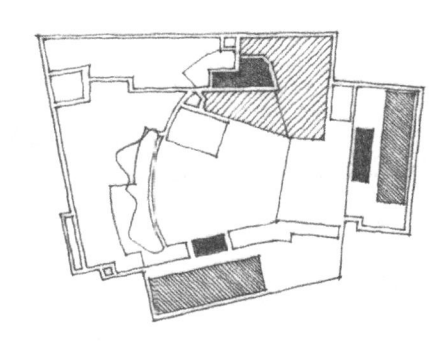

Casa em Riva San Vitale, às margens do Lago Lugano, Suíça, 1971–73, Mario Botta

Teatro em Seinäjoki, Finlândia, 1968–69, Alvar Aalto

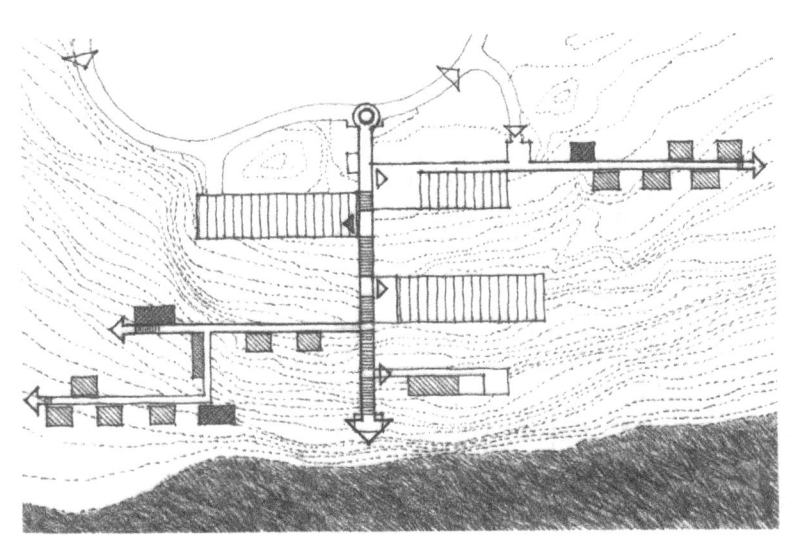

Programa de necessidades
- Dimensões espaciais exigidas pelas atividades
- Relações de proximidade e adjacência entre as funções
- Relações entre espaços servidos e de serviço
- Zoneamento de usos públicos e privados

Circulações
- Caminhos de pedestres, veículos e serviço
- Acessos, entradas, nós e rotas de circulação
- Circulação horizontal e vertical

Escola de Artes e Ofícios Haystack Mountain, Ilha Deer, Maine, 1960, Edward Larabee Barnes

Questões formais

- Relações de figura e fundo e de cheios e vazios
- Princípios ordenadores, como simetria e ritmo
- Elementos e padrões estruturais
- Elementos e configuração das vedações
- Características espaciais, como a proteção contra o clima e as vistas aproveitadas
- Organização hierárquica de espaços
- Volumetria e geometria formal
- Proporção e escala

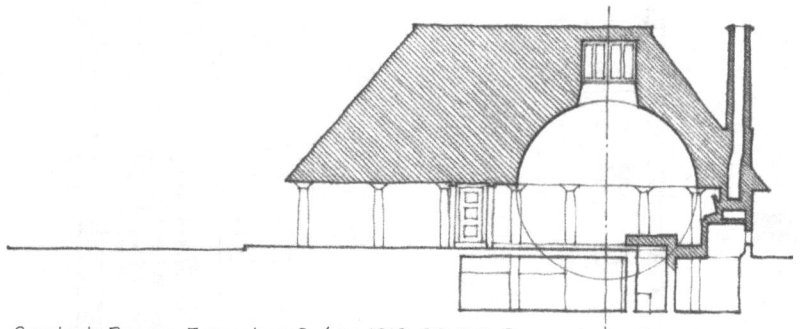

Capela do Bosque, Estocolmo, Suécia, 1918–20. Erik Gunnar Asplund

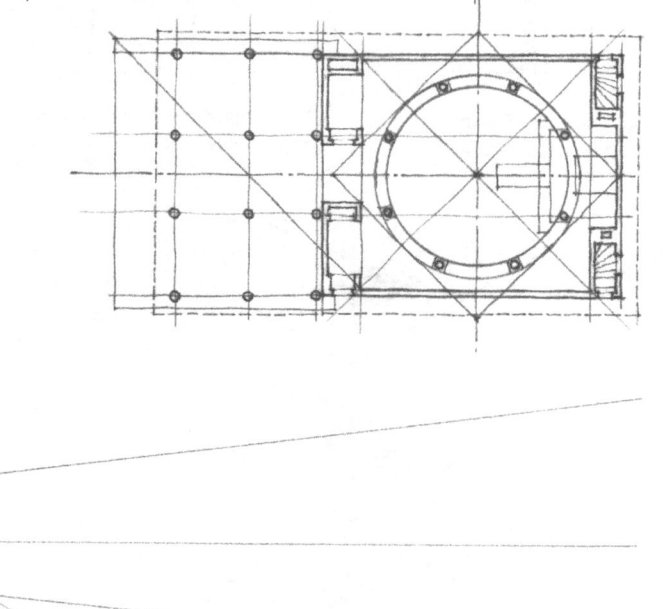

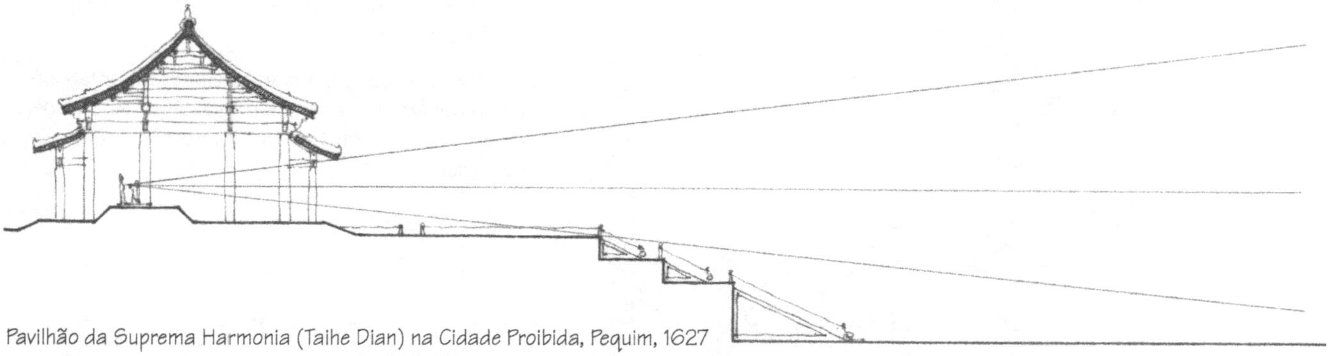

Pavilhão da Suprema Harmonia (Taihe Dian) na Cidade Proibida, Pequim, 1627

Instalações

- Leiaute e integração dos sistemas estrutural, de iluminação e controle ambiental.

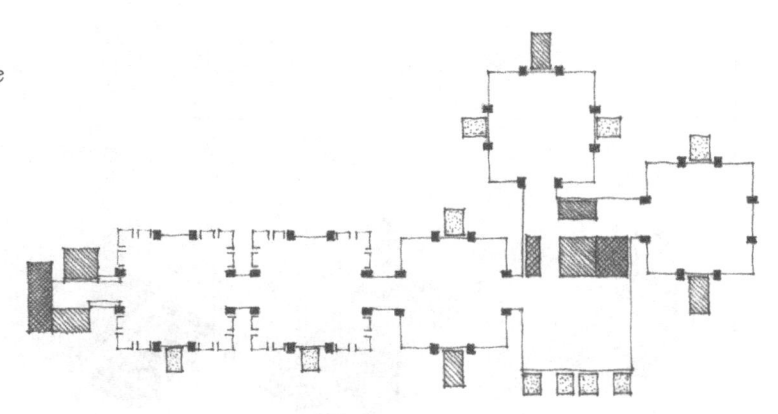

Laboratório de pesquisas médicas Richards, University of Pensylvania, Filadélfia, 1957–61, Louis Kahn

DIAGRAMANDO CONCEITOS

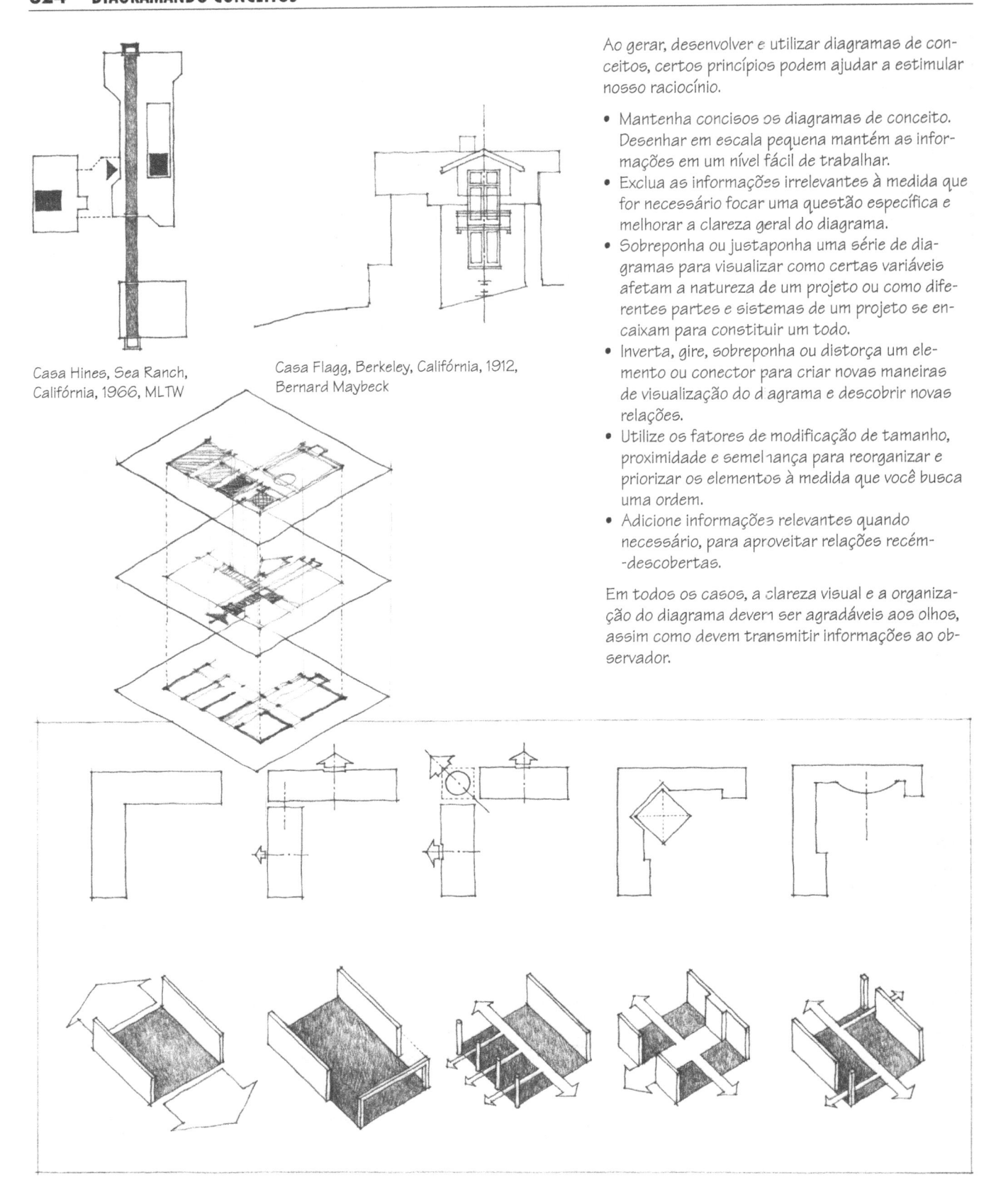

Casa Hines, Sea Ranch, Califórnia, 1966, MLTW

Casa Flagg, Berkeley, Califórnia, 1912, Bernard Maybeck

Ao gerar, desenvolver e utilizar diagramas de conceitos, certos princípios podem ajudar a estimular nosso raciocínio.

- Mantenha concisos os diagramas de conceito. Desenhar em escala pequena mantém as informações em um nível fácil de trabalhar.
- Exclua as informações irrelevantes à medida que for necessário focar uma questão específica e melhorar a clareza geral do diagrama.
- Sobreponha ou justaponha uma série de diagramas para visualizar como certas variáveis afetam a natureza de um projeto ou como diferentes partes e sistemas de um projeto se encaixam para constituir um todo.
- Inverta, gire, sobreponha ou distorça um elemento ou conector para criar novas maneiras de visualização do diagrama e descobrir novas relações.
- Utilize os fatores de modificação de tamanho, proximidade e semelhança para reorganizar e priorizar os elementos à medida que você busca uma ordem.
- Adicione informações relevantes quando necessário, para aproveitar relações recém-descobertas.

Em todos os casos, a clareza visual e a organização do diagrama devem ser agradáveis aos olhos, assim como devem transmitir informações ao observador.

DIAGRAMANDO CONCEITOS 325

Exercício 10.3
Analise a planta e o corte transversal da Biblioteca do Colégio Beneditino de Mount Angel. Desenvolva diagramas que expressem as seguintes informações:

- Padrão estrutural
- Sistema de vedações
- Organização espacial
- Zoneamento funcional
- Esquema de circulação

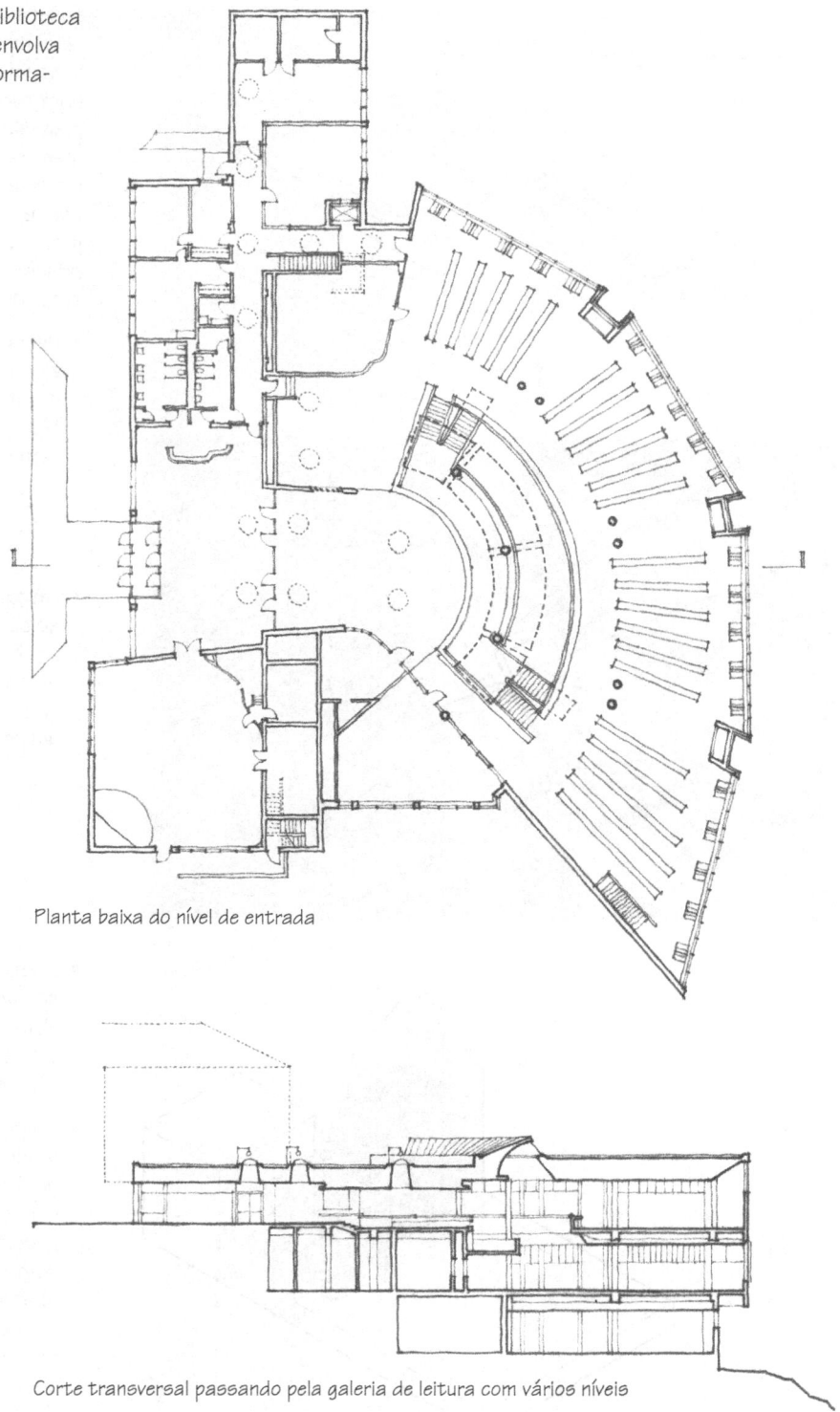

Planta baixa do nível de entrada

Corte transversal passando pela galeria de leitura com vários níveis

Biblioteca do Colégio Beneditino de Mount Angel, Mount Angel, Oregon, 1965-70, Alvar Aalto

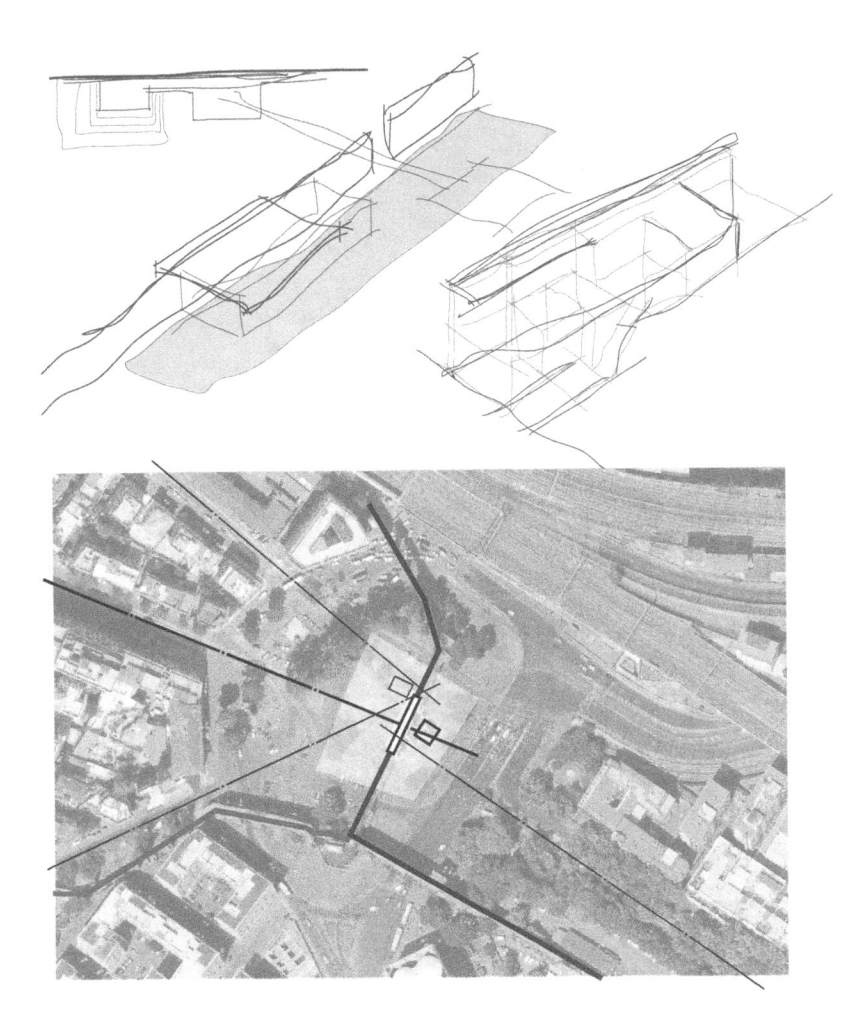

Embora a diagramação de ideias à mão livre e com caneta ou lapiseira no papel continue sendo a maneira mais direta, intuitiva e flexível de iniciar os pensamentos de projeto, há ferramentas digitais para tornar visível a conexão entre a nossa compreensão de um problema de projeto e possíveis maneiras de abordá-lo, resolvê-lo ou até mesmo reformulá-lo. Entretanto, quando exploramos o uso de ferramentas digitais para iniciar ideias de projeto, devemos lembrar que as questões e os princípios descritos em linhas gerais nas páginas anteriores deste capítulo ainda se aplicam.

- Um programa de representação gráfica bidimensional por meio de quadriculação, junto com o uso de uma caneta de toque e um tablete digital, uma tela sensível ao toque ou simplesmente um *mouse*, permitem-nos esboçar a essência de uma ideia.

- Fotografias e desenhos digitais podem ser úteis ao se iniciar diagramas analíticos. Podemos utilizar fotografias aéreas como base para diagramas de análise do terreno e fotografias de estruturas ou cenas existentes para analisar o contexto sob um ponto de observação experimental.

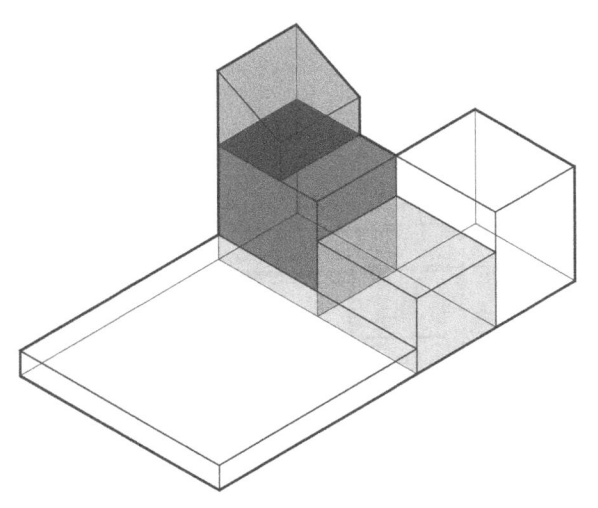

- Os programas de desenho à base de vetores nos permitem criar objetos que representam elementos de diagramação básicos e usar linhas e setas padronizadas para representar as relações desejadas.

- Os programas de geração de maquetes eletrônicas tridimensionais agregam elementos de diagramação e relações com uma dimensão espacial. Ao usar um desses programas, é importante manter a natureza conceitual do diagrama e ler os elementos retratados como abstrações em vez de representações de elementos de construção físicos e reais. Uma das maneiras de fazer isso é usar vistas *wireframe* com cores e valores indicando os usos e graus de importância relativos. O formato, a escala e as proporções podem ser manipuladas com relativa facilidade e devem ser considerados com cuidado na representação das características desejadas dos elementos de diagramação.

As ferramentas digitais têm muitas vantagens em relação ao desenho feito à mão.

- O uso de camadas nos programas de desenho e geração de imagem permite que certos elementos se tornem mais fracos ou sejam desligados, enquanto outros são ressaltados para fins de ênfase.

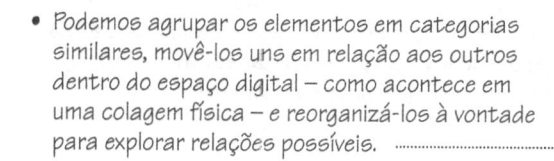

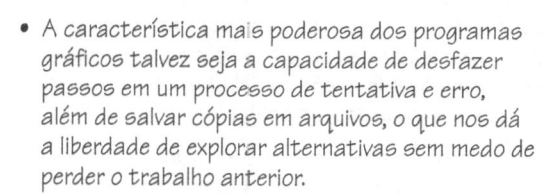

- Podemos agrupar os elementos em categorias similares, movê-los uns em relação aos outros dentro do espaço digital – como acontece em uma colagem física – e reorganizá-los à vontade para explorar relações possíveis.

- A característica mais poderosa dos programas gráficos talvez seja a capacidade de desfazer passos em um processo de tentativa e erro, além de salvar cópias em arquivos, o que nos dá a liberdade de explorar alternativas sem medo de perder o trabalho anterior.

Uma desvantagem específica do uso de ferramentas digitais é a camada de abstração resultante da combinação particular de hardware e software entre aquilo que estamos imaginando e sua representação no monitor ou na tela. Portanto, o segredo para se usar meios digitais na diagramação de conceitos de projeto com eficácia é desenvolver fluência suficiente no programa a fim de poder ver, pensar e desenhar intuitivamente, sem ter de se preocupar com o comando do teclado, menu ou paleta a utilizar, já que isso interromperia o fluxo de pensamentos.

Outra desvantagem – especificamente do programa de geração de maquetes eletrônicas – é a insistência aparente na precisão, apesar da indefinição que se busca nos estágios iniciais do processo de projeto. Ainda que possamos interpretar o modo como os dados digitais são apresentados, a representação padronizada é a de uma maquete acabada. Não obstante, se estivermos cientes dessas tendências, poderemos usar as ferramentas digitais com eficácia para a diagramação de nossas ideias de projeto.

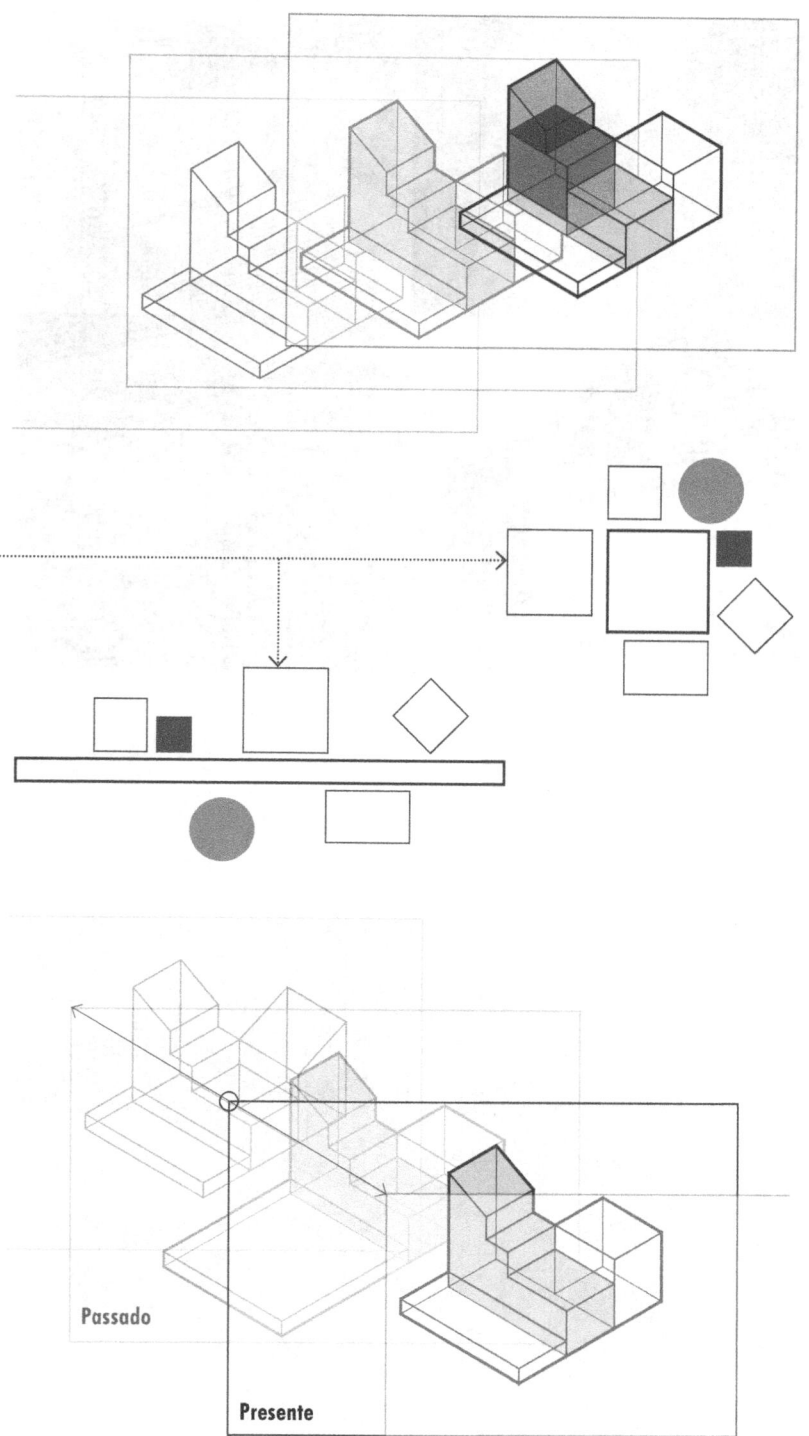

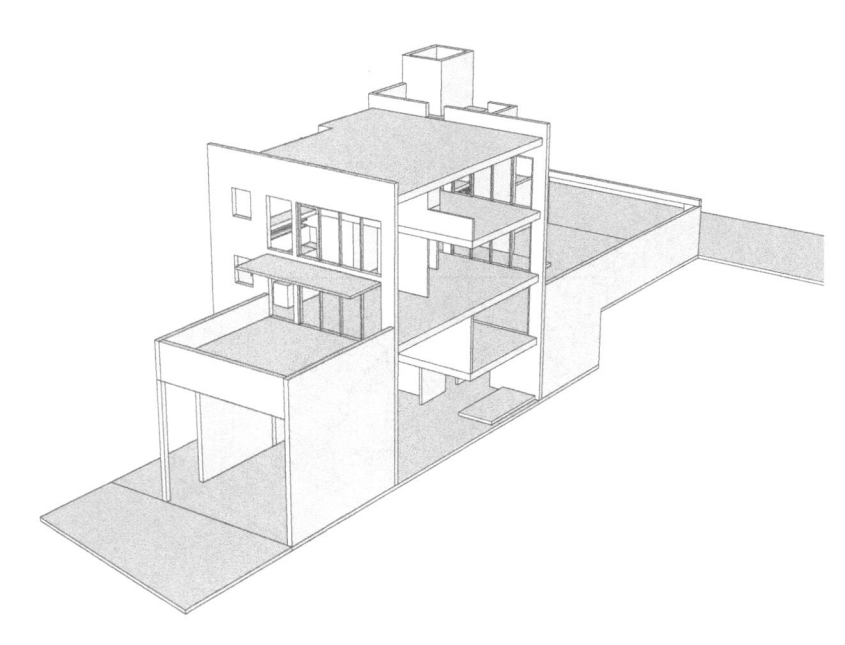

Maquetes tradicionais

Como os desenhos de desenvolvimento de projeto, as maquetes de estudo tradicionais são importantes para visualizar com rapidez uma ideia de projeto. O trabalho manual, que envolve o corte e a montagem de materiais concretos, oferece-nos uma sensibilidade tátil que aumenta a sensibilidade puramente visual e lhe confere dimensão espacial. Embora sejam frequentemente usadas como instrumentos de apresentação, as maquetes de estudo tradicionais devem ser vistas principalmente como um meio de exploração. Depois de prontas, podemos mexê-las com as mãos e a mente, desmontá-las e refazê-las. Podemos fotografá-las sob diferentes pontos de vista e digitalizar as imagens fotográficas para realizar estudos digitais, ou imprimi-las e desenhar por cima delas.

Maquetes eletrônicas

Os programas de modelagem tridimensional nos permitem montar maquetes eletrônicas de nossas propostas de projeto e estudá-las sob diferentes pontos de vista. Isso as torna apropriadas para o desenvolvimento de conceitos de projetos, desde que vejamos as imagens modeladas como transitórias, não como produtos acabados.

Para trabalhar com maquetes eletrônicas, é necessário controlar a exatidão dos dados fornecidos aos programas de geração de maquetes eletrônicas tridimensionais para criá-las. Ao mesmo tempo, devemos manter em mente que as maquetes eletrônicas são ferramentas para o raciocínio e estão sujeitas a mudanças e revisões. Não devemos, então, deixar o grau de especificidade da adição ou subtração de elementos tolher a liberdade do processo de projeto.

Como a geração de maquetes eletrônicas se baseia em grande parte no uso de eixos, pontos de tangente e faces e arestas alinhadas como recursos de construção para o desenvolvimento da forma tridimensional, pensar nesses termos — como faríamos ao construir uma maquete tradicional — geralmente resulta em um processo de geração de maquete mais eficiente.

A principal diferença entre a maquete tradicional e a digital talvez esteja no modo como percebemos a materialidade, características espaciais e tatilidade da maquete tradicional, uma vez que a maquete eletrônica deve, pelo menos com a tecnologia que nos está disponível hoje, ser vista em um monitor ou tela — essencialmente, uma imagem bidimensional de um conjunto de dados tridimensional, que exige as mesmas habilidades interpretativas necessárias para a leitura de um desenho feito à mão.

Operações booleanas

As operações booleanas em programas de modelagem tridimensional permitem construir uma maquete eletrônica mais complexa a partir de um conjunto de primitivas – blocos geométricos simples, como cubo, cilindro, esfera, pirâmide ou cone. Todas as operações a seguir são subtrativas, visto que todas eliminam os blocos originais após a finalização do processo.

- A **união booleana** é um processo aditivo que combina dois ou mais blocos separados e individuais em um novo volume único, que consiste dos volumes mais comuns e incomuns dos blocos selecionados.

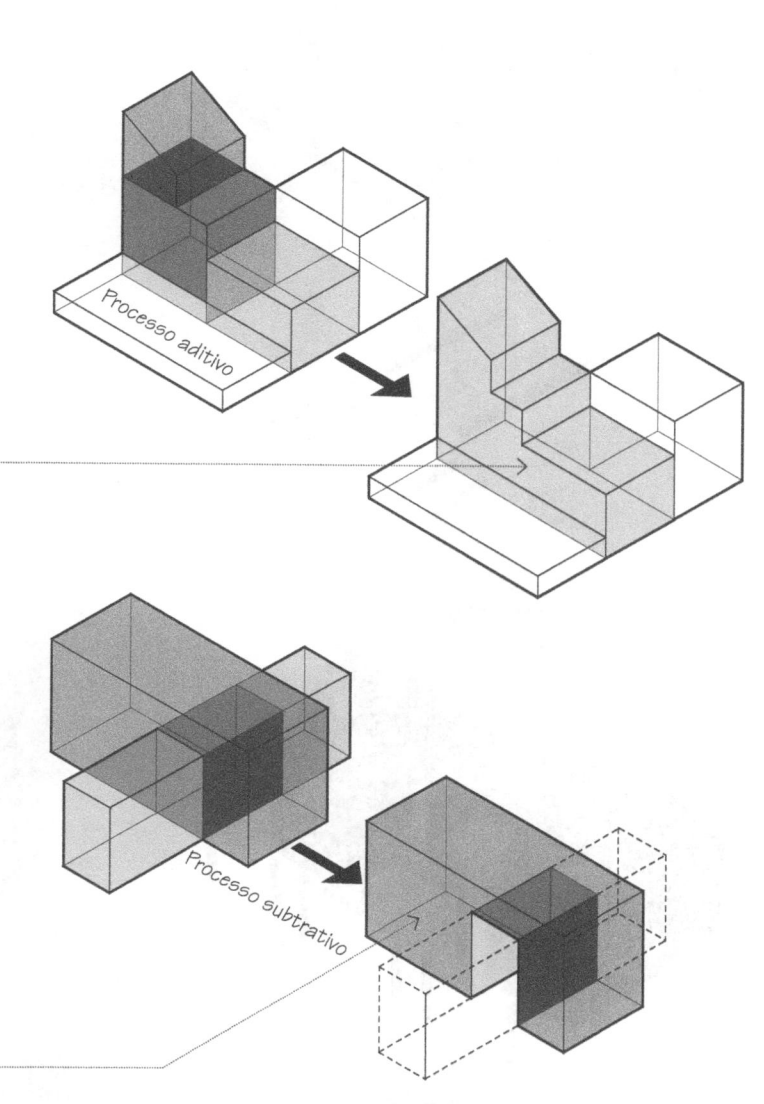

- A **diferença booleana** é um processo subtrativo que remove ou escava o volume comum de um ou mais blocos selecionados. Observe que as formas subtrativas também podem ser criadas manipulando-se diretamente pontos ou superfícies da forma original.

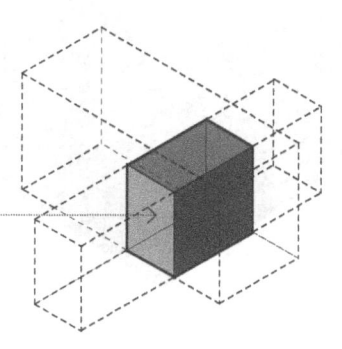

- A **interseção booleana** é um processo que cria um novo bloco com base no volume comum a dois ou mais blocos selecionados.

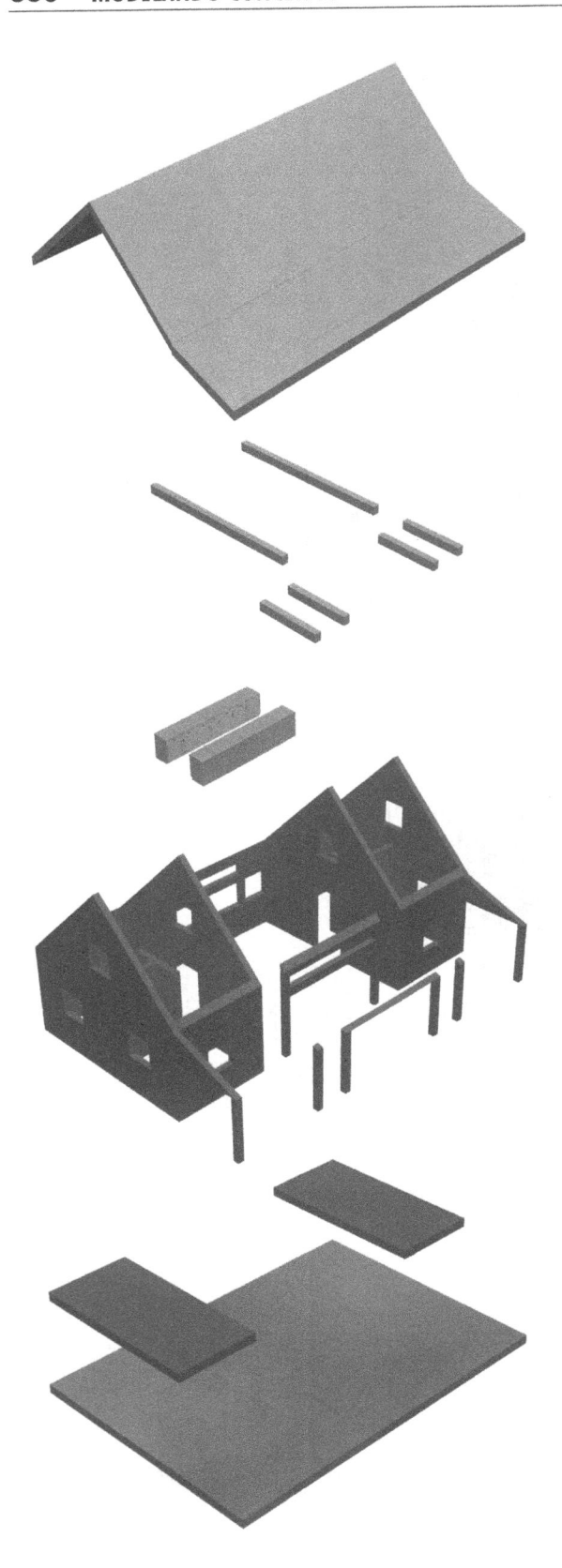

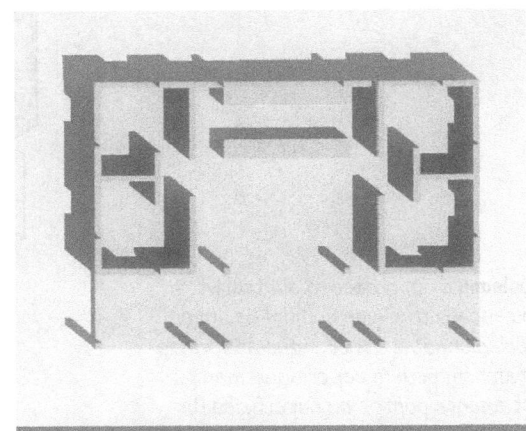

Modelando vistas

Os programas de geração de maquetes eletrônicas nos incentivam a ver em perspectiva os modelos que construímos, o que é útil quando estudamos os aspectos sensoriais de um projeto. Todavia, o projeto costuma conter alguns aspectos, como relações horizontais e verticais, que devem ser estudados em projeções ortogonais. Para tanto, podemos extrair do conjunto de dados tridimensionais os tradicionais cortes e elevações bidimensionais. A ferramenta ideal seria um programa de modelagem eletrônica que oferecesse vistas múltiplas em diferentes janelas, além de um monitor grande o bastante para vê-las simultaneamente. Dessa forma, seria possível ver como uma mudança em uma vista – como deslocar uma parede em planta – pode afetar imediatamente as características de um espaço visto em perspectiva.

Além disso, podemos produzir cortes perspectivados ativando ou desativando diferentes camadas da maquete eletrônica. É possível exportar e remontar vistas específicas para descrever uma sequência de projeto ou construção. Essas são duas boas razões para se organizar o conjunto de dados de qualquer maquete eletrônica de maneira lógica e coerente.

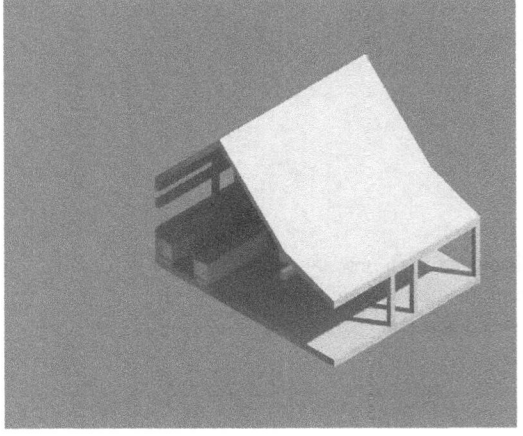

A maioria dos programas de geração de maquetes eletrônicas proporciona uma série de opções de visualização, sendo que cada uma enfatiza certos aspectos e retira a ênfase de outros na maquete eletrônica que estamos construindo.

Vistas sólidas

Também conhecidas como vistas com linhas ocultas, as vistas sólidas exibem as superfícies representadas como elementos opacos, o que é útil para estudar a volumetria e a composição sob um ponto de observação externo. As vistas sólidas são especialmente úteis para estudar os espaços externos formados por edificações em um contexto urbano, caso em que é possível especificar uma fonte de iluminação natural para um estudo preliminar de sombras próprias e projetadas.

Vistas transparentes

Também conhecidas como vistas-fantasmas, as vistas transparentes mostram as superfícies representadas como planos translúcidos, nos permitindo ver dentro, através e atrás do objeto ou da composição. As vistas transparentes enfatizam as características tridimensionais e espaciais das maquetes eletrônicas e podem ser utilizadas com eficácia como base para estudos de sobreposição de relações entre cheios e vazios.

Vistas *wireframe*

As vistas *wireframe* mostram as superfícies modeladas de forma totalmente transparente, nos permitindo ver todas as extremidades que compõem cada plano ou faceta do objeto ou da composição. As representações *wireframe* podem ser ambíguas e levar a leituras múltiplas. Essa ambiguidade pode, porém, ser considerada uma vantagem quando nos permite ver outras possibilidades além daquelas pretendidas quando fizemos a maquete.

Vistas renderizadas

As vistas renderizadas aplicam materiais específicos a cada superfície da maquete eletrônica, permitindo que alguns objetos e superfícies se tornem opacos enquanto outros permaneçam transparentes. A renderização de uma maquete eletrônica não é tão útil durante as fases iniciais do processo de projeto, quando um nível de abstração e a falta de especificidade são necessários para um pensamento livre. Portanto, a renderização de materiais deve ser reservada para os estágios posteriores do processo de projeto, quando a maquete e o projeto que ela representa tornam-se mais elaborados.

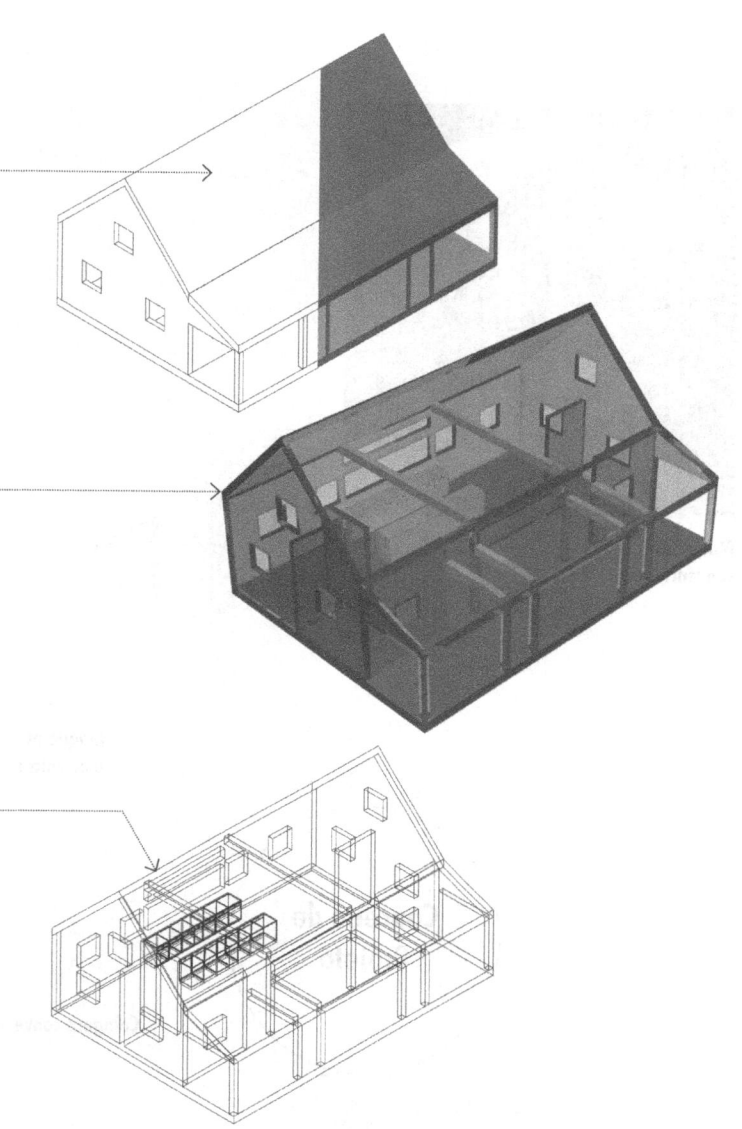

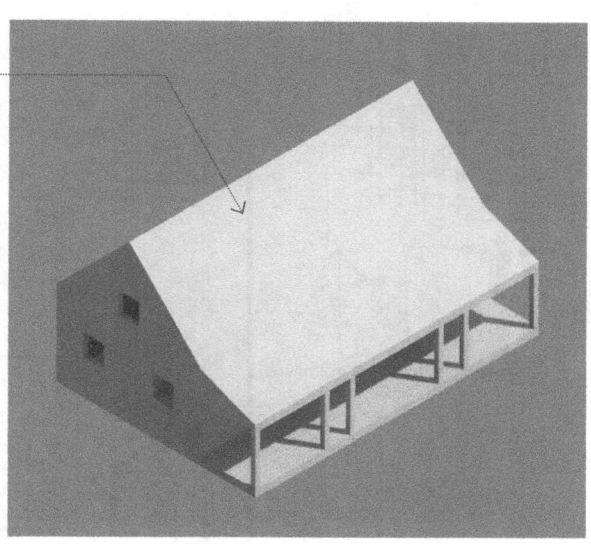

332 DESENVOLVENDO CONCEITOS

Maquetes convencionais

Maquetes eletrônicas

Conceito de Projeto

Formas de pensar a respeito e desenvolver um

Colagens convencionais

Desenhos feitos à mão livre

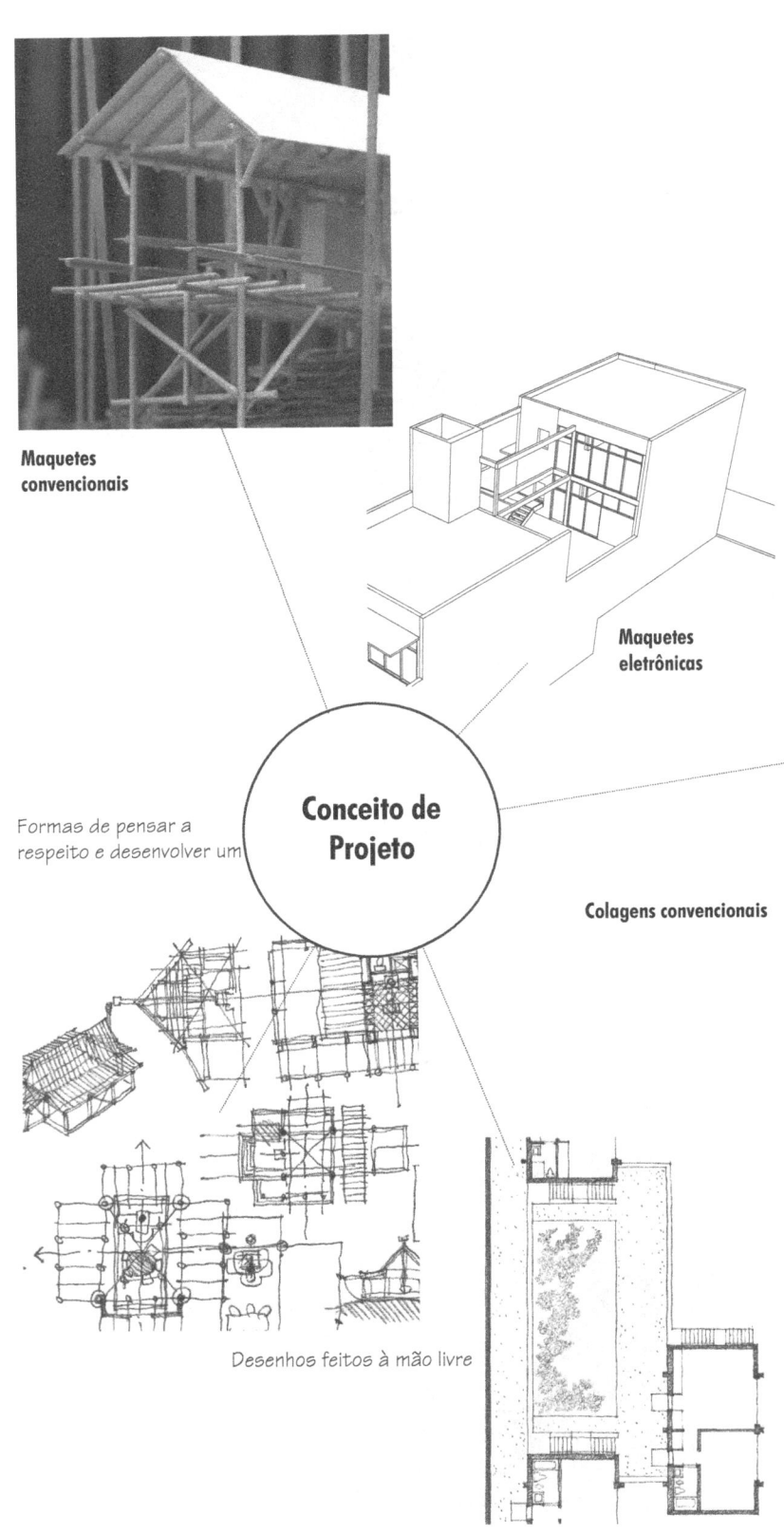

O processo de projeto

Embora costume ser apresentado como uma série linear de passos, o processo de projeto é, na verdade, uma sequência interativa e cíclica de análise cuidadosa de informações disponíveis, síntese intuitiva de revelações e avaliação crítica de soluções possíveis – um processo que se repete até que ocorra uma correspondência bem-sucedida entre aquilo que existe e o que se deseja. O processo de projeto pode ser resumido em um período de tempo breve e intenso ou se estender por vários meses ou mesmo anos, dependendo da urgência ou complexidade do problema de projeto. O projeto também pode ser um processo desorganizado em que momentos de confusão são seguidos por momentos de extrema clareza, intercalados com períodos de reflexão silenciosa. Para atravessar esse processo, da diagramação ao desenvolvimento e refinamento de conceitos de projeto, usamos várias formas de representação.

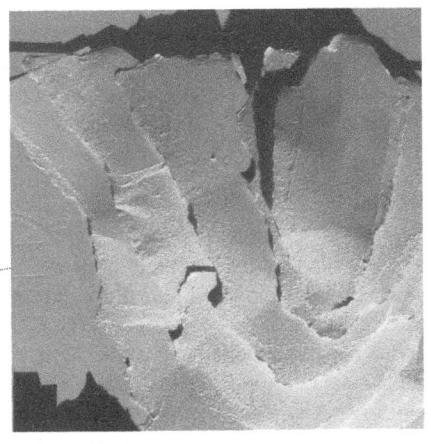

Formas de representação

É possível usar várias formas de representação para externalizar e moldar nossos conceitos de projeto para fins de estudo, análise e desenvolvimento. Além das convenções de desenho tradicionais, essas formas incluem fotografias, maquetes e colagens tradicionais e explorações e simulações digitais – meios capazes de facilitar efetivamente o desenvolvimento de um conceito de projeto. Não existe uma forma de representação mais adequada do que as demais para fases específicas do processo de projeto. Tampouco há uma melhor prática para o modo como cada um de nós aborda tal processo.

O fato de sabermos que existem diversas ferramentas viáveis de visualização – cada uma com vantagens e desvantagens próprias – aumenta nossa liberdade para trabalhar. Dependendo da natureza do estudo ou exploração de projeto, podemos optar por:

- Usar a sobreposição de folhas de papel manteiga ou recursos digitais para mapear, em uma fotografia aérea, as forças de um projeto de urbanismo que podem influenciar a implantação e a forma da edificação.

- Estudar a escala e as relações verticais de espaços entre o terreno e os cortes da edificação.

- Expressar as características estéticas com texturas materiais e o auxílio de colagens convencionais.

- Explorar possibilidades formais com maquetes convencionais ou eletrônicas.

- Lembre-se de que a variedade dos nossos conceitos de projeto pode se limitar àquilo que conseguimos representar, seja por desenhos feitos à mão, por nossa familiaridade com as mídias digitais ou por nossa capacidade de fazer maquetes convencionais. Quanto maiores forem nossas habilidades nas várias formas de representação, mais fácil será usar essas ferramentas de visualização para explorar conceitos de projeto. Assim como diferentes pontos de vista podem nos ajudar a pensar com mais flexibilidade, alternar entre o uso de métodos de visualização tradicionais e digitais também pode contribuir para que enxerguemos um conceito ou uma ideia sob uma perspectiva diferente, o que pode levar a revelações novas e inesperadas.

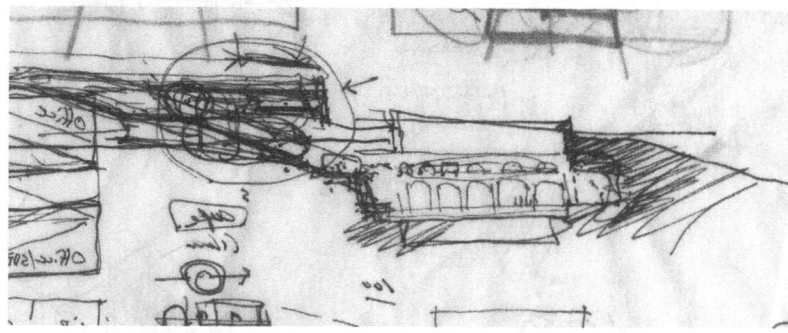

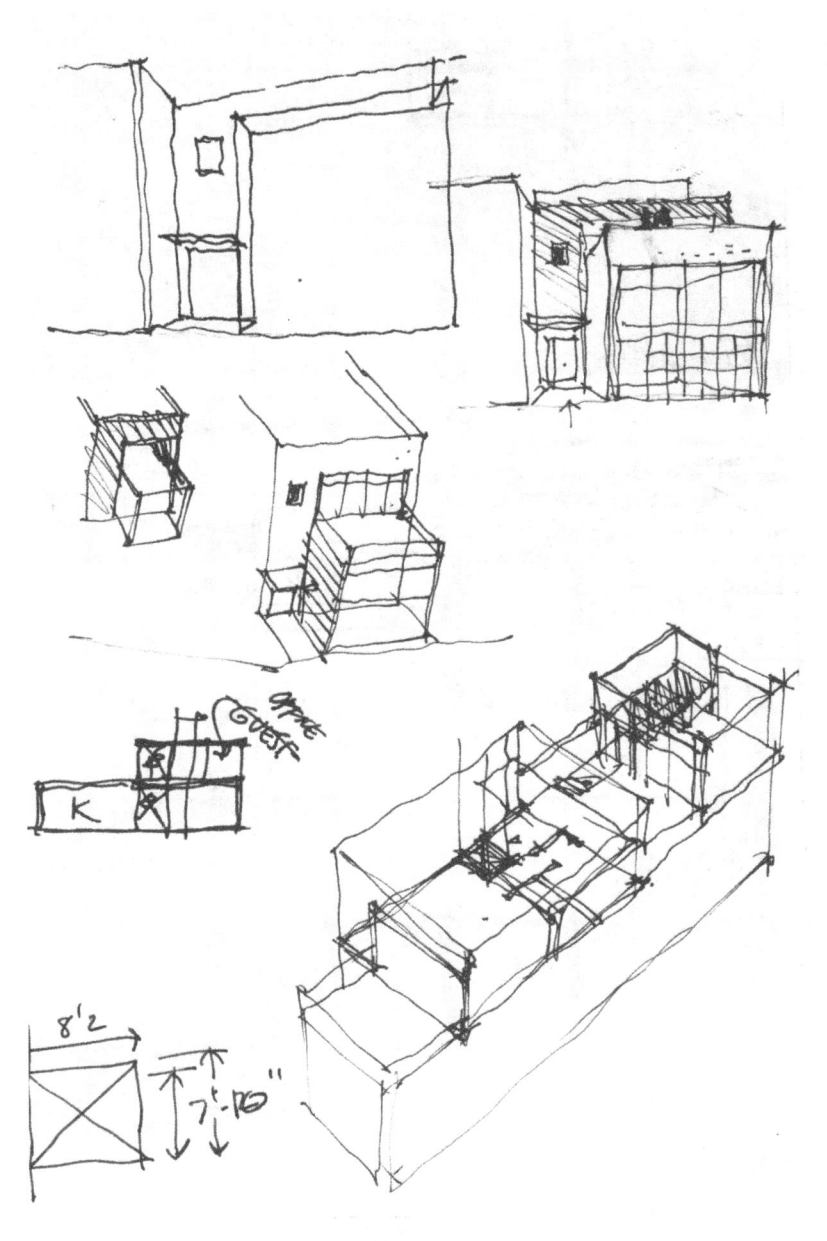

Desenhos de desenvolvimento de projeto

Depois de identificar e elucidar um conceito de projeto apropriado e fértil, utilizamos desenhos de desenvolvimento de projeto para elaborá-lo e transformá-lo de um conceito diagramático em uma proposta coerente. Ao fazermos isso, devemos lembrar que o desenho de desenvolvimento de projeto é uma linguagem e que os três principais sistemas de desenho – desenhos de vistas múltiplas, vistas de linhas paralelas e perspectivas – proporcionam formas alternativas de pensar e expressar aquilo que estamos imaginando. Cada sistema apresenta um ponto de observação único e envolve um conjunto incorporado de operações mentais que orienta a exploração de questões relevantes de projeto. Quando optamos por um sistema de desenho em detrimento de outro para estudar uma questão específica de projeto, fazemos escolhas conscientes e também inconscientes no que tange a quais aspectos do problema serão revelados e quais ficarão ocultos.

- Quando são úteis as naturezas contextual e experimental dos estudos de perspectiva?
- Quando são apropriadas as imagens detalhadas e passíveis de representação em escala tridimensional de uma vista de linhas paralelas?
- Quando são mais relevantes as relações horizontais reveladas por uma planta?
- Quais são as vantagens de um corte perspectivado com relação a uma planta ou uma vista de linhas paralelas?

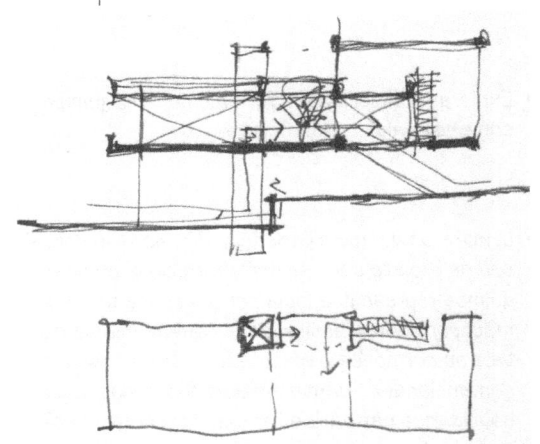

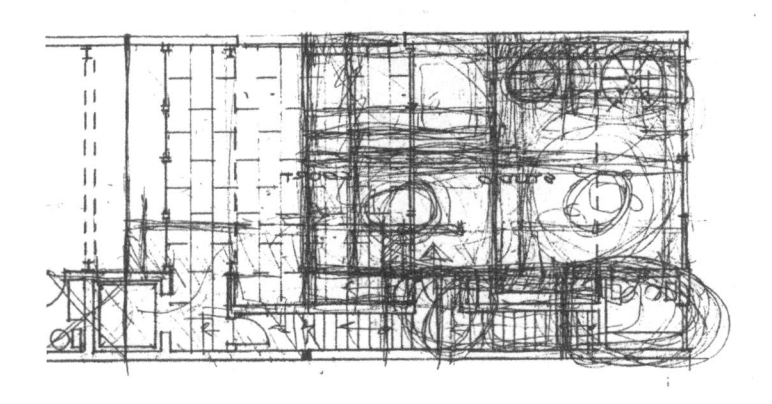

Durante essa fase, é útil trabalhar como se estivéssemos utilizando o zoom de uma câmera, ampliando áreas específicas para estudá-las em escala maior e com mais detalhes, e reduzindo o desenho para perceber a escala total do esquema, bem como suas partes e relações essenciais. À medida que o conceito de projeto é esclarecido e desenvolvido, os desenhos que usamos para representar a ideia também se tornam mais definitivos e refinados até a cristalização da proposta.

Desenhos-chave

Em termos gerais, todas as questões descritas nas páginas 322–3 são essenciais para a resolução bem-sucedida de problemas de projeto. No entanto, em qualquer situação, uma ou duas questões talvez se destaquem quanto à importância em relação às outras e formem a essência de um conceito ou esquema de projeto, em torno do qual as soluções de projeto podem ser desenvolvidas. Com base na natureza dessas questões-chave, é possível identificar diagramas e desenhos-chave correspondentes que oferecem as formas mais apropriadas e relevantes de olhar e explorar essas questões cruciais.

Os diagramas-chave utilizados no desenvolvimento de um conceito de projeto naturalmente levam à utilização dos mesmos desenhos-chave da apresentação da proposta de projeto. Nesse sentido, a fase de apresentação não deve ser vista como uma etapa separada e desconectada, mas sim como uma evolução natural do processo de desenvolvimento de projeto.

A importância do terreno e do contexto

Alguns problemas de projeto são dominados pelo terreno e pelo contexto, e, para explorá-los melhor, é possível usar representações, como fotografias aéreas, fotografias do terreno e cortes do terreno. Em situações urbanas, especialmente, a análise e a síntese de padrões de figura e fundo, padrões de movimento, localizações de nós, eixos e arestas, bem como a presença de vestígios ou artefatos históricos e linhas de visão e vistas perceptíveis. Todos eles exigem a representação de condições existentes com relação às quais podemos esgotar a análise e a síntese de tais forças urbanas. Em terrenos com topografia complexa, mapas topográficos e cortes do terreno proporcionam as melhores plataformas para se estudar as implicações da topografia no acesso ao terreno e também na estrutura e forma da edificação.

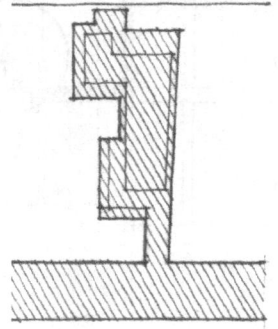

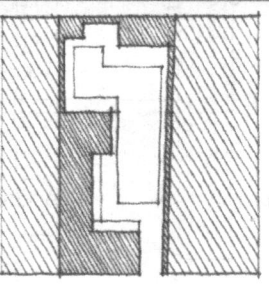

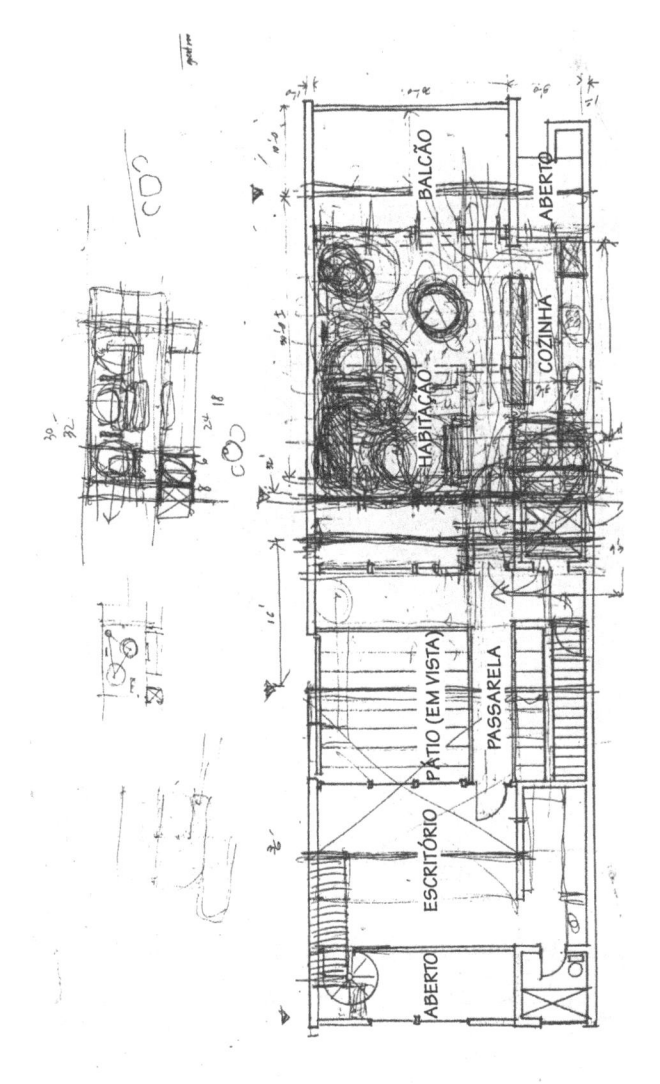

A importância dos elementos do programa de necessidades

Ao descrever as exigências do usuário e da atividade, o programa de necessidades do projeto dá vida ao projeto da edificação. Para analisar as exigências do programa, é preciso ter cuidado para não confundir a forma gratuita de um esboço ou diagrama de relações com a forma resultante do projeto da edificação. Em vez disso, quando avançamos a partir da análise de qualquer programa, devemos tirar partido das sugestões, fusões ou sobreposições de tal análise com revelações formais e estruturais.

A importância do tamanho, da escala e da proporção

É especialmente importante ter em mente o tamanho, a escala e a proporção. O tamanho necessário para o espaço descrito no programa pode ser encontrado de diversas maneiras. Um espaço de 40 metros quadrados pode, por exemplo, ser quadrado, retangular ou mesmo linear, como se fosse um corredor. Também pode ter forma irregular ou limites curvilíneos. Entre tantas opções, como podemos tomar uma decisão sem considerar outros fatores, como a adequação a outros espaços, oportunidades e condicionamentos contextuais, materiais e forma da estrutura, e a expressividade associada?

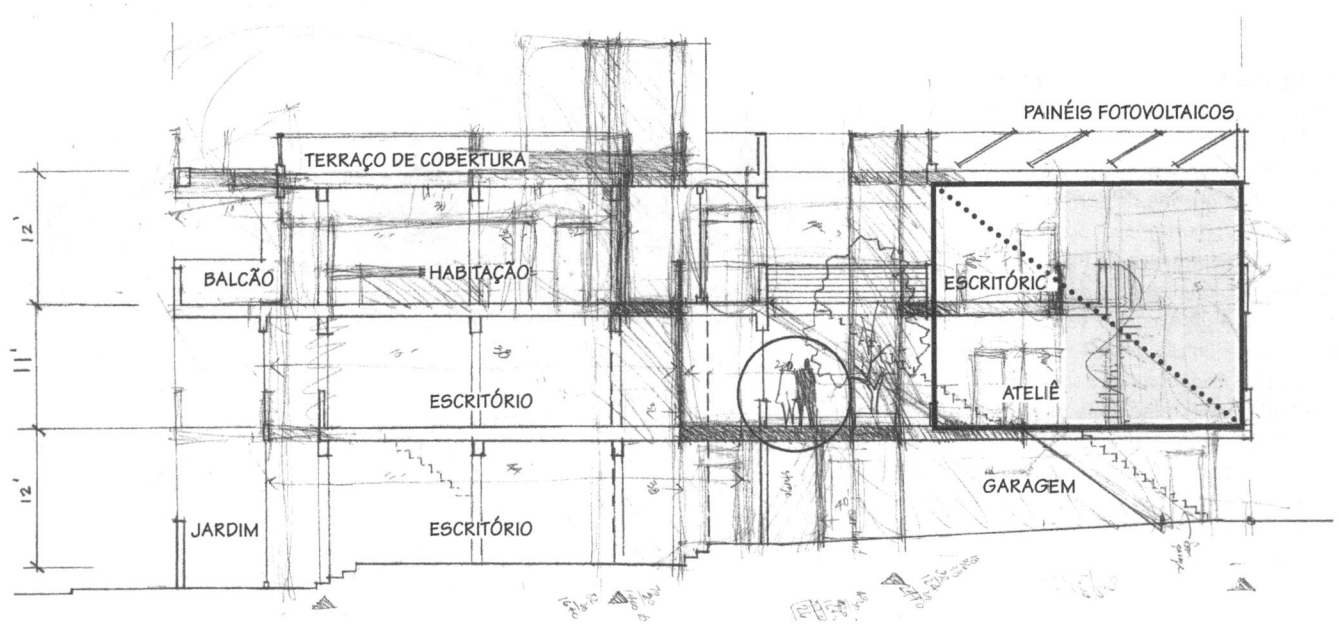

A importância dos sistemas e materiais estruturais

A compreensão de como os elementos e sistemas estruturais permitem a resolução das forças que agem sobre eles, em conjunto com o conhecimento de como os materiais se conectam e as edificações são construídas, serve como guia para a definição da forma e materialidade do projeto de determinada edificação. Considerando-se as capacidades de geração de forma dos materiais e sistemas estruturais – as estruturas independentes de madeira, aço e concreto, o vocabulário planar das paredes portantes de alvenaria e lâminas de concreto, e as possibilidades volumétricas dos sistemas de grelhas externas diagonais (*diagrids*) –, todas influem no potencial de uma solução de projeto para certos aspectos formais e expressivos.

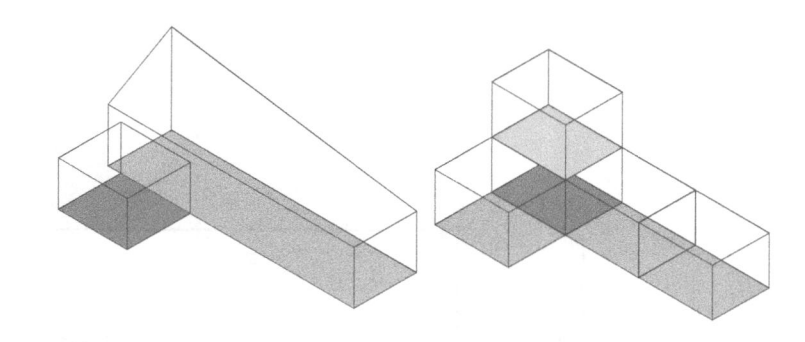

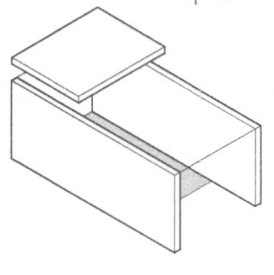

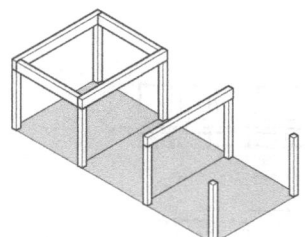

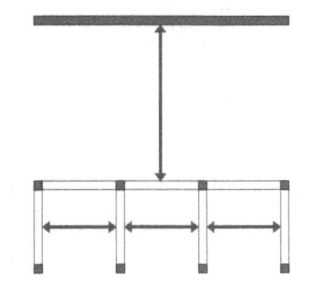

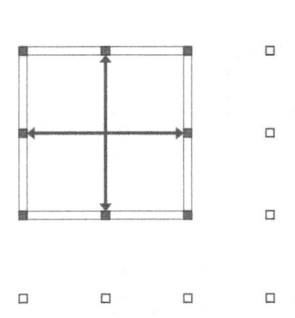

A importância da integração dos sistemas

O leiaute bem-sucedido de todos os sistemas de um projeto de edificação, dos técnicos – controles estruturais, de iluminação e ambientais – aos espaciais, exige que pensemos continuamente sobre como eles se relacionam e se integram em três dimensões. Podemos fazer isso por meio da sobreposição de plantas e cortes ou de maneira mais holística, com vistas de linhas paralelas.

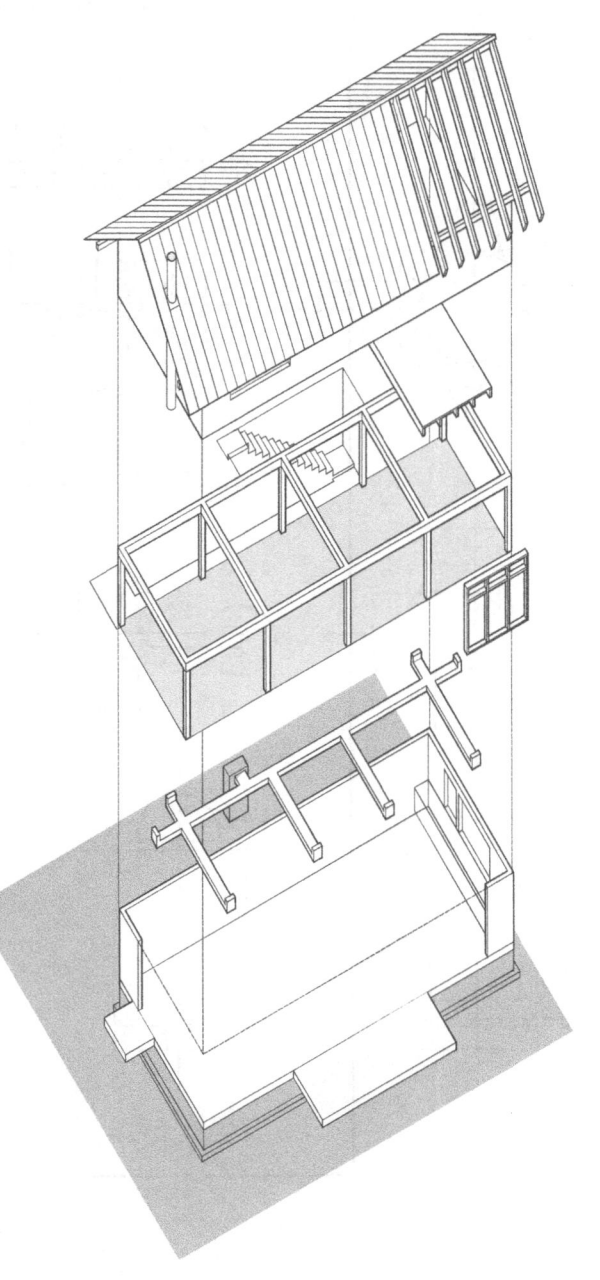

A importância das questões formais

À medida que fazemos a diagramação de questões contextuais, programáticas, estruturais e de construção relevantes a um problema de projeto, devemos estar cientes de que as características formais dos desenhos resultantes advêm naturalmente deste processo. Não podemos ignorar a aparência de um diagrama, nem o que ele talvez possa expressar em termos formais.

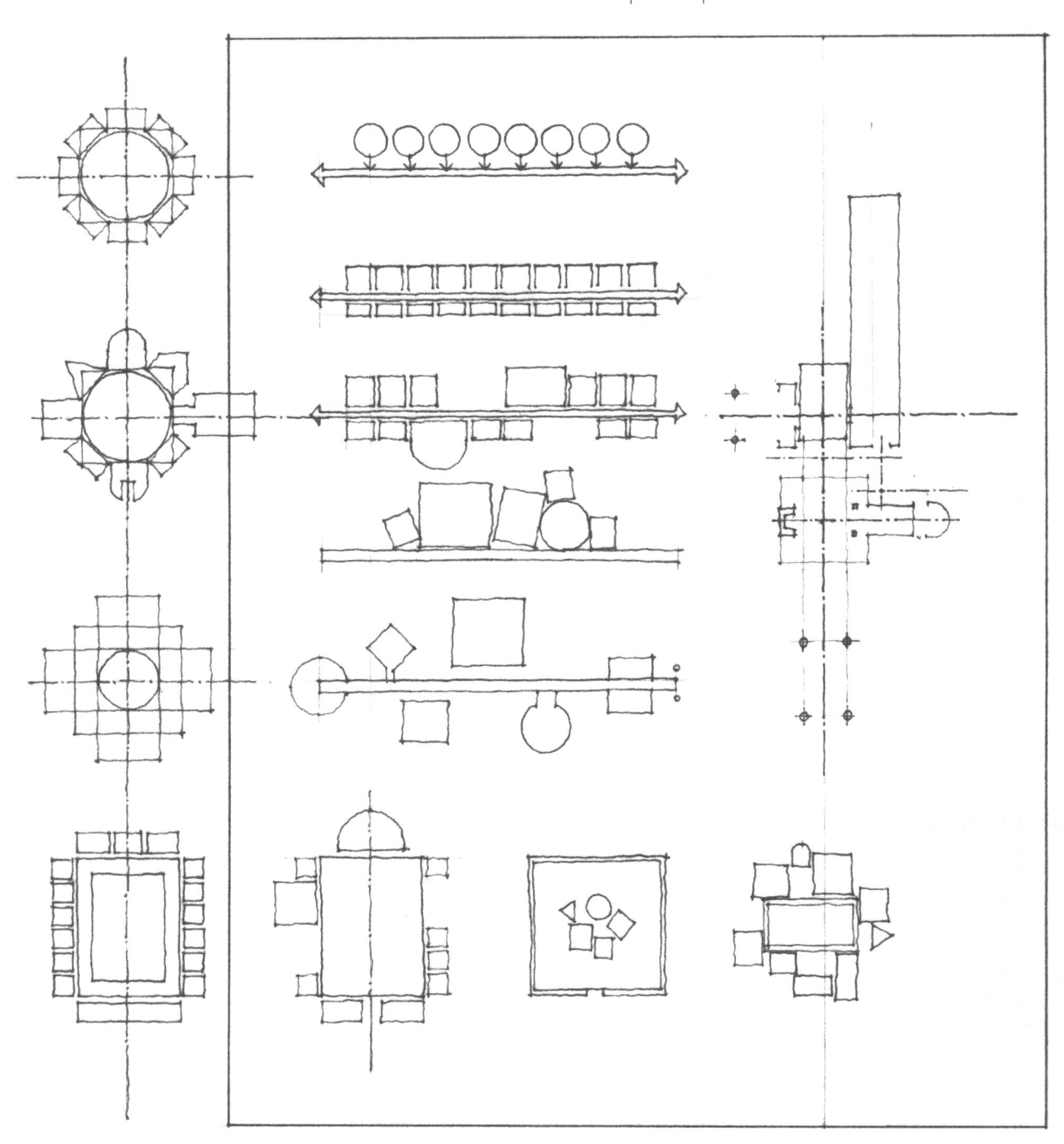

Assim como o diagrama de relações influencia a composição de um projeto, nossas intenções formais devem influenciar o processo de diagramação. Há, inclusive, situações em que características formais específicas podem ser os principais determinantes do processo de projeto, como é o caso da natureza linear dos equipamentos urbanos de transporte, a verticalidade das edificações altas ou a natureza expansiva de um campus suburbano. Portanto, somando as possibilidades contextuais, programáticas, estruturais e construtivas com certos princípios ordenadores, como repetição, ritmo ou simetria, podemos fazer os ajustes necessários para esclarecer a essência de um esquema de projeto.

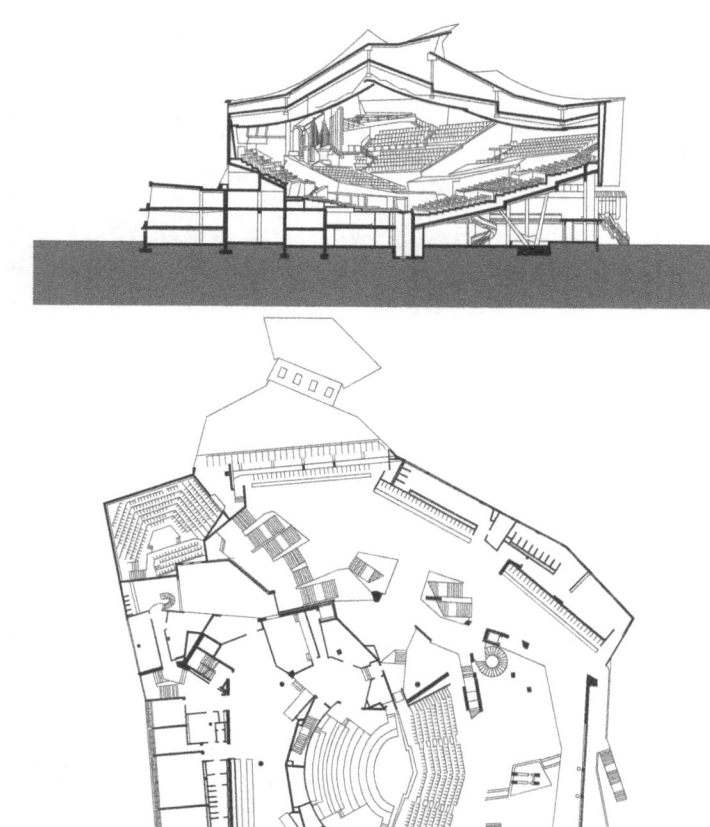

Orquestra Filarmônica, Berlim, Alemanha, 1960–63, Hans Scharoun. Exemplo do movimento expressionista, esta sala de concertos tem estrutura assimétrica com cobertura de concreto em forma de tenda e um palco centralizado com auditório escalonado. Sua aparência externa está subordinada aos requisitos funcionais e acústicos da sala de concertos.

Casa de Ópera de Sydney, 1973, Jørn Utzon. Suas famosas cascas de cobertura consistem em nervuras de concreto moldadas in loco.

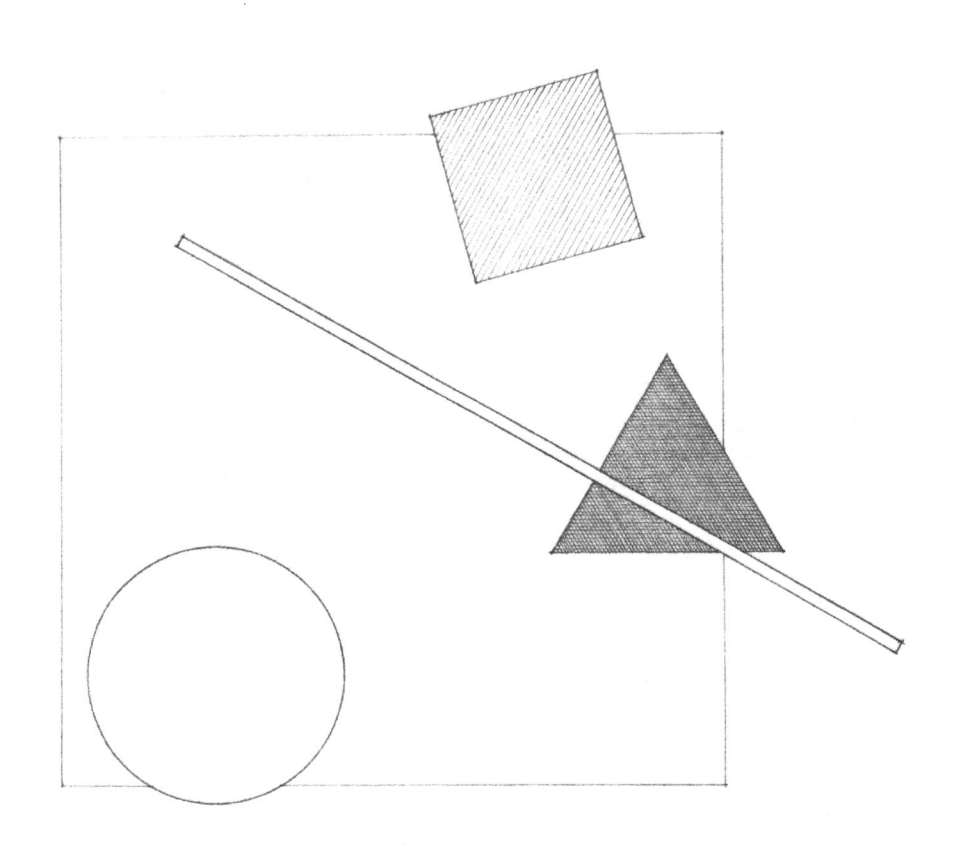

11
Composição do Desenho

Desenhar é um sistema de projeto. Nem a escolha apropriada do ponto de observação, nem a beleza da técnica são suficientes sem a preocupação com a composição. Ao compor um desenho, manipulamos os elementos gráficos fundamentais – retas, formas e tonalidades – em padrões de figura e fundo coerentes, que expressam informações visuais. Por meio da organização e do relacionamento destes elementos, definimos tanto o conteúdo quanto o contexto de um desenho. Planejar esta composição é, portanto, uma questão fundamental para a mensagem comunicada.

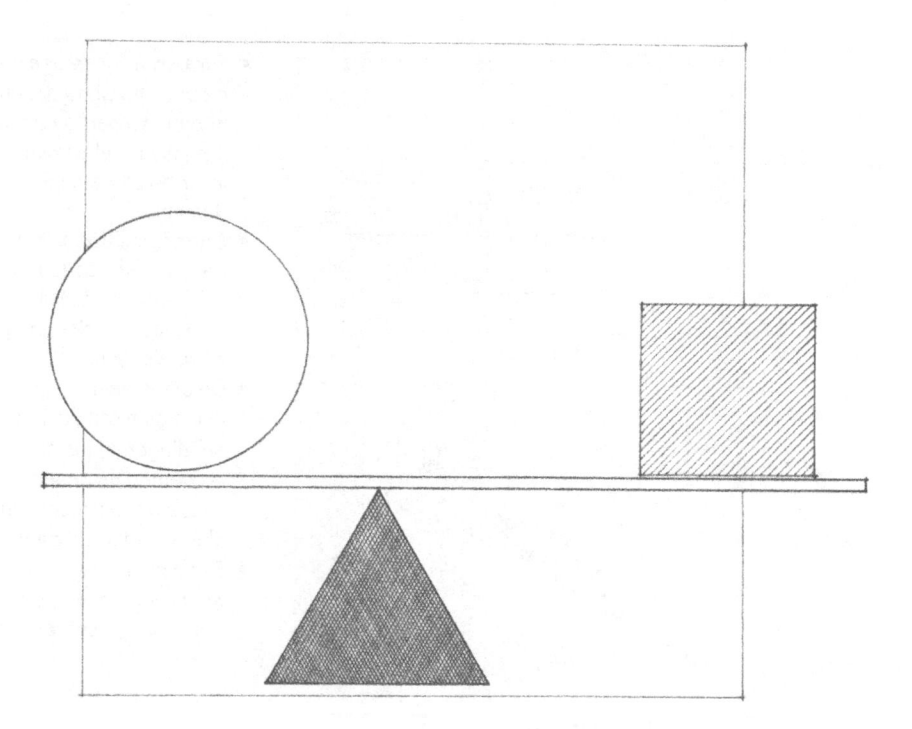

CAMPO DE DESENHO

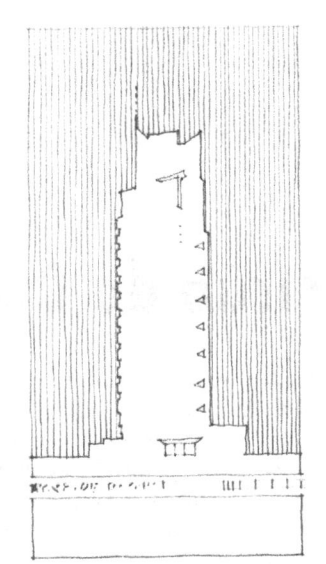

O primeiro passo na composição de um desenho é determinar o formato, o tamanho e as proporções de seu campo em relação às dimensões da folha ou da prancha de desenho. Este campo deve ser grande o suficiente para incorporar uma porção do contexto do projeto, assim como um espaço para o título do desenho, a escala gráfica e os símbolos associados.

O campo de um desenho pode ser quadrado, retangular, circular, elíptico ou irregular. Campos retangulares são os mais comuns e podem estar orientados tanto horizontal quanto verticalmente. Independentemente do formato do campo de desenho, certos princípios fundamentais se aplicam à organização dos elementos em seu interior.

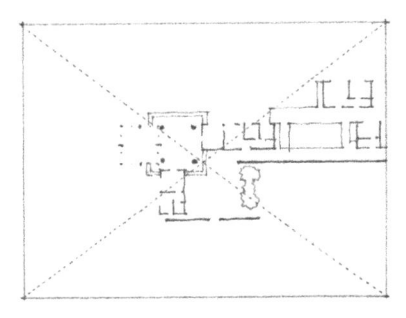

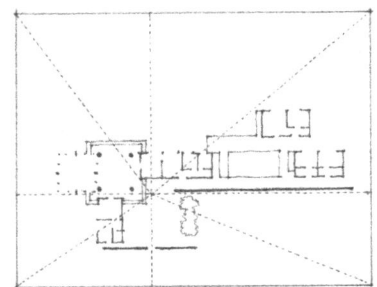

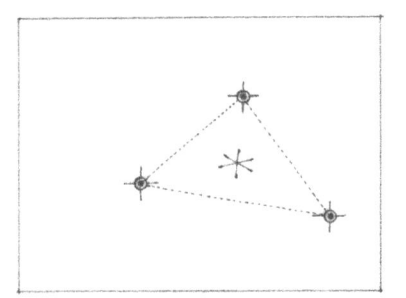

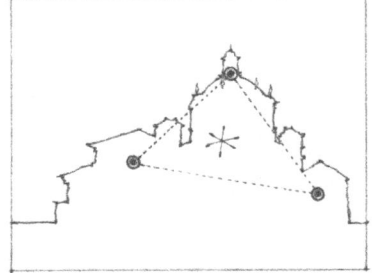

- Para criar interesse visual e movimento, posicione o ponto focal do desenho fora do centro, mas não muito perto das bordas do campo. Posicionar o ponto focal no centro exato do campo pode levar os olhos a ignorar pontos importantes do desenho.
- Quando múltiplos centros de interesse conduzem os olhos por toda uma área de desenho, existe um ponto de equilíbrio ou centro de gravidade que deve ser posicionado próximo ao centro do campo de desenho.
- Os olhos seguem linhas de força estabelecidas pelos centros de interesse. Evite traçar retas em diagonal que conduzam o olho aos cantos do campo de desenho. Em vez disso, estabeleça linhas de força concêntricas que mantenham os olhos dentro do campo de visão.
- Evite posicionar dois centros de atenção próximos às bordas opostas do campo, o que criaria um espaço central sem maior interesse.

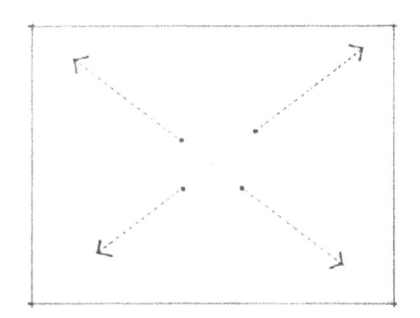

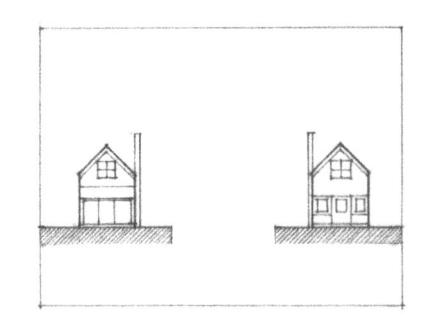

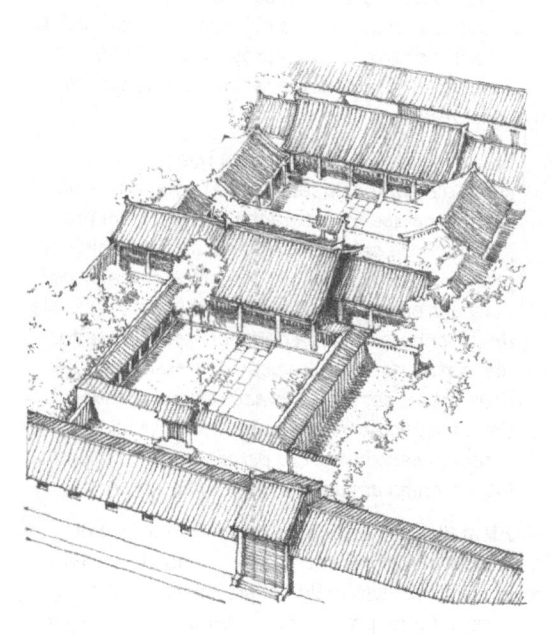

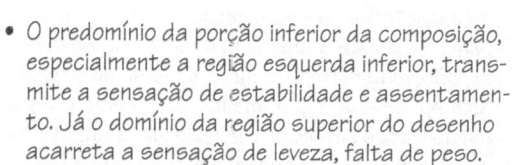

- O predomínio da porção inferior da composição, especialmente a região esquerda inferior, transmite a sensação de estabilidade e assentamento. Já o domínio da região superior do desenho acarreta a sensação de leveza, falta de peso.
- Evite dividir o campo de desenho em metades iguais. A divisão geométrica resultante pode conduzir a composições sem força e desinteressantes.
- Lemos da esquerda para a direita e, portanto, tendemos a esperar que as informações comecem do lado esquerdo da página. Colocar informações ou o ponto focal do lado direito do campo cria uma tensão que nos leva a redirecionar o olhar ao campo do desenho.
- Permitir que certos elementos gráficos atravessem os limites de um campo de desenho pode ressaltar o dinamismo e enfatizar o efeito pictórico de um desenho.

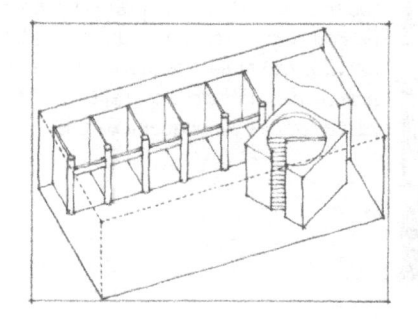

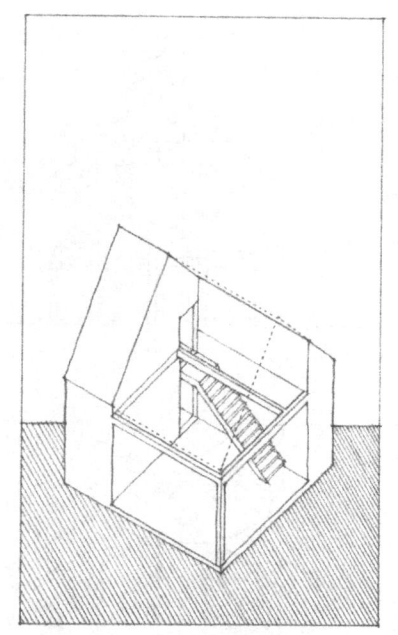

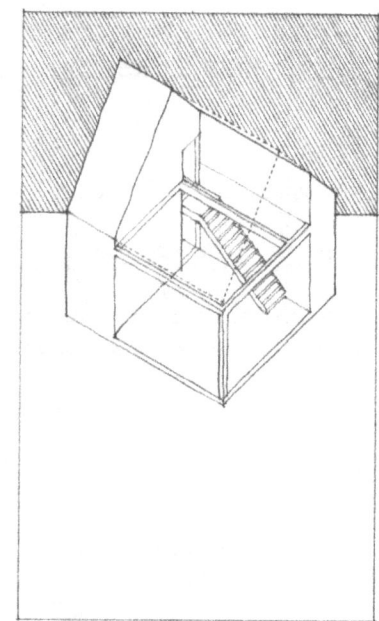

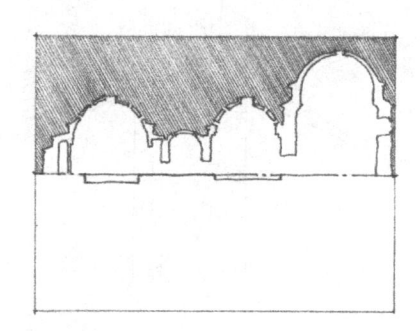

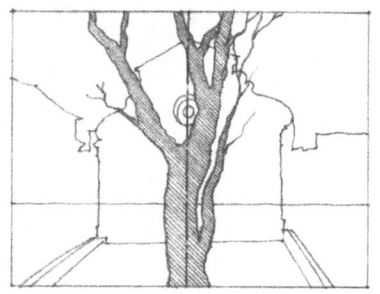

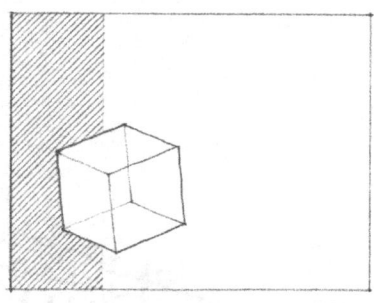

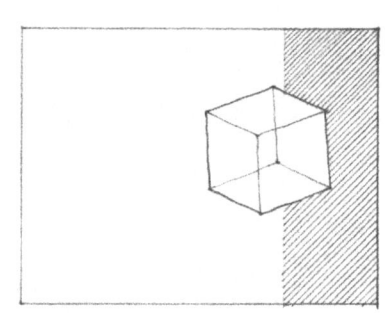

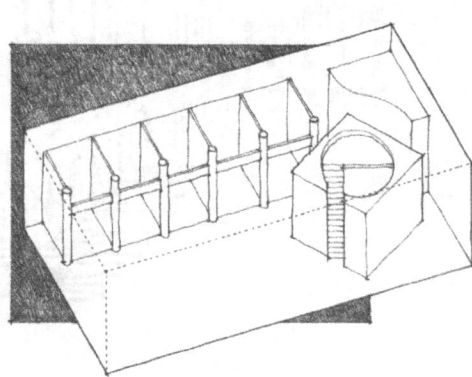

TAMANHO DO DESENHO

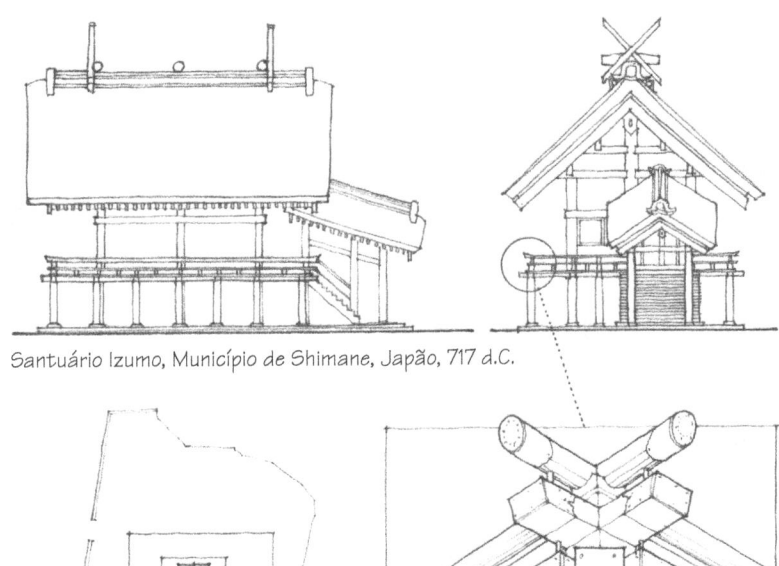

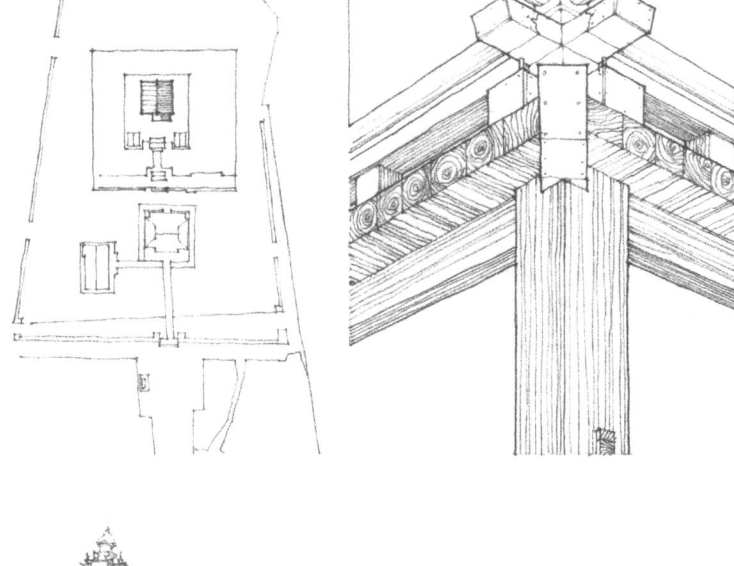

Santuário Izumo, Município de Shimane, Japão, 717 d.C.

As representações gráficas são versões reduzidas do tamanho real de objetos ou construções. Ao selecionar a escala apropriada para um desenho, existem vários fatores que devemos considerar.

Em primeiro lugar, existe uma relação óbvia entre a escala de desenho e o tamanho da superfície de desenho. Quanto maior for um projeto, menor será sua representação na folha ou prancha; quanto menor for o projeto, maior poderá ser sua escala. Também influencia a escala de desenho a maneira como os desenhos são dispostos na apresentação. Por exemplo, quando plantas, cortes e elevações compreendem um conjunto de informações inter-relacionadas, a escala escolhida deve permitir que o conjunto inteiro caiba em uma única folha ou prancha.

Além disso, a escala do desenho regula a distância percebida entre a mente do observador e a representação de um projeto. Vistas mais aproximadas provocam o olhar detalhado sobre as características do objeto. Desenhos em pequena escala aumentam a distância de percepção, mas permitem que o todo de uma ideia seja apreendido rapidamente. Ao mesmo tempo, estas vistas em distância reduzem a quantidade de detalhes que podem ser representados.

Desenhos em grande escala, por sua vez, são vistas aproximadas que permitem revelar um maior grau de detalhamento e complexidade, assim como a representação de uma boa variedade de tonalidades. Conforme a escala de desenho aumenta, a quantidade de detalhes necessários para a legibilidade e credibilidade também se torna maior. Não incluir detalhes suficientes em escala maiores pode fazer com que um desenho pareça vago e esquemático.

Finalmente, a escala de desenho influencia o tipo de instrumento e a técnica de desenho que usamos. Instrumentos de ponta fina, como canetas e lápis bem apontados, encorajam-nos a desenhar em escalas pequenas e nos permitem focar os detalhes com precisão. Instrumentos de ponta grossa, como canetas hidrocores e carvão, são mais adequados a desenhos de grande escala e desencorajam o estudo de características de pequena escala.

RESOLUÇÃO DO DESENHO 345

A resolução se refere à capacidade do nosso sistema visual de resolver ou distinguir dois objetos – da escala de um *pixel* em um monitor a um caminhão descendo uma autoestrada – ainda que eles estejam muito próximos um do outro em nosso campo de visão. Ao desenhar, nossa capacidade de resolver distinções em uma composição de linhas, formas e contrastes tonais é importante para nossa leitura da imagem, que, em última análise, não depende apenas do modo como a imagem foi criada, mas também de seu tamanho e da distância em que a enxergamos.

A interação entre o meio e a superfície de desenho determina a rugosidade ou o polimento relativo de uma imagem feita à mão; os resultados podem ser discernidos imediatamente pelo olhar, sendo possível avaliar os verdadeiros níveis de contraste e detalhe. Conhecendo a natureza do tema, o tamanho do desenho e a distância em que ele será visto, podemos determinar a textura que uma representação gráfica pode ou deve ter. Nossos olhos conseguem identificar, por exemplo, a textura do pó de carvão retido pela superfície áspera a certa distância; mais afastada, o padrão distinto da luz e da sombra começa a perder o foco e a formar, para os olhos, gradações tonais mais suaves. Por outro lado, os detalhes de um desenho pequeno feito com caneta de ponta fina devem ser analisados de uma distância relativamente pequena para que possamos vê-los.

Resolução digital

O tamanho e a resolução de um desenho feito originalmente à mão são evidentes, porém, uma imagem digital pode variar nos dois aspectos, dependendo de como a imagem é capturada e do método de visualização utilizado. Essa relação entre tamanho, resolução e textura visual é uma questão importante para que entendamos quando utilizar imagens digitais em uma apresentação. Seja digitalizando, mostrando em um monitor ou imprimindo, nós medimos e expressamos a resolução digital em termos de amostras por polegada (SPI), pixels por polegada (PPI) ou pontos por polegada (DPI).

A seção a seguir se refere especificamente a imagens raster, que são compostas por grelhas retangulares de pixels e dependem da resolução. Por outro lado, os programas de desenho com vetores usam primitivas geométricas de base matemática, como pontos, linhas, curvas e formatos, para construir imagens digitais. Os desenhos feitos com vetores independem da resolução e podem ter suas escalas alternadas com mais facilidade de acordo com a qualidade do equipamento de visualização, seja ele um monitor, um projetor ou uma impressora.

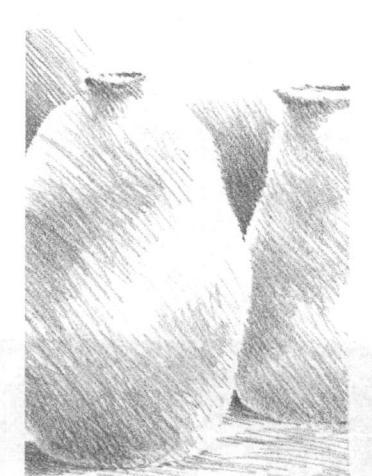

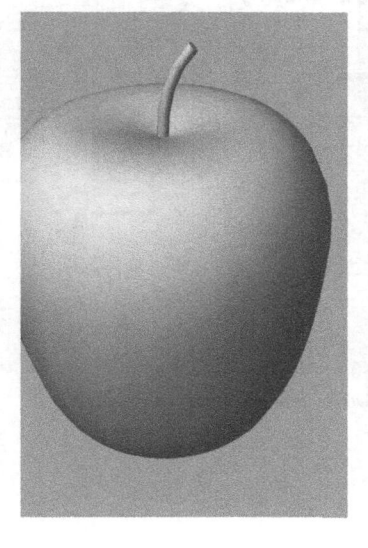

Resolução de escaneamento

Para reproduzir uma imagem, um escâner (digitalizador) usa um dispositivo de carga acoplada (CCD) ou outro sensor para tirar amostras de partes da imagem original. Quanto maiores forem as amostras por polegada (SPI), maior será a resolução da imagem digitalizada e mais fiel a digitalização será ao original. Muitos fabricantes usam pontos por polegada (DPI) em vez de SPI ao especificar a capacidade de resolução de seus escâneres; na verdade, porém, a imagem digitalizada só passa a ter pontos quando é impressa.

Para digitalizar um desenho feito à mão ou uma fotografia, é necessário saber o método de uso final para que possamos escanear com a resolução apropriada. Uma resolução de escaneamento que seria aceitável para uma postagem na Internet pode, por exemplo, resultar em uma impressão ruim no papel.

Os digitalizadores produzem imagens raster cuja resolução pode ser redimensionada e reamostrada por meio do uso de um programa de edição digital. Como a maioria das imagens digitalizadas exige algum tipo de edição de imagem, normalmente vale a pena escanear com uma resolução um pouco mais alta. É mais fácil deletar uma resolução desnecessária depois de digitalizar do que restaurar a resolução perdida durante a edição.

Resolução na câmera

Assim como os escâneres, as câmeras digitais usam um sensor eletrônico para capturar imagens. As resoluções das câmeras geralmente são expressas em termos de megapixels — ou quantos milhões de pixels são capazes de registrar em uma única imagem. Uma câmera que captura 1.600 × 1.200 pixels produz, por exemplo, uma imagem com resolução de 1,92 milhão de pixels, que é arredondada para dois megapixels para fins de comercialização.

- Uma imagem de sete megapixels com resolução de 3.072 × 2.304 pixels pode resultar em uma impressão de qualidade de até 20 × 30 in (50,00 × 75,00 cm).
- Uma imagem de cinco megapixels com resolução de 2.560 × 1.920 pixels pode resultar em uma impressão de qualidade de até 11 × 14 in (27,50 × 35,50 cm).
- Uma imagem de três megapixels com resolução de 2.048 × 1.536 pixels pode resultar em uma impressão de qualidade de até 8 × 10 in (20,00 × 25,00 cm).
- Uma imagem de dois megapixels com resolução de 1.600 × 1.200 pixels pode resultar em uma impressão de qualidade de até 5 × 7 in (12,50 × 17,50 cm).

Câmeras com resoluções superiores permitem trabalhar com mais pixels quando fazemos impressões maiores ou recortamos imagens.

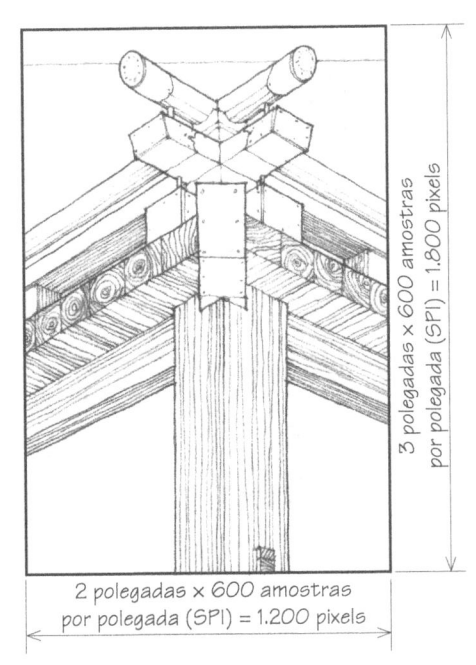

Uma imagem de 3 × 2 polegadas (7,50 × 5,00 cm) digitalizada a 600 SPI ou DPI produziria uma imagem digital com 1.800 pixels de altura e 1.200 pixels de largura.

Esta ilustração mostra o tamanho relativo de imagens registradas de 2 a 7 megapixels.

RESOLUÇÃO DIGITAL 347

Resolução na tela

Ao criarmos imagens para visualização em tela ou postagem na Internet, devemos pensar em *pixels* por polegada (PPI). Os monitores de computador costumam exibir imagens em 72 ou 96 PPI, mas monitores de alta resolução podem exibir mais *pixels* por polegada. No caso de imagens que não serão impressas, criar e digitalizar imagens acima da resolução da tela de um monitor é um desperdício de dados de imagem, uma vez que o tamanho do arquivo e o tempo necessário para que a imagem possa ser baixada aumentam desnecessariamente. Para imprimir uma imagem no mesmo tamanho do original ou maior que ele, o aumento da resolução do escaneamento oferece os dados de imagem adicionais necessários para manter uma resolução de boa qualidade para impressão ou visualização. Observe que a mesma imagem em um monitor de baixa resolução parece maior do que em um monitor de resolução superior, pois, no segundo, o mesmo número de pixels se espalha por uma área maior.

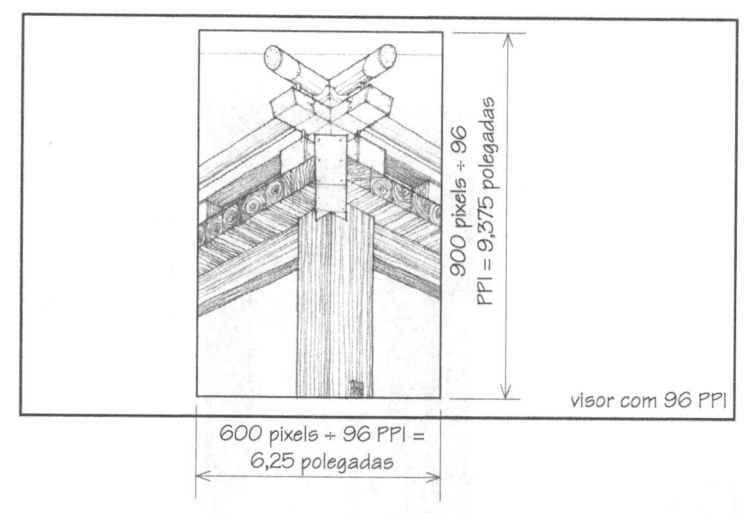

A mesma imagem da página anterior digitalizada em 300 SPI produziria uma imagem com 600 pixels de largura e 900 pixels de altura. Quando vista em uma tela de 96 PPI, a imagem ocuparia uma área de 6,25 × 9,375 polegadas. (600/96 × 900/96)

Resolução na impressão

A resolução na impressão é medida em pontos por polegada (DPI) e se refere aos pontos de tinta ou *toner* que um *imagesetter*, uma impressora a laser ou outro equipamento de impressão consegue colocar em uma polegada para imprimir textos e gráficos. A maioria das impressoras imprime o mesmo número de pontos na horizontal e na vertical. Por exemplo, uma impressora de 600 DPI colocará 600 pontos minúsculos ao longo de uma polegada na horizontal e 600 pontos em uma polegada vertical.

Em geral, quanto mais pontos por polegada a impressora é capaz de gerar, mas nítida e clara é a imagem impressa. Da mesma maneira, quanto menor o DPI de uma impressora, menos detalhes ela consegue imprimir e menos tons de cinza consegue simular. Como a resolução na tela costuma ser inferior à resolução na impressão, imagens de baixa resolução que parecem boas na tela quase sempre resultam em impressões de má qualidade.

A qualidade de um resultado impresso não depende apenas da resolução da impressora, mas também do tipo de papel utilizado. Alguns tipos de papel absorvem tinta com mais facilidade do que outros, fazendo com que os pontos de tinta se espalhem e reduzam com eficácia o DPI da imagem. Por exemplo, como a tinta se espalha mais em papel jornal, os pontos de tinta precisam estar mais afastados entre si do que no papel revestido de alta qualidade, que aceita pontos de tinta mais próximos uns dos outros.

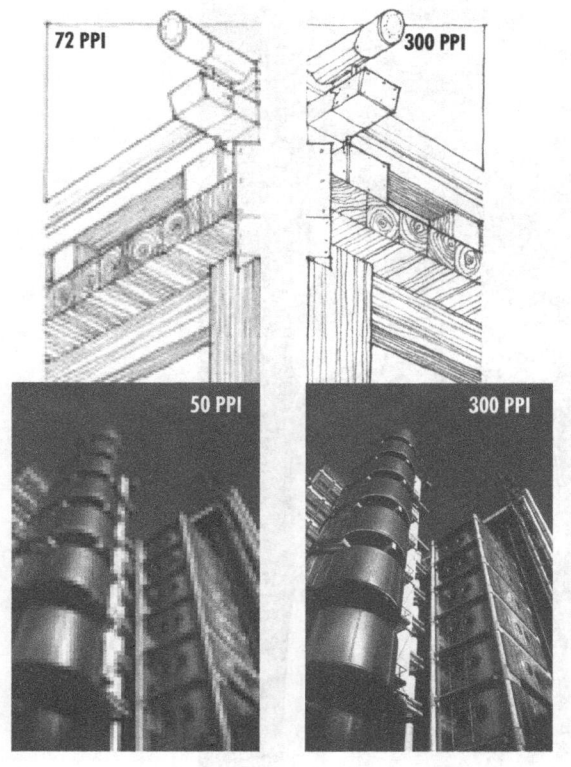

Uma comparação visual de imagens com baixa e alta resolução impressas no mesmo tamanho físico.

Imagens no monitor:

A relação entre SPI, PPI e DPI

Na prática, SPI e PPI costumam ser empregados da mesma forma, enquanto o DPI é utilizado, com frequência, no lugar de um ou ambos os termos. No entanto, cada amostra, *pixel* ou ponto de uma imagem digital se comporta de maneira diferente, dependendo de como ela é escaneada (digitalizada), vista na tela ou impressa. Quando trabalhamos com imagens digitais, um dos desafios é reconciliar a diferença entre o tamanho e a resolução da imagem digitalizada, como ela aparece no monitor e como ela fica depois de impressa.

Para ilustrar isso:

- Escaneie uma imagem fotográfica de 3 × 5 in (7,5 × 12,5 cm) (tamanho real) em 600 SPI ou DPI (resolução do escaneamento).
- O tamanho da imagem raster digitalizada é 3 × 5 polegadas ou 1.800 pixels de largura × 3.000 pixels de altura, e o tamanho do arquivo é 5,15 megabytes (MB).
- Seria necessária uma tela com resolução de 96 PPI de 31,25 polegadas (3.000 pixels ÷ 96 PPI) para mostrar a imagem em tamanho real.

1. Se usarmos programas de edição de imagem para reduzir a resolução de uma imagem de 600 DPI para 300 PPI, mas preservarmos suas dimensões físicas de 3 × 5 polegadas, as dimensões em *pixel* diminuiriam para 900 × 1.500 pixels, o que exigiria uma tela de 96 PPI com apenas 15,625 polegadas (1.500 pixels ÷ 96 PPI) de altura para exibir a imagem em tamanho real.

2. Se reduzirmos a resolução da imagem de 300 DPI para 96 PPI, mas preservarmos seu tamanho físico de 3 × 5 polegadas, as dimensões em *pixel* diminuiriam para 288 × 480 pixels. A imagem na tela parecerá ainda menor do que a imagem de 300 PPI, porque o monitor mostra em *pixels*, e a imagem de 300 PPI – que contém mais *pixels* – exige mais espaço na tela do que uma imagem de 96 PPI.

3. Se não reduzirmos a resolução da imagem de 600 PPI digitalizada original, mas reduzirmos sua resolução para 300 DPI, as dimensões físicas aumentarão para 6 × 10 polegadas (15,0 × 25,0 cm), já que as dimensões em *pixel* permanecerão 1.800 × 3.000 pixels. [(1.800 × 3.000 pixels) ÷ 300 DPI = 4 × 10 polegadas.]

Quando impressas em 300 DPI, as primeiras duas imagens digitais produzem as mesmas impressões de 3 × 5 polegadas (7,5 × 12,5 cm); porém, a imagem de 300 PPI terá uma aparência melhor do que a imagem de 96 PPI, porque comprime um número maior de pontos por polegada. Uma impressão de 300 DPI em 6 × 10 polegadas (15,0 × 25,0 cm) da terceira imagem distribui o mesmo número de pontos da primeira imagem em uma área maior. Esse método serve para produzir uma impressão maior de uma imagem original e, ao mesmo tempo, manter a qualidade geral.

Se impressas em 600 DPI, as três imagens digitais produzem impressões com tamanhos muito diferentes.

1. Quando impressa em 600 DPI, a primeira imagem produz uma imagem de 1,5 × 2,5 polegadas (3,8 × 6,3 cm), porque o mesmo número de *pixels* é impresso com maior densidade. [(900 × 1.500 *pixels*) ÷ 600 DPI = 1,5 × 2,5 polegadas.]

2. A segunda imagem impressa em 600 DPI produziria uma imagem de 0,48 × 0,8 polegadas (1,2 × 16,0 cm). [(288 × 480 *pixels*) ÷ 600 DPI = 0,48 × 0,8 polegadas.]

3. Quando impressa em 600 DPI, a terceira imagem produz a mesma imagem de 3 × 5 polegadas (7,5 × 12,5 cm) que uma impressão em 300 DPI da primeira imagem, porque as duas contêm o mesmo número de *pixels*. [(1.800 × 3.000 *pixels*) ÷ 600 DPI = 3 × 5 polegadas.]

Os dois primeiros casos produzem imagens menores, porém mais limpas, no papel.

Imagens impressas

Qual resolução é suficiente?

Para imprimir pranchas ou painéis para apresentação, uma variedade de resoluções de 150 a 300 DPI produziria itens de qualidade boa a ótima. Resoluções superiores a 300 DPI aumentariam a qualidade da impressão, mas o grau de melhoria talvez não permita arquivos com tamanhos maiores. Por outro lado, resoluções menores que 150 DPI resultariam em imagens grosseiras ou fora de foco, com detalhes pobres e sem variações sutis na cor e no tom. A faixa de 150 – 300 DPI é, portanto, uma referência geral, que pode ser ajustada conforme o tamanho e o método de impressão.

Apresentações que serão vistas em monitores ou postadas em um *website* podem ter uma resolução inferior à da impressão, uma vez que a maioria dos monitores tem uma densidade de *pixel* entre 72 e 150 PPI. Esses monitores não teriam como oferecer informações de *pixel* adicionais além da resolução original da tela. Embora os avanços tecnológicos estejam aumentando a densidade de *pixel* dos monitores, resoluções entre 100 e 150 PPI geralmente são suficientes para uma imagem de boa qualidade. Para apresentações que serão projetadas na forma de *slide show* ou animação, a resolução deve corresponder à resolução do projetor digital.

Observe que a resolução digital também depende da distância de observação. Uma imagem que parece pixelada quando vista a pouca distância poderia mostrar alta qualidade se fosse grande o bastante para ser vista a uma distância maior.

RECORTANDO E MASCARANDO IMAGENS

Além de ajustar a resolução de uma imagem digital, também podemos recortá-la para alterar seu tamanho, suas proporções e suas relações de figura e fundo. Recortar uma imagem digital significa manter sua porção desejada e descartar o restante. O mascaramento, por outro lado, envolve criar uma janela através da qual podemos enxergar uma porção selecionada da imagem. O tamanho, o formato e a posição da abertura controlam o que vemos e o que não vemos da imagem original.

Imagens raster podem ser recortadas para se alterar suas proporções.

Imagens raster normalmente são recortadas, enquanto imagens a base de vetores costumam ser mascaradas. Uma vez recortada, a imagem raster não poderá recuperar o material que dela foi retirado. Uma imagem de vetor mascarada é mais flexível, pois podemos manipulá-la e ajustar seu tamanho, seu formato e a posição da sua máscara.

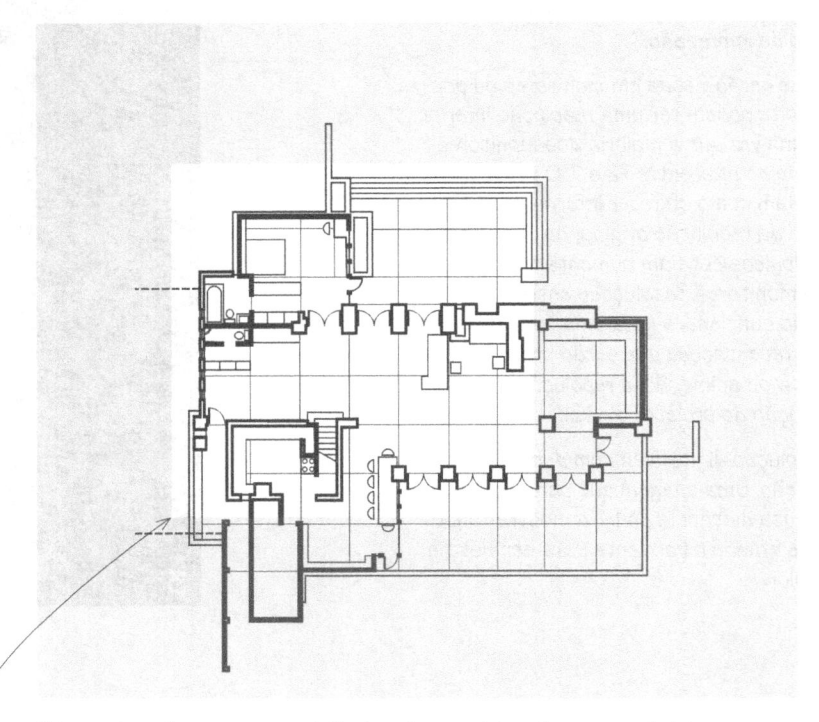

O tamanho, o formato e a posição da máscara determinam o que é visto da imagem original.

RELAÇÕES DE FIGURA E FUNDO   351

O tamanho da imagem gráfica em relação ao tamanho do campo determina a leitura da figura.

Vinhetas
Situar o desenho em um campo grande enfatiza sua individualidade. O espaço entre o desenho e a margem da folha normalmente deve ser similar às dimensões do desenho ou maior que estas.

Interação
Se aumentamos o desenho ou reduzimos o tamanho de seu campo, a figura começa a interagir visualmente com seu plano de fundo. O campo começa a ter formato reconhecível ou qualidade figurativa própria.

Ambiguidade
Se aumentamos ainda mais o desenho ou reduzimos seu campo, estabelecemos uma relação ambígua de figura e fundo, em que os elementos do campo podem também ser vistos como figuras.

Quando uma vista de linhas paralelas, uma perspectiva cônica ou outra imagem gráfica não tem formato retangular, ela apresenta tendência de flutuar em seu campo. Podemos estabelecer a imagem por meio da adição de um selo ou de uma faixa horizontal de cor ou tonalidade.

Ao emoldurar um desenho, evite usar linhas duplas ou triplas: isto cria a impressão de uma figura sobre um fundo que tem seu próprio fundo, o que desviaria a atenção da figura para sua moldura.

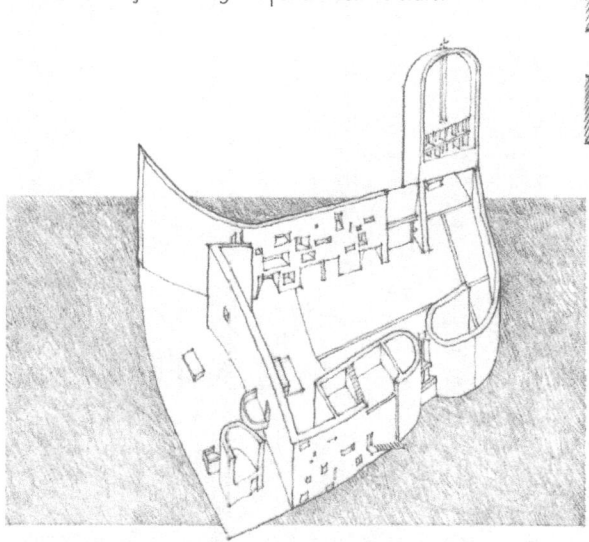

Notre Dame du Haut, Ronchamp, França, 1950–55, Le Corbusier

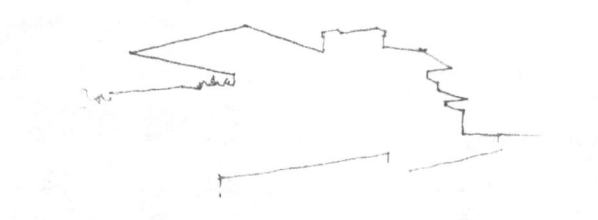

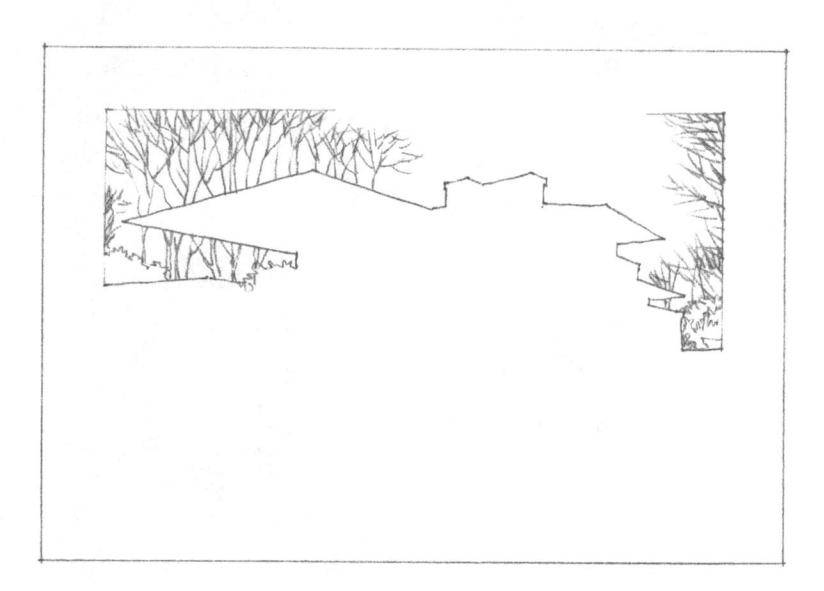

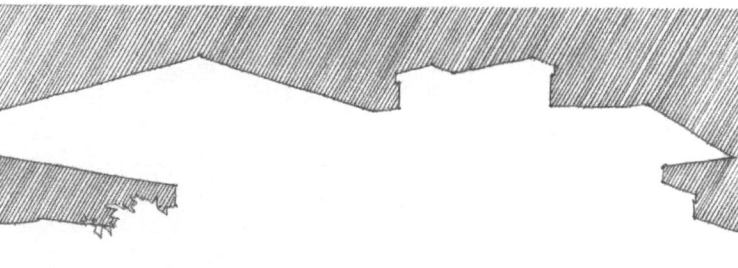

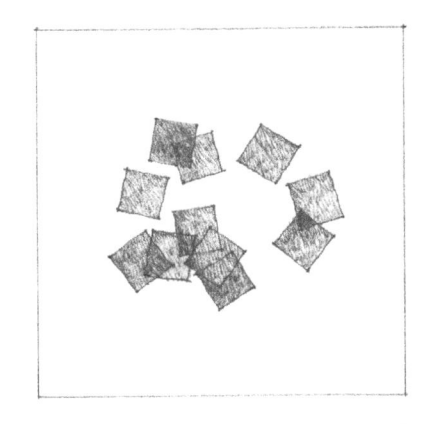

A composição de um desenho depende mais da relação entre as partes de uma imagem gráfica do que do tratamento de uma parte específica. Podemos aplicar certos princípios visuais para regular a organização de uma composição de desenho, de modo a promover um sentido de ordem e unidade.

Unidade e variedade

Os princípios de ordenamento, ao promover unidade, não excluem o objetivo de obter variedade e interesse visual. Pelo contrário, os meios para atingir a ordem incluem em seus padrões a presença de elementos e características diferenciadas.

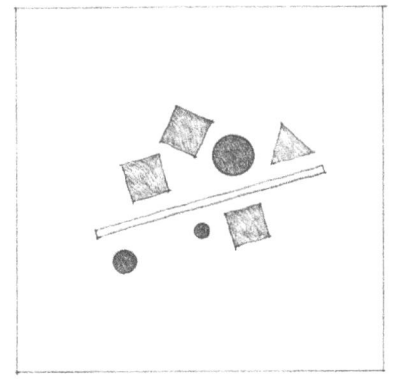

Ao varrer uma imagem, nossos olhos são atraídos por certos elementos gráficos. Os olhos buscam áreas de:

- tamanho ou proporção excepcional
- contraste ou formato incomum
- contraste tonal extremo
- detalhes elaborados ou bem resolvidos

Também podemos realçar a importância de um elemento isolando-o dentro da composição do desenho. Utilizamos estes pontos ou áreas de interesse para definir o foco de um desenho. Em cada caso, um contraste discernível deve ser estabelecido entre o elemento dominante e os aspectos subordinados da composição. Sem contraste, nada consegue dominar.

Podem existir, além de um, vários outros pontos focais em um desenho. Um deles pode dominar e os outros servirem como destaques. Devemos ser cuidadosos para que centros de interesse múltiplos não tragam confusão. Quando tudo é enfatizado, nenhum elemento domina.

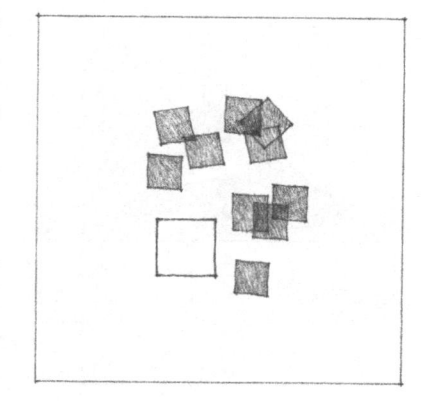

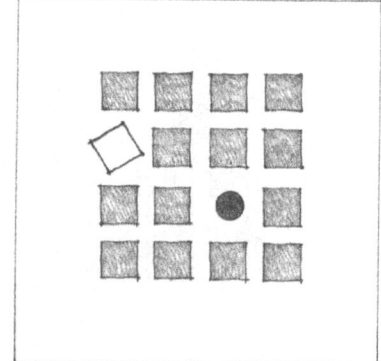

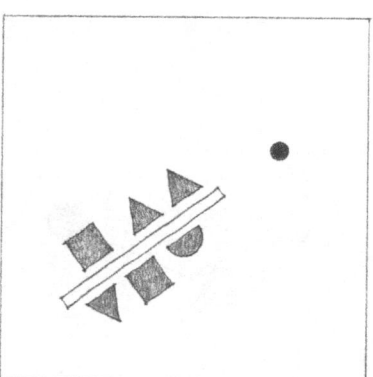

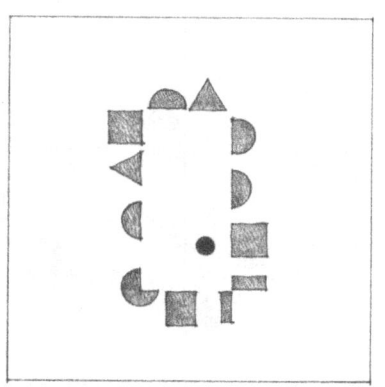

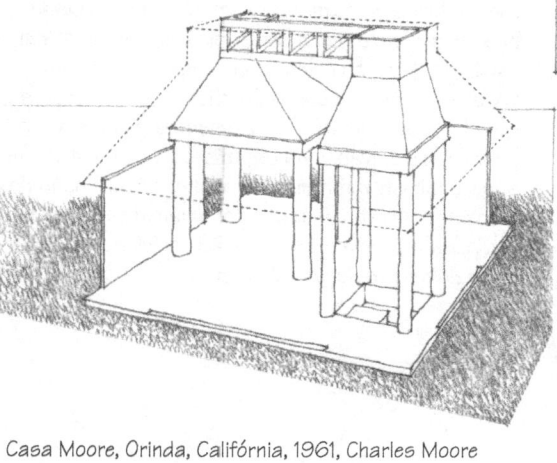

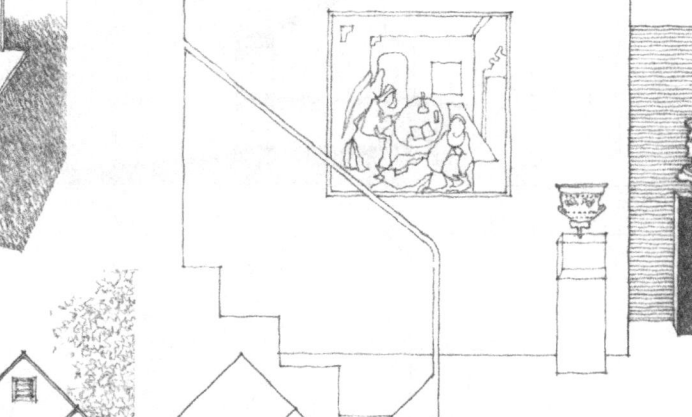

Casa Moore, Orinda, Califórnia, 1961, Charles Moore

354 EQUILÍBRIO

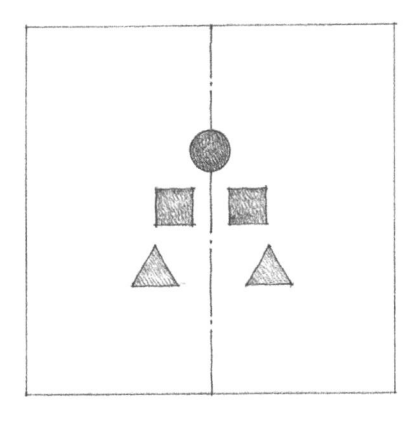

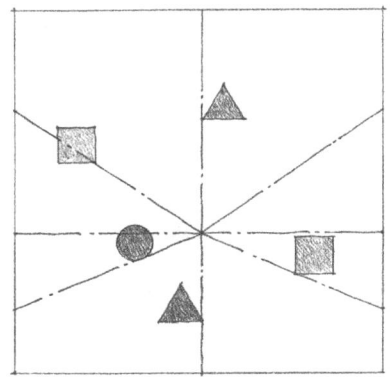

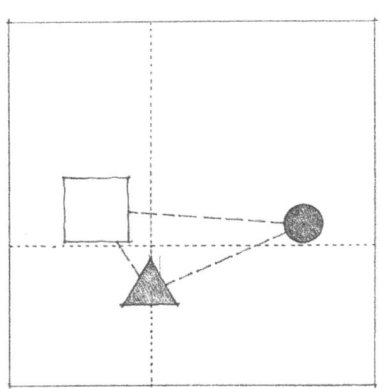

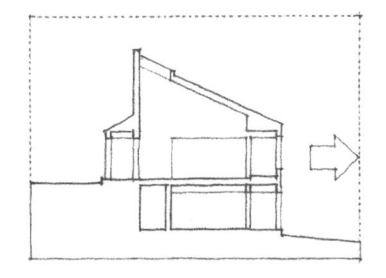

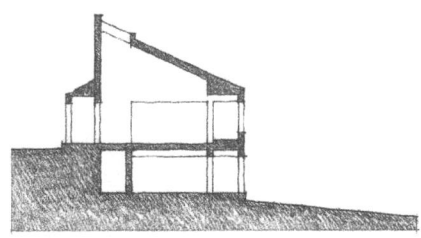

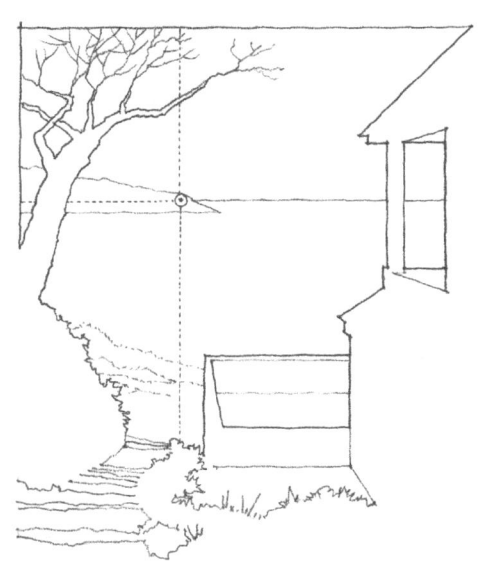

Em qualquer desenho, haverá uma mistura natural de formatos e tonalidades. O modo como organizamos estes elementos deve resultar em uma sensação visual de equilíbrio. Tal equilíbrio refere-se à disposição ou à proporção agradável e harmoniosa das partes ou elementos de uma composição. O princípio do equilíbrio implica conseguir harmonia entre forças visuais de peso, compressão e tração em um desenho.

Existem dois tipos de equilíbrios: simétrico e assimétrico. A simetria se refere à correspondência exata de tamanho, formato e distribuição de partes em lados opostos em relação a um eixo ou uma linha divisória. A simetria bilateral ou axial resulta de uma combinação de partes similares de lados opostos de um eixo central. Este tipo de simetria conduz o olhar ao eixo mediador de maneira imperceptível.

A simetria radial resulta da combinação de partes que irradiam de um ponto ou eixo central. Este tipo de simetria reforça o ponto central ou segundo plano da composição.

Reconhecemos uma assimetria pela falta de correspondência de tamanho, formato ou tonalidade dos elementos de uma composição. A fim de atingir equilíbrio visual ou ótico, uma composição assimétrica deve levar em consideração o peso ou a força visual de cada um de seus elementos e empregar o princípio de alavanca na organização. Elementos que são visualmente fortes e atraem nossa atenção podem ser contrabalançados por elementos de menor força, que são maiores ou estão posicionados mais longe do centro de gravidade da composição.

EQUILÍBRIO 355

Exercício 11.1
Explore maneiras de compor este fragmento de uma cidade espanhola dentro de um campo de desenho maior. Como você comporia a vista para enfatizar a posição da cidade no topo de uma colina? Como você alteraria a composição para reforçar, ao contrário, sua relação com uma cadeia de montanhas distante?

Exercício 11.2
Explore maneiras de compor esta vista da Ópera de Sidney, projetada por Jørn Utzon em 1956, dentro de um quadrado ou campo retangular maior. Como você posicionaria a estrutura para enfatizar os grandes volumes de sua cobertura, assim como sua relação com o porto?

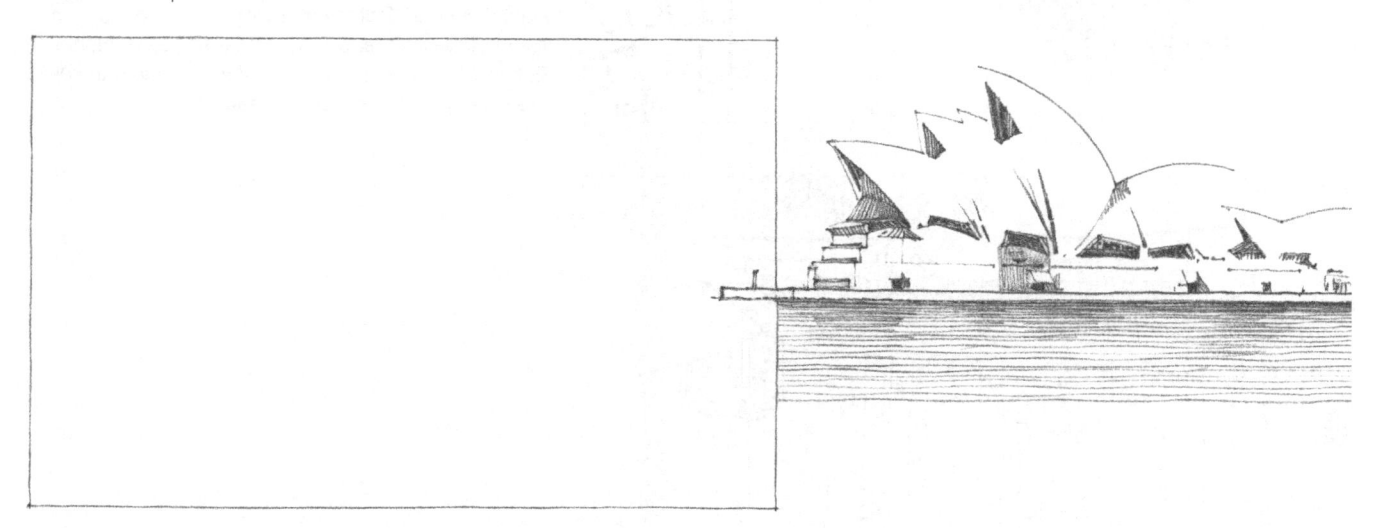

Exercício 11.3
Ao lado, há um diagrama da planta baixa do Capitólio de Islamabad, Paquistão, projetado por Louis Kahn em 1965. Explore como você conseguiria uma composição equilibrada dentro de um campo retangular. Como você faria para manter o mesmo equilíbrio em um campo quadrado? De que maneira um giro da planta em 90° afetaria as possibilidades de composição?

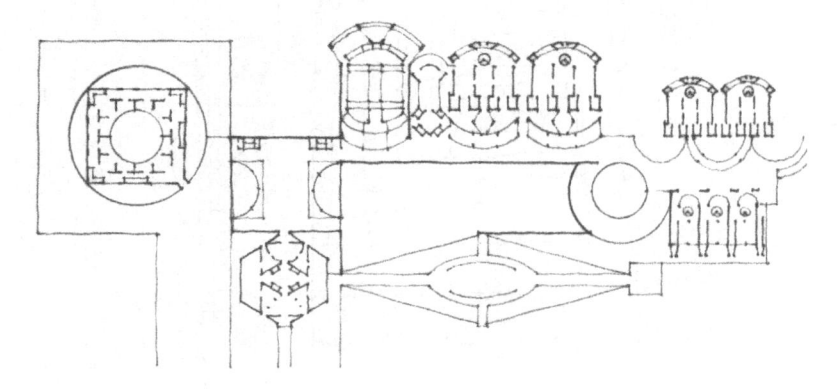

HARMONIA

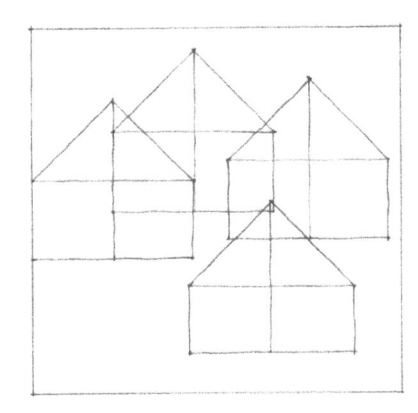

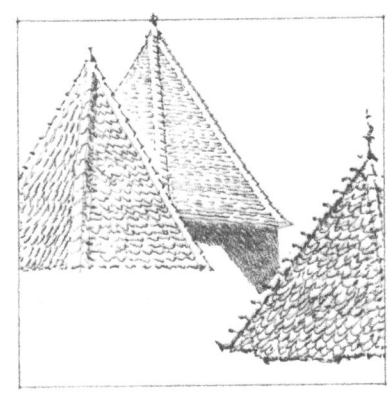

A harmonia se refere à consonância – a agradável concordância das partes em um projeto ou uma composição. Enquanto o equilíbrio atinge a unidade por meio da cuidadosa combinação de elementos tanto similares quanto diferentes, o princípio da harmonia envolve a seleção criteriosa de elementos que compartilhem um traço ou uma característica:

- tamanho comum
- formato comum
- tonalidade ou cor comum
- orientação similar
- características similares dos detalhes

Talvez o modo mais natural de produzir harmonia em um desenho seja usar um meio e uma técnica comuns em toda a composição. Empregar o princípio da harmonia muito rigorosamente pode resultar em composições unificadas, mas pouco interessantes. Os desenhos precisam de diversidade, como um antídoto à monotonia. Contudo, a variedade, quando levada ao extremo, pode resultar em caos visual e mensagem fragmentada. É de uma tensão elaborada e artística entre ordem e desordem, entre unidade e variedade, que ressalta a harmonia. Estabilidade e unidade se obtêm estimulando contrastes, assim como unindo semelhanças.

HARMONIA 357

Às vezes, queremos combinar um desenho feito à mão e uma representação digital em uma única imagem composta. Para tanto, é preciso ter o cuidado de controlar o estilo, a variação e o contraste em pesos de linha e tonalidades a fim de assegurar uma relação harmoniosa entre os desenhos analógicos e digitais.

- Ainda que os estilos analógico e digital não devam competir de maneira agressiva, podemos usar um contraste sutil no estilo para manter a ênfase no tópico de um desenho e esmaecer o contexto ou fundo.

- A digitalização de um desenho à mão por meio de um programa de processamento de imagem nos permite modificar sua cor e gama de tonalidades.

- Quando a digitalização (também chamada de escaneamento) de um desenho à mão precisa ser reduzida ou ampliada, as linhas da imagem raster também serão reduzidas ou ampliadas, o que pode resultar na perda de linhas muito finas ou na ênfase do peso de outras linhas.

- Contudo, os pesos de linha de um desenho a base de vetores podem ser ampliados ou reduzidos com ou sem mudança de escala simultânea nos pesos de linha.

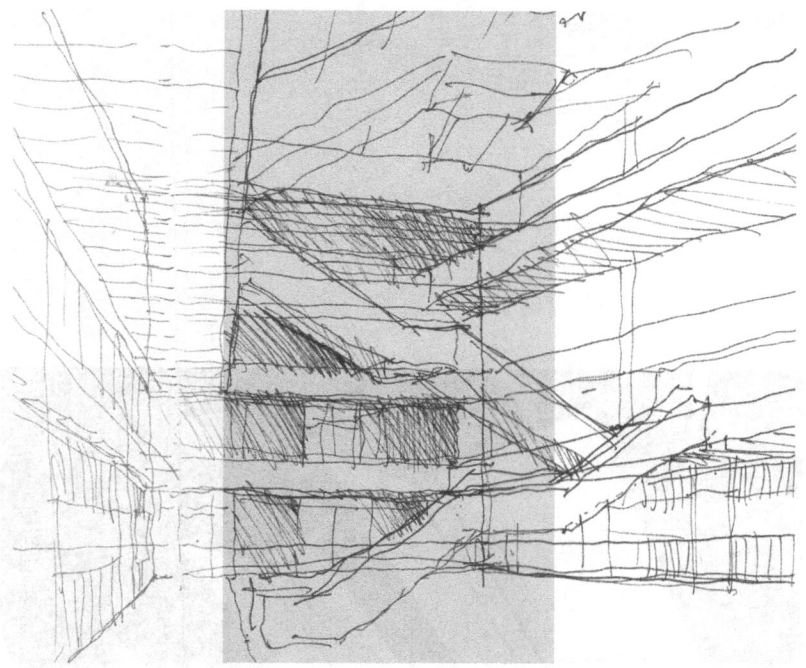

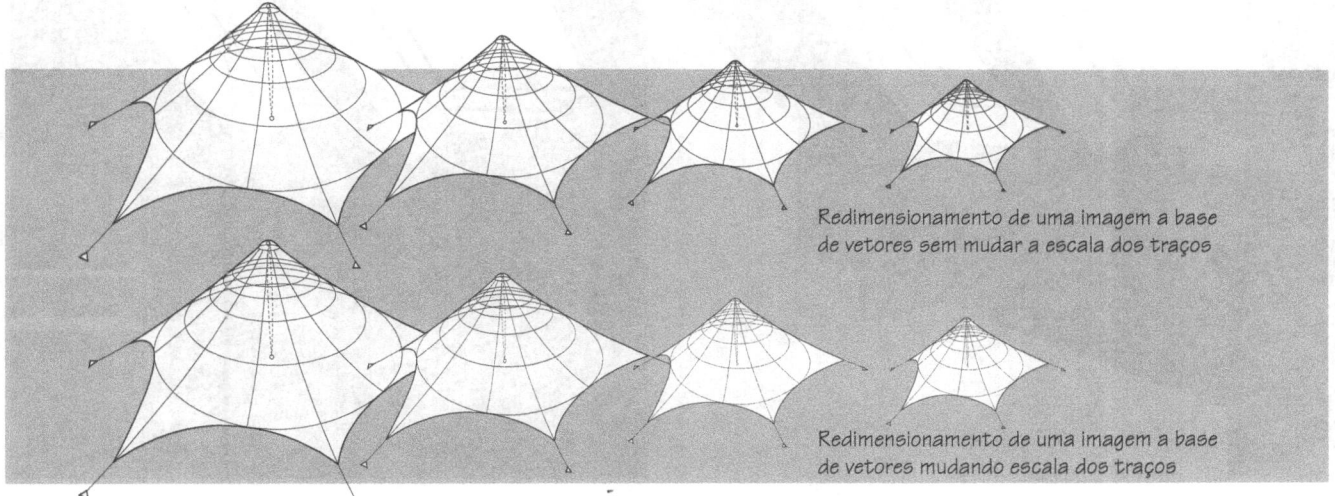

Redimensionamento de uma imagem a base de vetores sem mudar a escala dos traços

Redimensionamento de uma imagem a base de vetores mudando escala dos traços

Iluminação com programas de computador

Existe uma variedade de técnicas de computação para modelar e simular a iluminação de formas e espaços tridimensionais. A abordagem mais simples é o ray casting.

Ray casting

Ray casting (ou projeção de raios) é uma técnica que analisa a geometria tridimensional das formas e determina a iluminação e o sombreamento das superfícies com base em suas próprias orientações a partir de uma fonte de luz determinada. A principal vantagem do ray casting é a velocidade com que uma imagem ou cena tridimensional iluminada é gerada, muitas vezes instantaneamente. Isso o faz uma ferramenta útil no partido geral para estudar as consequências solares da volumetria e composição das formas de edificações e as sombras que elas projetam. Veja as páginas 166–167 para alguns exemplos.

Entretanto, o ray casting não leva em consideração o modo como a luz viaja depois de interceptar uma superfície e, portanto, não consegue representar com precisão os reflexos, as refrações ou a criação natural de sombras.

Modelo com sombreamento simples, sem iluminação

Ray casting com iluminação direta

Ray tracing

À medida que um raio de luz viaja de uma fonte para uma superfície que interrompe seu progresso, ele pode ser absorvido, refletido ou refratado em uma ou mais direções, dependendo do material, da cor e da textura da superfície. Ray tracing é uma técnica digital para traçar esses caminhos e simular os efeitos óticos da iluminação.

A iluminação local é um nível básico de ray tracing, limitado à iluminação direta e às reflexões especulares dos raios de luz. Embora a iluminação local não leve em consideração a inter-reflexão difusa de luz entre as superfícies em um espaço ou uma cena tridimensional, alguns programas de ray tracing podem reproduzir essa iluminação geral em seus algoritmos de iluminação.

Iluminação local: ray tracing (ou traçado de raios) com iluminação geral direta e aproximada

Iluminação geral

Um indicador melhor de como um espaço seria iluminado por um número qualquer de fontes de luz é a iluminação geral. Técnicas de iluminação geral usam algoritmos sofisticados para simular com precisão a iluminação de um espaço ou de uma cena. Esses algoritmos levam em consideração não apenas os raios de luz que são emitidos diretamente de uma ou mais fontes, como também acompanham os raios de luz à medida que são refletidos ou refratados de uma superfície à outra, especialmente as inter-reflexões difusas que ocorrem entre as superfícies em um espaço ou uma cena. No entanto, esse nível mais avançado de simulação tem seu custo. O processo é lento e exige mais do computador, e, por isso, deve ser utilizado apenas quando for adequado para a tarefa de projeto em questão.

Iluminação geral: ray tracing com iluminação geral e direta

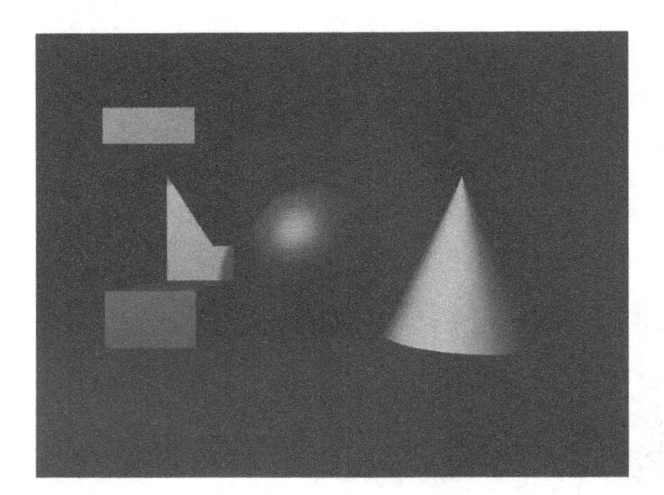

Ao usar cores em desenhos de projeto, devemos ter o cuidado de considerar a variedade de matizes, intensidades e valores, e como eles são distribuídos em uma imagem. Entre essas propriedades da cor, o valor é a mais crítica para o modo como percebemos os elementos e relações compositivos de uma imagem. Áreas com muito contraste chamam nossa atenção com mais ênfase do que áreas com pouco contraste. As imagens quentes, nas quais predominam tons claros, parecem delicadas, arejadas e etéreas. As imagens frias, nas quais predominam tons escuros, produzem uma sensação de melancolia e simplicidade.

A intensidade dos matizes deve ser proporcional à escala da imagem ou maquete eletrônica. Assim como a imagem em tamanho real é reduzida para se adaptar ao tamanho da prancha ou do painel, a intensidade das cores também precisa ser ajustada em uma maquete eletrônica.

Cores digitais

Para especificar as cores em um ambiente digital, é importante considerar o modo de apresentação para aquilo que estamos projetando. No caso de monitores digitais e projetores, o conjunto de luzes coloridas é produzido de maneira aditiva. Já no caso das impressões, os pigmentos de cor produzem a variedade de cores por meio de um processo subtrativo.

Modelo de cores RGB

O RGB é um modelo de cores aditivo no qual o branco é reproduzido pela sobreposição das três luzes coloridas primárias — vermelho, verde e azul — e o preto é a ausência de luz. É possível somar as luzes vermelha, verde e azul de diferentes maneiras para reproduzir o espectro de cores que vemos. O principal objetivo do modelo de cores RGB é a percepção, a representação e a exibição de imagens em sistemas de visualização eletrônicos, como câmeras digitais, escâneres e projetores, monitores de computador e televisores.

Quando ampliamos uma imagem digital, podemos ver que ela é, na verdade, composta por uma grande variedade de pixels, cada um com sua própria cor e valor, que são determinados pela intensidade e combinação ótica das três cores de subpixel: vermelho, verde e azul. A variação da intensidade das cores óticas vermelha, verde e azul produzirá toda a gama de cores que usamos dentro do ambiente digital. Geralmente, a intensidade de cada cor é dividida em 256 níveis de intensidade — que variam em uma escala de 0 a 255. Uma intensidade 0 está relacionada a uma cor com nenhuma intensidade, enquanto um nível de 255 indica o máximo de intensidade da mesma cor. Por conseguinte, um valor RGB de 0,0,0 resultaria na cor preta (nenhuma intensidade de luz para todas as cores) e um valor RGB de 255, 255, 255 resultaria na cor branca (intensidade máxima para o vermelho, o verde e o azul). A cada cor do espectro digital é atribuído um valor RGB específico, que indica a intensidade de cada uma das três cores óticas primárias: vermelho, verde e azul.

O RGB é um espaço de cor que depende do equipamento — diferentes máquinas detectam ou reproduzem um determinado valor RGB de maneira diferente, uma vez que os elementos de cor (como fósforos ou pigmentos) e suas respostas aos níveis individuais R, G e B variam conforme o fabricante ou até no mesmo equipamento com o passar do tempo. Logo, um valor RGB não define a mesma cor em diferentes equipamentos sem algum tipo de sistema de reprodução de cor.

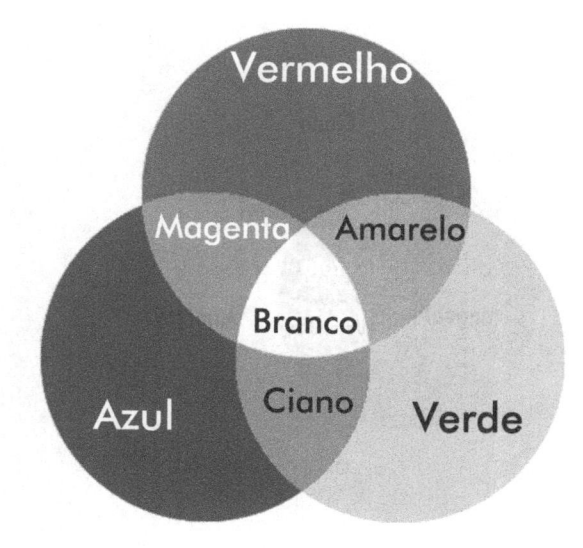

O modelo de cores RGB

Esta parte ampliada da fotografia à esquerda mostra os pixels que compõem a imagem. Usando o modelo de cor RGB, a cada pixel haveria um valor RGB específico atribuído. Nesse caso, como a fotografia é uma imagem em escala de cinza, a cada pixel é atribuído um nível de cinza.

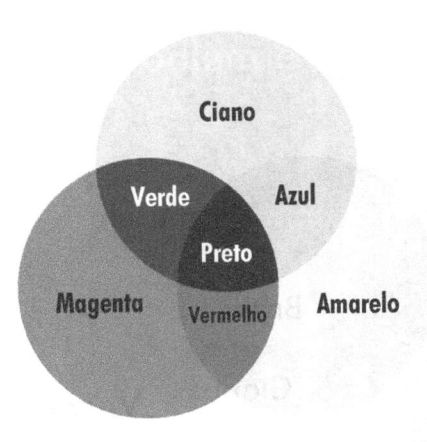

O modelo de cores CYMK

Modelo de cores CYMK

CMYK é o acrônimo em inglês para as quatro tintas coloridas utilizadas no processo de impressão – ciano, magenta, amarelo e preto. O CMYK é um modelo de cor subtrativo, porque as quatro tintas coloridas usadas na impressão a cores – ciano, magenta, amarelo e preto – reduzem o brilho do fundo normalmente branco do papel, sendo que o preto resulta da combinação de todas as tintas coloridas. Cada uma dessas cores absorve certos comprimentos de onda de luz, sendo que vemos as cores que não são absorvidas. Ao usar um meio-tom de pontos para cada cor, é possível obter todo o espectro de cores impressas.

Escala de cinzas

No ambiente digital, as tonalidades são obtidas de maneira aditiva, usando-se a luz sobre um monitor, ou de maneira subtrativa, usando-se o pigmento de uma impressora ou plotador. Na tela de um monitor, a intensidade da luz mostrada em um *pixel* determinará a tonalidade. Há 256 níveis de intensidade de luz que criam 256 tonalidades de cinza distintas correspondentes – com o nível de intensidade zero correspondendo ao preto e o nível 255 correspondendo ao branco (intensidade de luz plena).

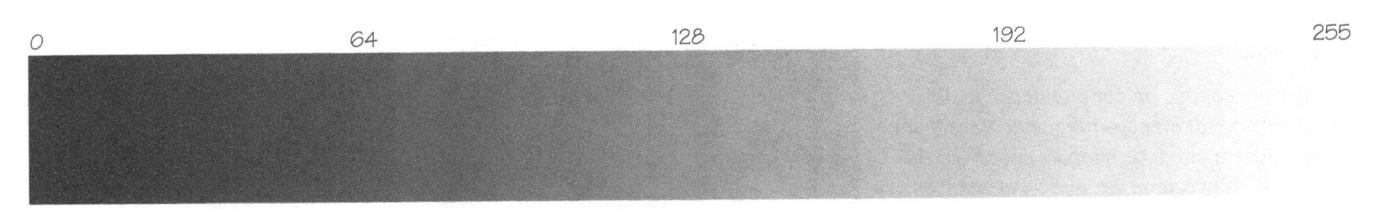

Escala de cinzas digital mostrando as 256 tonalidades de cinza

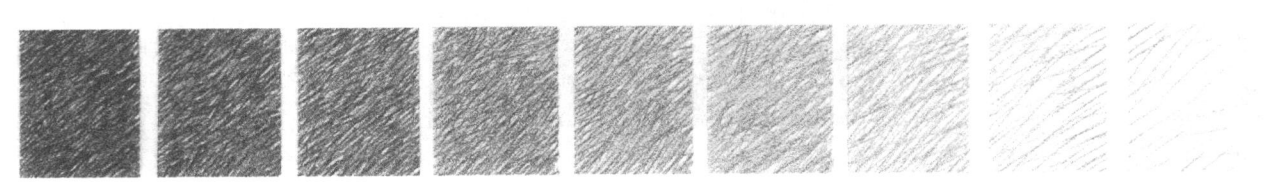

Escala de cinzas com 10 tons feita à mão

DESENHAR NO CONTEXTO 363

Assim como projetamos e avaliamos a arquitetura em relação a seu entorno, é importante incorporar o contexto na representação gráfica de uma proposta de projeto. Em cada um dos principais sistemas de desenho, ao estender a linha de terra e o plano-base, incluímos edificações adjacentes e características do terreno. Além do contexto físico, devemos indicar a escala e o uso dos espaços, incluindo calungas e mobiliário. Também podemos descrever a ambientação de um lugar, representando a qualidade da luz, as cores, as texturas dos materiais, a escala e a proporção do espaço ou os efeitos cumulativos dos detalhes.

Estes elementos são simplesmente partes de um conjunto maior, e a intensidade de interesse e atenção que damos a eles deve ser proporcional a sua importância na composição geral. Portanto, as diretrizes a seguir se aplicam aos elementos de contextualização do desenho:

- Use apenas os elementos de contextualização necessários para comunicar contexto, escala e uso.
- Desenhe elementos contextuais de modo simples, com nível apropriado de detalhes e em um estilo gráfico compatível com o resto da apresentação.
- Jamais obscureça elementos estruturais ou de definição espacial nem suas relações com a distribuição dos elementos definidores do contexto.
- Considere o formato, o tamanho e a tonalidade dos elementos contextuais como um fator importante na composição do desenho.

Acesso a Notre Dame du Haut, Ronchamp, França, 1950–55, Le Corbusier

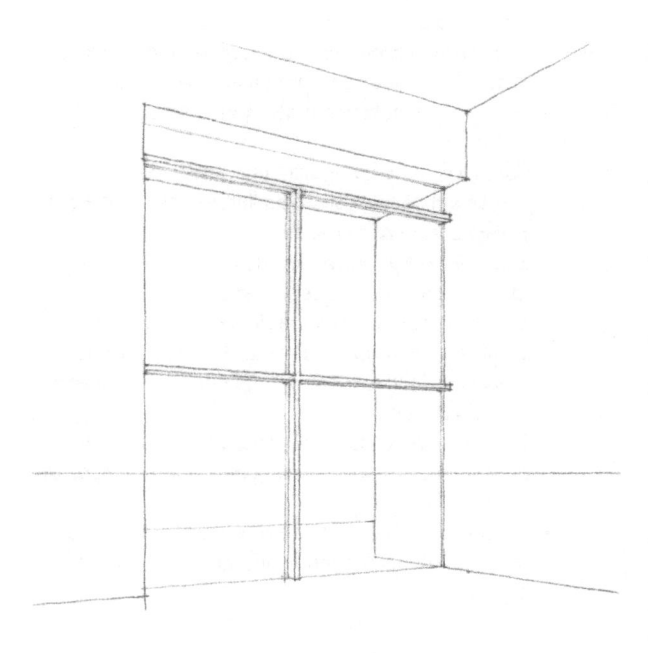

Interior da Casa e Ateliê Barrágan, Tacubaya, Cidade do México, 1947, Luis Barrágan

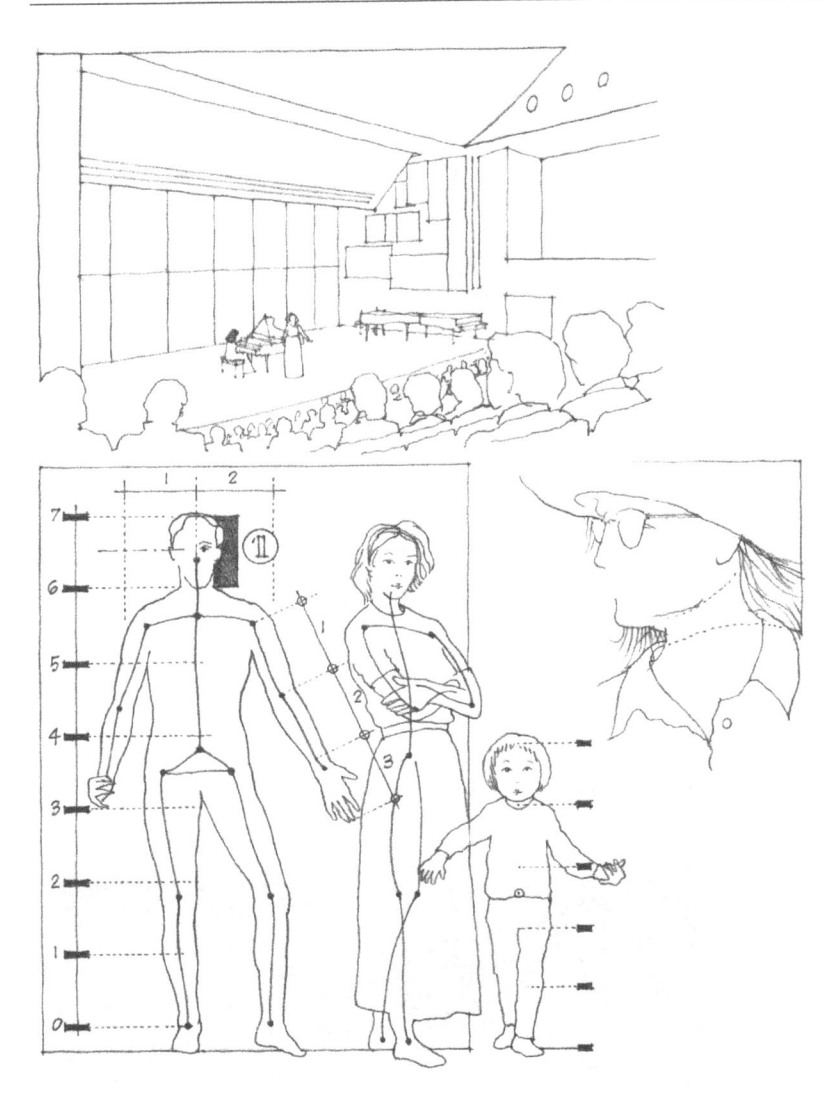

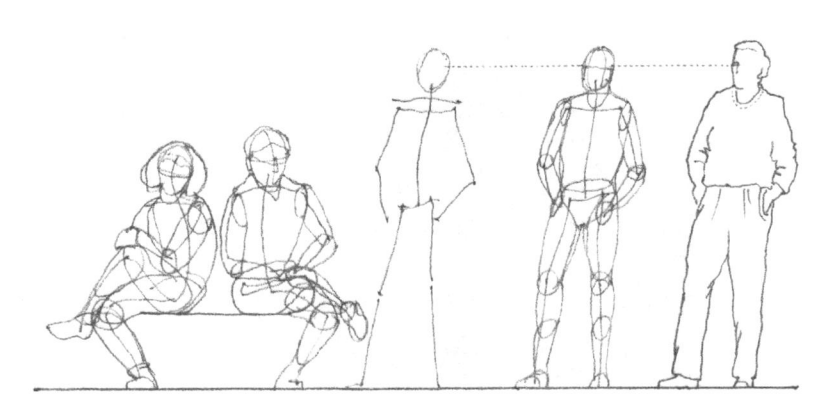

O observador de um desenho se relaciona com as figuras humanas (calungas) dentro dele e, assim, se coloca dentro da cena. Portanto, em desenhos de arquitetura e de espaços urbanos, incluímos pessoas a fim de:

- indicar a escala de um espaço;
- expressar a profundidade espacial e as mudanças de nível;
- fazer a animação do espaço com sinais de vida e habitabilidade.

Escala

As figuras que usamos para animar um desenho devem estar na escala do ambiente. Desta maneira, é preciso desenhar figuras humanas no tamanho e na proporção adequados. Podemos dividir a figura humana ereta em sete ou oito partes iguais, com a cabeça equivalente a 1/7 ou 1/8 da altura total do corpo.

- Estabeleça a altura de cada figura e as proporções das partes, sendo o tamanho da cabeça o elemento mais importante.
- A linha da mandíbula leva ao ponto onde a cabeça se junta com a espinha.
- A parte posterior do pescoço geralmente é mais alta que a mandíbula.
- Os ombros se inclinam da nuca até os braços.
- A altura do nariz e das orelhas é equivalente.
- Use óculos para sugerir olhos.
- Não finalize o desenho de olhos e bocas; sugira a presença deles, sombreando sutilmente suas partes inferiores.
- Nas escalas mais usadas nos desenhos de arquitetura, a representação dos dedos não é necessária e quase sempre causa distração.
- As mãos se estendem até quase tocarem os joelhos.
- Confira volume às figuras humanas, especialmente em perspectivas de linhas paralelas e em perspectivas cônicas.
- Evite desenhar vistas frontais de pessoas de modo detalhado, o que as faria se parecerem com recortes achatados de cartolina.
- Vista as pessoas apropriadamente, evitando detalhes desnecessários que possam distrair o foco do desenho.
- Empregue atitudes e gestos, prestando atenção especial ao contorno da espinha e aos pontos de suporte do corpo.
- Use proporções relativas das partes do corpo como guias ao desenhar diferentes posturas e gestos.
- Mostre as pessoas como se estivessem gesticulando com braços e mãos.
- Use o queixo e o nariz para dirigir a atenção.

FIGURAS HUMANAS

Nos desenhos ortogonais de vistas múltiplas, podemos simplificar a altura das figuras humanas utilizando um padrão 1,50 m a 1,80 m. Lembre-se de que, em projeções ortogonais, a altura e a largura dos elementos se mantêm constantes independentemente de sua profundidade na vista projetada. Podemos também dar escala à altura das figuras humanas em vistas de linhas paralelas. Como a vista é descendente, as figuras devem ter algum grau de curvatura para indicar seu volume.

Em desenhos em perspectiva cônica, a localização das figuras humanas pode indicar não só profundidade espacial, mas também mudanças de nível. Em geral, é mais fácil começar pela definição de onde cada pessoa se encontra. Depois, estenda este ponto verticalmente e posicione os olhos das cabeças de cada calunga na linha do horizonte. Uma vez que a altura do calunga é estabelecida, podemos usar os princípios da perspectiva cônica para mudar a figura de posição, para a esquerda ou para a direita, para cima ou para baixo, ou na profundidade da perspectiva. As figuras acima e abaixo do nível do observador primeiramente devem ser dimensionadas como se estivessem no mesmo nível, depois erguidas ou baixadas conforme o necessário. Ao desenhar pessoas sentadas, normalmente é melhor desenhar antes a pessoa em pé ao lado da cadeira. A seguir, use as proporções estabelecidas para desenhar a mesma pessoa sentada.

Disposição

As figuras humanas que usamos para indicar a escala e o uso dos espaços também se tornam elementos importantes de uma composição e não devem ocultar ou distrair o foco e as características essenciais de um desenho. Utilize tanto grupos de pessoas quanto figuras isoladas, bem como o princípio da sobreposição, para expressar profundidade.

Atividade

Indicamos atividade em um desenho por meio do número, da disposição, da postura e da vestimenta das figuras humanas. Os calungas de um desenho devem transmitir a natureza da atividade em um espaço e estarem adequados ao contexto. A maneira como os desenhamos deve responder a uma pergunta fundamental: qual deve ser a função deste cômodo ou espaço?

Imagens digitais de figuras humanas

Podemos criar imagens digitais de calungas por meio de fotografias usando programas de computador de processamento de imagers ou baixando-as de fontes da Internet. Os mesmos princípios que regem a escala, a vestimenta, o posicionamento e a gesticulação em desenhos à mão se aplicam ao uso de imagens digitais de pessoas em contextos de arquitetura.

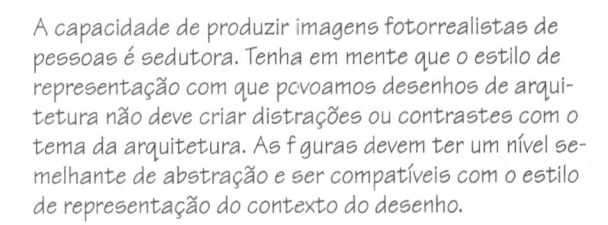

A capacidade de produzir imagens fotorrealistas de pessoas é sedutora. Tenha em mente que o estilo de representação com que pcvoamos desenhos de arquitetura não deve criar distrações ou contrastes com o tema da arquitetura. As figuras devem ter um nível semelhante de abstração e ser compatíveis com o estilo de representação do contexto do desenho.

Exercício 11.4
Leve uma caneta, um lápis e um bloco de desenho para um lugar público onde haja um bom número de pessoas. Desenhe as pessoas que você vê. Desenhe pessoas em pé, bem como sentadas; esquematize figuras pequenas e distantes, além de outras mais próximas. Comece trabalhando a estrutura, as proporções e os gestos de cada indivíduo, depois dê uma ideia de volume e, finalmente, adicione os detalhes necessários. Desenhe lentamente na primeira sessão. A cada sessão sucessiva, reduza gradualmente o tempo que leva para desenhar cada figura humana e reduza o nível de detalhamento correspondente.

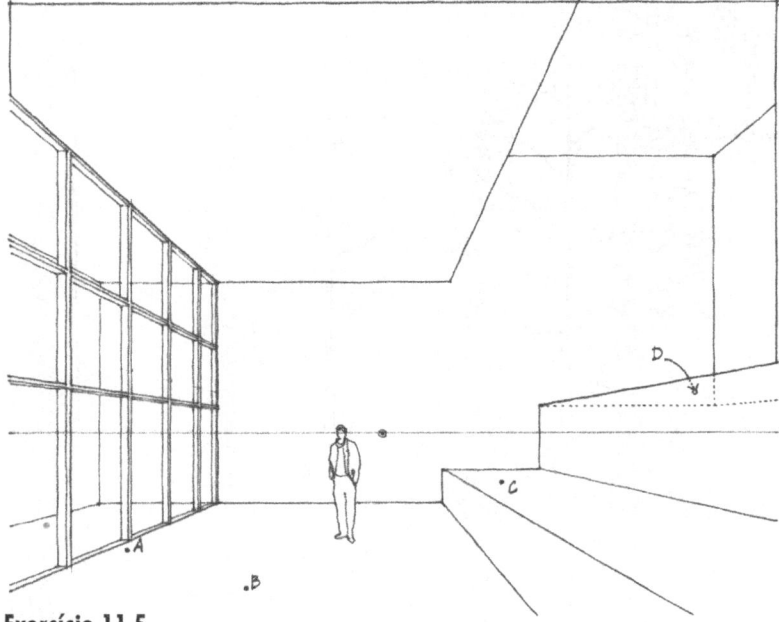

Exercício 11.5
Nesta perspectiva cônica, use as linhas analíticas e os princípios da convergência para transferir a figura humana para as posições A, B, C e D.

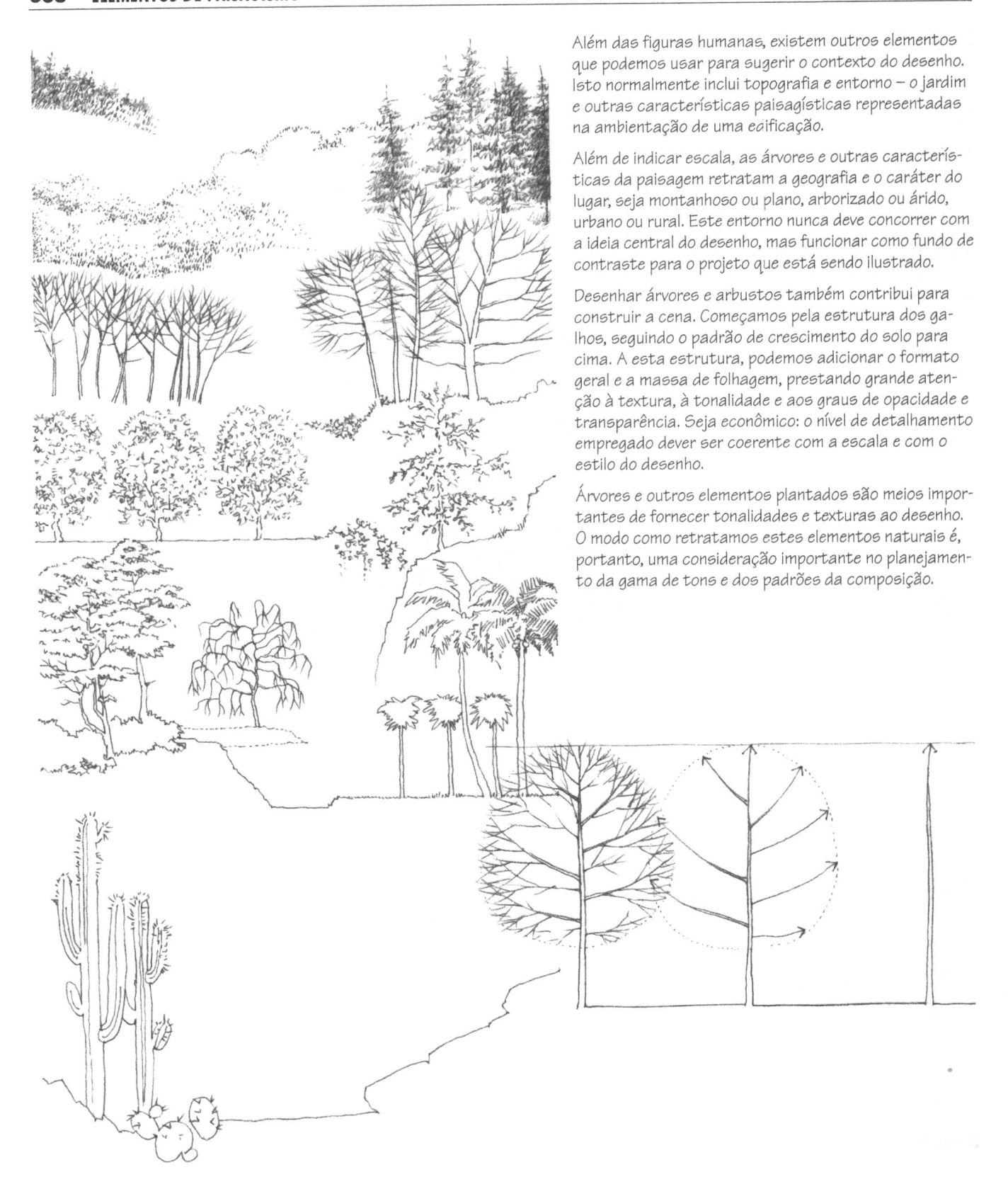

ELEMENTOS DE PAISAGISMO

Além das figuras humanas, existem outros elementos que podemos usar para sugerir o contexto do desenho. Isto normalmente inclui topografia e entorno – o jardim e outras características paisagísticas representadas na ambientação de uma edificação.

Além de indicar escala, as árvores e outras características da paisagem retratam a geografia e o caráter do lugar, seja montanhoso ou plano, arborizado ou árido, urbano ou rural. Este entorno nunca deve concorrer com a ideia central do desenho, mas funcionar como fundo de contraste para o projeto que está sendo ilustrado.

Desenhar árvores e arbustos também contribui para construir a cena. Começamos pela estrutura dos galhos, seguindo o padrão de crescimento do solo para cima. A esta estrutura, podemos adicionar o formato geral e a massa de folhagem, prestando grande atenção à textura, à tonalidade e aos graus de opacidade e transparência. Seja econômico: o nível de detalhamento empregado dever ser coerente com a escala e com o estilo do desenho.

Árvores e outros elementos plantados são meios importantes de fornecer tonalidades e texturas ao desenho. O modo como retratamos estes elementos naturais é, portanto, uma consideração importante no planejamento da gama de tons e dos padrões da composição.

ELEMENTOS DE PAISAGISMO 369

Ao desenhar árvores, preste atenção à estrutura, ao formato, à escala e ao objetivo.

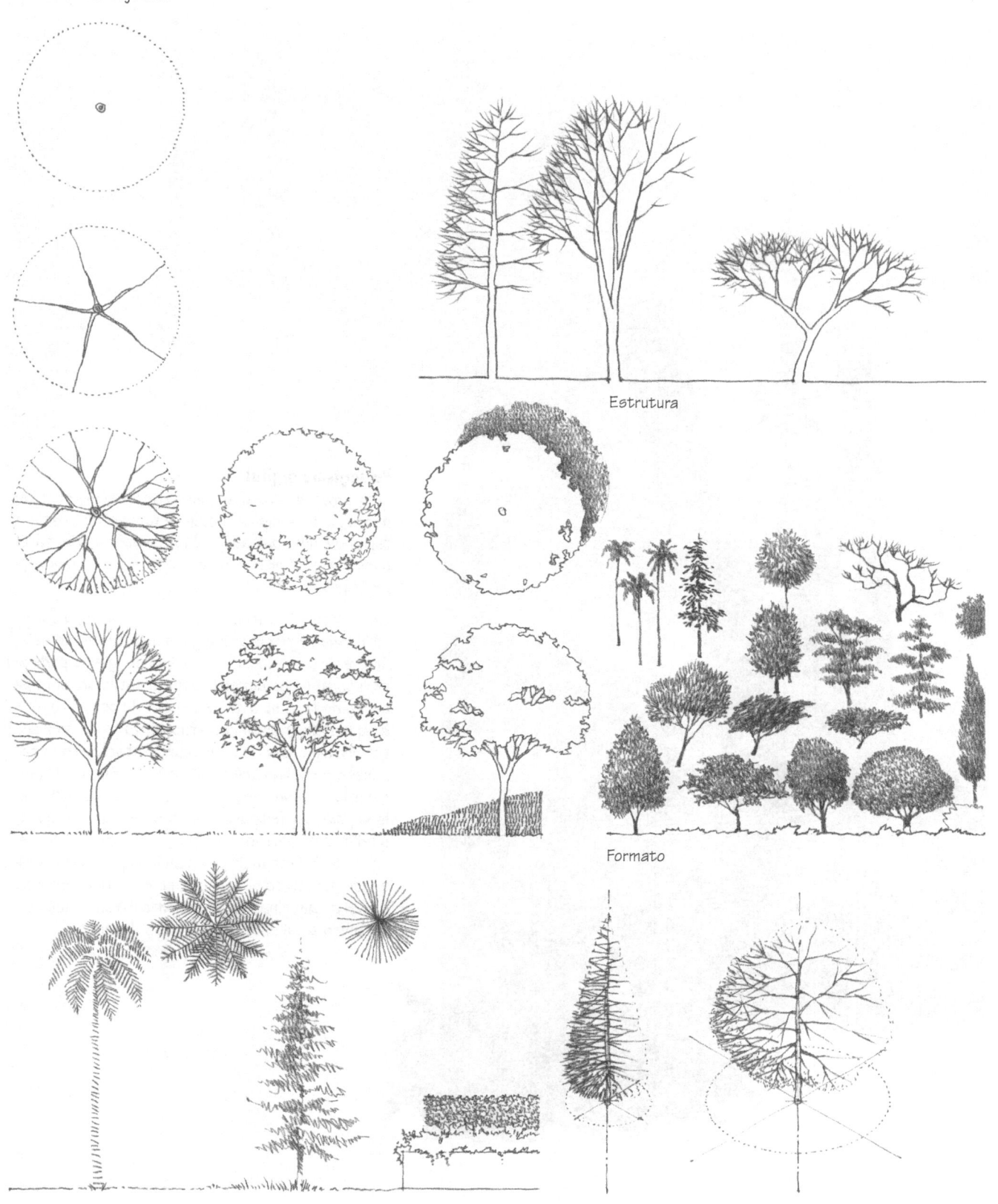

Estrutura

Formato

Paisagismo digital

Programas de processamento de imagens oferecem meios para manipular imagens fotográficas de um terreno e uma paisagem já existentes e adaptá-las para o uso na descrição do contexto de um projeto de arquitetura.

Assim como imagens digitais de pessoas, a possibilidade de produzir imagens fotorrealistas de árvores e outros elementos de paisagismo pode ser sedutora. Tenha em mente que o estilo de representação do terreno e de elementos do contexto não deve nos distrair ou nos afastar do tema da arquitetura. Sua descrição de representação deve ter o mesmo nível de abstração e ser compatível com o estilo de representação do contexto desenhado. Isso pode ser feito ajustando-se a transparência, o brilho e o contraste e a saturação da cor destas imagens. Filtros múltiplos também podem ser utilizados nestes componentes, no intuito de amenizar o nível de detalhamento do contexto para que os detalhes se ajustem ao resto do desenho.

Exercício 11.6
Leve uma caneta, um lápis e um bloco de desenho para um parque público. Desenhe uma variedade de árvores e de outras plantas que encontrar. Desenhe árvores pequenas e distantes, assim como outras mais próximas. Comece explorando a estrutura do tronco da árvore. Sobre esta estrutura, construa o formato, a textura, a massa e a tonalidade da folhagem.

Exercício 11.7
Desenhe uma série de esquemas cronometrados de árvores decíduas com base na observação direta. Comece com um desenho de cinco minutos, depois faça um croqui de três minutos e termine com outro de um minuto. Trabalhe cada desenho progressivamente, começando com a estrutura e passando aos formatos e às tonalidades. Repita este exercício com uma conífera.

Exercício 11.8
Desenhe uma série de croquis cronometrados de árvores decíduas a partir da observação direta. Comece por desenhá-las a uma distância de 7,50 m. Afaste-se a uma distância de 15,00 m e desenhe novamente a mesma árvore. Desenhe a árvore mais uma vez, à distância de 30,00 m. Cada vez que se afastar, preste atenção ao modo como a folhagem muda de um gradiente de textura para um formato com tonalidade. Repita este exercício com uma conífera.

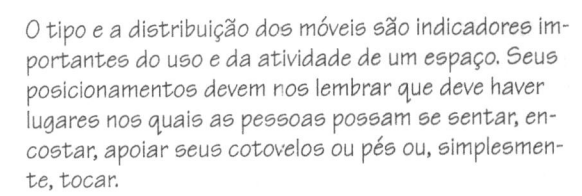

O tipo e a distribuição dos móveis são indicadores importantes do uso e da atividade de um espaço. Seus posicionamentos devem nos lembrar que deve haver lugares nos quais as pessoas possam se sentar, encostar, apoiar seus cotovelos ou pés ou, simplesmente, tocar.

O desenho de figuras humanas junto aos móveis ajuda a estabelecer a escala de ambos e a manter a proporção adequada das partes. Exceto quando o mobiliário é o tema da proposta de um projeto, exemplos bem projetados e disponíveis no mercado devem ser utilizados como modelos. Uma vez que a estrutura da forma foi estabelecida, podemos adicionar indicadores de material, espessura e detalhes.

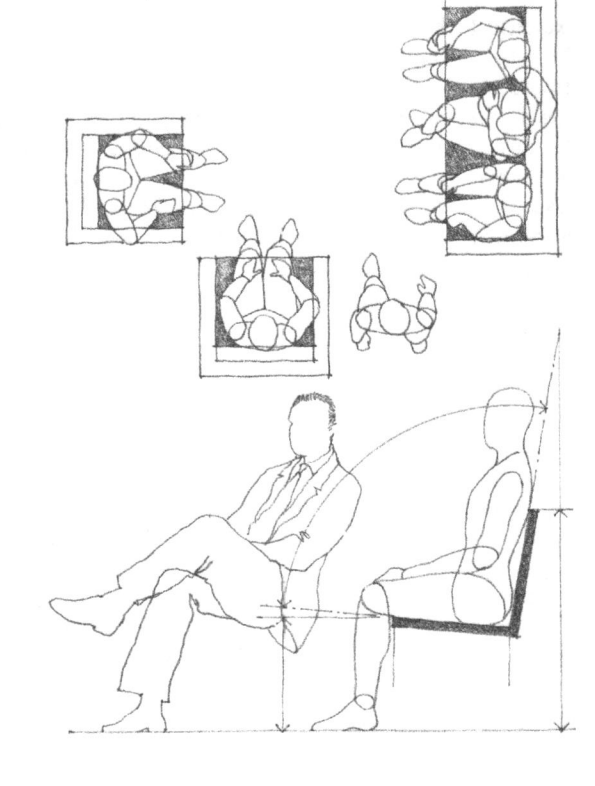

Poltrona tradicional

Poltrona estilo Luís XVI

Poltrona de vime

Cadeira de madeira tradicional dos Shakers

Cadeira Thonet de madeira vergada

Cadeira Wassily – Marcel Breuer

VEÍCULOS

Incluímos uma variedade de veículos – automóveis, caminhões, ônibus e até bicicletas – para indicar ruas e áreas de estacionamento em cenas de exterior. Seja realista com a localização e escala dos veículos.

O desenho de veículos com pessoas ajuda a estabelecer sua escala. Use exemplos reais sempre que for possível e, assim como na representação dos móveis, elabore o desenho de acordo com sua geometria. Se desenharmos veículos detalhados demais, eles poderão facilmente se tornar distrações indesejáveis e desviar o foco de um desenho.

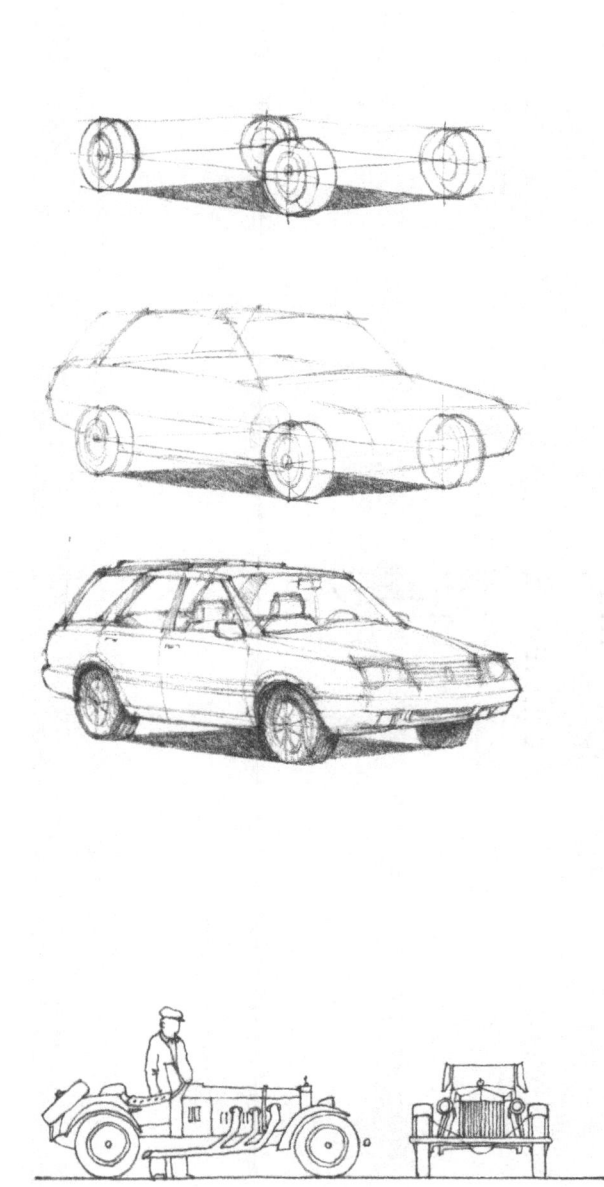

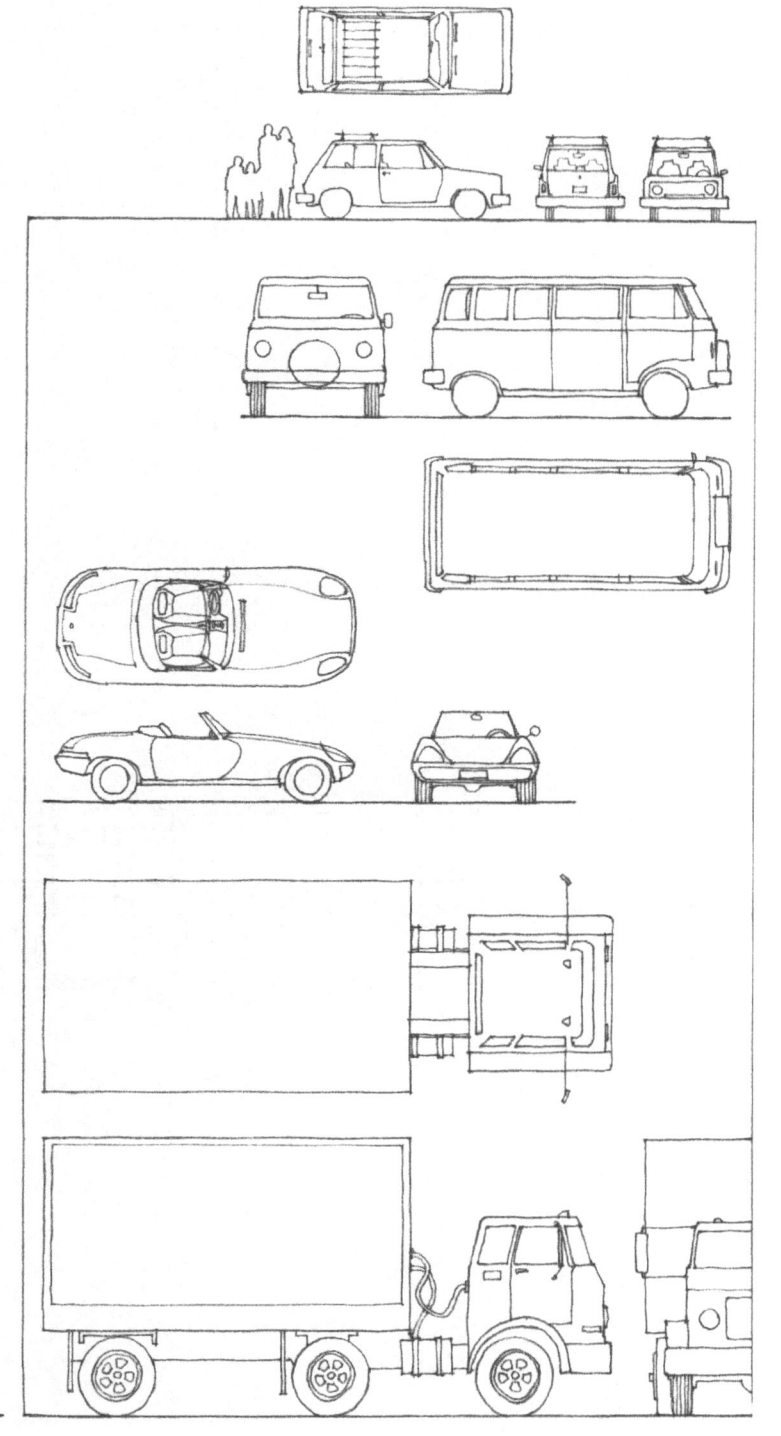

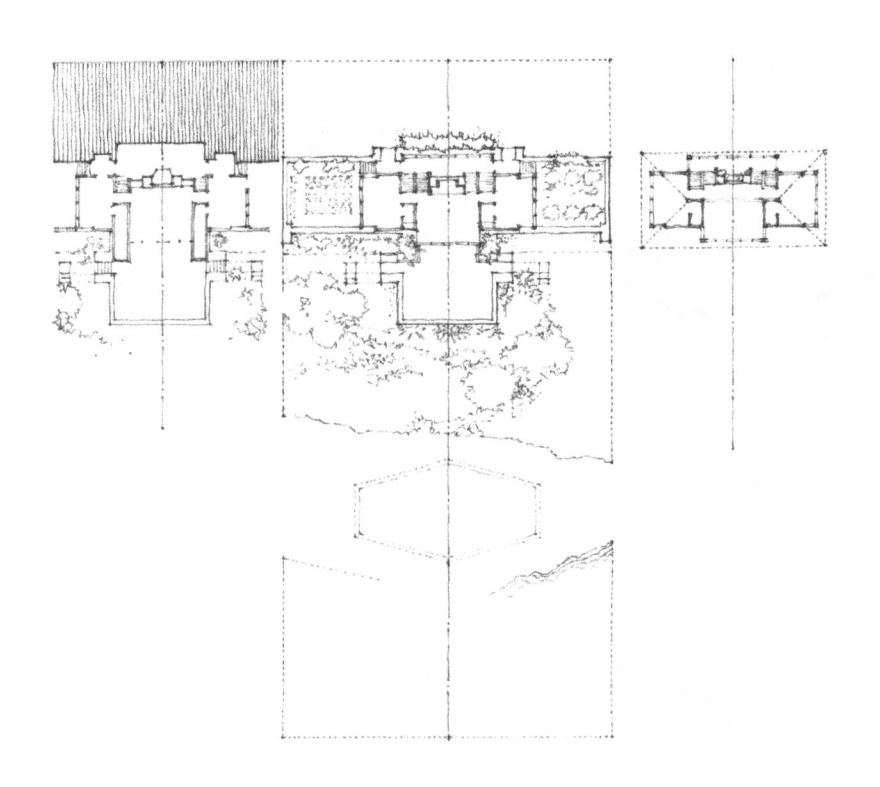

12
Desenhos de Apresentação

Os desenhos de apresentação são aqueles em que normalmente pensamos quando o termo representação gráfica é utilizado. Estes desenhos descrevem uma proposta de projeto de modo gráfico a fim de persuadir um público sobre seu valor. O público pode ser um cliente, um comitê ou simplesmente qualquer pessoa que esteja avaliando uma ideia. Sejam feitos para ajudar a imaginação de um cliente, para obter a contratação de um projeto, para uma empresa privada ou em um concurso de arquitetura, os desenhos de apresentação devem comunicar, com a maior clareza e precisão possíveis, as qualidades tridimensionais de um projeto. Embora os desenhos que compreendem uma apresentação possam ser representações gráficas bidimensionais excelentes e dignas de exibição, eles são apenas ferramentas para comunicar uma ideia de projeto, isto é, eles jamais têm fim em si próprios.

Casa Hardy, Racine, Wisconsin, 1905, Frank Lloyd Wright

Uma apresentação será fraca e pouco eficaz, se os desenhos de apresentação não forem completos e persuasivos – com convenções compreendidas e conteúdo significativo. Entretanto, uma apresentação efetiva também tem importantes características de conjunto que ressaltam a legibilidade dos desenhos individuais.

Ponto de observação

Seja claro a respeito da intenção do desenho. Uma apresentação deve comunicar a ideia ou o conceito central de um projeto. Diagramas gráficos e textos são meios eficazes de articulação e esclarecimento dos aspectos essenciais de uma proposta de projeto, especialmente quando visualmente relacionados com os tipos mais comuns de representação gráfica.

Eficiência

Seja econômico nos meios, utilizando apenas o necessário para comunicar uma ideia. Se algum elemento gráfico de uma apresentação se tornar excessivo ou um fim em si mesmo, ele ofuscará a intenção e a proposta da apresentação.

Clareza

Seja articulado. No mínimo, os desenhos de apresentação devem explicar um projeto claramente e com detalhes suficientes para que as pessoas não familiarizadas com a representação gráfica sejam capazes de entender a proposta de projeto. Elimine distrações não intencionais, como as causadas por relações ambíguas de figura e fundo ou agrupamentos de desenhos inadequados. Muitas vezes não identificamos esses erros pela dificuldade de ler nosso próprio trabalho de maneira objetiva, já que sabemos bem o que queremos comunicar.

Precisão

Evite distorcer ou apresentar informações incorretas. Desenhos de apresentação devem simular com precisão uma realidade projetada e as consequências de ações futuras, para que as decisões tomadas com base nas informações apresentadas sejam racionais e fundamentadas.

Diagramas, Casa Smith, Darien, Connecticut, 1965–67, Richard Meier

Unidade

Seja organizado. Nenhuma parte de um desenho pode ser inconsistente ou destoar do conjunto. A noção de unidade, que não deve ser confundida com uniformidade, depende de:

- uma distribuição lógica e abrangente de informações gráficas e verbais;
- uma síntese de formato, escala, meio e técnica que seja adequada ao projeto, ao lugar e ao público para o qual a apresentação é dirigida.

Continuidade

Cada etapa de uma apresentação deve estar relacionada à precedente e à seguinte, reforçando as demais partes da apresentação.

Os princípios de unidade e continuidade estão inter-relacionados: um não pode ser alcançado sem o outro. Os fatores que produzem um, invariavelmente reforçam o outro. Ao mesmo tempo, podemos reforçar a ideia central de um projeto por meio da distribuição e do ritmo dos elementos principais e de suporte presentes na apresentação.

Antivila, Vale do Napa, Califórnia, 1977–78, Batey & Mack

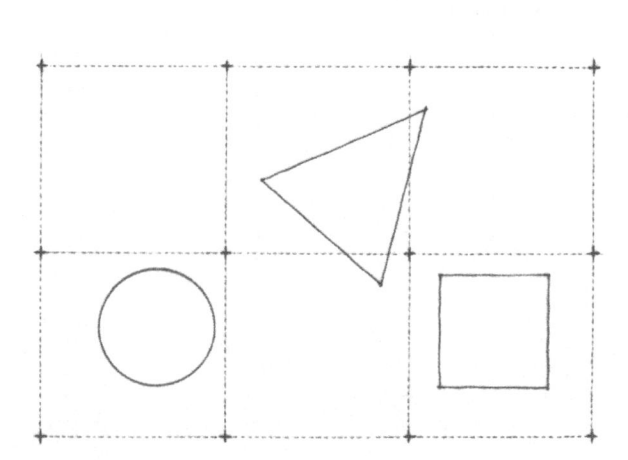

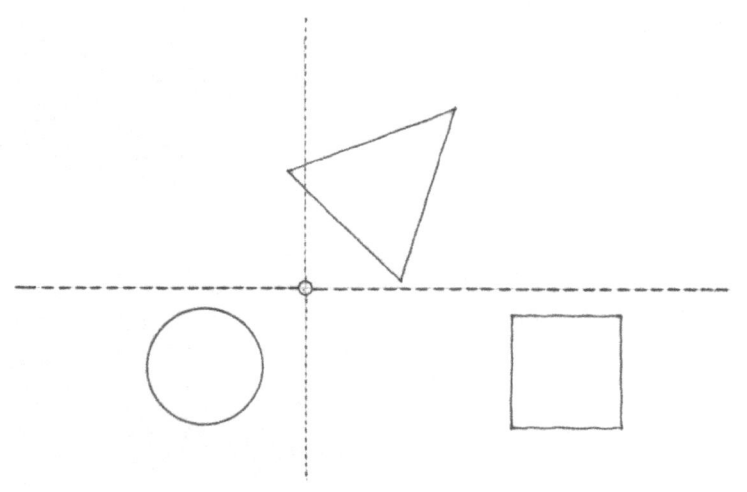

378 ELEMENTOS DE APRESENTAÇÃO

Um desenho isolado não consegue explicar totalmente um projeto. O caráter tridimensional e a forma de um projeto podem ser comunicados apenas por meio da apresentação coordenada de desenhos relacionados. Porém, uma apresentação é mais do que uma série de desenhos. A fim de explicar e esclarecer aspectos que fogem à capacidade de comunicação dos desenhos, recorremos a diagramas, símbolos gráficos, títulos e textos. Em qualquer apresentação de projeto, portanto, devemos planejar cuidadosamente a sequência e a distribuição de todos os seguintes elementos:

Imagens gráficas
Desenhos

Diagramas

Símbolos gráficos
Setas de norte

Escalas gráficas

Palavras
Títulos

Legendas

Textos

Todos os elementos acima têm as seguintes propriedades, que devem ser consideradas ao se compor uma apresentação visualmente equilibrada:

- formato
- tamanho
- valor tonal
- posição
- direção
- intervalo

Vila Garches, Vaucresson, França, 1926–27, Le Corbusier

SEQUÊNCIA DE APRESENTAÇÃO 379

Geralmente lemos uma apresentação de projeto da esquerda para a direita e de cima para baixo. As apresentações em slide show ou em computador, entretanto, envolvem sequências temporais. Em qualquer caso, o tema apresentado deve progredir em sequência, das escalas pequenas às grandes e das vistas gerais e do contexto para as específicas.

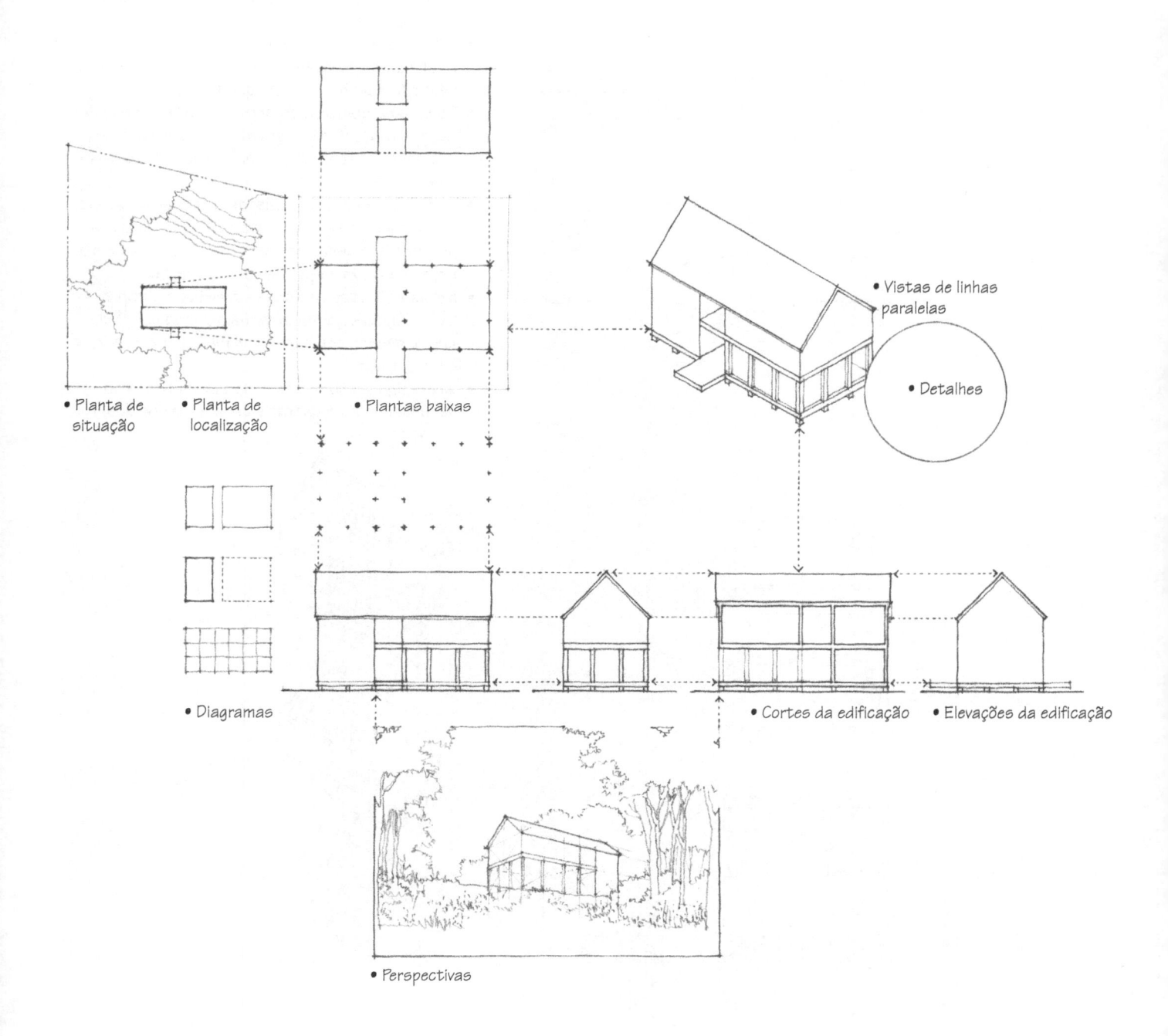

- Planta de situação
- Planta de localização
- Plantas baixas
- Vistas de linhas paralelas
- Detalhes
- Diagramas
- Cortes da edificação
- Elevações da edificação
- Perspectivas

380 SEQUÊNCIA DE APRESENTAÇÃO

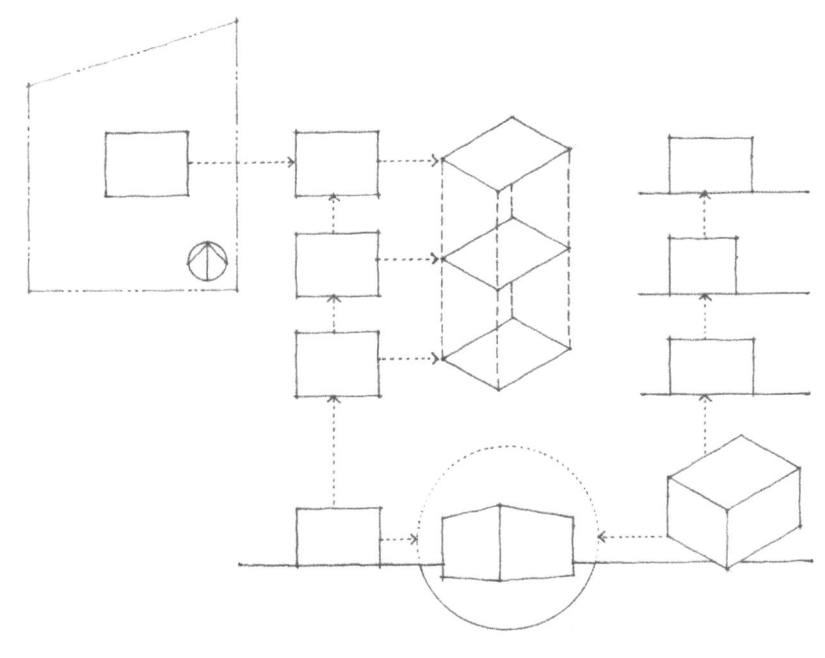

Relacionamento dos desenhos

A sequência e o alinhamento dos desenhos devem reforçar suas relações projetadas.

- Oriente todas as plantas de maneira similar. Sempre que possível, oriente as plantas, na folha, com o norte para cima.
- Relacione plantas baixas de edificações com pavimentos múltiplos, tanto vertical quanto horizontalmente, de preferência ao longo das dimensões maiores.
- Disponha as elevações das edificações tanto vertical quanto horizontalmente, relacionando-as, na medida do possível, às plantas baixas.
- Da mesma maneira, organize os cortes das edificações tanto vertical quanto horizontalmente e relacione-os, sempre que for possível, às plantas baixas e elevações.
- Disponha uma série de vistas de linhas paralelas em sentido vertical ou horizontal. Quando cada desenho se basear no anterior, trabalhe de baixo para cima e da esquerda para a direita.
- Relacione vistas de linhas paralelas e perspectivas cônicas, da maneira mais direta possível, aos desenhos em planta que melhor demonstram seus contextos.
- Inclua figuras humanas e móveis em todos os desenhos, para mostrar a escala e o uso dos espaços.

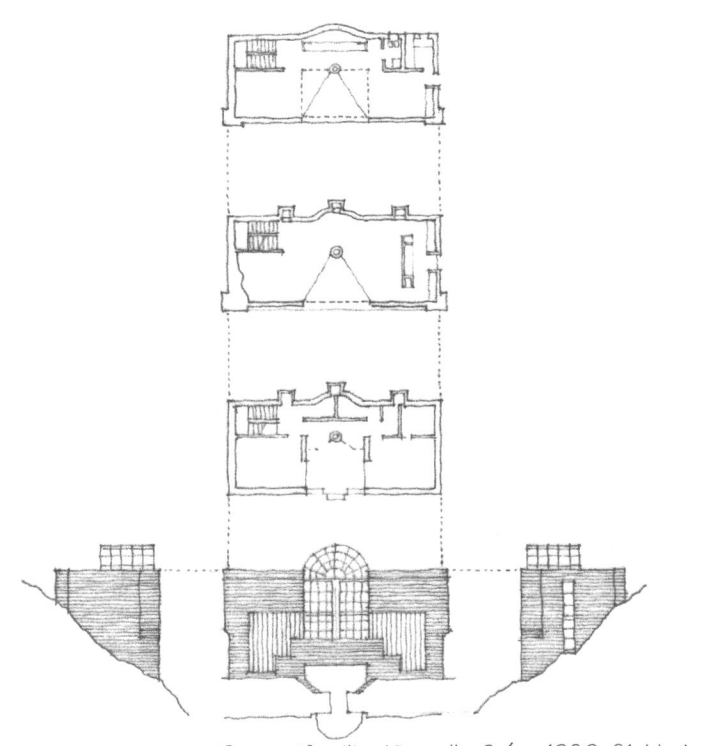

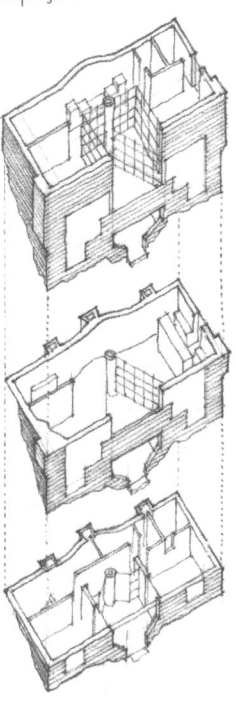

Casa unifamiliar, Viganello, Suíça, 1980–81, Mario Botta

Sequências principais

Além das relações projetadas inerentes aos vários tipos de desenho, a natureza visual ou narrativa de determinadas sequências pode orientar a maneira como organizamos os desenhos de apresentação.

- Sequências temporais
  As linhas de tempo podem servir de referência para uma série de desenhos que se destina a transmitir a ideia de crescimento, expansão ou transformação ao longo do tempo.

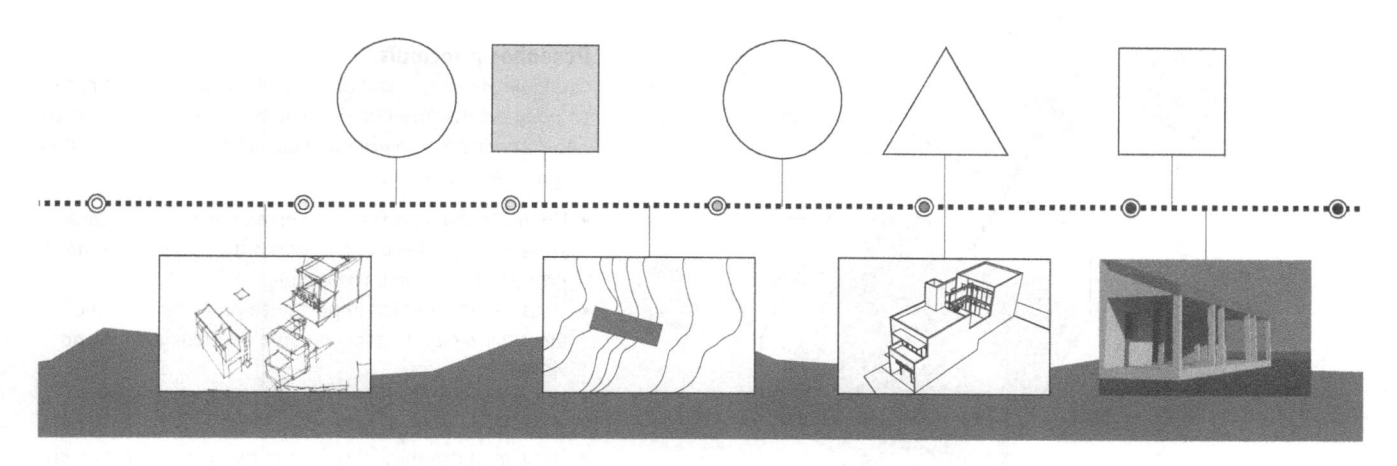

- Sequências de experiências
  Uma série linear de perspectivas que transmite a experiência de nos movermos dentro de um ambiente construído pode servir como referência para os outros desenhos de uma apresentação

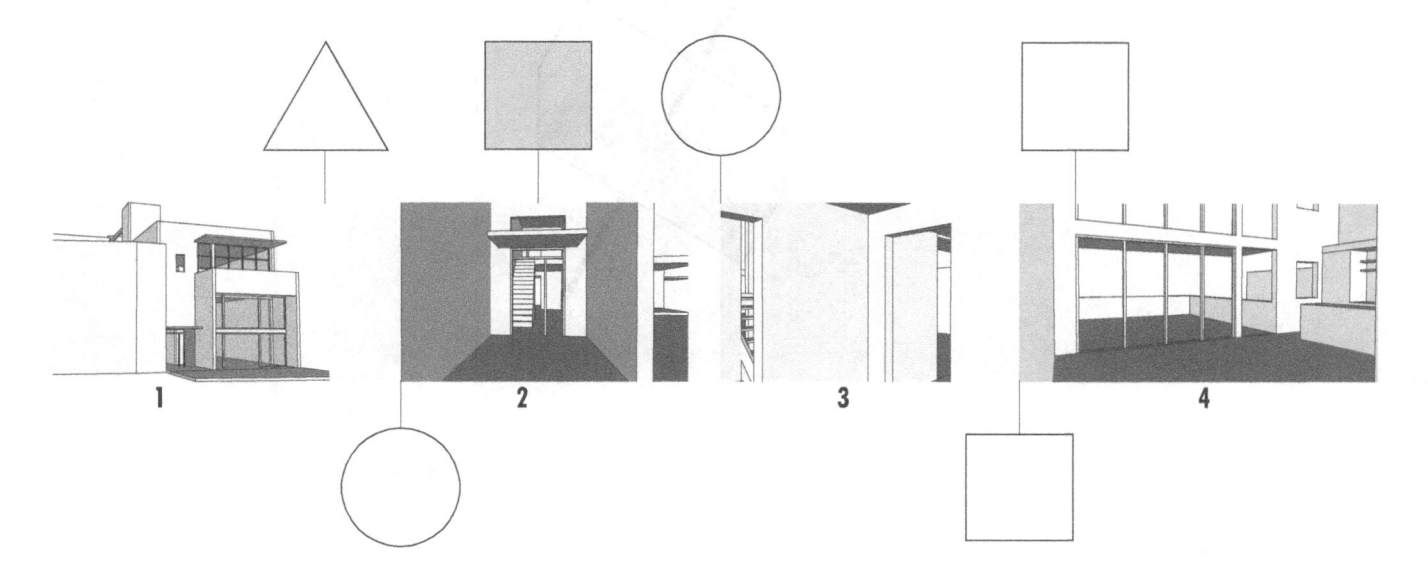

- Sequências de construção
  Se a maneira e o método de como um projeto será construído for parte crucial do conceito de projeto, uma sequência de construção – cada desenho se baseando no anterior – pode servir como uma linha-base para os outros desenhos de uma apresentação.

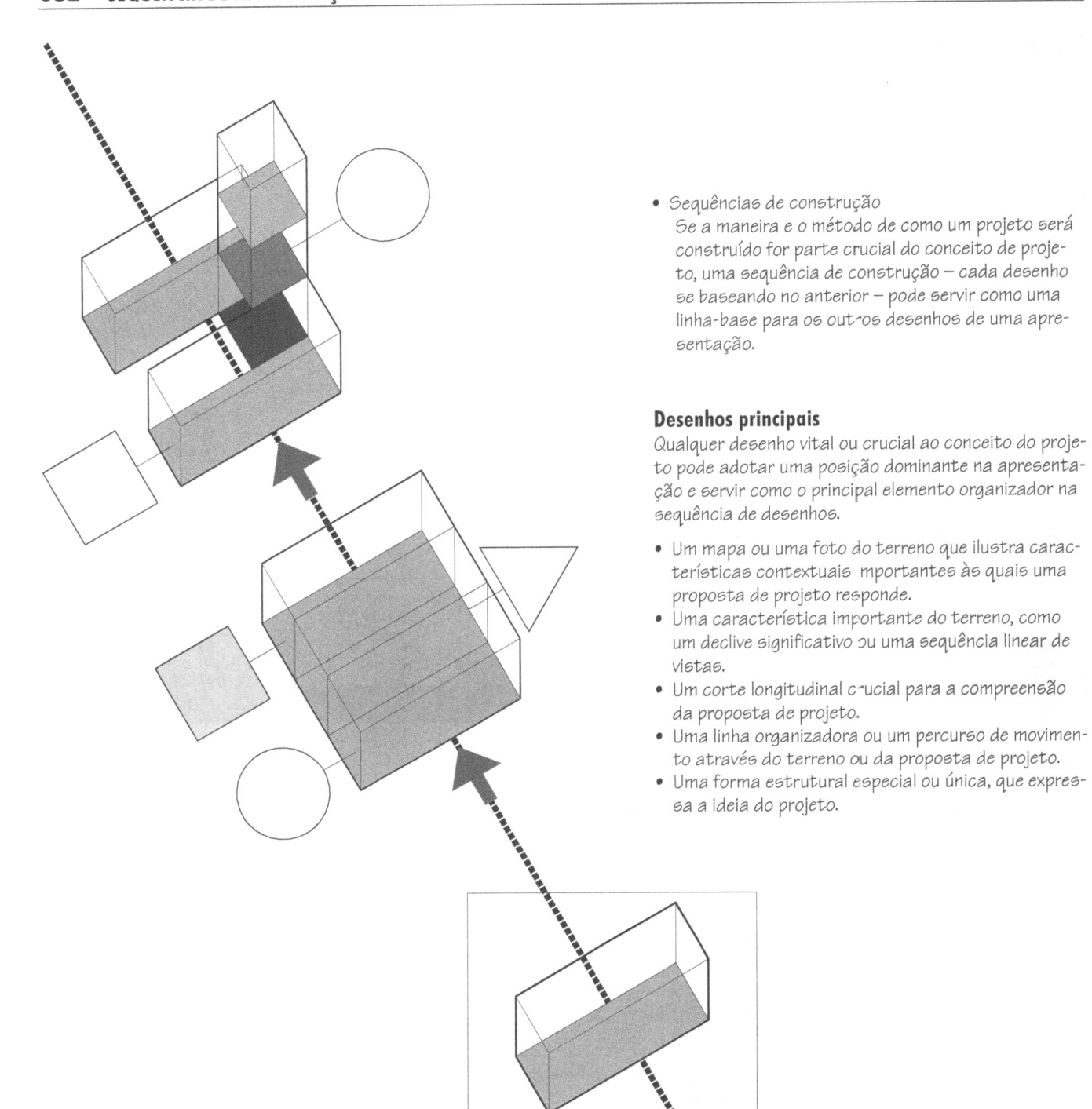

Desenhos principais
Qualquer desenho vital ou crucial ao conceito do projeto pode adotar uma posição dominante na apresentação e servir como o principal elemento organizador na sequência de desenhos.

- Um mapa ou uma foto do terreno que ilustra características contextuais importantes às quais uma proposta de projeto responde.
- Uma característica importante do terreno, como um declive significativo ou uma sequência linear de vistas.
- Um corte longitudinal crucial para a compreensão da proposta de projeto.
- Uma linha organizadora ou um percurso de movimento através do terreno ou da proposta de projeto.
- Uma forma estrutural especial ou única, que expressa a ideia do projeto.

SEQUÊNCIA DE APRESENTAÇÃO 383

Exercício 12.1
Desenvolva dois leiautes de apresentação diferentes para a planta de situação, as plantas baixas e a vista de linhas paralelas, sendo um deles baseado na orientação horizontal ("orientação paisagem") e o outro, na orientação vertical ("orientação retrato").

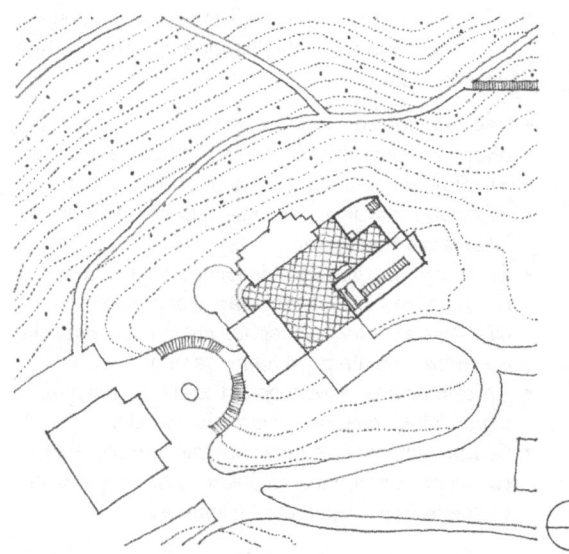

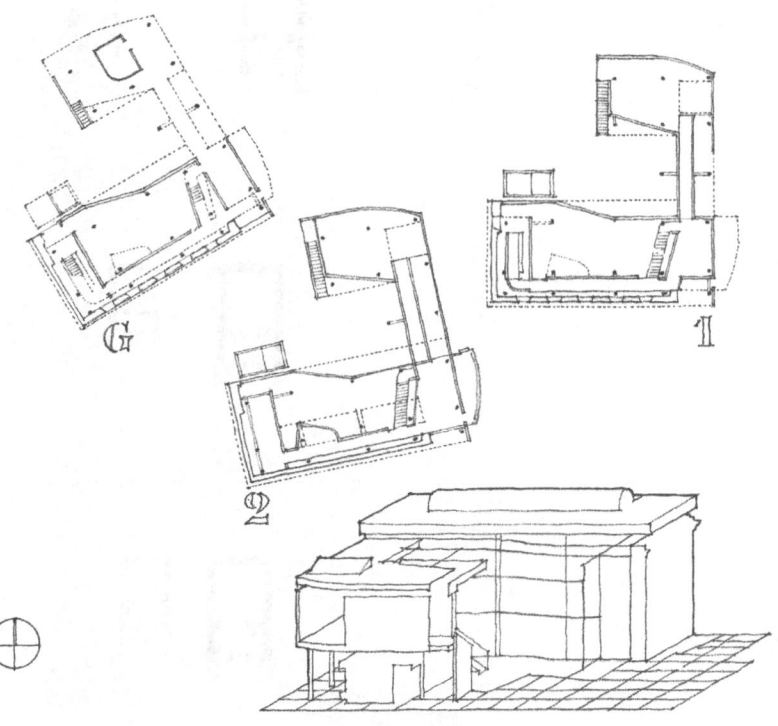

Museu de Arte Moderna na Vila Strozzi, Florença, Itália, 1973, Richard Meier

Exercício 12.2
Desenvolva dois leiautes de apresentação para a planta, os cortes e as elevações, sendo um deles baseado na orientação horizontal ("orientação paisagem") e o outro, na orientação vertical ("orientação retrato").

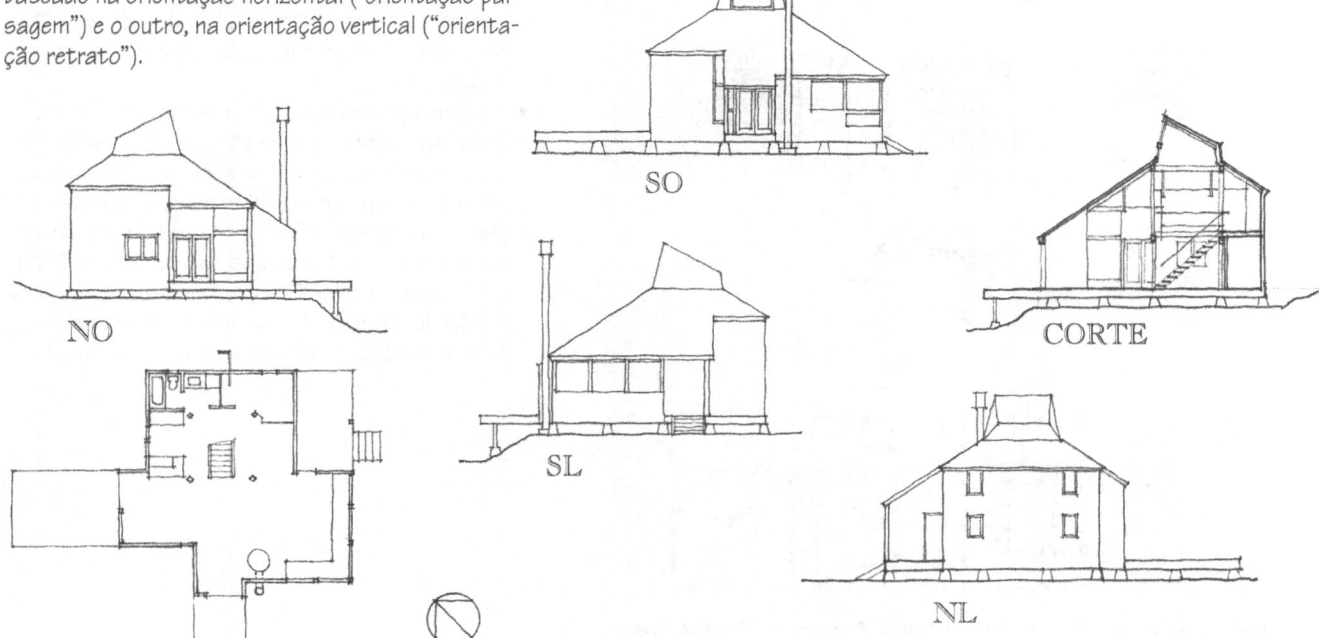

Casa Jobson, Cânion Palo Colorado, Califórnia, 1961, Charles Moore

CONJUNTOS VISUAIS DE INFORMAÇÃO

Geralmente apresentamos os desenhos de um projeto como um conjunto ou grupo de figuras. Exemplos típicos incluem uma série de plantas baixas para uma edificação de pavimentos múltiplos ou uma sequência de elevações de uma edificação. O espaçamento e o alinhamento destes desenhos individuais, bem como a semelhança de seu formato e tratamento, são os fatores-chave para uma boa leitura destes desenhos, seja como um conjunto de informações relacionadas ou como várias figuras isoladas.

- Use espaços em branco e alinhamentos para reforçar a organização das informações gráfica e verbais de uma apresentação. Não preencha os espaços em branco, a menos que isto seja absolutamente necessário.
- Se desejamos que dois desenhos sejam lidos como figuras individualizadas, o espaço entre eles deve ser igual ao espaço entre cada desenho e a margem mais próxima do campo.
- Aproximar dois desenhos entre si faz com que sejam lidos como um grupo relacionado.
- Se aproximamos os desenhos ainda mais, eles parecerão ser mais uma única vista do que duas vistas individuais, mas relacionadas.

- Desenhos relacionados adequadamente, que compõem um conjunto visual, podem definir o limite de um campo para outro desenho ou grupos de imagens.
- As linhas podem servir para separar, bem como para unir, enfatizar ou destacar. No entanto, evite usar linhas quando o espaçamento ou o alinhamento puderem atingir o mesmo propósito.
- As caixas podem definir um campo dentro de um campo maior ou dentro das bordas de uma folha ou de uma prancha. Esteja atento, contudo, para o fato de que usar muitas molduras pode estabelecer relações confusas entre figura e fundo.

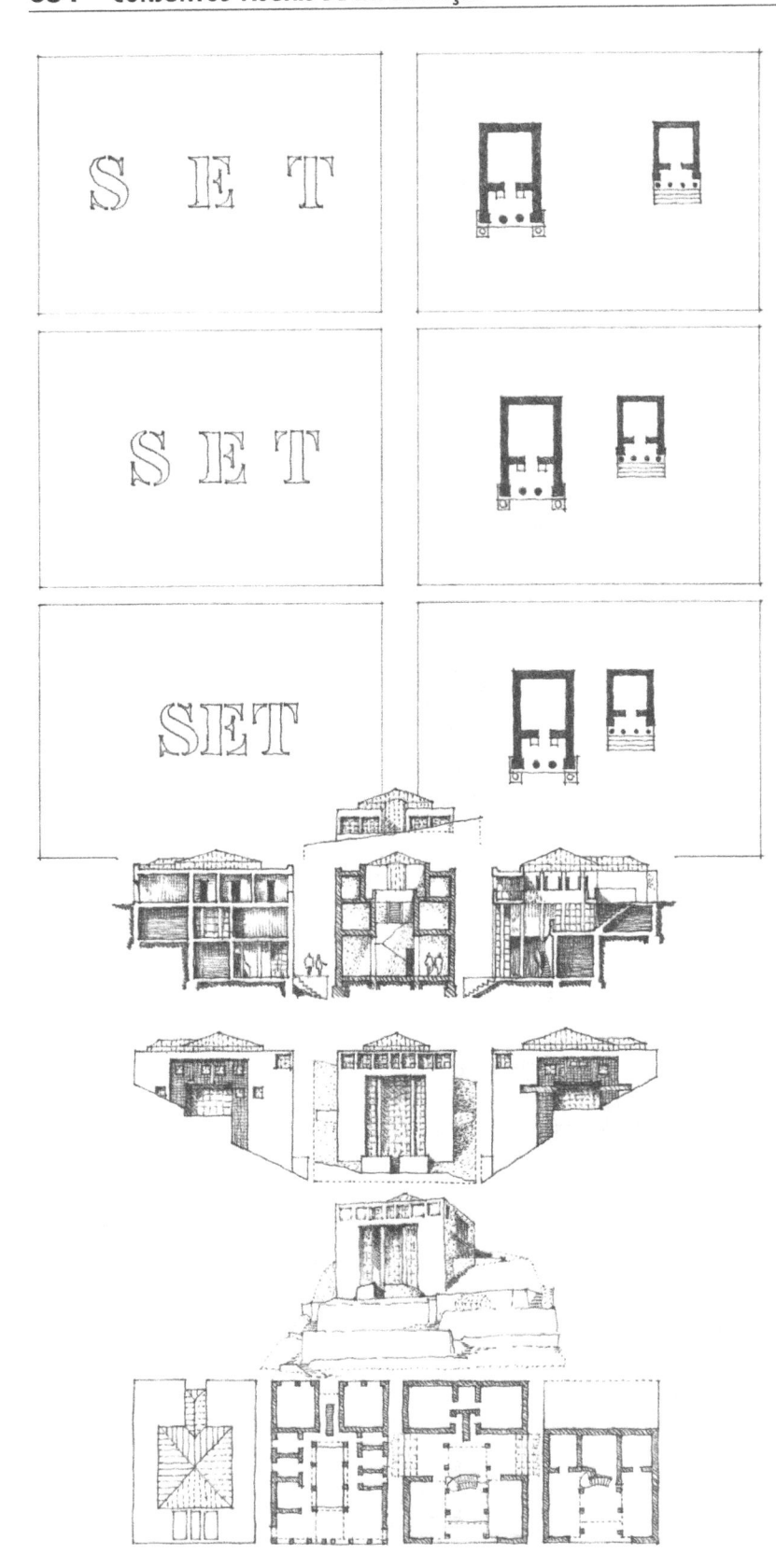

Projeto para a Casa Weidemann, Stuttgart, Alemanha, 1975, Rob Krier

CONJUNTOS VISUAIS DE INFORMAÇÃO 385

- Podemos usar tonalidades para definir um campo dentro de um campo maior. Um fundo mais escuro para uma elevação, por exemplo, pode ser aproveitado para representar o terreno de um corte. O primeiro plano de uma perspectiva pode se tornar o fundo de uma planta da mesma edificação.

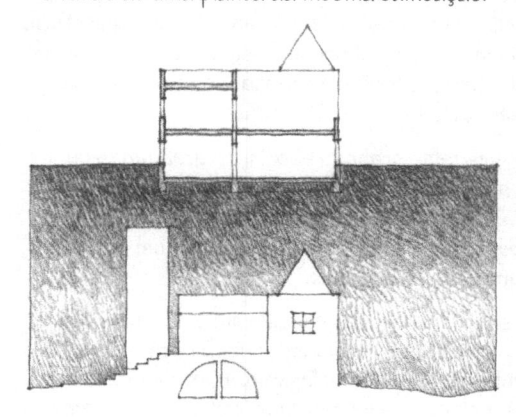

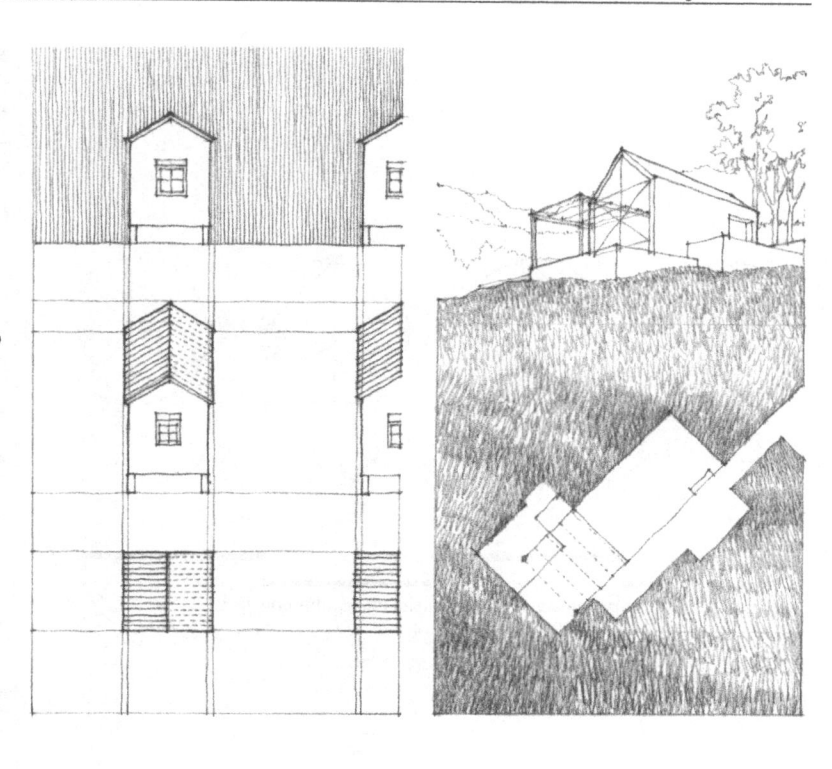

Exercício 12.3

Desenvolva dois tipos de leiaute para apresentar plantas, elevações e cortes, de modo a compor três conjuntos visuais de informações distintas, mas relacionadas: um conjunto para as plantas, um para as elevações e outro para os cortes. De que maneira os campos de tonalidade podem ser utilizados para criar ou reforçar um ou mais conjuntos visuais?

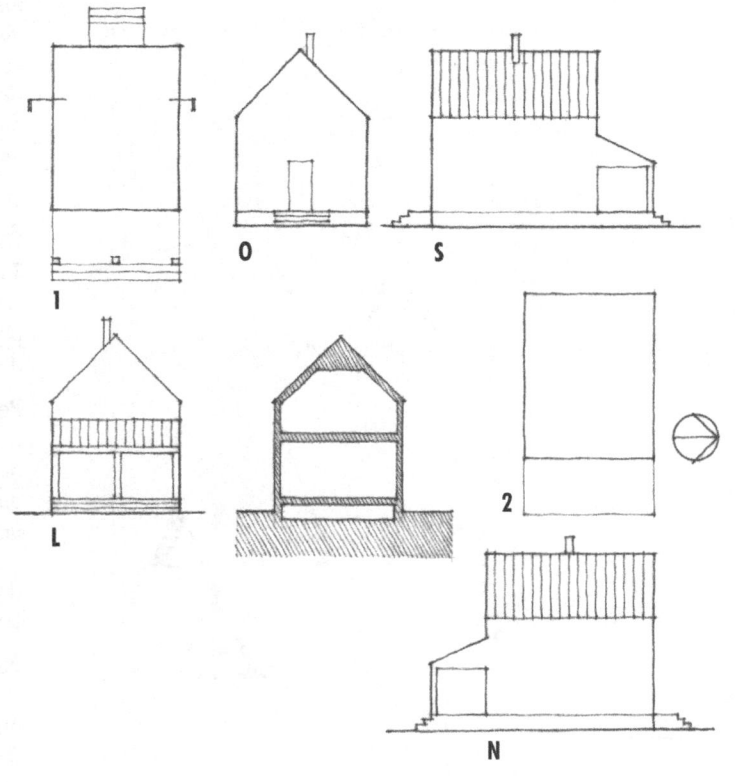

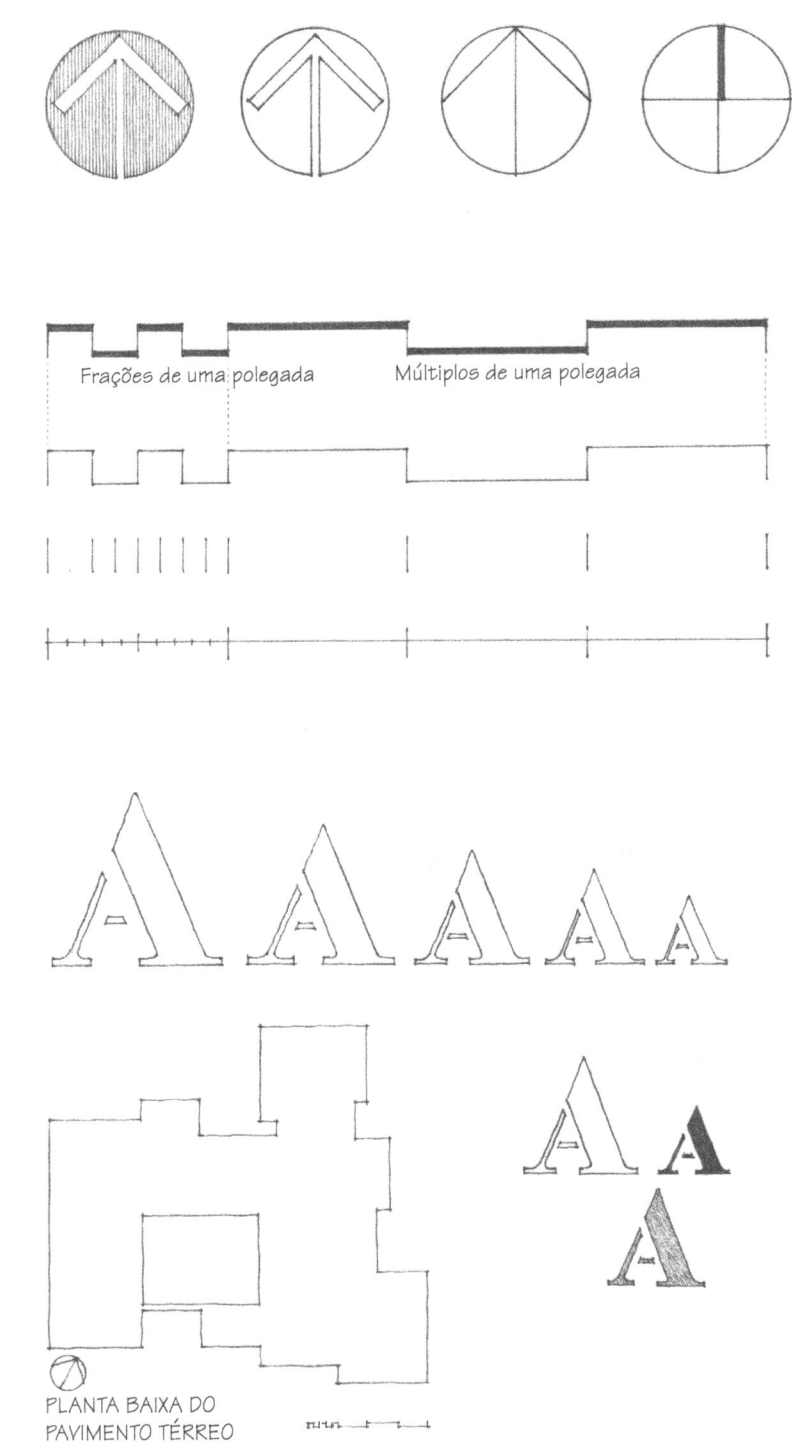

Símbolos gráficos

Os símbolos gráficos ajudam o observador a identificar os vários aspectos e as diversas características de um desenho ou de uma apresentação. Os dois principais tipos são a seta de indicação de norte e a escala gráfica.

- Setas de indicação de norte orientam os principais pontos cardeais nas plantas de arquitetura, de modo que o observador seja capaz de entender perfeitamente a orientação do prédio e de seu terreno.
- As escalas gráficas são linhas graduadas ou barras que representam medidas em proporção. Estas escalas são especialmente úteis, porque permanecem proporcionais quando um desenho é ampliado ou reduzido.

Os símbolos gráficos se baseiam em convenções para transmitir informações. Para que sejam facilmente reconhecíveis e legíveis, mantenha-os simples e claros — sem detalhes irrelevantes e floreios estilísticos. Ao ressaltar a clareza e a legibilidade de uma apresentação, estas ferramentas também se tornam elementos importantes na composição geral do desenho ou da apresentação.

O impacto de símbolos gráficos e fontes depende de seu tamanho, peso visual e posicionamento.

Tamanho
O tamanho dos símbolos gráficos e letras deve ser proporcional à escala do desenho e legível a uma distância de visualização previamente definida.

Peso visual
O tamanho e o valor tonal determinam o peso visual dos símbolos gráficos e das legendas. Se símbolos ou tipos gráficos grandes são necessários para uma melhor legibilidade, mas um tom claro é fundamental para a composição equilibrada, use um estilo de letra ou de símbolo que apenas tenha seu contorno definido, sem nenhum preenchimento interno.

Posicionamento
Posicione os símbolos gráficos, títulos e textos o mais perto possível dos desenhos a que se referem. Sempre que possível, use espaçamentos e alinhamentos, em vez de caixas ou molduras, para compor conjuntos visuais de informação.

Frações de uma polegada   Múltiplos de uma polegada

PLANTA BAIXA DO PAVIMENTO TÉRREO

CONJUNTOS VISUAIS DE INFORMAÇÃO 387

Legendas

As qualidades mais importantes das legendas são legibilidade e consistência. Os caracteres tipográficos que usamos devem ser apropriados ao projeto sendo apresentando, sem prejudicar os desenhos.

Há uma abundância de caracteres tipográficos e fontes digitais bem desenhadas e disponíveis. Portanto, devemos decicar tempo à seleção apropriada das fontes e ao uso delas, em vez de tentar desenhar novos caracteres.

- Espaçamos as letras com base na equalização ótica das áreas entre as formas das letras, não pela medição mecânica da distância entre as extremidades de cada letra. Programas de computador de processamento de texto e de diagramação muitas vezes incluem a possibilidade de ajustar a altura e o espaçamento das letras e linhas das fontes em qualquer palavra ou texto, afetando a densidade e a textura destes.

- Letras em caixa baixa (ou minúsculas) são adequadas se executadas de modo consistente ao longo de uma apresentação. São geralmente mais fáceis de ler do que um texto totalmente constituído de letras em caixa alta (maiúsculas), porque as diferenças entre caracteres em caixa baixa são maiores e mais facilmente reconhecíveis.

- Serifas são as linhas finas usadas para dar acabamento aos principais traços da forma de uma letra. Serifas reforçam o reconhecimento e a legibilidade de tipos de letra. Evite misturar fontes com serifa com aquelas sem serifa.

- O uso de linhas-guia para controlar a altura e o espaçamento de letras feitas à mão é essencial. O tamanho máximo de uma letra feita à mão é cerca de meio centímetro. Além deste tamanho, os traços exigem uma espessura maior do que aquela que uma caneta ou uma lapiseira são capazes de produzir.

- Determine a variação de tamanhos de letra com base no julgamento da distância da qual o público visualizará a apresentação. Lembre-se que podemos ler partes diferentes de uma apresentação – descrição geral do projeto, diagramas, detalhes, textos, etc. – de diferentes distâncias.

TYpO
gRa
pHY

SPACING SPA

Espaçamento correto: com áreas iguais entre as letras

Espaçamento incorreto entre caracteres

Fontes em caixa baixa são particularmente adequadas para corpos de texto.

As serifas reforçam o reconhecimento e a legibilidade de tipos de letra.

HELVETICA É UMA FONTE MUITO LEGÍVEL.

HELVETICA NARROW
é útil quando o espaço é exíguo.

TIMES É UM EXEMPLO CLÁSSICO DE FONTE COM SERIFA.

PALATINO tem proporções mais pesadas do que Times.

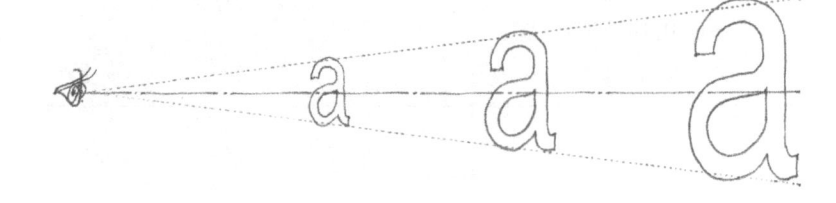

A B C D E F G H I J K L M N O P Q R S T U V W X Y Z   1 2 3 4 5 6 7 8 9 0   a b c d e f g h i j k l m n o p q r s t u v w x y z

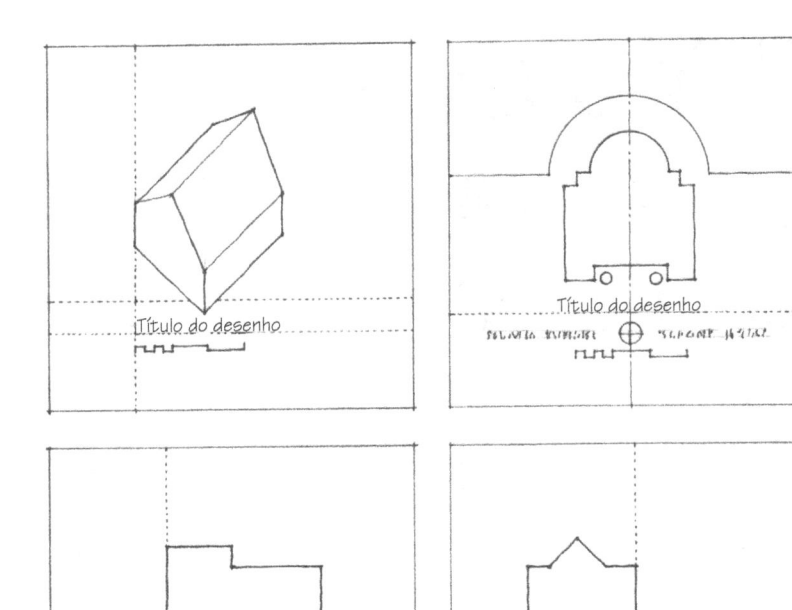

As fontes empregadas na apresentação de um projeto devem ser cuidadosamente integradas na composição de desenhos situados em cada folha ou prancha.

Títulos de desenhos

Organize títulos e símbolos gráficos em conjuntos visuais que identifiquem e expliquem os conteúdos de um desenho específico. Por convenção, sempre posicionamos os textos diretamente abaixo do desenho. Nesta posição, os títulos podem ajudar a estabilizar campos de desenho, especialmente aqueles de formato irregular. Use leiautes simétricos com desenhos e projetos simétricos. Em todos os demais casos, em geral é mais fácil justificar – alinhar verticalmente – o título de um desenho tanto em relação ao desenho propriamente dito quanto ao seu campo.

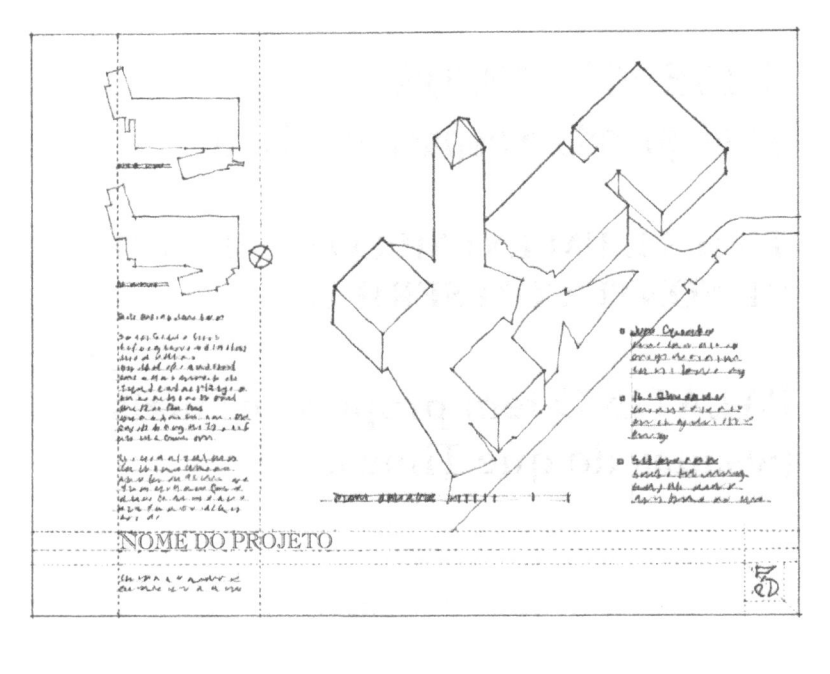

Texto

Organize o texto em conjuntos visuais de informações e relacione estes conjuntos diretamente com a porção do desenho a que se referem. O espaçamento entre as linhas do texto deve equivaler, no mínimo, à altura da letra usada, mas não passar de uma vez e meia a altura da letra. O espaço entre os blocos do texto deve ser igual ou maior do que a altura de duas linhas de texto.

Nome do projeto

O nome do projeto e qualquer informação associada devem se relacionar à folha ou à prancha como um todo, não a algum desenho isolado dentro do campo da prancha.

LEIAUTE DE APRESENTAÇÃO 389

Um conjunto de desenhos relacionados pode ser disposto na posição vertical, na horizontal ou em malha. Ao planejar o leiaute de uma apresentação, primeiramente identificamos as relações essenciais que desejamos estabelecer. Depois, usamos como roteiro um storyboard da sequência de apresentação, distribuindo as imagens em pequenos quadros, para explorar combinações alternativas de desenhos, alinhamentos e espaçamentos, antes de iniciar os desenhos finais de apresentação.

- Lembre-se de explorar as possíveis relações entre as folhas ou pranchas.
- Mantenha a continuidade horizontal ao longo das folhas, usando uma linha de terra ou o alinhamento dos títulos dos desenhos.
- Não inclua cotas desnecessárias ou empregue bordas ou blocos de títulos; estas convenções são para projetos executivos.

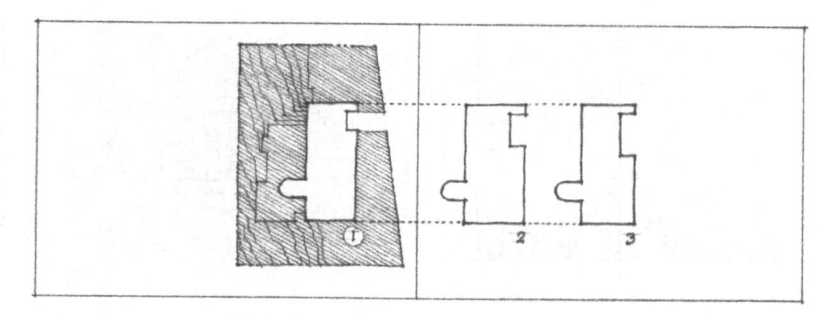

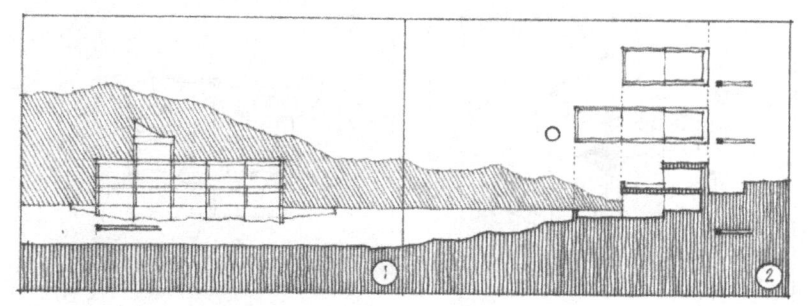

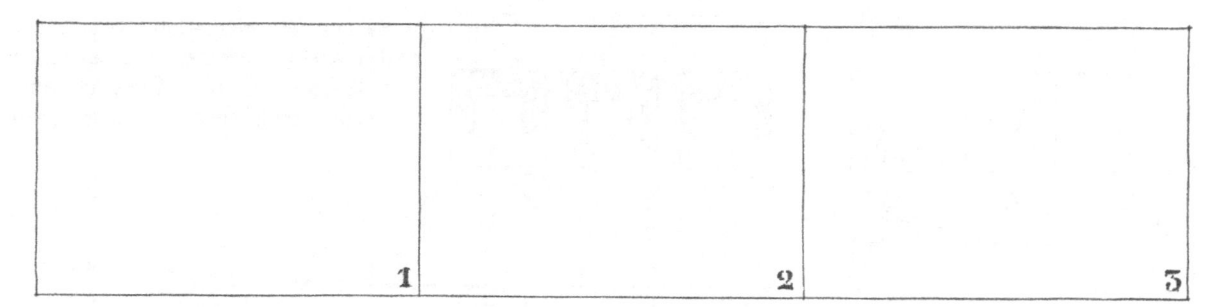

Quando uma apresentação consistir em mais de uma folha, prancha ou painel, identifique cada prancha de desenho com um número. Esta informação deve constar na mesma posição relativa de cada prancha. Se os painéis de uma apresentação forem expostos de maneira especial, podemos usar um número maior de recursos gráficos para identificar a posição relativa de cada prancha na exposição.

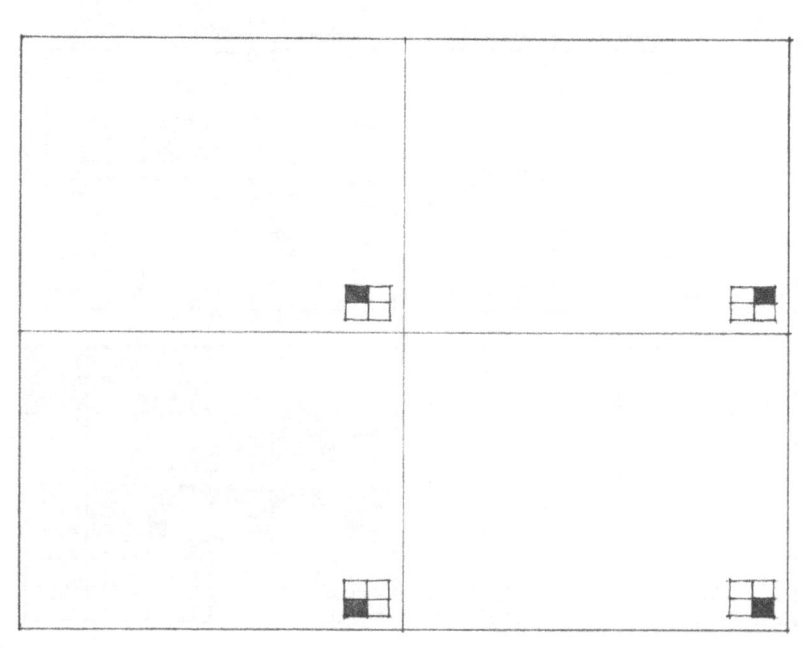

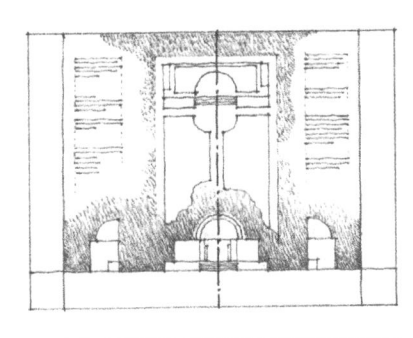

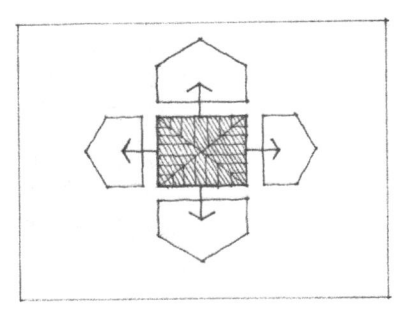

Um leiaute simétrico funciona melhor na apresentação de projetos simétricos.

Composições centralizadas são adequadas para a apresentação de plantas circundadas por elevações, vistas de linhas paralelas explodidas ou desenhos-chave circundados por detalhes representados em escala maior.

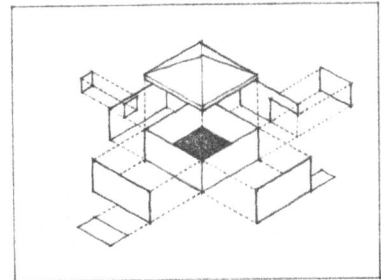

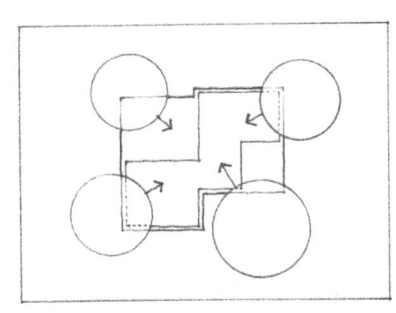

Se uma série de desenhos relacionados é tratada de maneira diferente, ou se eles são de tipos distintos, podemos unificá-los, colocando-os em caixas ou emoldurando-os de modo uniforme.

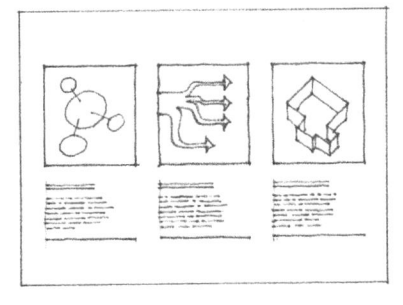

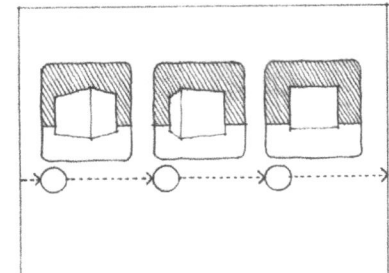

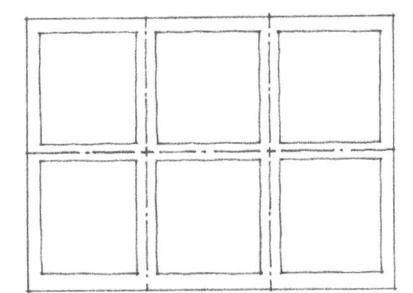

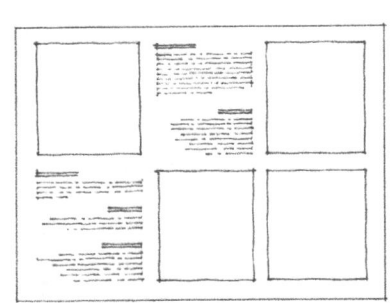

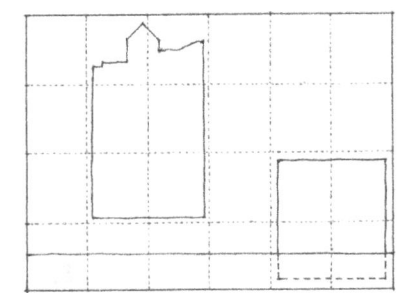

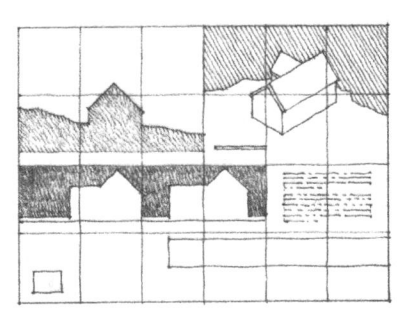

Uma malha oferece o máximo de flexibilidade para a distribuição de uma série de desenhos e textos informativos em uma prancha ou série de painéis. O senso de organização inerente a uma malha permite que uma grande variedade de informações seja apresentada de maneira uniforme.

- A malha pode ser quadrada ou retangular.
- Podemos organizar desenhos, diagramas e textos em caixas ou molduras individuais.
- Também podemos distribuir os desenhos na horizontal, com um texto sob cada desenho correspondente, de modo a compor colunas com informações relacionadas.
- Um desenho importante pode ocupar mais de uma caixa ou moldura.
- Desenhos e textos podem ser integrados de maneira informal.

LEIAUTE DE APRESENTAÇÃO 391

Leiaute digital

Preparar uma apresentação manualmente e desenhar direto na superfície do papel ou prancha é um problema de projeto que requer um planejamento cuidadoso, o estabelecimento das relações corretas de desenho e um estudo compositivo das possibilidades antes que nos comprometamos com um leiaute. Embora esse método tradicional exija uma boa dose de antevisão e ofereça pouca margem para erros, os resultados podem ser espetaculares.

Por outro lado, o uso de um programa digital para planejar o leiaute de uma apresentação oferece várias vantagens em relação a desenhar diretamente sobre a superfície do papel ou prancha. A principal vantagem é a possibilidade de testar leiautes alternativos antes de optar por uma composição final. Para tanto, podemos usar os recursos de agrupamento e distribuição em camadas do programa digital com o objetivo de organizar imagens e outros elementos do leiaute e movê-los à vontade antes que o leiaute final seja escolhido. Se necessário, podemos salvar e trabalhar com cópias do arquivo do leiaute digital, recuperando versões anteriores, caso as novas tentativas não gerem os resultados desejados.

Ao passo que os programas raster são ideais para a manipulação de imagens por meio de cortes, filtragem e ajustes de tom/cor, os programas à base de vetor para desenhos e leiaute de páginas, e que utilizam comandos para arrastar arquivos, em vez de incorporá-los, são mais adequados para o leiaute de uma apresentação. A conexão de arquivos de imagem nos permite mesclar, em uma única apresentação, uma variedade de mídias – digitalizações de desenhos feitos à mão, fotografias digitais, imagens à base de vetores e também imagens raster. Outra vantagem da utilização de arquivos de imagem conectados é a possibilidade de atualizar a parte manipulada no arquivo do leiaute, carregando novamente a imagem original, porém agora alterada.

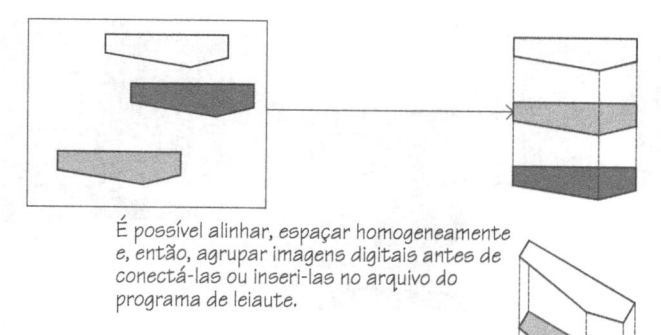

É possível alinhar, espaçar homogeneamente e, então, agrupar imagens digitais antes de conectá-las ou inseri-las no arquivo do programa de leiaute.

Se desejarmos, podemos primeiramente girar as imagens e, em seguida, alinhá-las e espaçá-las homogeneamente antes do agrupamento.

Depois de conectadas, as imagens agrupadas podem ser movidas à vontade, até que o posicionamento e o arranjo desejados sejam obtidos.

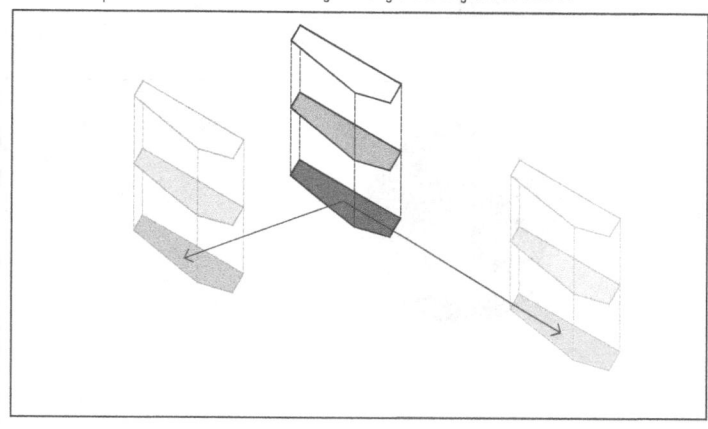

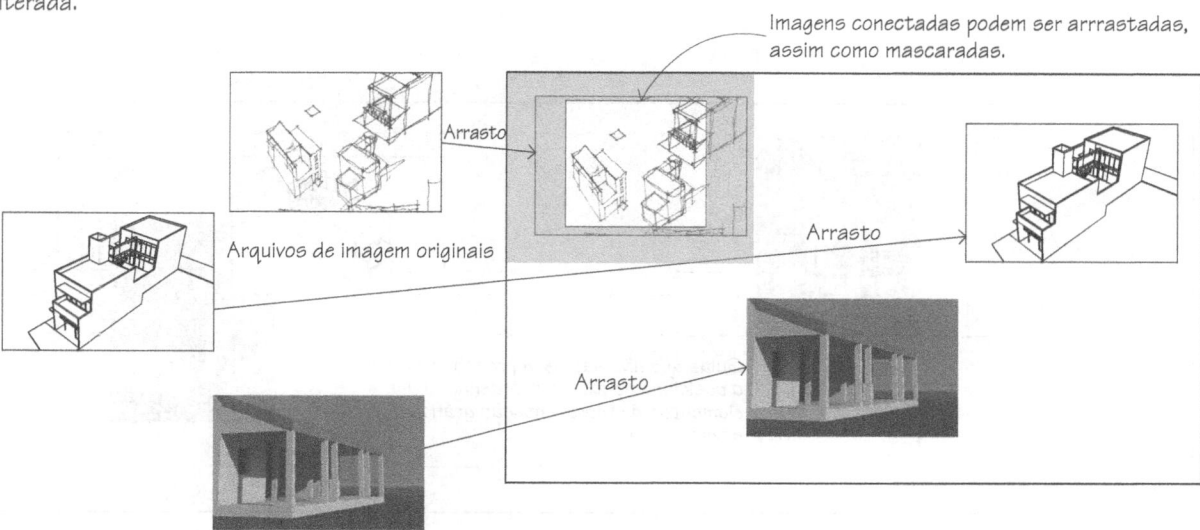

Imagens conectadas podem ser arrrastadas, assim como mascaradas.

Arrasto

Arquivos de imagem originais

Arrasto

Arrasto

LEIAUTE DE APRESENTAÇÃO

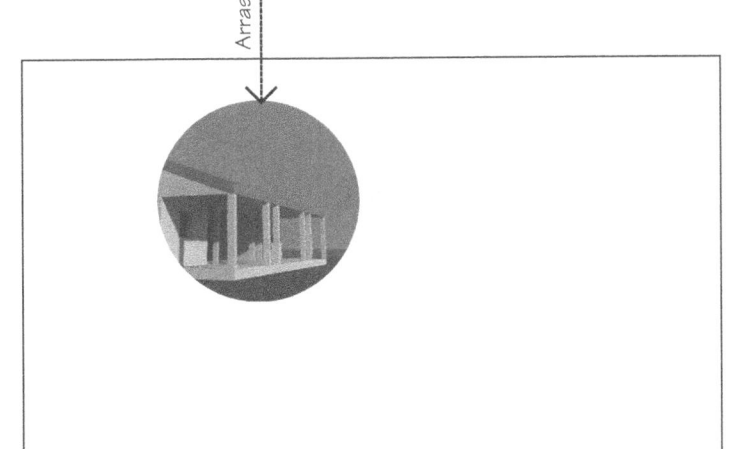

Em programas de desenho e leiaute de página baseados em vetores, os quadros ou molduras servem como espaços reservados nos quais podemos colocar ou relacionar os vários componentes gráficos de uma apresentação. Cada quadro é como uma janela por meio da qual vemos a imagem colocada. A imagem original é mascarada, mas não recortada, como ocorre em programas de manipulação de imagem raster. A parte da imagem exibida é determinada pelo tamanho e pelo formato da abertura que criamos no programa de desenho ou leiaute. Depois de inserida e arrastada, a imagem e sua abertura podem ser movidas à vontade para diferentes locais dentro do leiaute da apresentação; além disso, podemos redimensionar ou girar a imagem para aprimorar a composição total da apresentação.

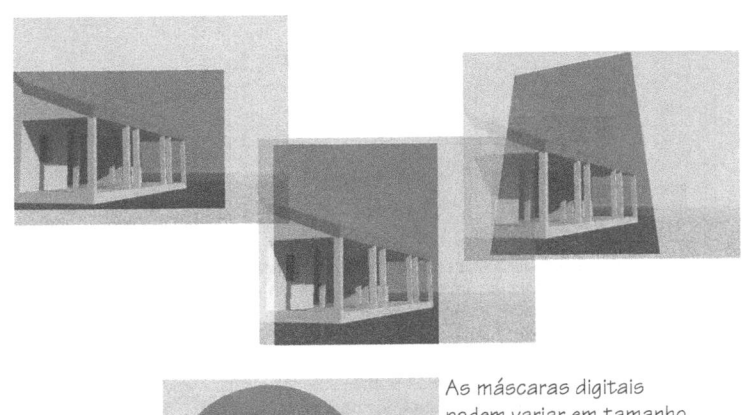

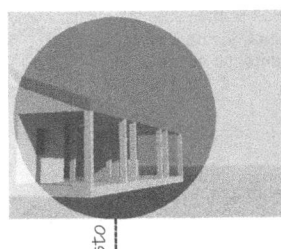

As máscaras digitais podem variar em tamanho e formato.

Arrasto

Da mesma maneira, é possível adicionar ao leiaute outros elementos de apresentação, como linhas, formatos e textos, movendo-os, redimensionando-os ou girando-os a fim de contribuir melhor para a composição do leiaute e reforçar os conjuntos visuais de informações estabelecidos. Também podemos usar diretrizes que não sejam de impressão para nos auxiliar a alinhar e coordenar os conjuntos visuais de informações e manter o leiaute consistente na sequência de folhas, pranchas ou painéis.

Os recursos de camada (layering) dos programas de gráficos digitais permitem puxar certos elementos para frente e empurrar outros para trás, o que pode ser particularmente útil ao desenvolvermos as relações apropriadas entre primeiro plano e fundo, em termos de elevação, corte e até mesmo vistas de linhas paralelas.

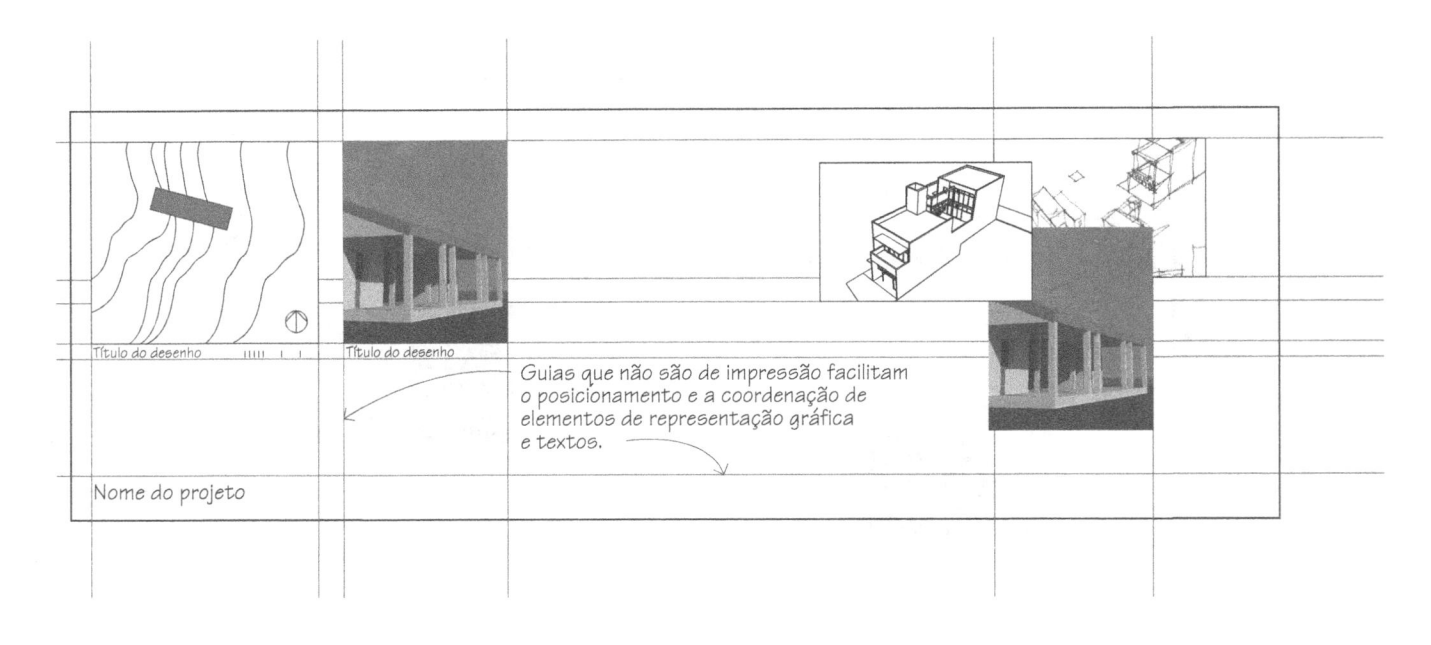

Título do desenho

Título do desenho

Guias que não são de impressão facilitam o posicionamento e a coordenação de elementos de representação gráfica e textos.

Nome do projeto

LEIAUTE DE APRESENTAÇÃO

Ao preparar uma apresentação em um ambiente digital, devemos considerar cuidadosamente o tamanho das imagens, as legendas e os símbolos gráficos relacionados entre si, bem como relacionados com todo o leiaute da apresentação. Às vezes, é difícil ter certeza se os elementos da apresentação – os textos, particularmente – são ou não muito pequenos para serem lidos quando impressos ou plotados, ou proporcionalmente muito grandes em relação aos outros elementos do leiaute, porque na tela do computador podemos facilmente ampliar ou reduzir parte da apresentação para ter uma visão completa do trabalho. Imprimir ou plotar tudo, ou somente uma parte selecionada da apresentação em tamanho real, pode fornecer informações valiosas na hora de executar a impressão ou plotagem final.

Em ambos os casos, esperamos que qualquer desenho possa ser visto pelos demais observadores de distâncias variadas. Quando visto como um todo, um desenho deve ter uma composição marcante de figura e fundo; quando visto mais de perto, um nível apropriado de detalhamento deve ficar evidente.

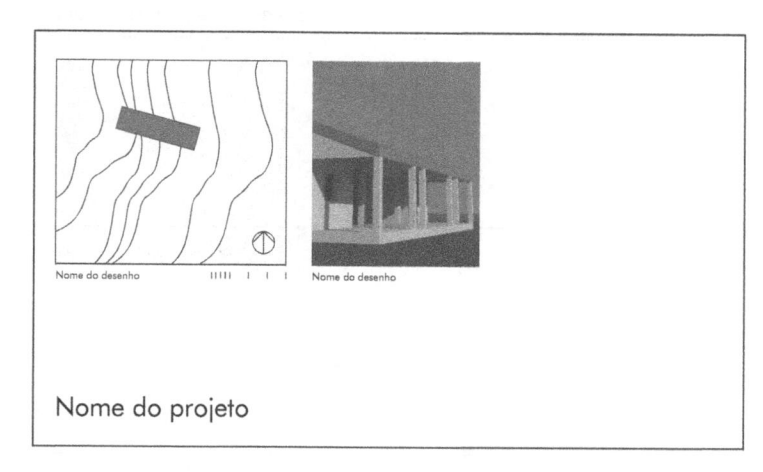

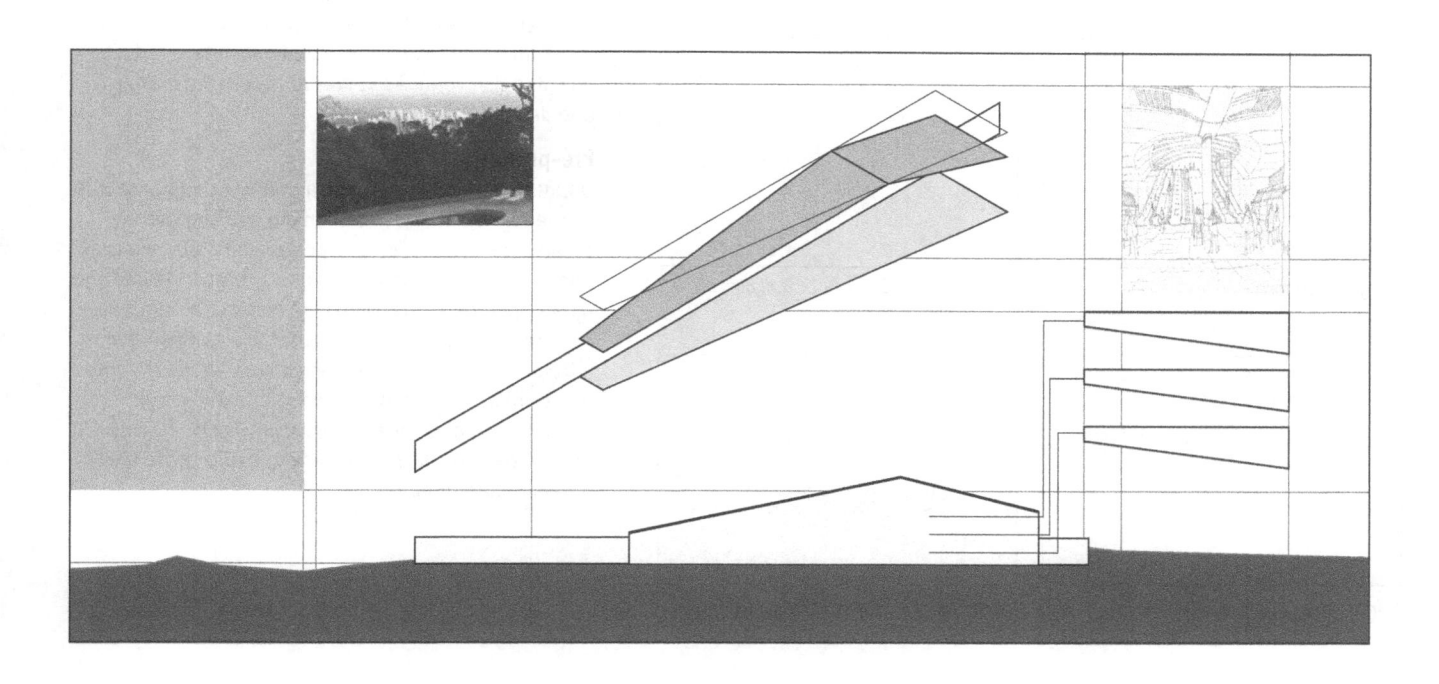

394 ANIMAÇÕES

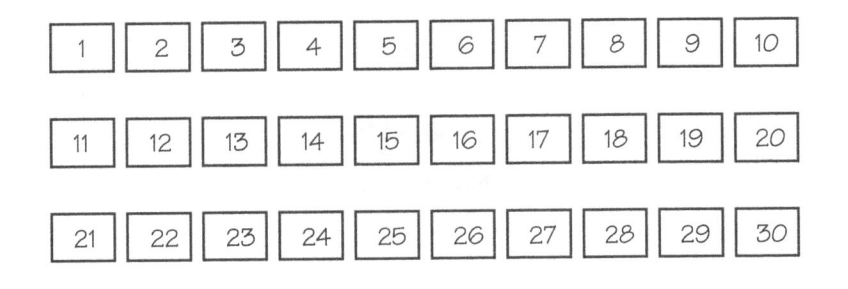

A tecnologia digital permite às animações introduzir elementos de tempo e movimento às apresentações de arquitetura. Embora transmita as características sensoriais de um ambiente espacial, a animação consiste, na verdade, em uma série de imagens ou quadros estáticos que são projetados em sequência no monitor ou tela do computador. Quanto mais rápida a projeção desses quadros — uma taxa chamada de quadros por segundo (FPS) — mais suave é o movimento aparente dentro da animação. A taxa de quadros normalmente usada é 30 FPS; taxas mais lentas podem produzir movimentos bruscos na tela.

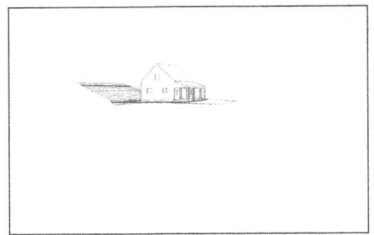

30 quadros projetados em um segundo

Uma animação com taxa de quadros de 30 FPS e duração de um minuto seria composta por 1.800 quadros independentes. Se cada imagem precisasse de cinco minutos para ser renderizada, o tempo de processamento total da animação seria de 9.000 minutos, ou 150 horas. O tempo de renderização é uma função do tamanho da imagem e do nível de complexidade da maquete eletrônica. Uma imagem de 1.280 × 960 pixels exigiria, por exemplo, um tempo de processamento significativamente maior do que uma imagem de 640 × 480 pixels. A refletividade dos materiais representados e o número de luzes e superfícies da maquete eletrônica também afetam o tempo necessário para renderizar cada quadro. Planejar uma animação de modo a garantir um fluxo de trabalho eficiente e reduzir o tempo de produção é, portanto, crucial e exige o uso de storyboards.

Pré-produção

Usamos um storyboard para mapear cada uma das cenas significativas, a ordem em que elas aparecerão e as transições que pretendemos usar para passar de uma cena à seguinte. Um storyboard não ajuda apenas a determinar as vistas da câmera, iluminação e opções de material. Ele também permite que o projetista se concentre e dedique tempo aos elementos e às características que serão realmente vistos na animação, em vez de focar aspectos da maquete eletrônica que não farão parte da animação final.

Enquadramento inicial: Câmera 1

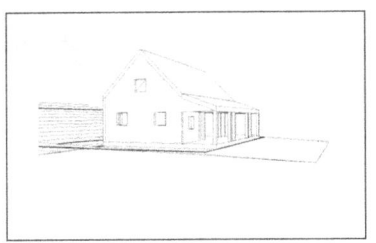

Corte para a Câmera 2

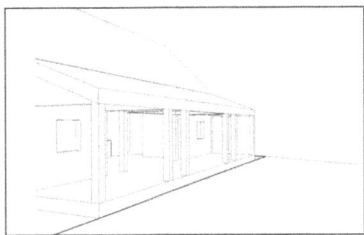

Dolly in: Câmera 2

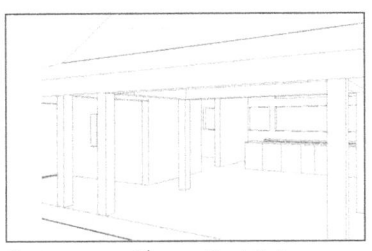

Corte para a Câmera 3: dolly in

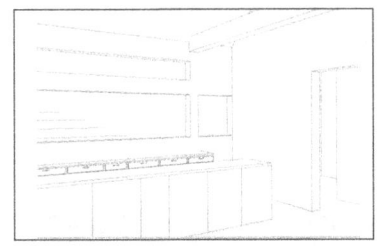

Corte para a Câmera 4: interior

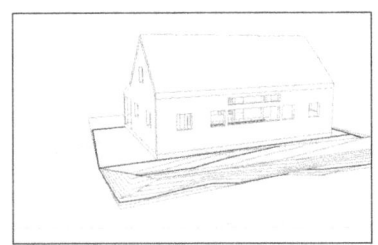

Corte para a Câmera 5: exterior

Produção

A criação de um passeio animado por um projeto de arquitetura implica simplesmente desenhar uma linha contínua ao longo do percurso que desejamos fazer, providenciar uma câmera para acompanhar essa linha e registrar uma série de quadros no caminho. Embora isso pareça representar o modo como percebemos um ambiente espacial, o uso de uma linha contínua costuma criar vistas confusas, repetitivas e desorientadas de um projeto. Um método mais eficaz é adotar técnicas desenvolvidas por cineastas, que utilizam várias câmeras e passeios pequenos para se mover pelo espaço em uma série de animações mais focadas. Em seguida, podemos editar e unir essas animações mais curtas por meio da edição de continuidade, preservando a continuidade espacial e a compreensão entre as sequências abreviadas.

Enquadramento

O enquadramento determina a quantidade de informações visuais incluída em uma cena. O tamanho do tema em cada quadro depende de duas coisas: a distância da câmera em relação ao tema e o comprimento focal da lente da câmera.

Planos abertos (PA) ou gerais pegam um espaço, objeto ou edificação inteiro.

Planos americanos (PAm) pegam a maior parte de um espaço ou uma edificação, mas não sua totalidade.

Planos médios (PM) focam em um detalhe ou característica, mas fornecem algum contexto espacial.

Planos próximos (PP) focam em um detalhe, característica ou parte específica de um espaço.

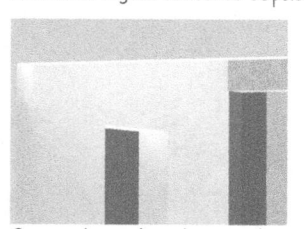

Super closes (ou close-ups) focam uma parte muito pequena de um detalhe ou das características de um espaço.

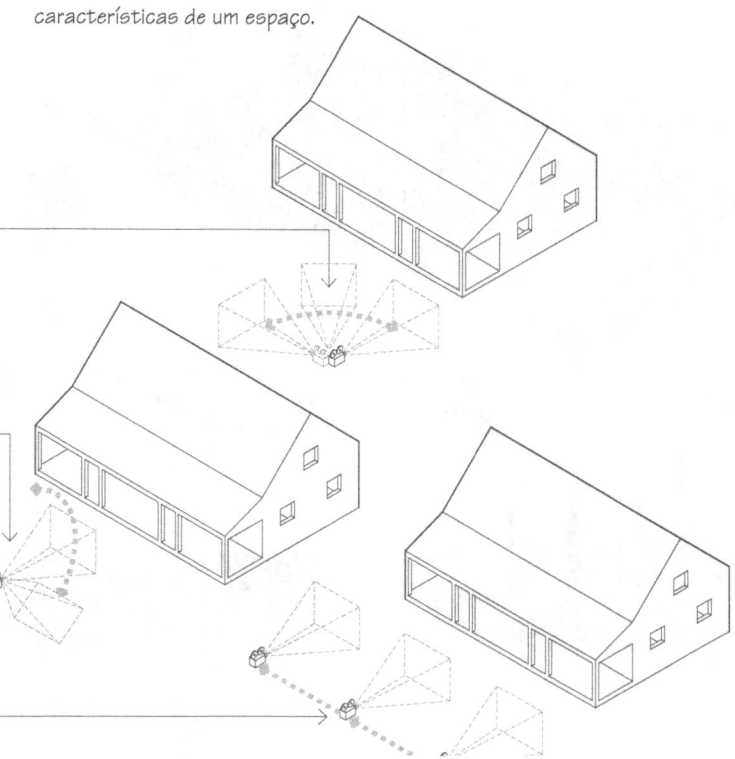

Movimento da câmera

O posicionamento da câmera combinado ao seu movimento permite que nos desloquemos em um espaço ou objeto. Alguns movimentos de câmera comuns em animações são:

- *Panorâmica horizontal:* O giro da câmera da esquerda para a direita ou da direita para a esquerda em relação ao eixo vertical replica o movimento que fazemos ao mover a cabeça de um lado para o outro. Esse movimento de câmera pode ser efetivo para se olhar de uma lateral de um espaço ou edificação para outra.

- *Panorâmica vertical:* O giro da câmera para cima ou para baixo em relação ao eixo horizontal simula a ação de levantar ou abaixar a cabeça. Esse movimento de câmera pode ser efetivo para se olhar para cima ou para baixo dentro de um espaço.

- *Travelling horizontal (ou Passeio):* O movimento da câmera imita o modo como podemos virar a cabeça para seguir um objeto ou figura em movimento. Isso pode ser útil para representar a maneira como acompanharíamos uma pessoa andando de um espaço para outro, ou de uma edificação de um campus para o seguinte.

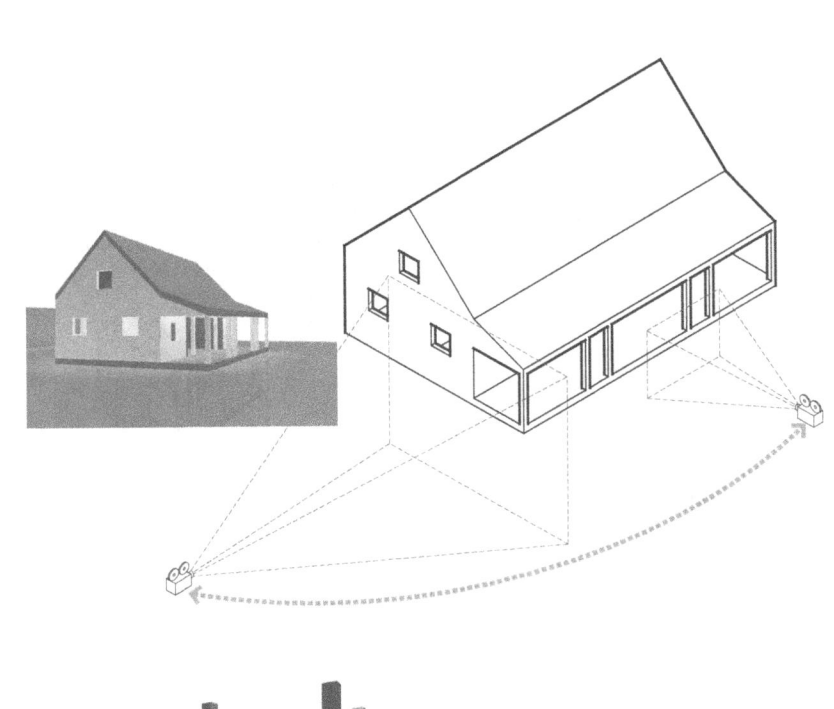

Editando a continuidade

A edição da continuidade se refere a qualquer uma das técnicas a seguir, usadas para combinar sequências de animação separadas em um todo lógico e coerente.

Definindo o enquadramento

O enquadramento orienta o observador e fornece contexto a uma cena – uma sensação de lugar ou localidade. Geralmente, é um plano aberto que indica onde se passa o restante da cena. Por exemplo, o plano externo de uma edificação substituído por um plano interno sugere que entramos nele, sem que tenhamos de gravar cada passo do exterior para o interior.

A regra dos 180 graus

Dentro de qualquer cena, há um eixo de ação de 180° implícito. Em um filme tradicional, essa linha normalmente ocorre entre dois atores principais. Já em uma animação de arquitetura, pode ocorrer entre dois objetos ou pontos de interesse no espaço. Para manter relações espaciais em qualquer cena, todas as locações e movimentos da câmera devem ocorrer em apenas um lado dessa linha de 180°. Quando a vista da câmera precisa passar pelo eixo de 180°, devemos incluir um segundo plano ou uma vista da câmera para passar aos observadores a ideia de que estamos mudando para esse novo ponto de observação.

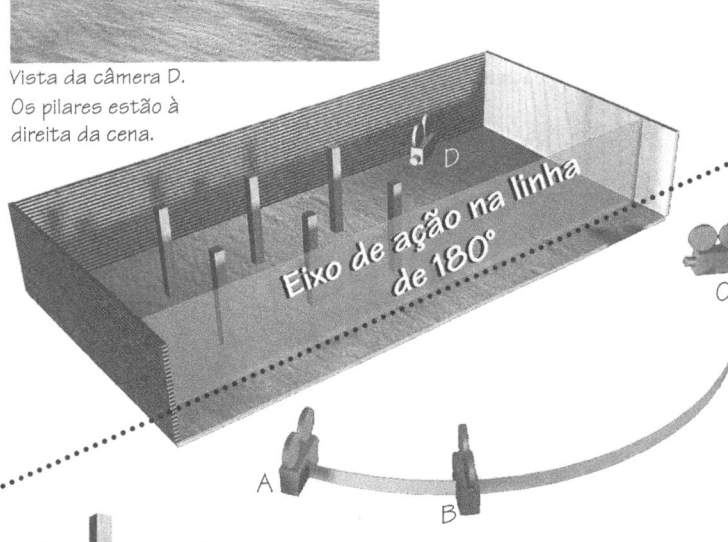

Vista da câmera D.
Os pilares estão à direita da cena.

Eixo de ação na linha de 180°

Vista da câmera C.
Os pilares estão à esquerda da cena.

Vista da câmera A.
Os pilares estão à esquerda da cena.

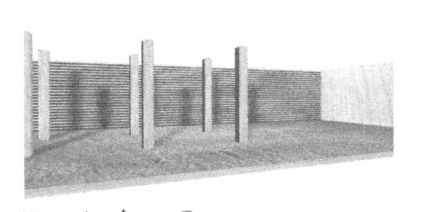

Vista da câmera B.
Os pilares estão no centro da cena.

A regra dos 30 graus

Quando passar de uma vista da câmera para a próxima, a posição da câmera deverá ser de no mínimo 30° para que a nova vista ofereça uma mudança de perspectiva diferente o suficiente para exigir que o observador reavalie o contexto da cena. Seguir essa regra também pode reduzir o efeito da mudança da distância de enquadramento, assim como mudar de um enquadramento médio para um mais próximo. Uma pequena variação na posição da câmera não altera significativamente nosso ponto de observação e pode ser desorientadora.

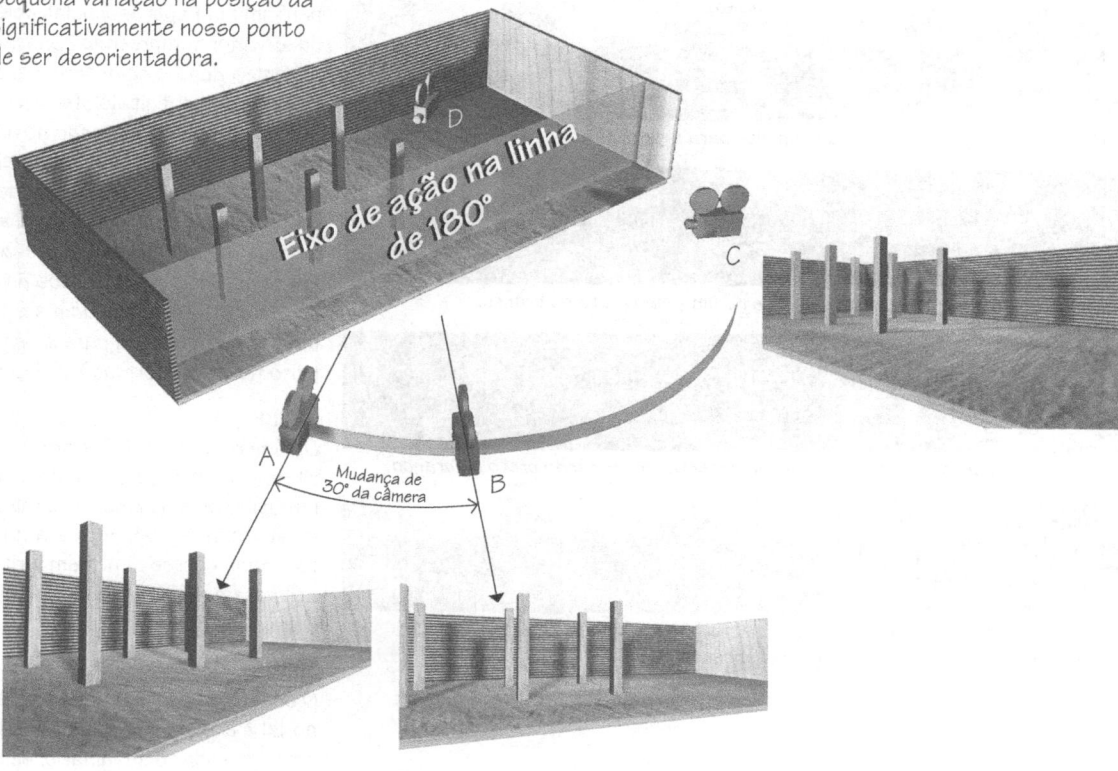

Eixo de ação na linha de 180°

Mudança de 30° da câmera

Quebras de eixo

Quebras de eixo alternam-se entre as vistas de duas câmeras para estabelecer perspectivas opostas entre um cenário ou espaço. Este método, combinado com a regra dos 180°, pode fornecer uma vista completa do espaço ou edifício sem depender dos movimentos excessivos da câmera ou da representação da passagem do tempo.

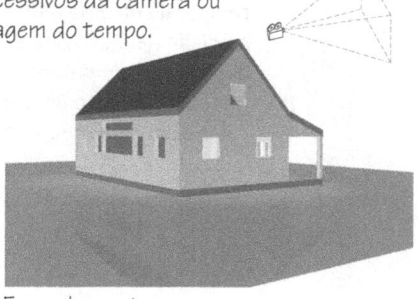

Enquadramento

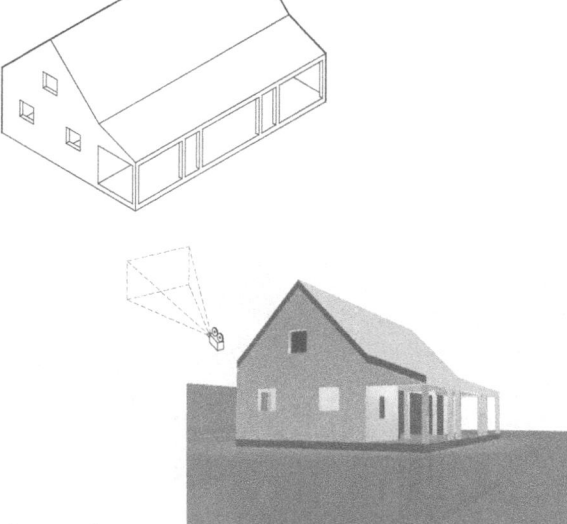

Quebra de enquadramento

Corte: Uma cena passa instantaneamente para a seguinte.

Fade-in: Uma cena emerge gradualmente de um fundo preto ou branco.

Fade-out: Uma cena se transforma gradualmente em um fundo preto ou branco.

Cross-dissolve: Uma cena se dissolve em uma imagem que se sobrepõe sem corte ou mudança instantânea de brilho.

Pós-produção

A pós-produção de uma apresentação animada ocorre após o término da criação das sequências constituintes. Isso não envolve somente a edição de sequências, mas também a criação de transições e a definição do ritmo no qual a animação será executada, com trilha sonora de acompanhamento.

Transições

As transições de uma cena para a próxima desempenham um papel essencial, pois permitem que o observador compreenda constantemente onde se encontra dentro de determinado espaço. Embora os programas digitais ofereçam inúmeros efeitos de transição, variando do giro de cubos e da mudança de páginas a cortes aleatórios, muitas das transições mais elaboradas podem acabar distraindo da continuidade da apresentação e trocando o foco de seu conteúdo para os efeitos especiais. Há quatro efeitos de transição simples, porém efetivos, que podem ser utilizados para se passar de uma cena para a seguinte sem interromper o fluxo de informações visuais.

Ritmo

O número de transições por minuto influenciará o ritmo percebido da animação. Mais cortes criarão um ritmo mais rápido, estabelecendo um espírito ou abordagem mais ativos a dado espaço, enquanto menos cortes diminuem o ritmo, o que pode ser útil para a representação da complexidade de uma edificação ou ambiente.

Som

O som acrescenta uma poderosa dimensão sensorial à experiência visual. A trilha sonora deve complementar o imaginário, sem se sobrepor às informações visuais. O som – a música, em especial – pode reforçar as qualidades experimentais de um espaço, sejam as características reflativas da superfície de um cômodo ou o ambiente socialmente ativo de um salão. O áudio pode estar ligado a transições específicas dentro da animação e aprimorar o ritmo da edição, além de criar continuidade temporal entre as diferentes cenas. Finalmente, a edição de áudio difere da de vídeo na medida em que envolve um processo de camadas horizontais e verticais, já que múltiplas faixas podem ser distribuídas em camadas sobre o vídeo.

Exercício 12.4
Transcreva à mão a seguinte citação, usando letras com altura de três milímetros e linhas de texto espaçadas em cinco milímetros.

> "Desde os seis anos de idade eu tenho a mania de desenhar a forma das coisas. Quando tinha 15, já havia publicado uma infinidade de desenhos, mas tudo o que produzi antes dos 70 anos não vale a pena levar em consideração. Aos 75, aprendi um pouco sobre a estrutura da natureza – os animais, plantas, abelhas, pássaros, peixes e insetos. Como consequência, quando tiver 80 anos, deverei ter feito um pouco mais de progresso. Aos 90, certamente terei atingido um estágio maravilhoso, e aos 110, tudo o que eu fizer – mesmo uma linha ou um ponto – terá vida."

— O Mangá, Hokusai (1760–1849)

Exercício 12.5
Desenhe um leiaute de página usando sua cópia à mão livre do texto acima e a imagem do *Poeta Louco*.

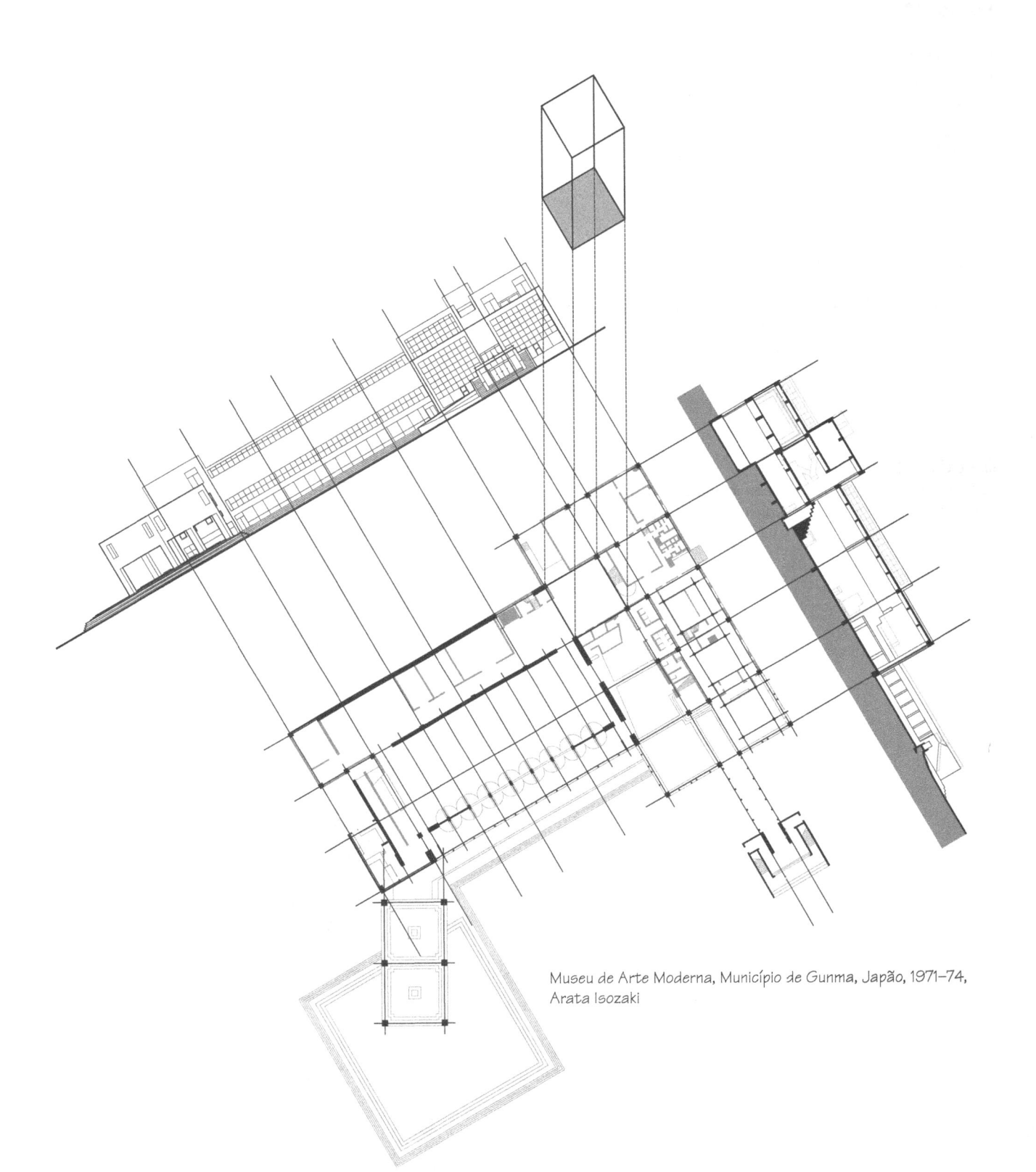

Museu de Arte Moderna, Município de Gunma, Japão, 1971–74,
Arata Isozaki

Índice

A

Aalto, Alvar, 158, 181, 288, 289, 322, 325
acaso, desenhos de estudo, 298-303
acuidade, desenhos de apresentação, 376
Adam, Robert, 319
adição, 76
agrupamento, formatos, 34, 36
Alice no País das Maravilhas (Carroll), 294
altura, medição em perspectivas com dois pontos de fuga, 264-65
altura do ponto de observação, variáveis das perspectivas, 232
altura e largura, medições em perspectivas, 238
ambiguidade
    composição, relação entre figura e fundo, 351
    desenhos de estudo, 292-93
amostras por polegada (SPI), resolução digital, composição, 346-49
ângulo de visão, variáveis das perspectivas, 234
ângulos de visão, 30-31
animação, desenhos de apresentação, 394-98
Antivila, Valo do Napa, Califórnia (Batey & Mack), 377
arco de círculo, tangente, processo de desenho, 128
aresta, vistas ortogonais, 136
arestas
    modelagem de formas, 48-49
    perspectivas esfumadas, indicadores de profundidade, 91
    peso de linha, 127
    sombras próprias e projetadas, 54
argúcia, desenhos de estudo, 298-303
arquitetura japonesa, 8, 115
Asplund, Erik Gunnar, 174, 323
assimetria, equilíbrio, composição, 354-55
Associação de tecelões, Ahmedabad, Índia (Le Corbusier), 315
atividades, figura humana, composição, 365
áudio, animação, desenhos de apresentação, 398

B

Barnes, Edward Larabee, 322
Barrágan, Luis, 363
Batey & Mack, 377
Biblioteca do Colégio Beneditino, Mount Angel, Oregon (Alvar Aalto), 325
Boring, E. G., 5
Botta, Mario, 322, 380
Bradley, Charles, 146
Breuer, Marcel, 372

C

cadeira de madeira tradicional dos Shakers, 372
cadeira Thonet de madeira vergada, 372
cadeira Wassily – Marcel Breuer, 372
cadeiras e poltronas, 372
Café em Arles (Vincent van Gogh), 305
camadas, desenhos de estudo, 299
câmera, resolução digital, composição, 346
Capela do Bosque, Estocolmo, Suécia (Erik Gunnar Asplund), 174, 323
Carroll, Lewis, 294
Casa Bookstaver, Westminster, Vermont (Peter L. Gluck), 315
Casa Carré, Bazoches-sur-Guyonne, França, 158
Casa de Jogos Coonley, Riverside, Illinois (Frank Lloyd Wright), 319
Casa do Lorde Derby, London, Inglaterra (Robert Adam), 319
Casa em Riva San Vitale, Lago Lugano, Suíça (Mario Botta), 322
Casa Flagg, Berkeley, Califórnia (Bernard Maybeck), 324
Casa Hardy, Racine, Wisconsin (Frank Lloyd Wright), 301, 375
Casa Hines, Sea Ranch, Califórnia (MLTW), 324
Casa Jobson, Cânion Palo Colorado, Califórnia (MLTW), 301, 383
Casa Moore, Orinda, Califórnia (Charles Moore), 353
Casa Riva San Vitale, Lago Lugano, Suíça (Mario Botta), 322
casa romana, 115
Casa Schwartz, Two Rivers, Wisconsin (Frank Lloyd Wright), 148
Casa Smith, Darien, Connecticut (Richard Meier), 376
casa tradicional japonesa, 321
Casa unifamiliar, Viganello, Suíça (Mario Botta), 380
Catedral de Mallorca (Antoni Gaudí), 289
categorização por semelhança, elementos de diagramação, 317
Centro de Belas Artes de Fort Wayne, Fort Wayne, Indiana, 1961-64, Louis Kahn, 290, 316
Centro de Concertos e Convenções, Helsinque, Finlândia (Alvar Aalto), 288, 289
Centro de Reuniões, Instituto de Estudos Biológicos Salk, La Jolla, Califórnia (Louis Kahn), 1959-65, 321
centro de visão (CV), 225
Centro Paroquial de Riola, Bolonha, Itália, 181
circulação, conceitos de diagramação, 322
círculos, desenhos de linhas paralelas, 194
clareza, desenhos de apresentação, 376
claros e escuros
    camadas de valores tonais (tonalidades), espaço e profundidade, 106-7
    cor, 41

modelagem de formas, 48–49
valores tonais (tonalidades), 40
classificação, elementos de diagramação, 317
cognição
    desenhos de estudo, 290–91
    pensamento visual, 8–9
Complexo Administrativo da Capital Bangladesh, Daca, Bangladesh, 1962 (Louis Kahn), 312
composição, 341–73
    calunga. *Veja* figura humana
    contexto, 363
    cor e valor tonal, 360–62
    determinação do campo, 342–43
    ênfase, 353
    equilíbrio, 354–55
    escala e tamanho, 344
    figura e fundo, 351
    figura humana, 364–67
    harmonia, 356–57
    iluminação, 358–59
    móveis, 372
    paisagismo, 368–71
    pessoas. *Veja* figura humana
    princípios ordenadores, 352
    recortes e máscaras, 350
    resolução, 345–49
        digital, 345–49
    veículos, 373
comunicação, processo de desenho, 11–12
comunicação visual, desenho, 11–12
conceitos, diagramação, 320–25
    digital, 326–27
    modelagem, 328–31
Condomínio Sea Ranch, Sea Ranch, Califórnia (Moore, Lyndon, Turnbull, Whitaker, MLTW), 161, 181, 210
cone de visão, projeção em perspectiva, 224
conjuntos de informações visuais, desenhos de apresentação, 384–88
contexto
    composição, 363
    desenvolvimento de conceitos, diagramação, 335
continuidade, desenhos de apresentação, 377
continuidade do contorno
    elevações de edificações, indicadores de profundidade, 167
    indicadores de profundidade, 84
contornos
    desenhos analíticos, 69
    percepção, 17
    técnica de hachurado, 43
contraste
    categorização por, elementos de diagramação, 317
    continuidade do contorno, indicadores de profundidade, 84
    gama de tons, 58–59
    textura, 62
convergência, perspectivas, 228, 229
cor
    composição, 360–62
    elevações de edificações, indicadores de profundidade, 167
    perspectiva aérea, indicadores de profundidade, 90
    valor tonal (tonalidade), 41
cortes, 174
    desenhos de vistas múltiplas, 170
    sistema de projeção ortogonal, 121
cortes, vistas ortogonais, 136
cortes de edificações, 171–80
    cortes, 174
    cortes múltiplos, 180
    digitais, 177–78
    elevações internas, 173
    em geral, 171
    escala, 173, 179
    hachuras, 175–76
    marcação dos cortes, 172
    orientação, 173
cortes de terreno, desenhos de vistas múltiplas, 181
cortes e mascaramento, composição, 350
cortes perspectivados, perspectivas com um ponto de fuga, 258–59
cortes perspectivados de edificações, 258–59
criatividade, desenhos de estudo, 289
croquis, pensamento visual, 8–9
curvas, vistas de linhas paralelas, 194
curvas Bézier, sistemas pictóricos, 132
curvas de nível
    plantas de situação e localização, 160–61
CYMK, modelo de cores, composição, 362

D

da Vignola, Giacomo, 181
da Vinci, Leonardo, 38
Daca, Bangladesh, 1962, Complexo Administrativo da Capital Bangladesh, (Louis Kahn), 312
definição do enquadramento, animação, desenhos de apresentação, 396
desenho, definição, 1
desenho de formas geométricas com instrumentos, sistemas pictóricos, 128
desenhos analíticos, 68–71
desenhos-chave, desenvolvimento de conceitos, diagramação, 335
desenhos de apresentação, 375–99
    animação, 394–98
    comunicação visual, 11
    conjuntos de informações visuais, 384–88
    elementos, 378
    introdução, 375
    leiaute, 389–93
    requisitos, 376–77
    sequência, 379–83
desenhos de construção, comunicação visual, 11
desenhos de contornos, 18–22
    às cegas, 19
    em corte, 22

modificados, 20–21
processo, 18
desenhos de estudo, 287–311
  acaso, 298–303
  ambiguidade, 292–93
  criatividade, 289
  flexibilidade, 304–11
  fluência, 295–97
  introdução, 288
  intuição, 294
  processos cognitivos, 290–91
desenhos de projeto
  definição, 2
  prática, 2
desenhos de vistas múltiplas, 135–90. *Veja também* vistas ortogonais
  cortes, 170
  cortes de edificações, 171–80
    cortes, 174
    cortes múltiplos, 180
    digital, 177–78
    elevações internas, 173
    em geral, 171
    escala, 173, 179
    hachuras, 175–76
    marcação dos cortes, 172
    orientação, 173
  cortes de terreno, 181
  elevações, 162
  elevações de edificações, 163–69
    distribuição, 164
    em geral, 163
    escala, 165
    indicadores de profundidade, 166
    orientação, 164
  introdução, 135
  leitura, 144–45
  plantas, 146
  plantas baixas, 147–56
    altura do plano de corte, 148–49, 152, 154
    digital, 152–53
    distribuição, 156
    em geral, 147
    escadas, 154
    escala, 155
    hachuras, 150–51
    orientação, 156
    plantas baixas, elementos em corte, 154
    portas e janelas, 154
  plantas de situação e localização, 158–61
    curvas de nível, 160–61
    escala, 158
    indicadores de profundidade, 159
    orientação, 158
    plantas de cobertura, 159
    requisitos, 158
  plantas de teto, 157

projeção. *Veja* sistemas de projeção
  projeções ortogonais, 136
  sistemas de projeção, 121
  sombras próprias e projetadas, 182–90
  vistas ortogonais, 137–43
  vistas ortográficas. *Veja* vistas ortogonais
desenhos digitais, operações, sistemas pictóricos, 129–31
desenhos em escala, sistemas pictóricos, 122–23
desenvolvimento de projeto, desenhos, desenvolvimento de conceitos, diagramação, 334
detalhes
  espaço e profundidade, 108–9
  processo de desenho, 6
determinação do campo, composição, 342–43
diagramação, 313–39
  comunicação visual, 11
  conceitos, 320–25
    digitais, 326–27
    modelagem, 328–31
  desenvolvimento de conceitos, 332–39
  diagramas analíticos, 315
  elementos, 316–17
  introdução, 313
  relações, 318–19
  tipos de, 314
diagramas de análise de planta baixa, 114
diagramas de área, 314
diagramas de bolhas, 314
diagramas de circulação, 314
diagramas de percurso, 114
diagramas de rede, 314
diagramas esquemáticos, 314
diagramas matriciais, 314
digitalização. *Veja* escaneamento
dimensões. *Veja também* espaço e profundidade
  contornos, 17
  desenhos de contornos em corte, 22
  forma, 65
  formato, 23
  modelagem de formas, 48–49
  volume, 67
diminuição de tamanho, perspectivas, 230
dispositivo de carga acoplada (CCD), resolução de escaneamento (ou digitalização), 346
distância entre ponto de observação e objeto, variáveis das perspectivas, 233
divisão de retas, processo de desenho, 128
divisas, representação gráfica, 125
Dürer, Albrecht, 29

E

edição da continuidade, animação, desenhos de apresentação, 396
edição do ritmo de apresentação, animação, desenhos de apresentação, 398

efeitos pictóricos
    perspectivas, 228–31
    perspectivas cônicas, indicadores de profundidade, 88–89
eficiência, desenhos de apresentação, 376
eixo central de visão (ECV), 224
eixo geométrico, traçado de linhas, 125
eixos, perspectivas com um ponto de fuga, 250
elevações
    descrição, 162
    sistema de projeção ortogonal, 121
elevações, vistas ortogonais, 136
elevações de edificações, 163–69
    distribuição, 164
    em geral, 163
    escala, 165
    indicadores de profundidade, 166–69
    orientação, 164
elevações internas, cortes de edificações, 173
elevações oblíquas
    sistema de projeção, 121
    vistas de linhas paralelas, 206–7
elipse, vistas de linhas paralelas, 194
ênfase, composição, 353
enquadramento, animação, desenhos de apresentação, 395
equilíbrio, composição, 354–55
esboços. *Veja* croquis
escadas, plantas baixas, 154
escala
    composição, 344
    cortes de edificações, 173, 179
    desenhos de estudo, 310
    desenvolvimento de conceitos, diagramação, 336
    elevações de edificações, 165
    espaço e profundidade, 103–5
    figura humana, composição, 364–65
    plantas baixas, 155
    plantas de situação e localização, 158
    textura, 61, 62
escala de arquiteto, desenhos em escala, 122
escala de cinzas, cor, composição, 362
escala de engenheiro, desenhos em escala, 123
escala de valores, 47
escala digital, desenhos em escala, 123
escala humana, espaço e profundidade, 104–5
escala métrica, desenhos em escala, 123
escaneamento, resolução digital, composição, 346
Escola de Artes e Ofícios Haystack Mountain, Ilha Deer, Maine, (Edward Larabee Barnes), 322
escorço (redução do tamanho), perspectivas, 231
escuros. *Veja* claros e escuros
espaçamento de linhas, variação, indicadores de profundidade, 94
espaço e profundidade, 81–115. *Veja também* dimensões
    composição de vistas, 98–99
    contornos, 17
    desenhos de contornos em corte, 22
    detalhes, 108–9
    escala, 103–5, 82
    espaço pictórico, 83
    estabelecimento da estrutura, 100–102
    formato, 23
    indicadores de profundidade, 84–96
        continuidade do contorno, 84
        mudança de textura ou mudança do espaçamento entre linhas, 94
        perspectiva aérea, 90
        perspectiva de texturas, 92
        perspectiva do tamanho, 85
        perspectivas cônicas, 88–89
        perspectivas esfumadas, 91
        posição vertical, 86
        transição entre luz e sombra, 95
    observção *in loco*, 110–15
    sequência de desenho, 97
    valores tonais (tonalidades), camadas de, 106–7
espaço pictórico, perspectivas, 83
estabelecimento da estrutura, espaço e profundidade, 100–102
estereótipos, processo de desenho, 6
estilo pessoal, observação *in loco*, espaço e profundidade, 112–13
estrutura. *Veja* forma e estrutura
estudos de contexto, 114
estudos de volumetria, 114
extensões, medidas de profundidade, perspectivas, 242–43
extração, visão, processo de desenho, 4

F

fechamento, formatos, 35
figura, formato, 23
figura humana
    composição, 364–67
    escala humana, espaço e profundidade, 104–5
figuras humanas digitais, composição, 366
flexibilidade, desenhos de estudo, 304–11
fluência, desenhos de estudo, 295–97
forma e estrutura, 65–79. *Veja também* modelagem de formas
    desenhos analíticos, 68–71
    formas aditivas, 76
    formas complexas, 78
    formas subtrativas, 77
    geometria, 74–79
    proporções, 72–73
    terminologia, 66
    volume, 67
formas geométricas
    forma e estrutura, 74–79
    luz, 50–51
    modelagem de formas, 48–49
formas livres, vistas de linhas paralelas, 194

formato(s)
    agrupamento, 34
    definição, 23
    desenho, 28
    desenhos digitais, operações, 131
    fechamento, 35
    figura e fundo, 25
    luz, 50–51
    modelagem de formas, 48–49
    organização, 32–33
    percepção, 24
    positivos e negativos, 26–27
    projeção, 36–37
    vistas de linhas paralelas, 194
fotografias, desenhos de observação in loco comparados, 110–11
fricção, textura, 61

G

Gaudí, Antoni, 289
geometria (perspectivas), 244–48
    círculos, 246–47
    linhas inclinadas, 244–45
    perspectivas com um ponto de fuga, 251
Gestalt, psicologia, 24, 34
Gibson, James J., 83
giro, desenhos de estudo, 307
Gluck, Peter L., 315

H

Habraken, John, 294
hachura cruzada, valor tonal (tonalidade), 44
hachuras
    cortes de edificações, 175–76
    plantas baixas, 150–51
hachuras com movimentos circulares, valores tonais (tonalidades), 45
hakka, habitações, 115
harmonia, composição, 356–57
Hedingham, castelo, Condado de Essex, Inglaterra, 151
hierarquia, elementos de diagramação, 317
Hokusai, 399
Holl, Steven, 149

I

Igreja da Abadia de Santa Maria, Portonovo, Itália, 172
Igreja da Montanha, Winkelmoosalm, Alemanha (J. Wiedemann), 179
Igreja de Peregrinação de Vierzehnheiligen (Balthasar Neumann), 211

Igreja de São Sérgio e São Baco, Constantinopla (Istambul), Turquia, 150
iluminação, composição, 358–59
iluminação com programas de computador, composição, 358
iluminação de topo (zenital), sombras próprias e projetadas, 53
iluminação frontal, sombras próprias e projetadas, 53
iluminação geral, composição, 359
iluminação inclinada e a três quartos, sombras próprias e projetadas, 53
iluminação lateral, sombras próprias e projetadas, 53
iluminação posterior, sombras próprias e projetadas, 53
imagem mental, conceito, 7–9
imagens, pensamento visual, 8–9
imagens a base de vetores
    desenhos digitais, operações, 131
    leiaute, desenhos de apresentação, 392–93
    recortes e máscaras, composição, 350
imagens gráficas, desenhos de apresentação, 378, 386
imagens raster, recortes e máscaras, composição, 350
imaginação, processo de desenho, 3, 7–9, 114–15, 285. *Veja também composição; desenhos de apresentação; desenhos de estudo; diagramação*
impluvium de uma casa romana, 115
impressão, resolução digital, composição, 347
indicadores de profundidade, 84–96
    continuidade do contorno, 84
    elevações de edificações, 166–69
    mudança de textura ou mudança do espaçamento entre linhas, 94
    perspectiva de texturas, 92
    perspectiva do tamanho, 85
    perspectivas aéreas, 90
    perspectivas cônicas, 88–89
    perspectivas esfumadas, 91
    plantas de situação e localização, 159
    posição vertical, 86
    transição entre luz e sombra, 95
    vistas de linhas paralelas, 213
inferência, visão, processo de desenho, 4
interação, composição, relações entre figura e fundo, 351
Interior da Casa e Ateliê Barrágan, Tacubaya, Cidade do México, 1947, (Luis Barrágan), 363
interpretação, comunicação visual, 11
interseção de planos, peso de linha, 127
intuição, desenhos de estudo, 294
Santuário Izumo, Município de Shimane, Japão, 344

J

janelas, plantas baixas, 154

K

Kahn, Louis, 290, 312, 316, 321, 323
Klee, Paul, 65

L

Laboratório de Pesquisas Médicas Richards, Pennsylvania University, Filadélfia, 1957-61, Louis Kahn
largura e altura, medições em perspectivas, 238
Le Corbusier, 156, 315, 351, 363, 378
leiaute, desenhos de apresentação, 389-93
leiaute de desenhos digitais, desenhos de apresentação, 391-93
leitura, comunicação visual, 12
Leonardo da Vinci, 38
lettering, desenhos de apresentação, 378, 387-88
limites, formato, 23. *Veja também arestas*
linha
   definição, 15-16
   desenhos analíticos, 68-70
   diagramação de relações, 318
   forma, 65
   formato, 23
linha contínua, traçado de linhas, 125
linha de fuga (LF), geometria das perspectivas, 245
linha de terra (LT), projeções em perspectiva, 225
linha de visão, projeções em perspectiva, 224
linha do horizonte (LH), projeções em perspectiva, 225
linha métrica
   medições em perspectivas, 238
   perspectivas com dois pontos de fuga, 263
linhas axiais, desenhos de linhas paralelas, 193
linhas curvas, sistemas pictóricos, 132
linhas de malha, traçado de linhas, 125
linhas de peso médio, sistemas pictóricos, 126
linhas de projeção, vistas ortogonais, 136
linhas de superfície, peso de linha, 127
linhas em ângulo, processo de desenho, 128
linhas inclinadas, geometria das perspectivas, 244-45
linhas inclinadas, visualização, 30-31
linhas leves, sistemas pictóricos, 126
linhas muito leves, sistemas pictóricos, 126
linhas não axiais, vistas de linhas paralelas, 193
linhas oblíquas, princípios de convergência, 229
   elevações oblíquas, 206-7
   em geral, 203-5
   plantas oblíquas, 208-9
   projeções e desenhos oblíquos (vistas de linhas paralelas), 203-9
linhas ocultas, peso de linha, 127
linhas paralelas
   princípios de convergência, perspectivas, 229
   processo de desenho, 128
linhas perpendiculares
   princípios de convergência, perspectivas, 229
   processo de desenho, 128
linhas pesadas, sistemas pictóricos, 126
linhas retrocedentes, projeções e desenhos oblíquos, 204-5
linhas tracejadas
   plantas baixas, elementos em corte, 154
   traçado de linhas, 125

localização. *Veja observação in loco*
luz
   representação, 50-51
   sombras próprias e projetadas, 52-55
   textura, 62
   visão, processo de desenho, 4-6

M

malha(s), leiaute, desenhos de apresentação, 390
malhas em perspectiva
   perspectivas com dois pontos de fuga, 272-75
   perspectivas com três pontos de fuga, 277
   perspectivas com um ponto de fuga, 256-57
mapas, 114
mapeamento, valores tonais (tonalidades), 56
marcação dos cortes, 172
mascaramento e corte, composição, 350
materiais estruturais, desenvolvimento de conceitos, diagramação, 337
matiz
   cor, 41
   perspectiva aérea, indicadores de profundidade, 90
Maybeck, Bernard, 324
medidas (perspectivas), 238-43
   altura e largura, 238, 264-65
medidas de profundidade (perspectivas), 239-43
   em geral, 239
   extensões, 242-43
   método das diagonais, 240
   método dos triângulos, 241
   perspectivas com um ponto de fuga, 253
Meier, Richard, 376, 383
Mesquita do Sultão Hasan, Cairo, Egito, 321
metáfora gráfica, diagramação, 314
método comum, perspectivas com dois pontos de fuga, 262-67
método da planta perspectivada, perspectivas com dois pontos de fuga, 268-71
método das diagonais, medidas de profundidade, perspectivas, 240
método direto de projeção, projeções em perspectiva, 226-27
método do ponto diagonal
   medidas de profundidade, perspectivas, 240
   perspectivas com um ponto de fuga, 251-55
método dos pontos diagonais fracionários, perspectivas com um ponto de fuga, 254
método dos pontos diagonais múltiplos, perspectivas com um ponto de fuga, 254
método dos triângulos, medidas de profundidade, perspectivas, 241
MLTW (Moore, Lyndon, Turnbull, Whitaker), 161, 181, 210, 301, 324
modelagem de formas. *Veja também forma e estrutura*
   gama de tons, 58-59

padrão de valores tonais, 57
valores tonais (tonalidades), 48–49
valores tonais (tonalidades), mapeamento, 56
modelo de cores CYMK, composição, 362
modelo de cores RGB, composição, 361
modo de representação, desenvolvimento de conceitos, diagramação, 332–33
Monge, Gaspard, 136
monitor, resolução digital, composição, 347
Moore, Charles, 353, 383
Moore, Henry, 386
Moore, Lyndon, Turnbull, Whitaker (MLTW), 161, 181, 210, 301, 324
móveis, composição, 372
movimento da câmera, animação, desenhos de apresentação, 395
multiplicação, desenhos digitais, operações, 130
Museu de Arte Moderna, Vila Strozzi, Florença, Itália (Richard Meier), 383

N

naturezas-mortas
   gama de tons, 59
   luz, sombras próprias e projetadas, 54–55
Nefertiti (rainha do Egito), 4
Neumann, Balthasar, 211
Nicolaïdes, Kimon, 13
nome do projeto, desenhos de apresentação, 388
Notre Dame Du Haut, Ronchamp, França (Le Corbusier), 351, 363

O

O Mangá (Hokusai), 399
observação
   desenhos de contornos, 18–22
   observação in loco, espaço e profundidade, 110–15
   processo de desenho, 13
observação in loco, espaço e profundidade, 110–15
olho, 4, 5, 40
operações booleanas, conceitos de modelagem digital, 329
ordenamento
   composição, 352
   elementos de diagramação, 317
organização, desenhos de apresentação, 386
organização, elementos de diagramação, 317
organização geométrica, elementos de diagramação, 317
organização por proximidade, elementos de diagramação, 317
orientação
   cortes de edificações, 173
   elevações de edificações, 164
   plantas baixas, 156
   plantas de situação e localização, 158

P

padrões, valores tonais (tonalidades), 57
paisagismo, composição, 368–71
paisagismo, composição com programas de computador, 370
partido, conceitos de diagramação, 320–21
Pavilhão da Suprema Harmonia (Taihe Dian) na Cidade Proibida, Pequim, China, 323
pensamento visual, 8–9
Pensilvânia, Laboratório de Pesquisas Médicas Richards, Pennsylvania University, Filadélfia, 1957–61, Louis Kahn, 323
percepção
   contornos, 17
   cor, 41
   dos formatos, 24, 28
   Gestalt, psicologia, 24, 34
   imaginação, 7, 114–15
   processo de desenho, 3, 4–6, 114–15
   projeção, 36–37
   representação, 10–12
   sistemas de desenhos, 118
   valores tonais (tonalidades), 40
   visualização, 29–31
percepção sensorial, imaginação, 7
perspectiva aérea
   elevações de edificações, 167
   indicadores de profundidade, 90
perspectiva aérea, vistas de linhas paralelas, 210
perspectiva de texturas
   elevações de edificações, 168
   indicadores de profundidade, 92
perspectiva do tamanho, indicadores de profundidade, 85, 92
perspectivas, 223–83
   efeitos pictóricos, 228–31
   geometria, 244–48
      círculos, 246–47
      linhas inclinadas, 244–45
   introdução, 223
   medições, 238–43
      altura e largura, 238
      profundidade, 239–43
   projeções em perspectiva, 224–27
   reflexos, 281–83
   sistemas de projeção, 121
   sombras próprias e projetadas, 278–80
   tipos, 249
   variáveis, 232–37
      altura do ponto de observação, 232
      ângulo de visão, 234
      distância entre ponto de observação e objeto, 233
      localização do plano do desenho, 235
      pontos de vista em programas de computador, 236–37
perspectivas com dois pontos de fuga, 261–75
   definição, 249
   método comum, 262–67
   método da malha, 272–75

método da planta perspectivada, 268–71
sistema de projeção, 121
vantagens, 261
perspectivas com três pontos de fuga
    definição, 249
    perspectivas, 276–77
    sistema de projeção, 121
perspectivas com um ponto de fuga, 250–57
    cortes perspectivados, 258–59
    definição, 249
    eixos, 250
    método da malha, 256–57
    método do ponto diagonal, 251–55
    plantas perspectivadas, 260
    sistema de projeção, 121
perspectivas cônicas, indicadores de profundidade, 88–89
perspectivas esfumadas
    elevações de edificações, 168
    indicadores de profundidade, 91
peso de linha
    desenhos de contornos modificados, 20
    plantas baixas, planta baixa, altura do corte, 148–49, 152, 154
    sistemas pictóricos, 126–27
    textura, 61
peso de linha digital, sistemas pictóricos, 126–27
peso visual, desenhos de apresentação, 386
pixels, resolução digital, composição, 346–49
plano-base (PB), projeções em perspectiva, 225
plano de corte, plantas baixas, 148–49, 152, 154
plano do desenho (PD)
    elevações de edificações, indicadores de profundidade, 166
    posição, variáveis das perspectivas, 235
    princípios de convergência, perspectivas, 229
    projeções em perspectiva, 225
plano frontal, vistas ortogonais, 136
plano horizontal, vistas ortogonais, 136
plano lateral, vistas ortogonais, 136
planta de localização. *Veja observação in loco*
planta de situação. *Veja observação in loco*
planta(s)
    elevações de edificações, indicadores de profundidade, 166
    forma, 65
    sombras próprias e projetadas, 54
    vistas ortogonais, 136
    volume, 65
plantas
    desenhos de vistas múltiplas, 146
    sistema de projeção ortogonal, 121
plantas baixas, 147–56
    altura do corte, 148–49, 152, 154
    digital, 152–53
    distribuição, 156
    elementos em corte, 154
    em geral, 147
    escadas, 154
    escala, 155
    hachuras, 150–51

    orientação, 156
    portas e janelas, 154
plantas de cobertura, plantas de situação e localização, 159
plantas de situação e localização, 158–61
    curvas de nível, 160–61
    escala, 158
    indicadores de profundidade, 159
    orientação, 158
    plantas de cobertura, 159
    requisitos, 158
plantas de teto projetado, desenhos de vistas múltiplas, 157
plantas oblíquas
    sistema de projeção, 121
    vistas de linhas paralelas, 208–9
poltrona de vime, 372
Poltrona estilo Luís XVI, 372
poltrona tradicional, 372
pontilhado, valores tonais (tonalidades), 46
ponto
    forma, 65
    linha, 15
ponto de fuga (PF)
    perspectivas, 228
    perspectivas com dois pontos de fuga, 263
    perspectivas com um ponto de fuga, 252
ponto de medição, perspectivas com dois pontos de fuga, método da planta, 268
ponto de medição fracionário, perspectivas com dois pontos de fuga, método da planta, 269
ponto de observação, altura, variáveis das perspectivas, 232
ponto de observação, desenhos de apresentação, 376
ponto de observação, distância ao objeto, variáveis das perspectivas, 233
ponto de observação, projeções em perspectiva, 224
pontos de vista
    desenhos de apresentação, 376
    flexibilidade, desenhos de estudo, 306
pontos de vista em programas de computador, variáveis das perspectivas, 236–37
pontos por polegada (DPI), resolução digital, composição, 346–49
portas, plantas baixas, 154
posição vertical, indicadores de profundidade, 86
posicionamento, figura humana, composição, 365
processo de desenho, 3–12. *Veja também desenhos de contornos*
    camadas de valores tonais (tonalidades), espaço e profundidade, 106–7
    composição de vistas, espaço e profundidade, 98–99
    desenho de formas geométricas com instrumentos, 128
    desenhos analíticos, 68–71
    desenhos digitais, operações, 129–31
    detalhes, espaço e profundidade, 108–9
    elementos em, 3
    escala, espaço e profundidade, 103–5
    estabelecimento da estrutura, espaço e profundidade, 100–102

imaginação, 3, 7–9, 114–15
observação in loco, espaço e profundidade, 110–15
percepção visual, 4–6, 13
representação, 10–12
sequência, espaço e profundidade, 97
processo de projeto, 9
programa de necessidades
conceitos de diagramação, 322
desenvolvimento de conceitos, diagramação, 336
projeção, formatos, 36–37
projeção cabinet ou meia cavaleira, projeções e desenhos oblíquos, 205
projeção do primeiro ângulo, vistas ortogonais, 136
projeção do terceiro ângulo, vistas ortogonais, 136
projeções cavaleiras, projeções e desenhos oblíquos, 205
projeções dimétricas
sistema de projeção ortogonal, 121
vistas de linhas paralelas, 200–201
projeções e perspectivas axonométricas, desenhos de linhas paralelas, 196
projeções em perspectiva, 120–21, 224–27
projeções isométricas
sistema de projeção ortogonal, 121
vistas de linhas paralelas, 196–99
projeções trimétricas
sistema de projeção ortogonal, 121
vistas de linhas paralelas, 202
proporções
desenvolvimento de conceitos, diagramação, 336
forma e estrutura, 72–73

Q

quebras de eixo, animação, desenhos de apresentação, 397
questões formais
conceitos de diagramação, 323
desenvolvimento de conceitos, diagramação, 338

R

range, valores tonais (tonalidades), 58–59
ray casting, 358
ray tracing, 359
realidade, comunicação visual, 12
recepção, visão, processo de desenho, 4
recomposição, desenhos de estudo, 300
reflexos
perspectivas, 281–83
textura, 62
regra dos 180 graus, animação, desenhos de apresentação, 396
regra dos 30 graus, animação, desenhos de apresentação, 397
relações
desenhos de apresentação, 380
diagramação, 318–19

relações entre figura e fundo
composição das, 351
contornos, 17
formato, 24–25
formatos positivas e negativas, 26–27
organização de formatos, 32–33
plantas baixas com hachuras, 150
representação, processo de desenho, 3, 10–12
resolução digital, composição, 345–49
retina, 4, 5, 40
ritmo, animação, desenhos de apresentação, 398
rotação. Veja giro
rugosidade, textura, 62

S

San Lorenzo Maggiore, Milão, Itália, 319
Seinäjoki, Finlândia, Teatro (Alvar Aalto), 322
composição de vistas, espaço e profundidade, 98–99
sequência, desenhos de apresentação, 379–83
setas, diagramação de relações, 318
signo, elementos de diagramação, 316–17
símbolos
desenhos de apresentação, 378, 386
elementos de diagramação, 316–17
simetria
equilíbrio, composição, 354–55
leiaute, desenhos de apresentação, 390
sistema de projeção oblíqua, 120–21
sistema de projeção ortogonal, 120–21, 136–43. *Veja também desenhos de vistas múltiplas*
sistemas
conceitos de diagramação, 323
desenvolvimento de conceitos, diagramação, 337
sistemas de desenhos
categorização dos, 117
percepção, 118
sistemas de edificações, desenvolvimento de conceitos, diagramação, 337
sistemas de projeção, 120–21
sistemas pictóricos, 119–33
classificação, 119
desenho de formas geométricas com instrumentos, 128
desenhos digitais, operações, 129–31
desenhos em escala, 122–23
linhas curvas, 132
peso de linha, 126–27
sistemas de projeção, 120–21
traçado de linhas, 124–25
situação. *Veja observação in loco*
sobreposição (indicador de profundidade)
continuidade do contorno, 84
elevações de edificações, 167
sombras próprias e projetadas. *Veja também transição entre luz e sombra*
desenhos de vistas múltiplas, 182–90

indicadores de profundidade, 95
perspectivas, 278–80
valores tonais (tonalidades), 52–55
vistas de linhas paralelas, 217–21
subdivisão
desenhos digitais, operações, 130
linhas, processo de desenho, 128
Sultão Hasan, Mesquita, Cairo, Egito, 321

T

Taj Mahal, tumba de Mumtaz Mahal, Agra, Índia, 151
tamanho
composição, 344
desenhos de apresentação, 386
desenvolvimento de conceitos, diagramação, 336
tangente, processo de desenho, 128
tangrama, 37, 316
Teatro em Seinäjoki, Finlândia (Alvar Aalto), 322
técnica de hachurado, valores tonais (tonalidades), 43
Templo da Unidade, Oak Park, Illinois (Frank Lloyd Wright), 178
terreno
conceitos de diagramação, 322
desenvolvimento de conceitos, diagramação, 335
terreno, curvas de nível, plantas de situação e localização, 160–61
texto, desenhos de apresentação, 388
textura. *Veja também* tonalidade e textura
continuidade do contorno, indicadores de profundidade, 84
mudança, indicadores de profundidade, 94
representação, 60–63
Thaihe Dian, Pavilhão da Suprema Harmonia na Cidade Proibida, Pequim, China, 323
The Control of Complexity (Habraken), 294
tipo de linha, traçado de linhas, 125
tipografia, desenhos de apresentação, 387–88
títulos dos desenhos, desenhos de apresentação, 388
tonalidade e textura, 39–63. *Veja também* textura
luz, 50–51
modelagem de formas, 48–49
sombras próprias e projetadas, 52–55
valores tonais (tonalidades), 40–47
topografia, curvas de nível, plantas de situação e localização, 160–61
toque, textura, 60–63
traçado de linhas, sistemas pictóricos, 124–25
tracejados. *Veja* linhas tracejadas
transformação
desenhos de estudo, 302
desenhos digitais, operações, 131
transição entre luz e sombra. *Veja também* sombras próprias e projetadas
elevações de edificações, indicadores de profundidade, 168
indicadores de profundidade, 95
transições, animação, desenhos de apresentação, 398
triângulos, método dos, medidas de profundidade, perspectivas, 241
trimétricas. *Veja* projeções trimétricas; vistas de linhas paralelas

U

unidade
composição, princípios ordenadores, 352
desenhos de apresentação, 377

V

valor, composição, 360–62
valores tonais (tonalidades), 40–47
camadas de, espaço e profundidade, 106–7
cor, 41
criação, 42–46
hachura com movimentos circulares, 45
hachura cruzada, 44
pontilhado, 46
técnica de hachurado, 43
técnicas, 42
descrição, 40
escala de valores, 47
escala de valores tonais (tonalidades), 47
mapeamento, 56
padrões, 57
perspectiva aérea, indicadores de profundidade, 90
perspectiva de texturas, indicadores de profundidade, 92
textura, 60–63
variedade, 58–59
van Gogh, Vincent, 305
variedade, composição, princípios ordenadores, 352
veículos, composição, 373
Vila em Vaucresson, France, 156
Vila Garches, Vaucresson, França (Le Corbusier), 378
Vila Giulia, Roma, Itália (Giacomo da Vignola), 181
Vila Strozzi, Museu de Arte Moderna, Florença, Itália (Richard Meier), 383
vinhetas, composição, relações entre figura e fundo, 351
visão
cor, 41
natureza subjetiva, 5, 14
processo de desenho, 3, 4–6, 13
valores tonais (tonalidades), 40
visão monocular, perspectivas, 223
visor, 29–31
vista de baixo para cima, vistas de linhas paralelas, 210
vista renderizada, conceitos de modelagem, diagramação, 331

vista(s)
    ângulo, variáveis das perspectivas, 234
    conceitos de modelagem digital, 330–31
vistas auxiliares, vistas ortogonais, 139
vistas de linhas paralelas, 191–221
    círculos, 194
    curvas, 194
    estratégias de construção, 192
    formas livres, 194
    introdução, 191
    linhas axiais, 193
    linhas não axiais, 193
    projeções e desenhos dimétricos, 200–201
    projeções e desenhos isométricos, 196–99
    projeções e desenhos oblíquos, 203–9
        elevações oblíquas, 206–7
        em geral, 203–5
        plantas oblíquas, 208–9
    projeções e desenhos trimétricos, 202
    projeções e perspectivas axonométricas, 196
    sistemas de projeção, 121
    vistas de linhas paralelas, 210–21
        indicadores de profundidade, 213
        sombras próprias e projetadas, 217–21
        técnicas de construção, 210
        vista explodida, 212, 215
        vistas cortadas, 211, 215
        vistas-fantasma, 210, 214
vistas de linhas paralelas digitais, 214, 219–21

vistas-fantasma, vistas de linhas paralelas, 210, 214
vistas ortogonais, 137–43. *Veja também desenhos de vistas múltiplas*
    componentes, 137
    construção, 140
    distribuição, 138
    princípios e técnicas, 141–44
    requisitos, 139
    vistas auxiliares, 139
vistas sólidas, conceitos de modelagem, diagramação, 331
vistas transparentes (ou vistas-fantasmas), conceitos de modelagem, diagramação, 331
vistas wireframe, conceitos de modelagem, diagramação, 331
visualização, 29–31. *Veja também visão*
    definição, 29
    recursos, 29
    técnicas, 30–31
volume
    desenhos analíticos, 68–69
    desenhos de contornos em corte, 22
    forma e estrutura, 67
    modelagem de formas, 48–49
Wiedemann, J., 179
Wright, Frank Lloyd, 148, 178, 301, 319, 375

Y

Yarbus, Alfred L., 4

INFORMAÇÕES IMPORTANTES

Conteúdo

Para usar o desenho como ferramenta de visualização, exploração e comunicação de ideias de projeto, devemos entender sua linguagem pictórica. Originalmente, esta obra era acompanhada por um CD-ROM. Nesta reimpressão, optamos por disponibilizar o conteúdo do CD em nosso site. Ao acessar o *link* Material Complementar na página do livro no endereço **loja.grupoa.com.br**, o leitor poderá fazer *download* do material que fazia parte do CD. Isso significa que os trechos que remetem ao CD ao longo do livro referem-se a material agora oferecido no site.

Este material explora a relação entre um objeto tridimensional e sua representação gráfica bidimensional. Por meio de animações tridimensionais, os módulos elucidam os principais sistemas de projeção e técnicas de desenho de uma maneira que não é possível em uma página impressa. Nesta edição também foram incluídos breves vídeos sobre o desenho de croquis *in loco*. De muitas maneiras, este material representa um experimento de comunicação de conceitos e técnicas de desenho. Assim, receberemos com prazer, por intermédio da editora, qualquer sugestão ou crítica.

Agradecemos em especial a Nan-Ching Tai, responsável pelo desenvolvimento, a edição e os grandes progressos obtidos em relação às animações da primeira edição desta obra.